Johann Wolfgang von Goethe

Gesammelte Werke

Johann Wolfgang von Goethe

Gesammelte Werke

Die Gedichte

Anaconda

Die Texte dieses Bandes folgen in Gestalt und Anordnung der Ausgabe *Goethes Werke. Hamburger Ausgabe in 14 Bänden.* Hrsg. von Erich Trunz. Band 1: *Gedichte und Epen I.* Band 2: *Gedichte und Epen II.* Band 7: *Romane und Novellen II* (Wilhelm Meisters Lehrjahre). Band 8: *Romane und Novellen III* (Wilhelm Meisters Wanderjahre). München: C. H. Beck 1981. Sie wurden unter Wahrung des Lautstandes, der Interpunktion sowie sprachlich-stilistischer Eigenheiten der neuen deutschen Rechtschreibung angepasst.

Die Deutsche Nationalbibliothek verzeichnet diese Publikation in der Deutschen Nationalbibliografie; detaillierte bibliografische Daten sind im Internet unter http://dnb.d-nb.de abrufbar.

Penguin Random House Verlagsgruppe FSC® N001967

Umschlagmotiv: Johann Wolfgang von Goethe (1749–1832), Porträt, Punktierstich von Thomas Wright (1792–1849) nach einem Gemälde (1819) von George Dawe (1781–1829), Foto: akg-images
Umschlaggestaltung: Druckfrei. Dagmar Herrmann, Bad Honnef
Satz und Layout: Fotosatz Amann, Memmingen
Druck und Bindung: GGP Media GmbH, Pößneck
Printed in Germany
ISBN 978-3-7306-0221-8
www.anacondaverlag.de

INHALT

Frühe Gedichte 7
Gedichte der Knabenjahre 7
Anakreontik 15

Sturm und Drang 27
Sesenheimer Lieder 27
Die großen Hymnen 36
Die Künstlergedichte 58
Balladen 85
Gelegenheitsgedichte 94
Lili 106

Gedichte der ersten Mannesjahre 117
Gelegenheitsgedichte aus dem Weimarer Kreise 117
Verse an Lida 133
Natur- und Weltanschauungs-Lyrik 143
Balladen 167

Die Zeit der Klassik 173
Römische Elegien 173
Venezianische Epigramme 189
Elegien und Lehrgedichte 200
Vermischte Epigramme 217
Xenien 221
Lyrisches 248
Gedichte auf Personen und Ereignisse 271
Balladen 281
Sonette 313

Alterswerke 325
Sprüche 325
Gedichte an Personen 362
Die weltanschaulichen Gedichte 384
Die späte Lyrik 400

Gedichte aus »Wilhelm Meister« 425

West-Östlicher Divan . 435

Reineke Fuchs . 567

Hermann und Dorothea . 695

Achilleis . 757

Verzeichnis der Gedichtüberschriften und -anfänge 777

FRÜHE GEDICHTE

Gedichte der Knabenjahre

Bei dem erfreulichen Anbruche des 1757. Jahres
wollte seinen hochgeehrtesten und herzlichgeliebten Großeltern
die Gesinnungen kindlicher Hochachtung und Liebe
durch folgende Segenswünsche zu erkennen geben
deroselben treugehorsamster Enkel
Johann Wolfgang Goethe.

Erhabner Großpapa!
Ein Neues Jahr erscheint,
Drum muss ich meine Pflicht und Schuldigkeit entrichten,
Die Ehrfurcht heißt mich hier aus reinem Herzen dichten,
So schlecht es aber ist, so gut ist es gemeint.
Gott, der die Zeit erneut, erneure auch Ihr Glück,
Und kröne Sie dies Jahr mit stetem Wohlergehen;
Ihr Wohlsein müsse lang so fest wie Zedern stehen,
Ihr Tun begleite stets ein günstiges Geschick;
Ihr Haus sei wie bisher des Segens Sammelplatz,
Und lasse Sie noch spät Möninens Ruder führen,
Gesundheit müsse Sie bis an Ihr Ende zieren,
Dann diese ist gewiss der allergrößte Schatz.

Erhabne Großmama!
Des Jahres erster Tag
Erweckt in meiner Brust ein zärtliches Empfinden
Und heißt mich ebenfalls Sie jetzo anzubinden
Mit Versen, die vielleicht kein Kenner lesen mag;
Indessen hören Sie die schlechte Zeilen an,
Indem sie wie mein Wunsch aus wahrer Liebe fließen.
Der Segen müsse sich heut über Sie ergießen,

Der Höchste schütze Sie, wie er bisher getan.
Er wolle Ihnen stets, was Sie sich wünschen, geben
Und lasse Sie noch oft ein Neues Jahr erleben.
Dies sind die Erstlinge, die Sie anheut empfangen,
Die Feder wird hinfort mehr Fertigkeit erlangen.

Bei diesem neuen Jahreswechsel überreicht
seinen verehrungswürdigen Großeltern dieses Opfer
aus kindlicher Hochachtung
Joh. Wolfg. Goethe den 1. Jenner 1762.

Großeltern, da dies Jahr heut seinen Anfang nimmt,
So nehmt auch dieses an, das ich vor Euch bestimmt,
Und ob Apollo schon mir nicht geneigt gewesen,
So würdiget es doch nur einmal durchzulesen.
Ich wünsch aus kindlichem gehorsamen Gemüte
Euch alles Glück und Heil von Gottes Hand und Güte,
Sein guter Engel sei bei Euch in aller Zeit.
Er geb' Euch das Geleit in Widerwärtigkeit
Sowohl als in dem Glück und lass Euch lang noch leben,
Dass Ihr Urenklen noch den Segen könnet geben;
Dies schreibt der älteste von Eurer Töchter Söhnen,
Um sich auch nach und nach zu denken angewöhnen,
Und zeigt ingleichen hier mit diesen Zeilen an,
Was er dies Jahr hindurch im Schreiben hat getan.
Wenn mich bis übers Jahr die Parzen schonen täten,
Wie gerne wollt' ich denn mit fremder Zunge reden.

POETISCHE GEDANKEN ÜBER DIE HÖLLENFAHRT JESU CHRISTI

Auf Verlangen entworfen von J. W. G.

Welch ungewöhnliches Getümmel!
Ein Jauchzen tönet durch die Himmel.
Ein großes Heer zieht herrlich fort.
Gefolgt von tausend Millionen
Steigt Gottes Sohn von seinen Thronen
Und eilt an jenen finstern Ort.
Er eilt, umgeben von Gewittern;
Als Richter kommt Er und als Held.
Er geht, und alle Sterne zittern.
Die Sonne bebt. Es bebt die Welt.

Ich seh' Ihn auf dem Siegeswagen,
Von Feuerrädern fortgetragen,
Den, der für uns am Kreuze starb.
Er zeigt den Sieg auch jenen Fernen,
Weit von der Welt, weit von den Sternen,
Den Sieg, den Er für uns erwarb.
Er kommt, die Hölle zu zerstören,
Die schon sein Tod darnieder schlug;
Sie soll von Ihm ihr Urteil hören.
Hört! Jetzt erfüllet sich der Fluch.

Die Hölle sieht den Sieger kommen,
Sie fühlt sich ihre Macht genommen.
Sie bebt und scheut Sein Angesicht.
Sie kennet Seines Donners Schrecken.
Sie sucht umsonst sich zu verstecken.
Sie sucht zu fliehn und kann es nicht.
Sie eilt vergebens, sich zu retten
Und sich dem Richter zu entziehn,
Der Zorn des Herrn, gleich ehrnen Ketten,
Hält ihren Fuß, sie kann nicht fliehn.

Hier lieget der zertretne Drache,
Er liegt und fühlt des Höchsten Rache,
Er fühlet sie und knirscht vor Wut.
Er fühlt der ganzen Hölle Qualen,
Er ächzt und heult bei tausend Malen:
Vernichte mich, o heiße Glut!
Da liegt er in dem Flammen-Meere,
Ihn foltern ewig Angst und Pein.
Er flucht, dass ihn die Qual verzehre,
Und hört, die Qual soll ewig sein.

Auch hier sind jene große Scharen,
Die mit ihm gleichen Lasters waren,
Doch lange nicht so bös als er.
Hier liegt die ungezählte Menge,
In schwarzem schröcklichen Gedränge,
Im Feuer-Orkan um ihn her.
Er sieht, wie sie den Richter scheuen,
Er sieht, wie sie der Sturm zerfrisst.
Er sieht's und kann sich doch nicht freuen,
Weil seine Pein noch größer ist.

Des Menschen Sohn steigt im Triumphe
Hinab zum schwarzen Höllen-Sumpfe
Und zeigt dort Seine Herrlichkeit.
Die Hölle kann den Glanz nicht tragen,
Seit ihren ersten Schöpfungstagen
Beherrschte sie die Dunkelheit.
Sie lag entfernt von allem Lichte,
Erfüllt von Qual im Chaos hier.
Den Strahl von Seinem Angesichte
Verwandte Gott auf stets von ihr.

Jetzt siehet sie in ihren Grenzen
Die Herrlichkeit des Sohnes glänzen,
Die fürchterliche Majestät.

Sie sieht mit Donnern Ihn umgeben,
Sie sieht, dass alle Felsen beben,
Wie Gott im Grimme vor ihr steht.
Sie sieht's, Er kommet, sie zu richten,
Sie fühlt den Schmerzen, der sie plagt;
Sie wünscht umsonst, sich zu vernichten.
Auch dieser Trost bleibt ihr versagt.

Nun denkt sie an ihr altes Glücke,
Voll Pein an jene Zeit zurücke,
Da dieser Glanz ihr Lust gebar;
Da noch ihr Herz im Stand der Tugend,
Ihr froher Geist in frischer Jugend
Und stets voll neuer Wonne war.
Sie denkt mit Wut an ihr Verbrechen,
Wie sie die Menschen kühn betrog.
Sie dachte sich an Gott zu rächen,
Jetzt fühlt sie, was es nach sich zog.

Gott ward ein Mensch. Er kam auf Erden.
Auch dieser soll mein Opfer werden,
Sprach Satanas und freute sich.
Er suchte Christum zu verderben,
Der Welten Schöpfer sollte sterben.
Doch weh dir, Satan, ewiglich!
Du glaubtest Ihn zu überwinden,
Du freutest dich bei Seiner Not.
Doch siegreich kommt Er, dich zu binden.
Wo ist dein Stachel hin, o Tod?

Sprich, Hölle! Sprich, wo ist dein Siegen?
Sieh nur, wie deine Mächte liegen.
Erkennst du bald des Höchsten Macht?
Sieh, Satan! Sieh dein Reich zerstöret.
Von tausendfacher Qual beschweret
Liegst du in ewig finstrer Nacht.

Da liegst du wie vom Blitz getroffen.
Kein Schein vom Glück erfreuet dich.
Es ist umsonst. Du darfst nichts hoffen,
Messias starb allein für mich!

Es steigt ein Heulen durch die Lüfte,
Schnell wanken jene schwarze Grüfte,
Als Christus Sich der Hölle zeigt.
Sie knirscht aus Wut; doch ihrem Wüten
Kann unser großer Held gebieten;
Er winkt, die ganze Hölle schweigt.
Der Donner rollt vor Seiner Stimme.
Die hohe Siegesfahne weht.
Selbst Engel zittern vor dem Grimme,
Wann Christus zum Gerichte geht.

Jetzt spricht Er; Donner ist Sein Sprechen,
Er spricht, und alle Felsen brechen.
Sein Atem ist dem Feuer gleich.
So spricht Er: Zittert, ihr Verruchte!
Der, der in Eden euch verfluchte,
Kommt und zerstöret euer Reich.
Seht auf! Ihr waret Meine Kinder,
Ihr habt euch wider Mich empört.
Ihr fielt und wurdet freche Sünder,
Ihr habt den Lohn, der euch gehört.

Ihr wurdet Meine größten Feinde,
Verführtet Meine liebsten Freunde.
Die Menschen fielen so wie ihr.
Ihr wolltet ewig sie verderben.
Des Todes sollten alle sterben.
Doch, heulet! Ich erwarb sie Mir.
Für sie bin Ich herab gegangen,
Ich litt, Ich bat, Ich starb für sie.
Ihr sollt nicht euren Zweck erlangen.
Wer an Mich glaubt, der stirbet nie.

Hier lieget ihr in ew'gen Ketten,
Nichts kann euch aus dem Pfuhl erretten,
Nicht Reue, nicht Verwegenheit.
Da liegt, krümmt euch in Schwefel-Flammen!
Ihr eiltet, euch selbst zu verdammen,
Da liegt und klagt in Ewigkeit!
Auch ihr, so Ich Mir auserkoren,
Auch ihr verscherztet Meine Huld;
Auch ihr seid ewiglich verloren.
Ihr murret? Gebt Mir keine Schuld.

Ihr solltet ewig mit Mir leben,
Euch ward hierzu Mein Wort gegeben,
Ihr sündigtet und folgtet nicht.
Ihr lebtet in dem Sünden-Schlafe.
Nun quält euch die gerechte Strafe,
Ihr fühlt Mein schreckliches Gericht. —
So sprach Er, und ein furchtbar Wetter
Geht von Ihm aus. Die Blitze glühn.
Der Donner fasst die Übertreter
Und stürzt sie in den Abgrund hin.

Der Gott-Mensch schließt der Höllen Pforten,
Er schwingt Sich aus den dunklen Orten
In Seine Herrlichkeit zurück.
Er sitzet an des Vaters Seiten,
Er will noch immer für uns streiten.
Er will's! O Freunde! Welches Glück!
Der Engel feierliche Chöre,
Die jauchzen vor dem großen Gott,
Dass es die ganze Schöpfung höre:
Groß ist der Herr Gott Zebaoth!

AN MEINE MUTTER

Obgleich kein Gruß, obgleich kein Brief von mir
So lang dir kömmt, lass keinen Zweifel doch
Ins Herz, als wär' die Zärtlichkeit des Sohns,
Die ich dir schuldig bin, aus meiner Brust
Entwichen. Nein, so wenig als der Fels,
Der tief im Fluss vor ew'gem Anker liegt,
Aus seiner Stätte weicht, obgleich die Flut
Mit stürm'schen Wellen bald, mit sanften bald
Darüber fließt und ihn dem Aug' entreißt,
So wenig weicht die Zärtlichkeit für dich
Aus meiner Brust, obgleich des Lebens Strom
Vom Schmerz gepeitscht bald stürmend drüber fließt,
Und von der Freude bald gestreichelt still
Sie deckt und sie verhindert, dass sie nicht
Ihr Haupt der Sonne zeigt und ringsumher
Zurückgeworfne Strahlen trägt und dir
Bei jedem Blicke zeigt, wie dich dein Sohn verehrt.

Anakreontik

AN ANNETTEN

Es nannten ihre Bücher
Die Alten sonst nach Göttern,
Nach Musen und nach Freunden,
Doch keiner nach der Liebsten.
Warum sollt' ich, Annette,
Die Du mir Gottheit, Muse
Und Freund mir bist und alles,
Dies Buch nicht auch nach Deinem
Geliebten Namen nennen?

ZIBLIS,
EINE ERZÄHLUNG

Mädchen, setzt euch zu mir nieder,
Niemand stört hier unsre Ruh,
Seht, es kommt der Frühling wieder,
Weckt die Blumen und die Lieder,
Ihn zu ehren hört mir zu.

Weise, strenge Mütter lehren:
Mädchen, flieht der Männer List!
Und doch lasst ihr euch betören.
Hört, ihr sollt ein Beispiel hören,
Wer am meisten furchtbar ist.

Ziblis, jung und schön, zur Liebe,
Zu der Zärtlichkeit gemacht,
Floh aus rauem wilden Triebe —
Nicht aus Tugend — alle Liebe;
Ihre Freude war die Jagd.

Als sie einst tief im Gesträuche
Sorglos froh ein Liedchen sang,
Ward sie blass wie eine Leiche,
Da aus einer alten Eiche
Ein gehörnter Waldgott sprang.

Zärtlich lacht das Ungeheuer,
Ziblis wendet ihr Gesicht,
Läuft, doch der gehörnte Freier
Springt ihr wie ein hüpfend Feuer
Nach und ruft: O flieh mich nicht!

Schrein kann niemals überwinden.
Sie lief schneller, er ihr nach.
Endlich kam sie zu den Gründen,
Da wo unter jungen Linden
Emiren am Wasser lag.

Hilf mir! rief sie. Er voll Freude,
Dass er so die Nymphe sah,
Stand bewaffnet zu dem Streite
Mit dem Ast der nächsten Weide,
Als der Waldgott kam, schon da.

Der trat näher, ihn zu höhnen,
Und ging schnell den Zweikampf ein.
Sie erbebt für Emirenen.
Immer wird das Herz der Schönen
Auf des Schönen Seite sein.

Seinen Feind im Sand zu höhnen
Regt sich Fuß und Arm und Hand
Bald mit Stoßen bald mit Dehnen.
Liebe stärkt die Kraft der Sehnen:
Beide waren gleich entbrannt.

Endlich sinkt der Faun zur Erden,
Denn ihn traf ein harter Streich.
Grässlich zerrt er die Gebärden.
Emiren, ihn loszuwerden,
Wirft ihn in den nächsten Teich.

Ziblis lag mit matten Blicken,
Da der Sieger kam, im Gras.
Wird's ihm ihr zu helfen glücken?
Leicht sind Mädchen zu erquicken,
Oft ist ihre Krankheit Spaß.

Sie erhebt sich. Neues Leben
Gibt ein heißer Kuss ihr gleich.
Doch, der einen schon gegeben,
Sollte nicht nach mehrern streben?
Das sieht einem Märchen gleich.

Wartet nur! Es folgten Küsse
Hundertweis. Sie schmeckten ihr.
Ja, die Mäulchen schmecken süße,
Und bei Ziblis waren diese
Gar die ersten. Glaubt es mir!

Darum sog mit langen Zügen
Sie begierig immer mehr.
Endlich, trunken von Vergnügen,
Ward dem Emiren das Siegen,
Wie ihr denken könnt, nicht schwer.

Mädchen, fürchtet rauer Leute
Buhlerische Wollust nie.
Die im ehrfurchtsvollen Kleide
Viel von unschuldsvoller Freude
Reden, Mädchen, fürchtet die!

Wacht, denn da ist nichts zu scherzen!
Seid viel lieber klug als kalt.
Zittert stets für eure Herzen!
Hat man einmal diese Herzen —
Ha, das andre hat man bald.

AN DEN SCHLAF

Der du mit deinem Mohne
Der Götter Augen zwingst,
Und Bettler oft zum Throne,
Zum Mädchen Schäfer bringst,
Hör mich: Kein Traumgespinste
Verlang ich heut von dir,
Den größten deiner Dienste,
Geliebter, leiste mir.

An meines Mädchens Seite
Sitz ich, ihr Aug' spricht Lust,
Und unter neid'scher Seide
Steigt fühlbar ihre Brust.
Oft wären, sie zu küssen,
Die gier'gen Lippen nah,
Doch ach — dies muss ich missen:
Es sitzt die Mutter da!

Heut Abend bin ich wieder
Bei ihr. O, tritt herein,
Sprüh' Mohn von dem Gefieder,
Da schlaf' die Mutter ein,
Blass werd' der Lichter Scheinen.
Von Lieb' mein Mädchen warm
Sink, wie Mama in deinen,
Ganz still in meinen Arm.

ANNETTE AN IHREN GELIEBTEN

Ich sah, wie Doris bei Damöten stand,
Er nahm sie zärtlich bei der Hand;
Lang sahen sie einander an,
Und sahn sich um, ob nicht die Eltern wachen,
Und da sie niemand sahn,
Geschwind — genug, sie machten's wie wir's machen.

DAS SCHREIEN
Nach dem Italienischen

Jüngst schlich ich meinem Mädchen nach,
Und ohne Hindernis
Umfasst' ich sie im Hain; sie sprach:
»Lass mich, ich schrei' gewiss!«
Da droht' ich trotzig: »Ha, ich will
Den töten, der uns stört!«
»Still«, winkt sie lispelnd, »Liebster, still,
Damit dich niemand hört!«

DIE NACHT

Gern verlass' ich diese Hütte,
Meiner Schönen Aufenthalt,
Und durchstreich mit leisem Tritte
Diesen ausgestorbnen Wald.
Luna bricht die Nacht der Eichen,
Zephirs melden ihren Lauf,
Und die Birken streun mit Neigen
Ihr den süßten Weihrauch auf.

Schauer, der das Herze fühlen,
Der die Seele schmelzen macht,

Wandelt im Gebüsch im Kühlen.
Welche schöne, süße Nacht!
Freude! Wollust! Kaum zu fassen!
Und doch wollt' ich, Himmel, dir
Tausend deiner Nächte lassen,
Gäb' mein Mädchen eine mir.

WUNSCH EINES KLEINEN MÄDCHEN

Ach, fände für mich
Ein Bräutigam sich!
Wie schön ist's nicht da,
Man nennt uns Mama,
Da braucht man zum Nähen,
Zur Schul' nicht zu gehen,
Da kann man befehlen,
Hat Mägde, darf schmälen,
Da schickt man zum Schneider,
Gleich bringt der uns Kleider.
Da lässt man spazieren,
Auf Bälle sich führen
Und fragt nicht erst lange
Papa und Mama.

DIE FREUDEN

Da flattert um die Quelle
Die wechselnde Libelle,
Der Wasserpapillon,
Bald dunkel und bald helle
Wie ein Chamäleon;
Bald rot und blau, bald blau und grün,
O dass ich in der Nähe
Doch seine Farben sähe!

Da fliegt der Kleine vor mir hin
Und setzt sich auf die stillen Weiden.
Da hab' ich ihn, da hab' ich ihn!
Und nun betracht' ich ihn genau
Und seh' ein traurig dunkles Blau.

So geht es dir, Zergliedrer deiner Freuden!

UNBESTÄNDIGKEIT

Auf Kieseln im Bache, da lieg' ich, wie helle,
Verbreite die Arme der kommenden Welle,
Und buhlerisch drückt sie die sehnende Brust.
Dann trägt sie ihr Leichtsinn im Strome darnieder,
Schon naht sich die zweite und streichelt mich wieder,
Da fühl' ich die Freuden der wechselnden Lust.

O Jüngling, sei weise, verwein' nicht vergebens
Die fröhlichsten Stunden des traurigen Lebens,
Wenn flatterhaft je dich ein Mädchen vergisst.
Geh, ruf sie zurücke, die vorigen Zeiten,
Es küsst sich so süße der Busen der zweiten
Als kaum sich der Busen der ersten geküsst.

AN DEN MOND

Schwester von dem ersten Licht,
Bild der Zärtlichkeit in Trauer,
Nebel schwimmt mit Silberschauer
Um dein reizendes Gesicht.
Deines leisen Fußes Lauf
Weckt aus tagverschlossnen Höhlen
Traurig abgeschiedne Seelen,
Mich, und nächt'ge Vögel auf.

Forschend übersieht dein Blick
Eine großgemessne Weite.
Hebe mich an deine Seite,
Gib der Schwärmerei dies Glück!
Und in wollustvoller Ruh
Säh' der weitverschlagne Ritter
Durch das gläserne Gegitter
Seines Mädchens Nächten zu.

Dämmrung, wo die Wollust thront,
Schwimmt um ihre runden Glieder.
Trunken sinkt mein Blick hernieder —
Was verhüllt man wohl dem Mond!
Doch was das für Wünsche sind!
Voll Begierde zu genießen,
So da droben hängen müssen —
Ei, da schieltest du dich blind!

ODEN AN MEINEN FREUND. 1767.

Erste Ode

Verpflanze den schönen Baum,
Gärtner, er jammert mich.
Glücklicheres Erdreich
Verdiente der Stamm.

Noch hat seiner Natur Kraft
Der Erde aussaugendem Geize,
Der Luft verderbender Fäulnis,
Ein Gegengift, widerstanden.

Sieh, wie er im Frühling
Lichtgrüne Blätter schlägt!
Ihr Orangenduft
Ist dem Geschmeiße Gift.

Der Raupen tückischer Zahn
Wird stumpf an ihnen,
Es blinkt ihr Silberglanz
Im Sonnenscheine.

Von seinen Zweigen
Wünscht das Mädchen
Im Brautkranze;
Früchte hoffen Jünglinge.

Aber sieh, der Herbst kömmt:
Da geht die Raupe,
Klagt der listigen Spinne
Des Baums Unverwelklichkeit.

Schwebend zieht sich
Von ihrer Taxuswohnung
Die Prachtfeindin herüber
Zum wohltätigen Baum

Und kann nicht schaden;
Aber die Vielkünstliche
Überzieht mit grauem Ekel
Die Silberblätter,

Sieht triumphierend,
Wie das Mädchen schaurend,
Der Jüngling jammernd
Vorübergeht.

Verpflanze den schönen Baum,
Gärtner, er jammert mich.
Baum, danke dem Gärtner,
Der dich verpflanzt!

Zwote Ode

Du gehst. Ich murre.
Geh! Lass mich murren.
Ehrlicher Mann,
Fliehe dieses Land.

Tote Sümpfe,
Dampfende Oktobernebel
Verweben ihre Ausflüsse
Hier unzertrennlich.

Gebärort
Schädlicher Insekten,
Mörderhülle
Ihrer Bosheit.

Am schilfigten Ufer
Liegt die wollüstige,
Flammengezüngte Schlange,
Gestreichelt vom Sonnenstrahl.

Fliehe sanfte Nachtgänge
In der Mondendämmerung,
Dort halten zuckende Kröten
Zusammenkünfte auf Kreuzwegen.

Schaden sie nicht,
Werden sie schrecken.
Ehrlicher Mann,
Fliehe dieses Land!

Dritte Ode

Sei gefühllos!
Ein leichtbewegtes Herz
Ist ein elend Gut
Auf der wankenden Erde.

Behrisch, des Frühlings Lächeln
Erheitre deine Stirne nie,
Nie trübt sie dann mit Verdruss
Des Winters stürmischer Ernst.

Lehne dich nie an des Mädchens
Sorgenverwiegende Brust,
Nie auf des Freundes
Elend tragenden Arm.

Schon versammelt
Von seiner Klippenwarte
Der Neid auf dich
Den ganzen luchsgleichen Blick,

Dehnt die Klauen,
Stürzt und schlägt
Hinterlistig sie
Dir in die Schultern.

Stark sind die magern Arme,
Wie Panter-Arme,
Er schüttelt dich
Und reißt dich los.

Tod ist Trennung,
Dreifacher Tod
Trennung ohne Hoffnung
Wiederzusehn.

Gerne verließest du
Dieses gehasste Land,
Hielte dich nicht Freundschaft
Mit Blumenfesseln an mir.

Zerreiß sie! Ich klage nicht.
Kein edler Freund
Hält den Mitgefangnen,
Der fliehn kann, zurück.

Der Gedanke
Von des Freundes Freiheit
Ist ihm Freiheit
Im Kerker.

Du gehst, ich bleibe.
Aber schon drehen
Des letzten Jahrs Flügelspeichen
Sich um die rauchende Achse.

Ich zähle die Schläge
Des donnernden Rads,
Segne den letzten,
Da springen die Riegel, frei bin ich wie du.

STURM UND DRANG

Sesenheimer Lieder

Ob ich dich liebe, weiß ich nicht.
Seh' ich nur einmal dein Gesicht,
Seh' dir ins Auge nur einmal,
Frei wird mein Herz von aller Qual.
Gott weiß, wie mir so wohl geschicht!
Ob ich dich liebe, weiß ich nicht.

*

Ich komme bald, ihr goldnen Kinder,
Vergebens sperret uns der Winter
In unsre warmen Stuben ein.
Wir wollen uns zum Feuer setzen
Und tausendfältig uns ergötzen,
Uns lieben wie die Engelein.
Wir wollen kleine Kränzchen winden,
Wir wollen kleine Sträußchen binden
Und wie die kleinen Kinder sein.

*

Jetzt fühlt der Engel, was ich fühle,
Ihr Herz gewann ich mir beim Spiele,
Und sie ist nun von Herzen mein.
Du gabst mir, Schicksal, diese Freude,
Nun lass auch morgen sein wie heute
Und lehr' mich, ihrer würdig sein.

*

Kleine Blumen, kleine Blätter
Streuen mir mit leichter Hand
Gute junge Frühlings-Götter
Tändlend auf ein luftig Band.

Zephir, nimm's auf deine Flügel,
Schling's um meiner Liebsten Kleid!
Und dann tritt sie für den Spiegel
Mit zufriedner Munterkeit.

Sieht mit Rosen sich umgeben,
Sie wie eine Rose jung.
Einen Kuss, geliebtes Leben,
Und ich bin belohnt genung.

Schicksal, segne diese Triebe,
Lass mich ihr und lass sie mein,
Lass das Leben unsrer Liebe
Doch kein Rosen-Leben sein!

Mädchen, das wie ich empfindet,
Reich mir deine liebe Hand!
Und das Band, das uns verbindet,
Sei kein schwaches Rosen-Band!

MIT EINEM GEMALTEN BAND
Spätere Fassung

Kleine Blumen, kleine Blätter
Streuen mir mit leichter Hand
Gute junge Frühlingsgötter
Tändelnd auf ein luftig Band.

Zephyr, nimm's auf deine Flügel,
Schling's um meiner Liebsten Kleid!
Und so tritt sie vor den Spiegel
All in ihrer Munterkeit.

Sieht mit Rosen sich umgeben,
Selbst wie eine Rose jung:

Einen Blick, geliebtes Leben!
Und ich bin belohnt genung.

Fühle, was dies Herz empfindet,
Reiche frei mir deine Hand,
Und das Band, das uns verbindet,
Sei kein schwaches Rosenband!

Es schlug mein Herz. Geschwind, zu Pferde!
Und fort, wild wie ein Held zur Schlacht.
Der Abend wiegte schon die Erde,
Und an den Bergen hing die Nacht.
Schon stund im Nebelkleid die Eiche
Wie ein getürmter Riese da,
Wo Finsternis aus dem Gesträuche
Mit hundert schwarzen Augen sah.

Der Mond von einem Wolkenhügel
Sah schläfrig aus dem Duft hervor,
Die Winde schwangen leise Flügel,
Umsausten schauerlich mein Ohr.
Die Nacht schuf tausend Ungeheuer,
Doch tausendfacher war mein Mut,
Mein Geist war ein verzehrend Feuer,
Mein ganzes Herz zerfloss in Glut.

Ich sah dich, und die milde Freude
Floss aus dem süßen Blick auf mich.
Ganz war mein Herz an deiner Seite,
Und jeder Atemzug für dich.
Ein rosenfarbes Frühlingswetter
Lag auf dem lieblichen Gesicht
Und Zärtlichkeit für mich, ihr Götter,
Ich hofft' es, ich verdient' es nicht.

Der Abschied, wie bedrängt, wie trübe!
Aus deinen Blicken sprach dein Herz.
In deinen Küssen welche Liebe,
O welche Wonne, welcher Schmerz!
Du gingst, ich stund und sah zur Erden
Und sah dir nach mit nassem Blick.
Und doch, welch Glück, geliebt zu werden,
Und lieben, Götter, welch ein Glück!

WILLKOMMEN UND ABSCHIED

Spätere Fassung

Es schlug mein Herz, geschwind zu Pferde!
Es war getan fast eh gedacht.
Der Abend wiegte schon die Erde,
Und an den Bergen hing die Nacht;
Schon stand im Nebelkleid die Eiche,
Ein aufgetürmter Riese, da,
Wo Finsternis aus dem Gesträuche
Mit hundert schwarzen Augen sah.

Der Mond von einem Wolkenhügel
Sah kläglich aus dem Duft hervor,
Die Winde schwangen leise Flügel,
Umsausten schauerlich mein Ohr;
Die Nacht schuf tausend Ungeheuer,
Doch frisch und fröhlich war mein Mut:
In meinen Adern welches Feuer!
In meinem Herzen welche Glut!

Dich sah ich, und die milde Freude
Floss von dem süßen Blick auf mich;
Ganz war mein Herz an deiner Seite
Und jeder Atemzug für dich.
Ein rosenfarbnes Frühlingswetter

Umgab das liebliche Gesicht,
Und Zärtlichkeit für mich — ihr Götter!
Ich hofft' es, ich verdient' es nicht!

Doch ach, schon mit der Morgensonne
Verengt der Abschied mir das Herz:
In deinen Küssen welche Wonne!
In deinem Auge welcher Schmerz!
Ich ging, du standst und sahst zur Erden
Und sahst mir nach mit nassem Blick:
Und doch, welch Glück, geliebt zu werden!
Und lieben, Götter, welch ein Glück!

*

Erwache, Friederike,
Vertreib die Nacht,
Die einer deiner Blicke
Zum Tage macht.
Der Vögel sanft Geflüster
Ruft liebevoll,
Dass mein geliebt Geschwister
Erwachen soll.

Ist dir dein Wort nicht heilig
Und meine Ruh'?
Erwache! Unverzeihlich —
Noch schlummerst du!
Horch, Philomelens Kummer
Schweigt heute still,
Weil dich der böse Schlummer
Nicht meiden will.

Es zittert Morgenschimmer
Mit blödem Licht
Errötend durch dein Zimmer
Und weckt dich nicht.

Am Busen deiner Schwester,
Der für dich schlagt,
Entschläfst du immer fester,
Je mehr es tagt.

Ich seh' dich schlummern, Schöne,
Vom Auge rinnt
Mir eine süße Träne
Und macht mich blind.

Wer kann es fühllos sehen,
Wer wird nicht heiß,
Und wär' er von den Zehen
Zum Kopf von Eis!

Vielleicht erscheint dir träumend
— O Glück! — mein Bild,
Das halb voll Schlaf und reimend
Die Musen schilt.
Erröten und erblassen
Sieh sein Gesicht:
Der Schlaf hat ihn verlassen,
Doch wacht er nicht.

Die Nachtigall im Schlafe
Hast du versäumt,
So höre nun zur Strafe,
Was ich gereimt.
Schwer lag auf meinem Busen
Des Reimes Joch:
Die schönste meiner Musen,
Du, schliefst ja noch.

MAIFEST

Wie herrlich leuchtet
Mir die Natur!
Wie glänzt die Sonne!
Wie lacht die Flur!

Es dringen Blüten
Aus jedem Zweig
Und tausend Stimmen
Aus dem Gesträuch

Und Freud und Wonne
Aus jeder Brust.
O Erd', o Sonne,
O Glück, o Lust,

O Lieb', o Liebe,
So golden schön
Wie Morgenwolken
Auf jenen Höhn,

Du segnest herrlich
Das frische Feld,
Im Blütendampfe
Die volle Welt!

O Mädchen, Mädchen,
Wie lieb' ich dich!
Wie blinkt dein Auge,
Wie liebst du mich!

So liebt die Lerche
Gesang und Luft,
Und Morgenblumen
Den Himmelsduft,

Wie ich dich liebe
Mit warmen Blut,
Die du mir Jugend
Und Freud' und Mut

Zu neuen Liedern
Und Tänzen gibst.
Sei ewig glücklich,
Wie du mich liebst.

*

Ach, wie sehn' ich mich nach dir,
Kleiner Engel! Nur im Traum,
Nur im Traum erscheine mir!
Ob ich da gleich viel erleide,
Bang um dich mit Geistern streite,
Und erwachend atme kaum.
Ach, wie sehn' ich mich nach dir,
Ach, wie teuer bist du mir
Selbst in einem schweren Traum.

*

Ein zärtlich-jugendlicher Kummer
Führt mich ins öde Feld; es liegt
In einem stillen Morgenschlummer
Die Mutter Erde. Rauschend wiegt
Ein kalter Wind die starren Äste. Schauernd
Tönt er die Melodie zu meinem Lied voll Schmerz,
Und die Natur ist ängstlich still und trauernd,
Doch hoffnungsvoller als mein Herz.

Denn sieh, bald gaukelt dir, mit Rosenkränzen
In runder Hand, du Sonnengott, das Zwillingspaar
Mit offnem blauen Aug', mit krausem goldnen Haar
In deiner Laufbahn dir entgegen. Und zu Tänzen
Auf neuen Wiesen schickt

Der Jüngling sich und schmückt
Den Hut mit Bändern, und das Mädchen pflückt
Die Veilchen aus dem jungen Gras, und bückend sieht
Sie heimlich nach dem Busen, sieht mit Seelenfreude
Entfalteter und reizender ihn heute,
Als er vorm Jahr am Maienfest geblüht;
Und fühlt, und hofft.
Gott segne mir den Mann
In seinem Garten dort! Wie zeitig fängt er an,
Ein lockres Bett dem Samen zu bereiten!
Kaum riss der März das Schneegewand
Dem Winter von den hagern Seiten,
Der stürmend floh und hinter sich aufs Land
Den Nebelschleier warf, der Fluss und Au
Und Berg in kaltes Grau
Versteckt: da geht er ohne Säumen,
Die Seele voll von Ernteträumen,
Und sät und hofft.

Die großen Hymnen

WANDRERS STURMLIED

Wen du nicht verlässest, Genius,
Nicht der Regen, nicht der Sturm
Haucht ihm Schauer übers Herz.
Wen du nicht verlässest, Genius,
Wird der Regenwolke
Wird dem Schloßensturm
Entgegen singen
Wie die Lerche
Du dadroben.

Den du nicht verlässest, Genius,
Wirst ihn heben übern Schlammpfad
Mit den Feuerflügeln.
Wandeln wird er
Wie mit Blumenfüßen
Über Deukalions Flutschlamm
Python tötend, leicht, groß
Pythius Apollo.

Dem du nicht verlässest, Genius,
Wirst die wollnen Flügel unterspreiten,
Wenn er auf dem Felsen schläft,
Wirst mit Hüterfittichen ihn decken
In des Haines Mitternacht.

Wen du nicht verlässest, Genius,
Wirst im Schneegestöber
Wärmumhüllen,
Nach der Wärme ziehn sich Musen,
Nach der Wärme Charitinnen.

Umschwebt mich, ihr Musen,
Ihr Charitinnen!
Das ist Wasser, das ist Erde
Und der Sohn des Wassers und der Erde,
Über den ich wandle
Göttergleich.

Ihr seid rein wie das Herz der Wasser,
Ihr seid rein wie das Mark der Erde,
Ihr umschwebt mich, und ich schwebe
Über Wasser über Erde
Göttergleich.

Soll der zurückkehren,
Der kleine schwarze feurige Bauer!
Soll der zurückkehren, erwartend
Nur deine Gaben, Vater Bromius,
Und hellleuchtend umwärmend Feuer,
Der kehren mutig,
Und ich, den ihr begleitet,
Musen und Charitinnen all,
Den alles erwartet, was ihr,
Musen und Charitinnen,
Umkränzende Seligkeit
Rings ums Leben verherrlicht habt,
Soll mutlos kehren?

Vater Bromius,
Du bist Genius,
Jahrhunderts Genius,
Bist, was innre Glut
Pindarn war,
Was der Welt
Phöb Apoll ist.

Weh! Weh! Innre Wärme,
Seelenwärme,
Mittelpunkt,
Glüh' entgegen
Phöb Apollen,
Kalt wird sonst
Sein Fürstenblick
Über dich vorübergleiten,
Neidgetroffen
Auf der Zeder Kraft verweilen,
Die zu grünen
Sein nicht harrt.

Warum nennt mein Lied dich zuletzt,
Dich, von dem es begann,
Dich, in dem es endet,
Dich, aus dem es quillt,
Jupiter Pluvius!
Dich, dich strömt mein Lied,
Und Kastalischer Quell
Rinnt, ein Nebenbach,
Rinnet müßigen
Sterblich Glücklichen
Abseits von dir,
Der du mich fassend deckst,
Jupiter Pluvius.

Nicht am Ulmenbaum
Hast du ihn besucht —
Mit dem Taubenpaar
In dem zärtlichen Arm,
Mit der freundlichen Ros' umkränzt,
Tändlenden ihn blumenglücklichen
Anakreon,
Sturmatmende Gottheit.

Nicht im Pappelwald
An des Sybaris Strand,
An des Gebürges
Sonnebeglänzter Stirn nicht
Fasstest du ihn,
Den bienensingenden
Honiglallenden
Freundlichwinkenden
Theokrit.

Wenn die Räder rasselten
Rad an Rad, rasch ums Ziel weg
Hoch flog
Siegdurchglühter
Jünglinge Peitschenknall,
Und sich Staub wälzt'
Wie vom Gebürg herab
Kieselwetter ins Tal,
Glühte deine Seel' Gefahren, Pindar,
Mut. — Glühte —
Armes Herz —
Dort auf dem Hügel,
Himmlische Macht,
Nur so viel Glut,
Dort meine Hütte,
Dort hin zu waten.

DER WANDRER

Wandrer

Gott segne dich, junge Frau,
Und den säugenden Knaben
An deiner Brust!
Lass mich an der Felsenwand hier
In des Ulmbaums Schatten

Meine Bürde werfen,
Neben dir ausruhn.

Frau

Welch Gewerbe treibt dich
Durch des Tages Hitze
Den sandigen Pfad her?
Bringst du Waren aus der Stadt
Im Land herum?
Lächelst, Fremdling,
Über meine Frage?

Wandrer

Ich bringe keine Waren
Aus der Stadt.
Schwül ist, schwer der Abend.
Zeige mir den Brunnen,
Draus du trinkest,
Liebes junges Weib.

Frau

Hier den Felsenpfad hinauf.
Geh voran! Durchs Gebüsche
Geht der Pfad nach der Hütte,
Drin ich wohne,
Zu dem Brunnen,
Da ich trinke draus.

Wandrer

Spuren ordnender Menschenhand
Zwischen dem Gesträuch —!
Diese Steine hast du nicht gefügt,
Reich hinstreuende Natur!

Frau

Weiter 'nauf.

Wandrer

Von dem Moos gedeckt ein Architrav —?
Ich erkenne dich, bildender Geist,
Hast dein Siegel in den Stein geprägt.

Frau

Weiter, Fremdling.

Wandrer

Eine Inschrift, über die ich trete,
Der Venus – und ihr Übrigen
Seid verloschen,
Weggewandelt, ihr Gesellen,
Die ihr eures Meisters Andacht
Tausend Enkeln zeugen solltet.

Frau

Staunest, Fremdling,
Diese Stein' an?
Droben sind der Steine viel
Um meine Hütte.

Wandrer

Droben?

Frau

Gleich zur Linken
Durchs Gebüsch hinan,
Hier!

Wandrer

Ihr Musen und Grazien!

Frau

Das ist meine Hütte.

Wandrer

Eines Tempels Trümmern!

Frau

Da zur Seit' hinab
Quillt der Brunnen,
Da ich trinke draus.

Wandrer

Glühend webst du über deinem Grabe,
Genius! Über dir
Ist zusammengestürzt
Dein Meisterstück,
O du Unsterblicher!

Frau

Wart'! Ich will ein
Schöpfgefäß dir holen.

Wandrer

Efeu hat deine schlanke
Götterbildung umkleidet.
Wie du emporstrebst
Aus dem Schutte,
Säulenpaar!
Und du, einsame Schwester dort!
Wie ihr,
Düstres Moos auf dem heiligen Haupt,
Majestätisch traurend herabschaut
Auf die zertrümmerten
Zu euren Füßen,
Eure Geschwister!
In des Brombeergesträuches Schatten

Deckt sie Schutt und Erde,
Und hohes Gras wankt drüber hin.
Schätzest du so, Natur,
Deines Meisterstücks Meisterstück?
Unempfindlich zertrümmerst
Du dein Heiligtum,
Sä'st Disteln drein.

Frau

Wie der Knabe schläft!
Willst du in der Hütte ruhn,
Fremdling, willst du hier
Untern Pappelbaum dich setzen?
Hier ist's kühl! Nimm den Knaben,
Dass ich Wasser schöpfen hinabgeh'.
Schlaf, Lieber, schlaf!

Wandrer

Süß ist deine Ruh!
Wie's in himmlischer Gesundheit schwimmend,
Ruhig atmet!
Du, geboren über Resten
Heiliger Vergangenheit,
Ruh' ihr Geist auf dir!
Welchen der umschwebt,
Wird in Götterselbstgefühl
Jedes Tags genießen.
Voller Keim, blüh' auf,
Lieblich dämmernden Lenzes Schmuck,
Scheinend vor deinen Gesellen!
Und welkt die Blütenhülle weg,
Dann steig' aus deinem Busen
Die volle Frucht, und reif' der Sonn' entgegen.

Frau

Gesegn' es Gott! — Und schläft er noch?
Ich habe nichts zum frischen Trunk
Als ein Stück Brot,
Das ich dir bieten kann.

Wandrer

Ich danke dir.
Wie herrlich alles blüht umher
Und grünt!

Frau

Mein Mann wird bald
Nach Hause sein
Vom Feld. Bleib, Mann,
Und iss mit uns
Das Abendbrot.

Wandrer

Ihr wohnet hier?

Frau

Hier zwischen das Gemäuer her
Die Hütte baute noch mein Vater
Aus Ziegeln und des Schuttes Steinen.
Hier wohnen wir.
Er gab mich einem Ackersmann
Und starb in unsern Armen. —
Hast du geschlafen, liebes Herz?
Wie er munter ist und spielen will!
Du Schelm!

Wandrer

Natur, du ewig keimende!
Schaffst jeden zum Genuss des Lebens;
Deine Kinder all

Hast mütterlich mit einem
Erbteil ausgestattet,
Einer Hütte.
Hoch baut die Schwalb' am Architrav,
Unfühlend, welchen Zierrat
Sie verklebt,
Die Raup' umspinnt den goldnen Zweig
Zum Winterhaus für ihre Brut,
Und du flickst zwischen der Vergangenheit
Erhabne Trümmer
Für dein Bedürfnis
Eine Hütt', o Mensch,
Genießest über Gräbern. —
Leb wohl, du glücklich Weib!

Frau

Du willst nicht bleiben?

Wandrer

Gott erhalt' euch,
Segn' euren Knaben!

Frau

Glück auf den Weg!

Wandrer

Wohin führt mich der Weg
Dort übern Berg?

Frau

Nach Cuma.

Wandrer

Wie weit ist's hin?

Frau
Drei Meilen gut.

Wandrer
Leb' wohl! —
O leite meinen Gang,
Natur, den Fremdlingsreisetritt,
Den über Gräber
Heiliger Vergangenheit
Ich wandle.
Leit' ihn zum Schutzort,
Vorm Nord geschützet,
Wo dem Mittagsstrahl
Ein Pappelwäldchen wehrt;
Und kehr' ich dann
Am Abend heim
Zur Hütte, vergoldet
Vom letzten Sonnenstrahl,
Lass mich empfangen solch ein Weib,
Den Knaben auf dem Arm.

MAHOMETS-GESANG

Seht den Felsenquell
Freudehell,
Wie ein Sternenblick!
Über Wolken
Nährten seine Jugend
Gute Geister
Zwischen Klippen im Gebüsch.

Jünglingfrisch
Tanzt er aus der Wolke
Auf die Marmorfelsen nieder,
Jauchzet wieder
Nach dem Himmel.

Durch die Gipfelgänge
Jagt er bunten Kieseln nach,
Und mit frühem Führertritt
Reißt er seine Bruderquellen
Mit sich fort.

Drunten werden in dem Tal
Unter seinem Fußtritt Blumen,
Und die Wiese
Lebt von seinem Hauch.

Doch ihn hält kein Schattental,
Keine Blumen,
Die ihm seine Knie' umschlingen,
Ihm mit Liebesaugen schmeicheln;
Nach der Ebne dringt sein Lauf,
Schlangewandelnd.

Bäche schmiegen
Sich gesellig an.
Nun tritt er
In die Ebne silberprangend,
Und die Ebne prangt mit ihm,
Und die Flüsse von der Ebne
Und die Bäche von Gebürgen
Jauchzen ihm und rufen: Bruder,
Bruder, nimm die Brüder mit,
Mit zu deinem alten Vater,
Zu dem ew'gen Ozean,
Der mit weit verbreit'ten Armen
Unsrer wartet;
Die sich, ach, vergebens öffnen,
Seine Sehnenden zu fassen;
Denn uns frisst in öder Wüste
Gier'ger Sand,
Die Sonne droben

Saugt an unserm Blut,
Ein Hügel
Hemmet uns zum Teiche.
Bruder,
Nimm die Brüder von der Ebne,
Nimm die Brüder von Gebürgen
Mit, zu deinem Vater mit!

Kommt ihr alle! —
Und nun schwillt er
Herrlicher, ein ganz Geschlechte
Trägt den Fürsten hoch empor,
Und im rollenden Triumphe
Gibt er Ländern Namen, Städte
Werden unter seinem Fuß.

Unaufhaltsam rauscht er über,
Lässt der Türne Flammengipfel,
Marmorhäuser, eine Schöpfung
Seiner Fülle, hinter sich.

Zedernhäuser trägt der Atlas
Auf den Riesenschultern, sausend
Wehen über seinem Haupte
Tausend Segel auf zum Himmel
Seine Macht und Herrlichkeit.

Und so trägt er seine Brüder,
Seine Schätze, seine Kinder
Dem erwartenden Erzeuger
Freudebrausend an das Herz.

PROMETHEUS

Bedecke deinen Himmel, Zeus,
Mit Wolkendunst!
Und übe, Knaben gleich,
Der Disteln köpft,
An Eichen dich und Bergeshöhn!
Musst mir meine Erde
Doch lassen stehn,
Und meine Hütte,
Die du nicht gebaut,
Und meinen Herd,
Um dessen Glut
Du mich beneidest.

Ich kenne nichts Ärmer's
Unter der Sonn' als euch Götter.
Ihr nähret kümmerlich
Von Opfersteuern
Und Gebetshauch
Eure Majestät
Und darbtet, wären
Nicht Kinder und Bettler
Hoffnungsvolle Toren.

Da ich ein Kind war,
Nicht wusst', wo aus, wo ein,
Kehrte mein verirrtes Aug'
Zur Sonne, als wenn drüber wär'
Ein Ohr, zu hören meine Klage,
Ein Herz wie meins,
Sich des Bedrängten zu erbarmen.

Wer half mir wider
Der Titanen Übermut?
Wer rettete vom Tode mich,

Von Sklaverei?
Hast du's nicht alles selbst vollendet,
Heilig glühend Herz?
Und glühtest, jung und gut,
Betrogen, Rettungsdank
Dem Schlafenden dadroben?

Ich dich ehren? Wofür?
Hast du die Schmerzen gelindert
Je des Beladenen?
Hast du die Tränen gestillet
Je des Geängsteten?
Hat nicht mich zum Manne geschmiedet
Die allmächtige Zeit
Und das ewige Schicksal,
Meine Herrn und deine?

Wähntest du etwa,
Ich sollte das Leben hassen,
In Wüsten fliehn,
Weil nicht alle Knabenmorgen-
Blütenträume reiften?

Hier sitz' ich, forme Menschen
Nach meinem Bilde,
Ein Geschlecht, das mir gleich sei,
Zu leiden, weinen,
Genießen und zu freuen sich,
Und dein nicht zu achten,
Wie ich.

GANYMED

Wie im Morgenrot
Du rings mich anglühst,
Frühling, Geliebter!
Mit tausendfacher Liebeswonne
Sich an mein Herz drängt
Deiner ewigen Wärme
Heilig Gefühl,
Unendliche Schöne!

Dass ich dich fassen möcht'
In diesen Arm!

Ach, an deinem Busen
Lieg' ich, schmachte,
Und deine Blumen, dein Gras
Drängen sich an mein Herz.
Du kühlst den brennenden
Durst meines Busens,
Lieblicher Morgenwind,
Ruft drein die Nachtigall
Liebend nach mir aus dem Nebeltal.

Ich komme! Ich komme!
Wohin? Ach, wohin?

Hinauf, hinauf strebt's,
Es schweben die Wolken
Abwärts, die Wolken
Neigen sich der sehnenden Liebe,
Mir, mir!
In eurem Schoße
Aufwärts,
Umfangend umfangen!
Aufwärts

An deinem Busen,
Allliebender Vater!

AN SCHWAGER KRONOS
In der Postchaise den 10. Oktober 1774

Spude dich, Kronos!
Fort den rasselnden Trott!
Bergab gleitet der Weg;
Ekles Schwindeln zögert
Mir vor die Stirne dein Haudern.
Frisch den holpernden
Stock Wurzeln Steine den Trott
Rasch in's Leben hinein!

Nun schon wieder
Den eratmenden Schritt
Mühsam Berg hinauf.
Auf denn, nicht träge denn!
Strebend und hoffend an.

Weit hoch herrlich der Blick
Rings ins Leben hinein
Vom Gebürg zum Gebürg
Über der ewige Geist
Ewigen Lebens ahndevoll.

Seitwärts des Überdachs Schatten
Zieht dich an
Und der Frischung verheißende Blick
Auf der Schwelle des Mädchens da.
Labe dich! — Mir auch, Mädchen,
Diesen schäumenden Trunk
Und den freundlichen Gesundheitsblick!

Ab dann, frischer hinab!
Sieh, die Sonne sinkt.
Eh' sie sinkt, eh' mich fasst
Greisen im Moore Nebelduft,
Entzahnte Kiefer schnattern
Und das schlockernde Gebein,

Trunknen vom letzten Strahl
Reiß mich, ein Feuermeer
Mir im schäumenden Aug',
Mich Geblendeten, Taumelnden
In der Hölle nächtliches Tor!

Töne, Schwager, dein Horn,
Rassle den schallenden Trab,
Dass der Orkus vernehme, ein Fürst kommt,
Drunten von ihren Sitzen
Sich die Gewaltigen lüften.

SEEFAHRT

Taglang nachtlang stand mein Schiff befrachtet,
Günst'ger Winde harrend saß mit treuen Freunden
— Mir Geduld und guten Mut erzechend —
Ich im Hafen.

Und sie wurden mit mir ungeduldig:
Gerne gönnen wir die schnellste Reise,
Gern die hohe Fahrt dir; Güterfülle
Wartet drüben in den Welten deiner,
Wird Rückkehrendem in unsern Armen
Lieb' und Preis dir.

Und am frühen Morgen ward's Getümmel,
Und dem Schlaf entjauchzt' uns der Matrose,

Alles wimmelt, alles lebet, webet,
Mit dem ersten Segenshauch zu schiffen.

Und die Segel blühen in dem Hauche,
Und die Sonne lockt mit Feuerliebe;
Ziehn die Segel, ziehn die hohen Wolken,
Jauchzen an dem Ufer alle Freunde
Hoffnungslieder nach im Freudetaumel
Reisefreuden wähnend wie des Einschiffmorgens
Wie der ersten hohen Sternennächte.

Aber gottgesandte Wechselwinde treiben
Seitwärts ihn der vorgesteckten Fahrt ab,
Und er scheint sich ihnen hinzugeben,
Strebet leise sie zu überlisten,
Treu dem Zweck auch auf dem schiefen Wege.

Aber aus der dumpfen grauen Ferne
Kündet leise wandelnd sich der Sturm an,
Drückt die Vögel nieder auf's Gewässer,
Drückt der Menschen schwellend Herze nieder;
Und er kommt. Vor seinem starren Wüten
Streckt der Schiffer weis' die Segel nieder;
Mit dem angsterfüllten Balle spielen
Wind und Wellen.

Und an jenem Ufer drüben stehen
Freund' und Lieben, beben auf dem Festen:
Ach, warum ist er nicht hier geblieben!
Ach, der Sturm! Verschlagen weg vom Glücke
Soll der Gute so zu Grunde gehen?
Ach, er sollte, ach, er könnte! Götter!

Doch er stehet männlich an dem Steuer.
Mit dem Schiffe spielen Wind und Wellen,
Wind und Wellen nicht mit seinem Herzen.

Herrschend blickt er auf die grimme Tiefe
Und vertrauet, scheiternd oder landend,
Seinen Göttern.

HARZREISE IM WINTER

Dem Geier gleich,
Der auf schweren Morgenwolken
Mit sanftem Fittich ruhend
Nach Beute schaut,
Schwebe mein Lied.

Denn ein Gott hat
Jedem seine Bahn
Vorgezeichnet,
Die der Glückliche
Rasch zum freudigen
Ziele rennt;
Wem aber Unglück
Das Herz zusammenzog,
Er sträubt vergebens
Sich gegen die Schranken
Des ehernen Fadens,
Den die doch bittre Schere
Nur einmal löst.

In Dickichtsschauer
Drängt sich das raue Wild,
Und mit den Sperlingen
Haben längst die Reichen
In ihre Sümpfe sich gesenkt.

Leicht ist's, folgen dem Wagen,
Den Fortuna führt,
Wie der gemächliche Tross

Auf gebesserten Wegen
Hinter des Fürsten Einzug.

Aber abseits, wer ist's?
Ins Gebüsch verliert sich sein Pfad,
Hinter ihm schlagen
Die Sträuche zusammen,
Das Gras steht wieder auf,
Die Öde verschlingt ihn.

Ach, wer heilet die Schmerzen
Des, dem Balsam zu Gift ward?
Der sich Menschenhass
Aus der Fülle der Liebe trank.
Erst verachtet, nun ein Verächter,
Zehrt er heimlich auf
Seinen eignen Wert
In ungnügender Selbstsucht.

Ist auf deinem Psalter,
Vater der Liebe, ein Ton
Seinem Ohre vernehmlich,
So erquicke sein Herz!
Öffne den umwölkten Blick
Über die tausend Quellen
Neben dem Durstenden
In der Wüste!

Der du der Freuden viel schaffst,
Jedem ein überfließend Maß,
Segne die Brüder der Jagd
Auf der Fährte des Wilds
Mit jugendlichem Übermut
Fröhlicher Mordsucht,
Späte Rächer des Unbills,
Dem schon Jahre vergeblich
Wehrt mit Knütteln der Bauer.

Aber den Einsamen hüll'
In deine Goldwolken,
Umgib mit Wintergrün,
Bis die Rose wieder heranreift,
Die feuchten Haare,
O Liebe, deines Dichters!

Mit der dämmernden Fackel
Leuchtest du ihm
Durch die Furten bei Nacht,
Über grundlose Wege
Auf öden Gefilden,
Mit dem tausendfarbigen Morgen
Lachst du ins Herz ihm;
Mit dem beizenden Sturm
Trägst du ihn hoch empor.
Winterströme stürzen vom Felsen
In seine Psalmen,
Und Altar des lieblichsten Danks
Wird ihm des gefürchteten Gipfels
Schneebehangner Scheitel,
Den mit Geisterreihen
Kränzten ahnende Völker.

Du stehst mit unerforschtem Busen
Geheimnisvoll-offenbar
Über der erstaunten Welt
Und schaust aus Wolken
Auf ihre Reiche und Herrlichkeit,
Die du aus den Adern deiner Brüder
Neben dir wässerst.

Die Künstlergedichte

AN KENNER UND LIEBHABER

Was frommt die glühende Natur
An deinem Busen dir,
Was hilft dich das Gebildete
Der Kunst rings um dich her,
Wenn liebevolle Schöpferkraft
Nicht deine Seele füllt
Und in den Fingerspitzen dir
Nicht wieder bildend wird.

LIED DES PHYSIOGNOMISCHEN ZEICHNERS

O dass die innre Schöpfungskraft
Durch meinen Sinn erschölle,
Dass eine Bildung voller Saft
Aus meinen Fingern quölle!
Ich zittre nur, ich stottre nur,
Ich kann es doch nicht lassen,
Ich fühl', ich kenne dich, Natur,
Und so muss ich dich fassen.
Wenn ich bedenk', wie manches Jahr
Sich schon mein Sinn erschließet,
Wie er, wo dürre Heide war,
Jetzt Freudenquell genießet,
Da ahnd' ich ganz, Natur, nach dir,
Dich frei und lieb zu fühlen,
Ein lust'ger Springbrunn wirst du mir
Aus tausend Röhren spielen,
Wirst alle deine Kräfte mir
In meinem Sinn erheitern

Und dieses enge Dasein hier
Zur Ewigkeit erweitern.

KÜNSTLERS MORGENLIED

Ich hab' euch einen Tempel baut,
Ihr hohen Musen all',
Und hier in meinem Herzen ist
Das Allerheiligste.

Wenn morgends mich die Sonne weckt,
Warm froh ich schau umher,
Steht rings ihr ewig Lebenden
In heil'gem Morgenglanz.

Ich bet' hinan, und Lobgesang
Ist lauter mein Gebet,
Und freudeklingend Saitenspiel
Begleitet mein Gebet.

Ich trete vor den Altar hier
Und lese, wie sich's ziemt,
Andacht liturg'scher Lektion
Im heiligen Homer.

Und wenn der in's Getümmel mich
Von Löwenkriegern reißt,
Und Göttersöhn' auf Wagen hoch
Rachglühend stürmen an,

Und Ross dann vor dem Wagen stürzt,
Und drunter und drüber sich
Freund', Feind' sich wälzen in Todesblut,
Er sengte sie dahin

Mit Flammenschwert, der Heldensohn,
Zehntausend auf einmal,
Bis denn auch er gebändiget
Von einer Gottheit Hand

’rab auf den Totenrogus stürzt,
Den er sich selbst gehäuft,
Und Feinde nun den schönen Leib
Verschändend tasten an —

Da greif’ ich mutig auf und fass’:
Die Kohle wird Gewehr,
Und jene meine hohe Wand
In Schlachtfeld-Wogen braust.

Hinan, hinan! Es heulet laut
Gebrüll der Feinde Wut.
Und Schild an Schild und Schwert auf Helm
Und um den Toten Tod.

Ich dränge mich hinan, hinan,
Da kämpfen sie um ihn,
Die tapfern Freunde, tapferer
In ihrer Tränen Wut.

Ach, rettet! Kämpfet! Rettet ihn,
Ins Lager bringt ihn ’rück,
Und Balsam gießt dem Toten auf
Und Tränen, Totenehr’.

Und find’ ich mich zurück hierher,
Empfängst du, Liebe, mich,
Mein Mädchen! Ach, im Bilde nur,
Und so im Bilde warm.

Ach, wie du ruhtest neben mir,
Mich schmachtetst liebend an,
Und mir's vom Aug' durchs Herz hindurch
In'n Griffel schmachtete —

Wie ich an Aug' und Wange mich
Und Mund mich weidete,
Und mir's im Busen jung und frisch
Wie einer Gottheit war!

O kehre doch und bleibe dann
In meinen Armen fest,
Und keine, keine Schlachten mehr,
Nur dich in meinem Arm!

Und sollst mir, meine Liebe, sein
Alldeutend Ideal,
Madonna sein, ein Erstlingskind,
Ein heilig's, an der Brust.

Und haschen will ich Nymphe dich
Im tiefen Waldgebüsch,
Ein geiles Schwänzchen hinten vor,
Die Ohren aufgereckt.

Und liegen will ich Mars zu dir,
Du Liebes-Göttin stark,
Und ziehn ein Netz um uns herum
Und rufen dem Olymp,

Wer von den Göttern kommen will,
Beneiden unser Glück,
Und soll's die Fratze Eifersucht —
An'n Bettfuß angebannt!

DER NEUE AMADIS

Als ich noch ein Knabe war,
Sperrte man mich ein,
Und so saß ich manches Jahr
Über mir allein
Wie in Mutterleib.

Doch du warst mein Zeitvertreib,
Goldne Fantasie,
Und ich ward ein warmer Held,
Wie der Prinz Pipi,
Und durchzog die Welt.

Baute manch kristallen Schloss
Und zerstört' es auch,
Warf mein blinkendes Geschoss
Drachen durch den Bauch,
Ja, ich war ein Mann!

Ritterlich befreit' ich dann
Die Prinzessin Fisch;
Sie war gar zu obligeant,
Führte mich zu Tisch,
Und ich war galant.

Und ihr Kuss war Himmelsbrot,
Glühend wie der Wein.
Ach, ich liebte fast mich tot,
Rings mit Sonnenschein
War sie emailliert.

Ach! Wer hat sie mir entführt?
Hielt kein Zauberband
Ihr verrät'risch Fliehn?
Sagt, wo ist ihr Land,
Wo der Weg dahin?

DER ADLER UND DIE TAUBE

Ein Adlerjüngling hob die Flügel
Nach Raub aus;
Ihn traf des Jägers Pfeil und schnitt
Der rechten Schwinge Sennkraft ab.
Er stürzt' herab in einen Myrtenhain,
Fraß seinen Schmerz drei Tage lang
Und zuckt' an Qual
Drei lange, lange Nächte lang.
Zuletzt heilt' ihn
Allgegenwärt'ger Balsam
Allheilender Natur.
Er schleicht aus dem Gebüsch hervor
Und reckt die Flügel — ach,
Die Schwingkraft weggeschnitten —,
Hebt sich mühsam kaum
Am Boden weg,
Unwürd'ger Raubbedürfnis nach,
Und ruht tief trauernd
Auf dem niedern Fels am Bach,
Und blickt zur Eich' hinauf,
Hinauf zum Himmel,
Und eine Träne füllt sein hohes Auge. —
 Da kömmt mutwillig durch die Myrtenäste
Hergerauscht ein Taubenpaar,
Lässt sich herab und wandelt nickend
Über goldnen Sand am Bach
Und ruckt einander an.
Ihr rötlich Auge buhlt umher,
Erblickt den Innigtraurenden.
Der Täuber schwingt neugiergesellig sich
Zum nahen Busch und blickt
Mit Selbstgefälligkeit ihn freundlich an.
Du trauerst, liebelt er;
Sei gutes Mutes, Freund!

Hast du zur ruhigen Glückseligkeit
Nicht alles hier?
Kannst du dich nicht des goldnen Zweiges freun,
Der vor des Tages Glut dich schützt?
Kannst du der Abendsonne Schein
Auf weichem Moos am Bache nicht
Die Brust entgegenheben?
Du wandelst durch der Blumen frischen Tau,
Pflückst aus dem Überfluss des Waldgebüsches dir
Gelegne Speise, letzest
Den leichten Durst am Silberquell.
O Freund, das wahre Glück ist die Genügsamkeit,
Und die Genügsamkeit hat überall genug!
O weise! sprach der Adler, und trüb' erst
Versinkt er tiefer in sich selbst.
O Weisheit! du redst wie eine Taube.

EIN GLEICHNIS

Über die Wiese, den Bach herab,
Durch seinen Garten
Bricht er die jüngsten Blumen ab;
Ihm schlägt das Herz für Erwarten:
Sein Mädchen kommt! O Gewinst, o Glück!
Jüngling, tauschest deine Blüten um einen Blick!

Der Nachbar Gärtner sieht herein
Über die Hecke: So ein Tor möcht' ich sein!
Hab' Freude, meine Blumen zu nähren,
Die Vögel von meinen Früchten zu wehren,
Aber sind sie reif: Geld, guter Freund!
Soll ich meine Mühe verlieren?

Das sind Autoren, wie es scheint,
Der eine streut seine Freuden herum

Seinen Freunden, dem Publikum;
Der andre lässt sich pränumerieren.

*

Es hatt' ein Knab' eine Taube zart,
Gar schön von Farben und bunt,
Gar herzlich lieb nach Knabenart,
Geätzet aus seinem Mund,
Und hatte so Freud' am Täubelein sein,
Dass er nicht konnte sich freuen allein.

Da lebte nicht weit ein Altfuchs herum,
Erfahren und lehrreich und schwätzig darum;
Der hatte den Knaben manch Stündlein ergötzt,
Mit Wunder und Lügen verprahlt und verschwätzt.

»Muss meinem Fuchs doch mein Täubelein zeigen!«
Er lief und fand ihn strecken in Sträuchen.
»Sieh, Fuchs, mein lieb' Täublein, mein Täublein so schön!
Hast du dein Tag' so ein Täublein gesehn?«

»Zeig her!« Der Knabe reicht's. »'s geht an.
Aber sieh, es fehlt noch manches dran.
Die Federn sind viel zu kurz geraten.«
Da fing er an, rupft sich den Braten.

Der Knabe schrie. — »Du musst stärkre einsetzen,
Sonst ziert's nicht, schwingt's nicht!«
Da war's nackt — »Missgeburt!« — und in Fetzen.
Dem Knaben das Herze bricht.

Wer sich erkennt im Knaben gut,
Der sei vor Füchsen auf seiner Hut.

ANEKDOTE UNSRER TAGE

Ich führt' einen Freund zum Maidel jung,
Wollt' ihm zu genießen geben,
Was alles es hätt': gar Freud' genung,
Frisch junges warmes Leben.

Wir fanden sie sitzen an ihrem Bett,
Tät sich auf ihr Händlein stützen,
Der Herr der macht ihr ein Kompliment,
Tät gegen ihr über sitzen.
Er spitzt die Nas', er sturt sie an,
Betracht sie hinüber, herüber,
Und um mich war's gar bald getan,
Die Sinnen gingen mir über.

Der liebe Herr für allen Dank
Führt mich drauf in eine Ecken,
Und sagt, sie wär' doch allzu schlank
Und hätt' auch Sommerflecken.
Da nahm ich von dem Kind Adieu,
Und scheidend sah ich in die Höh':
Ach Herre Gott, ach Herre Gott,
Erbarm' dich doch des Herren!

Da führt' ich ihn in die Galerie
Voll Menschenglut und Geistes.
Mir wird's da gleich, ich weiß nicht wie,
Mein ganzes Herz zerreißt es.
O Maler, Maler! ruf ich laut,
Belohn' dir Gott dein Malen!
Und nur die allerschönste Braut
Kann dich für uns bezahlen.

Und sieh, da ging mein Herr herum
Und stochert sich die Zähne,

Registriert in Katalogum
Mir meine Göttersöhne.
Mein Busen war so voll und bang,
Von hundert Welten trächtig.
Ihm war bald was zu kurz, zu lang,
Wägt alles gar bedächtig.

Da warf ich in ein Eckchen mich
In süße Liebesbanden.
Um ihn versammelten Männer sich,
Die ihn einen Kenner nannten.

KENNER UND KÜNSTLER

Kenner
Gut, brav, mein Herr! Allein
Die linke Seite
Nicht ganz gleich der rechten!
Hier zuckt's ein wenig,
Und die Lippe
Nicht ganz Natur,
Noch alles so tot.

Künstler
O ratet, helft mir,
Dass ich mich vollende!
Wo ist der Urquell der Natur,
Daraus ich schöpfend
Himmel fühl' und Leben
In die Fingerspitzen empor,
Dass ich mit Göttersinn
Und Menschenhand
Vermög' zu bilden,
Was bei meinem Weib
Ich animalisch kann und muss?

Kenner

Da sehen Sie zu.

Künstler

So.

*

Da hatt' ich einen Kerl zu Gast,
Er war mir eben nicht zur Last,
Ich hatt' just mein gewöhnlich Essen.
Hat sich der Mensch pumpsatt gefressen;
Zum Nachtisch, was ich gespeichert hatt'.
Und kaum ist mir der Kerl so satt,
Tut ihn der Teufel zum Nachbar führen,
Über mein Essen zu räsonieren:
Die Supp' hätt' können gewürzter sein,
Der Braten brauner, firner der Wein. —
Der Tausendsackerment!
Schlagt ihn tot, den Hund! Es ist ein Rezensent.

DENK- UND TROSTSPRÜCHLEIN

's geschieht wohl, dass man an einem Tag
Weder Gott noch Menschen lieben mag,
Dringt nichts dir nach dem Herzen ein.
Sollt's in der Kunst wohl anders sein?
Drum hetz' dich nicht zur schlimmen Zeit,
Denn Füll' und Kraft sind nimmer weit.
Hast in der schlappen Stund geruht,
Ist dir die gute doppelt gut.

SPRACHE

Was reich und arm! Was stark und schwach!
Ist reich vergrabner Urne Bauch?
Ist stark das Schwert im Arsenal?
Greif milde drein, und freundlich Glück
Fließt, Gottheit, von dir aus!
Fass' an zum Siege, Macht, das Schwert,
Und über Nachbarn Ruhm!

DES KÜNSTLERS ERDEWALLEN

I.
Vor Sonnenaufgang

Der Künstler

vor der Staffelei, worauf das Bild einer dicken, hässlichen, kokett-schielenden Frau gestellt ist

Ich will nicht! Ich kann nicht!
Das schändliche, verzerrte Gesicht!
Soll ich so verderben den himmlischen Morgen?
Da sie noch schlafen all meine lieben Sorgen!
Gutes Weib! Köstliche Kleinen!

Er stellt das Bild ab und tritt ans Fenster.

Aurora, wie neukräftig liegt die Erd' um dich!
Und dieses Herz fühlt wieder jugendlich,
Und dies Auge wie selig, dir entgegenzuweinen!

Er stellt das Bild der Venus Urania auf.

Meine Göttin, deiner Gegenwart Blick
Überdrängt mich wie erstes Jugendglück,
Die ich in Seel' und Sinn, himmlische Gestalt,
Dich umfasse mit Bräutigams Gewalt.
Wo mein Pinsel dich berührt, bist du mein,
Du bist ich, bist mehr als ich, ich bin dein,
Uranfängliche Schönheit, Königin der Welt!

Und ich soll dich lassen für feiles Geld —
Dem Toren lassen, der am bunten Tand
Sich weidet, an einer scheckigen Wand …
Meine Kinder! — Göttin, du wirst sie letzen,
Du gehst in eines Reichen Haus,
Ihn in Kontribution zu setzen,
Und ich trag' ihnen Brot heraus.
Und er besitzt dich nicht, er hat dich nur,
Du wohnst bei mir, Urquell der Natur,
Leben und Freude der Kreatur!
In dir versunken
Fühl' ich mich selig an allen Sinnen trunken.

Ein Kind schreit

Ä! ä!

Der Künstler

Lieber Gott.

Frau erwacht

'S ist schon Tag!
Lieber, geh doch, schlag
Mir Feuer, leg' Holz an, stell Wasser bei,
Dass ich dem Kindel koch den Brei

Künstler am Bilde einen Blick weilend

Meine Göttin!

Ältester Knabe springt barfuß auf

Lieber Pappe! Ich helfe dich!

Künstler

Wie lang?

Knab

Was?

Künstler

Bring klein Holz in die Küch'!

II.

Höher am Tag

Künstler

Wer klopft so gewaltig? Fritzel, schau!

Knab

Es ist der Herr mit der dicken Frau!

Künstler

Da muss ich tun, als hätt' ich gemalt.

Er stellt das garstige Bild wieder auf.

Frau

Mach's nur, es wird ja wohl bezahlt.

Künstler

Das tut's ihm.

Der Herr und Madame treten auf

Herr

Da kommen wir ja zurecht.

Madame

Hab' heut geschlafen gar zu schlecht.

Frau

O, die Madame sind immer schön.

Herr

Darf man die Stück' in der Eck' besehn?

Künstler

Sie machen sich staubig.
(zu Madame:) Belieben sich niederzulassen.

Herr zur Staffelei tretend

Sie müssen sie recht im Geiste fassen.
Es ist wohl gut, doch so noch nicht,
Dass es einen vom Tuch anspricht.

Künstler vor sich

Es ist auch darnach ein Angesicht.

Herr eins der bestaubten Gemälde aufhebend

Ist das Ihr eigen Bildnis hier?

Künstler

Vor zehen Jahren glich es mir.

Herr

Es gleicht noch ziemlich.

Madame einen flüchtigen Blick drüber hinwerfend
O, gar sehr!

Herr

Sie haben jetzt gar viel Runzeln mehr.

Frau mit einem Korbe, heimlich

Gib mir Geld, ich muss auf den Markt!

Künstler

Ich hab' nichts.

Frau

Dafür kauft man ein' Quark.

Künstler gibt ihr

Da.

Herr

Aber Ihre Manier ist jetzt größer.

Künstler

Das ein' wird schlimmer, das andre besser.

Herr hinter dem Künstler

So, so! Da an dem Nasenbug!
Und die Augen sind nicht feurig gnug.

Künstler vor sich

O weh! Das mag der Teufel ertragen!

Die Muse ungesehen den andern tritt zu ihm

Mein Sohn, fängst jetzt an zu verzagen?
Trägt nicht ein jeder Mensch sein Joch?
Ist sie garstig, bezahlt sie doch!
Und lass den Kerl tadeln und schwätzen.
Hast Zeit genug, dich zu ergötzen
An dir selbst und an jedem Bild,
Das liebevoll aus deinem Pinsel quillt.
Wer muss eine Zeit lang hacken und graben,
Der wird die Ruh' erst willkommen haben.
Der Himmel kann einen auch verwöhnen,
Dass man sich tut nach der Erde sehnen.
Dir schmeckt das Essen, Lieb' und Schlaf,
Und bist nicht reich, so bist du brav.

DES KÜNSTLERS VERGÖTTERUNG

Stellt eine Gemäldegalerie vor, wo unter andern das Bild der Venus Urania in einer breiten goldnen Rahme wohlgefirnisst aufgehängt ist. Ein junger Maler sitzt davor und zeichnet, der Meister mit andern steht hinter dem Stuhle. Der Jünger steht auf.

Jünger

Hier leg ich, teurer Meister, meinen Pinsel nieder.
Nimmer, nimmer wag' ich es wieder,
Diese Fülle, dieses unendliche Leben
Mit dürftigen Strichen wiederzugeben.
Ich stehe beschämt, Widerwillens voll,
Wie vor 'ner Last ein Mann,
Die er tragen soll
Und nicht heben kann.

Meister

Heil deinem Gefühl, Jüngling, ich weihe dich ein
Vor diesem heiligen Bilde! Du wirst Meister sein!
Das starke Gefühl, wie größer dieser ist,
Zeigt, dass dein Geist seinesgleichen ist.

Jünger

Ganz, heil'ger Genius, versink' ich vor dir.

Meister

Und der Mann war ein Mensch wie wir,
Und an der Menschheit zugeteilten Plagen
Hatte er weit schwerer als wir zu tragen.

Jünger

O, warum sah ich sein Angesicht,
Hört' seiner Lippe Rede nicht!
Du Glücklicher kanntest ihn?

Meister

Ja, mein Sohn.
Ich war noch jung, er nahte schon
Dem Grabe. Ich werd' ihn nie vergessen.
Wie oft hab' ich zitternd vor ihm da gesessen
Voll von heißem Verlangen,
Jedes Wort von seinen Lippen zu fangen,
Und, wenn er schwieg, an seinem Auge gehangen.

KÜNSTLERS APOTHEOSE

Es wird eine prächtige Gemäldegalerie vorgestellt. Die Bilder aller Schulen hängen in breiten goldenen Rahmen. Es gehen mehrere Personen auf und ab. An einer Seite sitzt ein Schüler und ist beschäftiget, ein Bild zu kopieren.

Schüler

(indem er aufsteht, Palette und Pinsel auf den Stuhl legt und dahinter tritt)

Da sitz' ich hier schon Tage lang,
Mir wird's so schwül, mir wird's so bang,
Ich male zu und streiche zu
Und sehe kaum mehr, was ich tu'.
Gezeichnet ist es durchs Quadrat;
Die Farben, nach des Meisters Rat,
So gut mein Aug' sie sehen mag,
Ahm' ich nach meinem Muster nach;
Und wenn ich dann nicht weiter kann,
Steh' ich wie ein genestelter Mann
Und sehe hin und sehe her,
Als ob's getan mit Sehen wär';
Ich stehe hinter meinem Stuhl
Und schwitze wie im Schwefelpfuhl —
Und dennoch wird zu meiner Qual
Nie die Kopie Original.
Was dort ein freies Leben hat,
Das ist hier trocken, steif und matt;
Was reizend steht und sitzt und geht,

Ist hier gewunden und gedreht;
Was dort durchsichtig glänzt und glüht,
Hier wie ein alter Topf aussieht;
Und überall es mir gebricht
Als nur am guten Willen nicht,
Und bin nur eben mehr gequält,
Dass ich recht sehe, was mir fehlt.

Ein Meister (tritt hinzu)

Mein Sohn, das hast du wohl gemacht,
Mit Fleiß das Bild zustand gebracht!
Du siehst, wie wahr ich stets gesagt:
Je mehr als sich ein Künstler plagt,
Je mehr er sich zum Fleiße zwingt,
Um desto mehr es ihm gelingt.
Drum übe dich nur Tag für Tag,
Und du wirst sehn, was das vermag!
Dadurch wird jeder Zweck erreicht,
Dadurch wird manches Schwere leicht,
Und nach und nach kommt der Verstand
Unmittelbar dir in die Hand.

Schüler

Ihr seid zu gut und sagt mir nicht,
Was alles diesem Bild gebricht.

Meister

Ich sehe nur mit Freuden an,
Was du, mein Sohn, bisher getan.
Ich weiß, dass du dich selber treibst,
Nicht gern auf einer Stufe bleibst.
Will hier und da noch was gebrechen,
Wollen wir's ein andermal besprechen. (Entfernt sich.)

Schüler (das Bild ansehend)
Ich habe weder Ruh noch Rast,
Bis ich die Kunst erst recht gefasst.

Ein Liebhaber (tritt zu ihm)
Mein Herr, mir ist verwunderlich,
Dass Sie hier Ihre Zeit verschwenden
Und auf dem rechten Wege sich
Schnurstracks an die Natur nicht wenden;
Denn die Natur ist aller Meister Meister!
Sie zeigt uns erst den Geist der Geister,
Lässt uns den Geist der Körper sehn,
Lehrt jedes Geheimnis uns verstehn.
Ich bitte, lassen Sie sich raten!
Was hilft es, immer fremden Taten
Mit größter Sorgfalt nachzugehn?
Sie sind nicht auf der rechten Spur;
Natur, mein Herr! Natur! Natur!

Schüler
Man hat es mir schon oft gesagt.
Ich habe kühn mich dran gewagt;
Es war mir stets ein großes Fest.
Auch ist mir dies und jen's geglückt;
Doch öfters ward ich mit Protest,
Mit Scham und Schande weggeschickt.
Kaum wag' ich es ein andermal;
Es ist nur Zeit, die man verliert:
Die Blätter sind zu kolossal,
Und ihre Schrift gar seltsam abbreviert.

Liebhaber (sich wegwendend)
Nun seh' ich schon das Wo und Wie;
Der gute Mensch hat kein Genie!

Schüler (sich niedersetzend)
Mich dünkt, noch hab' ich nichts getan;
Ich muss ein andermal noch dran.

Ein zweiter Meister
(tritt zu ihm, sieht seine Arbeit an und wendet sich um, ohne etwas zu sagen)

Schüler
Ich bitt' Euch, geht so stumm nicht fort
Und sagt mir wenigstens ein Wort.
Ich weiß, Ihr seid ein kluger Mann,
Ihr könntet meinen Wunsch am allerersten stillen.
Verdien' ich's nicht durch alles, was ich kann,
Verdien' ich's wenigstens durch meinen guten Willen.

Meister
Ich sehe, was du tust, was du getan,
Bewundernd halb und halb voll Mitleid an.
Du scheinst zum Künstler mir geboren,
Hast weislich keine Zeit verloren:
Du fühlst die tiefe Leidenschaft,
Mit frohem Aug' die herrlichen Gestalten
Der schönen Welt begierig fest zu halten;
Du übst die angeborne Kraft,
Mit schneller Hand bequem dich auszudrücken;
Es glückt dir schon und wird noch besser glücken,
Allein —

Schüler
Verhehlt mir nichts!

Meister
Allein du übst die Hand,
Du übst den Blick, nun üb' auch den Verstand.
Dem glücklichsten Genie wird's kaum einmal gelingen
Sich durch Natur und durch Instinkt allein
Zum Ungemeinen aufzuschwingen:

Die Kunst bleibt Kunst! Wer sie nicht durchgedacht,
Der darf sich keinen Künstler nennen;
Hier hilft das Tappen nichts; eh' man was Gutes macht,
Muss man es erst recht sicher kennen.

Schüler

Ich weiß es wohl, man kann mit Aug' und Hand
An die Natur, an gute Meister gehen;
Allein, o Meister, der Verstand,
Der übt sich nur mit Leuten, die verstehen.
Es ist nicht schön, für sich allein
Und nicht für andre mit zu sorgen:
Ihr könntet vielen nützlich sein,
Und warum bleibt Ihr so verborgen?

Meister

Man hat's bequemer heutzutag,
Als unter meine Zucht sich zu bequemen:
Das Lied, das ich so gerne singen mag,
Das mag nicht jeder gern vernehmen.

Schüler

O sagt mir nur, ob ich zu tadeln bin,
Dass ich mir diesen Mann zum Muster auserkoren?
(Er deutet auf das Bild, das er kopiert hat.)
Dass ich mich ganz in ihn verloren?
Ist es Verlust, ist es Gewinn?
Dass ich allein an ihm mich nur ergetze,
Ihn weit vor allen andern schätze,
Als gegenwärtig ihn und als lebendig liebe,
Mich stets nach ihm und seinen Werken übe?

Meister

Ich tadl' es nicht, weil er fürtrefflich ist;
Ich tadl' es nicht, weil du ein Jüngling bist:
Ein Jüngling muss die Flügel regen,

In Lieb' und Hass gewaltsam sich bewegen.
Der Mann ist vielfach groß, den du dir auserwählt,
Du kannst dich lang' an seinen Werken üben;
Nur lerne bald erkennen, was ihm fehlt:
Man muss die Kunst und nicht das Muster lieben.

Schüler

Ich sähe nimmer mich an seinen Bildern satt,
Wenn ich mich Tag für Tag damit beschäft'gen sollte.

Meister

Erkenne, Freund, was er geleistet hat,
Und dann erkenne, was er leisten wollte:
Dann wird er dir erst nützlich sein,
Du wirst nicht alles neben ihm vergessen.
Die Tugend wohnt in keinem Mann allein;
Die Kunst hat nie ein Mensch allein besessen.

Schüler

So redet nur auch mehr davon!

Meister

Ein andermal, mein lieber Sohn.

Galerie-Inspektor (tritt zu ihnen)

Der heut'ge Tag ist uns gesegnet!
O, welch ein schönes Glück begegnet!
Es wird ein neues Bild gebracht,
So köstlich, als ich keins gedacht.

Meister

Von wem?

Schüler

Sagt an, es ahnet mir.

(Auf das Bild zeigend, das er kopiert.)

Von diesem?

Inspektor
Ja, von diesem hier.

Schüler
Wird endlich doch mein Wunsch erfüllt!
Die heiße Sehnsucht wird gestillt!
Wo ist es? Lasst mich eilig gehn.

Inspektor
Ihr werdet's bald hier oben sehn.
So köstlich, als es ist gemalt,
So teuer hat's der Fürst bezahlt.

Gemäldehändler (tritt auf)
Nun kann die Galerie doch sagen,
Dass sie ein einzig Bild besitzt.
Man wird einmal in unsern Tagen
Erkennen, wie ein Fürst die Künste liebt und schützt.
Es wird sogleich heraufgetragen;
Es wird erstaunen, wer's erblickt.
Mir ist in meinem ganzen Leben
Noch nie ein solcher Fund geglückt.
Mich schmerzt es fast, es wegzugeben:
Das viele Gold, das ich begehrt,
Erreicht noch lange nicht den Wert.
(Man bringt das Bild der Venus Urania herein und setzt es auf eine Staffelei.)
Hier! wie es aus der Erbschaft kam,
Noch ohne Firnis, ohne Rahm.
Hier braucht es keine Kunst noch List.
Seht, wie es wohl erhalten ist!
(Alle versammeln sich davor.)

Erster Meister
Welch eine Praktik zeigt sich hier!

Zweiter Meister
Das Bild, wie ist es überdacht!

Schüler
Die Eingeweide brennen mir!

Liebhaber
Wie göttlich ist das Bild gemacht!

Händler
In seiner trefflichsten Manier.

Inspektor
Der goldne Rahm wird schon gebracht.
Geschwind herbei! geschwind herein!
Der Prinz wird bald im Saale sein.

(Das Bild wird in den Rahmen befestigt und wieder aufgestellt.)

Der Prinz (tritt auf und besieht das Gemälde)
Das Bild hat einen großen Wert;
Empfanget hier, was Ihr begehrt.

Der Kassier (hebt den Beutel mit den Zechinen auf den Tisch und seufzet)

Händler (zum Kassier)
Ich prüfe sie erst durchs Gewicht.

Kassier (aufzählend)
Es steht bei Euch, doch zweifelt nicht!

Der Fürst steht vor dem Bilde, die andern in einiger Entfernung. Der Plafond eröffnet sich; die Muse, den Künstler an der Hand führend, auf einer Wolke.

Künstler
Wohin, o Freundin, führst du mich?

Muse

Sieh nieder und erkenne dich!
Dies ist der Schauplatz deiner Ehre.

Künstler

Ich fühle nur den Druck der Atmosphäre.

Muse

Sieh nur herab! Es ist ein Werk von dir,
Das jedes andre neben sich verdunkelt
Und zwischen vielen Sternen hier
Als wie ein Stern der ersten Größe funkelt.
Sieh, was dein Werk für einen Eindruck macht,
Das du in deinen reinsten Stunden
Aus deinem innern Selbst empfunden,
Mit Maß und Weisheit durchgedacht,
Mit stillem, treuem Fleiß vollbracht!
Sieh, wie noch selbst die Meister lernen!
Ein kluger Fürst, er steht entzückt,
Er fühlt sich im Besitz von diesem Schatz beglückt;
Er geht und kommt, und kann sich nicht entfernen.
Sieh diesen Jüngling, wie er glüht,
Da er auf deine Tafel sieht!
In seinem Auge glänzt das herzliche Verlangen,
Von deinem Geist den Einfluss zu empfangen.
So wirkt mit Macht der edle Mann
Jahrhunderte auf seinesgleichen:
Denn was ein guter Mensch erreichen kann,
Ist nicht im engen Raum des Lebens zu erreichen.
Drum lebt er auch nach seinem Tode fort
Und ist so wirksam, als er lebte;
Die gute Tat, das schöne Wort,
Es strebt unsterblich, wie er sterblich strebte.
So lebst auch du durch ungemessne Zeit.
Genieße der Unsterblichkeit!

Künstler
Erkenn' ich doch, was mir im kurzen Leben
Zeus für ein schönes Glück gegeben,
Und was er mir in dieser Stunde schenkt!
Doch er vergebe mir, wenn dieser Blick mich kränkt.
Wie ein verliebter junger Mann
Unmöglich doch den Göttern danken kann,
Wenn seine Liebste fern und eingeschlossen weint:
Wer wagt es, ihn beglückt zu nennen?
Und wird er wohl sich trösten können,
Weil *eine* Sonne ihn und sie bescheint?
So hab' ich stets entbehren müssen,
Was meinen Werken nun so reichlich widerfährt;
Was hilft's, o Freundin, mir, zu wissen,
Dass man mich nun bezahlet und verehrt?
O hätt' ich manchmal nur das Gold besessen,
Das diesen Rahm jetzt übermäßig schmückt!
Mit Weib und Kind mich herzlich satt zu essen,
War ich zufrieden und beglückt.
Ein Freund, der sich mit mir ergetzte,
Ein Fürst, der die Talente schätzte,
Sie haben leider mir gefehlt;
Im Kloster fand ich dumpfe Gönner:
So hab' ich emsig, ohne Kenner
Und ohne Schüler mich gequält. —
(Hinab auf den Schüler deutend.)
Und willst du diesen jungen Mann,
Wie er's verdient, dereinst erheben,
So bitt' ich, ihm bei seinem Leben,
So lang' er selbst noch kau'n und küssen kann,
Das Nötige zur rechten Zeit zu geben!
Er fühle froh, dass ihn die Muse liebt,
Wenn leicht und still die frohen Tage fließen.
Die Ehre, die mich nun im Himmel selbst betrübt,
Lass ihn dereinst, wie mich, doch freudiger genießen!

Balladen

HEIDENRÖSLEIN

Sah ein Knab' ein Röslein stehn,
Röslein auf der Heiden,
War so jung und morgenschön,
Lief er schnell, es nah zu sehn,
Sah's mit vielen Freuden.
Röslein, Röslein, Röslein rot,
Röslein auf der Heiden.

Knabe sprach: Ich breche dich,
Röslein auf der Heiden!
Röslein sprach: Ich steche dich,
Dass du ewig denkst an mich,
Und ich will's nicht leiden.
Röslein, Röslein, Röslein rot,
Röslein auf der Heiden.

Und der wilde Knabe brach
's Röslein auf der Heiden;
Röslein wehrte sich und stach,
Half ihr doch kein Weh und Ach,
Musst' es eben leiden.
Röslein, Röslein, Röslein rot,
Röslein auf der Heiden.

*

Ein Veilchen auf der Wiese stand,
Gebückt in sich und unbekannt,
Es war ein herzig's Veilchen.
Da kam eine junge Schäferin
Mit leichtem Schritt und munterem Sinn

Daher, daher,
Die Wiese her, und sang.

Ach! denkt das Veilchen, wär' ich nur
Die schönste Blume der Natur,
Ach, nur ein kleines Weilchen,
Bis mich das Liebchen abgepflückt
Und an dem Busen matt gedrückt!
Ach nur, ach nur
Ein Viertelstündchen lang!

Ach, aber ach! Das Mädchen kam
Und nicht in acht das Veilchen nahm,
Ertrat's, das arme Veilchen.
Und sank und starb und freut sich noch:
Und sterb' ich denn, so sterb ich doch
Durch sie, durch sie,
Zu ihren Füßen doch!

DER KÖNIG VON THULE

Frühe Fassung

Es war ein König in Thule,
Ein' goldnen Becher er hätt
Empfangen von seiner Buhle
Auf ihrem Todesbett.

Den Becher hätt er lieber,
Trank draus bei jedem Schmaus.
Die Augen gingen ihm über,
So oft er trank daraus.

Und als er kam zu sterben,
Zählt' er seine Städt' und Reich',
Gönnt' alles seinen Erben,
Den Becher nicht zugleich.

Am hohen Königsmahle,
Die Ritter um ihn her,
Im alten Vätersaale
Auf seinem Schloss am Meer

Da saß der alte Zecher,
Trank letzte Lebensglut
Und warf den heiligen Becher
Hinunter in die Flut.

Er sah ihn sinken und trinken
Und stürzen tief ins Meer.
Die Augen täten ihm sinken,
Trank keinen Tropfen mehr.

DER KÖNIG IN THULE

Spätere Fassung

Es war ein König in Thule
Gar treu bis an das Grab,
Dem sterbend seine Buhle
Einen goldnen Becher gab.

Es ging ihm nichts darüber,
Er leert' ihn jeden Schmaus;
Die Augen gingen ihm über,
So oft er trank daraus.

Und als er kam zu sterben,
Zählt' er seine Städt' im Reich,
Gönnt' alles seinem Erben,
Den Becher nicht zugleich.

Er saß beim Königsmahle,
Die Ritter um ihn her,

Auf hohem Vätersaale
Dort auf dem Schloss am Meer.

Dort stand der alte Zecher,
Trank letzte Lebensglut
Und warf den heil'gen Becher
Hinunter in die Flut.

Er sah ihn stürzen, trinken
Und sinken tief ins Meer.
Die Augen täten ihm sinken;
Trank nie einen Tropfen mehr.

*

Hoch auf dem alten Turne steht
Des Helden edler Geist,
Der, wie das Schiff vorüber geht,
Es wohl zu fahren heißt.

»Sieh, diese Sehne war so stark,
Dies Herz so fest und wild,
Die Knochen voll von Rittermark,
Der Becher angefüllt.

Mein halbes Leben stürmt' ich fort,
Verdehnt' die Hälft' in Ruh.
Und du, du Menschen-Schifflein dort,
Fahr immer, immer zu!«

*

Es war ein Buhle frech genung,
War erst aus Frankreich kommen,
Der hat ein armes Maidel jung
Gar oft in Arm genommen,
Und liebgekost und liebgeherzt,
Als Bräutigam herumgescherzt,
Und endlich sie verlassen.

Das arme Maidel das erfuhr,
Vergingen ihr die Sinnen,
Sie lacht' und weint' und bet' und schwur
So fuhr die Seel' von hinnen.
Die Stund, da sie verschieden war,
Wird bang dem Buben, graust sein Haar,
Es treibt ihn fort zu Pferde.

Er gab die Sporen kreuz und quer
Und ritt auf alle Seiten,
Herüber, 'nüber, hin und her,
Kann keine Ruh' erreiten;
Reit' sieben Tag und sieben Nacht —
Es blitzt und donnert, stürmt und kracht,
Die Fluten reißen über;

Und reit' im Blitz und Wetterschein
Gemäuerwerk entgegen,
Bindt 's Pferd hauß an und kriecht hinein
Und duckt sich vor dem Regen.
Und wie er tappt und wie er fühlt,
Sich unter ihm die Erd' erwühlt:
Er stürzt wohl hundert Klafter.

Und als er sich ermannt vom Schlag,
Sieht er drei Lichtlein schleichen.
Er rafft sich auf und krapelt nach,
Die Lichtlein ferne weichen,
Irrführen ihn die Quer und Läng',
Treppauf treppab durch enge Gäng',
Verfallne wüste Keller.

Auf einmal steht er hoch im Saal,
Sieht sitzen hundert Gäste,
Hohlaugig grinsen allzumal
Und winken ihm zum Feste.

Er sieht sein Schätzel unten an
Mit weißen Tüchern angetan,
Die wend't sich —

KLAGGESANG VON DER EDLEN FRAUEN DES ASAN AGA

Was ist Weißes dort am grünen Walde?
Ist es Schnee wohl oder sind es Schwäne?
Wär es Schnee da, wäre weggeschmolzen,
Wären's Schwäne, wären weggeflogen.
Ist kein Schnee nicht, es sind keine Schwäne,
's ist der Glanz der Zelten Asan Aga,
Niederliegt er drin an seiner Wunde.

Ihn besucht die Mutter und die Schwester,
Schamhaft säumt sein Weib zu ihm zu kommen.

Als nun seine Wunde linder wurde,
Ließ er seinem treuen Weibe sagen:
»Harre mein nicht mehr an meinem Hofe,
Nicht am Hofe, und nicht bei den Meinen.«

Als die Frau dies harte Wort vernommen,
Stand die Treue starr und voller Schmerzen.
Hört der Pferde Stampfen vor der Türe,
Und es deucht ihr, Asan käm, ihr Gatte,
Springt zum Turne, sich herabzustürzen.
Ängstlich folgen ihr zwei liebe Töchter,
Rufen nach ihr, weinend bittre Tränen:
»Sind nicht unsers Vaters Asans Rosse!
Ist dein Bruder Pintorowich kommen.«

Und es kehret die Gemahlin Asans,
Schlingt die Arme jammernd um den Bruder:

»Sieh die Schmach, o Bruder, deiner Schwester!
Mich verstoßen, Mutter dieser fünfe!«

Schweigt der Bruder und zieht aus der Tasche
Eingehüllet in hochrote Seide
Ausgefertiget den Brief der Scheidung,
Dass sie kehre zu der Mutter Wohnung,
Frei, sich einem andern zu ergeben.

Als die Frau den Trauer-Scheidbrief sahe,
Küsste sie der beiden Knaben Stirne,
Küsst' die Wangen ihrer beiden Mädchen;
Aber, ach, vom Säugling in der Wiege
Kann sie sich im bittern Schmerz nicht reißen.
Reißt sie los der ungestüme Bruder,
Hebt sie auf das muntre Ross behände,
Und so eilt er mit der bangen Frauen
Grad nach seines Vaters hoher Wohnung.

Kurze Zeit war's, noch nicht sieben Tage,
Kurze Zeit gnug: von viel großen Herren
D'liebe Frau in ihrer Witwen-Trauer,
D'liebe Frau zum Weib begehret wurde.
Und der größte war Imoskis Kadi.
Und die Frau bat weinend ihren Bruder:
»Ach, bei deinem Leben, dich beschwör' ich,
Gib mich keinem andern mehr zur Frauen,
Dass das Wiedersehen meiner lieben
Armen Kinder mir das Herz nicht breche!«

Ihre Reden achtet nicht der Bruder,
Fest, Imoskis Kadi sie zu trauen.
Doch die Fraue bittet ihn unendlich:
»Schicke wenigstens ein Blatt, o Bruder,
Mit den Worten zu Imoskis Kadi:
Dich begrüßt die junge Wittib freundlich

Und lässt durch dies Blatt dich höchlich bitten,
Dass, wenn dich die Suaten herbegleiten,
Du mir einen langen Schleier bringest,
Dass ich mich vor Asans Haus verhülle,
Meine lieben Waisen nicht ersehe.«

Kaum ersah der Kadi dieses Schreiben,
Als er seine Suaten alle sammelt
Und zum Wege nach der Braut sich rüstet,
Mit den Schleier, den sie heischte, tragend.

Glücklich kamen sie zur Fürstin Hause,
Glücklich sie mit ihr vom Hause wieder.
Aber als sie Asans Wohnung nahten,
Sahn die Kinder oben ab die Mutter,
Riefen: »Komm zu deinen Kindern wieder!
Iss mit uns das Abendbrot in deiner Halle!«

Traurig hört es die Gemahlin Asans,
Kehrete sich zu der Suaten Fürsten:
»Bruder, lass die Suaten und die Pferde
Halten 'wenig vor der lieben Türe,
Dass ich meine Kleinen noch beschenke.«

Und sie hielten vor der lieben Türe,
Und den armen Kindern gab sie Gaben,
Gab den Knaben goldgestickte Stiefel,
Gab den Mädchen lange reiche Kleider,
Und dem Säugling, hilflos in der Wiegen,
Gab sie für die Zukunft auch ein Röckchen.

Das beiseit sah Vater Asan Aga,
Rief gar traurig seinen lieben Kindern:
»Kehrt zu mir, ihr lieben armen Kleinen!
Eurer Mutter Brust ist Eisen worden,
Fest verschlossen, kann nicht Mitleid fühlen.«

Wie das hörte die Gemahlin Asans,
Stürzt' sie bleich, den Boden schütternd, nieder,
Und die Seel' entfloh dem bangen Busen,
Als sie ihre Kinder vor sich fliehn sah.

VOR GERICHT

Von wem ich's habe, das sag' ich euch nicht,
Das Kind in meinem Leib.
Pfui, speit ihr aus, die Hure da!
Bin doch ein ehrlich Weib.

Mit wem ich mich traute, das sag' ich euch nicht,
Mein Schatz ist lieb und gut,
Trägt er eine goldne Kett' am Hals,
Trägt er einen strohernen Hut.

Soll Spott und Hohn getragen sein,
Trag' ich allein den Hohn.
Ich kenn' ihn wohl, er kennt mich wohl,
Und Gott weiß auch davon.

Herr Pfarrer und Herr Amtmann ihr,
Ich bitt', lasst mich in Ruh!
Es ist mein Kind und bleibt mein Kind,
Ihr gebt mir ja nichts dazu.

Gelegenheitsgedichte

PILGERS MORGENLIED

An Lila

Morgennebel, Lila,
Hüllen deinen Turn um.
Soll ich ihn zum
Letzten Mal nicht sehn!
Doch mir schweben
Tausend Bilder
Seliger Erinnerung
Heilig warm ums Herz.
Wie er so stand,
Zeuge meiner Wonne,
Als zum ersten Mal
Du dem Fremdling
Ängstlich liebevoll
Begegnetest
Und mit einem Mal
Ew'ge Flammen
In die Seel' ihm warfst! —
Zische, Nord,
Tausend-schlangenzüngig
Mir ums Haupt!
Beugen sollst du's nicht!
Beugen magst du
Kind'scher Zweige Haupt,
Von der Sonne
Muttergegenwart geschieden.

Allgegenwärt'ge Liebe,
Durchglühst mich!

Beutst dem Wetter die Stirn,
Gefahren die Brust!
Hast mir gegossen
Ins frühwelkende Herz
Doppeltes Leben,
Freude, zu leben,
Und Mut!

Aus einem Briefe an Johann Christian Kestner.
Frankfurt, Januar 1773

Wenn dem Papa sein Pfeifchen schmeckt,
Der Doktor Hofrat Grillen heckt
Und sie Karlinchen für Liebe verkauft,
Die Lotte herüber hinüber lauft,
Lenchen treuherzig und wohlgemut
In die Welt hinein lugen tut,
Mit dreckigen Händen und Honigschnitten,
Mit Löchern im Kopf nach deutschen Sitten
Die Buben jauchzen mit hellem Hauf
Tür ein Tür aus, Hof ab Hof auf,
Und Ihr mit den blauen Äugelein
Gucket so ganz gelassen drein,
Als wäret Ihr Männlein von Porzellan,
Seid innerlich doch ein wackrer Mann,
Treuer Liebhaber und warmer Freund!
So lass des Reichs und Christen Feind
Und Russ' und Preuß' und Belial
Sich teilen in den Erdenball,
Und nur das liebe Teutsche Haus
Nehmt von der großen Teilung aus!
Und dass der Weg von hier zu Euch
Wie Jakobs Leiter sei sicher und gleich,
Und unser Magen verdau' gesund!
So segnen wir Euch mit Herz und Mund:

Gott allein die Ehr',
Mir mein Weib allein,
So kann ich und Er
Wohl zufrieden sein.

AN LOTTEN

Wenn einen sel'gen Biedermann,
Pastor oder Ratsherrn lobesan
Die Wittib lässt in Kupfer stechen
Und drunter ein Verslein radebrechen,
Da heißt's: Seht hier von Kopf und Ohren
Den Herrn hochwürdig, wohlgeboren,
Seht seine Augen und seine Stirn.
Aber sein verständig Gehirn,
So manch Verdienst ums gemeine Wesen
Könnt ihr ihm nicht an der Nase lesen.

So, liebe Lotte, heißt's auch hier:
Ich schicke da meinen Schatten dir.
Magst wohl die lange Nase sehn,
Der Stirne Drang, der Lippe Flehn,
's ist ohngefähr das garstge Gesicht —
Aber meine Liebe siehst du nicht.

An Friedrich Wilhelm Gotter mit einem Exemplar des »Götz von Berlichingen«

Schicke dir hier den alten Götzen,
Magst ihn zu deinen Heilgen setzen
Oder magst ihn in die Zahl
Der Ungeblätterten stellen zumal.
Hab's geschrieben in guter Zeit,
Tags, abends und nachts Herrlichkeit,

Und find' nicht halb die Freud' so mehr,
Da nun gedruckt ist ein großes Heer.
Find', dass es wie mit den Kindern ist,
Da doch wohl immer die schönste Frist
Bleibt, wenn man in der schönen Nacht
Sie hat der lieben Frau gemacht;
Das andre geht dann seinen Gang
Und Rechnen, Wehn und Tauf' und Sang.
Mögt euch nun auch ergötzen dran,
So habt ihr doppelt wohlgetan.
Magst, wie ich höre, dann allda
Agieren, tragieren Komödia
Vor Stadt und Land und Hof und Herrn;
Die sähn das Schattenspiel wohl gern.
So such' dir denn in deinem Haus
Einen recht tüchtigen Bengel aus,
Und gib ihm die Roll' von meinem Götz,
In Panzer, Blechhaub' und Geschwätz.
Dann nimm den Weisling vor dich hin,
In Pumphos', Kragen und stolzem Kinn,
Mit Spada wohl nach Spanier Art,
Mit Weitnaslöchern, Stützleinbart,
Und sei ein Falscher an den Frauen,
Lass dich zuletzt vergiftet schauen.
Und bring', da hast du meinen Dank,
Mich vor die Weiblein ohn' Gestank!
Musst alle garstgen Worte lindern,
Aus Scheißkerl Schurken, aus Arsch mach Hintern,
Und gleich' das alles so fortan,
Wie du's wohl ehmals schon getan.

MIT EINER ZEICHNUNG

Sieh in diesem Zauberspiegel
Einen Traum, wie lieb und gut
Unter ihres Gottes Flügel
Unsre Freundin leidend ruht.

Fühle, wie sie sich herüber
Aus des Lebens Woge stritt;
Sieh dein Bild ihr gegenüber
Und den Gott, der für euch litt.

Fühle, was ich in dem Schweben
Dieser Dämmrung all gefühlt,
Als mit ungeduld'gem Streben
Ich die Zeichnung hingewühlt.

*

Zwischen Lavater und Basedow
Saß ich bei Tisch des Lebens froh.
Herr Helfer, der war gar nicht faul,
Setzt' sich auf einen schwarzen Gaul,
Nahm einen Pfarrer hinter sich
Und auf die Offenbarung strich,
Die uns Johannes der Prophet
Mit Rätseln wohl versiegelt hätt;
Er öffnet' die Siegel kurz und gut,
Wie man Theriaksbüchsen öffnen tut,
Und maß mit einem heil'gen Rohr
Die Kubusstadt und Perlentor
Dem hocherstaunten Jünger vor.
Ich war indes nicht weit gereist,
Hatte ein Stück Salmen aufgespeist.
Vater Basedow, unter dieser Zeit,
Packt' einen Tanzmeister an seiner Seit'
Und zeigt' ihm, was die Taufe klar

Bei Christ und seinen Jüngern war,
Und dass sich's gar nicht ziemet jetzt,
Dass man den Kindern die Köpfe netzt.
Drob ärgert' sich der andre sehr
Und wollte gar nichts hören mehr
Und sagt', es wüsste ein jedes Kind,
Dass's in der Bibel anders stünd'.
Und ich behaglich unterdessen
Hatt' einen Hahnen aufgefressen.

Und wie nach Emmaus weiter ging's
Mit Sturm- und Feuerschritten:
Prophete rechts, Prophete links,
Das Weltkind in der Mitten.

AUF CHRISTIANEN R.

Hab oft einen dummen düstern Sinn,
Ein gar so schweres Blut,
Wenn ich bei meiner Christel bin.
Ist alles wieder gut.
Ich seh sie dort, ich seh sie hier
Und weiß nicht auf der Welt
Und wie und wo und wann sie mir,
Warum sie mir gefällt.

Das schwarze Schelmenaug' dadrein,
Die schwarzen Braunen drauf,
Seh ich ein einzigmal hinein,
Die Seele geht mir auf.
Was sie so gar einen süßen Mund,
Liebrunde Wänglein hat!
Ach, und es ist noch etwas rund,
Da sieht kein Aug' sich satt.

Und wenn ich sie dann fassen darf
Im lüft'gen deutschen Tanz,
Da geht's herum, da geht's so scharf,
Da fühl' ich mich so ganz.
Und wenn's ihr tummlig wird und warm,
Da wieg' ich sie sogleich
An meiner Brust, in meinem Arm,
Ist mir ein Königreich!

Und wenn sie liebend nach mir blickt
Und alles rings vergisst,
Und dann an meine Brust gedrückt
Und weidlich eins geküsst,
Das läuft mir durch das Rückenmark
Bis in die große Zeh',
Ich bin so schwach, ich bin so stark,
Mir ist so wohl, so weh.

Da möcht' ich mehr und immer mehr,
Der Tag wird mir nicht lang.
Wenn ich die Nacht auch bei ihr wär',
Davor wär' mir nicht bang.
Ich denk', ich fasse sie einmal
Und büße meine Lust;
Und endigt sich nicht meine Qual,
Sterb' ich an ihrer Brust.

An Merck mit einer Zeichenmappe

Hier schick' ich dir ein teures Pfand,
Das ich mit eigner hoher Hand,
Mit Zirkel rein und Lineal
Gefertigt dir zur Zeichenschal'
Und auch zu festem Kraft und Grund
In einer guten Zeichenstund'.

Nimm's, lieber Alter, auf dein Knie
Und denke mein, wenn's um dich schwebt,
Wie es in Sympathien hie
Um mein verschwirbelt Hirnchen lebt.
Geb' Gott dir Lieb' zu deinem Pantoffel,
Ehr' jede krüpplige Kartoffel,
Erkenne jedes Dings Gestalt,
Sein Leid und Freud, Ruh und Gewalt
Und fühle, wie die ganze Welt
Der große Himmel zusammenhält:
Dann du ein Zeichner, Kolorist,
Haltungs- und Ausdrucks-Meister bist.

Motto-Verse zur zweiten Ausgabe der »Leiden des jungen Werthers« 1775

Zum 1. Buch

Jeder Jüngling sehnt sich, so zu lieben,
Jedes Mädchen, so geliebt zu sein.
Ach, der heiligste von unsern Trieben,
Warum quillt aus ihm die grimme Pein?

Zum 2. Buch

Du beweinst, du liebst ihn, liebe Seele,
Rettest sein Gedächtnis von der Schmach;
Sieh, dir winkt sein Geist aus seiner Höhle:
Sei ein Mann und folge mir nicht nach.

In das Stammbuch von Jakob Michael Reinhold Lenz

Zur Erinnrung guter Stunden,
Aller Freuden, aller Wunden,
Aller Sorgen, aller Schmerzen
In zwei tollen Dichterherzen,
Noch im letzten Augenblick
Lass' ich Lenzchen dies zurück.

BUNDESLIED, EINEM JUNGEN PAAR GESUNGEN VON VIEREN

Den künft'gen Tag' und Stunden,
Nicht heut dem Tag allein,
Soll dieses Lied verbunden
Von uns gesungen sein.
Euch bracht ein Gott zusammen,
Der uns zusammenbracht.
Von schnellen, ew'gen Flammen
Seid glücklich durchgefacht!

Ihr seid nun eins, ihr beide,
Und wir mit euch sind eins.
Auf, trinkt der Dauerfreude
Ein Glas des echten Weins!
Auf, in der holden Stunde
Stoßt an und küsset treu
Bei diesem neuen Bunde
Die Alten wieder neu.

Nicht lang in unserm Kreise
Bist nicht mehr neu darin,
Kennst schon die freie Weise
Und unsern treuen Sinn.

So bleib' zu allen Zeiten
Herz Herzen zugekehrt;
Durch keine Kleinigkeiten
Werd' unser Bund gestört!

Uns hat ein Gott gesegnet
Ringsum mit freiem Blick,
Und wie umher die Gegend
So frisch sei unser Glück.
Durch Grillen nicht gedränget
Verknickt sich keine Lust;
Durch Zieren nicht geenget
Schlägt freier unsre Brust.

Mit jedem Schritt wird weiter
Die rasche Lebensbahn,
Und heiter, immer heiter
Steigt unser Blick hinan,
Und bleiben lange, lange,
Fort ewig so gesellt.
Ach, dass von einer Wange
Hier eine Träne fällt!

Doch ihr sollt nichts verlieren,
Die ihr verbunden bleibt,
Wenn einen einst von Vieren
Das Schicksal von euch treibt;
Ist's doch, als wenn er bliebe:
Euch ferne sucht sein Blick;
Erinnerung der Liebe
Ist wie die Liebe Glück.

BUNDESLIED
Spätere Fassung

In allen guten Stunden,
Erhöht von Lieb' und Wein,
Soll dieses Lied verbunden
Von uns gesungen sein!
Uns hält der Gott zusammen,
Der uns hierher gebracht.
Erneuert unsre Flammen,
Er hat sie angefacht.

So glühet fröhlich heute,
Seid recht von Herzen eins!
Auf, trinkt erneuter Freude
Dies Glas des echten Weins!
Auf, in der holden Stunde
Stoßt an und küsset treu
Bei jedem neuen Bunde
Die alten wieder neu!

Wer lebt in unserm Kreise
Und lebt nicht selig drin?
Genießt die freie Weise
Und treuen Brudersinn!
So bleibt durch alle Zeiten
Herz Herzen zugekehrt;
Von keinen Kleinigkeiten
Wird unser Bund gestört.

Uns hat ein Gott gesegnet
Mit freiem Lebensblick,
Und alles, was begegnet,
Erneuert unser Glück.
Durch Grillen nicht gedränget
Verknickt sich keine Lust;

Durch Zieren nicht geenget
Schlägt freier unsre Brust.

Mit jedem Schritt wird weiter
Die rasche Lebensbahn,
Und heiter, immer heiter
Steigt unser Blick hinan.
Uns wird es nimmer bange,
Wenn alles steigt und fällt,
Und bleiben lange, lange,
Auf ewig so gesellt.

Lili

NEUE LIEBE, NEUES LEBEN

Herz, mein Herz, was soll das geben,
Was bedränget dich so sehr?
Welch ein fremdes neues Leben —
Ich erkenne dich nicht mehr.
Weg ist alles, was du liebtest,
Weg, worum du dich betrübtest,
Weg dein Fleiß und deine Ruh —
Ach, wie kamst du nur dazu?

Fesselt dich die Jugendblüte,
Diese liebliche Gestalt,
Dieser Blick voll Treu und Güte
Mit unendlicher Gewalt?
Will ich rasch mich ihr entziehen,
Mich ermannen, ihr entfliehen,
Führet mich im Augenblick
— Ach — mein Weg zu ihr zurück.

Und an diesem Zauberfädchen,
Das sich nicht zerreißen lässt,
Hält das liebe lose Mädchen
Mich so wider Willen fest.
Muss in ihrem Zauberkreise
Leben nun auf ihre Weise;
Die Verändrung, ach, wie groß!
Liebe, Liebe, lass mich los!

AN BELINDEN

Warum ziehst du mich unwiderstehlich,
Ach, in jene Pracht?
War ich guter Junge nicht so selig
In der öden Nacht?

Heimlich in mein Zimmerchen verschlossen
Lag im Mondenschein,
Ganz von seinem Schauerlicht umflossen,
Und ich dämmert' ein.

Träumte da von vollen goldnen Stunden
Ungemischter Lust;
Ahndungsvoll hatt' ich dein Bild empfunden
Tief in meiner Brust.

Bin ich's noch, den du bei so viel Lichtern
An dem Spieltisch hältst?
Oft so unerträglichen Gesichtern
Gegenüberstellst?

Reizender ist mir des Frühlings Blüte
Nun nicht auf der Flur,
Wo du Engel bist, ist Lieb' und Güte,
Wo du bist, Natur.

*

Bleibe, bleibe bei mir,
Holder Fremdling, süße Liebe,
Holde süße Liebe,
Und verlasse die Seele nicht!
Ach, wie anders, wie schön
Lebt der Himmel, lebt die Erde,
Ach, wie fühl' ich, wie fühl' ich
Dieses Leben zum ersten Mal!

SEHNSUCHT

Dies wird die letzte Trän' nicht sein,
Die glühend Herz-auf quillet,
Das mit unsäglich-neuer Pein
Sich schmerzvermehrend stillet.

O lass doch immer hier und dort
Mich ewig Liebe fühlen,
Und möcht' der Schmerz auch also fort
Durch Nerv und Adern wühlen.

Könnt' ich doch ausgefüllt einmal
Von dir, o Ew'ger, werden!
Ach, diese lange tiefe Qual,
Wie dauert sie auf Erden!

LILIS PARK

Ist doch keine Menagerie
So bunt als meiner Lili ihre!
Sie hat darin die wunderbarsten Tiere
Und kriegt sie 'rein, weiß selbst nicht wie.
O wie sie hüpfen, laufen, trappeln,
Mit abgestumpften Flügeln zappeln,
Die armen Prinzen allzumal,
In nie gelöschter Liebesqual!

»Wie hieß die Fee? Lili?« — Fragt nicht nach ihr!
Kennt ihr sie nicht, so danket Gott dafür.

Welch ein Geräusch, welch ein Gegacker,
Wenn sie sich in die Türe stellt
Und in der Hand das Futterkörbchen hält!
Welch ein Gequiek, welch ein Gequacker!

Alle Bäume, alle Büsche
Scheinen lebendig zu werden:
So stürzen sich ganze Herden
Zu ihren Füßen, sogar im Bassin die Fische
Patschen ungeduldig mit den Köpfen heraus;
Und sie streut dann das Futter aus
Mit einem Blick — Götter zu entzücken,
Geschweige die Bestien. Da geht's an ein Picken,
An ein Schlürfen, an ein Hacken;
Sie stürzen einander über die Nacken,
Schieben sich, drängen sich, reißen sich,
Jagen sich, ängsten sich, beißen sich,
Und das all um ein Stückchen Brot,
Das, trocken, aus den schönen Händen schmeckt,
Als hätt' es in Ambrosia gesteckt.

Aber der Blick auch, der Ton,
Wenn sie ruft: Pipi! Pipi!
Zöge den Adler Jupiters vom Thron;
Der Venus Taubenpaar,
Ja der eitle Pfau sogar,
Ich schwöre, sie kämen,
Wenn sie den Ton von Weitem nur vernähmen.

Denn so hat sie aus des Waldes Nacht
Einen Bären, ungeleckt und ungezogen,
Unter ihren Beschluss hereinbetrogen,
Unter die zahme Kompanie gebracht
Und mit den andern zahm gemacht —
Bis auf einen gewissen Punkt, versteht sich!
Wie schön und ach! wie gut
Schien sie zu sein! Ich hätte mein Blut
Gegeben, um ihre Blumen zu begießen.

»Ihr sagtet: ich! Wie? Wer?«
Gut denn, ihr Herrn, grad aus: Ich bin der Bär!

In einem Filetschurz gefangen,
An einem Seidenfaden ihr zu Füßen.
Doch wie das alles zugegangen,
Erzähl' ich euch zur andern Zeit;
Dazu bin ich zu wütig heut'.

Denn ha! steh' ich so an der Ecke
Und hör' von Weitem das Geschnatter,
Seh' das Geflitter, das Geflatter,
Kehr' ich mich um
Und brumm'
Und renne rückwärts eine Strecke
Und seh' mich um
Und brumm'
Und laufe wieder eine Strecke,
Und kehr' doch endlich wieder um.

Dann fängt's auf einmal an zu rasen,
Ein mächt'ger Geist schnaubt aus der Nasen,
Es wildzt die innere Natur.
Was, du ein Tor, ein Häschen nur!
So ein Pipi! Eichhörnchen, Nuss zu knacken!
Ich sträube meinen borst'gen Nacken,
Zu dienen ungewöhnt.
Ein jedes aufgestutzte Bäumchen höhnt
Mich an! ich flieh' vom Boulingreen,
Vom niedlich glatt gemähten Grase.
Der Buchsbaum zieht mir eine Nase!
Ich flieh' ins dunkelste Gebüsche hin,
Durchs Gehege zu dringen,
Über die Planken zu springen.
Mir versagt Klettern und Sprung,
Ein Zauber bleit mich nieder,
Ein Zauber häkelt mich wieder,
Ich arbeite mich ab, und bin ich matt genung,
Dann lieg' ich an gekünstelten Kaskaden

Und kau' und wein' und wälze halb mich tot,
Und ach! es hören meine Not
Nur porzellanene Oreaden.

Auf einmal! ach, es dringt
Ein seliges Gefühl durch alle meine Glieder:
Sie ist's, die dort in ihrer Laube singt!
Ich hör' die liebe, liebe Stimme wieder,
Die ganze Luft ist warm, ist blütevoll.
Ach! singt sie wohl, dass ich sie hören soll?
Ich dringe zu, tret' alle Sträuche nieder,
Die Büsche fliehn, die Bäume weichen mir,
Und so — zu ihren Füßen liegt das Tier.

Sie sieht es an: »Ein Ungeheuer! doch drollig!
Für einen Bären zu mild,
Für einen Pudel zu wild;
So zottig, täpsig, knollig!«
Sie streicht ihm mit dem Füßchen übern Rücken;
Er denkt im Paradiese zu sein.
Wie ihn alle sieben Sinne jücken!
Und sie — sieht ganz gelassen drein.
Ich küss' ihre Schuhe, kau' an den Sohlen,
So sittig, als ein Bär nur mag;
Ganz sachte heb' ich mich und schmiege mich verstohlen
Leis an ihr Knie — am günst'gen Tag
Lässt sie's geschehn und kraut mir um die Ohren
Und patscht mich mit mutwillig derbem Schlag —
Ich knurr', in Wonne neu geboren.
Dann fordert sie mit süßem, eitlem Spotte:
»Allons tout doux! eh la menotte!
Et faites Serviteur,
Comme un joli Seigneur.«
So treibt sie's fort mit Spiel und Lachen!
Es hofft der oft betrogne Tor;
Doch will er sich ein bisschen unnütz machen,
Hält sie ihn kurz als wie zuvor.

Doch hat sie auch ein Fläschchen Balsam-Feuers,
Dem keiner Erde Honig gleicht,
Wovon sie wohl einmal, von Lieb und Treu erweicht,
Um die verlechzten Lippen ihres Ungeheuers
Ein Tröpfchen mit der Fingerspitze streicht
Und wieder flieht und mich mir überlässt,
Und ich dann, losgebunden, fest
Gebannt bin, immer nach ihr ziehe,
Sie suche, schaudre, wieder fliehe —
So lässt sie den zerstörten Armen gehn,
Ist seiner Lust, ist seinen Schmerzen still;
Ha, manchmal lässt sie mir die Tür halb offen stehn,
Seitblickt mich spottend an, ob ich nicht fliehen will.

Und ich! — Götter, ist's in euren Händen,
Dieses dumpfe Zauberwerk zu enden:
Wie dank' ich, wenn ihr mir die Freiheit schafft!
Doch sendet ihr mir keine Hilfe nieder —
Nicht ganz umsonst reck' ich so meine Glieder:
Ich fühl's! ich schwör's! Noch hab' ich Kraft.

Aus dem Tagebuch der Reise in die Schweiz

15. Junius 1775, aufm Zürichersee.

Ich saug' an meiner Nabelschnur
Nun Nahrung aus der Welt.
Und herrlich rings ist die Natur,
Die mich am Busen hält.
Die Welle wieget unsern Kahn
Im Rudertakt hinauf,
Und Berge wolkenangetan
Entgegnen unserm Lauf.

Aug mein Aug, was sinkst du nieder?
Goldne Träume, kommt ihr wieder?
Weg, du Traum, so gold du bist,

Hier auch Lieb und Leben ist.
Auf der Welle blinken
Tausend schwebende Sterne,
Liebe Nebel trinken
Rings die türmende Ferne,
Morgenwind umflügelt
Die beschattete Bucht,
Und im See bespiegelt
Sich die reifende Frucht.

AUF DEM SEE

Spätere Fassung des vorigen

Und frische Nahrung, neues Blut
Saug' ich aus freier Welt;
Wie ist Natur so hold und gut,
Die mich am Busen hält!
Die Welle wieget unsern Kahn
Im Rudertakt hinauf,
Und Berge, wolkig himmelan,
Begegnen unserm Lauf.

Aug', mein Aug', was sinkst du nieder?
Goldne Träume, kommt ihr wieder?
Weg, du Traum, so gold du bist:
Hier auch Lieb' und Leben ist.

Auf der Welle blinken
Tausend schwebende Sterne,
Weiche Nebel trinken
Rings die türmende Ferne;
Morgenwind umflügelt
Die beschattete Bucht,
Und im See bespiegelt
Sich die reifende Frucht.

VOM BERGE IN DIE SEE

Aus dem Reisetagebuch

Wenn ich, liebe Lili, dich nicht liebte,
Welche Wonne gäb' mir dieser Blick!
Und doch, wenn ich, Lili, dich nicht liebte,
Wär', was wär' mein Glück?

VOM BERGE

Spätere Fassung

Wenn ich, liebe Lili, dich nicht liebte,
Welche Wonne gäb' mir dieser Blick!
Und doch, wenn ich, Lili, dich nicht liebte,
Fänd' ich hier und fänd' ich dort mein Glück?

IM HERBST 1775

Fetter grüne, du Laub,
Das Rebengeländer,
Hier mein Fenster herauf.
Gedrängter quillet,
Zwillingsbeeren, und reifet
Schneller und glänzend voller.
Euch brütet der Mutter Sonne
Scheideblick, euch umsäuselt
Des holden Himmels
Fruchtende Fülle.
Euch kühlet des Monds
Freundlicher Zauberhauch,
Und euch betauen, ach,
Aus diesen Augen
Der ewig belebenden Liebe
Voll schwellende Tränen.

WONNE DER WEHMUT

Trocknet nicht, trocknet nicht,
Tränen der heiligen Liebe!
Ach, den halbtrocknen Augen schon
Wie öde, tot ist die Welt!
Trocknet nicht, trocknet nicht,
Tränen der ewigen Liebe!

*

Holde Lili, warst so lang
All meine Lust und all mein Sang.
Bist, ach, nun all mein Schmerz — und doch
All mein Sang bist du noch.

AN EIN GOLDENES HERZ, DAS ER AM HALSE TRUG

Angedenken du verklungner Freude,
Das ich immer noch am Halse trage,
Hältst du länger als das Seelenband uns beide?
Verlängerst du der Liebe kurze Tage?

Flieh' ich, Lili, vor dir, muss noch an deinem Bande
Durch fremde Lande,
Durch ferne Täler und Wälder wallen!
Ach, Lilis Herz konnte so bald nicht
Von meinem Herzen fallen.

Wie ein Vogel, der den Faden bricht
Und zum Walde kehrt,
Er schleppt des Gefängnisses Schmach,
Noch ein Stückchen des Fadens nach,
Er ist der alte freigeborne Vogel nicht,
Er hat schon jemand angehört.

AN LILI

In ein Exemplar der »Stella«

Im holden Tal, auf schneebedeckten Höhen
War stets dein Bild mir nah;
Ich sah's um mich in lichten Wolken wehen,
Im Herzen war mir's da.
Empfinde hier, wie mit allmächt'gem Triebe
Ein Herz das andre zieht,
Und dass vergebens Liebe
Vor Liebe flieht.

GEDICHTE
DER ERSTEN MANNESJAHRE

Gelegenheitsgedichte aus dem Weimarer Kreise

Aus einem Brief an den Herzog Carl August

Gehab' dich wohl bei den hundert Lichtern,
Die dich umglänzen,
Und all den Gesichtern,
Die dich umschwänzen
Und umkredenzen!
Findst doch nur wahre Freud' und Ruh
Bei Seelen grad und treu wie du.

Begrüßung des Herzogs Carl August in Verkleidung als Bauer

Durchlauchtigster! Es nahet sich
Ein Bäuerlein demütiglich,
Da Ihr mit Euerm Ross und Heer
Zum Schlosse tut stolzieren sehr.
Gebt auch mir einen gnädgen Blick!
Das ist schon Untertanen-Glück;
Denn Haus und Hof und Freud' und Leid
Hab' ich schon seit geraumer Zeit.
Haben Euch sofern auch lieb und gern,
Wie man eben lieb hat seinen Herrn,
Den man wie unsern Herrgott nennt
Und ihn auch meistens nicht besser kennt.
Geb' Euch Gott allen guten Segen,

Nur lasst Euch uns sein angelegen;
Denn wir bäurisch treues Blut
Sind doch immer Euer bestes Gut,
Und könnt Euch mehr an uns erfreun
Als am Park und an Stutereien.
Dies reich' ich Euch im fremden Land,
Bliebe auch übrigens gern unbekannt.
Zieht ein und nehmet Speis' und Kraft
Im Zauberschloss in der Nachbarschaft,
Wo eine gute Fee regiert,
Die einen goldnen Szepter führt
Und um sich eine kleine Welt
Mit holdem Blick beisammenhält.

ILMENAU
am 3. September 1783

Anmutig Tal! du immergrüner Hain!
Mein Herz begrüßt euch wieder auf das beste.
Entfaltet mir die schwer behangnen Äste,
Nehmt freundlich mich in eure Schatten ein,
Erquickt von euren Höhn, am Tag der Lieb' und Lust,
Mit frischer Luft und Balsam meine Brust!

Wie kehrt ich oft mit wechselndem Geschicke,
Erhabner Berg, an deinen Fuß zurücke!
O lass mich heut' an deinen sachten Höhn
Ein jugendlich, ein neues Eden sehn!
Ich hab' es wohl auch mit um euch verdienet:
Ich sorge still, indes ihr ruhig grünet.

Lasst mich vergessen, dass auch hier die Welt
So manch Geschöpf in Erdefesseln hält,
Der Landmann leichtem Sand den Samen anvertraut
Und seinen Kohl dem frechen Wilde baut,

Der Knappe karges Brot in Klüften sucht,
Der Köhler zittert, wenn der Jäger flucht.
Verjüngt euch mir, wie ihr es oft getan,
Als fing' ich heut' ein neues Leben an.

Ihr seid mir hold, ihr gönnt mir diese Träume,
Sie schmeicheln mir und locken alte Reime.
Mir wieder selbst, von allen Menschen fern,
Wie bad' ich mich in euren Düften gern!
Melodisch rauscht die hohe Tanne wieder,
Melodisch eilt der Wasserfall hernieder;
Die Wolke sinkt, der Nebel drückt ins Tal,
Und es ist Nacht und Dämmrung auf einmal.

Im finstern Wald, beim Liebesblick der Sterne,
Wo ist mein Pfad, den sorglos ich verlor?
Welch seltne Stimmen hör' ich in der Ferne?
Sie schallen wechselnd an dem Fels empor.
Ich eile sacht, zu sehn, was es bedeutet,
Wie von des Hirsches Ruf der Jäger still geleitet.

Wo bin ich? ist's ein Zaubermärchen-Land?
Welch nächtliches Gelag am Fuß der Felsenwand?
Bei kleinen Hütten, dicht mit Reis bedecket,
Seh' ich sie froh ans Feuer hingestrecket.
Es dringt der Glanz hoch durch den Fichtensaal,
Am niedern Herde kocht ein rohes Mahl;
Sie scherzen laut, indessen bald geleeret
Die Flasche frisch im Kreise wiederkehret.

Sagt, wem vergleich' ich diese muntre Schar?
Von wannen kommt sie? um wohin zu ziehen?
Wie ist an ihr doch alles wunderbar!
Soll ich sie grüßen? soll ich vor ihr fliehen?
Ist es der Jäger wildes Geisterheer?
Sind's Gnomen, die hier Zauberkünste treiben?

Ich seh' im Busch der kleinen Feuer mehr;
Es schaudert mich, ich wage kaum, zu bleiben.
Ist's der Ägyptier verdächtiger Aufenthalt?
Ist es ein flüchtiger Fürst wie im Ardenner-Wald?
Soll ich Verirrter hier in den verschlungnen Gründen
Die Geister Shakespeares gar verkörpert finden?
Ja, der Gedanke führt mich eben recht:
Sie sind es selbst, wo nicht ein gleich Geschlecht!
Unbändig schwelgt ein Geist in ihrer Mitten,
Und durch die Rohheit fühl' ich edle Sitten.

Wie nennt ihr ihn? Wer ist's, der dort gebückt
Nachlässig stark die breiten Schultern drückt?
Er sitzt zunächst gelassen an der Flamme,
Die markige Gestalt aus altem Heldenstamme.
Er saugt begierig am geliebten Rohr,
Es steigt der Dampf an seiner Stirn empor.
Gutmütig trocken weiß er Freud' und Lachen
Im ganzen Zirkel laut zu machen,
Wenn er mit ernstlichem Gesicht
Barbarisch bunt in fremder Mundart spricht.

Wer ist der andre, der sich nieder
An einen Sturz des alten Baumes lehnt
Und seine langen, feingestalten Glieder
Ekstatisch faul nach allen Seiten dehnt
Und, ohne dass die Zecher auf ihn hören,
Mit Geistesflug sich in die Höhe schwingt
Und von dem Tanz der himmelhohen Sphären
Ein monotones Lied mit großer Inbrunst singt?

Doch scheinet allen etwas zu gebrechen:
Ich höre sie auf einmal leise sprechen,
Des Jünglings Ruhe nicht zu unterbrechen,
Der dort am Ende, wo das Tal sich schließt,
In einer Hütte, leicht gezimmert,

Vor der ein letzter Blick des kleinen Feuers schimmert,
Vom Wasserfall umrauscht, des milden Schlafs genießt.
Mich treibt das Herz, nach jener Kluft zu wandern,
Ich schleiche still und scheide von den andern.

Sei mir gegrüßt, der hier in später Nacht
Gedankenvoll an dieser Schwelle wacht!
Was sitzest du entfernt von jenen Freuden?
Du scheinst mir auf was Wichtiges bedacht.
Was ist's, dass du in Sinnen dich verlierest,
Und nicht einmal dein kleines Feuer schürest?

»O frage nicht! denn ich bin nicht bereit,
Des Fremden Neugier leicht zu stillen;
Sogar verbitt' ich deinen guten Willen;
Hier ist zu schweigen und zu leiden Zeit.
Ich bin dir nicht im Stande selbst zu sagen,
Woher ich sei, wer mich hierher gesandt;
Von fremden Zonen bin ich her verschlagen
Und durch die Freundschaft festgebannt.

Wer kennt sich selbst? wer weiß, was er vermag?
Hat nie der Mutige Verwegnes unternommen?
Und was du tust, sagt erst der andre Tag,
War es zum Schaden oder Frommen.
Ließ nicht Prometheus selbst die reine Himmelsglut
Auf frischen Ton vergötternd niederfließen?
Und konnt' er mehr als irdisch Blut
Durch die belebten Adern gießen?
Ich brachte reines Feuer vom Altar.
Was ich entzündet, ist nicht reine Flamme,
Der Sturm vermehrt die Glut und die Gefahr.
Ich schwanke nicht, indem ich mich verdamme.

Und wenn ich unklug Mut und Freiheit sang
Und Redlichkeit und Freiheit sonder Zwang,

Stolz auf sich selbst und herzliches Behagen,
Erwarb ich mir der Menschen schöne Gunst;
Doch ach! ein Gott versagte mir die Kunst,
Die arme Kunst, mich künstlich zu betragen.
Nun sitz' ich hier, zugleich erhoben und gedrückt,
Unschuldig und gestraft, und schuldig und beglückt.

Doch rede sacht! denn unter diesem Dach
Ruht all mein Wohl und all mein Ungemach:
Ein edles Herz, vom Wege der Natur
Durch enges Schicksal abgeleitet,
Das, ahnungsvoll, nun auf der rechten Spur
Bald mit sich selbst und bald mit Zauberschatten streitet
Und, was ihm das Geschick durch die Geburt geschenkt,
Mit Müh' und Schweiß erst zu erringen denkt.
Kein liebevolles Wort kann seinen Geist enthüllen,
Und kein Gesang die hohen Wogen stillen.

Wer kann der Raupe, die am Zweige kriecht,
Von ihrem künft'gen Futter sprechen?
Und wer der Puppe, die im Boden liegt,
Die zarte Schale helfen durchzubrechen?
Es kommt die Zeit, sie drängt sich selber los
Und eilt auf Fittichen der Rose in den Schoß.

Gewiss, ihm geben auch die Jahre
Die rechte Richtung seiner Kraft.
Noch ist, bei tiefer Neigung für das Wahre,
Ihm Irrtum eine Leidenschaft.
Der Vorwitz lockt ihn in die Weite,
Kein Fels ist ihm zu schroff, kein Steg zu schmal;
Der Unfall lauert an der Seite
Und stürzt ihn in den Arm der Qual.
Dann treibt die schmerzlich überspannte Regung
Gewaltsam ihn bald da, bald dort hinaus,
Und von unmutiger Bewegung

Ruht er unmutig wieder aus.
Und düster wild an heitern Tagen,
Unbändig, ohne froh zu sein,
Schläft er, an Seel' und Leib verwundet und zerschlagen,
Auf einem harten Lager ein:
Indessen ich hier still und atmend kaum
Die Augen zu den freien Sternen kehre
Und, halb erwacht und halb im schweren Traum,
Mich kaum des schweren Traums erwehre.«

Verschwinde, Traum!
Wie dank' ich, Musen, euch,
Dass ihr mich heut' auf einen Pfad gestellet,
Wo auf ein einzig Wort die ganze Gegend gleich
Zum schönsten Tage sich erhellet!
Die Wolke flieht, der Nebel fällt,
Die Schatten sind hinweg. Ihr Götter, Preis und Wonne!
Es leuchtet mir die wahre Sonne,
Es lebt mir eine schönre Welt.
Das ängstliche Gesicht ist in die Luft zerronnen,
Ein neues Leben ist's, es ist schon lang' begonnen.

Ich sehe hier, wie man nach langer Reise
Im Vaterland sich wiederkennt,
Ein ruhig Volk in stillem Fleiße
Benutzen, was Natur an Gaben ihm gegönnt.
Der Faden eilet von dem Rocken
Des Webers raschem Stuhle zu,
Und Seil und Kübel wird in längrer Ruh
Nicht am verbrochnen Schachte stocken;
Es wird der Trug entdeckt, die Ordnung kehrt zurück,
Es folgt Gedeihn und festes ird'sches Glück.

So mög', o Fürst, der Winkel deines Landes
Ein Vorbild deiner Tage sein!
Du kennest lang' die Pflichten deines Standes

Und schränkest nach und nach die freie Seele ein.
Der kann sich manchen Wunsch gewähren,
Der kalt sich selbst und seinem Willen lebt;
Allein wer andre wohl zu leiten strebt,
Muss fähig sein, viel zu entbehren.

So wandle du — der Lohn ist nicht gering —
Nicht schwankend hin, wie jener Sämann ging,
Dass bald ein Korn, des Zufalls leichtes Spiel,
Hier auf den Weg, dort zwischen Dornen fiel.
Nein! streue klug wie reich, mit männlich steter Hand,
Den Segen aus auf ein geackert Land;
Dann lass es ruhn: die Ernte wird erscheinen
Und dich beglücken und die Deinen.

EPIPHANIAS

Die heil'gen drei König' mit ihrem Stern,
Sie essen, sie trinken, und bezahlen nicht gern;
Sie essen gern, sie trinken gern,
Sie essen, trinken, und bezahlen nicht gern.

Die heil'gen drei König' sind kommen allhier,
Es sind ihrer drei und sind nicht ihrer vier;
Und wenn zu dreien der vierte wär',
So wär' ein heil'ger drei König mehr.

Ich erster bin der weiß' und auch der schön',
Bei Tage solltet ihr erst mich sehn!
Doch ach, mit allen Spezerein
Werd' ich sein Tag kein Mädchen mir erfrein.

Ich aber bin der braun' und bin der lang',
Bekannt bei Weibern wohl und bei Gesang.
Ich bringe Gold statt Spezerein,
Da werd' ich überall willkommen sein.

Ich endlich bin der schwarz' und bin der klein'
Und mag auch wohl einmal recht lustig sein.
Ich esse gern, ich trinke gern,
Ich esse, trinke und bedanke mich gern.

Die heil'gen drei König' sind wohlgesinnt,
Sie suchen die Mutter und das Kind;
Der Joseph fromm sitzt auch dabei,
Der Ochs und Esel liegen auf der Streu.

Wir bringen Myrrhen, wir bringen Gold,
Dem Weihrauch sind die Damen hold;
Und haben wir Wein von gutem Gewächs,
So trinken wir drei so gut als ihrer sechs.

Da wir nun hier schöne Herrn und Fraun,
Aber keine Ochsen und Esel schaun,
So sind wir nicht am rechten Ort
Und ziehen unseres Weges weiter fort.

CHRISTOPH KAUFMANN VON WINTERTHUR IM GEFOLGE LAVATERS, DER SEINE FRÖMMELND PHYSIOGNOMISIERENDE SPIONEREI ZU ADELN SICH GOTTES SPÜRHUND ZU NENNEN BELIEBTE. 1779.

Als Gottes Spürhund hat er frei
Manch Schelmenstück getrieben,
Die Gottesspur ist nun vorbei,
Der Hund ist ihm geblieben.

AUF MIEDINGS TOD

Welch ein Getümmel füllt Thaliens Haus?
Welch ein geschäftig Volk eilt ein und aus?
Von hohlen Brettern tönt des Hammers Schlag,
Der Sonntag feiert nicht, die Nacht wird Tag.

Was die Erfindung still und zart ersann,
Beschäftigt laut den rohen Zimmermann.
Ich sehe Hauenschild gedankenvoll:
Ist's Türk', ist's Heide, den er kleiden soll?
Und Schumann froh, als wär' er schon bezahlt,
Weil er einmal mit ganzen Farben malt.
Ich sehe Thielens leicht bewegten Schritt,
Der lust'ger wird, je mehr er euch verschnitt.
Der Jude Elkan läuft mit manchem Rest,
Und diese Gärung deutet auf ein Fest.

Allein, wie viele hab' ich hererzählt,
Und nenn' ihn nicht, den Mann, der nie gefehlt,
Der sinnreich schnell, mit schwer beladener Brust,
Den Lattenbau zu fügen wohl gewusst,
Das Brettgerüst, das, nicht von ihm belebt,
Wie ein Skelett an toten Drähten schwebt.

Wo ist er? sagt! — Ihm war die Kunst so lieb,
Dass Kolik nicht, nicht Husten ihn vertrieb.
»Er liegt so krank, so schlimm es nie noch war!«
Ach Freunde! Weh! Ich fühle die Gefahr;
Hält Krankheit ihn zurück, so ist es Not,
Er ist nicht krank, nein, Kinder, er ist tot!

Wie? Mieding tot? erschallt bis unters Dach
Das hohle Haus, vom Echo kehrt ein Ach!
Die Arbeit stockt, die Hand wird jedem schwer,
Der Leim wird kalt, die Farbe fließt nicht mehr;
Ein jeder steht betäubt an seinem Ort,
Und nur der Mittwoch treibt die Arbeit fort.

Ja, Mieding tot! O scharret sein Gebein
Nicht undankbar wie manchen andern ein!
Lasst seinen Sarg eröffnet, tretet her,
Klagt jedem Bürger, der gelebt wie er,

Und lasst am Rand des Grabes, wo wir stehn,
Die Schmerzen in Betrachtung übergehn.

O Weimar! dir fiel ein besonder Los:
Wie Bethlehem in Juda, klein und groß!
Bald wegen Geist und Witz beruft dich weit
Europens Mund, bald wegen Albernheit.
Der stille Weise schaut und sieht geschwind,
Wie zwei Extreme nah verschwistert sind.
Eröffne du, die du besondre Lust
Am Guten hast, der Rührung deine Brust!

Und du, o Muse, rufe weit und laut
Den Namen aus, der heut' uns still erbaut!
Wie manchen, wert und unwert, hielt mit Glück
Die sanfte Hand von ew'ger Nacht zurück;
O lass auch Miedings Namen nicht vergehn,
Lass ihn stets neu am Horizonte stehn!
Nenn' ihn der Welt, die kriegrisch oder fein
Dem Schicksal dient und glaubt ihr Herr zu sein,
Dem Rad der Zeit vergebens widersteht,
Verwirrt, beschäftigt und betäubt sich dreht;
Wo jeder, mit sich selbst genug geplagt,
So selten nach dem nächsten Nachbar fragt,
Doch gern im Geist nach fernen Zonen eilt
Und Glück und Übel mit dem Fremden teilt.
Verkünde laut und sag' es überall:
Wo Einer fiel, seh' Jeder seinen Fall!

Du, Staatsmann, tritt herbei! Hier liegt der Mann,
Der, so wie du, ein schwer Geschäft begann;
Mit Lust zum Werke mehr als zum Gewinn
Schob er ein leicht Gerüst mit leichtem Sinn,
Den Wunderbau, der äußerlich entzückt,
Indes der Zaubrer sich im Winkel drückt.
Er war's, der säumend manchen Tag verlor,

So sehr ihn Autor und Acteur beschwor;
Und dann zuletzt, wann es zum Treffen ging,
Des Stückes Glück an schwache Fäden hing.

Wie oft trat nicht die Herrschaft schon herein!
Es ward gepocht, die Symphonie fiel ein,
Dass er noch kletterte, die Stangen trug,
Die Seile zog und manchen Nagel schlug.
Oft glückt's ihm, kühn betrog er die Gefahr;
Doch auch ein Bock macht' ihm kein graues Haar.

Wer preist genug des Mannes kluge Hand,
Wenn er aus Draht elast'sche Federn wand,
Vielfält'ge Pappen auf die Lättchen schlug,
Die Rolle fügte, die den Wagen trug,
Mit Zindel, Blech, gefärbt Papier und Glas,
Dem Ausgang lächelnd, rings umgeben saß?
So, treu dem unermüdlichen Beruf,
War er's, der Held und Schäfer leicht erschuf.
Was alles zarte schöne Seelen rührt,
Ward treu von ihm, nachahmend, ausgeführt:
Des Rasens Grün, des Wassers Silberfall,
Der Vögel Sang, des Donners lauter Knall,
Der Laube Schatten und des Mondes Licht —
Ja selbst ein Ungeheu'r erschreckt' ihn nicht.

Wie die Natur manch widerwärt'ge Kraft
Verbindend zwingt, und streitend Körper schafft,
So zwang er jedes Handwerk, jeden Fleiß,
Des Dichters Welt entstand auf sein Geheiß.
Und, so verdient, gewährt die Muse nur
Den Namen ihm: Direktor der Natur.

Wer fasst nach ihm, voll Kühnheit und Verstand,
Die vielen Zügel mit der einen Hand?
Hier, wo sich jeder seines Weges treibt,

Wo ein Factotum unentbehrlich bleibt,
Wo selbst der Dichter, heimlich voll Verdruss,
Im Fall der Not die Lichter putzen muss.

O sorget nicht! Gar viele regt sein Tod!
Sein Witz ist nicht zu erben, doch sein Brot;
Und, ungleich ihm, denkt mancher Ehrenmann:
Verdien' ich's nicht, wenn ich's nur essen kann.

Was stutzt ihr? seht den schlecht verzierten Sarg,
Auch das Gefolg' scheint euch gering und karg.
Wie! ruft ihr, wer so künstlich und so fein,
So wirksam war, muss reich gestorben sein!
Warum versagt man ihm den Trauerglanz,
Den äußern Anstand letzter Ehre ganz?

Nicht so geschwind! Das Glück macht alles gleich,
Den Faulen und den Tät'gen, Arm und Reich.
Zum Gütersammeln war er nicht der Mann;
Der Tag verzehrte, wie der Tag gewann.
Bedauert ihn, der, schaffend bis ans Grab
Was künstlich war, und nicht was Vorteil gab,
In Hoffnung täglich weniger erwarb,
Vertröstet lebte und vertröstet starb.

Nun lasst die Glocken tönen, und zuletzt
Werd' er mit lauter Trauer beigesetzt!
Wer ist's, der ihm ein Lob zu Grabe bringt,
Eh' noch die Erde rollt, das Chor verklingt?

Ihr Schwestern, die ihr bald auf Thespis' Karrn,
Geschleppt von Eseln und umschrien von Narrn,
Vor Hunger kaum, vor Schande nie bewahrt,
Von Dorf zu Dorf, euch feilzubieten, fahrt;
Bald wieder, durch der Menschen Gunst beglückt,
In Herrlichkeit der Welt die Welt entzückt:

Die Mädchen eurer Art sind selten karg,
Kommt, gebt die schönsten Kränze diesem Sarg!

Vereinet hier teilnehmend euer Leid,
Zahlt, was ihr ihm, was ihr uns schuldig seid!
Als euren Tempel grause Glut verheert,
Wart ihr von uns drum weniger geehrt?
Wie viel Altäre stiegen vor euch auf!
Wie manches Rauchwerk brachte man euch drauf!
An wie viel Plätzen lag, vor euch gebückt,
Ein schwer befriedigt Publikum entzückt!
In engen Hütten und im reichen Saal,
Auf Höhen Ettersburgs, in Tiefurts Tal,
Im leichten Zelt, auf Teppichen der Pracht,
Und unter dem Gewölb der hohen Nacht,
Erschient ihr, die ihr vielgestaltet seid,
Im Reitrock bald und bald im Galakleid.

Auch das Gefolg', das um euch sich ergießt,
Dem der Geschmack die Türen ekel schließt,
Das leichte, tolle, scheckige Geschlecht,
Es kam zuhauf, und immer kam es recht.

An weiße Wand bringt dort der Zauberstab
Ein Schattenvolk aus mytholog'schem Grab.
Im Possenspiel regt sich die alte Zeit,
Gutherzig, doch mit Ungezogenheit.
Was Gallier und Brite sich erdacht,
Ward, wohlverdeutscht, hier Deutschen vorgebracht;
Und oftmals liehen Wärme, Leben, Glanz
Dem armen Dialog Gesang und Tanz.
Des Karnevals zerstreuter Flitterwelt
Ward sinnreich Spiel und Handlung zugesellt.
Dramatisch selbst erschienen hergesandt
Drei Könige aus fernem Morgenland;
Und sittsam bracht' auf reinlichem Altar

Dianens Priesterin euch Opfer dar.
Nun ehrt uns auch in dieser Trauerzeit!
Gebt uns ein Zeichen! denn ihr seid nicht weit.

Ihr Freunde, Platz! Weicht einen kleinen Schritt!
Seht, wer da kommt und festlich näher tritt!
Sie ist es selbst — die Gute fehlt uns nie —
Wir sind erhört, die Musen senden sie.
Ihr kennt sie wohl! sie ist's, die stets gefällt:
Als eine Blume zeigt sie sich der Welt.
Zum Muster wuchs das schöne Bild empor,
Vollendet nun, sie ist's und stellt es vor.
Es gönnten ihr die Musen jede Gunst,
Und die Natur erschuf in ihr die Kunst.
So häuft sie willig jeden Reiz auf sich,
Und selbst dein Name ziert, Corona, dich.

Sie tritt herbei. Seht sie gefällig stehn!
Nur absichtslos, doch wie mit Absicht schön.
Und hocherstaunt seht ihr in ihr vereint
Ein Ideal, das Künstlern nur erscheint.

Anständig führt die leis erhobne Hand
Den schönsten Kranz, umknüpft von Trauerband.
Der Rose frohes, volles Angesicht,
Das treue Veilchen, der Narzisse Licht,
Vielfält'ger Nelken, eitler Tulpen Pracht,
Von Mädchenhand geschickt hervorgebracht,
Durchschlungen von der Myrte sanfter Zier,
Vereint die Kunst zum Trauerschmucke hier;
Und durch den schwarzen, leichtgeknüpften Flor
Sticht eine Lorbeerspitze still hervor.

Es schweigt das Volk. Mit Augen voller Glanz
Wirft sie ins Grab den wohlverdienten Kranz.
Sie öffnet ihren Mund, und lieblich fließt
Der weiche Ton, der sich ums Herz ergießt.

Sie spricht: Den Dank für das, was du getan,
Geduldet, nimm, du Abgeschiedner, an!
Der Gute wie der Böse müht sich viel,
Und beide bleiben weit von ihrem Ziel.
Dir gab ein Gott in holder, steter Kraft
Zu deiner Kunst die ew'ge Leidenschaft.
Sie war's, die dich zur bösen Zeit erhielt,
Mit der du krank, als wie ein Kind, gespielt,
Die auf den blassen Mund ein Lächeln rief,
In deren Arm dein müdes Haupt entschlief!
Ein jeder, dem Natur ein Gleiches gab,
Besuche pilgernd dein bescheiden Grab!
Fest steh' dein Sarg in wohlgegönnter Ruh,
Mit lockrer Erde deckt ihn leise zu,
Und sanfter als des Lebens liege dann
Auf dir des Grabes Bürde, guter Mann!

An Herzog Carl August

Du sorgest freundlich, mir den Pfad
Mit Lieblingsblumen zu bestreun.
Still tätig danke dir mein Leben
Für alles Gute, was du mir erzeigt.
Fügst du dazu die Sorge für dich selbst,
So geh' ich ohne Wünsche fröhlich hin;
Denn nur gemeinsam Wohl beglückt Verbundene.

Verse an Lida

JÄGERS NACHTLIED
Erste Fassung

Im Felde schleich ich still und wild,
Lausch mit dem Feuerrohr,
Da schwebt so licht dein liebes Bild,
Dein süßes Bild mir vor.

Du wandelst jetzt wohl still und mild
Durch Feld und liebes Tal,
Und, ach, mein schnell verrauschend Bild
Stellt sich dir's nicht einmal?

Des Menschen, der in aller Welt
Nie findet Ruh noch Rast,
Dem wie zu Hause so im Feld
Sein Herze schwillt zur Last.

Mir ist es, denk ich nur an dich,
Als säh' den Mond ich an;
Ein stiller Friede kommt auf mich,
Weiß nicht, wie mir getan.

JÄGERS ABENDLIED
Zweite Fassung

Im Felde schleich' ich still und wild,
Gespannt mein Feuerrohr,
Da schwebt so licht dein liebes Bild,
Dein süßes Bild mir vor.

Du wandelst jetzt wohl still und mild
Durchs Feld und liebe Tal,
Und ach, mein schnell verrauschend Bild,
Stellt sich dir's nicht einmal?

Des Menschen, der die Welt durchstreift
Voll Unmut und Verdruss,
Nach Osten und nach Westen schweift,
Weil er dich lassen muss.

Mir ist es, denk' ich nur an dich,
Als in den Mond zu sehn;
Ein stiller Friede kommt auf mich,
Weiß nicht, wie mir geschehn.

*

Warum gabst du uns die tiefen Blicke,
Unsre Zukunft ahndungsvoll zu schaun,
Unsrer Liebe, unserm Erdenglücke
Wähnend selig nimmer hinzutraun?
Warum gabst uns, Schicksal, die Gefühle,
Uns einander in das Herz zu sehn,
Um durch all' die seltenen Gewühle
Unser wahr Verhältnis auszuspähn?

Ach, so viele tausend Menschen kennen,
Dumpf sich treibend, kaum ihr eigen Herz,
Schweben zwecklos hin und her und rennen
Hoffnungslos in unversehnem Schmerz;
Jauchzen wieder, wenn der schnellen Freuden
Unerwart'te Morgenröte tagt.
Nur uns armen liebevollen beiden
Ist das wechselseit'ge Glück versagt,
Uns zu lieben, ohn' uns zu verstehen,
In dem andern sehn, was er nie war,
Immer frisch auf Traumglück auszugehen
Und zu schwanken auch in Traumgefahr.

Glücklich, den ein leerer Traum beschäftigt!
Glücklich, dem die Ahndung eitel wär'!
Jede Gegenwart und jeder Blick bekräftigt
Traum und Ahndung leider uns noch mehr.
Sag', was will das Schicksal uns bereiten?
Sag', wie band es uns so rein genau?
Ach, du warst in abgelebten Zeiten
Meine Schwester oder meine Frau;

Kanntest jeden Zug in meinem Wesen,
Spähtest, wie die reinste Nerve klingt,
Konntest mich mit einem Blicke lesen,
Den so schwer ein sterblich Aug' durchdringt.
Tropftest Mäßigung dem heißen Blute,
Richtetest den wilden irren Lauf,
Und in deinen Engelsarmen ruhte
Die zerstörte Brust sich wieder auf;
Hieltest zauberleicht ihn angebunden
Und vergaukeltest ihm manchen Tag.
Welche Seligkeit glich jenen Wonnestunden,
Da er dankbar dir zu Füßen lag,
Fühlt' sein Herz an deinem Herzen schwellen,
Fühlte sich in deinem Auge gut,
Alle seine Sinnen sich erhellen
Und beruhigen sein brausend Blut.

Und von allem dem schwebt ein Erinnern
Nur noch um das ungewisse Herz,
Fühlt die alte Wahrheit ewig gleich im Innern,
Und der neue Zustand wird ihm Schmerz.
Und wir scheinen uns nur halb beseelet,
Dämmernd ist um uns der hellste Tag.
Glücklich, dass das Schicksal, das uns quälet,
Uns doch nicht verändern mag.

RASTLOSE LIEBE

Dem Schnee, dem Regen,
Dem Wind entgegen,
Im Dampf der Klüfte,
Durch Nebeldüfte,
Immer zu! Immer zu!
Ohne Rast und Ruh!

Lieber durch Leiden
Möcht' ich mich schlagen,
Als so viel Freuden
Des Lebens ertragen.
Alle das Neigen
Von Herzen zu Herzen,
Ach wie so eigen
Schaffet das Schmerzen!

Wie soll ich fliehen?
Wälderwärts ziehen?
Alles vergebens!
Krone des Lebens,
Glück ohne Ruh,
Liebe, bist du!

Aus den Briefen an Frau v. Stein

Hier bildend nach der reinen stillen
Natur, ist ach mein Herz der alten Schmerzen voll,
Leb' ich doch stets um derentwillen,
Um derentwillen ich nicht leben soll.

*

Zwischen Felsen wuchsen hier
Diese Blumen, die wir treu dir reichen,

Verwelkliche Zeichen
Der ewigen Liebe zu dir.

*

Ach, so drückt mein Schicksal mich,
Dass ich nach dem Unmöglichen strebe.
Lieber Engel, für den ich nicht lebe,
Zwischen den Gebürgen leb' ich für dich.

*

Ach, wie bist du mir,
Wie bin ich dir geblieben!
Nein, an der Wahrheit
Verzweifl' ich nicht mehr.
Ach, wenn du da bist,
Fühl' ich, ich soll dich nicht lieben,
Ach, wenn du fern bist,
Fühl' ich, ich lieb' dich so sehr.

An Frau v. Stein mit »Werthers Leiden«

Was mir in Kopf und Herzen stritt
Seit manchen lieben Jahren,
Was ich da träumend jauchzt' und litt,
Muss wachend nun erfahren.

Aus den Briefen an Frau v. Stein

Und ich geh' meinen alten Gang
Meine liebe Wiese lang;
Tauche mich in die Sonne früh,
Bad' ab im Monde des Tages Müh,
Leb in Liebes-Klarheit und -Kraft,
Tut mir wohl des Herren Nachbarschaft,

Der in Liebes-Dumpfheit und -Kraft hinlebt
Und sich durch seltnes Wesen webt.

*

Deine Grüße hab' ich wohl erhalten.
Liebe lebt jetzt in tausend Gestalten,
Gibt der Blume Farb' und Duft,
Jeden Morgen durchzieht sie die Luft,
Tag und Nacht spielt sie auf Wiesen, in Hainen,
Mir will sie oft zu herrlich erscheinen.
Neues bringt sie täglich hervor,
Leben summt uns die Biene ins Ohr.
Bleib, ruf ich oft, Frühling, man küsset dich kaum,
Engel, so fliehst du wie ein schwankender Traum.
Immer wollen wir dich ehren und schätzen,
So uns an dir wie am Himmel ergötzen.

*

Zum Tanze schick' ich dir den Strauß
Mit himmelfarbnem Band,
Und siehst du andern freundlich aus,
Reichst andern deine Hand,
So denk' auch an ein einsam Haus
Und an ein schöner Band.

*

Sag' ich's euch, geliebte Bäume,
Die ich ahndevoll gepflanzt,
Als die wunderbarsten Träume
Morgenrötlich mich umtanzt?
Ach, ihr wisst es, wie ich liebe,
Die so schön mich wiederliebt,
Die den reinsten meiner Triebe
Mir noch reiner wiedergibt.

Wachset wie aus meinem Herzen,
Treibet in die Luft hinein;
Denn ich grub viel Freud und Schmerzen
Unter eure Wurzeln ein.
Bringet Schatten, traget Früchte,
Neue Freude jeden Tag:
Nur dass ich sie dichte, dichte,
Dicht bei ihr genießen mag!

AN LIDA

Den Einzigen, Lida, welchen du lieben kannst,
Forderst du ganz für dich, und mit Recht.
Auch ist er einzig dein.
Denn seit ich von dir bin,
Scheint mir des schnellsten Lebens
Lärmende Bewegung
Nur ein leichter Flor, durch den ich deine Gestalt
Immerfort wie in Wolken erblicke;
Sie leuchtet mir freundlich und treu,
Wie durch des Nordlichts bewegliche Strahlen
Ewige Sterne schimmern.

Aus den Briefen an Frau v. Stein

Gewiss, ich wäre schon so ferne, ferne,
So weit die Welt nur offen liegt, gegangen,
Bezwängen mich nicht übermächt'ge Sterne,
Die mein Geschick an deines angehangen,
Dass ich in dir nun erst mich kennen lerne.
Mein Dichten, Trachten, Hoffen und Verlangen
Allein nach dir und deinem Wesen drängt,
Mein Leben nur an deinem Leben hängt.

FÜR EWIG

Denn was der Mensch in seinen Erdeschranken
Von hohem Glück mit Götternamen nennt,
Die Harmonie der Treue, die kein Wanken,
Der Freundschaft, die nicht Zweifelsorge kennt,
Das Licht, das Weisen nur zu einsamen Gedanken,
Das Dichtern nur in schönen Bildern brennt
Das hatt' ich all, in meinen besten Stunden,
In Ihr entdeckt und es für mich gefunden.

Aus den Briefen an Frau v. Stein

Woher sind wir geboren?
 Aus Lieb'.
Wie wären wir verloren?
 Ohn' Lieb'.
Was hilft uns überwinden?
 Die Lieb'.
Kann man auch Liebe finden?
 Durch Lieb'.
Was lässt nicht lange weinen?
 Die Lieb'.
Was soll uns stets vereinen?
 Die Lieb'.

AN DEN MOND

Erste Fassung

Füllest wieder's liebe Tal
Still mit Nebelglanz,
Lösest endlich auch einmal
Meine Seele ganz.

Breitest über mein Gefild
Lindernd deinen Blick
Wie der Liebsten Auge, mild
Über mein Geschick.

Das du so beweglich kennst,
Dieses Herz im Brand,
Haltet ihr wie ein Gespenst
An den Fluss gebannt,

Wenn in öder Winternacht
Er vom Tode schwillt
Und bei Frühlingslebens Pracht
An den Knospen quillt.

Selig, wer sich vor der Welt
Ohne Hass verschließt,
Einen Mann am Busen hält
Und mit dem genießt,

Was den Menschen unbewusst
Oder wohl veracht'
Durch das Labyrinth der Brust
Wandelt in der Nacht.

AN DEN MOND
Spätere Fassung

Füllest wieder Busch und Tal
Still mit Nebelglanz,
Lösest endlich auch einmal
Meine Seele ganz;

Breitest über mein Gefild
Lindernd deinen Blick,

Wie des Freundes Auge mild
Über mein Geschick.

Jeden Nachklang fühlt mein Herz
Froh- und trüber Zeit,
Wandle zwischen Freud' und Schmerz
In der Einsamkeit.

Fließe, fließe, lieber Fluss!
Nimmer werd' ich froh,
So verrauschte Scherz und Kuss,
Und die Treue so.

Ich besaß es doch einmal,
Was so köstlich ist!
Dass man doch zu seiner Qual
Nimmer es vergisst!

Rausche, Fluss, das Tal entlang,
Ohne Rast und Ruh,
Rausche, flüstre meinem Sang
Melodien zu,

Wenn du in der Winternacht
Wütend überschwillst,
Oder um die Frühlingspracht
Junger Knospen quillst.

Selig, wer sich vor der Welt
Ohne Hass verschließt,
Einen Freund am Busen hält
Und mit dem genießt,

Was, von Menschen nicht gewusst
Oder nicht bedacht,
Durch das Labyrinth der Brust
Wandelt in der Nacht.

Natur- und Weltanschauungs-Lyrik

HOFFNUNG

Schaff', das Tagwerk meiner Hände,
Hohes Glück, dass ich's vollende!
Lass, o lass mich nicht ermatten!
Nein, es sind nicht leere Träume:
Jetzt nur Stangen, diese Bäume
Geben einst noch Frucht und Schatten.

SORGE

Kehre nicht in diesem Kreise
Neu und immer neu zurück!
Lass, o lass mir meine Weise,
Gönn', o gönne mir mein Glück!
Soll ich fliehen? Soll ich's fassen?
Nun, gezweifelt ist genug.
Willst du mich nicht glücklich lassen,
Sorge, nun so mach' mich klug!

EIS-LEBENS-LIED

Sorglos über die Fläche weg,
Wo vom kühnsten Wager die Bahn
Dir nicht vorgegraben du siehst,
Mache dir selber Bahn!
Stille, Liebchen, mein Herz,
Kracht's gleich, bricht's doch nicht!
Bricht's gleich, bricht's nicht mit dir!

DEM SCHICKSAL
Erste Niederschrift

Was weiß ich, was mir hier gefällt,
In dieser engen kleinen Welt
Mit leisem Zauberband mich hält!
Mein Karl und ich vergessen hier,
Wie seltsam uns ein tiefes Schicksal leitet,
Und, ach, ich fühl's, im Stillen werden wir
Zu neuen Szenen vorbereitet.
Du hast uns lieb, du gabst uns das Gefühl,
Dass ohne dich wir nur vergebens sinnen,
Durch Ungeduld und glauben leer Gewühl
Voreilig dir niemals was abgewinnen.
Du hast für uns das rechte Maß getroffen,
In reine Dumpfheit uns gehüllt,
Dass wir, von Lebenskraft erfüllt,
In holder Gegenwart der lieben Zukunft hoffen.

EINSCHRÄNKUNG
Spätere Fassung

Ich weiß nicht, was mir hier gefällt,
In dieser engen kleinen Welt
Mit holdem Zauberband mich hält.
Vergess' ich doch, vergess' ich gern,
Wie seltsam mich das Schicksal leitet;
Und ach, ich fühle, nah und fern
Ist mir noch manches zubereitet.
O wäre doch das rechte Maß getroffen!
Was bleibt mir nun, als eingehüllt,
Von holder Lebenskraft erfüllt,
In stiller Gegenwart die Zukunft zu erhoffen!

HYPOCHONDER

Der Teufel hol' das Menschengeschlecht!
Man möchte rasend werden!
Da nehm' ich mir so eifrig vor:
Will niemand weiter sehen,
Will all das Volk Gott und sich selbst
Und dem Teufel überlassen!
Und kaum seh' ich ein Menschengesicht,
So hab' ich's wieder lieb.

BEHERZIGUNG

Ach, was soll der Mensch verlangen?
Ist es besser, ruhig bleiben?
Klammernd fest sich anzuhangen?
Ist es besser, sich zu treiben?
Soll er sich ein Häuschen bauen?
Soll er unter Zelten leben?
Soll er auf die Felsen trauen?
Selbst die festen Felsen beben.

Eines schickt sich nicht für alle.
Sehe jeder, wie er's treibe,
Sehe jeder, wo er bleibe,
Und, wer steht, dass er nicht falle.

ERINNERUNG

Willst du immer weiter schweifen?
Sieh, das Gute liegt so nah.
Lerne nur das Glück ergreifen,
Denn das Glück ist immer da.

KÖNIGLICH GEBET

Ha, ich bin Herr der Welt, mich lieben
Die Edlen, die mir dienen.
Ha, ich bin Herr der Welt, ich liebe
Die Edlen, denen ich gebiete.
O gib mir, Gott im Himmel, dass ich mich
Der Höh' und Lieb' nicht überhebe.

*

Feiger Gedanken
Bängliches Schwanken,
Weibisches Zagen,
Ängstliches Klagen
Wendet kein Elend,
Macht dich nicht frei.

Allen Gewalten
Zum Trutz sich erhalten,
Nimmer sich beugen,
Kräftig sich zeigen,
Rufet die Arme
Der Götter herbei.

MENSCHENGEFÜHL

Ach, ihr Götter, große Götter,
In dem weiten Himmel droben,
Gäbet ihr uns auf der Erde
Festen Sinn und guten Mut —
O, wir ließen euch, ihr Guten,
Euren weiten Himmel droben.

ERKLÄRUNG EINES ALTEN HOLZSCHNITTES, VORSTELLEND HANS SACHSENS POETISCHE SENDUNG

In seiner Werkstatt sonntags früh
Steht unser teurer Meister hie,
Sein schmutzig Schurzfell abgelegt,
Ein sauber Feierwams er trägt,
Lässt Pechdraht, Hammer und Kneipe rasten,
Die Ahl' steckt an den Arbeitskasten;
Er ruht nun auch am siebenten Tag
Von manchem Zug und manchem Schlag.

Wie er die Frühlingssonne spürt,
Die Ruh ihm neue Arbeit gebiert:
Er fühlt, dass er eine kleine Welt
In seinem Gehirne brütend hält,
Dass die fängt an zu wirken und leben,
Dass er sie gerne möcht' von sich geben.
Er hätt' ein Auge treu und klug
Und wär' auch liebevoll genug,
Zu schauen manches klar und rein
Und wieder alles zu machen sein;
Hätt' auch eine Zunge, die sich ergoss
Und leicht und fein in Worte floss.
Des täten die Musen sich erfreuen,
Wollten ihn zum Meistersänger weihen.

Da tritt herein ein junges Weib,
Mit voller Brust und rundem Leib,
Kräftig sie auf den Füßen steht,
Grad, edel vor sich hin sie geht,
Ohne mit Schlepp' und Steiß zu schwänzen,
Noch mit 'n Augen 'rum zu scharlenzen.
Sie trägt einen Maßstab in ihrer Hand,
Ihr Gürtel ist ein güldin Band,

Hätt' auf dem Haupt ein'n Kornähr-Kranz,
Ihr Aug' war lichten Tages Glanz:
Man nennt sie Tätig Ehrbarkeit,
Sonst auch Großmut, Rechtfertigkeit.
Die tritt mit gutem Gruß herein.
Er drob nicht mag verwundert sein,
Denn wie sie ist, so gut und schön,
Meint er, er hätt' sie schon lang' gesehn.

Die spricht: »Ich hab' dich auserlesen
Vor vielen in dem Weltwirr-Wesen,
Dass du sollst haben klare Sinnen,
Nichts Ungeschicklichs magst beginnen.
Wenn andre durcheinander rennen,
Sollst du's mit treuem Blick erkennen;
Wenn andre bärmlich sich beklagen,
Sollst schwankweis deine Sach fürtragen;
Sollst halten über Ehr' und Recht,
In allem Ding sein schlicht und schlecht;
Frummkeit und Tugend bieder preisen,
Das Bös' mit seinem Namen heißen,
Nichts verzierlicht und nichts verkritzelt,
Nichts verlindert und nichts verwitzelt!
Sondern die Welt soll vor dir stehn,
Wie Albrecht Dürer sie hat gesehn:
Ihr festes Leben und Mannlichkeit,
Ihr inner Maß und Ständigkeit!
Der Natur-Genius an der Hand
Soll dich führen durch alle Land.
Soll dir zeigen all das Leben,
Der Menschen wunderliches Weben,
Ihr Wirren, Suchen, Stoßen und Treiben,
Schieben, Reißen, Drängen und Reiben,
Wie kunterbunt die Wirtschaft tollert,
Der Ameishauf durcheinander kollert!
Mag dir aber bei allem geschehn,

Als tätst's in ein'm Zauberkasten sehn.
Schreib das dem Menschenvolk auf Erden,
Ob's ihnen möcht' zur Witzung werden.«
Da macht sie ihm ein Fenster auf,
Zeigt ihm draußen viel bunten Hauf,
Unter dem Himmel allerlei Wesen,
Wie ihr's mögt in sein'n Schriften lesen.

Wie nun der liebe Meister sich
An der Natur freut inniglich,
Da seht ihr an der andern Seiten
Ein altes Weiblein zu ihm gleiten:
Man nennet sie Historia,
Mythologia, Fabula;
Sie ist rumpfet, schrumpfet, bucklet und krumb,
Aber eben ehrwürdig darumb.
Sie schleppt mit keuchend wankenden Schritten
Ein' große Tafel, in Holz geschnitten;
Drauf seht ihr mit weiten Ärmeln und Falten
Gott Vater Kinderlehre halten,
Adam, Eva, Paradeis und Schlang',
Sodom und Gomorras Untergang,
Könnt auch die zwölf durchlauchtigen Frauen
Da in ein'm Ehrenspiegel schauen;
Dann allerlei Blutdurst, Frevel und Mord,
Der Zwölf Tyrannen Schanden-Port,
Auch allerlei Lehr' und gute Weis',
Könnt sehen Sankt Peter mit der Geiß,
Über der Welt Regiment unzufrieden,
Von unserm Herrn zu Recht beschieden.
Auch war bemalt der weite Raum
Ihres Kleids und Schlepps und auch der Saum
Mit weltlich Tugend- und Laster-Geschicht.

Unser Meister dies all ersicht
Und freut sich dessen wundersam,

Denn es dient wohl in seinen Kram.
Von wannen er sich eignet sehr
Gut Exempel und gute Lehr',
Erzählt das alles fix und treu,
Als wär' er selbst gesyn dabei.
Sein Geist war ganz dahin gebannt,
Er hätt' kein Aug' davon verwandt,
Hätt' er nicht hinter seinem Rucken
Hören mit Klappern und Schellen spuken.
Da tät' er einen Narren spüren
Mit Bocks- und Affensprüngen hofieren
Und ihm mit Schwank und Narreteiden
Ein lustig Zwischenspiel bereiten.
Schleppt hinter sich an einer Leinen
Alle Narren, großen und kleinen,
Dick und hager, gestreckt und krumb,
Allzu witzig und allzu dumb.
Mit einem großen Farrenschwanz
Regiert er sie wie 'n Affentanz:
Bespottet eines jeden Fürm,
Treibt sie ins Bad, schneidt ihnen die Würm
Und führt gar bitter viel Beschwerden,
Dass ihr' doch nie wöll'n minder werden.

Wie er sich sieht so um und um,
Kehrt ihm das fast den Kopf herum,
Wie er möcht' Worte zu allem finden?
Wie er möcht' so viel Schwall verbinden?
Wie er möcht' immer mutig bleiben,
Das all zu singen und zu schreiben?
Da steigt auf einer Wolke Saum
Herein zu 's Oberfensters Raum
Die Muse, heilig anzuschaun,
Wie 'n Bild unsrer lieben Fraun.
Die umgibt ihn mit ihrer Klarheit
Immer kräftig würkender Wahrheit,

Sie spricht: »Ich komm', um dich zu weihn,
Nimm meinen Segen und Gedeihn!
Das heilig Feuer, das in dir ruht,
Schlag' aus in hohe lichte Glut!
Doch dass das Leben, das dich treibt,
Immer bei holden Kräften bleibt,
Hab' ich deinem innern Wesen
Nahrung und Balsam auserlesen,
Dass deine Seel' sei wonnereich,
Einer Knospe im Taue gleich.«

Da zeigt sie ihm hinter seinem Haus
Heimlich zur Hintertür hinaus
In dem eng umzaunten Garten
Ein holdes Mägdlein sitzend warten
Am Bächlein, beim Holunderstrauch;
Mit abgesenktem Haupt und Aug'
Sitzt's unter einem Apfelbaum
Und spürt die Welt rings um sich kaum,
Hat Rosen in ihr'n Schoß gepflückt
Und bindet ein Kränzlein gar geschickt,
Mit hellen Knospen und Blättern drein.
Für wen mag wohl das Kränzel sein?
So sitzt sie in sich selbst geneigt,
In Hoffnungsfüll' ihr Busen steigt,
Ihr Wesen ist so ahndevoll,
Weiß nicht, was sie sich wünschen soll,
Und unter vieler Grillen Lauf
Steigt wohl einmal ein Seufzer auf.

Warum ist deine Stirn so trüb?
Das, was dich dränget, süße Lieb',
Ist volle Wonn' und Seligkeit,
Die einem in dir ist bereit,
Der manches Schicksal wirrevoll
An deinem Aug' sich lindern soll,

Der durch manch wunniglichen Kuss
Wiedergeboren werden muss.
Wie er den schlanken Leib umfasst,
Von aller Müh er findet Rast,
Wie er ins runde Ärmlein sinkt,
Neue Lebenstäg' und Kräfte trinkt;
Und dir kehrt süßes Jugendglück,
Deine Schalkheit kehret dir zurück.
Mit Necken und manchen Schelmerein
Wirst ihn bald nagen, bald erfreun:
So wird die Liebe nimmer alt,
Und wird der Dichter nimmer kalt.

Weil er so heimlich glücklich lebt,
Da droben in den Wolken schwebt
Ein Eichenkranz, ewig jung belaubt,
Den setzt die Nachwelt ihm aufs Haupt;
In Froschpfuhl all das Volk verbannt,
Das seinen Meister je verkannt!

DIE NEKTARTROPFEN

Als Minerva, jenen Liebling,
Den Prometheus, zu begünst'gen,
Eine volle Nektarschale
Von dem Himmel niederbrachte,
Seine Menschen zu beglücken
Und den Trieb zu holden Künsten
Ihrem Busen einzuflößen,
Eilte sie mit schnellen Füßen,
Dass sie Jupiter nicht sähe;
Und die goldne Schale schwankte,
Und es fielen wenig Tropfen
Auf den grünen Boden nieder.

Emsig waren drauf die Bienen
Hinterher und saugten fleißig;
Kam der Schmetterling geschäftig,
Auch ein Tröpfchen zu erhaschen;
Selbst die ungestalte Spinne
Kroch herbei und sog gewaltig.

Glücklich haben sie gekostet,
Sie und andre zarte Tierchen!
Denn sie teilen mit dem Menschen
Nun das schönste Glück, die Kunst.

AN DEN GEIST DES JOHANNES SECUNDUS

Lieber, heiliger, großer Küsser,
Der du mir's in lechzend atmender
Glückseligkeit fast vorgetan hast!
Wem soll ich's klagen, klagt' ich dir's nicht!
Dir, dessen Lieder wie ein warmes Kissen
Heilender Kräuter mir unters Herz sich legten,
Dass es wieder aus dem krampfigen Starren
Erdetreibens klopfend sich erholte.
Ach, wie klag' ich dir's, dass meine Lippe blutet,
Mir gespalten ist und erbärmlich schmerzet,
Meine Lippe, die so viel gewohnt ist
Von der Liebe süßtem Glück zu schwellen
Und, wie eine goldne Himmelspforte,
Lallende Seligkeit aus- und einzustammeln.
Gesprungen ist sie! Nicht vom Biss der Holden,
Die, in voller ringsumfangender Liebe,
Mehr möcht' haben von mir, und möchte mich Ganzen
Ganz erküssen, und fressen, und was sie könnte!
Nicht gesprungen, weil nach ihrem Hauche
Meine Lippen unheilige Lüfte entweihten.
Ach, gesprungen, weil mich, öden, kalten,

Über beizenden Reif der Herbstwind anpackt.
Und da ist Traubensaft und der Saft der Bienen,
An meines Herdes treuem Feuer vereinigt,
Der soll mir helfen! Wahrlich, er hilft nicht:
Denn von der Liebe alles heilendem
Gift-Balsam ist kein Tröpfchen drunter.

LIEBEBEDÜRFNIS

Spätere Fassung des vorigen

Wer vernimmt mich? ach, wem soll ich's klagen?
Wer's vernähme, würd' er mich bedauern?
Ach! die Lippe, die so manche Freude
Sonst genossen hat und sonst gegeben,
Ist gespalten, und sie schmerzt erbärmlich.
Und sie ist nicht etwa wund geworden,
Weil die Liebste mich zu wild ergriffen,
Hold mich angebissen, dass sie fester
Sich des Freunds versichernd ihn genösse:
Nein, das zarte Lippchen ist gesprungen,
Weil nun über Reif und Frost die Winde
Spitz und scharf und lieblos mir begegnen.

Und nun soll mir Saft der edlen Traube,
Mit dem Saft der Bienen bei dem Feuer
Meines Herds vereinigt, Lindrung schaffen.
Ach, was will das helfen, mischt die Liebe
Nicht ein Tröpfchen ihres Balsams drunter?

Aus einem Brief an Gräfin Auguste zu Stolberg

Alles gaben Götter, die unendlichen,
Ihren Lieblingen ganz,
Alle Freuden, die unendlichen,
Alle Schmerzen, die unendlichen, ganz.

WANDRERS NACHTLIED

Der du von dem Himmel bist,
Alles Leid und Schmerzen stillest,
Den, der doppelt elend ist,
Doppelt mit Erquickung füllest,
Ach, ich bin des Treibens müde,
Was soll all der Schmerz und Lust?
Süßer Friede,
Komm, ach komm in meine Brust!

EIN GLEICHES

Über allen Gipfeln
Ist Ruh,
In allen Wipfeln
Spürest du
Kaum einen Hauch;
Die Vögelein schweigen im Walde.
Warte nur, balde
Ruhest du auch.

GESANG DER GEISTER ÜBER DEN WASSERN

Des Menschen Seele
Gleicht dem Wasser:
Vom Himmel kommt es,
Zum Himmel steigt es,
Und wieder nieder
Zur Erde muss es,
Ewig wechselnd.

Strömt von der hohen,
Steilen Felswand

Der reine Strahl,
Dann stäubt er lieblich
In Wolkenwellen
Zum glatten Fels,
Und leicht empfangen
Wallt er verschleiernd,
Leis rauschend
Zur Tiefe nieder.

Ragen Klippen
Dem Sturz entgegen,
Schäumt er unmutig
Stufenweise
Zum Abgrund.

Im flachen Bette
Schleicht er das Wiesental hin,
Und in dem glatten See
Weiden ihr Antlitz
Alle Gestirne.

Wind ist der Welle
Lieblicher Buhler;
Wind mischt vom Grund aus
Schäumende Wogen.

Seele des Menschen,
Wie gleichst du dem Wasser!
Schicksal des Menschen,
Wie gleichst du dem Wind!

MEINE GÖTTIN

Welcher Unsterblichen
Soll der höchste Preis sein?
Mit niemand streit' ich,
Aber ich geb' ihn
Der ewig beweglichen,
Immer neuen,
Seltsamsten Tochter Jovis,
Seinem Schoßkinde,
Der Fantasie.

Denn ihr hat er
Alle Launen,
Die er sonst nur allein
Sich vorbehält,
Zugestanden
Und hat seine Freude
An der Törin.

Sie mag rosenbekränzt
Mit dem Lilienstängel
Blumentäler betreten,
Sommervögeln gebieten
Und leichtnährenden Tau
Mit Bienenlippen
Von Blüten saugen,

Oder sie mag
Mit fliegendem Haar
Und düsterm Blicke
Im Winde sausen
Um Felsenwände
Und tausendfarbig
Wie Morgen und Abend,
Immer wechselnd

Wie Mondesblicke
Den Sterblichen scheinen.

Lasst uns alle
Den Vater preisen,
Den alten, hohen,
Der solch eine schöne,
Unverwelkliche Gattin
Dem sterblichen Menschen
Gesellen mögen!

Denn uns allein
Hat er sie verbunden
Mit Himmelsband,
Und ihr geboten,
In Freud' und Elend
Als treue Gattin
Nicht zu entweichen.

Alle die andern
Armen Geschlechter
Der kinderreichen
Lebendigen Erde
Wandeln und weiden
In dunklem Genuss
Und trüben Schmerzen
Des augenblicklichen
Beschränkten Lebens,
Gebeugt vom Joche
Der Notdurft.

Uns aber hat er
Seine gewandteste,
Verzärtelte Tochter,
Freut euch! gegönnt.
Begegnet ihr lieblich

Wie einer Geliebten,
Lasst ihr die Würde
Der Frauen im Haus.

Und dass die alte
Schwiegermutter Weisheit
Das zarte Seelchen
Ja nicht beleid'ge!

Doch kenn' ich ihre Schwester,
Die ältere, gesetztere,
Meine stille Freundin:
O dass die erst
Mit dem Lichte des Lebens
Sich von mir wende,
Die edle Treiberin,
Trösterin, Hoffnung!

GRENZEN DER MENSCHHEIT

Wenn der uralte
Heilige Vater
Mit gelassener Hand
Aus rollenden Wolken
Segnende Blitze
Über die Erde sät,
Küss' ich den letzten
Saum seines Kleides,
Kindliche Schauer
Treu in der Brust.

Denn mit Göttern
Soll sich nicht messen
Irgendein Mensch.
Hebt er sich aufwärts

Und berührt
Mit dem Scheitel die Sterne,
Nirgends haften dann
Die unsichern Sohlen,
Und mit ihm spielen
Wolken und Winde.

Steht er mit festen,
Markigen Knochen
Auf der wohlgegründeten
Dauernden Erde,
Reicht er nicht auf,
Nur mit der Eiche
Oder der Rebe
Sich zu vergleichen.

Was unterscheidet
Götter von Menschen?
Dass viele Wellen
Vor jenen wandeln,
Ein ewiger Strom:
Uns hebt die Welle,
Verschlingt die Welle,
Und wir versinken.

Ein kleiner Ring
Begrenzt unser Leben,
Und viele Geschlechter
Reihen sie dauernd
An ihres Daseins
Unendliche Kette.

DAS GÖTTLICHE

Edel sei der Mensch,
Hilfreich und gut!
Denn das allein
Unterscheidet ihn
Von allen Wesen,
Die wir kennen.

Heil den unbekannten
Höhern Wesen,
Die wir ahnen!
Ihnen gleiche der Mensch!
Sein Beispiel lehr' uns
Jene glauben.

Denn unfühlend
Ist die Natur:
Es leuchtet die Sonne
Über Bös' und Gute,
Und dem Verbrecher
Glänzen wie dem Besten
Der Mond und die Sterne.

Wind und Ströme,
Donner und Hagel
Rauschen ihren Weg
Und ergreifen
Vorübereilend
Einen um den andern.

Auch so das Glück
Tappt unter die Menge,
Fasst bald des Knaben
Lockige Unschuld,
Bald auch den kahlen
Schuldigen Scheitel.

Nach ewigen, ehrnen,
Großen Gesetzen
Müssen wir alle
Unseres Daseins
Kreise vollenden.

Nur allein der Mensch
Vermag das Unmögliche:
Er unterscheidet,
Wählet und richtet;
Er kann dem Augenblick
Dauer verleihen.

Er allein darf
Den Guten lohnen,
Den Bösen strafen,
Heilen und retten,
Alles Irrende, Schweifende
Nützlich verbinden.

Und wir verehren
Die Unsterblichen,
Als wären sie Menschen,
Täten im Großen,
Was der Beste im Kleinen
Tut oder möchte.

Der edle Mensch
Sei hilfreich und gut!
Unermüdet schaff' er
Das Nützliche, Rechte,
Sei uns ein Vorbild
Jener geahneten Wesen!

ZUEIGNUNG

Der Morgen kam; es scheuchten seine Tritte
Den leisen Schlaf, der mich gelind umfing,
Dass ich, erwacht, aus meiner stillen Hütte
Den Berg hinauf mit frischer Seele ging;
Ich freute mich bei einem jeden Schritte
Der neuen Blume, die voll Tropfen hing;
Der junge Tag erhob sich mit Entzücken,
Und alles war erquickt, mich zu erquicken.

Und wie ich stieg, zog von dem Fluss der Wiesen
Ein Nebel sich in Streifen sacht hervor,
Er wich und wechselte, mich zu umfließen,
Und wuchs geflügelt mir ums Haupt empor.
Des schönen Blicks sollt' ich nicht mehr genießen,
Die Gegend deckte mir ein trüber Flor;
Bald sah ich mich von Wolken wie umgossen
Und mit mir selbst in Dämmrung eingeschlossen.

Auf einmal schien die Sonne durchzudringen,
Im Nebel ließ sich eine Klarheit sehn.
Hier sank er, leise sich hinabzuschwingen,
Hier teilt' er steigend sich um Wald und Höhn.
Wie hofft' ich ihr den ersten Gruß zu bringen!
Sie hofft' ich nach der Trübe doppelt schön.
Der luft'ge Kampf war lange nicht vollendet,
Ein Glanz umgab mich, und ich stand geblendet.

Bald machte mich, die Augen aufzuschlagen,
Ein innrer Trieb des Herzens wieder kühn,
Ich konnt' es nur mit schnellen Blicken wagen,
Denn alles schien zu brennen und zu glühn.
Da schwebte, mit den Wolken hergetragen,
Ein göttlich Weib vor meinen Augen hin,
Kein schöner Bild sah ich in meinem Leben,
Sie sah mich an und blieb verweilend schweben.

»Kennst du mich nicht?« sprach sie mit einem Munde,
Dem aller Lieb' und Treue Ton entfloss,
»Erkennst du mich, die ich in manche Wunde
Des Lebens dir den reinsten Balsam goss?
Du kennst mich wohl, an die, zu ew'gem Bunde,
Dein strebend Herz sich fest und fester schloss.
Sah ich dich nicht mit heißen Herzenstränen
Als Knabe schon nach mir dich eifrig sehnen?«

»Ja!«, rief ich aus, indem ich selig nieder
Zur Erde sank, »lang' hab' ich dich gefühlt:
Du gabst mir Ruh, wenn durch die jungen Glieder
Die Leidenschaft sich rastlos durchgewühlt;
Du hast mir wie mit himmlischem Gefieder
Am heißen Tag die Stirne sanft gekühlt;
Du schenktest mir der Erde beste Gaben,
Und jedes Glück will ich durch dich nur haben!

Dich nenn' ich nicht. Zwar hör' ich dich von vielen
Gar oft genannt, und jeder heißt dich *sein*,
Ein jedes Auge glaubt auf dich zu zielen,
Fast jedem Auge wird dein Strahl zur Pein.
Ach, da ich irrte, hatt' ich viel Gespielen,
Da ich dich kenne, bin ich fast allein;
Ich muss mein Glück nur mit mir selbst genießen,
Dein holdes Licht verdecken und verschließen.«

Sie lächelte, sie sprach: »Du siehst, wie klug,
Wie nötig war's, euch wenig zu enthüllen!
Kaum bist du sicher vor dem gröbsten Trug,
Kaum bist du Herr vom ersten Kinderwillen,
So glaubst du dich schon Übermensch genug,
Versäumst die Pflicht des Mannes zu erfüllen!
Wie viel bist du von andern unterschieden?
Erkenne dich, leb' mit der Welt in Frieden!«

»Verzeih mir«, rief ich aus, »ich meint' es gut.
Soll ich umsonst die Augen offen haben?
Ein froher Wille lebt in meinem Blut,
Ich kenne ganz den Wert von deinen Gaben.
Für andre wächst in mir das edle Gut,
Ich kann und will das Pfund nicht mehr vergraben!
Warum sucht' ich den Weg so sehnsuchtsvoll,
Wenn ich ihn nicht den Brüdern zeigen soll?«

Und wie ich sprach, sah mich das hohe Wesen
Mit einem Blick mitleid'ger Nachsicht an;
Ich konnte mich in ihrem Auge lesen,
Was ich verfehlt und was ich recht getan.
Sie lächelte, da war ich schon genesen,
Zu neuen Freuden stieg mein Geist heran;
Ich konnte nun mit innigem Vertrauen
Mich zu ihr nahn und ihre Nähe schauen.

Da reckte sie die Hand aus in die Streifen
Der leichten Wolken und des Dufts umher;
Wie sie ihn fasste, ließ er sich ergreifen,
Er ließ sich ziehn, es war kein Nebel mehr.
Mein Auge konnt' im Tale wieder schweifen,
Gen Himmel blickt' ich, er war hell und hehr.
Nur sah ich sie den reinsten Schleier halten,
Er floss um sie und schwoll in tausend Falten.

»Ich kenne dich, ich kenne deine Schwächen,
Ich weiß, was Gutes in dir lebt und glimmt!«
So sagte sie, ich hör' sie ewig sprechen,
»Empfange hier, was ich dir lang' bestimmt!
Dem Glücklichen kann es an nichts gebrechen,
Der dies Geschenk mit stiller Seele nimmt:
Aus Morgenduft gewebt und Sonnenklarheit,
Der Dichtung Schleier aus der Hand der Wahrheit.

Und wenn es dir und deinen Freunden schwüle
Am Mittag wird, so wirf ihn in die Luft!
Sogleich umsäuselt Abendwindes Kühle,
Umhaucht euch Blumen-Würzgeruch und Duft.
Es schweigt das Wehen banger Erdgefühle,
Zum Wolkenbette wandelt sich die Gruft,
Besänftiget wird jede Lebenswelle,
Der Tag wird lieblich, und die Nacht wird helle.«

So kommt denn, Freunde, wenn auf euren Wegen
Des Lebens Bürde schwer und schwerer drückt,
Wenn eure Bahn ein frischerneuter Segen
Mit Blumen ziert, mit goldnen Früchten schmückt,
Wir gehn vereint dem nächsten Tag entgegen!
So leben wir, so wandeln wir beglückt.
Und dann auch soll, wenn Enkel um uns trauern,
Zu ihrer Lust noch unsre Liebe dauern.

Balladen

DER FISCHER

Das Wasser rauscht', das Wasser schwoll,
Ein Fischer saß daran,
Sah nach dem Angel ruhevoll,
Kühl bis ans Herz hinan.
Und wie er sitzt, und wie er lauscht,
Teilt sich die Flut empor;
Aus dem bewegten Wasser rauscht
Ein feuchtes Weib hervor.

Sie sang zu ihm, sie sprach zu ihm:
»Was lockst du meine Brut
Mit Menschenwitz und Menschenlist
Hinauf in Todesglut?
Ach wüsstest du, wie's Fischlein ist
So wohlig auf dem Grund,
Du stiegst herunter, wie du bist,
Und würdest erst gesund.

Labt sich die liebe Sonne nicht,
Der Mond sich nicht im Meer?
Kehrt wellenatmend ihr Gesicht
Nicht doppelt schöner her?
Lockt dich der tiefe Himmel nicht,
Das feuchtverklärte Blau?
Lockt dich dein eigen Angesicht
Nicht her in ew'gen Tau?«

Das Wasser rauscht', das Wasser schwoll,
Netzt' ihm den nackten Fuß;
Sein Herz wuchs ihm so sehnsuchtsvoll,

Wie bei der Liebsten Gruß.
Sie sprach zu ihm, sie sang zu ihm;
Da war's um ihn geschehn:
Halb zog sie ihn, halb sank er hin,
Und ward nicht mehr gesehn.

Gesang der Elfen

Um Mitternacht, wenn die Menschen erst schlafen,
Dann scheinet uns der Mond,
Dann leuchtet uns der Stern,
Wir wandlen und singen
Und tanzen erst gern.

Um Mitternacht, wenn die Menschen erst schlafen,
Auf Wiesen an den Erlen
Wir suchen unsern Raum
Und wandlen und singen
Und tanzen einen Traum.

ERLKÖNIG

Wer reitet so spät durch Nacht und Wind?
Es ist der Vater mit seinem Kind;
Er hat den Knaben wohl in dem Arm,
Er fasst ihn sicher, er hält ihn warm. —

Mein Sohn, was birgst du so bang dein Gesicht? —
Siehst, Vater, du den Erlkönig nicht?
Den Erlenkönig mit Kron' und Schweif? —
Mein Sohn, es ist ein Nebelstreif. —

»Du liebes Kind, komm, geh mit mir!
Gar schöne Spiele spiel' ich mit dir;

Manch' bunte Blumen sind an dem Strand;
Meine Mutter hat manch' gülden Gewand.«

Mein Vater, mein Vater, und hörest du nicht,
Was Erlenkönig mir leise verspricht? —
Sei ruhig, bleibe ruhig, mein Kind!
In dürren Blättern säuselt der Wind. —

»Willst, feiner Knabe, du mit mir gehn?
Meine Töchter sollen dich warten schön;
Meine Töchter führen den nächtlichen Reihn
Und wiegen und tanzen und singen dich ein.«

Mein Vater, mein Vater, und siehst du nicht dort
Erlkönigs Töchter am düstern Ort? —
Mein Sohn, mein Sohn, ich seh' es genau;
Es scheinen die alten Weiden so grau. —

»Ich liebe dich, mich reizt deine schöne Gestalt;
Und bist du nicht willig, so brauch' ich Gewalt.« —
Mein Vater, mein Vater, jetzt fasst er mich an!
Erlkönig hat mir ein Leids getan! —

Dem Vater grauset's, er reitet geschwind,
Er hält in Armen das ächzende Kind,
Erreicht den Hof mit Mühe und Not;
In seinen Armen das Kind war tot.

DER SÄNGER

»Was hör' ich draußen vor dem Tor,
Was auf der Brücke schallen?
Lass den Gesang vor unserm Ohr
Im Saale widerhallen!«
Der König sprach's, der Page lief;

Der Knabe kam, der König rief:
»Lasst mir herein den Alten!«

»Gegrüßet seid mir, edle Herrn,
Gegrüßt ihr, schöne Damen!
Welch reicher Himmel! Stern bei Stern!
Wer kennet ihre Namen?
Im Saal voll Pracht und Herrlichkeit
Schließt, Augen, euch; hier ist nicht Zeit,
Sich staunend zu ergetzen.«

Der Sänger drückt' die Augen ein
Und schlug in vollen Tönen;
Die Ritter schauten mutig drein
Und in den Schoß die Schönen.
Der König, dem das Lied gefiel,
Ließ, ihn zu ehren für sein Spiel,
Eine goldne Kette holen.

»Die goldne Kette gib mir nicht,
Die Kette gib den Rittern,
Vor deren kühnem Angesicht
Der Feinde Lanzen splittern!
Gib sie dem Kanzler, den du hast,
Und lass ihn noch die goldne Last
Zu andern Lasten tragen!

Ich singe, wie der Vogel singt,
Der in den Zweigen wohnet;
Das Lied, das aus der Kehle dringt,
Ist Lohn, der reichlich lohnet.
Doch darf ich bitten, bitt' ich eins:
Lass mir den besten Becher Weins
In purem Golde reichen!«

Er setzt' ihn an, er trank ihn aus:
»O Trank voll süßer Labe!
O wohl dem hochbeglückten Haus,
Wo das ist kleine Gabe!
Ergeht's Euch wohl, so denkt an mich,
Und danket Gott so warm, als ich
Für diesen Trunk Euch danke.«

DIE ZEIT DER KLASSIK

Römische Elegien

I.

Saget, Steine, mir an, o sprecht, ihr hohen Paläste!
 Straßen, redet ein Wort! Genius, regst du dich nicht?
Ja, es ist alles beseelt in deinen heiligen Mauern,
 Ewige Roma; nur mir schweiget noch alles so still.
O wer flüstert mir zu, an welchem Fenster erblick' ich
 Einst das holde Geschöpf, das mich versengend erquickt?
Ahn' ich die Wege noch nicht, durch die ich immer und immer,
 Zu ihr und von ihr zu gehn, opfre die köstliche Zeit?
Noch betracht' ich Kirch' und Palast, Ruinen und Säulen,
 Wie ein bedächtiger Mann schicklich die Reise benutzt.
Doch bald ist es vorbei; dann wird ein einziger Tempel,
 Amors Tempel nur sein, der den Geweihten empfängt.
Eine Welt zwar bist du, o Rom; doch ohne die Liebe
 Wäre die Welt nicht die Welt, wäre denn Rom auch nicht Rom.

II.

Ehret, wen ihr auch wollt! Nun bin ich endlich geborgen!
 Schöne Damen und ihr, Herren der feineren Welt,
Fraget nach Oheim und Vetter und alten Muhmen und Tanten,
 Und dem gebundnen Gespräch folge das traurige Spiel.
Auch ihr Übrigen fahret mir wohl, in großen und kleinen
 Zirkeln, die ihr mich oft nah der Verzweiflung gebracht.
Wiederholet, politisch und zwecklos, jegliche Meinung,
 Die den Wandrer mit Wut über Europa verfolgt.
So verfolgte das Liedchen »Malbrough« den reisenden Briten

Einst von Paris nach Livorn, dann von Livorno nach Rom,
Weiter nach Napel hinunter; und wär' er nach Smyrna gesegelt,
Malbrough! empfing ihn auch dort, Malbrough! im Hafen das Lied.
Und so musst' ich bis jetzt auf allen Tritten und Schritten
Schelten hören das Volk, schelten der Könige Rat.
Nun entdeckt ihr mich nicht so bald in meinem Asyle,
Das mir Amor der Fürst, königlich schützend, verlieh.
Hier bedecket er mich mit seinem Fittich; die Liebste
Fürchtet, römisch gesinnt, wütende Gallier nicht;
Sie erkundigt sich nie nach neuer Märe, sie spähet
Sorglich den Wünschen des Manns, dem sie sich eignete, nach.
Sie ergötzt sich an ihm, dem freien, rüstigen Fremden,
Der von Bergen und Schnee, hölzernen Häusern erzählt;
Teilt die Flammen, die sie in seinem Busen entzündet,
Freut sich, dass er das Gold nicht wie der Römer bedenkt.
Besser ist ihr Tisch nun bestellt; es fehlet an Kleidern,
Fehlet am Wagen ihr nicht, der nach der Oper sie bringt.
Mutter und Tochter erfreun sich ihres nordischen Gastes,
Und der Barbare beherrscht römischen Busen und Leib.

III.

Lass dich, Geliebte, nicht reun, dass du mir so schnell dich ergeben!
Glaub' es, ich denke nicht frech, denke nicht niedrig von dir.
Vielfach wirken die Pfeile des Amor: einige ritzen,
Und vom schleichenden Gift kranket auf Jahre das Herz.
Aber mächtig befiedert, mit frisch geschliffener Schärfe
Dringen die andern ins Mark, zünden behände das Blut.
In der heroischen Zeit, da Götter und Göttinnen liebten,
Folgte Begierde dem Blick, folgte Genuss der Begier.
Glaubst du, es habe sich lange die Göttin der Liebe besonnen,
Als im Idäischen Hain einst ihr Anchises gefiel?
Hätte Luna gesäumt, den schönen Schläfer zu küssen,
O, so hätt' ihn geschwind, neidend, Aurora geweckt.
Hero erblickte Leandern am lauten Fest, und behände

Stürzte der Liebende sich heiß in die nächtliche Flut.
Rhea Silvia wandelt, die fürstliche Jungfrau, der Tiber
Wasser zu schöpfen, hinab, und sie ergreifet der Gott.
So erzeugte die Söhne sich Mars! — Die Zwillinge tränket
Eine Wölfin, und Rom nennt sich die Fürstin der Welt.

IV.

Fromm sind wir Liebende, still verehren wir alle Dämonen,
Wünschen uns jeglichen Gott, jegliche Göttin geneigt.
Und so gleichen wir euch, o römische Sieger! Den Göttern
Aller Völker der Welt bietet ihr Wohnungen an,
Habe sie schwarz und streng aus altem Basalt der Ägypter,
Oder ein Grieche sie weiß, reizend, aus Marmor geformt.
Doch verdrießet es nicht die Ewigen, wenn wir besonders
Weihrauch köstlicher Art Einer der Göttlichen streun.
Ja, wir bekennen euch gern: es bleiben unsre Gebete,
Unser täglicher Dienst Einer besonders geweiht.
Schalkhaft, munter und ernst begehen wir heimliche Feste,
Und das Schweigen geziemt allen Geweihten genau.
Eh' an die Ferse lockten wir selbst durch grässliche Taten
Uns die Erinnyen her, wagten es eher, des Zeus
Hartes Gericht am rollenden Rad und am Felsen zu dulden,
Als dem reizenden Dienst unser Gemüt zu entziehn.
Diese Göttin, sie heißt *Gelegenheit*; lernet sie kennen!
Sie erscheinet euch oft, immer in andrer Gestalt.
Tochter des Proteus möchte sie sein, mit Thetis gezeuget,
Deren verwandelte List manchen Heroen betrog.
So betrügt nun die Tochter den Unerfahrnen, den Blöden;
Schlummernde necket sie stets, Wachende fliegt sie vorbei;
Gern ergibt sie sich nur dem raschen, tätigen Manne.
Dieser findet sie zahm, spielend und zärtlich und hold.
Einst erschien sie auch mir, ein bräunliches Mädchen, die Haare
Fielen ihr dunkel und reich über die Stirne herab,
Kurze Locken ringelten sich ums zierliche Hälschen,

Ungeflochtenes Haar krauste vom Scheitel sich auf.
Und ich verkannte sie nicht, ergriff die Eilende; lieblich
Gab sie Umarmung und Kuss bald mir gelehrig zurück.
O wie war ich beglückt! — Doch stille, die Zeit ist vorüber,
Und umwunden bin ich, römische Flechten, von euch.

V.

Froh empfind' ich mich nun auf klassischem Boden begeistert,
Vor- und Mitwelt spricht lauter und reizender mir.
Hier befolg' ich den Rat, durchblättre die Werke der Alten
Mit geschäftiger Hand, täglich mit neuem Genuss.
Aber die Nächte hindurch hält Amor mich anders beschäftigt;
Werd' ich auch halb nur gelehrt, bin ich doch doppelt beglückt.
Und belehr' ich mich nicht, indem ich des lieblichen Busens
Formen spähe, die Hand leite die Hüften hinab?
Dann versteh' ich den Marmor erst recht: ich denk' und vergleiche,
Sehe mit fühlendem Aug', fühle mit sehender Hand.
Raubt die Liebste denn gleich mir einige Stunden des Tages,
Gibt sie Stunden der Nacht mir zur Entschädigung hin.
Wird doch nicht immer geküsst, es wird vernünftig gesprochen;
Überfällt sie der Schlaf, lieg' ich und denke mir viel.
Oftmals hab' ich auch schon in ihren Armen gedichtet
Und des Hexameters Maß leise mit fingernder Hand
Ihr auf den Rücken gezählt. Sie atmet in lieblichem Schlummer,
Und es durchglühet ihr Hauch mir bis ins Tiefste die Brust.
Amor schüret die Lamp' indes und denket der Zeiten,
Da er den nämlichen Dienst seinen Triumvirn getan.

VI.

»Kannst du, o Grausamer! mich in solchen Worten betrüben?
Reden so bitter und hart liebende Männer bei euch?
Wenn das Volk mich verklagt, ich muss es dulden! und bin ich

Etwa nicht schuldig? Doch ach! schuldig nur bin ich mit dir!
Diese Kleider, sie sind der neidischen Nachbarin Zeugen,
Dass die Witwe nicht mehr einsam den Gatten beweint.
Bist du ohne Bedacht nicht oft bei Mondschein gekommen,
Grau, im dunklen Surtout, hinten gerundet das Haar?
Hast du dir scherzend nicht selbst die geistliche Maske gewählet?
Soll's ein Prälate denn sein — gut, der Prälate bist du.
In dem geistlichen Rom, kaum scheint es zu glauben, doch schwör ich:
Nie hat ein Geistlicher sich meiner Umarmung gefreut.
Arm war ich, leider! und jung, und wohl bekannt den Verführern.
Falconieri hat mir oft in die Augen gegafft,
Und ein Kuppler Albanis mich mit gewichtigen Zetteln
Bald nach Ostia, bald nach den vier Brunnen gelockt.
Aber wer nicht kam, war das Mädchen. So hab' ich von Herzen
Rotstrumpf immer gehasst und Violettstrumpf dazu.
Denn ›ihr Mädchen bleibt am Ende doch die Betrognen‹
Sagte der Vater, wenn auch leichter die Mutter es nahm.
Und so bin ich denn auch am Ende betrogen! Du zürnest
Nur zum Scheine mit mir, weil du zu fliehen gedenkst.
Geh! Ihr seid der Frauen nicht wert! Wir tragen die Kinder
Unter dem Herzen, und so tragen die Treue wir auch;
Aber ihr Männer, ihr schüttet mit eurer Kraft und Begierde
Auch die Liebe zugleich in den Umarmungen aus!«
Also sprach die Geliebte und nahm den Kleinen vom Stuhle,
Drückt' ihn küssend ans Herz, Tränen entquollen dem Blick.
Und wie saß ich beschämt, dass Reden feindlicher Menschen
Dieses liebliche Bild mir zu beflecken vermocht!
Dunkel brennt das Feuer nur augenblicklich und dampfet,
Wenn das Wasser die Glut stürzend und jählings verhüllt;
Aber sie reinigt sich schnell, verjagt die trübenden Dämpfe,
Neuer und mächtiger dringt leuchtende Flamme hinauf.

VII.

O wie fühl' ich in Rom mich so froh! gedenk' ich der Zeiten,
 Da mich ein graulicher Tag hinten im Norden umfing,
Trübe der Himmel und schwer auf meine Scheitel sich senkte,
 Farb- und gestaltlos die Welt um den Ermatteten lag,
Und ich über mein Ich, des unbefriedigten Geistes
 Düstre Wege zu spähn, still in Betrachtung versank.
Nun umleuchtet der Glanz des helleren Äthers die Stirne;
 Phöbus rufet, der Gott, Formen und Farben hervor.
Sternhell glänzet die Nacht, sie klingt von weichen Gesängen,
 Und mir leuchtet der Mond heller als nordischer Tag.
Welche Seligkeit ward mir Sterblichem! Träum' ich? Empfänget
 Dein ambrosisches Haus, Jupiter Vater, den Gast?
Ach! hier lieg' ich und strecke nach deinen Knien die Hände
 Flehend aus. O vernimm, Jupiter Xenius, mich!
Wie ich hereingekommen, ich kann's nicht sagen; es fasste
 Hebe den Wandrer und zog mich in die Hallen heran.
Hast du ihr einen Heroen herauf zu führen geboten?
 Irrte die Schöne? Vergib! Lass mir des Irrtums Gewinn!
Deine Tochter Fortuna, sie auch! die herrlichsten Gaben
 Teilt als ein Mädchen sie aus, wie es die Laune gebeut.
Bist du der wirtliche Gott? O dann so verstoße den Gastfreund
 Nicht von deinem Olymp wieder zur Erde hinab!
»Dichter! wohin versteigest du dich?« — Vergib mir; der hohe
 Kapitolinische Berg ist dir ein zweiter Olymp.
Dulde mich, Jupiter, hier, und Hermes führe mich später,
 Cestius' Mal vorbei, leise zum Orkus hinab.

VIII.

Wenn du mir sagst, du habest als Kind, Geliebte, den Menschen
 Nicht gefallen, und dich habe die Mutter verschmäht,
Bis du größer geworden und still dich entwickelt — ich glaub' es:
 Gerne denk' ich mir dich als ein besonderes Kind.

Fehlet Bildung und Farbe doch auch der Blüte des Weinstocks,
Wenn die Beere, gereift, Menschen und Götter entzückt.

IX.

Herbstlich leuchtet die Flamme vom ländlich geselligen Herde,
Knistert und glänzet, wie rasch! sausend vom Reisig empor.
Diesen Abend erfreut sie mich mehr; denn eh' noch zur Kohle
Sich das Bündel verzehrt, unter die Asche sich neigt,
Kommt mein liebliches Mädchen. Dann flammen Reisig und Scheite,
Und die erwärmete Nacht wird uns ein glänzendes Fest.
Morgen frühe geschäftig verlässt sie das Lager der Liebe,
Weckt aus der Asche behänd Flammen aufs neue hervor.
Denn vor andern verlieh der Schmeichlerin Amor die Gabe,
Freude zu wecken, die kaum still wie zu Asche versank.

X.

Alexander und Cäsar und Heinrich und Friedrich, die Großen,
Gäben die Hälfte mir gern ihres erworbenen Ruhms,
Könnt' ich auf eine Nacht dies Lager jedem vergönnen;
Aber die Armen, sie hält strenge des Orkus Gewalt.
Freue dich also, Lebend'ger, der lieb erwärmeten Stätte,
Ehe den fliehenden Fuß schauerlich Lethe dir netzt.

XI.

Euch, o Grazien, legt die wenigen Blätter ein Dichter
Auf den reinen Altar, Knospen der Rose dazu,
Und er tut es getrost. Der Künstler freuet sich seiner
Werkstatt, wenn sie um ihn immer ein Pantheon scheint.
Jupiter senket die göttliche Stirn, und Juno erhebt sie;
Phöbus schreitet hervor, schüttelt das lockige Haupt;

Trocken schauet Minerva herab, und Hermes, der leichte,
Wendet zur Seite den Blick, schalkisch und zärtlich zugleich.
Aber nach Bacchus, dem weichen, dem träumenden, hebet Cythere
Blicke der süßen Begier, selbst in dem Marmor noch feucht.
Seiner Umarmung gedenket sie gern und scheinet zu fragen:
Sollte der herrliche Sohn uns an der Seite nicht stehn?

XII.

Hörest du, Liebchen, das muntre Geschrei den Flaminischen Weg her?
Schnitter sind es; sie ziehn wieder nach Hause zurück,
Weit hinweg. Sie haben des Römers Ernte vollendet,
Der für Ceres den Kranz selber zu flechten verschmäht.
Keine Feste sind mehr der großen Göttin gewidmet,
Die, statt Eicheln, zur Kost goldenen Weizen verlieh.
Lass uns beide das Fest im Stillen freudig begehen!
Sind zwei Liebende doch sich ein versammeltes Volk.
Hast du wohl je gehört von jener mystischen Feier,
Die von Eleusis hieher frühe dem Sieger gefolgt?
Griechen stifteten sie, und immer riefen nur Griechen,
Selbst in den Mauern Roms: »Kommt zur geheiligten Nacht!«
Fern entwich der Profane; da bebte der wartende Neuling,
Den ein weißes Gewand, Zeichen der Reinheit, umgab.
Wunderlich irrte darauf der Eingeführte durch Kreise
Seltner Gestalten; im Traum schien er zu wallen: denn hier
Wanden sich Schlangen am Boden umher, verschlossene Kästchen,
Reich mit Ähren umkränzt, trugen hier Mädchen vorbei,
Vielbedeutend gebärdeten sich die Priester und summten;
Ungeduldig und bang harrte der Lehrling auf Licht.
Erst nach mancherlei Proben und Prüfungen ward ihm enthüllet,
Was der geheiligte Kreis seltsam in Bildern verbarg.
Und was war das Geheimnis, als dass Demeter, die große,
Sich gefällig einmal auch einem Helden bequemt,
Als sie Jasion einst, dem rüstigen König der Kreter,
Ihres unsterblichen Leibs holdes Verborgne gegönnt

Da war Kreta beglückt! das Hochzeitbette der Göttin
　Schwoll von Ähren, und reich drückte den Acker die Saat.
Aber die übrige Welt verschmachtete; denn es versäumte
　Über der Liebe Genuss Ceres den schönen Beruf.
Voll Erstaunen vernahm der Eingeweihte das Märchen,
　Winkte der Liebsten — Verstehst du nun, Geliebte, den Wink?
Jene buschige Myrte beschattet ein heiliges Plätzchen!
　Unsre Zufriedenheit bringt keine Gefährde der Welt.

XIII.

Amor bleibet ein Schalk, und wer ihm vertraut, ist betrogen!
　Heuchelnd kam er zu mir: »Diesmal nur traue mir noch.
Redlich mein' ich's mit dir: du hast dein Leben und Dichten,
　Dankbar erkenn' ich es wohl, meiner Verehrung geweiht.
Siehe, dir bin ich nun gar nach Rom gefolget; ich möchte
　Dir im fremden Gebiet gern was Gefälliges tun.
Jeder Reisende klagt, er finde schlechte Bewirtung;
　Welchen Amor empfiehlt, köstlich bewirtet ist er.
Du betrachtest mit Staunen die Trümmern alter Gebäude
　Und durchwandelst mit Sinn diesen geheiligten Raum.
Du verehrest noch mehr die werten Reste des Bildens
　Einziger Künstler, die stets ich in der Werkstatt besucht.
Diese Gestalten, ich formte sie selbst! Verzeih mir, ich prahle
　Diesmal nicht; du gestehst, was ich dir sage, sei wahr.
Nun du mir lässiger dienst, wo sind die schönen Gestalten,
　Wo die Farben, der Glanz deiner Erfindungen hin?
Denkst du nun wieder zu bilden, o Freund? Die Schule der Griechen
　Blieb noch offen, das Tor schlossen die Jahre nicht zu.
Ich, der Lehrer, bin ewig jung, und liebe die Jungen.
　Altklug lieb' ich dich nicht! Munter! Begreife mich wohl!
War das Antike doch neu, da jene Glücklichen lebten!
　Lebe glücklich, und so lebe die Vorzeit in dir!
Stoff zum Liede, wo nimmst du ihn her? Ich muss dir ihn geben,
　Und den höheren Stil lehret die Liebe dich nur.«

Also sprach der Sophist. Wer widersprách' ihm? und leider
Bin ich zu folgen gewöhnt, wenn der Gebieter befiehlt. —
Nun, verräterisch hält er sein Wort, gibt Stoff zu Gesängen,
Ach! und raubt mir die Zeit, Kraft und Besinnung zugleich;
Blick und Händedruck, und Küsse, gemütliche Worte,
Silben köstlichen Sinns wechselt ein liebendes Paar.
Da wird Lispeln Geschwätz, wird Stottern liebliche Rede:
Solch ein Hymnus verhallt ohne prosodisches Maß.
Dich, Aurora, wie kannt' ich dich sonst als Freundin der Musen!
Hat, Aurora, dich auch Amor, der lose, verführt?
Du erscheinest mir nun als seine Freundin, und weckest
Mich an seinem Altar wieder zum festlichen Tag.
Find' ich die Fülle der Locken an meinem Busen! das Köpfchen
Ruhet und drücket den Arm, der sich dem Halse bequemt.
Welch ein freudig Erwachen, erhieltet ihr, ruhige Stunden,
Mir das Denkmal der Lust, die in den Schlaf uns gewiegt! —
Sie bewegt sich im Schlummer und sinkt auf die Breite des Lagers,
Weggewendet; und doch lässt sie mir Hand noch in Hand.
Herzliche Liebe verbindet uns stets und treues Verlangen,
Und den Wechsel behielt nur die Begierde sich vor.
Einen Druck der Hand, ich sehe die himmlischen Augen
Wieder offen. — O nein! lasst auf der Bildung mich ruhn!
Bleibt geschlossen! ihr macht mich verwirrt und trunken, ihr raubet
Mir den stillen Genuss reiner Betrachtung zu früh.
Diese Formen, wie groß! wie edel gewendet die Glieder!
Schlief Ariadne so schön: Theseus, du konntest entfliehn?
Diesen Lippen ein einziger Kuss! O Theseus, nun scheide!
Blick' ihr ins Auge! Sie wacht! — Ewig nun hält sie dich fest.

XIV.

Zünde mir Licht an, Knabe! — »Noch ist es hell. Ihr verzehret
Öl und Docht nur umsonst. Schließet die Läden doch nicht!
Hinter die Häuser entwich, nicht hinter den Berg, uns die Sonne!
Ein halb Stündchen noch währt's bis zum Geläute der Nacht.« —

Unglückseliger! geh und gehorch'! Mein Mädchen erwart' ich.
Tröste mich, Lämpchen, indes, lieblicher Bote der Nacht!

XV.

Cäsarn wär' ich wohl nie zu fernen Britannen gefolget,
Florus hätte mich leicht in die Popine geschleppt!
Denn mir bleiben weit mehr die Nebel des traurigen Nordens
Als ein geschäftiges Volk südlicher Flöhe verhasst.
Und noch schöner von heut' an seid mir gegrüßet, ihr Schenken,
Osterien, wie euch schicklich der Römer benennt;
Denn ihr zeigtet mir heute die Liebste, begleitet vom Oheim,
Den die Gute so oft, mich zu besitzen, betrügt.
Hier stand unser Tisch, den Deutsche vertraulich umgaben;
Drüben suchte das Kind neben der Mutter den Platz,
Rückte vielmals die Bank und wusst' es artig zu machen,
Dass ich halb ihr Gesicht, völlig den Nacken gewann.
Lauter sprach sie, als hier die Römerin pfleget, kredenzte,
Blickte gewendet nach mir, goss und verfehlte das Glas.
Wein floss über den Tisch, und sie, mit zierlichem Finger,
Zog auf dem hölzernen Blatt Kreise der Feuchtigkeit hin.
Meinen Namen verschlang sie dem ihrigen; immer begierig
Schaut' ich dem Fingerchen nach, und sie bemerkte mich wohl.
Endlich zog sie behände das Zeichen der römischen Fünfe
Und ein Strichlein davor. Schnell, und sobald ich's gesehn,
Schlang sie Kreise durch Kreise, die Lettern und Ziffern zu löschen;
Aber die köstliche *Vier* blieb mir ins Auge geprägt.
Stumm war ich sitzen geblieben und biss die glühende Lippe,
Halb aus Schalkheit und Lust, halb aus Begierde, mir wund.
Erst noch so lange bis Nacht! dann noch vier Stunden zu warten!
Hohe Sonne, du weilst, und du beschauest dein Rom!
Größeres sahest du nichts und wirst nichts Größeres sehen,
Wie es dein Priester Horaz in der Entzückung versprach.
Aber heute verweile mir nicht, und wende die Blicke
Von dem Siebengebirg früher und williger ab!

Einem Dichter zuliebe verkürze die herrlichen Stunden,
Die mit begierigem Blick selig der Maler genießt;
Glühend blicke noch schnell zu diesen hohen Fassaden,
Kuppeln und Säulen zuletzt und Obelisken herauf;
Stürze dich eilig ins Meer, um morgen früher zu sehen,
Was Jahrhunderte schon göttliche Lust dir gewährt:
Diese feuchten, mit Rohr so lange bewachsnen Gestade,
Diese mit Bäumen und Busch düster beschatteten Höhn.
Wenig Hütten zeigten sie erst; dann sahst du auf einmal
Sie vom wimmelnden Volk glücklicher Räuber belebt.
Alles schleppten sie drauf an diese Stätte zusammen;
Kaum war das übrige Rund deiner Betrachtung noch wert.
Sahst eine Welt hier entstehn, sahst dann eine Welt hier in Trümmern,
Aus den Trümmern aufs neu fast eine größere Welt!
Dass ich diese noch lange von dir beleuchtet erblicke,
Spinne die Parze mir klug langsam den Faden herab.
Aber sie eile herbei, die schön bezeichnete Stunde! —
Glücklich! hör' ich sie schon? Nein, doch ich höre schon Drei.
So, ihr lieben Musen, betrogt ihr wieder die Länge
Dieser Weile, die mich von der Geliebten getrennt.
Lebet wohl! Nun eil' ich und fürcht' euch nicht zu beleid'gen:
Denn ihr Stolzen, ihr gebt Amorn doch immer den Rang.

XVI.

»Warum bist du, Geliebter, nicht heute zur Vigne gekommen?
Einsam, wie ich versprach, wartet' ich oben auf dich.« —
Beste, schon war ich hinein; da sah ich zum Glücke den Oheim
Neben den Stöcken, bemüht, hin sich und her sich zu drehn.
Schleichend eilt' ich hinaus! — »O welch ein Irrtum ergriff dich!
Eine Scheuche nur war's, was dich vertrieb! Die Gestalt
Flickten wir emsig zusammen aus alten Kleidern und Rohren,
Emsig half ich daran, selbst mir zu schaden bemüht.« —
Nun, des Alten Wunsch ist erfüllt: den losesten Vogel
Scheucht' er heute, der ihm Gärtchen und Nichte bestiehlt.

XVII.

Manche Töne sind mir Verdruss, doch bleibet am meisten
Hundegebell mir verhasst: kläffend zerreißt es mein Ohr.
Einen Hund nur hör' ich sehr oft mit frohem Behagen
Bellend kläffen, den Hund, den sich der Nachbar erzog.
Denn er bellte mir einst mein Mädchen an, da sie sich heimlich
Zu mir stahl, und verriet unser Geheimnis beinah.
Jetzo, hör' ich ihn bellen, so denk' ich mir immer: sie kommt wohl!
Oder ich denke der Zeit, da die Erwartete kam.

XVIII.

Eines ist mir verdrießlich vor allen Dingen, ein andres
Bleibt mir abscheulich, empört jegliche Faser in mir,
Nur der bloße Gedanke. Ich will es euch, Freunde, gestehen:
Gar verdrießlich ist mir einsam das Lager zu Nacht.
Aber ganz abscheulich ist's, auf dem Wege der Liebe
Schlangen zu fürchten, und Gift unter den Rosen der Lust,
Wenn im schönsten Moment der hin sich gebenden Freude
Deinem sinkenden Haupt lispelnde Sorge sich naht.
Darum macht Faustine mein Glück; sie teilet das Lager
Gerne mit mir, und bewahrt Treue dem Treuen genau.
Reizendes Hindernis will die rasche Jugend; ich liebe,
Mich des versicherten Guts lange bequem zu erfreun.
Welche Seligkeit ist's! wir wechseln sichere Küsse,
Atem und Leben getrost saugen und flößen wir ein.
So erfreuen wir uns der langen Nächte, wir lauschen,
Busen an Busen gedrängt, Stürmen und Regen und Guss.
Und so dämmert der Morgen heran; es bringen die Stunden
Neue Blumen herbei, schmücken uns festlich den Tag.
Gönnet mir, o Quiriten! das Glück, und jedem gewähre
Aller Güter der Welt erstes und letztes der Gott!

XIX.

Schwer erhalten wir uns den guten Namen, denn Fama
Steht mit Amorn, ich weiß, meinem Gebieter, in Streit.
Wisst auch ihr, woher es entsprang, dass beide sich hassen?
Alte Geschichten sind das, und ich erzähle sie wohl.
Immer die mächtige Göttin, doch war sie für die Gesellschaft
Unerträglich, denn gern führt sie das herrschende Wort;
Und so war sie von je, bei allen Göttergelagen,
Mit der Stimme von Erz, Großen und Kleinen verhasst.
So berühmte sie einst sich übermütig, sie habe
Jovis herrlichen Sohn ganz sich zum Sklaven gemacht.
»Meinen Herkules führ' ich dereinst, o Vater der Götter«,
Rief triumphierend sie aus, »wiedergeboren dir zu.
Herkules ist es nicht mehr, den dir Alkmene geboren;
Seine Verehrung für mich macht ihn auf Erden zum Gott.
Schaut er nach dem Olymp, so glaubst du, er schaue nach deinen
Mächtigen Knien — vergib! nur in den Äther nach mir
Blickt der würdigste Mann, nur mich zu verdienen, durchschreitet
Leicht sein mächtiger Fuß Bahnen, die keiner betrat;
Aber auch ich begegn' ihm auf seinen Wegen, und preise
Seinen Namen voraus, eh' er die Tat noch beginnt.
Mich vermählst du ihm einst; der Amazonen Besieger
Werd' auch meiner, und ihn nenn' ich mit Freuden Gemahl!«
Alles schwieg; sie mochten nicht gern die Prahlerin reizen:
Denn sie denkt sich, erzürnt, leicht was Gehässiges aus.
Amorn bemerkte sie nicht: er schlich beiseite; den Helden
Bracht' er mit weniger Kunst unter der Schönsten Gewalt.
Nun vermummt er sein Paar: ihr hängt er die Bürde des Löwen
Über die Schultern und lehnt mühsam die Keule dazu,
Drauf bespickt er mit Blumen des Helden sträubende Haare,
Reichet den Rocken der Faust, die sich dem Scherze bequemt.
So vollendet er bald die neckische Gruppe; dann läuft er,
Ruft durch den ganzen Olymp: »Herrliche Taten geschehn!
Nie hat Erd' und Himmel, die unermüdete Sonne
Hat auf der ewigen Bahn keines der Wunder erblickt.«

Alles eilte; sie glaubten dem losen Knaben, denn ernstlich
Hatt' er gesprochen; und auch Fama, sie blieb nicht zurück.
Wer sich freute, den Mann so tief erniedrigt zu sehen,
Denkt ihr? Juno. Es galt Amorn ein freundlich Gesicht.
Fama daneben, wie stand sie beschämt, verlegen, verzweifelnd!
Anfangs lachte sie nur: »Masken, ihr Götter, sind das!
Meinen Helden, ich kenn' ihn zu gut! Es haben Tragöden
Uns zum Besten!« Doch bald sah sie mit Schmerzen: er war's! —
Nicht den tausendsten Teil verdross es Vulkanen, sein Weibchen
Mit dem rüstigen Freund unter den Maschen zu sehn,
Als das verständige Netz im rechten Moment sie umfasste,
Rasch die Verschlungnen umschlang, fest die Genießenden hielt.
Wie sich die Jünglinge freuten, Merkur und Bacchus! sie beide
Mussten gestehn: es sei, über dem Busen zu ruhn
Dieses herrlichen Weibes, ein schöner Gedanke. Sie baten:
Löse, Vulkan, sie noch nicht! Lass sie noch einmal besehn!
Und der Alte war so Hahnrei, und hielt sie nur fester. —
Aber Fama, sie floh rasch und voll Grimmes davon.
Seit der Zeit ist zwischen den zweien der Fehde nicht Stillstand;
Wie sie sich Helden erwählt, gleich ist der Knabe darnach.
Wer sie am höchsten verehrt, den weiß er am besten zu fassen,
Und den Sittlichsten greift er am gefährlichsten an.
Will ihm einer entgehn, den bringt er vom Schlimmen ins Schlimmste.
Mädchen bietet er an; wer sie ihm töricht verschmäht,
Muss erst grimmige Pfeile von seinem Bogen erdulden;
Mann erhitzt er auf Mann, treibt die Begierden aufs Tier.
Wer sich seiner schämt, der muss erst leiden; dem Heuchler
Streut er bittern Genuss unter Verbrechen und Not.
Aber auch sie, die Göttin, verfolgt ihn mit Augen und Ohren;
Sieht sie ihn einmal bei dir, gleich ist sie feindlich gesinnt,
Schreckt dich mit ernstem Blick, verachtenden Mienen, und heftig
Strenge verruft sie das Haus, das er gewöhnlich besucht.
Und so geht es auch mir: schon leid' ich ein wenig; die Göttin,
Eifersüchtig, sie forscht meinem Geheimnisse nach.
Doch es ist ein altes Gesetz: ich schweig' und verehre;
Denn der Könige Zwist büßten die Griechen, wie ich.

XX.

Zieret Stärke den Mann und freies mutiges Wesen,
 O, so ziemet ihm fast tiefes Geheimnis noch mehr.
Städtebezwingerin du, Verschwiegenheit! Fürstin der Völker!
 Teure Göttin, die mich sicher durchs Leben geführt,
Welches Schicksal erfahr' ich! Es löset scherzend die Muse,
 Amor löset, der Schalk, mir den verschlossenen Mund.
Ach, schon wird es so schwer, der Könige Schande verbergen!
 Weder die Krone bedeckt, weder ein phrygischer Bund
Midas' verlängertes Ohr: der nächste Diener entdeckt es,
 Und ihm ängstet und drückt gleich das Geheimnis die Brust.
In die Erde vergrüb' er es gern, um sich zu erleichtern;
 Doch die Erde verwahrt solche Geheimnisse nicht,
Rohre sprießen hervor und rauschen und lispeln im Winde:
 »Midas! Midas, der Fürst, trägt ein verlängertes Ohr!«
Schwerer wird es nun mir, ein schönes Geheimnis zu wahren,
 Ach, den Lippen entquillt Fülle des Herzens so leicht!
Keiner Freundin darf ich's vertraun: sie möchte mich schelten;
 Keinem Freunde: vielleicht brächte der Freund mir Gefahr.
Mein Entzücken dem Hain, dem schallenden Felsen zu sagen,
 Bin ich endlich nicht jung, bin ich nicht einsam genug.
Dir, Hexameter, dir, Pentameter, sei es vertrauet,
 Wie sie des Tags mich erfreut, wie sie des Nachts mich beglückt.
Sie, von vielen Männern gesucht, vermeidet die Schlingen,
 Die ihr der Kühnere frech, heimlich der Listige legt;
Klug und zierlich schlüpft sie vorbei und kennet die Wege,
 Wo sie der Liebste gewiss lauschend begierig empfängt.
Zaudre, Luna, sie kommt! damit sie der Nachbar nicht sehe;
 Rausche, Lüftchen, im Laub! niemand vernehme den Tritt.
Und ihr, wachset und blüht, geliebte Lieder, und wieget
 Euch im leisesten Hauch lauer und liebender Luft,
Und entdeckt den Quiriten, wie jene Rohre geschwätzig,
 Eines glücklichen Paars schönes Geheimnis zuletzt.

Venezianische Epigramme

1.

Sarkophagen und Urnen verzierte der Heide mit Leben:
 Faunen tanzen umher, mit der Bacchantinnen Chor
Machen sie bunte Reihe; der ziegengefüßete Pausback
 Zwingt den heiseren Ton wild aus dem schmetternden Horn,
Cymbeln, Trommeln erklingen; wir sehen und hören den Marmor.
 Flatternde Vögel, wie schmeckt herrlich dem Schnabel die Frucht!
Euch verscheuchet kein Lärm, noch weniger scheucht er den Amor,
 Der in dem bunten Gewühl erst sich der Fackel erfreut.
So überwältiget Fülle den Tod; und die Asche da drinnen
 Scheint, im stillen Bezirk, noch sich des Lebens zu freun.
So umgebe denn spät den Sarkophagen des Dichters
 Diese Rolle, von ihm reichlich mit Leben geschmückt.

2.

Kaum an dem blaueren Himmel erblickt' ich die glänzende Sonne,
 Reich, vom Felsen herab, Efeu zu Kränzen geschmückt,
Sah den emsigen Winzer die Rebe der Pappel verbinden,
 Über die Wiege Virgils kam mir ein laulicher Wind:
Da gesellten die Musen sich gleich zum Freunde; wir pflogen
 Abgerissnes Gespräch, wie es den Wanderer freut.

3.

Immer halt' ich die Liebste begierig im Arme geschlossen,
 Immer drängt sich mein Herz fest an den Busen ihr an,
Immer lehnet mein Haupt an ihren Knien, ich blicke
 Nach dem lieblichen Mund, ihr nach den Augen hinauf.

»Weichling!«, schölte mich einer, »und so verbringst du die Tage?«
Ach, ich verbringe sie schlimm! Höre nur, wie mir geschieht:
Leider wend' ich den Rücken der einzigen Freude des Lebens,
Schon den zwanzigsten Tag schleppt mich der Wagen dahin.
Vetturine trotzen mir nun, es schmeichelt der Kämmrer,
Und der Bediente vom Platz sinnet auf Lügen und Trug.
Will ich ihnen entgehn, so fasst mich der Meister der Posten,
Postillone sind Herrn, dann die Dogane dazu!
»Ich verstehe dich nicht! du widersprichst dir! du schienest
Paradiesisch zu ruhn, ganz, wie Rinaldo, beglückt.«
Ach! ich verstehe mich wohl: es ist mein Körper auf Reisen,
Und es ruhet mein Geist stets der Geliebten im Schoß.

4.

Das ist Italien, das ich verließ. Noch stäuben die Wege,
Noch ist der Fremde geprellt, stell' er sich, wie er auch will.
Deutsche Redlichkeit suchst du in allen Winkeln vergebens;
Leben und Weben ist hier, aber nicht Ordnung und Zucht;
Jeder sorgt nur für sich, misstrauet dem andern, ist eitel,
Und die Meister des Staats sorgen nur wieder für sich.
Schön ist das Land! doch ach, Faustinen find' ich nicht wieder.
Das ist Italien nicht mehr, das ich mit Schmerzen verließ.

5.

Seh' ich den Pilgrim, so kann ich mich nie der Tränen enthalten.
O, wie beseliget uns Menschen ein falscher Begriff!

6.

Diese Gondel vergleich' ich der sanft einschaukelnden Wiege,
Und das Kästchen darauf scheint ein geräumiger Sarg.

Recht so! Zwischen der Wieg' und dem Sarg wir schwanken und schweben
 Auf dem großen Kanal sorglos durchs Leben dahin.

7.

Feierlich sehn wir neben dem Doge den Nuntius gehen:
 Sie begraben den Herrn, einer versiegelt den Stein.
Was der Doge sich denkt, ich weiß es nicht; aber der andre
 Lächelt über den Ernst dieses Gepränges gewiss.

8.

Warum treibt sich das Volk so, und schreit? Es will sich ernähren,
 Kinder zeugen, und die nähren, so gut es vermag.
Merke dir, Reisender, das und tue zu Hause desgleichen!
 Weiter bringt es kein Mensch, stell' er sich, wie er auch will.

9.

Schüler macht sich der Schwärmer genug, und rühret die Menge,
 Wenn der vernünftige Mann einzelne Liebende zählt.
Wundertätige Bilder sind meist nur schlechte Gemälde:
 Werke des Geists und der Kunst sind für den Pöbel nicht da.

10.

Mache zum Herrscher sich der, der seinen Vorteil verstehet!
 Doch wir wählten uns den, der sich auf unsern versteht.

11.

Emsig wallet der Pilger! Und wird er den Heiligen finden?
Hören und sehen den Mann, welcher die Wunder getan?
Nein, es führte die Zeit ihn hinweg, du findest nur Reste,
Seinen Schädel, ein paar seiner Gebeine verwahrt.
Pilgrime sind wir alle, die wir Italien suchen:
Nur ein zerstreutes Gebein ehren wir gläubig und froh.

12.

Jupiter Pluvius, heut erscheinst du ein freundlicher Dämon!
Denn ein vielfach Geschenk gibst du in einem Moment:
Gibst Venedig zu trinken, dem Lande grünendes Wachstum,
Manches kleine Gedicht gibst du dem Büchelchen hier.

13.

Welch ein Mädchen ich wünsche zu haben? Ihr fragt mich. Ich hab' sie,
Wie ich sie wünsche — das heißt, dünkt mich, mit wenigem viel.
An dem Meere ging ich, und suchte mir Muscheln. In einer
Fand ich ein Perlchen; es bleibt nun mir am Herzen verwahrt.

14.

Vieles hab' ich versucht, gezeichnet, in Kupfer gestochen
Öl gemalt, in Ton hab' ich auch manches gedruckt,
Unbeständig jedoch, und nichts gelernt noch geleistet;
Nur ein einzig Talent bracht' ich der Meisterschaft nah:
Deutsch zu schreiben. Und so verderb' ich unglücklicher Dichter
In dem schlechtesten Stoff leider nun Leben und Kunst.

15.

Sämtliche Künste lernt und treibet der Deutsche, zu jeder
Zeigt er ein schönes Talent, wenn er sie ernstlich ergreift.
Eine Kunst nur treibt er, und will sie nicht lernen, die Dichtkunst.
Darum pfuscht er auch so; Freunde, wir haben's erlebt.

16.

Oft erklärtet ihr euch als Freunde des Dichters, ihr Götter!
Gebt ihm auch, was er bedarf! Mäßiges braucht er, doch viel:
Erstlich freundliche Wohnung, dann leidlich zu essen, zu trinken
Gut; der Deutsche versteht sich auf den Nektar, wie ihr.
Dann geziemende Kleidung und Freunde, vertraulich zu schwatzen;
Dann ein Liebchen des Nachts, das ihn von Herzen begehrt.
Diese fünf natürlichen Dinge verlang' ich vor allem.
Gebet mir ferner dazu Sprachen, die alten und neu'n,
Dass ich der Völker Gewerb' und ihre Geschichten vernehme;
Gebt mir ein reines Gefühl, was sie in Künsten getan.
Ansehn gebt mir im Volke, verschafft bei Mächtigen Einfluss,
Oder was sonst noch bequem unter den Menschen erscheint.
Gut — schon dank' ich euch, Götter, ihr habt den glücklichsten Menschen
Ehstens fertig: denn ihr gönntet das meiste mir schon.

17.

Klein ist unter den Fürsten Germaniens freilich der meine,
Kurz und schmal ist sein Land, mäßig nur, was er vermag.
Aber so wende nach innen, so wende nach außen die Kräfte
Jeder: da wär' es ein Fest, Deutscher mit Deutschen zu sein.
Doch was priesest du Ihn, den Taten und Werke verkünden?
Und bestochen erschien' deine Verehrung vielleicht;
Denn mir hat er gegeben, was Große selten gewähren,
Neigung, Muße, Vertraun, Felder und Garten und Haus.

Niemand braucht' ich zu danken als Ihm, und manches bedurft' ich,
Der ich mich auf den Erwerb schlecht, als ein Dichter, verstand.
Hat mich Europa gelobt, was hat mir Europa gegeben?
Nichts! Ich habe, wie schwer! meine Gedichte bezahlt.
Deutschland ahmte mich nach, und Frankreich mochte mich lesen.
England! freundlich empfingst du den zerrütteten Gast.
Doch was fördert es mich, dass auch sogar der Chinese
Malet, mit ängstlicher Hand, Werthern und Lotten auf Glas?
Niemals frug ein Kaiser nach mir, es hat sich kein König
Um mich bekümmert, und Er war mir August und Mäcen.

18.

Eines Menschen Leben, was ist's? Doch Tausende können
Reden über den Mann, was er und wie er's getan.
Weniger ist ein Gedicht; doch können es Tausend genießen,
Tausende tadeln. Mein Freund, lebe nur, dichte nur fort!

19.

Böcke, zur Linken mit euch! so ordnet künftig der Richter,
Und ihr Schäfchen, ihr sollt ruhig zur Rechten mir stehn!
Wohl! Doch eines ist noch von ihm zu hoffen; dann sagt er:
Seid, Vernünftige, mir grad gegenüber gestellt!

20.

Alle Freiheitsapostel, sie waren mir immer zuwider,
Willkür suchte doch nur jeder am Ende für sich.
Willst du viele befrein, so wag' es, vielen zu dienen.
Wie gefährlich das sei, willst du es wissen? Versuch's!

21.

Jeglichen Schwärmer schlagt mir ans Kreuz im dreißigsten Jahre;
Kennt er nur einmal die Welt, wird der Betrogne der Schelm.

22.

Frankreichs traurig Geschick, die Großen mögen's bedenken!
Aber bedenken fürwahr sollen es Kleine noch mehr.
Große gingen zu Grunde: doch wer beschützte die Menge
Gegen die Menge? Da war Menge der Menge Tyrann.

23.

Tolle Zeiten hab' ich erlebt, und hab' nicht ermangelt,
Selbst auch töricht zu sein, wie es die Zeit mir gebot.

24.

»Sage, tun wir nicht recht? Wir müssen den Pöbel betrügen.
Sieh nur, wie ungeschickt, sieh nur, wie wild er sich zeigt!«
Ungeschickt und wild sind alle rohe Betrognen;
Seid nur redlich, und so führt ihn zum Menschlichen an.

25.

Fürsten prägen so oft auf kaum versilbertes Kupfer
Ihr bedeutendes Bild; lange betrügt sich das Volk.
Schwärmer prägen den Stempel des Geists auf Lügen und Unsinn;
Wem der Probierstein fehlt, hält sie für redliches Gold.

26.

Lange haben die Großen der Franzen Sprache gesprochen,
Halb nur geachtet den Mann, dem sie vom Munde nicht floss.
Nun lallt alles Volk entzückt die Sprache der Franken.
Zürnet, Mächtige, nicht! Was ihr verlangtet, geschieht.

27.

»Seid doch nicht so frech, Epigramme!« Warum nicht? Wir sind nur
Überschriften; die Welt hat die Kapitel des Buchs.

28.

»Wär' ich ein häusliches Weib, und hätte, was ich bedürfte,
Treu sein wollt' ich und froh, herzen und küssen den Mann.«
So sang, unter andern, gemeinen Liedern, ein Dirnchen
Mir in Venedig, und nie hört' ich ein frömmer Gebet.

29.

Frech wohl bin ich geworden; es ist kein Wunder. Ihr Götter
Wisst, und wisst nicht allein, dass ich auch fromm bin und treu.

30.

Was mit mir das Schicksal gewollt? Es wäre verwegen,
Das zu fragen: denn meist will es mit vielen nicht viel.
Einen Dichter zu bilden, die Absicht wär' ihm gelungen,
Hätte die Sprache sich nicht unüberwindlich gezeigt.

31.

»Mit Botanik gibst du dich ab? mit Optik? Was tust du?
Ist es nicht schönrer Gewinn, rühren ein zärtliches Herz?«
Ach, die zärtlichen Herzen! ein Pfuscher vermag sie zu rühren.
Sei es mein einziges Glück, dich zu berühren, Natur!

32.

Liebe flößest du ein, und Begier; ich fühl' es, und brenne.
Liebenswürdige, nun flöße Vertrauen mir ein!

33.

Ha! ich kenne dich, Amor, so gut als einer! Da bringst du
Deine Fackel, und sie leuchtet im Dunkel uns vor.
Aber du führest uns bald verworrene Pfade; wir brauchten
Deine Fackel erst recht, ach! und die falsche erlischt.

34.

Ist es dir Ernst, so zaudre nun länger nicht: mache mich glücklich!
Wolltest du scherzen? es sei, Liebchen, des Scherzes genug!

35.

Welch ein lustiges Spiel! Es windet am Faden die Scheibe,
Die von der Hand entfloh, eilig sich wieder herauf!
Seht, so schein' ich mein Herz bald dieser Schönen, bald jener
Zuzuwerfen; doch gleich kehrt es im Fluge zurück.

36.

O wie achtet' ich sonst auf alle Zeiten des Jahres,
Grüßte den kommenden Lenz, sehnte dem Herbste mich nach!
Aber nun ist nicht Sommer noch Winter, seit mich Beglückten
Amors Fittich bedeckt, ewiger Frühling umschwebt.

37.

Sage, wie lebst du? Ich lebe! und wären hundert und hundert
Jahre dem Menschen gegönnt, wünscht' ich mir morgen wie heut'.

38.

Glänzen sah ich das Meer, und blinken die liebliche Welle,
Frisch mit günstigem Wind zogen die Segel dahin.
Keine Sehnsucht fühlte mein Herz; es wendete rückwärts,
Nach dem Schnee des Gebirgs, bald sich der schmachtende Blick.
Südwärts liegen der Schätze wie viel! Doch einer im Norden
Zieht, ein großer Magnet, unwiderstehlich zurück.

39.

Arm und kleiderlos war, als ich sie geworben, das Mädchen;
Damals gefiel sie mir nackt, wie sie mir jetzt noch gefällt.

40.

Oftmals hab' ich geirrt, und habe mich wieder gefunden,
Aber glücklicher nie; nun ist dies Mädchen mein Glück!
Ist auch dieses ein Irrtum, so schont mich, ihr klügeren Götter,
Und benehmt mir ihn erst drüben am kalten Gestad'.

41.

»Ach, mein Hals ist ein wenig geschwollen!«, so sagte die Beste
Ängstlich. — »Stille, mein Kind! still! und vernehme das Wort:
Dich hat die Hand der Venus berührt; sie deutet dir leise,
Dass sie das Körperchen bald, ach! unaufhaltsam verstellt.
Bald verdirbt sie die schlanke Gestalt, die zierlichen Brüstchen,
Alles schwillt nun, es passt nirgends das neuste Gewand.
Sei nur ruhig! es deutet die fallende Blüte dem Gärtner,
Dass die liebliche Frucht schwellend im Herbste gedeiht.«

42.

Wonniglich ist's, die Geliebte verlangend im Arme zu halten,
Wenn ihr klopfendes Herz Liebe zuerst dir gesteht.
Wonniglicher, das Pochen des Neulebendigen fühlen,
Das in dem lieblichen Schoß immer sich nährend bewegt.
Schon versucht es die Sprünge der raschen Jugend; es klopfet
Ungeduldig schon an, sehnt sich nach himmlischem Licht.
Harre noch wenige Tage! Auf allen Pfaden des Lebens
Führen die Horen dich streng, wie es das Schicksal gebeut.
Widerfahre dir, was dir auch will, du wachsender Liebling —
Liebe bildete dich; werde dir Liebe zuteil!

43.

Und so tändelt' ich mir, von allen Freunden geschieden,
In der neptunischen Stadt Tage wie Stunden hinweg.
Alles, was ich erfuhr, ich würzt' es mit süßer Erinnrung,
Würzt' es mit Hoffnung; sie sind lieblichste Würzen der Welt.

Elegien und Lehrgedichte

ALEXIS UND DORA

Ach! unaufhaltsam strebet das Schiff mit jedem Momente
 Durch die schäumende Flut weiter und weiter hinaus!
Lange Furchen hinter sich ziehend, worin die Delfine
 Springend folgen, als flöh' ihnen die Beute davon.
Alles deutet die glücklichste Fahrt, der ruhige Schiffer
 Ruckt am Segel gelind, das sich statt seiner bemüht;
Alle Gedanken sind vorwärts gerichtet, wie Flaggen und Wimpel.
 Nur Ein Trauriger steht, rückwärts gewendet, am Mast,
Sieht die Berge schon blau, die scheidenden, sieht in das Meer sie
 Niedersinken, es sinkt jegliche Freude vor ihm.
Auch dir ist es verschwunden, das Schiff, das deinen Alexis,
 Dir, o Dora, den Freund, dir, ach, den Bräutigam raubt.
Auch du blickest vergebens nach mir. Noch schlagen die Herzen
 Für einander, doch ach! nun an einander nicht mehr.
Nur Ein Augenblick war's, in dem ich lebte, der wieget
 Alle Tage, die sonst kalt mir verschwindenden, auf.
Nur Ein Augenblick war's, der letzte, da stieg mir ein Leben
 Unvermutet in dir, wie von den Göttern, herab.
Nur umsonst verklärst du mit deinem Lichte den Äther,
 Phöbus, mir ist er verhasst, dieser all leuchtende Tag.
In mich selber kehr' ich zurück, da will ich im Stillen
 Wiederholen die Zeit, als sie mir täglich erschien.
War es möglich, die Schönheit zu sehen und nicht zu empfinden?
 Wirkte der himmlische Reiz nicht auf dein stumpfes Gemüt?
Klage dich, Armer, nicht an! — So legt der Dichter ein Rätsel,
 Künstlich mit Worten verschränkt, oft der Versammlung ins Ohr.
Jeden freut die seltne Verknüpfung der zierlichen Bilder,
 Aber noch fehlet das Wort, das die Bedeutung verwahrt;
Ist es endlich gefunden, dann heitert sich jedes Gemüt auf
 Und erblickt im Gedicht doppelt erfreulichen Sinn.

Ach, warum so spät, o Amor, nahmst du die Binde,
Die du ums Aug' mir geknüpft, warum zu spät mir hinweg?
Lange harrte das Schiff befrachtet auf günstige Lüfte;
Endlich strebte der Wind glücklich vom Ufer ins Meer.
Leere Zeiten der Jugend! und leere Träume der Zukunft!
Ihr verschwindet, es bleibt einzig die Stunde mir nur.
Ja, sie bleibt, es bleibt mir das Glück! ich halte dich, Dora!
Und die Hoffnung zeigt, Dora, dein Bild mir allein.
Öfter sah ich dich gehn zum Tempel, geschmückt und gesittet,
Und das Mütterchen ging feierlich neben dir her.
Eilig warst du und frisch, zu Markte die Früchte zu tragen,
Und vom Brunnen, wie kühn! wiegte dein Haupt das Gefäß.
Da erschien erst dein Hals, erschien dein Nacken vor allen,
Und vor allen erschien deiner Bewegungen Maß.
Oftmals hab' ich gesorgt, es möchte der Krug dir entstürzen,
Doch er hielte sich stet auf dem geringelten Tuch.
Schöne Nachbarin, so war ich gewohnt dich zu sehen,
Wie man die Sterne sieht, wie man den Mond sich beschaut,
Sich an ihnen erfreut, und in dem ruhigen Busen
Nicht der entfernteste Wunsch, sie zu besitzen, sich regt.
Jahre, so gingt ihr dahin! Nur zwanzig Schritte getrennet
Waren die Häuser, und nie hab' ich die Schwelle berührt.
Und nun trennt uns die grässliche Woge! Du lügst nur den Himmel,
Welle! dein herrliches Blau ist mir die Farbe der Nacht.
Alles rührte sich schon; da kam ein Knabe gelaufen
An mein väterlich Haus, rief mich zum Strande hinab:
»Schon erhebt sich das Segel«, so sprach er, »es flattert im Winde,
Und gelichtet, mit Kraft, trennt sich der Anker vom Sand;
Komm, Alexis, o komm!« Da drückte der wackere Vater
Segnend die würdige Hand mir auf das lockige Haupt;
Sorglich reichte die Mutter ein nachbereitetes Bündel.
»Glücklich kehre zurück!«, riefen sie, »glücklich und reich!«
Und so sprang ich hinweg, das Bündelchen unter dem Arme,
An der Mauer hinab, fand an der Türe dich stehn
Deines Gartens. Du lächeltest mir und sagtest: »Alexis!
Sind die Lärmenden dort deine Gesellen der Fahrt?

Fremde Gegenden wirst du besuchen, und köstliche Waren
 Wiederbringen, und Schmuck reichen Matronen der Stadt.
Aber bringe mir auch ein leichtes Kettchen; ich will es
 Dankbar bezahlen, schon oft hab' ich die Zierde gewünscht!«
Stehen war ich geblieben und fragte, nach Weise des Kaufmanns,
 Erst nach Form und Gewicht deiner Bestellung genau.
Gar bescheiden erwogst du den Preis, da blickt' ich indessen
 Nach dem Halse, des Schmucks unserer Königin wert.
Immerfort tönte das Rufen der Schiffer; da sagtest du freundlich:
 »Nimm aus dem Garten noch einige Früchte mit dir!
Nimm die reifsten Orangen, die weißen Feigen; das Meer bringt
 Keine Früchte, sie bringt jegliches Land nicht hervor.«
Und so trat ich herein. Du brachst nun die Früchte geschäftig,
 Und die goldene Last zog das geschürzte Gewand.
Öfters bat ich, es sei nun genug! und immer noch eine
 Schönere Frucht fiel dir, leise berührt, in die Hand.
Endlich warst du zur Laube gekommen, da fandst du ein Körbchen,
 Und die Myrte bog blühend darüber sich hin.
Schweigend begannest du nun geschickt die Früchte zu ordnen,
 Erst die Orange, die schwer ruht, als ein goldener Ball,
Dann die weichliche Feige, die jeder Druck schon entstellet;
 Und mit Myrte bedeckt ward und geziert das Geschenk.
Aber ich hob es nicht auf; ich ging nicht. Wir sahen einander
 In die Augen, und mir ward vor dem Auge so trüb.
Deinen Busen fühlt' ich an meinem! Den herrlichen Nacken,
 Ihn umschlang nun mein Arm, tausendmal küsst' ich den Hals.
Mir war dein Haupt auf die Schulter gesunken; nun knüpften auch deine
 Lieblichen Arme das Band um den Beglückten herum.
Amors Hände fühlt' ich, er drückt' uns gewaltig zusammen,
 Und aus heiterer Luft donnert' es dreimal. Da floss
Häufig die Träne vom Aug' mir herab, du weintest, ich weinte,
 Und für Jammer und Glück schien uns die Welt zu vergehn.
Immer heftiger riefen die Schiffer; da wollten die Füße
 Mich nicht tragen, ich rief: »Dora! und bist du nicht mein?«
»Ewig!«, sagtest du leise. Da schienen unsere Tränen,
 Wie durch göttliche Luft, leise vom Auge gehaucht.

Stärker rief's in dem Gässchen: »Alexis!« Da sah mich der Knabe
Durch die Türe und kam. Wie er das Körbchen empfing!
Wie er mich trieb! Wie ich dir die Hand noch drückte! — Zu Schiffe
Wie ich gekommen? Ich weiß, dass ich ein Trunkener schien.
Und so hielten mich auch die Gesellen, sie schonten den Kranken;
Und schon deckte der Hauch trüber Entfernung die Stadt.
»Ewig!«, lispeltest du, o Dora; mir schallt es im Ohre
Mit dem Donner des Zeus! Ja, sie stand neben dem Thron,
Seine Tochter, die Göttin der Liebe, die Grazien standen
Ihr zur Seiten! Er ist götterbekräftigt, der Bund!
O, so eile denn, Schiff, mit allen günstigen Winden!
Strebe, mächtiger Kiel, trenne die schäumende Flut!
Bringe dem fremden Hafen mich zu, damit mir der Goldschmied
Aus der Werkstatt sogleich reiche das himmlische Pfand.
Wahrlich, es soll zur Kette werden das Kettchen, o Dora!
Neunmal umgebe sie dir, locker gewunden, den Hals.
Außerdem schaff' ich noch Schmuck, den mannigfaltigsten: goldne
Spangen sollen dir reichlich verzieren die Hand.
Da wetteifre Rubin und Smaragd, der liebliche Saphir
Stelle dem Hyazinth sich gegenüber, und Gold
Halte die herrlichen Steine in schöner Verbindung zusammen.
O, wie den Bräutigam freut, einzig zu schmücken die Braut!
Seh' ich Perlen, so denk' ich an dich; bei jeglichem Ringe
Kommt mir der länglichen Hand schönes Gebild' in den Sinn.
Tauschen will ich und kaufen; du sollst das Schönste von allem
Wählen; ich widmete gern alle die Ladung nur dir.
Doch nicht Schmuck und Juwelen allein verschafft dein Geliebter:
Was ein häusliches Weib freuet, das bringt er dir auch.
Feine wollene Decken mit Purpursäumen, ein Lager
Zu bereiten, das uns traulich und weichlich empfängt;
Stücke köstlicher Leinwand. Du sitzest und nähest und kleidest
Mich und dich und auch wohl noch ein Drittes darein.
Bilder der Hoffnung, o täuschet mein Herz! O mäßiget, Götter,
Diesen gewaltigen Brand, der mir den Busen durchtobt!
Aber auch sie verlang' ich zurück, die schmerzliche Freude,
Wenn die Sorge sich kalt, grässlich gelassen, mir naht.

Nicht der Erinnyen Fackel, das Bellen der höllischen Hunde
Schreckt den Verbrecher so in der Verzweiflung Gefild,
Als das gelassne Gespenst mich, das mir die Schöne von ferne
Zeiget: die Türe steht wirklich des Gartens noch auf!
Und ein anderer kommt! Für ihn auch fallen die Früchte!
Und die Feige gewährt stärkenden Honig auch ihm!
Lockt sie auch ihn nach der Laube? und folgt er? O macht mich, ihr Götter,
Blind, verwischet das Bild jeder Erinnrung in mir!
Ja, ein Mädchen ist sie! und die sich geschwinde dem einen
Gibt, sie kehret sich auch schnell zu dem andern herum.
Lache nicht diesmal, o Zeus, der frech gebrochenen Schwüre!
Donnere schrecklicher! triff! — Halte die Blitze zurück!
Sende die schwankenden Wolken mir nach! im nächtlichen Dunkel
Treffe dein leuchtender Blitz diesen unglücklichen Mast!
Streue die Planken umher und gib der tobenden Welle
Diese Waren, und mich gib den Delfinen zum Raub! —
Nun, ihr Musen, genug! Vergebens strebt ihr zu schildern,
Wie sich Jammer und Glück wechseln in liebender Brust.
Heilen könnet ihr nicht die Wunden, die Amor geschlagen;
Aber Linderung kommt einzig, ihr Guten, von euch.

EUPHROSYNE

Auch von des höchsten Gebirgs beeisten zackigen Gipfeln
Schwindet Purpur und Glanz scheidender Sonne hinweg.
Lange verhüllt schon Nacht das Tal und die Pfade des Wandrers,
Der, am tosenden Strom, auf zu der Hütte sich sehnt,
Zu dem Ziele des Tags, der stillen hirtlichen Wohnung;
Und der göttliche Schlaf eilet gefällig voraus,
Dieser holde Geselle des Reisenden. Dass er auch heute
Segnend kränze das Haupt mir mit dem heiligen Mohn!
Aber was leuchtet mir dort vom Felsen glänzend herüber
Und erhellet den Duft schäumender Ströme so hold?
Strahlt die Sonne vielleicht durch heimliche Spalten und Klüfte?
Denn kein irdischer Glanz ist es, der wandelnde, dort.

Näher wälzt sich die Wolke, sie glüht. Ich staune dem Wunder!
Wird der rosige Strahl nicht ein bewegtes Gebild?
Welche Göttin nahet sich mir? und welche der Musen
Suchet den treuen Freund selbst in dem grausen Geklüft?
Schöne Göttin! enthülle dich mir und täusche, verschwindend,
Nicht den begeisterten Sinn, nicht das gerührte Gemüt!
Nenne, wenn du es darfst vor einem Sterblichen, deinen
Göttlichen Namen; wo nicht: rege bedeutend mich auf,
Dass ich fühle, welche du seist von den ewigen Töchtern
Zeus', und der Dichter sogleich preise dich würdig im Lied.
»Kennst du mich, Guter, nicht mehr? Und käme diese Gestalt dir,
Die du doch sonst geliebt, schon als ein fremdes Gebild?
Zwar der Erde gehör' ich nicht mehr, und trauernd entschwang sich
Schon der schaudernde Geist jugendlich frohem Genuss;
Aber ich hoffte mein Bild noch fest in des Freundes Erinnrung
Eingeschrieben und noch schön durch die Liebe verklärt.
Ja, schon sagt mir gerührt dein Blick, mir sagt es die Träne:
Euphrosyne, sie ist noch von dem Freunde gekannt.
Sieh, die Scheidende zieht durch Wald und grauses Gebirge,
Sucht den wandernden Mann, ach! in der Ferne noch auf,
Sucht den Lehrer, den Freund, den Vater, blicket noch einmal
Nach dem leichten Gerüst irdischer Freuden zurück.
Lass mich der Tage gedenken, da mich, das Kind, du dem Spiele,
Jener täuschenden Kunst reizender Musen geweiht.
Lass mich der Stunde gedenken und jedes kleineren Umstands.
Ach, wer ruft nicht so gern Unwiederbringliches an!
Jenes süße Gedränge der leichtesten irdischen Tage,
Ach, wer schätzt ihn genug, diesen vereilenden Wert!
Klein erscheinet es nun, doch ach! nicht kleinlich dem Herzen;
Macht die Liebe, die Kunst jegliches Kleine doch groß.
Denkst du der Stunde noch wohl, wie auf dem Brettergerüste
Du mich der höheren Kunst ernstere Stufen geführt?
Knabe schien ich, ein rührendes Kind, du nanntest mich Arthur,
Und belebtest in mir britisches Dichtergebild',
Drohtest mit grimmiger Glut den armen Augen und wandtest
Selbst den tränenden Blick, innig getäuschet, hinweg.

Ach! da warst du so hold und schütztest ein trauriges Leben,
 Das die verwegene Flucht endlich dem Knaben entriss.
Freundlich fasstest du mich, den Zerschmetterten, trugst mich von dannen,
 Und ich heuchelte lang', dir an dem Busen, den Tod.
Endlich schlug die Augen ich auf, und sah dich, in ernste,
 Stille Betrachtung versenkt, über den Liebling geneigt.
Kindlich strebt' ich empor und küsste die Hände dir dankbar,
 Reichte zum reinen Kuss dir den gefälligen Mund,
Fragte: Warum, mein Vater, so ernst? und hab' ich gefehlet,
 O! so zeige mir an, wie mir das Bessre gelingt!
Keine Mühe verdrießt mich bei dir, und alles und jedes
 Wiederhol' ich so gern, wenn du mich leitest und lehrst.
Aber du fasstest mich stark und drücktest mich fester im Arme,
 Und es schauderte mir tief in dem Busen das Herz.
Nein, mein liebliches Kind! so riefst du, alles und jedes,
 Wie du es heute gezeigt, zeig' es auch morgen der Stadt.
Rühre sie alle, wie mich du gerührt, und es fließen zum Beifall
 Dir von dem trockensten Aug' herrliche Tränen herab.
Aber am tiefsten trafst du doch mich, den Freund, der im Arm dich
 Hält, den selber der Schein früherer Leiche geschreckt.
Ach, Natur, wie sicher und groß in allem erscheinst du!
 Himmel und Erde befolgt ewiges, festes Gesetz,
Jahre folgen auf Jahre, dem Frühlinge reichet der Sommer,
 Und dem reichlichen Herbst traulich der Winter die Hand.
Felsen stehen gegründet, es stürzt sich das ewige Wasser
 Aus der bewölkten Kluft schäumend und brausend hinab.
Fichten grünen so fort, und selbst die entlaubten Gebüsche
 Hegen, im Winter schon, heimliche Knospen am Zweig.
Alles entsteht und vergeht nach Gesetz; doch über des Menschen
 Leben, dem köstlichen Schatz, herrschet ein schwankendes Los.
Nicht dem blühenden nickt der willig scheidende Vater,
 Seinem trefflichen Sohn, freundlich vom Rande der Gruft;
Nicht der Jüngere schließt dem Älteren immer das Auge,
 Das sich willig gesenkt, kräftig dem Schwächeren zu.
Öfter, ach! verkehrt das Geschick die Ordnung der Tage;
 Hilflos klaget ein Greis Kinder und Enkel umsonst,

Steht, ein beschädigter Stamm, dem rings zerschmetterte Zweige
Um die Seiten umher strömende Schloßen gestreckt.
Und so, liebliches Kind, durchdrang mich die tiefe Betrachtung,
Als du, zur Leiche verstellt, über die Arme mir hingst;
Aber freudig seh' ich dich mir in dem Glanze der Jugend,
Vielgeliebtes Geschöpf, wieder am Herzen belebt.
Springe fröhlich dahin, verstellter Knabe! das Mädchen
Wächst zur Freude der Welt, mir zum Entzücken heran.
Immer strebe so fort, und deine natürlichen Gaben
Bilde, bei jeglichem Schritt steigenden Lebens, die Kunst.
Sei mir lange zur Lust, und eh' mein Auge sich schließet,
Wünsch' ich dein schönes Talent glücklich vollendet zu sehn. —
Also sprachst du, und nie vergaß ich der wichtigen Stunde,
Deutend entwickelt' ich mich an dem erhabenen Wort.
O wie sprach ich so gerne zum Volk die rührenden Reden,
Die du, voller Gehalt, kindlichen Lippen vertraut!
O wie bildet' ich mich an deinen Augen, und suchte
Dich im tiefen Gedräng' staunender Hörer heraus!
Doch dort wirst du nun sein, und stehn, und nimmer bewegt sich
Euphrosyne hervor, dir zu erheitern den Blick.
Du vernimmst sie nicht mehr, die Töne des wachsenden Zöglings,
Die du zu liebendem Schmerz frühe, so frühe! gestimmt.
Andere kommen und gehn; es werden dir andre gefallen,
Selbst dem großen Talent drängt sich ein größeres nach.
Aber du, vergesse mich nicht! Wenn eine dir jemals
Sich im verworrnen Geschäft heiter entgegen bewegt,
Deinem Winke sich fügt, an deinem Lächeln sich freuet
Und am Platze sich nur, den du bestimmtest, gefällt,
Wenn sie Mühe nicht spart noch Fleiß, wenn tätig der Kräfte,
Selbst bis zur Pforte des Grabs, freudiges Opfer sie bringt —
Guter! dann gedenkest du mein, und rufest auch spät noch:
Euphrosyne, sie ist wieder erstanden vor mir!
Vieles sagt' ich noch gern; doch ach! die Scheidende weilt nicht,
Wie sie wollte: mich führt streng ein gebietender Gott.
Lebe wohl! schon zieht mich's dahin in schwankendem Eilen.
Einen Wunsch nur vernimm, freundlich gewähre mir ihn:

Lass nicht ungerühmt mich zu den Schatten hinabgehn!
 Nur die Muse gewährt einiges Leben dem Tod.
Denn gestaltlos schweben umher in Persephoneias
 Reiche, massenweis, Schatten vom Namen getrennt;
Wen der Dichter aber gerühmt, der wandelt, gestaltet,
 Einzeln, gesellet dem Chor aller Heroen sich zu.
Freudig tret' ich einher, von deinem Liede verkündet,
 Und der Göttin Blick weilet gefällig auf mir.
Mild empfängt sie mich dann, und nennt mich; es winken die hohen
 Göttlichen Frauen mich an, immer die nächsten am Thron.
Penelopeia redet zu mir, die treuste der Weiber,
 Auch Euadne, gelehnt auf den geliebten Gemahl.
Jüngere nahen sich dann, zu früh herunter gesandte,
 Und beklagen mit mir unser gemeines Geschick.
Wenn Antigone kommt, die schwesterlichste der Seelen,
 Und Polyxena, trüb noch von dem bräutlichen Tod,
Seh' ich als Schwestern sie an und trete würdig zu ihnen;
 Denn der tragischen Kunst holde Geschöpfe sind sie.
Bildete doch ein Dichter auch mich! und seine Gesänge,
 Ja, sie vollenden an mir, was mir das Leben versagt.«
Also sprach sie, und noch bewegte der liebliche Mund sich,
 Weiter zu reden; allein schwirrend versagte der Ton.
Denn aus dem Purpurgewölk, dem schwebenden, immer bewegten,
 Trat der herrliche Gott Hermes gelassen hervor.
Mild erhob er den Stab und deutete; wallend verschlangen
 Wachsende Wolken, im Zug, beide Gestalten vor mir.
Tiefer liegt die Nacht um mich her, die stürzenden Wasser
 Brausen gewaltiger nun neben dem schlüpfrigen Pfad.
Unbezwingliche Trauer befällt mich, entkräftender Jammer,
 Und ein moosiger Fels stützet den Sinkenden nur.
Wehmut reißt durch die Saiten der Brust; die nächtlichen Tränen
 Fließen, und über dem Wald kündet der Morgen sich an.

DAS WIEDERSEHN

Er.

Süße Freundin, noch einen, nur einen Kuss noch gewähre
 Diesen Lippen! Warum bist du mir heute so karg?
Gestern blühte der Baum wie heute; wir wechselten Küsse
 Tausendfältig; dem Schwarm Bienen verglichst du sie ja,
Wie sie den Blüten sich nahn und saugen, schweben und wieder
 Saugen, und lieblicher Ton süßen Genusses erschallt.
Alle noch üben das holde Geschäft. Und wäre der Frühling
 Uns vorübergeflohn, eh' sich die Blüte zerstreut?

Sie.

Träume, lieblicher Freund, nur immer! rede von gestern!
 Gerne hör' ich dich an, drücke dich redlich ans Herz.
Gestern, sagst du? — Es war, ich weiß, ein köstliches Gestern;
 Worte verklangen im Wort, Küsse verdrängten den Kuss.
Schmerzlich war's am Abend zu scheiden, und traurig die lange
 Nacht von gestern auf heut', die den Getrennten gebot.
Doch der Morgen ist wieder erschienen. Ach, dass mir indessen
 Leider zehnmal der Baum Blüten und Früchte gebracht!

AMYNTAS

Nikias, trefflicher Mann, du Arzt des Leibs und der Seele!
 Krank, ich bin es fürwahr; aber dein Mittel ist hart.
Ach! mir schwanden die Kräfte dahin, dem Rate zu folgen;
 Ja, und es scheinet der Freund schon mir ein Gegner zu sein.
Widerlegen kann ich dich nicht; ich sage mir alles,
 Sage das härtere Wort, das du verschweigest, mir auch.
Aber, ach! das Wasser entstürzt der Steile des Felsens
 Rasch, und die Welle des Bachs halten Gesänge nicht auf.
Rast nicht unaufhaltsam der Sturm? und wälzet die Sonne

Sich, von dem Gipfel des Tags, nicht in die Wellen hinab?
Und so spricht mir rings die Natur: Auch du bist, Amyntas,
Unter das strenge Gesetz ehrner Gewalten gebeugt.
Runzle die Stirne nicht tiefer, mein Freund, und höre gefällig,
Was mich gestern ein Baum, dort an dem Bache, gelehrt.
Wenig Äpfel trägt er mir nur, der sonst so beladne;
Sieh, der Efeu ist schuld, der ihn gewaltig umgibt.
Und ich fasste das Messer, das krummgebogene, scharfe,
Trennte schneidend, und riss Ranke nach Ranken herab;
Aber ich schauderte gleich, als tief erseufzend und kläglich
Aus den Wipfeln zu mir lispelnde Klage sich goss:
O verletze mich nicht! den treuen Gartengenossen,
Dem du als Knabe, so früh, manche Genüsse verdankt.
O verletze mich nicht! du reißest mit diesem Geflechte,
Das du gewaltig zerstörst, grausam das Leben mir aus.
Hab' ich nicht selbst sie genährt, und sanft sie herauf mir erzogen?
Ist wie mein eigenes Laub nicht mir das ihre verwandt?
Soll ich nicht lieben die Pflanze, die, meiner einzig bedürftig,
Still, mit begieriger Kraft, mir um die Seite sich schlingt?
Tausend Ranken wurzelten an, mit tausend und tausend
Fasern senket sie fest mir in das Leben sich ein.
Nahrung nimmt sie von mir; was ich bedürfte, genießt sie,
Und so saugt sie das Mark, sauget die Seele mir aus.
Nur vergebens nähr' ich mich noch; die gewaltige Wurzel
Sendet lebendigen Safts, ach! nur die Hälfte hinauf.
Denn der gefährliche Gast, der geliebteste, maßet behände
Unterweges die Kraft herbstlicher Früchte sich an.
Nichts gelangt zur Krone hinauf, die äußersten Wipfel
Dorren, es dorret der Ast über dem Bache schon hin.
Ja, die Verräterin ist's! sie schmeichelt mir Leben und Güter,
Schmeichelt die strebende Kraft, schmeichelt die Hoffnung mir ab.
Sie nur fühl' ich, nur sie, die umschlingende, freue der Fesseln,
Freue des tötenden Schmucks fremder Umlaubung mich nur. —
Halte das Messer zurück, o Nikias, schone den Armen,
Der sich in liebender Lust, willig gezwungen, verzehrt!
Süß ist jede Verschwendung; o lass mich der schönsten genießen!
Wer sich der Liebe vertraut, hält er sein Leben zu Rat?

HERMANN UND DOROTHEA

Also das wäre Verbrechen, dass einst Properz mich begeistert,
Dass Martial sich zu mir auch, der Verwegne, gesellt?
Dass ich die Alten nicht hinter mir ließ, die Schule zu hüten,
Dass sie nach Latium gern mir in das Leben gefolgt?
Dass ich Natur und Kunst zu schaun mich treulich bestrebe,
Dass kein Name mich täuscht, dass mich kein Dogma beschränkt?
Dass nicht des Lebens bedingender Drang mich, den Menschen, verändert,
Dass ich der Heuchelei dürftige Maske verschmäht?
Solcher Fehler, die du, o Muse, so emsig gepfleget,
Zeihet der Pöbel mich; Pöbel nur sieht er in mir.
Ja, sogar der Bessere selbst, gutmütig und bieder,
Will mich anders; doch du, Muse, befiehlst mir allein.
Denn du bist es allein, die noch mir die innere Jugend
Frisch erneuest, und sie mir bis zu Ende versprichst.
Aber verdopple nunmehr, o Göttin, die heilige Sorgfalt!
Ach, die Scheitel umwallt reichlich die Locke nicht mehr:
Da bedarf man der Kränze, sich selbst und andre zu täuschen;
Kränzte doch Cäsar selbst nur aus Bedürfnis das Haupt.
Hast du ein Lorbeerreis mir bestimmt, so lass es am Zweige
Weiter grünen, und gib einst es dem Würdigern hin!
Aber Rosen winde genug zum häuslichen Kranze;
Bald als Lilie schlingt silberne Locke sich durch.
Schüre die Gattin das Feuer, auf reinlichem Herde zu kochen!
Werfe der Knabe das Reis, spielend, geschäftig dazu!
Lass im Becher nicht fehlen den Wein! Gesprächige Freunde,
Gleichgesinnte, herein! Kränze, sie warten auf euch.
Erst die Gesundheit des Mannes, der, endlich vom Namen Homeros
Kühn uns befreiend, uns auch ruft in die vollere Bahn.
Denn wer wagte mit Göttern den Kampf? und wer mit dem Einen?
Doch Homeride zu sein, auch nur als letzter, ist schön.
Darum höret das neuste Gedicht! Noch einmal getrunken!
Euch besteche der Wein, Freundschaft und Liebe das Ohr.
Deutschen selber führ' ich euch zu, in die stillere Wohnung,
Wo sich, nah der Natur, menschlich der Mensch noch erzieht.

Uns begleite des Dichters Geist, der seine Luise
 Rasch dem würdigen Freund, uns zu entzücken, verband.
Auch die traurigen Bilder der Zeit, sie führ' ich vorüber,
 Aber es siege der Mut in dem gesunden Geschlecht.
Hab' ich euch Tränen ins Auge gelockt, und Lust in die Seele
 Singend geflößt, so kommt, drücket mich herzlich ans Herz!
Weise denn sei das Gespräch! Uns lehret Weisheit am Ende
 Das Jahrhundert; wen hat das Geschick nicht geprüft?
Blicket heiterer nun auf jene Schmerzen zurücke,
 Wenn euch ein fröhlicher Sinn manches entbehrlich erklärt.
Menschen lernten wir kennen und Nationen; so lasst uns,
 Unser eigenes Herz kennend, uns dessen erfreun.

DIE METAMORPHOSE DER PFLANZEN

Dich verwirret, Geliebte, die tausendfältige Mischung
 Dieses Blumengewühls über dem Garten umher;
Viele Namen hörest du an, und immer verdränget
 Mit barbarischem Klang einer den andern im Ohr.
Alle Gestalten sind ähnlich, und keine gleichet der andern;
 Und so deutet das Chor auf ein geheimes Gesetz,
Auf ein heiliges Rätsel. O könnt' ich dir, liebliche Freundin,
 Überliefern sogleich glücklich das lösende Wort!
Werdend betrachte sie nun, wie nach und nach sich die Pflanze,
 Stufenweise geführt, bildet zu Blüten und Frucht.
Aus dem Samen entwickelt sie sich, sobald ihn der Erde
 Stille befruchtender Schoß hold in das Leben entlässt,
Und dem Reize des Lichts, des heiligen, ewig bewegten,
 Gleich den zärtesten Bau keimender Blätter empfiehlt.
Einfach schlief in dem Samen die Kraft; ein beginnendes Vorbild
 Lag, verschlossen in sich, unter die Hülle gebeugt,
Blatt und Wurzel und Keim, nur halb geformet und farblos;
 Trocken erhält so der Kern ruhiges Leben bewahrt,
Quillet strebend empor, sich milder Feuchte vertrauend,
 Und erhebt sich sogleich aus der umgebenden Nacht.

Aber einfach bleibt die Gestalt der ersten Erscheinung;
Und so bezeichnet sich auch unter den Pflanzen das Kind.
Gleich darauf ein folgender Trieb, sich erhebend, erneuet,
Knoten auf Knoten getürmt, immer das erste Gebild.
Zwar nicht immer das gleiche; denn mannigfaltig erzeugt sich,
Ausgebildet, du siehst's, immer das folgende Blatt,
Ausgedehnter, gekerbter, getrennter in Spitzen und Teile,
Die verwachsen vorher ruhten im untern Organ.
Und so erreicht es zuerst die höchst bestimmte Vollendung,
Die bei manchem Geschlecht dich zum Erstaunen bewegt.
Viel gerippt und gezackt, auf mastig strotzender Fläche,
Scheinet die Fülle des Triebs frei und unendlich zu sein.
Doch hier hält die Natur, mit mächtigen Händen, die Bildung
An und lenket sie sanft in das Vollkommnere hin.
Mäßiger leitet sie nun den Saft, verengt die Gefäße,
Und gleich zeigt die Gestalt zärtere Wirkungen an.
Stille zieht sich der Trieb der strebenden Ränder zurücke,
Und die Rippe des Stiels bildet sich völliger aus.
Blattlos aber und schnell erhebt sich der zärtere Stängel,
Und ein Wundergebild zieht den Betrachtenden an.
Rings im Kreise stellet sich nun, gezählet und ohne
Zahl, das kleinere Blatt neben dem ähnlichen hin.
Um die Achse gedrängt, entscheidet der bergende Kelch sich,
Der zur höchsten Gestalt farbige Kronen entlässt.
Also prangt die Natur in hoher, voller Erscheinung,
Und sie zeiget, gereiht, Glieder an Glieder gestuft.
Immer staunst du aufs neue, sobald sich am Stängel die Blume
Über dem schlanken Gerüst wechselnder Blätter bewegt.
Aber die Herrlichkeit wird des neuen Schaffens Verkündung;
Ja, das farbige Blatt fühlet die göttliche Hand,
Und zusammen zieht es sich schnell; die zärtesten Formen,
Zwiefach streben sie vor, sich zu vereinen bestimmt.
Traulich stehen sie nun, die holden Paare, beisammen,
Zahlreich ordnen sie sich um den geweihten Altar.
Hymen schwebet herbei, und herrliche Düfte, gewaltig,
Strömen süßen Geruch, alles belebend, umher.

Nun vereinzelt schwellen sogleich unzählige Keime,
 Hold in den Mutterschoß schwellender Früchte gehüllt.
Und hier schließt die Natur den Ring der ewigen Kräfte;
 Doch ein neuer sogleich fasset den vorigen an,
Dass die Kette sich fort durch alle Zeiten verlänge
 Und das Ganze belebt, so wie das Einzelne, sei.
Wende nun, o Geliebte, den Blick zum bunten Gewimmel,
 Das verwirrend nicht mehr sich vor dem Geiste bewegt.
Jede Pflanze verkündet dir nun die ew'gen Gesetze,
 Jede Blume, sie spricht lauter und lauter mit dir.
Aber entzifferst du hier der Göttin heilige Lettern,
 Überall siehst du sie dann, auch in verändertem Zug.
Kriechend zaudre die Raupe, der Schmetterling eile geschäftig,
 Bildsam ändre der Mensch selbst die bestimmte Gestalt.
O, gedenke denn auch, wie aus dem Keim der Bekanntschaft
 Nach und nach in uns holde Gewohnheit entspross,
Freundschaft sich mit Macht aus unserm Innern enthüllte,
 Und wie Amor zuletzt Blüten und Früchte gezeugt.
Denke, wie mannigfach bald die, bald jene Gestalten,
 Still entfaltend, Natur unsern Gefühlen geliehn!
Freue dich auch des heutigen Tags! Die heilige Liebe
 Strebt zu der höchsten Frucht gleicher Gesinnungen auf,
Gleicher Ansicht der Dinge, damit in harmonischem Anschaun
 Sich verbinde das Paar, finde die höhere Welt.

METAMORPHOSE DER TIERE

Wagt ihr, also bereitet, die letzte Stufe zu steigen
Dieses Gipfels, so reicht mir die Hand und öffnet den freien
Blick ins weite Feld der Natur. Sie spendet die reichen
Lebensgaben umher, die Göttin; aber empfindet
Keine Sorge wie sterbliche Fraun um ihrer Gebornen
Sichere Nahrung; ihr ziemet es nicht: denn zwiefach bestimmte
Sie das höchste Gesetz, beschränkte jegliches Leben,
Gab ihm gemessnes Bedürfnis, und ungemessene Gaben,

Leicht zu finden, streute sie aus, und ruhig begünstigt
Sie das muntre Bemühn der vielfach bedürftigen Kinder;
Unerzogen schwärmen sie fort nach ihrer Bestimmung.

Zweck sein selbst ist jegliches Tier, vollkommen entspringt es
Aus dem Schoß der Natur und zeugt vollkommene Kinder.
Alle Glieder bilden sich aus nach ew'gen Gesetzen,
Und die seltenste Form bewahrt im geheimen das Urbild.
So ist jeglicher Mund geschickt, die Speise zu fassen,
Welche dem Körper gebührt; es sei nun schwächlich und zahnlos
Oder mächtig der Kiefer gezahnt, in jeglichem Falle
Fördert ein schicklich Organ den übrigen Gliedern die Nahrung.
Auch bewegt sich jeglicher Fuß, der lange, der kurze,
Ganz harmonisch zum Sinne des Tiers und seinem Bedürfnis.
So ist jedem der Kinder die volle reine Gesundheit
Von der Mutter bestimmt: denn alle lebendigen Glieder
Widersprechen sich nie und wirken alle zum Leben.
Also bestimmt die Gestalt die Lebensweise des Tieres,
Und die Weise, zu leben, sie wirkt auf alle Gestalten
Mächtig zurück. So zeiget sich fest die geordnete Bildung,
Welche zum Wechsel sich neigt durch äußerlich wirkende Wesen.
Doch im Innern befindet die Kraft der edlern Geschöpfe
Sich im heiligen Kreise lebendiger Bildung beschlossen.
Diese Grenzen erweitert kein Gott, es ehrt die Natur sie:
Denn nur also beschränkt war je das Vollkommene möglich.

Doch im Inneren scheint ein Geist gewaltig zu ringen,
Wie er durchbräche den Kreis, Willkür zu schaffen den Formen
Wie dem Wollen; doch was er beginnt, beginnt er vergebens.
Denn zwar drängt er sich vor zu diesen Gliedern, zu jenen,
Stattet mächtig sie aus, jedoch schon darben dagegen
Andere Glieder, die Last des Übergewichtes vernichtet
Alle Schöne der Form und alle reine Bewegung.
Siehst du also dem einen Geschöpf besonderen Vorzug
Irgend gegönnt, so frage nur gleich: wo leidet es etwa
Mangel anderswo? und suche mit forschendem Geiste;

Finden wirst du sogleich zu aller Bildung den Schlüssel.
Denn so hat kein Tier, dem sämtliche Zähne den obern
Kiefer umzäunen, ein Horn auf seiner Stirne getragen,
Und daher ist den Löwen gehörnt der ewigen Mutter
Ganz unmöglich zu bilden, und böte sie alle Gewalt auf;
Denn sie hat nicht Masse genug, die Reihen der Zähne
Völlig zu pflanzen und auch Geweih und Hörner zu treiben.

Dieser schöne Begriff von Macht und Schranken, von Willkür
Und Gesetz, von Freiheit und Maß, von beweglicher Ordnung,
Vorzug und Mangel erfreue dich hoch! Die heilige Muse
Bringt harmonisch ihn dir, mit sanftem Zwange belehrend.
Keinen höhern Begriff erringt der sittliche Denker,
Keinen der tätige Mann, der dichtende Künstler; der Herrscher,
Der verdient, es zu sein, erfreut nur durch ihn sich der Krone.
Freue dich, höchstes Geschöpf, der Natur! Du fühlest dich fähig,
Ihr den höchsten Gedanken, zu dem sie schaffend sich aufschwang,
Nachzudenken. Hier stehe nun still und wende die Blicke
Rückwärts, prüfe, vergleiche und nimm vom Munde der Muse,
Dass du schauest, nicht schwärmst, die liebliche volle Gewissheit.

Vermischte Epigramme

EINSAMKEIT

Die ihr Felsen und Bäume bewohnt, o heilsame Nymphen,
 Gebet jeglichem gern, was er im Stillen begehrt!
Schaffet dem Traurigen Trost, dem Zweifelhaften Belehrung,
 Und dem Liebenden gönnt, dass ihm begegne sein Glück!
Denn euch gaben die Götter, was sie den Menschen versagten:
 Jeglichem, der euch vertraut, hülfreich und tröstlich zu sein.

ERWÄHLTER FELS

Hier im Stillen gedachte der Liebende seiner Geliebten;
 Heiter sprach er zu mir: Werde mir Zeuge, du Stein!
Doch erhebe dich nicht, du hast noch viele Gesellen;
 Jedem Felsen der Flur, die mich, den Glücklichen, nährt,
Jedem Baume des Walds, um den ich wandernd mich schlinge:
 Denkmal bleibe des Glücks! ruf' ich ihm weihend und froh.
Doch die Stimme verleih' ich nur dir, wie unter der Menge
 Einen die Muse sich wählt, freundlich die Lippen ihm küsst.

DEM ACKERMANN

Flach bedecket und leicht den goldenen Samen die Furche,
 Guter! die tiefere deckt endlich dein ruhend Gebein.
Fröhlich gepflügt und gesät! Hier keimet lebendige Nahrung,
 Und die Hoffnung entfernt selbst von dem Grabe sich nicht.

ANAKREONS GRAB

Wo die Rose hier blüht, wo Reben um Lorbeer sich schlingen,
Wo das Turtelchen lockt, wo sich das Grillchen ergetzt,
Welch ein Grab ist hier, das alle Götter mit Leben
Schön bepflanzt und geziert? Es ist Anakreons Ruh.
Frühling, Sommer und Herbst genoss der glückliche Dichter;
Vor dem Winter hat ihn endlich der Hügel geschützt.

ZEITMASS

Eros, wie seh' ich dich hier! In jeglichem Händchen die Sanduhr!
Wie? Leichtsinniger Gott, missest du doppelt die Zeit?
»Langsam rinnen aus einer die Stunden entfernter Geliebten;
Gegenwärtigen fließt eilig die zweite herab.«

WARNUNG

Wecke den Amor nicht auf! Noch schläft der liebliche Knabe;
Geh, vollbring' dein Geschäft, wie es der Tag dir gebeut!
So der Zeit bedienet sich klug die sorgliche Mutter,
Wenn ihr Knäbchen entschläft, denn es erwacht nur zu bald.

DIE LEHRER

Als Diogenes still in seiner Tonne sich sonnte,
Und Calanus mit Lust stieg in das flammende Grab,
Welche herrliche Lehre dem raschen Sohn des Philippus,
Wäre der Herrscher der Welt nicht auch der Lehre zu groß!
Jugendlich kommt sie vom Himmel, tritt vor den Priester und Weisen
Unbekleidet, die Göttin; still blickt sein Auge zur Erde.
Dann ergreift er das Rauchfass und hüllt demütig verehrend
Sie in durchsichtigen Schleier, dass wir sie zu schauen ertragen.

*

Will ich die Blumen des frühen, die Früchte des späteren Jahres,
Will ich, was reizt und entzückt, will ich, was sättigt und nährt,
Will ich den Himmel, die Erde mit einem Namen begreifen,
Nenn' ich, Sakontala, dich, und so ist alles gesagt.

In das Stammbuch des Schauspielers Friedrich Ludwig Schröder

Viele sahn dich mit Wonne, dich wünschen so viele zu sehen;
Reise glücklich! Du bringst überall Freude mit hin.

DER CHINESE IN ROM

Einen Chinesen sah ich in Rom; die gesamten Gebäude
Alter und neuerer Zeit schienen ihm lästig und schwer.
»Ach!«, so seufzt' er, »die Armen! ich hoffe, sie sollen begreifen,
Wie erst Säulchen von Holz tragen des Daches Gezelt,
Dass an Latten und Pappen, Geschnitz und bunter Vergoldung
Sich des gebildeten Augs feinerer Sinn nur erfreut.«
Siehe, da glaubt' ich im Bilde so manchen Schwärmer zu schauen,
Der sein luftig Gespinst mit der soliden Natur
Ewigem Teppich vergleicht, den echten reinen Gesunden
Krank nennt, dass ja nur Er heiße, der Kranke, gesund.

SCHWEIZERALPE

War doch gestern dein Haupt noch so braun wie die Locke der Lieben,
Deren holdes Gebild still aus der Ferne mir winkt;
Silbergrau bezeichnet dir früh der Schnee nun die Gipfel,
Der sich in stürmender Nacht dir um den Scheitel ergoss.
Jugend, ach! ist dem Alter so nah, durchs Leben verbunden,
Wie ein beweglicher Traum Gestern und Heute verband.

In ein Stammbuch

Weise die Rose nicht ab von deinem Busen, sie blühet
Noch auf der Wange dir, noch in dem Herzen dir auf.

Zwei Distichen für das Stammbuch des Sohnes

Selbst erfinden ist schön; doch glücklich von andern Gefundnes
Fröhlich erkannt und geschätzt, nennst du das weniger dein?

Halte das Bild der Würdigen fest! Wie leuchtende Sterne
Teilte sie aus die Natur durch den unendlichen Raum.

*

Wer ist der glücklichste Mensch? Der fremdes Verdienst zu empfinden
Weiß und am fremden Genuss sich wie am eignen zu freun.

Xenien

I. Von Schiller zusammengestellte Xenien des Musenalmanachs 1797

Der ästhetische Torschreiber

Halt, Passagiere! Wer seid ihr? Wes Standes und Charakteres?
Niemand passieret hier durch, bis er den Pass mir gezeigt.

Xenien

Distichen sind wir. Wir geben uns nicht für mehr noch für minder.
Sperre du immer, wir ziehn über den Schlagbaum hinweg.

Visitator

Öffnet die Koffers. Ihr habt doch nicht Kontrebandes geladen?
Gegen die Kirche? Den Staat? Nichts von französischem Gut?

Xenien

Koffers führen wir nicht. Wir führen nicht mehr, als zwei Taschen
Tragen, und die, wie bekannt, sind bei Poeten nicht schwer.

Das Verbindungsmittel

Wie verfährt die Natur, um Hohes und Niedres im Menschen
Zu verbinden? Sie stellt Eitelkeit zwischen hinein.

Für Töchter edler Herkunft

Töchtern edler Geburt ist dieses Werk zu empfehlen,
Um zu Töchtern der Lust schnell sich befördert zu sehn.

Der Prophet

Schade, dass die Natur nur einen Menschen aus dir schuf,
Denn zum würdigen Mann war und zum Schelmen der Stoff.

Der Zeitpunkt

Eine große Epoche hat das Jahrhundert geboren,
Aber der große Moment findet ein kleines Geschlecht.

Goldenes Zeitalter

Ob die Menschen im Ganzen sich bessern? Ich glaub' es, denn einzeln,
Suche man, wie man auch will, sieht man doch gar nichts davon.

Manso von den Grazien

Hexen lassen sich wohl durch schlechte Sprüche zitieren,
Aber die Grazie kommt nur auf der Grazie Ruf.

Tassos »Jerusalem« von demselben

Ein asphaltischer Sumpf bezeichnet hier noch die Stätte,
Wo Jerusalem stand, das uns Torquato besang.

Der Schulmeister zu Breslau

In langweiligen Versen und abgeschmackten Gedanken
Lehrt ein Präzeptor uns hier, wie man gefällt und verführt.

Amor als Schulkollege

Was das entsetzlichste sei von allen entsetzlichen Dingen?
Ein Pedant, den es jückt, locker und lose zu sein.

Prosaische Reimer

Wieland, wie reich ist dein Geist! Das kann man nun erst empfinden,
Sieht man, wie fad und wie leer dein Caput mortuum ist.

Jean Paul Richter

Hieltest du deinen Reichtum nur halb so zu Rate wie jener
Seine Armut, du wärst unsrer Bewunderung wert.

Guerre ouverte

Lange neckt ihr uns schon, doch immer heimlich und tückisch;
Krieg verlangtet ihr ja, führt ihn nun offen, den Krieg!

Kant und seine Ausleger

Wie doch ein einziger Reicher so viele Bettler in Nahrung
Setzt! Wenn die Könige baun, haben die Kärrner zu tun.

J-b

Steil wohl ist er, der Weg zur Wahrheit, und schlüpfrig zu steigen,
Aber wir legen ihn doch nicht gern auf Eseln zurück.

Analytiker

Ist denn die Wahrheit ein Zwiebel, von dem man die Häute nur abschält?
Was ihr hinein nicht gelegt, ziehet ihr nimmer heraus.

Wissenschaftliches Genie

Wird der Poet nur geboren? Der Philosoph wird's nicht minder;
Alle Wahrheit zuletzt wird nur gebildet, geschaut.

Wissenschaft

Einem ist sie die hohe, die himmlische Göttin, dem andern
Eine tüchtige Kuh, die ihn mit Butter versorgt.

Zeichen des Krebses

Geht mir dem Krebs in B … aus dem Weg! Manch lyrisches Blümchen,
Schwellend in üppigem Wuchs, kneipte die Schere zu Tod.

Zeichen der Jungfrau

Bücket euch, wie sich's geziemt, vor der zierlichen Jungfrau zu Weimar,
Schmollt sie auch oft — wer verzeiht Launen der Grazie nicht?

Zeichen des Steinbocks

Im Vorbeigehn stutzt mir den alten Berlinischen Steinbock!
Das verdrießt ihn, so gibt's etwas zu lachen fürs Volk.

Eridanus

An des Eridanus Ufer umgeht mir die furchtbare Waschfrau,
Welche die Sprache des Teut säubert mit Lauge und Sand!

Revolutionen

Was das Luthertum war, ist jetzt das Franztum in diesen
Letzten Tagen, es drängt ruhige Bildung zurück.

Deutscher Nationalcharakter

Zur Nation euch zu bilden, ihr hoffet es, Deutsche, vergebens;
Bildet, ihr könnt es, dafür freier zu Menschen euch aus!

Ilm

Meine Ufer sind arm, doch höret die leisere Welle,
Führt der Strom sie vorbei, manches unsterbliche Lied.

An den Leser

Lies uns nach Laune, nach Lust, in trüben, in fröhlichen Stunden,
Wie uns der gute Geist, wie uns der böse gezeugt.

Gewissen Lesern

Viele Bücher genießt ihr, die ungesalzen; verzeihet,
Dass dies Büchelchen uns überzusalzen beliebt.

Aufmunterung

Deutschland fragt nach Gedichten nicht viel; ihr kleinen Gesellen,
Lärmt, bis jeglicher sich wundernd ans Fenster begibt!

Das Brüderpaar

Als Kentauren gingen sie einst durch poetische Wälder,
Aber das wilde Geschlecht hat sich geschwinde bekehrt.

K …

Höre den Tadler! Du kannst, was er noch vermisst, dir erwerben;
Jenes, was nie sich erwirbt, — freue dich! — gab dir Natur.

»Luise« von Voß

Wahrlich, es füllt mit Wonne das Herz, dem Gesange zu horchen,
Ahmt ein Sänger wie der Töne des Altertums nach.

Jupiters Kette

Hängen auch alle Schmierer und Reimer sich an dich, sie ziehen
Dich nicht hinunter, doch du ziehst sie auch schwerlich hinauf.

Das Märchen

Mehr als zwanzig Personen sind in dem Märchen geschäftig.
»Nun, und was machen sie denn alle?« Das Märchen, mein Freund.

Der Sprachforscher

Anatomieren magst du die Sprache, doch nur ihr Kadaver;
Geist und Leben entschlüpft flüchtig dem groben Skalpell.

Literaturbriefe

Auch Nicolai schrieb an dem trefflichen Werk? Ich will's glauben;
Mancher Gemeinplatz auch steht in dem trefflichen Werk.

Der Purist

Sinnreich bist du, die Sprache von fremden Wörtern zu säubern;
Nun, so sage doch, Freund, wie man Pedant uns verdeutscht.

Vernünftige Betrachtung

Warum plagen wir einer den andern? Das Leben zerrinnet,
Und es versammelt uns nur einmal wie heute die Zeit.

An …

Nein, du erbittest mich nicht! Du hörtest dich gerne verspottet,
Hörtest du dich nur genannt. Darum verschon' ich dich, Freund.

Garve

Hör' ich über Geduld dich, edler Leidender, reden,
O wie wird mir das Volk frömmelnder Schwätzer verhasst.

Die Möglichkeit

Liegt der Irrtum nur erst, wie ein Grundstein, unten im Boden,
Immer baut man darauf, nimmermehr kommt er an Tag.

Wiederholung

Hundertmal werd' ich's euch sagen und tausendmal: Irrtum ist Irrtum!
Ob ihn der größte Mann, ob ihn der kleinste beging.

Wer glaubt's?

»Newton hat sich geirrt?« Ja, doppelt und dreifach! »Und wie denn?«
Lange steht es gedruckt, aber es liest es kein Mensch.

Hoffnung

Allen habt ihr die Ehre genommen, die gegen euch zeugten;
Aber dem Märtyrer kehrt späte sie doppelt zurück.

Neueste Farbentheorie von Wünsch

Gelbrot und Grün macht das Gelbe, Grün und Violblau das Blaue!
So wird aus Gurkensalat wirklich der Essig erzeugt!

Naturforscher und Transzendentalphilosophen

Feindschaft sei zwischen euch, noch kommt das Bündnis zu frühe;
Wenn ihr im Suchen euch trennt, wird erst die Wahrheit erkannt.

An die voreiligen Verbindungsstifter

Jeder wandle für sich und wisse nichts von dem andern,
Wandeln nur beide gerad', finden sich beide gewiss.

Der treue Spiegel

Reiner Bach, du entstellst nicht den Kiesel, du bringst ihn dem Auge
Näher; so seh' ich die Welt, ..., wenn du sie beschreibst.

Nicolai

Nicolai reiset noch immer, noch lang' wird er reisen,
Aber ins Land der Vernunft findet er nimmer den Weg.

Der Wichtige

Seine Meinung sagt er von seinem Jahrhundert, er sagt sie,
Nochmals sagt er sie laut, hat sie gesagt und geht ab.

Philosophische Querköpfe

Querkopf! schreiet ergrimmt in unsere Wälder Herr Nickel,
Leerkopf! schallt es darauf lustig zum Walde heraus.

Modephilosophie

Lächerlichster, du nennst das Mode, wenn immer von neuem
Sich der menschliche Geist ernstlich nach Bildung bestrebt.

Die Weidtasche

Reget sich was, gleich schießt der Jäger, ihm scheinet die Schöpfung,
Wie lebendig sie ist, nur für den Schnappsack gemacht.

Verschiedene Dressuren

Aristokratische Hunde, sie knurren auf Bettler, ein echter
Demokratischer Spitz kläfft nach dem seidenen Strumpf.

Kunstgriff

Schreib die Journale nur anonym, so kannst du mit vollen
Backen deine Musik loben, es merkt es kein Mensch.

Der Patriot

Dass Verfassung sich überall bilde, wie sehr ist's zu wünschen!
Aber ihr Schwätzer verhelft uns zu Verfassungen nicht!

Die Hauptsache

Jedem Besitzer das Seine, und jedem Regierer den Rechtsinn!
Das ist zu wünschen, doch ihr — beides verschafft ihr uns nicht.

Der Almanach als Bienenkorb

Lieblichen Honig geb' er dem Freund, doch nahet sich täppisch
Der Philister, ums Ohr saus' ihm der stechende Schwarm!

Schillers Almanach von 1796

Du erhebest uns erst zu Idealen und stürzest
Gleich zur Natur uns zurück; glaubst du, wir danken dir das?

Horen, erster Jahrgang

Einige wandeln zu ernst, die andern schreiten verwegen,
Wenige gehen den Schritt, wie ihn das Publikum hält.

Pantheon der Deutschen, 1. Band

Deutschlands größte Männer und kleinste sind hier versammelt.
Jene geben den Stoff, diese die Worte des Buchs.

Reineke Fuchs

Vor Jahrhunderten hätte ein Dichter dieses gesungen?
Wie ist das möglich? Der Stoff ist ja von gestern und heut.

Menschenhass und Reue

Menschenhass? Nein, davon verspürt' ich beim heutigen Stücke
Keine Regung, jedoch Reue, die hab' ich gefühlt.

Schinks »Faust«

Faust hat sich leider schon oft in Deutschland dem Teufel ergeben,
Doch so prosaisch noch nie schloss er den schrecklichen Bund.

Göschen an die deutschen Dichter

Ist nur erst Wieland heraus, so kommt's an euch Übrigen alle
Und nach der Lokation! Habt nur einstweilen Geduld!

Sachen, so gestohlen worden
(Immanuel Kant spricht:)

Zwanzig Begriffe wurden mir neulich diebisch entwendet,
Leicht sind sie kenntlich, es steht sauber mein I. K. darauf.

Schillers »Würde der Frauen«

Vorn herein liest sich das Lied nicht zum Besten, ich les' es von hinten,
Strophe für Strophe, und so nimmt es ganz artig sich aus.

Das ungleiche Verhältnis

Unsre Poeten sind seicht, doch das Unglück ließ' sich vertuschen,
Hätten die Kritiker nicht, ach, so entsetzlich viel Geist.

Geschwindschreiber

Was sie gestern gelernt, das wollen sie heute schon lehren —
Ach, was haben die Herrn doch für ein kurzes Gedärm!

Die Sonntagskinder

Jahrelang bildet der Meister und kann sich nimmer genugtun;
Dem genialen Geschlecht wird es im Traume beschert.

Achilles

Vormals im Leben ehrten wir dich wie einen der Götter,
Nun du tot bist, so herrscht über die Geister dein Geist.

Martial

Xenien nennet ihr euch? Ihr gebt euch für Küchenpräsente?
Isst man denn, mit Vergunst, spanischen Pfeffer bei euch?

Xenien

Nicht doch! Aber es schwächten die vielen wässrigten Speisen
So den Magen, dass jetzt Pfeffer und Wermut nur hilft.

Philosophen

Gut, dass ich euch, ihr Herren, in pleno beisammen hier finde,
Denn das eine, was not, treibt mich herunter zu euch.

Aristoteles

Gleich zur Sache, mein Freund! Wir halten die Jenaer Zeitung
Hier in der Hölle und sind längst schon von allem belehrt.

Dringend

Desto besser! So gebt mir — ich geh' euch nicht eher vom Leibe —
Einen allgültigen Satz, und der auch allgemein gilt.

Einer aus dem Haufen

Cogito ergo sum. Ich denke und mithin so bin ich;
Ist das eine nur wahr, ist es das andre gewiss.

Ich

Denk' ich, so bin ich. Wohl! Doch wer wird immer auch denken?
Oft schon war ich und hab' wirklich an gar nichts gedacht.

Ein Zweiter

Weil es Dinge doch gibt, so gibt es ein Ding aller Dinge,
In dem Ding aller Ding' schwimmen wir, wie wir so sind.

Ein Dritter

Just das Gegenteil sprech' ich. Es gibt kein Ding als mich selber!
Alles andre, in mir steigt es als Blase nur auf.

Ein Vierter

Zweierlei Dinge lass' ich passieren, die Welt und die Seele,
Keins weiß vom andern, und doch deuten sie beide auf Eins.

Ein Fünfter

Von dem Ding weiß ich nichts und weiß auch nichts von der Seele,
Beide erscheinen mir nur, aber sie sind doch kein Schein.

Ein Sechster

Ich bin ich und setze mich selbst; und setz' ich mich selber
Als nicht gesetzt, nun gut! setz' ich ein Nicht-Ich dazu.

Ein Siebenter

Vorstellung wenigstens ist; ein Vorgestelltes ist also,
Ein Vorstellendes auch; macht, mit der Vorstellung, drei.

Ich

Damit lock' ich, ihr Herrn, noch keinen Hund aus dem Ofen,
Einen erklecklichen Satz will ich, und der auch was setzt.

Ein Achter

Auf theoretischem Feld ist weiter nichts mehr zu finden,
Aber der praktische Satz gilt doch: Du kannst, denn du sollst!

Ich

Dacht' ich's doch! Wissen sie nichts Vernünftiges mehr zu erwidern,
Schieben sie's einem geschwind in das Gewissen hinein.

David Hume

Rede nicht mit dem Volk; der Kant hat sie alle verwirret;
Mich frag', ich bin mir selbst auch in der Hölle noch gleich.

Rechtsfrage

Jahre lang schon bedien' ich mich meiner Nase zum Riechen,
Hab' ich denn wirklich an sie auch ein erweisliches Recht?

Pufendorf

Ein bedenklicher Fall! Doch die erste Possession scheint
Für dich zu sprechen, und so brauche sie immerhin fort.

Gewissensskrupel

Gerne dien' ich den Freunden, doch tu' ich es leider mit Neigung,
Und so wurmt es mir oft, dass ich nicht tugendhaft bin.

Decisum

Da ist kein anderer Rat, du musst suchen, sie zu verachten,
Und mit Abscheu alsdann tun, wie die Pflicht dir gebeut.

Muse zu den Xenien

Aber jetzt rat' ich euch, geht, sonst kommt noch gar der Gorgona
Fratze oder ein Band Oden von Haschka hervor.

An die Freier

Alles war nur ein Spiel! Ihr Freier lebt ja noch alle,
Hier ist der Bogen, und hier ist zu den Ringen der Platz.

II. Im Zusammenhang der Xenien entstandene, aber außerhalb des Xenien-Zyklus veröffentlichte Distichen

Der moralische und der schöne Charakter

Repräsentant ist jener der ganzen Geistergemeine,
Aber das schöne Gemüt zählt schon allein für sich selbst.

Der schöne Geist und der Schöngeist

Nur das Leichtere trägt auf leichten Schultern der Schöngeist,
Aber der schöne Geist trägt das Gewichtige leicht.

Zucht

Wahrheit ist niemals schädlich, sie straft — und die Strafe der Mutter
Bildet das schwankende Kind, wehret der schmeichelnden Magd.

Die Quellen

Treffliche Künste dankt man der Not und dankt man dem Zufall,
Nur zur Wissenschaft hat keines von beiden geführt.

Empiriker

Dass ihr den sichersten Pfad gewählt, wer möchte das leugnen?
Aber ihr tappet nur blind auf dem gebahntesten Pfad.

Letzte Zuflucht

Vornehm schaut ihr im Glück auf den blinden Empiriker nieder,
Aber seid ihr in Not, ist er der delphische Gott.

Der Strengling und der Frömmling

Jener fordert durchaus, dass dir das Gute missfalle,
Dieser will gar, dass du liebst, was dir von Herzen missfällt.
Muss ich wählen, so sei's in Gottes Namen die Tugend,
Denn ich kann einmal nicht lieben, was abgeschmackt ist.

Moral der Pflicht und der Liebe

Jede, wohin sie gehört! Erhabene Seelen nur kleidet
Jene, die andere steht schönen Gemütern nur an.
Aber Widrigers kenn' ich auch nichts, als wenn sich durch Bande
Zarter geistiger Lieb' Grobes mit Grobem vermählt;
Und verächtlicher nichts als die Moral der Dämonen
In dem Munde des Volks, dem noch die Menschlichkeit fehlt.

Das Göttliche

Wäre sie unverwelklich, die Schönheit, ihr könnte nichts gleichen,
Nichts, wo die Göttliche blüht, weiß ich der Göttlichen gleich.
Ein Unendliches ahndet, ein Höchstes erschafft die Vernunft sich;
In der schönen Gestalt lebt es dem Herzen, dem Blick.

Lehre an den Kunstjünger

Dass du der Fehler schlimmsten, die Mittelmäßigkeit, meidest,
Jüngling, so meide doch ja keinen der andern zu früh!

Die Sicherheit

Nur das feurige Ross, das mutige, stürzt auf der Rennbahn,
Mit bedächtigem Pass schreitet der Esel daher.

Die Unberufenen

Tadeln ist leicht, Erschaffen so schwer; ihr Tadler des Schwachen,
Habt ihr das Treffliche denn auch zu belohnen ein Herz?

Die Belohnung

Was belohnet den Meister? Der zart antwortende Nachklang
Und der reine Reflex aus der begegnenden Brust.

Das gewöhnliche Schicksal

Hast du an liebender Brust das Kind der Empfindung gepfleget,
Einen Wechselbalg nur gibt dir der Leser zurück.

Tote Sprachen

Tote Sprachen nennt ihr die Sprache des Flaccus und Pindar,
Und von beiden nur kommt, was in der unsrigen lebt.

Klatschrose

Fern erblick' ich den Mohn; er glüht. Doch komm' ich dir näher,
Ach, so seh' ich zu bald, dass du die Rose nur lügst.

Ranunkeln

Keine lockt mich, Ranunkeln, von euch, und keine begehr' ich;
Aber im Beete vermischt sieht euch das Auge mit Lust.

—

Immer war mir das Feld und der Wald und der Fels und die Gärten
Nur ein Raum, und du machst sie, Geliebte, zum Ort.

—

Neigung besiegen ist schwer; gesellet sich aber Gewohnheit,
Wurzelnd, allmählich zu ihr, unüberwindlich ist sie.

—

Das ist die wahre Liebe, die immer und immer sich gleich bleibt,
Wenn man ihr alles gewährt, wenn man ihr alles versagt.

—

Kränken ein liebendes Herz und schweigen müssen — geschärfter
Können die Qualen nicht sein, die Rhadamanth sich ersinnt.

—

»Warum bin ich vergänglich, o Zeus?«, so fragte die Schönheit.
»Macht' ich doch«, sagte der Gott, »nur das Vergängliche schön.«

—

Leben muss man und lieben; es endet Leben und Liebe.
Schnittest du, Parze, doch nur beiden die Fäden zugleich!

—

Früchte bringet das Leben dem Mann; doch hangen sie selten
Rot und lustig am Zweig, wie uns ein Apfel begrüßt.

Guter Rat

Freunde, treibet nur alles mit Ernst und Liebe; die beiden
Stehen dem Deutschen so schön, den, ach, so vieles entstellt.

Wechselwirkung

Kinder werfen den Ball an die Wand und fangen ihn wieder;
Aber ich lobe das Spiel, wirft mir der Freund ihn zurück.

Pflicht für jeden

Immer strebe zum Ganzen, und kannst du selber kein Ganzes
Werden, als dienendes Glied schließ an ein Ganzes dich an.

Natur und Vernunft

Wärt ihr, Schwärmer, im Stande, die Ideale zu fassen,
O, so verehrtet ihr auch, wie sich's gebührt, die Natur.

Was nützt

Schädliche Wahrheit, ich ziehe sie vor dem nützlichen Irrtum;
Wahrheit heilet den Schmerz, den sie vielleicht uns erregt.

Trost

Irrtum verlässt uns nie; doch ziehet ein höher Bedürfnis
Immer den strebenden Geist leise zur Wahrheit hinan.

Aufgabe

Gleich sei keiner dem andern; doch gleich sei jeder dem Höchsten.
Wie das zu machen? Es sei jeder vollendet in sich.

Die schwere Verbindung

Warum will sich Geschmack und Genie so selten vereinen?
Jener fürchtet die Kraft, dieses verachtet den Zaum.

Der berufene Leser

Welchen Leser ich wünsche? den unbefangensten, der mich,
Sich und die Welt vergisst und in dem Buche nur lebt.

—

»Jene machen Partei; welch unerlaubtes Beginnen!
Aber unsre Partei, freilich, versteht sich von selbst.«

Würde des Kleinen

Wisst ihr, wie auch der Kleine was ist? Er mache das Kleine
Recht; der Große begehrt just so das Große zu tun.

Das Heiligste

Was ist das Heiligste? Das, was heut und ewig die Geister,
Tief und tiefer gefühlt, immer nur einiger macht.

Der Würdigste

Wer ist das würdigste Glied des Staats? Ein wackerer Bürger;
Unter jeglicher Form bleibt er der edelste Stoff.

Der Erste

Wer ist denn wirklich ein Fürst? Ich hab' es immer gesehen,
Der nur ist wirklich Fürst, der es vermochte zu sein.

Ultima ratio

Fehlet die Einsicht oben, der gute Wille von unten,
Führt sogleich die Gewalt oder sie endet den Streit.

Wer will die Stelle?

Republiken hab' ich gesehen, und das ist die beste,
Die dem regierenden Teil Lasten, nicht Vorteil gewährt.

Zum ewigen Frieden

Bald, es kenne nur jeder den eigenen, gönne dem andern
Seinen Vorteil, so ist ewiger Friede gemacht.

Zum ewigen Krieg

Keiner bescheidet sich gern mit dem Teile, der ihm gebühret,
Und so habt ihr den Stoff immer und ewig zum Krieg.

An den Selbstherrscher

Du bist König und Ritter und kannst befehden und streiten;
Aber zu jedem Vertrag rufe den Kanzler herbei.

Der Ratsherr

Ob du der Klügste seist, daran ist wenig gelegen,
Aber der Biederste sei so wie bei Rate zu Haus.

III. Xenien aus dem Nachlass

Die Idealwelt

Alle sind sie entwichen, des Lebens Schatten, verschwunden
Sind mir die Menschen, und klar stehet der Mensch nur vor mir.

—

Geistige Liebe, sie ist der Seelen seligste Kette,
Wenn sie, merket das wohl, Schönes mit Schönem vereint.

An die Jünglinge

Fallen verzeih' ich dir gern, nur strebe immer nach oben!
Bist du zum Fluge, du bist nimmer zum Streben zu schwer.

Qui pro quo

Menschlichkeit kennest du nicht, nur Menschlichkeiten; der Dämon
Wechselt bei dir mit dem Schwein ab, und das nennest du Mensch.

—

»Falschheit nur und Verstellung ist in dem Umgang der Menschen,
Keiner erscheint, wie er ist!« — Danke dem Himmel, mein Freund!

Die Unberufenen

Wissen wollt ihr und handeln, und keiner fragt sich: Was bin ich
Für ein Gefäß zum Gehalt? Was für ein Werkzeug zur Tat?

Doppelter Irrtum

Nimmst du die Menschen für schlecht, du kannst dich verrechnen, o Weltmann!
Schwärmer, wie bist du getäuscht, nimmst du die Menschen für gut!

Verkehrter Beruf

Forsche der Philosoph, der Weltmann handle! Doch weh uns,
Handelt der Forscher und gibt, der es vollzieht, das Gesetz!

Einen Tyrannen zu hassen vermögen auch knechtische Seelen,
Nur wer die Tyrannei hasset, ist edel und groß.

Freiheit

Freiheit ist ein herrlicher Schmuck, der schönste von allen,
Und doch steht er, wir sehn's, wahrlich nicht jeglichem an.

—

Was ist das Schwerste von allem? Was dir das Leichteste dünket:
Mit den Augen zu sehen, was vor den Augen dir liegt.

Sokrates

Dich erklärte der Pythia Mund für den weisesten Griechen.
Wohl! Der Weiseste mag oft der Beschwerlichste sein.

—

Zwei Jahrzehende kostest du mir: Zehn Jahre verlor ich,
Dich zu begreifen, und zehn, mich zu befreien von dir.

Fichtes Wissenschaftslehre

Was nicht Ich ist, sagst du, ist nur ein Nicht-Ich. Getroffen,
Freund! So dachte die Welt längst und so handelte sie.

Spittler

Für die historische Kunst hast du reichlich gesäet, nun sei auch
Künstler in deiner Kunst, ernte, du Trefflicher, selbst!

Der Wolfische Homer

Mit hartherz'ger Kritik hast du den Dichter entleibet,
Aber unsterblich durch dich lebt das verjüngte Gedicht.

Literarische Zuverlässigkeit

Allegiere der erste nur falsch, da schreiben ihm zwanzig
Immer den Irrtum nach, ohne den Text zu besehn.

Ärzte

Wissen möchtet ihr gern die geheime Struktur des Gebäudes,
Und ihr wählt den Moment, wenn es in Flammen gerät.

Verfehlter Beruf

Konnte denn die Nadel dich nicht, nicht der Hobel ernähren,
Dass du mit Metaphysik stiehlst ein abscheuliches Brot?

—

Saget, wann nützt mein Gedicht, o Musen? — Wenn es den Edlen
Weckt in dem Augenblick, wenn er sich selber vergisst.

—

Eines verzeih' ich mir nicht, ich verzeihe mir nicht, dass ich etwas
Höheres über euch, göttliche Musen, gesucht.

Poetische Erdichtung und Wahrheit

Wozu nützt die ganze Erdichtung? — Ich will es dir sagen,
Leser, sagst du mir, wozu die Wirklichkeit nützt.

—

Sorgend bewacht der Verstand des Wissens dürftigen Vorrat,
Nur zu erhalten ist er, nicht zu erobern geschickt.

—

Darum hasst er dich ewig, Genie! An die neue Erwerbung
Wagst du den alten, du wagst kühnlich den ganzen Besitz.

Böser Kampf

Mittelmäßigkeit ist von allen Gegnern der schlimmste,
Deine Verirrung, Genie, schreibt sie als Tugend sich an.

—

Welches Genie das größte wohl sei? Das größte ist dieses,
Welches, umstrickt von der Kunst, bleibt auf der Spur der Natur.

Der Künstler

Buonarotti fing an, den Block zur Büste zu bilden,
Sah, es wurde nichts draus, Freunde, da ließ er ihn stehn.

Grenzscheide

Heilig waren vordem die Tore, sie stehen bedeutend
Zwischen der wilden Natur, zwischen dem engen Vertrag.

Arabesken

In der Schönheit Gebiet sind wir die freiesten Bürger,
Doch da wir sonst nichts sind, sehet, so sind wir nicht viel.

—

Alle die andern, sie haben zu tragen, zu tun, zu bedeuten;
Wir, das glückliche Volk, brauchen sonst nichts als zu sein.

Architektur

Unter dem leichten Geschlecht erscheinst du schwer und bedächtig,
Aber zu Regeln und Zucht winkst du die Schwestern zurück.

—

Hüpfe nur, leichtes Geschlecht, ich Gefesselte kann dir nicht folgen,
Aber ich weiß zu ruhn und auf mir selber zu stehn.

Gewölb

Sicher ruhst du auf uns, und warum? Weil wir alle zum Zentrum
Gleich uns neigen und gleich unter uns teilen die Last.

Tempel

Fröhlich dienen wir eines dem andern, mich halten die schlanken
Säulen oben, und leicht über uns schwebet das Dach.

Die Basreliefs

Seht, was versucht nicht der Mensch, mit dem Tod zu versöhnen das Leben!
Nimmer gelingt's — ach sie sind schrecklich und ewig getrennt.

W … und J …

Deine Größe, Berlin, pflegt jeder Fremde zu rühmen;
Führt der Weg ihn zu uns, stutzt er, so klein uns zu sehn.

—

Überall bist du Poet, im Gespräch, in Geschäften, am Spieltisch,
Nur in der Poesie bist du nicht immer Poet.

Richter

Richter in London — was wär' er geworden! Doch Richter in Hof ist
Halb nur gebildet, ein Mann, dessen Talent euch ergötzt.

Der Heinsische Ariost

Wohl, Ariosto, bist du ein wahrhaft unsterblicher Dichter,
Denn da du hier nicht starbst, stirbst du, du Göttlicher, nie.

Nicolai auf Reisen

Schreiben wollt' er, und leer war der Kopf, da besah er sich Deutschland;
Leer kam der Kopf zurück, aber das Buch war gefüllt.

Gewisse Romane

Das verkauft er für Humanität? Zusammen addieren
Kannst du den Engel, das Vieh, aber vereinigen nicht.

An meine Freunde

Heilig wäre mir nichts? Ihr habt mein Leben begleitet,
Freunde, und wisst es, was mir ewig das Heiligste bleibt.

An …

Ja, ich liebte dich einst, dich, wie ich keine noch liebte,
Aber wir fanden uns nicht, finden uns ewig nicht mehr.

Charlotte

Hunderte denken an sich bei diesem Namen, er gilt nur
Einer, auf diesem Papier findet sie, sucht sie ihn nicht.

—

Manch verwandtes Gemüt treibt mit mir im Strom des Jahrhunderts,
Aber der Strom zerrinnt, und wir erkannten uns nicht.

—

Lebet, ist Leben in euch, und erzählt noch dem kommenden Alter,
Distichen, was wir geehrt, was wir gehasst und geliebt!

Lyrisches

AMOR ALS LANDSCHAFTSMALER

Saß ich früh auf einer Felsenspitze,
Sah mit starren Augen in den Nebel;
Wie ein grau grundiertes Tuch gespannet,
Deckt' er alles in die Breit' und Höhe.

Stellt' ein Knabe sich mir an die Seite,
Sagte: »Lieber Freund, wie magst du starrend
Auf das leere Tuch gelassen schauen?
Hast du denn zum Malen und zum Bilden
Alle Lust auf ewig wohl verloren?«

Sah ich an das Kind und dachte heimlich:
Will das Bübchen doch den Meister machen!

»Willst du immer trüb' und müßig bleiben«,
Sprach der Knabe, »kann nichts Kluges werden:
Sieh, ich will dir gleich ein Bildchen malen,
Dich ein hübsches Bildchen malen lehren.«

Und er richtete den Zeigefinger,
Der so rötlich war wie eine Rose,
Nach dem weiten, ausgespannten Teppich,
Fing mit seinem Finger an zu zeichnen:

Oben malt' er eine schöne Sonne,
Die mir in die Augen mächtig glänzte,
Und den Saum der Wolken macht' er golden,
Ließ die Strahlen durch die Wolken dringen;
Malte dann die zarten, leichten Wipfel
Frisch erquickter Bäume, zog die Hügel,

Einen nach dem andern, frei dahinter;
Unten ließ er's nicht an Wasser fehlen,
Zeichnete den Fluss so ganz natürlich,
Dass er schien im Sonnenstrahl zu glitzern,
Dass er schien am hohen Rand zu rauschen.

Ach, da standen Blumen an dem Flusse,
Und da waren Farben auf der Wiese,
Gold und Schmelz und Purpur und ein Grünes,
Alles wie Smaragd und wie Karfunkel!
Hell und rein lasiert' er drauf den Himmel
Und die blauen Berge fern und ferner,
Dass ich ganz entzückt und neu geboren
Bald den Maler, bald das Bild beschaute.

»Hab' ich doch«, so sagt' er, »dir bewiesen,
Dass ich dieses Handwerk gut verstehe;
Doch es ist das Schwerste noch zurücke.«

Zeichnete darnach mit spitzem Finger
Und mit großer Sorgfalt an dem Wäldchen,
Grad' ans Ende, wo die Sonne kräftig
Von dem hellen Boden widerglänzte,
Zeichnete das allerliebste Mädchen,
Wohlgebildet, zierlich angekleidet,
Frische Wangen unter braunen Haaren,
Und die Wangen waren von der Farbe
Wie das Fingerchen, das sie gebildet.

O du Knabe! rief ich, welch ein Meister
Hat in seine Schule dich genommen,
Dass du so geschwind und so natürlich
Alles klug beginnst und gut vollendest?

Da ich noch so rede, sieh, da rühret
Sich ein Windchen und bewegt die Gipfel,

Kräuselt alle Wellen auf dem Flusse,
Füllt den Schleier des vollkommnen Mädchens,
Und, was mich Erstaunten mehr erstaunte,
Fängt das Mädchen an den Fuß zu rühren,
Geht zu kommen, nähert sich dem Orte,
Wo ich mit dem losen Lehrer sitze.

Da nun alles, alles sich bewegte,
Bäume, Fluss und Blumen und der Schleier
Und der zarte Fuß der Allerschönsten;
Glaubt ihr wohl, ich sei auf meinem Felsen
Wie ein Felsen still und fest geblieben?

*

Cupido, loser, eigensinniger Knabe!
Du batst mich um Quartier auf einige Stunden.
Wie viele Tag' und Nächte bist du geblieben!
Und bist nun herrisch und Meister im Hause geworden!

Von meinem breiten Lager bin ich vertrieben;
Nun sitz' ich an der Erde, Nächte gequälet;
Dein Mutwill' schüret Flamm' auf Flamme des Herdes,
Verbrennet den Vorrat des Winters und senget mich Armen.

Du hast mir mein Geräte verstellt und verschoben;
Ich such' und bin wie blind und irre geworden.
Du lärmst so ungeschickt, ich fürchte, das Seelchen
Entflieht, um dir zu entfliehn, und räumet die Hütte.

DER BESUCH

Meine Liebste wollt' ich heut beschleichen,
Aber ihre Türe war verschlossen.
Hab' ich doch den Schlüssel in der Tasche!
Öffn' ich leise die geliebte Türe!

Auf dem Saale fand ich nicht das Mädchen,
Fand das Mädchen nicht in ihrer Stube,
Endlich, da ich leis' die Kammer öffne,
Find' ich sie gar zierlich eingeschlafen,
Angekleidet auf dem Sofa liegen.

Bei der Arbeit war sie eingeschlafen;
Das Gestrickte mit den Nadeln ruhte
Zwischen den gefaltnen zarten Händen;
Und ich setzte mich an ihre Seite,
Ging bei mir zu Rat', ob ich sie weckte.

Da betrachtet' ich den schönen Frieden,
Der auf ihren Augenlidern ruhte:
Auf den Lippen war die stille Treue,
Auf den Wangen Lieblichkeit zu Hause,
Und die Unschuld eines guten Herzens
Regte sich im Busen hin und wieder.
Jedes ihrer Glieder lag gefällig
Aufgelöst vom süßen Götterbalsam.

Freudig saß ich da, und die Betrachtung
Hielte die Begierde, sie zu wecken,
Mit geheimen Banden fest und fester.

O, du Liebe, dacht' ich, kann der Schlummer,
Der Verräter jedes falschen Zuges,
Kann er dir nicht schaden, nichts entdecken,
Was des Freundes zarte Meinung störte?

Deine holden Augen sind geschlossen,
Die mich offen schon allein bezaubern;
Es bewegen deine süßen Lippen
Weder sich zur Rede noch zum Kusse;
Aufgelöst sind diese Zauberbande
Deiner Arme, die mich sonst umschlingen,

Und die Hand, die reizende Gefährtin
Süßer Schmeicheleien, unbeweglich.
Wär's ein Irrtum, wie ich von dir denke,
Wär' es Selbstbetrug, wie ich dich liebe,
Müsst' ich's jetzt entdecken, da sich Amor
Ohne Binde neben mich gestellet.

Lange saß ich so und freute herzlich
Ihres Wertes mich und meiner Liebe;
Schlafend hatte sie mir so gefallen,
Dass ich mich nicht traute, sie zu wecken.

Leise leg' ich ihr zwei Pomeranzen
Und zwei Rosen auf das Tischchen nieder;
Sachte, sachte schleich' ich meiner Wege.

Öffnet sie die Augen, meine Gute,
Gleich erblickt sie diese bunte Gabe,
Staunt, wie immer bei verschlossenen Türen
Dieses freundliche Geschenk sich finde.

Seh' ich diese Nacht den Engel wieder,
O, wie freut sie sich, vergilt mir doppelt
Dieses Opfer meiner zarten Liebe.

MORGENKLAGEN

O du loses, leidig liebes Mädchen,
Sag' mir an, womit hab' ich's verschuldet,
Dass du mich auf diese Folter spannest,
Dass du dein gegeben Wort gebrochen?

Drucktest doch so freundlich gestern Abend
Mir die Hände, lispeltest so lieblich:
»Ja, ich komme, komme gegen Morgen
Ganz gewiss, mein Freund, auf deine Stube.«

Angelehnet ließ ich meine Türe,
Hatte wohl die Angeln erst geprüfet
Und mich recht gefreut, dass sie nicht knarrten.

Welche Nacht des Wartens ist vergangen!
Wacht' ich doch und zählte jedes Viertel:
Schlief ich ein auf wenig Augenblicke,
War mein Herz beständig wach geblieben,
Weckte mich von meinem leisen Schlummer.

Ja, da segnet' ich die Finsternisse,
Die so ruhig alles überdeckten,
Freute mich der allgemeinen Stille,
Horchte lauschend immer in die Stille,
Ob sich nicht ein Laut bewegen möchte.

»Hätte sie Gedanken, wie ich denke,
Hätte sie Gefühl, wie ich empfinde,
Würde sie den Morgen nicht erwarten,
Würde schon in dieser Stunde kommen.«

Hüpft' ein Kätzchen oben übern Boden,
Knisterte das Mäuschen in der Ecke,
Regte sich, ich weiß nicht was, im Hause,
Immer hofft' ich, deinen Schritt zu hören,
Immer glaubt' ich, deinen Tritt zu hören.

Und so lag ich lang und immer länger,
Und es fing der Tag schon an zu grauen,
Und es rauschte hier und rauschte dorten.

»Ist es ihre Türe? Wär's die meine!«
Saß ich aufgestemmt in meinem Bette,
Schaute nach der halb erhellten Türe,
Ob sie nicht sich wohl bewegen möchte.
Angelehnet blieben beide Flügel
Auf den leisen Angeln ruhig hangen.

Und der Tag ward immer hell- und heller;
Hört' ich schon des Nachbars Türe gehen,
Der das Taglohn zu gewinnen eilet,
Hört' ich bald darauf die Wagen rasseln,
War das Tor der Stadt nun auch eröffnet,
Und es regte sich der ganze Plunder
Des bewegten Marktes durcheinander.

Ward nun in dem Haus ein Gehn und Kommen
Auf und ab die Stiegen, hin und wieder
Knarrten Türen, klapperten die Tritte;
Und ich konnte, wie vom schönen Leben,
Mich noch nicht von meiner Hoffnung scheiden.

Endlich, als die ganz verhasste Sonne
Meine Fenster traf und meine Wände,
Sprang ich auf und eilte nach dem Garten,
Meinen heißen, sehnsuchtsvollen Atem
Mit der kühlen Morgenluft zu mischen,
Dir vielleicht im Garten zu begegnen;
Und nun bist du weder in der Laube
Noch im hohen Lindengang zu finden.

FRECH UND FROH

Liebesqual verschmäht mein Herz,
Sanften Jammer, süßen Schmerz;
Nur vom Tücht'gen will ich wissen,
Heißem Äuglen, derben Küssen.
Sei ein armer Hund erfrischt
Von der Lust, mit Pein gemischt!
Mädchen, gib der frischen Brust
Nichts von Pein, und alle Lust.

KOPHTISCHES LIED

Geh! gehorche meinen Winken,
Nutze deine jungen Tage,
Lerne zeitig klüger sein:
Auf des Glückes großer Waage
Steht die Zunge selten ein;
Du musst steigen oder sinken,
Du musst herrschen und gewinnen,
Oder dienen und verlieren,
Leiden oder triumphieren,
Amboss oder Hammer sein.

MEERESSTILLE

Tiefe Stille herrscht im Wasser,
Ohne Regung ruht das Meer,
Und bekümmert sieht der Schiffer
Glatte Fläche rings umher.
Keine Luft von keiner Seite!
Todesstille fürchterlich!
In der ungeheuern Weite
Reget keine Welle sich.

GLÜCKLICHE FAHRT

Die Nebel zerreißen,
Der Himmel ist helle,
Und Äolus löset
Das ängstliche Band.
Es säuseln die Winde,
Es rührt sich der Schiffer.
Geschwinde! Geschwinde!
Es teilt sich die Welle,

Es naht sich die Ferne;
Schon seh' ich das Land!

NÄHE DES GELIEBTEN

Ich denke dein, wenn mir der Sonne Schimmer
Vom Meere strahlt;
Ich denke dein, wenn sich des Mondes Flimmer
In Quellen malt.

Ich sehe dich, wenn auf dem fernen Wege
Der Staub sich hebt;
In tiefer Nacht, wenn auf dem schmalen Stege
Der Wandrer bebt.

Ich höre dich, wenn dort mit dumpfem Rauschen
Die Welle steigt.
Im stillen Haine geh' ich oft zu lauschen,
Wenn alles schweigt.

Ich bin bei dir, du seist auch noch so ferne,
Du bist mir nah!
Die Sonne sinkt, bald leuchten mir die Sterne.
O wärst du da!

DER MUSENSOHN

Durch Feld und Wald zu schweifen,
Mein Liedchen wegzupfeifen,
So geht's von Ort zu Ort!
Und nach dem Takte reget,
Und nach dem Maß beweget
Sich alles an mir fort.

Ich kann sie kaum erwarten,
Die erste Blum' im Garten,
Die erste Blüt' am Baum.
Sie grüßen meine Lieder,
Und kommt der Winter wieder,
Sing' ich noch jenen Traum.

Ich sing' ihn in der Weite,
Auf Eises Läng' und Breite,
Da blüht der Winter schön!
Auch diese Blüte schwindet,
Und neue Freude findet
Sich auf bebauten Höhn.

Denn wie ich bei der Linde
Das junge Völkchen finde,
Sogleich erreg' ich sie.
Der stumpfe Bursche bläht sich,
Das steife Mädchen dreht sich
Nach meiner Melodie.

Ihr gebt den Sohlen Flügel
Und treibt, durch Tal und Hügel,
Den Liebling weit von Haus.
Ihr lieben holden Musen,
Wann ruh' ich ihr am Busen
Auch endlich wieder aus?

AN DIE GÜNSTIGEN

Dichter lieben nicht zu schweigen,
Wollen sich der Menge zeigen.
Lob und Tadel muss ja sein!
Niemand beichtet gern in Prosa;
Doch vertraun wir oft sub rosa
In der Musen stillem Hain.

Was ich irrte, was ich strebte,
Was ich litt und was ich lebte,
Sind hier Blumen nur im Strauß;
Und das Alter wie die Jugend,
Und der Fehler wie die Tugend
Nimmt sich gut in Liedern aus.

*

In goldnen Frühlingssonnenstunden
Lag ich gebunden
An dies Gesicht.
In holder Dunkelheit der Sinnen
Konnt' ich wohl diesen Traum beginnen,
Vollenden nicht.

DAS SONETT

Sich in erneutem Kunstgebrauch zu üben,
Ist heil'ge Pflicht, die wir dir auferlegen:
Du kannst dich auch, wie wir, bestimmt bewegen
Nach Tritt und Schritt, wie es dir vorgeschrieben.

Denn eben die Beschränkung lässt sich lieben,
Wenn sich die Geister gar gewaltig regen;
Und wie sie sich denn auch gebärden mögen,
Das Werk zuletzt ist doch vollendet blieben.

So möcht' ich selbst in künstlichen Sonetten,
In sprachgewandter Maße kühnem Stolze,
Das Beste, was Gefühl mir gäbe, reimen;

Nur weiß ich hier mich nicht bequem zu betten,
Ich schneide sonst so gern aus ganzem Holze,
Und müsste nun doch auch mitunter leimen.

*

Natur und Kunst, sie scheinen sich zu fliehen
Und haben sich, eh' man es denkt, gefunden;
Der Widerwille ist auch mir verschwunden,
Und beide scheinen gleich mich anzuziehen.

Es gilt wohl nur ein redliches Bemühen!
Und wenn wir erst in abgemessnen Stunden
Mit Geist und Fleiß uns an die Kunst gebunden,
Mag frei Natur im Herzen wieder glühen.

So ist's mit aller Bildung auch beschaffen:
Vergebens werden ungebundne Geister
Nach der Vollendung reiner Höhe streben.

Wer Großes will, muss sich zusammenraffen;
In der Beschränkung zeigt sich erst der Meister,
Und das Gesetz nur kann uns Freiheit geben.

FRÜHZEITIGER FRÜHLING

Tage der Wonne,
Kommt ihr so bald?
Schenkt mir die Sonne,
Hügel und Wald?

Reichlicher fließen
Bächlein zumal.
Sind es die Wiesen,
Ist es das Tal?

Blauliche Frische!
Himmel und Höh'!
Goldene Fische
Wimmeln im See.

Buntes Gefieder
Rauschet im Hain;
Himmlische Lieder
Schallen darein.

Unter des Grünen
Blühender Kraft
Naschen die Bienen
Summend am Saft.

Leise Bewegung
Bebt in der Luft,
Reizende Regung,
Schläfernder Duft.

Mächtiger rühret
Bald sich ein Hauch,
Doch er verlieret
Gleich sich im Strauch.

Aber zum Busen
Kehrt er zurück.
Helfet, ihr Musen,
Tragen das Glück!

Saget, seit gestern
Wie mir geschah?
Liebliche Schwestern,
Liebchen ist da!

DAUER IM WECHSEL

Hielte diesen frühen Segen,
Ach, nur eine Stunde fest!
Aber vollen Blütenregen
Schüttelt schon der laue West.
Soll ich mich des Grünen freuen,
Dem ich Schatten erst verdankt?
Bald wird Sturm auch das zerstreuen,
Wenn es falb im Herbst geschwankt.

Willst du nach den Früchten greifen,
Eilig nimm dein Teil davon!
Diese fangen an zu reifen,
Und die andern keimen schon;
Gleich mit jedem Regengusse
Ändert sich dein holdes Tal,
Ach, und in demselben Flusse
Schwimmst du nicht zum zweiten Mal.

Du nun selbst! Was felsenfeste
Sich vor dir hervorgetan,
Mauern siehst du, siehst Paläste
Stets mit andern Augen an.
Weggeschwunden ist die Lippe,
Die im Kusse sonst genas,
Jener Fuß, der an der Klippe
Sich mit Gämsenfreche maß.

Jene Hand, die gern und milde
Sich bewegte wohlzutun,
Das gegliederte Gebilde,
Alles ist ein andres nun.
Und was sich an jener Stelle
Nun mit deinem Namen nennt,
Kam herbei wie eine Welle,
Und so eilt's zum Element.

Lass den Anfang mit dem Ende
Sich in eins zusammenziehn!
Schneller als die Gegenstände
Selber dich vorüberfliehn.
Danke, dass die Gunst der Musen
Unvergängliches verheißt,
Den Gehalt in deinem Busen
Und die Form in deinem Geist.

WELTSEELE

Verteilet euch nach allen Regionen
Von diesem heil'gen Schmaus!
Begeistert reißt euch durch die nächsten Zonen
Ins All und füllt es aus!

Schon schwebet ihr in ungemessnen Fernen
Den sel'gen Göttertraum,
Und leuchtet neu, gesellig, unter Sternen
Im lichtbesäten Raum.

Dann treibt ihr euch, gewaltige Kometen,
Ins Weit' und Weitr' hinan.
Das Labyrinth der Sonnen und Planeten
Durchschneidet eure Bahn.

Ihr greifet rasch nach ungeformten Erden
Und wirket schöpf'risch jung,
Dass sie belebt und stets belebter werden
Im abgemessnen Schwung.

Und kreisend führt ihr in bewegten Lüften
Den wandelbaren Flor,
Und schreibt dem Stein in allen seinen Grüften
Die festen Formen vor.

Nun alles sich mit göttlichem Erkühnen
Zu übertreffen strebt;
Das Wasser will, das unfruchtbare, grünen,
Und jedes Stäubchen lebt.

Und so verdrängt mit liebevollem Streiten
Der feuchten Qualme Nacht;
Nun glühen schon des Paradieses Weiten
In überbunter Pracht.

Wie regt sich bald, ein holdes Licht zu schauen,
Gestaltenreiche Schar,
Und ihr erstaunt auf den beglückten Auen
Nun als das erste Paar.

Und bald verlischt ein unbegrenztes Streben
Im sel'gen Wechselblick.
Und so empfangt mit Dank das schönste Leben
Vom All ins All zurück.

DIE GLÜCKLICHEN GATTEN

Nach diesem Frühlingsregen,
Den wir so warm erfleht,
Weibchen, o sieh den Segen,
Der unsre Flur durchweht.
Nur in der blauen Trübe
Verliert sich fern der Blick;
Hier wandelt noch die Liebe,
Hier hauset noch das Glück.

Das Pärchen weißer Tauben,
Du siehst, es fliegt dorthin,
Wo um besonnte Lauben
Gefüllte Veilchen blühn.

Dort banden wir zusammen
Den allerersten Strauß,
Dort schlugen unsre Flammen
Zuerst gewaltig aus.

Doch als uns vom Altare,
Nach dem beliebten Ja,
Mit manchem jungen Paare
Der Pfarrer eilen sah;
Da gingen andre Sonnen
Und andre Monden auf,
Da war die Welt gewonnen
Für unsern Lebenslauf.

Und hunderttausend Siegel
Bekräftigten den Bund,
Im Wäldchen auf dem Hügel,
Im Busch am Wiesengrund,
In Höhlen, im Gemäuer,
Auf des Geklüftes Höh',
Und Amor trug das Feuer
Selbst in das Rohr am See.

Wir wandelten zufrieden,
Wir glaubten uns zu zwei;
Doch anders war's beschieden,
Und sieh! wir waren drei,
Und vier und fünf und sechse,
Sie saßen um den Topf,
Und nun sind die Gewächse
Fast all' uns übern Kopf.

Und dort in schöner Fläche
Das neugebaute Haus
Umschlingen Pappelbäche,
So freundlich sieht's heraus.

Wer schaffte wohl da drüben
Sich diesen frohen Sitz?
Ist es mit seiner Lieben
Nicht unser braver Fritz?

Und wo im Felsengrunde
Der eingeklemmte Fluss
Sich schäumend aus dem Schlunde
Auf Räder stürzen muss:
Man spricht von Müllerinnen
Und wie so schön sie sind;
Doch immer wird gewinnen
Dort hinten unser Kind.

Doch wo das Grün so dichte
Um Kirch' und Rasen steht,
Da, wo die alte Fichte
Allein zum Himmel weht;
Da ruhet unsrer Toten
Frühzeitiges Geschick,
Und leitet von dem Boden
Zum Himmel unsern Blick.

Es blitzen Waffenwogen
Den Hügel schwankend ab.
Das Heer, es kommt gezogen,
Das uns den Frieden gab.
Wer mit der Ehrenbinde
Bewegt sich stolz voraus?
Er gleichet unserm Kinde!
So kommt der Karl nach Haus.

Den liebsten aller Gäste
Bewirtet nun die Braut;
Sie wird am Friedensfeste
Dem Treuen angetraut.

Und zu den Feiertänzen
Drängt jeder sich herbei;
Da schmückest du mit Kränzen
Der jüngsten Kinder drei.

Bei Flöten und Schalmeien
Erneuert sich die Zeit,
Da wir uns einst im Reihen
Als junges Paar gefreut;
Und in des Jahres Laufe,
Die Wonne fühl' ich schon!
Begleiten wir zur Taufe
Den Enkel und den Sohn.

MAILIED

Zwischen Weizen und Korn,
Zwischen Hecken und Dorn,
Zwischen Bäumen und Gras,
Wo geht's Liebchen?
Sag' mir das!

Fand mein Holdchen
Nicht daheim;
Muss das Goldchen
Draußen sein.
Grünt und blühet
Schön der Mai;
Liebchen ziehet
Froh und frei.

An den Felsen beim Fluss,
Wo sie reichte den Kuss,
Jenen ersten im Gras,
Seh' ich etwas!
Ist sie das?

BLUMENGRUSS

Der Strauß, den ich gepflücket,
Grüße dich viel tausendmal!
Ich habe mich oft gebücket,
Ach wohl ein tausendmal,
Und ihn ans Herz gedrücket
Wie hunderttausendmal!

SCHWEIZERLIED

Uf'm Bergli
Bin i gesässe,
Ha de Vögle
Zugeschaut;
Hänt gesunge,
Hänt gesprunge,
Hänt's Nästli
Gebaut.

In ä Garte
Bin i gestande,
Ha de Imbli
Zugeschaut;
Hänt gebrummet,
Hänt gesummet,
Hänt Zelli
Gebaut.

Uf d' Wiese
Bin i gange,
Lugt' i Summer-
Vögle a;
Hänt gesoge,
Hänt gefloge,

Gar z' schön hänt s'
Getan.

Und da kummt nu
Der Hansel,
Und da zeig' i
Em froh,
Wie sie's mache,
Und mer lache
Und mache's
Au so.

GEGENWART

Alles kündet dich an!
Erscheinet die herrliche Sonne,
Folgst du, so hoff' ich es, bald.

Trittst du im Garten hervor,
So bist du die Rose der Rosen,
Lilie der Lilien zugleich.

Wenn du im Tanze dich regst,
So regen sich alle Gestirne
Mit dir und um dich umher.

Nacht! und so wär' es denn Nacht!
Nun überscheinst du des Mondes
Lieblichen, ladenden Glanz.

Ladend und lieblich bist du,
Und Blumen, Mond und Gestirne
Huldigen, Sonne, nur dir.

Sonne! so sei du auch mir
Die Schöpferin herrlicher Tage;
Leben und Ewigkeit ist's.

GEFUNDEN

Ich ging im Walde
So für mich hin,
Und nichts zu suchen,
Das war mein Sinn.

Im Schatten sah ich
Ein Blümchen stehn,
Wie Sterne leuchtend,
Wie Äuglein schön.

Ich wollt es brechen,
Da sagt' es fein:
Soll ich zum Welken
Gebrochen sein?

Ich grub's mit allen
Den Würzlein aus,
Zum Garten trug ich's
Am hübschen Haus.

Und pflanzt' es wieder
Am stillen Ort;
Nun zweigt es immer
Und blüht so fort.

GLEICH UND GLEICH

Ein Blumenglöckchen
Vom Boden hervor
War früh gesprosset
In lieblichem Flor;
Da kam ein Bienchen
Und naschte fein —
Die müssen wohl beide
Für einander sein.

Gedichte auf Personen und Ereignisse

EPILOG ZU SCHILLERS »GLOCKE«

Wiederholt und erneut bei der Vorstellung am 10. Mai 1815

Freude dieser Stadt bedeute,
Friede sei ihr erst Geläute!

Und so geschah's! Dem friedenreichen Klange
Bewegte sich das Land, und segenbar
Ein frisches Glück erschien; im Hochgesange
Begrüßten wir das junge Fürstenpaar;
Im Vollgewühl, in lebensregem Drange
Vermischte sich die tät'ge Völkerschar,
Und festlich ward an die geschmückten Stufen
Die *»Huldigung der Künste«* vorgerufen.

Da hör' ich schreckhaft mitternächt'ges Läuten,
Das dumpf und schwer die Trauertöne schwellt.
Ist's möglich? Soll es unsern Freund bedeuten,
An den sich jeder Wunsch geklammert hält?
Den Lebenswürd'gen soll der Tod erbeuten?
Ach! wie verwirrt solch ein Verlust die Welt!
Ach! was zerstört ein solcher Riss den Seinen!
Nun weint die Welt, und sollten wir nicht weinen?

Denn er war unser! Wie bequem, gesellig
Den hohen Mann der gute Tag gezeigt,
Wie bald sein Ernst, anschließend, wohlgefällig,
Zur Wechselrede heiter sich geneigt,
Bald raschgewandt, geistreich und sicherstellig
Der Lebensplane tiefen Sinn erzeugt,
Und fruchtbar sich in Rat und Tat ergossen;
Das haben wir erfahren und genossen.

Denn er war unser! Mag das stolze Wort
Den lauten Schmerz gewaltig übertönen!
Er mochte sich bei uns, im sichern Port,
Nach wildem Sturm zum Dauernden gewöhnen.
Indessen schritt sein Geist gewaltig fort
Ins Ewige des Wahren, Guten, Schönen,
Und hinter ihm, in wesenlosem Scheine,
Lag, was uns alle bändigt, das Gemeine.

Nun schmückt' er sich die schöne Gartenzinne,
Von wannen er der Sterne Wort vernahm,
Das dem gleich ew'gen, gleich lebend'gen Sinne
Geheimnisvoll und klar entgegenkam.
Dort, sich und uns zu köstlichem Gewinne,
Verwechselt' er die Zeiten wundersam,
Begegnet' so, im Würdigsten beschäftigt,
Der Dämmerung, der Nacht, die uns entkräftigt.

Ihm schwollen der Geschichte Flut auf Fluten,
Verspülend, was getadelt, was gelobt,
Der Erdbeherrscher wilde Heeresgluten,
Die in der Welt sich grimmig ausgetobt,
Im niedrig Schrecklichsten, im höchsten Guten
Nach ihrem Wesen deutlich durchgeprobt. —
Nun sank der Mond und, zu erneuter Wonne,
Vom klaren Berg herüber stieg die Sonne.

Nun glühte seine Wange rot und röter
Von jener Jugend, die uns nie entfliegt,
Von jenem Mut, der früher oder später
Den Widerstand der stumpfen Welt besiegt,
Von jenem Glauben, der sich stets erhöhter
Bald kühn hervordrängt, bald geduldig schmiegt,
Damit das Gute wirke, wachse, fromme,
Damit der Tag dem Edlen endlich komme.

Doch hat er, so geübt, so vollgehaltig,
Dies bretterne Gerüste nicht verschmäht;
Hier schildert' er das Schicksal, das gewaltig
Von Tag zu Nacht die Erdenachse dreht,
Und manches tiefe Werk hat, reichgestaltig,
Den Wert der Kunst, des Künstlers Wert erhöht.
Er wendete die Blüte höchsten Strebens,
Das Leben selbst, an dieses Bild des Lebens.

Ihr kanntet ihn, wie er mit Riesenschritte
Den Kreis des Wollens, des Vollbringens maß,
Durch Zeit und Land, der Völker Sinn und Sitte,
Das dunkle Buch mit heiterm Blicke las;
Doch wie er atemlos in unsrer Mitte
In Leiden bangte, kümmerlich genas,
Das haben wir in traurig schönen Jahren,
Denn er war unser, leidend miterfahren.

Ihn, wenn er vom zerrüttenden Gewühle
Des bittern Schmerzes wieder aufgeblickt,
Ihn haben wir dem lästigen Gefühle
Der Gegenwart, der stockenden, entrückt,
Mit guter Kunst und ausgesuchtem Spiele
Den neubelebten edlen Sinn erquickt,
Und noch am Abend vor den letzten Sonnen
Ein holdes Lächeln glücklich abgewonnen.

Er hatte früh das strenge Wort gelesen,
Dem Leiden war er, war dem Tod vertraut.
So schied er nun, wie er so oft genesen;
Nun schreckt uns das, wofür uns längst gegraut.
Doch schon erblicket sein verklärtes Wesen
Sich hier verklärt, wenn es herniederschaut.
Was Mitwelt sonst an ihm beklagt, getadelt,
Es hat's der Tod, es hat's die Zeit geadelt.

Auch manche Geister, die mit ihm gerungen,
Sein groß Verdienst unwillig anerkannt,
Sie fühlen sich von seiner Kraft durchdrungen,
In seinem Kreise willig festgebannt:
Zum Höchsten hat er sich emporgeschwungen,
Mit allem, was wir schätzen, eng verwandt.
So feiert ihn! Denn was dem Mann das Leben
Nur halb erteilt, soll ganz die Nachwelt geben.

So bleibt er uns, der vor so manchen Jahren —
Schon zehne sind's! — von uns sich weggekehrt!
Wir haben alle segenreich erfahren,
Die Welt verdank' ihm, was er sie gelehrt;
Schon längst verbreitet sich's in ganze Scharen,
Das Eigenste, was ihm allein gehört.
Er glänzt uns vor, wie ein Komet entschwindend,
Unendlich Licht mit seinem Licht verbindend.

An den Fürsten Karl von Ligne

In früher Zeit, noch froh und frei,
Spielt' ich und sang zu meinen Spielen;
Dann fing's im Herzen an zu wühlen,
Ich fragte nicht, ob ich ein Dichter sei;
Doch dass ich liebte, konnt' ich fühlen.

So bleibt es noch. Ich weiß nicht viel
Von eignen dichterischen Taten.
Man sagt, mir sei als Ernst und Spiel
Nicht übel dies und jen's geraten.
Gern hör' ich Gutes von der Kunst,
Der ich mein Leben treu geblieben;
Doch mich in meinen Freunden lieben,
Dies, edler Mann, dies ist die schönste Gunst.

In ein Stammbuch

In unsres Lebens oft getrübten Tagen
Gab uns ein Gott Ersatz für alle Plagen,
Dass unser Blick sich himmelwärts gewöhne:
Den Sonnenschein, die Tugend und das Schöne.

An Prinzessin Caroline von Weimar mit dem »Reise-, Zerstreuungs- und Trost-Büchlein«

Dieses Stammbuch, wie man's auch nimmt,
War eigentlich für 'nen Studenten bestimmt,
Der es auf akademischen Pfaden
Sich wählen sollt' aus Hertels Laden;
Wie ich's denn auch — nicht guter Ding' —
Aus der hübschen Frau Hertel Hand empfing.

Denn guter Dinge konnt' ich nicht sein.
Wir waren schon in den Oktober hinein,
Und preußische Scharen allzumal
Zertrappelten uns Berg und Tal,
Und damals war noch nichts verloren.

Ich kraute mir aber hinter den Ohren
Und setzte mich, wie vor alter Zeit,
Wieder an des Tales Wirklichkeit
Und wollte kühnlich mich erdreisten,
An der Saale das auch zu leisten,
Was an der Tepel ich trieb im Spiel;
Das war nun freilich gar nicht viel.

Kaum hatt' ich aber ein paar Pappeln zeichnet
Und ein paar Berge mir angeeignet,
Da brach die Sündflut auf einmal herein:
Es hätte nicht können schlimmer sein.

Wie aber nach dem jüngsten Gericht
Was vorgeschah auch wieder geschicht
Und über Wolken und unter Flammen
Freunde und Feinde kommen zusammen,
Und überall im höchsten Chor
Jeder Heilige nach wie vor
Hebt und trägt sein Marterinstrument,
Woran man ihn allein erkennt:
So werd' ich auch wohl in Abrahams Schoß
Bleistift und Pinsel nicht werden los;
Bei vieler Lust und wenig Gaben
Werd' ich doch nur gekritzelt haben.

Doch sei dem allen, wie es sei,
Kein Blatt im Buch ist überlei,
Auf beiden Seiten manche beschrieben
Und so nichts weiter übrig blieben,
Als dass du glaubst, das viele Papier,
Was auch drauf stehe, gehöre dir.
Und dazu hast du Fug und Macht,
Immer war dein dabei gedacht.
So steht dein Bild auch klar und glatt
In unserm Herzen auf jedem Blatt.
Und Liebe bleibt zu unserm Gewinn
Ein bessrer Zeichner, als ich bin.

IM NAMEN DER BÜRGERSCHAFT VON KARLSBAD

Ihro der Kaiserin von Frankreich Majestät

Sieht man den schönsten Stern die Nacht erhellen,
So wird das Auge wie das Herz erquickt;
Doch wenn in seltnen langersehnten Fällen
Ein herrliches Gestirn zum andern rückt,
Die nahverwandten Strahlen sich gesellen,

Dann weilt ein jeder schauend, hochentzückt;
So unser Blick, wie er hinauf sich wendet,
Wird vom Verein der Majestät geblendet.

Wir denken noch, wie sie hinweggezogen,
Der Eltern Lust, die holde Friedensbraut;
Schon beugten sich des Rheines edle Wogen.
Die beiden Ufer lächelten vertraut;
So freut die Erde sich am Himmelsbogen,
Von farbigen Juwelen aufgebaut,
Der, wenn er schon vor unsern Augen schwindet,
Den Frieden sichert, den er angekündet.

Im neuen Reich empfängt sie das Behagen
Von Millionen, die aus düstrer Nacht
Aufschauen wieder zu gesunden Tagen,
Zum festen Leben abermals erwacht.
Ein jeder fühlt sein Herz gesichert schlagen
Und staunet nun, denn alles ist vollbracht,
Die holde Braut in lebensreichem Scheine —
Was Tausende verwirrten, löst der Eine.

Worüber trüb Jahrhunderte gesonnen,
Er übersieht's in hellstem Geisteslicht,
Das Kleinliche ist alles weggeronnen,
Nur Meer und Erde haben hier Gewicht;
Ist jenem erst das Ufer abgewonnen,
Dass sich daran die stolze Woge bricht,
So tritt durch weisen Schluss, durch Machtgefechte
Das feste Land in alle seine Rechte.

Und wenn dem Helden alles zwar gelungen,
Den das Geschick zum Günstling auserwählt,
Und ihm vor allen alles aufgedrungen,
Was die Geschichte jemals aufgezählt;
Ja reichlicher als Dichter je gesungen! —

Ihm hat bis jetzt das Höchste noch gefehlt;
Nun steht das Reich gesichert wie geründet,
Nun fühlt er froh im Sohne sich gegründet.

Und dass auch diesem eigne Hoheit g'nüge,
Ist Roma selbst zur Wächterin bestellt.
Die Göttin, hehr an ihres Königs Wiege,
Denkt abermal das Schicksal einer Welt.
Was sind hier die Trophäen aller Siege,
Wo sich der Vater in dem Sohn gefällt?
Zusammen werden sie des Glücks genießen,
Mit milder Hand den Janustempel schließen.

Sie, die zum Vorzug einst als Braut gelanget,
Vermittlerin nach Götterart zu sein,
Als Mutter, die, den Sohn im Arme, pranget,
Befördre neuen, dauernden Verein;
Sie kläre, wenn die Welt im Düstern banget,
Den Himmel auf zu ew'gem Sonnenschein!
Uns sei durch sie dies letzte Glück beschieden —
Der alles wollen kann, will auch den Frieden.

ERGO BIBAMUS!

Hier sind wir versammelt zu löblichem Tun;
 Drum, Brüderchen! Ergo bibamus!
Die Gläser, sie klingen, Gespräche, sie ruhn,
 Beherziget Ergo bibamus!
Das heißt noch ein altes, ein tüchtiges Wort:
Es passet zum Ersten und passet so fort,
Und schallet ein Echo vom festlichen Ort,
 Ein herrliches Ergo bibamus!

Ich hatte mein freundliches Liebchen gesehn,
 Da dacht' ich mir: Ergo bibamus!

Und nahte mich freundlich; da ließ sie mich stehn.
Ich half mir und dachte: Bibamus!
Und wenn sie versöhnet euch herzet und küsst,
Und wenn ihr das Herzen und Küssen vermisst;
So bleibet nur, bis ihr was Besseres wisst,
Beim tröstlichen Ergo bibamus!

Mich ruft mein Geschick von den Freunden hinweg;
Ihr Redlichen! Ergo bibamus!
Ich scheide von hinnen mit leichtem Gepäck;
Drum doppeltes Ergo bibamus!
Und was auch der Filz von dem Leibe sich schmorgt,
So bleibt für den Heitern doch immer gesorgt,
Weil immer dem Frohen der Fröhliche borgt;
Drum, Brüderchen: Ergo bibamus!

Was sollen wir sagen zum heutigen Tag?
Ich dächte nur: Ergo bibamus!
Er ist nun einmal von besonderem Schlag;
Drum immer aufs Neue: Bibamus!
Er führet die Freude durchs offene Tor,
Es glänzen die Wolken, es teilt sich der Flor,
Da scheint uns ein Bildchen, ein göttliches, vor;
Wir klingen und singen: Bibamus!

DIE LUSTIGEN VON WEIMAR

Donnerstag nach Belvedere,
Freitag geht's nach Jena fort;
Denn das ist, bei meiner Ehre,
Doch ein allerliebster Ort!
Samstag ist's, worauf wir zielen,
Sonntag rutscht man auf das Land;
Zwäzen, Burgau, Schneidemühlen
Sind uns alle wohlbekannt.

Montag reizet uns die Bühne;
Dienstag schleicht dann auch herbei,
Doch er bringt zu stiller Sühne
Ein Rapuschchen frank und frei.
Mittwoch fehlt es nicht an Rührung:
Denn es gibt ein gutes Stück.
Donnerstag lenkt die Verführung
Uns nach Belveder' zurück.

Und es schlingt ununterbrochen
Immer sich der Freudenkreis
Durch die zweiundfünfzig Wochen,
Wenn man's recht zu führen weiß.
Spiel und Tanz, Gespräch, Theater,
Sie erfrischen unser Blut;
Lasst den Wienern ihren Prater:
Weimar, Jena, da ist's gut!

Balladen

DER SCHATZGRÄBER

Arm am Beutel, krank am Herzen,
Schleppt' ich meine langen Tage.
Armut ist die größte Plage,
Reichtum ist das höchste Gut!
Und zu enden meine Schmerzen,
Ging ich, einen Schatz zu graben.
»Meine Seele sollst du haben!«
Schrieb ich hin mit eignem Blut.

Und so zog ich Kreis' um Kreise,
Stellte wunderbare Flammen,
Kraut und Knochenwerk zusammen:
Die Beschwörung war vollbracht.
Und auf die gelernte Weise
Grub ich nach dem alten Schatze
Auf dem angezeigten Platze.
Schwarz und stürmisch war die Nacht.

Und ich sah ein Licht von weiten,
Und es kam gleich einem Sterne
Hinten aus der fernsten Ferne,
Eben als es zwölfe schlug.
Und da galt kein Vorbereiten.
Heller ward's mit einem Male
Von dem Glanz der vollen Schale,
Die ein schöner Knabe trug.

Holde Augen sah ich blinken
Unter dichtem Blumenkranze;
In des Trankes Himmelsglanze

Trat er in den Kreis herein.
Und er hieß mich freundlich trinken;
Und ich dacht': es kann der Knabe
Mit der schönen lichten Gabe
Wahrlich nicht der Böse sein.

»Trinke Mut des reinen Lebens!
Dann verstehst du die Belehrung,
Kommst mit ängstlicher Beschwörung
Nicht zurück an diesen Ort.
Grabe hier nicht mehr vergebens!
Tages Arbeit, abends Gäste!
Saure Wochen, frohe Feste!
Sei dein künftig Zauberwort.«

LEGENDE

Als noch, verkannt und sehr gering,
Unser Herr auf der Erde ging,
Und viele Jünger sich zu ihm fanden,
Die sehr selten sein Wort verstanden,
Liebt' er sich gar über die Maßen,
Seinen Hof zu halten auf der Straßen,
Weil unter des Himmels Angesicht
Man immer besser und freier spricht.
Er ließ sie da die höchsten Lehren
Aus seinem heiligen Munde hören;
Besonders durch Gleichnis und Exempel
Macht' er einen jeden Markt zum Tempel.

So schlendert' er in Geistes Ruh'
Mit ihnen einst einem Städtchen zu,
Sah etwas blinken auf der Straß',
Das ein zerbrochen Hufeisen was.
Er sagte zu Sankt Peter drauf:

»Heb doch einmal das Eisen auf!«
Sankt Peter war nicht aufgeräumt,
Er hatte soeben im Gehen geträumt,
So was vom Regiment der Welt,
Was einem jeden wohlgefällt:
Denn im Kopf hat das keine Schranken;
Das waren so seine liebsten Gedanken.
Nun war der Fund ihm viel zu klein,
Hätte müssen Kron' und Zepter sein;
Aber wie sollt' er seinen Rücken
Nach einem halben Hufeisen bücken?
Er also sich zur Seite kehrt
Und tut, als hätt' er's nicht gehört.

Der Herr nach seiner Langmut drauf
Hebt selber das Hufeisen auf
Und tut auch weiter nicht dergleichen.
Als sie nun bald die Stadt erreichen,
Geht er vor eines Schmiedes Tür,
Nimmt von dem Mann drei Pfennig dafür.
Und als sie über den Markt nun gehen,
Sieht er daselbst schöne Kirschen stehen,
Kauft ihrer, so wenig oder so viel,
Als man für einen Dreier geben will,
Die er sodann nach seiner Art
Ruhig im Ärmel aufbewahrt.

Nun ging's zum andern Tor hinaus,
Durch Wies' und Felder ohne Haus;
Auch war der Weg von Bäumen bloß,
Die Sonne schien, die Hitz' war groß,
So dass man viel an solcher Stätt'
Für einen Trunk Wasser gegeben hätt'.
Der Herr geht immer voraus vor allen,
Lässt unversehens eine Kirsche fallen.
Sankt Peter war gleich dahinter her,

Als wenn es ein goldner Apfel wär';
Das Beerlein schmeckte seinem Gaum'.
Der Herr nach einem kleinen Raum
Ein ander Kirschlein zur Erde schickt,
Wornach Sankt Peter schnell sich bückt.
So lässt der Herr ihn seinen Rücken
Gar vielmal nach den Kirschen bücken.
Das dauert eine ganze Zeit.
Dann sprach der Herr mit Heiterkeit:
»Tätst du zur rechten Zeit dich regen,
Hättst du's bequemer haben mögen.
Wer geringe Ding' wenig acht't,
Sich um geringere Mühe macht.«

DIE BRAUT VON KORINTH

Nach Korinthus von Athen gezogen
Kam ein Jüngling, dort noch unbekannt.
Einen Bürger hofft' er sich gewogen;
Beide Väter waren gastverwandt,
Hatten frühe schon
Töchterchen und Sohn
Braut und Bräutigam voraus genannt.

Aber wird er auch willkommen scheinen,
Wenn er teuer nicht die Gunst erkauft?
Er ist noch ein Heide mit den Seinen,
Und sie sind schon Christen und getauft.
Keimt ein Glaube neu,
Wird oft Lieb' und Treu'
Wie ein böses Unkraut ausgerauft.

Und schon lag das ganze Haus im Stillen,
Vater, Töchter, nur die Mutter wacht;
Sie empfängt den Gast mit bestem Willen,

Gleich ins Prunkgemach wird er gebracht.
Wein und Essen prangt,
Eh' er es verlangt:
So versorgend wünscht sie gute Nacht.

Aber bei dem wohlbestellten Essen
Wird die Lust der Speise nicht erregt;
Müdigkeit lässt Speis' und Trank vergessen,
Dass er angekleidet sich aufs Bette legt;
Und er schlummert fast,
Als ein seltner Gast
Sich zur offnen Tür herein bewegt.

Denn er sieht, bei seiner Lampe Schimmer
Tritt, mit weißem Schleier und Gewand,
Sittsam still ein Mädchen in das Zimmer,
Um die Stirn ein schwarz- und goldnes Band.
Wie sie ihn erblickt,
Hebt sie, die erschrickt,
Mit Erstaunen eine weiße Hand.

»Bin ich«, rief sie aus, »so fremd im Hause,
Dass ich von dem Gaste nichts vernahm?
Ach, so hält man mich in meiner Klause!
Und nun überfällt mich hier die Scham.
Ruhe nur so fort
Auf dem Lager dort,
Und ich gehe schnell, so wie ich kam.«

»Bleibe, schönes Mädchen!«, ruft der Knabe,
Rafft von seinem Lager sich geschwind:
»Hier ist Ceres', hier ist Bacchus' Gabe;
Und du bringst den Amor, liebes Kind!
Bist vor Schrecken blass!
Liebe, komm und lass,
Lass uns sehn, wie froh die Götter sind.«

»Ferne bleib', o Jüngling, bleibe stehen!
Ich gehöre nicht den Freuden an.
Schon der letzte Schritt ist, ach! geschehen
Durch der guten Mutter kranken Wahn,
Die genesend schwur:
Jugend und Natur
Sei dem Himmel künftig untertan.

Und der alten Götter bunt Gewimmel
Hat sogleich das stille Haus geleert.
Unsichtbar wird Einer nur im Himmel,
Und ein Heiland wird am Kreuz verehrt;
Opfer fallen hier,
Weder Lamm noch Stier,
Aber Menschenopfer unerhört.«

Und er fragt und wäget alle Worte,
Deren keines seinem Geist entgeht.
Ist es möglich, dass am stillen Orte
Die geliebte Braut hier vor mir steht?
»Sei die Meine nur!
Unsrer Väter Schwur
Hat vom Himmel Segen uns erfleht.«

»Mich erhältst du nicht, du gute Seele!
Meiner zweiten Schwester gönnt man dich.
Wenn ich mich in stiller Klause quäle,
Ach! in ihren Armen denk' an mich,
Die an dich nur denkt,
Die sich liebend kränkt;
In die Erde bald verbirgt sie sich.«

»Nein! bei dieser Flamme sei's geschworen,
Gütig zeigt sie Hymen uns voraus;
Bist der Freude nicht und mir verloren,
Kommst mit mir in meines Vaters Haus.

Liebchen, bleibe hier!
Feire gleich mit mir
Unerwartet unsern Hochzeitschmaus.«

Und schon wechseln sie der Treue Zeichen:
Golden reicht sie ihm die Kette dar,
Und er will ihr eine Schale reichen,
Silbern, künstlich, wie nicht eine war.
»Die ist nicht für mich;
Doch, ich bitte dich,
Eine Locke gib von deinem Haar.«

Eben schlug die dumpfe Geisterstunde,
Und nun schien es ihr erst wohl zu sein.
Gierig schlürfte sie mit blassem Munde
Nun den dunkel blutgefärbten Wein.
Doch vom Weizenbrot,
Das er freundlich bot,
Nahm sie nicht den kleinsten Bissen ein.

Und dem Jüngling reichte sie die Schale,
Der, wie sie, nun hastig lüstern trank.
Liebe fordert er beim stillen Mahle;
Ach, sein armes Herz war liebekrank.
Doch sie widersteht,
Wie er immer fleht,
Bis er weinend auf das Bette sank.

Und sie kommt und wirft sich zu ihm nieder:
»Ach, wie ungern seh' ich dich gequält!
Aber, ach! berührst du meine Glieder,
Fühlst du schaudernd, was ich dir verhehlt.
Wie der Schnee so weiß,
Aber kalt wie Eis
Ist das Liebchen, das du dir erwählt.«

Heftig fasst er sie mit starken Armen,
Von der Liebe Jugendkraft durchmannt:
»Hoffe doch bei mir noch zu erwarmen,
Wärst du selbst mir aus dem Grab gesandt!«
Wechselhauch und Kuss!
Liebesüberfluss!
»Brennst du nicht und fühlest mich entbrannt?«

Liebe schließet fester sie zusammen,
Tränen mischen sich in ihre Lust;
Gierig saugt sie seines Mundes Flammen,
Eins ist nur im andern sich bewusst.
Seine Liebeswut
Wärmt ihr starres Blut,
Doch es schlägt kein Herz in ihrer Brust.

Unterdessen schleichet auf dem Gange
Häuslich spät die Mutter noch vorbei,
Horchet an der Tür und horchet lange,
Welch ein sonderbarer Ton es sei.
Klag- und Wonnelaut
Bräutigams und Braut
Und des Liebestammelns Raserei.

Unbeweglich bleibt sie an der Türe,
Weil sie erst sich überzeugen muss,
Und sie hört die höchsten Liebesschwüre,
Lieb- und Schmeichelworte mit Verdruss:
»Still! der Hahn erwacht!« —
»Aber morgen nacht
Bist du wieder da?« — und Kuss auf Kuss.

Länger hält die Mutter nicht das Zürnen,
Öffnet das bekannte Schloss geschwind:
»Gibt es hier im Hause solche Dirnen,
Die dem Fremden gleich zu Willen sind?«

So zur Tür hinein.
Bei der Lampe Schein
Sieht sie — Gott! sie sieht ihr eigen Kind.

Und der Jüngling will im ersten Schrecken
Mit des Mädchens eignem Schleierflor,
Mit dem Teppich die Geliebte decken;
Doch sie windet gleich sich selbst hervor.
Wie mit Geists Gewalt
Hebet die Gestalt
Lang und langsam sich im Bett empor.

»Mutter! Mutter!«, spricht sie hohle Worte,
»So missgönnt Ihr mir die schöne Nacht!
Ihr vertreibt mich von dem warmen Orte.
Bin ich zur Verzweiflung nur erwacht?
Ist's Euch nicht genug,
Dass ins Leichentuch,
Dass Ihr früh mich in das Grab gebracht?

Aber aus der schwerbedeckten Enge
Treibet mich ein eigenes Gericht.
Eurer Priester summende Gesänge
Und ihr Segen haben kein Gewicht;
Salz und Wasser kühlt
Nicht, wo Jugend fühlt;
Ach, die Erde kühlt die Liebe nicht!

Dieser Jüngling war mir erst versprochen,
Als noch Venus' heitrer Tempel stand.
Mutter, habt Ihr doch das Wort gebrochen,
Weil ein fremd, ein falsch Gelübd' Euch band!
Doch kein Gott erhört,
Wenn die Mutter schwört,
Zu versagen ihrer Tochter Hand.

Aus dem Grabe werd' ich ausgetrieben,
Noch zu suchen das vermisste Gut,
Noch den schon verlornen Mann zu lieben
Und zu saugen seines Herzens Blut.
Ist's um den geschehn,
Muss nach andern gehn,
Und das junge Volk erliegt der Wut.

Schöner Jüngling! kannst nicht länger leben;
Du versiechest nun an diesem Ort.
Meine Kette hab' ich dir gegeben;
Deine Locke nehm' ich mit mir fort.
Sieh sie an genau!
Morgen bist du grau,
Und nur braun erscheinst du wieder dort.

Höre, Mutter, nun die letzte Bitte:
Einen Scheiterhaufen schichte du;
Öffne meine bange, kleine Hütte,
Bring' in Flammen Liebende zur Ruh'!
Wenn der Funke sprüht,
Wenn die Asche glüht,
Eilen wir den alten Göttern zu.«

DER GOTT UND DIE BAJADERE

INDISCHE LEGENDE

Mahadöh, der Herr der Erde,
Kommt herab zum sechsten Mal,
Dass er unsersgleichen werde,
Mit zu fühlen Freud' und Qual.
Er bequemt sich, hier zu wohnen,
Lässt sich alles selbst geschehn.
Soll er strafen oder schonen,
Muss er Menschen menschlich sehn.

Und hat er die Stadt sich als Wandrer betrachtet,
Die Großen belauert, auf Kleine geachtet,
Verlässt er sie abends, um weiter zu gehn.

Als er nun hinausgegangen,
Wo die letzten Häuser sind,
Sieht er mit gemalten Wangen
Ein verlornes schönes Kind.
»Grüß' dich, Jungfrau!« — »Dank der Ehre!
Wart', ich komme gleich hinaus.« —
»Und wer bist du?« — »Bajadere,
Und dies ist der Liebe Haus.«
Sie rührt sich, die Cymbeln zum Tanze zu schlagen;
Sie weiß sich so lieblich im Kreise zu tragen,
Sie neigt sich und biegt sich und reicht ihm den Strauß.

Schmeichelnd zieht sie ihn zur Schwelle,
Lebhaft ihn ins Haus hinein.
»Schöner Fremdling, lampenhelle
Soll sogleich die Hütte sein.
Bist du müd', ich will dich laben,
Lindern deiner Füße Schmerz.
Was du willst, das sollst du haben,
Ruhe, Freuden oder Scherz.«
Sie lindert geschäftig geheuchelte Leiden.
Der Göttliche lächelt; er siehet mit Freuden
Durch tiefes Verderben ein menschliches Herz.

Und er fordert Sklavendienste;
Immer heitrer wird sie nur,
Und des Mädchens frühe Künste
Werden nach und nach Natur.
Und so stellet auf die Blüte
Bald und bald die Frucht sich ein;
Ist Gehorsam im Gemüte,
Wird nicht fern die Liebe sein.

Aber sie schärfer und schärfer zu prüfen,
Wählet der Kenner der Höhen und Tiefen
Lust und Entsetzen und grimmige Pein.

Und er küsst die bunten Wangen,
Und sie fühlt der Liebe Qual,
Und das Mädchen steht gefangen,
Und sie weint zum ersten Mal;
Sinkt zu seinen Füßen nieder,
Nicht um Wollust noch Gewinst,
Ach, und die gelenken Glieder,
Sie versagen allen Dienst.
Und so zu des Lagers vergnüglicher Feier
Bereiten den dunklen behaglichen Schleier
Die nächtlichen Stunden das schöne Gespinst.

Spät entschlummert unter Scherzen,
Früh erwacht nach kurzer Rast,
Findet sie an ihrem Herzen
Tot den vielgeliebten Gast.
Schreiend stürzt sie auf ihn nieder;
Aber nicht erweckt sie ihn,
Und man trägt die starren Glieder
Bald zur Flammengrube hin.
Sie höret die Priester, die Totengesänge,
Sie raset und rennet und teilet die Menge.
»Wer bist du? was drängt zu der Grube dich hin?«

Bei der Bahre stürzt sie nieder,
Ihr Geschrei durchdringt die Luft:
»Meinen Gatten will ich wieder!
Und ich such' ihn in der Gruft.
Soll zu Asche mir zerfallen
Dieser Glieder Götterpracht?
Mein! er war es, mein vor allen!
Ach, nur Eine süße Nacht!«

Es singen die Priester: »Wir tragen die Alten,
Nach langem Ermatten und spätem Erkalten,
Wir tragen die Jugend, noch eh' sie's gedacht.

Höre deiner Priester Lehre:
Dieser war dein Gatte nicht.
Lebst du doch als Bajadere,
Und so hast du keine Pflicht.
Nur dem Körper folgt der Schatten
In das stille Totenreich;
Nur die Gattin folgt dem Gatten:
Das ist Pflicht und Ruhm zugleich.
Ertöne, Drommete, zu heiliger Klage!
O nehmet, ihr Götter! die Zierde der Tage,
O nehmet den Jüngling in Flammen zu euch!

So das Chor, das ohn' Erbarmen
Mehret ihres Herzens Not;
Und mit ausgestreckten Armen
Springt sie in den heißen Tod.
Doch der Götterjüngling hebet
Aus der Flamme sich empor,
Und in seinen Armen schwebet
Die Geliebte mit hervor.
Es freut sich die Gottheit der reuigen Sünder;
Unsterbliche heben verlorene Kinder
Mit feurigen Armen zum Himmel empor.

DER ZAUBERLEHRLING

Hat der alte Hexenmeister
Sich doch einmal wegbegeben!
Und nun sollen seine Geister
Auch nach meinem Willen leben.
Seine Wort' und Werke

Merkt' ich und den Brauch,
Und mit Geistesstärke
Tu' ich Wunder auch.

Walle! walle
Manche Strecke,
Dass zum Zwecke
Wasser fließe,
Und mit reichem, vollem Schwalle
Zu dem Bade sich ergieße!

Und nun komm, du alter Besen!
Nimm die schlechten Lumpenhüllen!
Bist schon lange Knecht gewesen;
Nun erfülle meinen Willen!
Auf zwei Beinen stehe,
Oben sei ein Kopf,
Eile nun und gehe
Mit dem Wassertopf!

Walle! walle
Manche Strecke,
Dass zum Zwecke
Wasser fließe,
Und mit reichem, vollem Schwalle
Zu dem Bade sich ergieße!

Seht, er läuft zum Ufer nieder;
Wahrlich! ist schon an dem Flusse,
Und mit Blitzesschnelle wieder
Ist er hier mit raschem Gusse.
Schon zum zweiten Male!
Wie das Becken schwillt!
Wie sich jede Schale
Voll mit Wasser füllt!

Stehe! stehe!
Denn wir haben
Deiner Gaben
Vollgemessen! —
Ach, ich merk' es! Wehe! wehe!
Hab' ich doch das Wort vergessen!

Ach, das Wort, worauf am Ende
Er das wird, was er gewesen.
Ach, er läuft und bringt behände!
Wärst du doch der alte Besen!
Immer neue Güsse
Bringt er schnell herein,
Ach! und hundert Flüsse
Stürzen auf mich ein.

Nein, nicht länger
Kann ich's lassen;
Will ihn fassen.
Das ist Tücke!
Ach! nun wird mir immer bänger!
Welche Miene! welche Blicke!

O, du Ausgeburt der Hölle!
Soll das ganze Haus ersaufen?
Seh' ich über jede Schwelle
Doch schon Wasserströme laufen.
Ein verruchter Besen,
Der nicht hören will!
Stock, der du gewesen,
Steh doch wieder still!

Willst's am Ende
Gar nicht lassen?
Will dich fassen,
Will dich halten,

Und das alte Holz behände
Mit dem scharfen Beile spalten.

Seht, da kommt er schleppend wieder!
Wie ich mich nun auf dich werfe,
Gleich, o Kobold, liegst du nieder;
Krachend trifft die glatte Schärfe!
Wahrlich, brav getroffen!
Seht, er ist entzwei!
Und nun kann ich hoffen,
Und ich atme frei!

Wehe! wehe!
Beide Teile
Stehn in Eile
Schon als Knechte
Völlig fertig in die Höhe!
Helft mir, ach! ihr hohen Mächte!

Und sie laufen! Nass und nässer
Wird's im Saal und auf den Stufen.
Welch entsetzliches Gewässer!
Herr und Meister! hör' mich rufen! —
Ach, da kommt der Meister!
Herr, die Not ist groß!
Die ich rief, die Geister,
Werd' ich nun nicht los.

»In die Ecke,
Besen! Besen!
Seid's gewesen!
Denn als Geister
Ruft euch nur zu seinem Zwecke
Erst hervor der alte Meister.«

RITTER KURTS BRAUTFAHRT

Mit des Bräutigams Behagen
Schwingt sich Ritter Kurt auf's Ross;
Zu der Trauung soll's ihn tragen,
Auf der edlen Liebsten Schloss,
Als am öden Felsenorte
Drohend sich ein Gegner naht;
Ohne Zögern, ohne Worte
Schreiten sie zu rascher Tat.

Lange schwankt des Kampfes Welle,
Bis sich Kurt im Siege freut;
Er entfernt sich von der Stelle,
Überwinder und gebläut.
Aber was er bald gewahret
In des Busches Zitterschein!
Mit dem Säugling still gepaaret
Schleicht ein Liebchen durch den Hain.

Und sie winkt ihm auf das Plätzchen:
»Lieber Herr, nicht so geschwind!
Habt Ihr nichts an Euer Schätzchen,
Habt Ihr nichts für Euer Kind?«
Ihn durchglühet süße Flamme,
Dass er nicht vorbei begehrt,
Und er findet nun die Amme,
Wie die Jungfrau, liebenswert.

Doch er hört die Diener blasen,
Denket nun der hohen Braut,
Und nun wird auf seinen Straßen
Jahresfest und Markt so laut,
Und er wählet in den Buden
Manches Pfand zu Lieb' und Huld;
Aber ach! da kommen Juden
Mit dem Schein vertagter Schuld.

Und nun halten die Gerichte
Den behänden Ritter auf.
O verteufelte Geschichte!
Heldenhafter Lebenslauf!
Soll ich heute mich gedulden?
Die Verlegenheit ist groß.
Widersacher, Weiber, Schulden,
Ach! kein Ritter wird sie los.

HOCHZEITLIED

Wir singen und sagen vom Grafen so gern,
Der hier in dem Schlosse gehauset,
Da, wo ihr den Enkel des seligen Herrn,
Den heute vermählten, beschmauset.
Nun hatte sich jener im heiligen Krieg
Zu Ehren gestritten durch mannigen Sieg,
Und als er zu Hause vom Rösselein stieg,
Da fand er sein Schlösselein oben;
Doch Diener und Habe zerstoben.

Da bist du nun, Gräflein, da bist du zu Haus,
Das Heimische findest du schlimmer!
Zum Fenster, da ziehen die Winde hinaus,
Sie kommen durch alle die Zimmer.
Was wäre zu tun in der herbstlichen Nacht?
So hab ich doch manche noch schlimmer vollbracht,
Der Morgen hat alles wohl besser gemacht.
Drum rasch bei der mondlichen Helle
Ins Bett, in das Stroh, ins Gestelle.

Und als er im willigen Schlummer so lag,
Bewegt es sich unter dem Bette.
Die Ratte, die raschle, so lange sie mag!
Ja, wenn sie ein Bröselein hätte!

Doch siehe! da stehet ein winziger Wicht,
Ein Zwerglein so zierlich mit Ampelenlicht,
Mit Rednergebärden und Sprechergewicht,
Zum Fuß des ermüdeten Grafen,
Der, schläft er nicht, möcht' er doch schlafen.

»Wir haben uns Feste hier oben erlaubt,
Seitdem du die Zimmer verlassen,
Und weil wir dich weit in der Ferne geglaubt,
So dachten wir eben zu prassen.
Und wenn du vergönnest, und wenn dir nicht graut,
So schmausen die Zwerge, behaglich und laut,
Zu Ehren der reichen, der niedlichen Braut.«
Der Graf im Behagen des Traumes:
»Bedienet euch immer des Raumes!«

Da kommen drei Reiter, sie reiten hervor,
Die unter dem Bette gehalten;
Dann folget ein singendes, klingendes Chor
Possierlicher, kleiner Gestalten;
Und Wagen auf Wagen mit allem Gerät,
Dass einem so Hören und Sehen vergeht,
Wie's nur in den Schlössern der Könige steht;
Zuletzt auf vergoldetem Wagen
Die Braut und die Gäste getragen.

So rennet nun alles in vollem Galopp
Und kürt sich im Saale sein Plätzchen;
Zum Drehen und Walzen und lustigen Hopp
Erkieset sich jeder ein Schätzchen.
Da pfeift es und geigt es und klinget und klirrt,
Da ringelt's und schleift es und rauschet und wirrt,
Da pispert's und knistert's und flüstert's und schwirrt;
Das Gräflein, es blicket hinüber,
Es dünkt ihn, als läg' er im Fieber.

Nun dappelt's und rappelt's und klappert's im Saal
Von Bänken und Stühlen und Tischen,
Da will nun ein jeder am festlichen Mahl
Sich neben dem Liebchen erfrischen;
Sie tragen die Würste, die Schinken so klein
Und Braten und Fisch und Geflügel herein;
Es kreiset beständig der köstliche Wein.
Das toset und koset so lange,
Verschwindet zuletzt mit Gesange. —

Und sollen wir singen, was weiter geschehn,
So schweige das Toben und Tosen!
Denn was er, so artig, im Kleinen gesehn,
Erfuhr er, genoss er im Großen.
Trompeten und klingender, singender Schall,
Und Wagen und Reiter und bräutlicher Schwall,
Sie kommen und zeigen und neigen sich all',
Unzählige, selige Leute.
So ging es und geht es noch heute.

WIRKUNG IN DIE FERNE

Die Königin steht im hohen Saal,
Da brennen der Kerzen so viele;
Sie spricht zum Pagen: »Du läufst einmal
Und holst mir den Beutel zum Spiele.
Er liegt zur Hand
Auf meines Tisches Rand.«
Der Knabe, der eilt so behände,
War bald an Schlosses Ende.

Und neben der Königin schlürft zur Stund'
Sorbet die schönste der Frauen.
Da brach ihr die Tasse so hart an dem Mund,
Es war ein Gräuel zu schauen.

Verlegenheit! Scham!
Ums Prachtkleid ist's getan!
Sie eilt und fliegt so behände
Entgegen des Schlosses Ende.

Der Knabe zurück zu laufen kam
Entgegen der Schönen in Schmerzen,
Es wusst' es niemand, doch beide zusamm',
Sie hegten einander im Herzen;
Und o des Glücks,
Des günst'gen Geschicks!
Sie warfen mit Brust sich zu Brüsten
Und herzten und küssten nach Lüsten.

Doch endlich beide sich reißen los;
Sie eilt in ihre Gemächer;
Der Page drängt sich zur Königin groß
Durch alle die Degen und Fächer.
Die Fürstin entdeckt
Das Westchen befleckt:
Für sie war nichts unerreichbar,
Der Königin von Saba vergleichbar.

Und sie die Hofmeisterin rufen lässt:
»Wir kamen doch neulich zu Streite,
Und Ihr behauptetet steif und fest,
Nicht reiche der Geist in die Weite;
Die Gegenwart nur,
Die lasse wohl Spur;
Doch niemand wirk' in die Ferne,
Sogar nicht die himmlischen Sterne.

Nun seht! Soeben ward mir zur Seit'
Der geistige Süßtrank verschüttet,
Und gleich darauf hat er dort hinten so weit
Dem Knaben die Weste zerrüttet. —

Besorg' dir sie neu!
Und weil ich mich freu',
Dass sie mir zum Beweise gegolten,
Ich zahl' sie! sonst wirst du gescholten.«

JOHANNA SEBUS

Zum Andenken der siebzehnjährigen Schönen Guten aus dem Dorfe Brienen, die am 13. Januar 1809 bei dem Eisgange des Rheins und dem großen Bruche des Dammes von Kleverham Hilfe reichend unterging.

Der Damm zerreißt, das Feld erbraust,
Die Fluten spülen, die Fläche saust.
»Ich trage dich, Mutter, durch die Flut,
Noch reicht sie nicht hoch, ich wate gut.« —
»Auch uns bedenke, bedrängt, wie wir sind,
Die Hausgenossin, drei arme Kind!
Die schwache Frau! ... Du gehst davon!« —
Sie trägt die Mutter durchs Wasser schon.
»Zum Bühle, da rettet euch! harret derweil;
Gleich kehr ich zurück, uns allen ist Heil.
Zum Bühl ist's noch trocken und wenige Schritt';
Doch nehmt auch mir meine Ziege mit!«

Der Damm zerschmilzt, das Feld erbraust,
Die Fluten wühlen, die Fläche saust.
Sie setzt die Mutter auf sichres Land,
Schön Suschen, gleich wieder zur Flut gewandt.
»Wohin? Wohin? Die Breite schwoll;
Des Wassers ist hüben und drüben voll.
Verwegen ins Tiefe willst du hinein!« —
»Sie sollen und müssen gerettet sein!«

Der Damm verschwindet, die Welle braust,
Eine Meereswoge, sie schwankt und saust.

Schön Suschen schreitet gewohnten Steg,
Umströmt auch gleitet sie nicht vom Weg,
Erreicht den Bühl und die Nachbarin;
Doch der und den Kindern kein Gewinn!

Der Damm verschwand, ein Meer erbraust's,
Den kleinen Hügel im Kreis umsaust's.
Da gähnet und wirbelt der schäumende Schlund
Und ziehet die Frau mit den Kindern zu Grund;
Das Horn der Ziege fasst das ein',
So sollten sie alle verloren sein!
Schön Suschen steht noch strack und gut:
Wer rettet das junge, das edelste Blut!
Schön Suschen steht noch wie ein Stern;
Doch alle Werber sind alle fern.
Rings um sie her ist Wasserbahn,
Kein Schifflein schwimmet zu ihr heran.
Noch einmal blickt sie zum Himmel hinauf,
Da nehmen die schmeichelnden Fluten sie auf.

Kein Damm, kein Feld! Nur hier und dort
Bezeichnet ein Baum, ein Turn den Ort.
Bedeckt ist alles mit Wasserschwall;
Doch Suschens Bild schwebt überall. —
Das Wasser sinkt, das Land erscheint,
Und überall wird schön Suschen beweint. —
Und dem sei, wer's nicht singt und sagt,
Im Leben und Tod nicht nachgefragt!

GROSS IST DIE DIANA DER EPHESER
Apostelgeschichte 19, 39

Zu Ephesus ein Goldschmied saß
In seiner Werkstatt, pochte
So gut er konnt', ohn' Unterlass,

So zierlich er's vermochte.
Als Knab' und Jüngling kniet' er schon
Im Tempel vor der Göttin Thron
Und hatte den Gürtel unter den Brüsten,
Worin so manche Tiere nisten,
Zu Hause treulich nachgefeilt,
Wie's ihm der Vater zugeteilt;
Und leitete sein kunstreich Streben
In frommer Wirkung durch das Leben.

Da hört er denn auf einmal laut
Eines Gassenvolkes Windesbraut,
Als gäb's einen Gott so im Gehirn
Da! hinter des Menschen alberner Stirn,
Der sei viel herrlicher als das Wesen,
An dem wir die Breite der Gottheit lesen.

Der alte Künstler horcht nur auf,
Lässt seinen Knaben auf den Markt den Lauf,
Feilt immer fort an Hirschen und Tieren,
Die seiner Gottheit Kniee zieren;
Und hofft, es könnte das Glück ihm walten,
Ihr Angesicht würdig zu gestalten.

Will's aber einer anders halten,
So mag er nach Belieben schalten;
Nur soll er nicht das Handwerk schänden;
Sonst wird er schlecht und schmählich enden.

DER GETREUE ECKART

»O wären wir weiter, o wär' ich zu Haus!
Sie kommen; da kommt schon der nächtliche Graus:
Sie sind's, die unholdigen Schwestern.
Sie streifen heran, und sie finden uns hier,

Sie trinken das mühsam geholte, das Bier,
Und lassen nur leer uns die Krüge.«

So sprechen die Kinder und drücken sich schnell;
Da zeigt sich vor ihnen ein alter Gesell:
»Nur stille, Kind! Kinderlein, stille!
Die Hulden, sie kommen von durstiger Jagd,
Und lasst ihr sie trinken, wie's jeder behagt,
Dann sind sie euch hold, die Unholden.«

Gesagt, so geschehn! und da naht sich der Graus
Und siehet so grau und so schattenhaft aus,
Doch schlürft es und schlampft es aufs Beste.
Das Bier ist verschwunden, die Krüge sind leer;
Nun saust es und braust es, das wütige Heer,
Ins weite Getal und Gebirge.

Die Kinderlein ängstlich gen Hause so schnell,
Gesellt sich zu ihnen der fromme Gesell:
»Ihr Püppchen, nur seid mir nicht traurig.« —
»Wir kriegen nun Schelten und Streich' bis aufs Blut.« —
»Nein, keineswegs, alles geht herrlich und gut,
Nur schweiget und horchet wie Mäuslein.

Und der es euch anrät, und der es befiehlt,
Er ist es, der gern mit den Kindelein spielt,
Der alte Getreue, der Eckart.
Vom Wundermann hat man euch immer erzählt,
Nur hat die Bestätigung jedem gefehlt;
Die habt ihr nun köstlich in Händen.«

Sie kommen nach Hause, sie setzen den Krug
Ein jedes den Eltern bescheiden genug
Und harren der Schläg' und der Schelten.
Doch siehe, man kostet: ein herrliches Bier!
Man trinkt in die Runde schon dreimal und vier,
Und noch nimmt der Krug nicht ein Ende.

Das Wunder, es dauert zum morgenden Tag.
Doch fraget, wer immer zu fragen vermag:
»Wie ist's mit den Krügen ergangen?«
Die Mäuslein, sie lächeln, im Stillen ergetzt;
Sie stammeln und stottern und schwatzen zuletzt,
Und gleich sind vertrocknet die Krüge.

Und wenn euch, ihr Kinder, mit treuem Gesicht
Ein Vater, ein Lehrer, ein Aldermann spricht,
So horchet und folget ihm pünktlich!
Und liegt auch das Zünglein in peinlicher Hut,
Verplaudern ist schädlich, verschweigen ist gut;
Dann füllt sich das Bier in den Krügen.

DER TOTENTANZ

Der Türmer, der schaut zu Mitten der Nacht
Hinab auf die Gräber in Lage;
Der Mond, der hat alles ins Helle gebracht;
Der Kirchhof, er liegt wie am Tage.
Da regt sich ein Grab und ein anderes dann:
Sie kommen hervor, ein Weib da, ein Mann,
In weißen und schleppenden Hemden.

Das reckt nun, es will sich ergetzen sogleich,
Die Knöchel zur Runde, zum Kranze,
So arm und so jung, und so alt und so reich;
Doch hindern die Schleppen am Tanze.
Und weil hier die Scham nun nicht weiter gebeut,
Sie schütteln sich alle, da liegen zerstreut
Die Hemdelein über den Hügeln.

Nun hebt sich der Schenkel, nun wackelt das Bein,
Gebärden da gibt es vertrackte;
Dann klippert's und klappert's mitunter hinein,

Als schlüg' man die Hölzlein zum Takte.
Das kommt nun dem Türmer so lächerlich vor;
Da raunt ihm der Schalk, der Versucher, ins Ohr:
Geh! hole dir einen der Laken.

Getan wie gedacht! und er flüchtet sich schnell
Nun hinter geheiligte Türen.
Der Mond, und noch immer er scheinet so hell
Zum Tanz, den sie schauderlich führen.
Doch endlich verlieret sich dieser und der,
Schleicht eins nach dem andern gekleidet einher,
Und, husch, ist es unter dem Rasen.

Nur einer, der trippelt und stolpert zuletzt
Und tappet und grapst an den Grüften;
Doch hat kein Geselle so schwer ihn verletzt,
Er wittert das Tuch in den Lüften.
Er rüttelt die Turmtür, sie schlägt ihn zurück,
Geziert und gesegnet, dem Türmer zum Glück,
Sie blinkt von metallenen Kreuzen.

Das Hemd muss er haben, da rastet er nicht,
Da gilt auch kein langes Besinnen,
Den gotischen Zierrat ergreift nun der Wicht
Und klettert von Zinne zu Zinnen.
Nun ist's um den armen, den Türmer getan!
Es ruckt sich von Schnörkel zu Schnörkel hinan,
Langbeinigen Spinnen vergleichbar.

Der Türmer erbleichet, der Türmer erbebt,
Gern gäb er ihn wieder, den Laken.
Da häkelt — jetzt hat er am längsten gelebt —
Den Zipfel ein eiserner Zacken.
Schon trübet der Mond sich verschwindenden Scheins,
Die Glocke, sie donnert ein mächtiges Eins,
Und unten zerschellt das Gerippe.

DIE WANDELNDE GLOCKE

Es war ein Kind, das wollte nie
Zur Kirche sich bequemen,
Und sonntags fand es stets ein Wie,
Den Weg ins Feld zu nehmen.

Die Mutter sprach: »Die Glocke tönt,
Und so ist dir's befohlen,
Und hast du dich nicht hingewöhnt,
Sie kommt und wird dich holen.«

Das Kind, es denkt: die Glocke hängt
Da droben auf dem Stuhle.
Schon hat's den Weg ins Feld gelenkt,
Als lief' es aus der Schule.

Die Glocke, Glocke tönt nicht mehr,
Die Mutter hat gefackelt.
Doch welch ein Schrecken! Hinterher
Die Glocke kommt gewackelt.

Sie wackelt schnell, man glaubt es kaum;
Das arme Kind im Schrecken,
Es läuft, es kommt als wie im Traum;
Die Glocke wird es decken.

Doch nimmt es richtig seinen Husch,
Und mit gewandter Schnelle
Eilt es durch Anger, Feld und Busch
Zur Kirche, zur Kapelle.

Und jeden Sonn- und Feiertag
Gedenkt es an den Schaden,
Lässt durch den ersten Glockenschlag
Nicht in Person sich laden.

BALLADE

»Herein, o du Guter! du Alter, herein!
Hier unten im Saale, da sind wir allein,
Wir wollen die Pforte verschließen.
Die Mutter, sie betet, der Vater im Hain
Ist gangen, die Wölfe zu schießen.
O sing uns ein Märchen, o sing es uns oft,
Dass ich und der Bruder es lerne,
Wir haben schon längst einen Sänger gehofft,
Die Kinder, sie hören es gerne.«

»Im nächtlichen Schrecken, im feindlichen Graus
Verlässt er das hohe, das herrliche Haus.
Die Schätze, die hat er vergraben.
Der Graf nun so eilig zum Pförtchen hinaus,
Was mag er im Arme denn haben?
Was birget er unter dem Mantel geschwind?
Was trägt er so rasch in die Ferne?
Ein Töchterlein ist es, da schläft nun das Kind.« —
Die Kinder, sie hören es gerne.

»Nun hellt sich der Morgen, die Welt ist so weit,
In Tälern und Wäldern die Wohnung bereit,
In Dörfern erquickt man den Sänger,
So schreitet und heischt er undenkliche Zeit,
Der Bart wächst ihm länger und länger;
Doch wächst in dem Arme das liebliche Kind,
Wie unter dem glücklichsten Sterne,
Geschützt in dem Mantel vor Regen und Wind.« —
Die Kinder, sie hören es gerne.

»Und immer sind weiter die Jahre gerückt,
Der Mantel entfärbt sich, der Mantel zerstückt,
Er könnte sie länger nicht fassen.
Der Vater, er schaut sie, wie ist er beglückt!

Er kann sich für Freude nicht lassen;
So schön und so edel erscheint sie zugleich,
Entsprossen aus tüchtigem Kerne,
Wie macht sie den Vater, den teuren, so reich!« —
Die Kinder, sie hören es gerne.

»Da reitet ein fürstlicher Ritter heran,
Sie recket die Hand aus, der Gabe zu nahn,
Almosen will er nicht geben.
Er fasset das Händchen so kräftiglich an:
›Die will ich‹, so ruft er, ›aufs Leben!‹
›Erkennst du‹, erwidert der Alte, ›den Schatz,
Erhebst du zur Fürstin sie gerne;
Sie sei dir verlobet auf grünendem Platz.‹« —
Die Kinder, sie hören es gerne.

»Sie segnet der Priester am heiligen Ort,
Mit Lust und mit Unlust nun ziehet sie fort,
Sie möchte vom Vater nicht scheiden.
Der Alte, er wandelt nun hier und bald dort,
Er träget in Freuden sein Leiden.
So hab' ich mir Jahre die Tochter gedacht,
Die Enkelein wohl in der Ferne;
Sie segn' ich bei Tage, sie segn' ich bei Nacht.« —
Die Kinder, sie hören es gerne.

Er segnet die Kinder; da poltert's am Tor,
Der Vater, da ist er! Sie springen hervor,
Sie können den Alten nicht bergen —
»Was lockst du die Kinder! du Bettler! du Tor!
Ergreift ihn, ihr eisernen Schergen!
Zum tiefsten Verlies den Verwegenen fort!«
Die Mutter vernimmt's in der Ferne,
Sie eilet, sie bittet mit schmeichelndem Wort —
Die Kinder, sie hören es gerne.

Die Schergen, sie lassen den Würdigen stehn,
Und Mutter und Kinder, sie bitten so schön;
Der fürstliche Stolze verbeißet
Die grimmige Wut, ihn entrüstet das Flehn,
Bis endlich sein Schweigen zerreißet:
»Du niedrige Brut! du vom Bettlergeschlecht!
Verfinsterung fürstlicher Sterne!
Ihr bringt mir Verderben! Geschieht mir doch recht ...« —
Die Kinder, sie hören's nicht gerne.

Noch stehet der Alte mit herrlichem Blick,
Die eisernen Schergen, sie treten zurück,
Es wächst nur das Toben und Wüten:
»Schon lange verflucht' ich mein eh'liches Glück,
Das sind nun die Früchte der Blüten!
Man leugnete stets, und man leugnet mit Recht,
Dass je sich der Adel erlerne,
Die Bettlerin zeugte mir Bettlergeschlecht.« —
Die Kinder, sie hören's nicht gerne.

»Und wenn euch der Gatte, der Vater verstößt,
Die heiligsten Bande verwegentlich löst,
So kommt zu dem Vater, dem Ahnen!
Der Bettler vermag, so ergraut und entblößt,
Euch herrliche Wege zu bahnen.
Die Burg, die ist meine! Du hast sie geraubt,
Mich trieb dein Geschlecht in die Ferne;
Wohl bin ich mit köstlichen Siegeln beglaubt!« —
Die Kinder, sie hören es gerne.

»Rechtmäßiger König, er kehret zurück,
Den Treuen verleiht er entwendetes Glück,
Ich löse die Siegel der Schätze.«
So rufet der Alte mit freundlichem Blick:
»Euch künd' ich die milden Gesetze.
Erhole dich, Sohn! Es entwickelt sich gut,

Heut einen sich selige Sterne,
Die Fürstin, sie zeugte dir fürstliches Blut.« —
Die Kinder, sie hören es gerne.

Sonette

I
MÄCHTIGES ÜBERRASCHEN

Ein Strom entrauscht umwölktem Felsensaale,
Dem Ozean sich eilig zu verbinden;
Was auch sich spiegeln mag von Grund zu Gründen,
Er wandelt unaufhaltsam fort zu Tale.

Dämonisch aber stürzt mit einem Male —
Ihr folgen Berg und Wald in Wirbelwinden —
Sich Oreas, Behagen dort zu finden,
Und hemmt den Lauf, begrenzt die weite Schale.

Die Welle sprüht und staunt zurück und weichet
Und schwillt bergan, sich immer selbst zu trinken;
Gehemmt ist nun zum Vater hin das Streben.

Sie schwankt und ruht, zum See zurückgedeichet;
Gestirne, spiegelnd sich, beschaun das Blinken
Des Wellenschlags am Fels, ein neues Leben.

II
FREUNDLICHES BEGEGNEN

Im weiten Mantel bis ans Kinn verhüllet,
Ging ich den Felsenweg, den schroffen, grauen,
Hernieder dann zu winterhaften Auen,
Unruh'gen Sinns, zur nahen Flucht gewillet.

Auf einmal schien der neue Tag enthüllet:
Ein Mädchen kam, ein Himmel anzuschauen,

So musterhaft wie jene lieben Frauen
Der Dichterwelt. Mein Sehnen war gestillet.

Doch wandt' ich mich hinweg und ließ sie gehen
Und wickelte mich enger in die Falten,
Als wollt' ich trutzend in mir selbst erwarmen;

Und folgt' ihr doch. Sie stand. Da war's geschehen!
In meiner Hülle konnt' ich mich nicht halten,
Die warf ich weg, sie lag in meinen Armen.

III
KURZ UND GUT

Sollt' ich mich denn so ganz an sie gewöhnen?
Das wäre mir zuletzt doch reine Plage.
Darum versuch' ich's gleich am heut'gen Tage
Und nahe nicht dem vielgewohnten Schönen.

Wie aber mag ich dich, mein Herz, versöhnen,
Dass ich im wicht'gen Fall dich nicht befrage?
Wohlan! Komm her! Wir äußern unsre Klage
In liebevollen, traurig heitern Tönen.

Siehst du, es geht! Des Dichters Wink gewärtig
Melodisch klingt die durchgespielte Leier,
Ein Liebesopfer traulich darzubringen.

Du denkst es kaum, und sieh: das Lied ist fertig;
Allein was nun? — Ich dächt', im ersten Feuer
Wir eilten hin, es vor ihr selbst zu singen.

IV
DAS MÄDCHEN SPRICHT

Du siehst so ernst, Geliebter! Deinem Bilde
Von Marmor hier möcht' ich dich wohl vergleichen;
Wie dieses gibst du mir kein Lebenszeichen;
Mit dir verglichen zeigt der Stein sich milde.

Der Feind verbirgt sich hinter seinem Schilde,
Der Freund soll offen seine Stirn uns reichen.
Ich suche dich, du suchst mir zu entweichen;
Doch halte stand wie dieses Kunstgebilde.

An wen von beiden soll ich nun mich wenden?
Sollt' ich von beiden Kälte leiden müssen,
Da dieses tot und du lebendig heißest?

Kurz, um der Worte mehr nicht zu verschwenden,
So will ich diesen Stein so lange küssen,
Bis eifersüchtig du mich ihm entreißest.

V
WACHSTUM

Als kleines, art'ges Kind nach Feld und Auen
Sprangst du mit mir so manchen Frühlingsmorgen.
»Für solch ein Töchterchen mit holden Sorgen
Möcht' ich als Vater segnend Häuser bauen!«

Und als du anfingst in die Welt zu schauen,
War deine Freude häusliches Besorgen.
»Solch eine Schwester! und ich wär' geborgen:
Wie könnt' ich ihr, ach! wie sie mir vertrauen!«

Nun kann den schönen Wachstum nichts beschränken;
Ich fühl' im Herzen heißes Liebetoben.
Umfass' ich sie, die Schmerzen zu beschwicht'gen?

Doch ach! nun muss ich dich als Fürstin denken:
Du stehst so schroff vor mir emporgehoben;
Ich beuge mich vor deinem Blick, dem flücht'gen.

VI
REISEZEHRUNG

Entwöhnen sollt' ich mich vom Glanz der Blicke,
Mein Leben sollten sie nicht mehr verschönen.
Was man Geschick nennt, lässt sich nicht versöhnen;
Ich weiß es wohl und trat bestürzt zurücke.

Nun wusst' ich auch von keinem weitern Glücke;
Gleich fing ich an von diesen und von jenen
Notwend'gen Dingen sonst mich zu entwöhnen:
Notwendig schien mir nichts als ihre Blicke.

Des Weines Glut, den Vielgenuss der Speisen,
Bequemlichkeit und Schlaf und sonst'ge Gaben,
Gesellschaft wies ich weg, dass wenig bliebe.

So kann ich ruhig durch die Welt nun reisen:
Was ich bedarf, ist überall zu haben,
Und Unentbehrlich's bring' ich mit — die Liebe.

VII
ABSCHIED

War unersättlich nach viel tausend Küssen,
Und musst' mit Einem Kuss am Ende scheiden.

Nach herber Trennung tief empfundnem Leiden
War mir das Ufer, dem ich mich entrissen,

Mit Wohnungen, mit Bergen, Hügeln, Flüssen,
Solang ich's deutlich sah, ein Schatz der Freuden;
Zuletzt im Blauen blieb ein Augenweiden
An fern entwichnen lichten Finsternissen.

Und endlich, als das Meer den Blick umgrenzte,
Fiel mir zurück ins Herz mein heiß Verlangen;
Ich suchte mein Verlornes gar verdrossen.

Da war es gleich, als ob der Himmel glänzte;
Mir schien, als wäre nichts mir, nichts entgangen,
Als hätt' ich alles, was ich je genossen.

VIII
DIE LIEBENDE SCHREIBT

Ein Blick von deinen Augen in die meinen,
Ein Kuss von deinem Mund auf meinem Munde,
Wer davon hat, wie ich, gewisse Kunde,
Mag dem was andres wohl erfreulich scheinen?

Entfernt von dir, entfremdet von den Meinen,
Führ' ich stets die Gedanken in die Runde,
Und immer treffen sie auf jene Stunde,
Die einzige; da fang' ich an zu weinen.

Die Träne trocknet wieder unversehens;
Er liebt ja, denk' ich, her in diese Stille,
Und solltest du nicht in die Ferne reichen?

Vernimm das Lispeln dieses Liebewehens!
Mein einzig Glück auf Erden ist dein Wille,
Dein freundlicher zu mir; gib mir ein Zeichen!

IX
DIE LIEBENDE ABERMALS

Warum ich wieder zum Papier mich wende?
Das musst du, Liebster, so bestimmt nicht fragen:
Denn eigentlich hab' ich dir nichts zu sagen;
Doch kommt's zuletzt in deine lieben Hände.

Weil ich nicht kommen kann, soll, was ich sende,
Mein ungeteiltes Herz hinübertragen
Mit Wonnen, Hoffnungen, Entzücken, Plagen:
Das alles hat nicht Anfang, hat nicht Ende.

Ich mag vom heut'gen Tag dir nichts vertrauen,
Wie sich im Sinnen, Wünschen, Wähnen, Wollen
Mein treues Herz zu dir hinüberwendet:

So stand ich einst vor dir, dich anzuschauen,
Und sagte nichts. Was hätt' ich sagen sollen?
Mein ganzes Wesen war in sich vollendet.

X
SIE KANN NICHT ENDEN

Wenn ich nun gleich das weiße Blatt dir schickte,
Anstatt dass ich's mit Lettern erst beschreibe,
Ausfülltest du's vielleicht zum Zeitvertreibe
Und sendetest's an mich, die Hochbeglückte.

Wenn ich den blauen Umschlag dann erblickte;
Neugierig schnell, wie es geziemt dem Weibe,
Riss' ich ihn auf, dass nichts verborgen bleibe;
Da läs' ich, was mich mündlich sonst entzückte:

»Lieb Kind! Mein artig Herz! Mein einzig Wesen!«
Wie du so freundlich meine Sehnsucht stilltest
Mit süßem Wort und mich so ganz verwöhntest.

Sogar dein Lispeln glaubt' ich auch zu lesen,
Womit du liebend meine Seele fülltest
Und mich auf ewig vor mir selbst verschöntest.

XI
NEMESIS

Wenn durch das Volk die grimme Seuche wütet,
Soll man vorsichtig die Gesellschaft lassen.
Auch hab' ich oft mit Zaudern und Verpassen
Vor manchen Influenzen mich gehütet.

Und obgleich Amor öfters mich begütet,
Mocht' ich zuletzt mich nicht mit ihm befassen.
So ging mir's auch mit jenen Lacrimassen,
Als vier- und dreifach reimend sie gebrütet.

Nun aber folgt die Strafe dem Verächter,
Als wenn die Schlangenfackel der Erinnen
Von Berg zu Tal, von Land zu Meer ihn triebe.

Ich höre wohl der Genien Gelächter;
Doch trennet mich von jeglichem Besinnen
Sonettenwut und Raserei der Liebe.

XII
CHRISTGESCHENK

Mein süßes Liebchen! Hier in Schachtelwänden
Gar mannigfalt geformte Süßigkeiten.

Die Früchte sind es heil'ger Weihnachtszeiten,
Gebackne nur, den Kindern auszuspenden!

Dir möcht' ich dann mit süßem Redewenden
Poetisch Zuckerbrot zum Fest bereiten;
Allein was soll's mit solchen Eitelkeiten?
Weg den Versuch, mit Schmeichelei zu blenden!

Doch gibt es noch ein Süßes, das vom Innern
Zum Innern spricht, genießbar in der Ferne,
Das kann nur bis zu dir hinüberwehen.

Und fühlst du dann ein freundliches Erinnern,
Als blinkten froh dir wohlbekannte Sterne,
Wirst du die kleinste Gabe nicht verschmähen.

XIII
WARNUNG

Am Jüngsten Tag, wenn die Posaunen schallen,
Und alles aus ist mit dem Erdeleben,
Sind wir verpflichtet, Rechenschaft zu geben
Von jedem Wort, das unnütz uns entfallen.

Wie wird's nun werden mit den Worten allen,
In welchen ich so liebevoll mein Streben
Um deine Gunst dir an den Tag gegeben,
Wenn diese bloß an deinem Ohr verhallen?

Darum bedenk', o Liebchen, dein Gewissen,
Bedenk' im Ernst, wie lange du gezaudert,
Dass nicht der Welt solch Leiden widerfahre.

Werd' ich berechnen und entschuld'gen müssen,
Was alles unnütz ich vor dir geplaudert,
So wird der Jüngste Tag zum vollen Jahre.

XIV

Die Zweifelnden:

Ihr liebt, und schreibt Sonette! Weh der Grille!
Die Kraft des Herzens, sich zu offenbaren,
Soll Reime suchen, sie zusammenpaaren;
Ihr Kinder, glaubt: ohnmächtig bleibt der Wille.

Ganz ungebunden spricht des Herzens Fülle
Sich kaum noch aus: sie mag sich gern bewahren;
Dann Stürmen gleich durch alle Saiten fahren;
Dann wieder senken sich zu Nacht und Stille.

Was quält ihr euch und uns, auf jähem Stege
Nur Schritt vor Schritt den läst'gen Stein zu wälzen,
Der rückwärts lastet, immer neu zu mühen?

Die Liebenden:

Im Gegenteil, wir sind auf rechtem Wege!
Das Allerstarrste freudig aufzuschmelzen,
Muss Liebesfeuer allgewaltig glühen.

XV

Mädchen:

Ich zweifle doch am Ernst verschränkter Zeilen!
Zwar lausch' ich gern bei deinen Silbespielen;
Allein mir scheint, was Herzen redlich fühlen,
Mein süßer Freund, das soll man nicht befeilen.

Der Dichter pflegt, um nicht zu langeweilen,
Sein Innerstes von Grund aus umzuwühlen;
Doch seine Wunden weiß er auszukühlen,
Mit Zauberwort die tiefsten auszuheilen.

Dichter:

Schau, Liebchen, hin: Wie geht's dem Feuerwerker?
Drauf ausgelernt, wie man nach Maßen wettert,
Irrgänglich-klug miniert er seine Grüfte;

Allein die Macht des Elements ist stärker,
Und eh' er sich's versieht, geht er zerschmettert
Mit allen seinen Künsten in die Lüfte.

XVI
EPOCHE

Mit Flammenschrift war innigst eingeschrieben
Petrarcas Brust vor allen andern Tagen
Karfreitag. Eben so, ich darf's wohl sagen,
Ist mir Advent von Achtzehnhundertsieben.

Ich fing nicht an, ich fuhr nur fort zu lieben
Sie, die ich früh im Herzen schon getragen,
Dann wieder weislich aus dem Sinn geschlagen,
Der ich nun wieder bin ans Herz getrieben.

Petrarcas Liebe, die unendlich hohe,
War leider unbelohnt und gar zu traurig,
Ein Herzensweh, ein ewiger Karfreitag;

Doch stets erscheine, fort und fort, die frohe,
Süß, unter Palmenjubel, wonneschaurig,
Der Herrin Ankunft mir, ein ew'ger Maitag.

XVII
SCHARADE

Zwei Worte sind es, kurz, bequem zu sagen,
 Die wir so oft mit holder Freude nennen,
 Doch keineswegs die Dinge deutlich kennen,
 Wovon sie eigentlich den Stempel tragen.

Es tut gar wohl in jung- und alten Tagen,
 Eins an dem andern kecklich zu verbrennen;
 Und kann man sie vereint zusammen nennen,
 So drückt man aus ein seliges Behagen.

Nun aber such' ich ihnen zu gefallen
 Und bitte, mit sich selbst mich zu beglücken;
 Ich hoffe still, doch hoff' ich's zu erlangen:

Als Namen der Geliebten sie zu lallen,
 In Einem Bild sie beide zu erblicken,
 In Einem Wesen beide zu umfangen.

ALTERSWERKE

Sprüche

I.

In wenig Stunden
Hat Gott das Rechte gefunden.

—

Ich wandle auf weiter bunter Flur
Ursprünglicher Natur,
Ein holder Born, in welchem ich bade,
Ist Überlieferung, ist Gnade.

—

Wie? Wann? und Wo? — Die Götter bleiben stumm!
Du halte dich ans Weil und frage nicht Warum?

—

Willst du ins Unendliche schreiten,
Geh nur im Endlichen nach allen Seiten.

—

Willst du dich am Ganzen erquicken,
So musst du das Ganze im Kleinsten erblicken.

—

Aus tiefem Gemüt, aus der Mutter Schoß
Will manches dem Tage entgegen;
Doch soll das Kleine je werden groß,
So muss es sich rühren und regen.

—

Da, wo das Wasser sich entzweit,
Wird zuerst Lebendig's befreit.

—

Und wird das Wasser sich entfalten,
Sogleich wird sich's lebendig gestalten;
Da wälzen sich Tiere, sie trocknen zum Flor,
Und Pflanzengezweige sie dringen hervor.

—

Durchsichtig erscheint die Luft so rein
Und trägt im Busen Stahl und Stein.
Entzündet werden sie sich begegnen;
Da wird's Metall und Steine regnen.

—

Denn was das Feuer lebendig erfasst,
Bleibt nicht mehr Unform und Erdenlast.
Verflüchtigt wird es und unsichtbar,
Eilt hinauf, wo erst sein Anfang war.

—

Und so kommt wieder zur Erde herab,
Dem die Erde den Ursprung gab.
Gleicherweise sind wir auch gezüchtigt,
Einmal gefestet, einmal verflüchtigt.

—

Und wer durch alle die Elemente
Feuer, Luft, Wasser und Erde rennte,
Der wird zuletzt sich überzeugen,
Er sei kein Wesen ihresgleichen.

—

»Was will die Nadel, nach Norden gekehrt?«
Sich selbst zu finden, es ist ihr verwehrt.

—

Die endliche Ruhe wird nur verspürt,
Sobald der Pol den Pol berührt.

—

Drum danket Gott, ihr Söhne der Zeit,
Dass er die Pole für ewig entzweit.

—

»Magnetes Geheimnis, erkläre mir das!«
Kein größer Geheimnis als Lieb' und Hass.

—

»Wir kennen dich, du Schalk!
Du machst nur Possen;
Vor unsrer Nase doch
Ist viel verschlossen.«

Ihr folget falscher Spur,
Denkt nicht, wir scherzen!
Ist nicht der Kern der Natur
Menschen im Herzen?

Ultimatum

Und so sag' ich zum letzten Male:
Natur hat weder Kern noch Schale;
Du prüfe dich nur allermeist,
Ob du Kern oder Schale seist!

II.

Wer Gott vertraut,
Ist schon auferbaut.

—

Wer Gott ahnet, ist hoch zu halten,
Denn er wird nie im Schlechten walten.

—

Warum uns Gott so wohl gefällt?
Weil er sich uns nie in den Weg stellt.

—

Gott hat die Gradheit selbst ans Herz genommen,
Auf gradem Weg ist niemand umgekommen.

—

Der Mensch erfährt, er sei auch, wer er mag,
Ein letztes Glück und einen letzten Tag.

—

Nichts vom Vergänglichen,
Wie's auch geschah!
Uns zu verewigen
Sind wir ja da.

—

Halte dich nur im Stillen rein
Und lass es um dich wettern;
Je mehr du fühlst ein Mensch zu sein,
Desto ähnlicher bist du den Göttern.

—

Ja, das ist das rechte Gleis,
Dass man nicht weiß,
Was man denkt,
Wenn man denkt;
Alles ist als wie geschenkt.

Eigentum

Ich weiß, dass mir nichts angehört
Als der Gedanke, der ungestört
Aus meiner Seele will fließen,
Und jeder günstige Augenblick,
Den mich ein liebendes Geschick
Von Grund aus lässt genießen.

—

Erkenne dich! — Was soll das heißen?
Es heißt: sei nur! und sei auch nicht!
Es ist eben ein Spruch der lieben Weisen,
Der sich in Kürze widerspricht.

—

Niemand wird sich selber kennen,
Sich von seinem Selbst-Ich trennen;
Doch probier' er jeden Tag,
Was nach außen endlich klar,
Was er ist und was er war,
Was er kann und was er mag.

—

Liegt dir Gestern klar und offen,
Wirkst du heute kräftig frei,
Kannst auch auf ein Morgen hoffen,
Das nicht minder glücklich sei.

—

Nachts, wann gute Geister schweifen,
Schlaf dir von der Stirne streifen,
Mondenlicht und Sternenflimmern
Dich mit ewigem All umschimmern,
Scheinst du dir entkörpert schon,
Wagest dich an Gottes Thron.

—

Aber wenn der Tag die Welt
Wieder auf die Füße stellt,
Schwerlich möcht' er dir's erfüllen
Mit der Frühe bestem Willen;
Zu Mittag schon wandelt sich
Morgentraum gar wunderlich.

—

»Hat man das Gute dir erwidert?«
Mein Pfeil flog ab, sehr schön befiedert,
Der ganze Himmel stand ihm offen,
Er hat wohl irgendwo getroffen.

—

Ihr sucht die Menschen zu benennen
Und glaubt am Namen sie zu kennen.
Wer tiefer sieht, gesteht sich frei:
Es ist was Anonymes dabei.

Gleichgewinn

Geht einer mit dem andern hin
Und auch wohl vor dem andern;
Drum lasst uns, treu und brav und kühn,
Die Lebenspfade wandern.
Es fällt ein jüngerer Soldat
Wohl in den ersten Schlachten;
Der andre muss ins Alter spat
Im Biwak übernachten.
Doch weiß er eifrig seinen Ruhm
Und seines Herrn zu mehren,
So bleibt sein letztes Eigentum
Gewiss das Bett der Ehren.

Das Alter

Das Alter ist ein höflich Mann:
Einmal übers andre klopft er an,
Aber nun sagt niemand: Herein!
Und vor der Türe will er nicht sein.
Da klinkt er auf, tritt ein so schnell,
Und nun heißt's, er sei ein grober Gesell.

Die Jahre

Die Jahre sind allerliebste Leut':
Sie brachten gestern, sie bringen heut,
Und so verbringen wir Jüngern eben
Das allerliebste Schlaraffenleben.
Und dann fällt's den Jahren auf einmal ein,
Nicht mehr wie sonst bequem zu sein;
Wollen nicht mehr schenken, wollen nicht mehr borgen,
Sie nehmen heute, sie nehmen morgen.

—

Lasst mir die jungen Leute nur
Und ergetzt euch an ihren Gaben!
Es will doch Großmama Natur
Manchmal einen närrischen Einfall haben.

—

Wo Anmaßung mir wohlgefällt?
An Kindern: denen gehört die Welt.

—

Wenn Kindesblick begierig schaut,
Er findet des Vaters Haus gebaut;
Und wenn das Ohr sich erst vertraut,
Ihm tönt der Muttersprache Laut;
Gewahrt es dies und jenes nah,

Man fabelt ihm, was fern geschah,
Umsittigt ihn, wächst er heran;
Er findet eben alles getan,
Man rühmt ihm dies, man preist ihm das:
Er wäre gar gern auch etwas;
Wie er soll wirken, schaffen, lieben,
Das steht ja alles schon geschrieben,
Und, was noch schlimmer ist, gedruckt;
Da steht der junge Mensch verduckt,
Und endlich wird ihm offenbar:
Er sei nur was ein andrer war.

—

Gern wär' ich Überliefrung los
Und ganz original;
Doch ist das Unternehmen groß
Und führt in manche Qual.
Als Autochthone rechnet' ich
Es mir zur höchsten Ehre,
Wenn ich nicht gar zu wunderlich
Selbst Überliefrung wäre.

—

Mir gäb' es keine größre Pein,
Wär' ich im Paradies allein.

—

Ich träumt' und liebte sonnenklar;
Dass ich lebte, ward ich gewahr.

—

Wer recht will tun, immer und mit Lust,
Der hege wahre Lieb' in Sinn und Brust.

—

Wann magst du dich am liebsten bücken?
Dem Liebchen Frühlingsblume zu pflücken.

—

Doch das ist gar kein groß Verdienst,
Denn Liebe bleibt der höchste Gewinst.

Aug' um Ohr

Was dem Auge dar sich stellet,
Sicher glauben wir's zu schaun,
Was dem Ohr sich zugesellet,
Gibt uns nicht ein gleich Vertraun;
Darum deine lieben Worte
Haben oft mir wohlgetan,
Doch ein Blick am rechten Orte
Übrig lässt er keinen Wahn.

Soldatentrost

Nein! Hier hat es keine Not:
Schwarze Mädchen, weißes Brot!
Morgen in ein ander Städtchen!
Schwarzes Brot und weiße Mädchen.

Gesellschaft

Aus einer großen Gesellschaft heraus
Ging einst ein stiller Gelehrter zu Haus.
Man fragte: »Wie seid ihr zufrieden gewesen?«
»Wären's Bücher«, sagt er, »ich würd' sie nicht lesen.«

—

Wer ist denn der souveräne Mann?
Das ist bald gesagt:

Der, den man nicht hindern kann,
Ob er nach Gutem oder Bösem jagt.

—

Und wärst du auch zum fernsten Ort,
Zur kleinsten Hütte durchgedrungen,
Was hilft es dir, du findest dort
Tabak und böse Zungen.

—

Mit dieser Welt ist's keinerwege richtig;
Vergebens bist du brav, vergebens tüchtig,
Sie will uns zahm, sie will sogar uns nichtig!

—

Im Dorfe war ein groß Gelag,
Man sagt', es sei ein Hochzeitstag,
Ich zwängte mich in den Schenkensaal,
Da drehten die Pärchen allzumal,
Ein jedes Mädchen mit seinem Wicht,
Da gab es manch verliebt Gesicht.
Nun fragt' ich endlich nach der Braut —
Mich einer starr ins Angesicht schaut:
»Das mögt Ihr von einem andern hören!
Wir aber tanzen ihr zu Ehren,
Wir tanzen schon drei Tag und Nacht,
Und hat noch niemand an sie gedacht.«

Will einer im Leben um sich schauen,
Dergleichen wird man ihm viel vertrauen.

—

Es ließe sich alles trefflich schlichten,
Könnte man die Sachen zweimal verrichten.

Ein Aber dabei

Es wäre schön, was Guts zu kauen,
Müsste man nur nicht auch verdauen;
Es wäre herrlich, genug zu trinken,
Tät' einem nur nicht Kopf und Kniee sinken;
Hinüber zu schießen, das wären Possen,
Würde nur nicht wieder herübergeschossen;
Und jedes Mädchen wär' gern bequem,
Wenn nur eine andre ins Kindbett käm'.

III.

Memento

Musst nicht widerstehn dem Schicksal,
Aber musst es auch nicht fliehen!
Wirst du ihm entgegengehen,
Wird's dich freundlich nach sich ziehen.

—

Du sehnst dich, weit hinaus zu wandern,
Bereitest dich zu raschem Flug;
Dir selbst sei treu und treu den andern,
Dann ist die Enge weit genug.

—

Wer mit dem Leben spielt,
Kommt nie zurecht;
Wer sich nicht selbst befiehlt,
Bleibt immer ein Knecht.

—

Jedem redlichen Bemühn
Sei Beharrlichkeit verliehn!

—

Jeder Weg zum rechten Zwecke
Ist auch recht in jeder Strecke.

—

Tu nur das Rechte in deinen Sachen;
Das andre wird sich von selber machen.

—

Hast du es so lange wie ich getrieben,
Versuche wie ich das Leben zu lieben.

—

Von heiligen Männern und von weisen
Ließ' ich mich recht gern unterweisen,
Aber es müsste kurz geschehn,
Langes Reden will mir nicht anstehn.
Wornach soll man am Ende trachten?
Die Welt zu kennen und sie nicht verachten.

—

Verweile nicht und sei dir selbst ein Traum,
Und wie du reisest, danke jedem Raum,
Bequeme dich dem Heißen wie dem Kalten;
Dir wird die Welt, du wirst ihr nie veralten.

—

Wenn du hast, das ist wohl schön,
Doch du musst es auch verstehn.
Können, das ist große Sache,
Damit das Wollen etwas mache.

—

Zwischen heut und morgen
Liegt eine lange Frist;
Lerne schnell besorgen,
Da du noch munter bist.

—

Nichts taugt Ungeduld,
Noch weniger Reue;
Jene vermehrt die Schuld,
Diese schafft neue.

—

Das Rechte, das ich viel getan,
Das ficht mich nun nicht weiter an,
Aber das Falsche, das mir entschlüpft,
Wie ein Gespenst mir vor Augen hüpft.

—

»Wie mag ich gern und lange leben?«
Musst immer nach dem Trefflichsten streben:
Des unerkannt Trefflichen wirket so viel,
Und Zeit und Ewigkeit legt ihm kein Ziel.

Das Beste

Wenn dir's in Kopf und Herzen schwirrt,
Was willst du Bessres haben!
Wer nicht mehr liebt und nicht mehr irrt,
Der lasse sich begraben.

—

Dass von diesem wilden Sehnen,
Dieser reichen Saat von Tränen
Götterlust zu hoffen sei,
Mache deine Seele frei!

—

Nur wenn das Herz erschlossen,
Dann ist die Erde schön.
Du standest so verdrossen
Und wusstest nicht zu sehn.

—

Ein Mann, der Tränen streng entwöhnt,
Mag sich ein Held erscheinen;
Doch wenn's im Innern sehnt und dröhnt,
Geb' ihm ein Gott — zu weinen.

—

Bist undankbar, so hast nicht recht,
Bist du dankbar, so geht dir's schlecht:
Den rechten Weg wirst nie vermissen,
Handle nur nach Gefühl und Gewissen.

—

Wen die Dankbarkeit geniert,
Der ist übel dran;
Denke, wer dich erst geführt,
Wer für dich getan!

—

Wer lebenslang dir wohlgetan,
Verletzung rechne dem nicht an.

—

Wie fruchtbar ist der kleinste Kreis,
Wenn man ihn wohl zu pflegen weiß.

—

Lieb' und Leidenschaft können verfliegen,
Wohlwollen aber wird ewig siegen.

—

Glaube nur, du hast viel getan,
Wenn dir Geduld gewöhnest an.

—

Nicht größern Vorteil wüsst' ich zu nennen,
Als des Feindes Verdienst erkennen.

—

Oft, wenn dir jeder Trost entflieht,
Musst du im Stillen dich bequemen.
Nur dann, wenn dir Gewalt geschieht,
Wird die Menge an dir Anteil nehmen;
Ums Unrecht, das dir widerfährt,
Kein Mensch den Blick zur Seite kehrt.

Keins von allen

Wenn du dich selber machst zum Knecht,
Bedauert dich niemand, geht's dir schlecht;
Machst du dich aber selbst zum Herrn,
Die Leute sehn es auch nicht gern;
Und bleibst du endlich, wie du bist,
So sagen sie, dass nichts an dir ist.

—

Die Welt ist nicht aus Brei und Mus geschaffen,
Deswegen haltet euch nicht wie Schlaraffen;
Harte Bissen gibt es zu kauen:
Wir müssen erwürgen oder sie verdauen.

—

Alles in der Welt lässt sich ertragen,
Nur nicht eine Reihe von schönen Tagen.

—

Du trägst sehr leicht, wenn du nichts hast;
Aber Reichtum ist eine leichtere Last.

—

Soll dich das Alter nicht verneinen,
So musst du es gut mit andern meinen;
Musst viele fördern, manchem nützen,
Das wird dich vor Vernichtung beschützen.

—

Ich wünsche mir eine hübsche Frau,
Die nicht alles nähme gar zu genau,
Doch aber zugleich am besten verstände,
Wie ich mich selbst am besten befände.

Lebensart

Über Wetter- und Herrenlaunen
Runzle niemals die Augenbraunen;
Und bei den Grillen der hübschen Frauen
Musst du immer vergnüglich schauen.

—

Ohne Umschweife
Begreife,
Was dich mit der Welt entzweit;
Nicht will sie Gemüt, will Höflichkeit.

Meine Wahl

Ich liebe mir den heitern Mann
Am meisten unter meinen Gästen:
Wer sich nicht selbst zum Besten haben kann,
Der ist gewiss nicht von den Besten.

Den Originalen

Ein Quidam sagt: »Ich bin von keiner Schule!
Kein Meister lebt, mit dem ich buhle;
Auch bin ich weit davon entfernt,
Dass ich von Toten was gelernt.« —
Das heißt, wenn ich ihn recht verstand:
Ich bin ein Narr auf eigne Hand.

—

»Ich hielt mich stets von Meistern entfernt;
Nachtreten wäre mir Schmach!
Hab' alles von mir selbst gelernt.«
Es ist auch darnach!

Vergebliche Müh'

Willst du der getreue Eckart sein
Und jedermann vor Schaden warnen,
's ist auch eine Rolle, sie trägt nichts ein:
Sie laufen dennoch nach den Garnen.

—

»Ich zieh' ins Feld!
Wie macht's der Held?«
Vor der Schlacht hochherzig,
Ist sie gewonnen, barmherzig,
Mit schönen Kindern liebherzig;
Wär' ich Soldat,
Das wär' mein Rat.

—

»Gib eine Norm zur Bürgerführung!«
Hienieden,
Im Frieden,
Kehre jeder vor seiner Türe;
Bekriegt,
Besiegt,
Vertrage man sich mit der Einquartierung.

—

Sie schelten einander Egoisten;
Will jeder doch nur sein Leben fristen.
Wenn der und der ein Egoist,
So denke, dass du es selber bist.
Du willst nach deiner Art bestehn,

Musst selbst auf deinen Nutzen sehn!
Dann werdet ihr das Geheimnis besitzen,
Euch sämtlich untereinander zu nützen;
Doch den lasst nicht zu euch herein,
Der andern schadet, um etwas zu sein.

—

Sie glauben miteinander zu streiten
Und fühlen das Unrecht von beiden Seiten.

Lebensregel

Willst du dir ein hübsch Leben zimmern,
Musst dich ums Vergangne nicht bekümmern;
Das wenigste muss dich verdrießen;
Musst stets die Gegenwart genießen,
Besonders keinen Menschen hassen
Und die Zukunft Gott überlassen.

IV.

Vom Vater hab' ich die Statur,
Des Lebens ernstes Führen,
Von Mütterchen die Frohnatur
Und Lust zu fabulieren.
Urahnherr war der Schönsten hold,
Das spukt so hin und wieder,
Urahnfrau liebte Schmuck und Gold,
Das zuckt wohl durch die Glieder.
Sind nun die Elemente nicht
Aus dem Komplex zu trennen,
Was ist denn an dem ganzen Wicht
Original zu nennen?

—

Hätte Gott mich anders gewollt,
So hätt' er mich anders gebaut;
Da er mir aber Talent gezollt,
Hat er mir viel vertraut.
Ich brauch' es zur Rechten und Linken,
Weiß nicht, was daraus kommt;
Wenn's nicht mehr frommt,
Wird er schon winken.

—

Teilen kann ich nicht das Leben,
Nicht das Innen noch das Außen,
Allen muss das Ganze geben,
Um mit euch und mir zu hausen.
Immer hab' ich nur geschrieben,
Wie ich fühle, wie ich's meine,
Und so spalt' ich mich, ihr Lieben,
Und bin immerfort der Eine.

—

Ein reiner Reim wird wohl begehrt,
Doch den Gedanken rein zu haben,
Die edelste von allen Gaben,
Das ist mir alle Reime wert.

—

Wäre Gott und eine,
So wäre mein Lied nicht kleine.

Gott hab' ich und die Kleine
Im Lied erhalten reine.

So lasst mir das Gedächtnis
Als fröhliches Vermächtnis.

Den 18. Januar 1832

Der Zaubrer fordert leidenschaftlich wild
Von Höll' und Himmel sich Helenens Bild;
Trät' er zu mir in heitern Morgenstunden,
Das Liebenswürdigste wär' friedlich ihm gefunden.

—

Gutes zu empfangen, zu erweisen,
Alter, geh auf Reisen. —
Meine Freunde
Sind aus einer Mittelzeit,
Eine schöne Gemeinde,
Weit und breit,
Auch entfernt
Haben sie von mir gelernt,
In Gesinnung treu;
Haben nicht an mir gelitten,
Ich hab' ihnen nichts abzubitten;
Als Person komm' ich neu.
Wir haben kein Konto miteinander,
Sind wie im Paradies selbander.

—

Wie ihr denkt oder denken sollt,
Geht mich nichts an;
Was ihr Guten, ihr Besten wollt,
Hab' ich zum Teil getan.
Viel übrig bleibt zu tun,
Möge nur keiner lässig ruhn! —
Was ich sag', ist Bekenntnis,
Zu meinem und eurem Verständnis.
Die Welt wird täglich breiter und größer,
So macht's denn auch vollkommner und besser!
Besser sollt' es heißen und vollkommner;
So sei denn jeder ein Willkommner.

—

Nehmt nur mein Leben hin in Bausch
Und Bogen, wie ich's führe;
Andre verschlafen ihren Rausch,
Meiner steht auf dem Papiere.

—

Lasset walten, lasset gelten,
Was ich wunderlich verkündigt!
Dürftet ihr den Guten schelten,
Der mit seiner Zeit gesündigt?

—

Gott grüß' euch, Brüder,
Sämtliche Oner und Aner!
Ich bin Weltbewohner,
Bin Weimaraner,
Ich habe diesem edlen Kreis
Durch Bildung mich empfohlen,
Und wer es etwa besser weiß,
Der mag's wo anders holen.

—

Ihr könnt mir immer ungescheut
Wie Blüchern Denkmal setzen;
Von Franzen hat er euch befreit,
Ich von Philisternetzen.

—

»Du kommst nicht ins Ideenland!«
So bin ich doch am Ufer bekannt.
Wer die Insel nicht zu erobern glaubt,
Dem ist Ankerwerfen doch wohl erlaubt.

—

Den Dichter könnt ihr mir nicht nehmen,
Den Menschen geb' ich euch preis;

Auch der darf sich nicht schämen,
Greift doch an euren Steiß.

—

Sibyllinisch mit meinem Gesicht
Soll ich im Alter prahlen!
Je mehr es ihm an Fülle gebricht,
Desto öfter wollen sie's malen!

—

Warum ich Royaliste bin,
Das ist sehr simpel:
Als Poet fand ich Ruhms Gewinn,
Frei Segel, freie Wimpel;
Musst' aber alles selber tun,
Konnt' niemand fragen:
Der alte Fritz wusst' auch zu tun,
Durft' ihm niemand was sagen.

Demut

Seh' ich die Werke der Meister an,
So seh' ich das, was sie getan;
Betracht' ich meine Siebensachen,
Seh' ich, was ich hätt' sollen machen.

—

Wie mancher Misswillige schnuffelt und wittert
Um das von der Muse verliehne Gedicht;
Sie haben Lessing das Ende verbittert —
Mir sollen sie's nicht!

—

»Die Feinde, sie bedrohen dich,
Das mehrt von Tag zu Tage sich;
Wie dir doch gar nicht graut!«

Das seh' ich alles unbewegt,
Sie zerren an der Schlangenhaut,
Die jüngst ich abgelegt.
Und ist die nächste reif genung,
Abstreif' ich die sogleich,
Und wandle neu belebt und jung
Im frischen Götterreich.

—

»Sag' nur, wie trägst du so behäglich
Der tollen Jugend anmaßliches Wesen?«
Fürwahr, sie wären unerträglich,
Wär' ich nicht auch unerträglich gewesen.

—

»Ist denn das klug und wohlgetan?
Was willst du Freund' und Feinde kränken!«
Erwachsne gehn mich nichts mehr an,
Ich muss nun an die Enkel denken.

—

»Sage, warum dich die Menschen verlassen?«
Glaubet nicht, dass sie mich deshalb hassen;
Auch bei mir will sich die Lust verlieren,
Mit irgendjemand zu konversieren.

—

»Wie doch, betrügerischer Wicht,
Verträgst du dich mit allen?«
Ich leugne die Talente nicht,
Wenn sie mir auch missfallen.

—

»So widerstrebe! Das wird dich adeln;
Willst vor der Feierstunde schon ruhn?«
Ich bin zu alt, um etwas zu tadeln,
Doch immer jung genug, etwas zu tun.

—

»Warum magst du gewisse Schriften nicht lesen?«
Das ist auch sonst meine Speise gewesen;
Eilt aber die Raupe, sich einzuspinnen,
Nicht kann sie mehr Blättern Geschmack abgewinnen.

V.

Bilde, Künstler! Rede nicht!
Nur ein Hauch sei dein Gedicht.

—

Bei Tag der Wolken formumformend Weben!
Bei Nacht des Sternenheeres glühend Leben!
Mit reinen Saiten wag' emporzudringen,
Du wirst der Sphären ewige Lieder singen.

—

All unser redlichstes Bemühn
Glückt nur im unbewussten Momente.
Wie möchte denn die Rose blühn,
Wenn sie der Sonne Herrlichkeit erkennte!

—

Durch Vernünfteln wird Poesie vertrieben,
Aber sie mag das Vernünftige lieben.

—

Im Vaterlande
Schreibe, was dir gefällt.
Da sind Liebesbande,
Da ist deine Welt.

Draußen zu wenig oder zu viel,
Zu Hause nur ist Maß und Ziel.

—

Gedichte sind gemalte Fensterscheiben!
Sieht man vom Markt in die Kirche hinein,
Da ist alles dunkel und düster;
Und so sieht's auch der Herr Philister:
Der mag denn wohl verdrießlich sein
Und lebenslang verdrießlich bleiben.

Kommt aber nur einmal herein!
Begrüßt die heilige Kapelle;
Da ist's auf einmal farbig helle,
Geschicht' und Zierrat glänzt in Schnelle,
Bedeutend wirkt ein edler Schein;
Dies wird euch Kindern Gottes taugen,
Erbaut euch und ergetzt die Augen!

Antike

Homer ist lange mit Ehren genannt,
Jetzt ward euch Phidias bekannt;
Nun hält nichts gegen beide Stich,
Darob ereifre niemand sich.

Seid willkommen, edle Gäste,
Jedem echten deutschen Sinn;
Denn das Herrlichste, das Beste
Bringt allein dem Geist Gewinn.

Modernes

»Wie aber kann sich Hans van Eyck
Mit Phidias nur messen?«
Ihr müsst, so lehr' ich, alsogleich
Einen um den andern vergessen.

Denn wärt ihr stets bei einer geblieben,
Wie könntet ihr noch immer lieben?

Das ist die Kunst, das ist die Welt,
Dass eins ums andere gefällt.

—

Was im Leben uns verdrießt,
Man im Bilde gern genießt.

—

Künstler, zeiget nur den Augen
Farben-Fülle, reines Rund,
Was den Seelen möge taugen!
Seid gesund und wirkt gesund!

—

Mir will das kranke Zeug nicht munden,
Autoren sollten erst gesunden.

—

Erlauchte Bettler hab' ich gekannt,
Künstler und Philosophen genannt;
Doch wüsst' ich niemand, ungeprahlt,
Der seine Zeche besser bezahlt.

—

Jüngling, merke dir, in Zeiten
Wo sich Geist und Sinn erhöht:
Dass die Muse zu begleiten,
Doch zu leiten nicht versteht.

VI.

Weite Welt und breites Leben,
Langer Jahre redlich Streben,
Stets geforscht und stets gegründet,
Nie geschlossen, oft geründet,

Ältestes bewahrt mit Treue,
Freundlich aufgefasstes Neue,
Heitern Sinn und reine Zwecke:
Nun! man kommt wohl eine Strecke.

—

Das Tüchtige, und wenn auch falsch,
Wirkt Tag für Tag, von Haus zu Haus;
Das Tüchtige, wenn's wahrhaft ist,
Wirkt über alle Zeiten hinaus.

—

Mich freuen die vielen Guten und Tücht'gen,
Obgleich so viele dazwischen belfen.
Die Deutschen wissen zu bericht'gen,
Aber sie verstehen nicht nachzuhelfen.

—

Ihrer viele wissen viel,
Von der Weisheit sind sie weit entfernt.
Andre Leute sind euch ein Spiel;
Sich selbst hat niemand ausgelernt.

—

Wie sind die Vielen doch beflissen!
Und es verwirrt sie nur der Fleiß.
Sie möchten's gerne anders wissen
Als einer, der das Rechte weiß.

Spruch, Widerspruch

Ihr müsst mich nicht durch Widerspruch verwirren!
Sobald man spricht, beginnt man schon zu irren.

—

Für mich hab' ich genug erworben,
So viel auch Widerspruch sich regt;
Sie haben meine Gedanken verdorben
Und sagen, sie hätten mich widerlegt.

—

Ruhig soll ich hier verpassen
Meine Müh' und Fleiß;
Alles soll ich gelten lassen,
Was ich besser weiß.

—

»Wie hast du's denn so weit gebracht?
Sie sagen, du habest es gut vollbracht!« —
Mein Kind! ich hab' es klug gemacht,
Ich habe nie über das Denken gedacht.

—

Der Philosoph, dem ich so gern vertraue,
Lehrt, wo nicht gegen alle, doch die meisten,
Dass unbewusst wir stets das Beste leisten:
Das glaubt man gern und lebt nun frisch ins Blaue.

—

Was wir Dichter ins Enge bringen,
Wird von ihnen ins Weite geklaubt.
Das Wahre klären sie an den Dingen,
Bis niemand mehr dran glaubt.

—

Was in der Zeiten Bildersaal
Jemals ist trefflich gewesen,
Das wird immer einer einmal
Wieder auffrischen und lesen.

—

Im Auslegen seid frisch und munter!
Legt ihr's nicht aus, so legt was unter.

—

»Anders lesen Knaben den Terenz,
Anders Grotius.«
Mich Knaben ärgerte die Sentenz,
Die ich nun gelten lassen muss.

—

Das musst du als ein Knabe leiden,
Dass dich die Schule tüchtig reckt.
Die alten Sprachen sind die Scheiden,
Darin das Messer des Geistes steckt.

VII.

Entzwei' und gebiete! Tüchtig Wort;
Verein' und leite! Bessrer Hort.

—

Manches Herrliche der Welt
Ist in Krieg und Streit zerronnen.
Wer beschützet und erhält,
Hat das schönste Los gewonnen.

—

Mit einem Herren steht es gut,
Der, was er befohlen, selber tut.

—

Ich kann mich nicht betören lassen,
Macht euern Gegner nur nicht klein;
Ein Kerl, den alle Menschen hassen,
Der muss was sein.

—

Wenn auch der Held sich selbst genug ist,
Verbunden geht es doch geschwinder;
Und wenn der Überwundne klug ist,
Gesellt er sich zum Überwinder.

—

Sie werden so lange votieren und schnacken,
Wir sehen endlich wieder Kosaken,
Die haben uns vom Tyrannen befreit,
Sie befrein uns auch wohl von der Freiheit.

—

Mir ist das Volk zur Last,
Meint es doch dies und das:
Weil es die Fürsten hasst,
Denkt es, es wäre was.

Lug oder Trug?

Darf man das Volk betrügen?
Ich sage: nein!
Doch willst du sie belügen,
So mach' es nur nicht fein.

Egalité

Das Größte will man nicht erreichen,
Man beneidet nur seinesgleichen;
Der schlimmste Neidhart ist in der Welt,
Der jeden für seinesgleichen hält.

—

Ich habe gar nichts gegen die Menge;
Doch kommt sie einmal ins Gedränge,
So ruft sie, um den Teufel zu bannen,
Gewiss die Schelme, die Tyrannen.

—

Und wenn man auch den Tyrannen ersticht,
Ist immer noch viel zu verlieren.
Sie gönnten Cäsarn das Reich nicht
Und wussten's nicht zu regieren.

—

Die Deutschen sind recht gute Leut',
Sind sie einzeln, sie bringen's weit;
Nun sind ihnen auch die größten Taten
Zum ersten Mal im Ganzen geraten.
Ein jeder spreche Amen darein,
Dass es nicht möge das letzte Mal sein.

Den 1. Januar 1814

Dass du die gute Sache liebst,
Das ist nicht zu vermeiden,
Doch von der schlimmsten ist sie nicht
Bis jetzt zu unterscheiden.

—

Die gute Sache kommt mir vor
Als wie Saturn, der Sünder:
Kaum sind sie an das Licht gebracht,
So frisst er seine Kinder.

—

Die Engel stritten für uns Gerechte,
Zogen den Kürzern in jedem Gefechte;
Da stürzte denn alles drüber und drunter,
Dem Teufel gehörte der ganze Plunder.
Nun ging es an ein Beten und Flehen!
Gott ward bewegt, herein zu sehen.
Spricht Logos, dem die Sache klar
Von Ewigkeit her gewesen war:
Sie sollten sich keineswegs genieren,

Sich auch einmal als Teufel gerieren,
Auf jede Weise den Sieg erringen
Und hierauf das Tedeum singen.
Das ließen sie sich nicht zweimal sagen,
Und siehe, die Teufel waren geschlagen.
Natürlich fanden sie hinterdrein,
Es sei recht hübsch, ein Teufel zu sein.

—

Das Zeitungsgeschwister,
Wie mag sich's gestalten,
Als um die Philister
Zum Narren zu halten?

—

Was euch die heilige Pressfreiheit
Für Frommen, Vorteil und Früchte beut?
Davon habt ihr gewisse Erscheinung:
Tiefe Verachtung öffentlicher Meinung.

Zeit und Zeitung

A.
Sag' mir, warum dich keine Zeitung freut?
B.
Ich liebe sie nicht, sie dienen der Zeit.

Den Vereinigten Staaten

Amerika, du hast es besser
Als unser Kontinent, das alte,
Hast keine verfallene Schlösser
Und keine Basalte.
Dich stört nicht im Innern
Zu lebendiger Zeit
Unnützes Erinnern
Und vergeblicher Streit.

Benutzt die Gegenwart mit Glück!
Und wenn nun eure Kinder dichten,
Bewahre sie ein gut Geschick
Vor Ritter-, Räuber- und Gespenstergeschichten.

Bürgerpflicht

Den 6. März 1832

Ein jeder kehre vor seiner Tür,
Und rein ist jedes Stadtquartier.
Ein jeder übe sein' Lektion,
So wird es gut im Rate stohn.

VIII.

Wer in der Weltgeschichte lebt,
Dem Augenblick sollt' er sich richten?
Wer in die Zeiten schaut und strebt,
Nur der ist wert, zu sprechen und zu dichten.

—

»Sag', was enthält die Kirchengeschichte?
Sie wird mir in Gedanken zunichte;
Es gibt unendlich viel zu lesen,
Was ist denn aber das alles gewesen?«

Zwei Gegner sind es, die sich boxen,
Die Arianer und die Orthodoxen;
Durch viele Säkla dasselbe geschicht,
Es dauert bis an das Jüngste Gericht.

—

Mit Kirchengeschichte was hab' ich zu schaffen?
Ich sehe weiter nichts als Pfaffen;
Wie's um die Christen steht, die Gemeinen,
Davon will mir gar nichts erscheinen.

—

Glaubt nicht, dass ich fasele, dass ich dichte,
Seht hin und findet mir andre Gestalt!
Es ist die ganze Kirchengeschichte
Mischmasch von Irrtum und von Gewalt.

—

Ihr Gläubigen, rühmt nur nicht euren Glauben
Als einzigen! Wir glauben auch wie ihr;
Der Forscher lässt sich keineswegs berauben
Des Erbteils, aller Welt gegönnt — und mir.

—

»Ein Sadduzäer will ich bleiben!
Das könnte mich zur Verzweiflung treiben,
Wenn von dem Volk, das hier mich bedrängt,
Auch würde die Ewigkeit eingeengt;
Das wäre doch nur der alte Patsch,
Droben gäb's nur verklärten Klatsch.«
Sei nicht so heftig, sei nicht so dumm!
Da drüben bildet sich alles um.

—

Ich habe nichts gegen die Frömmigkeit,
Sie ist zugleich Bequemlichkeit;
Wer ohne Frömmigkeit will leben,
Muss großer Mühe sich ergeben:

Auf seine eigne Hand zu wandern,
Sich selbst genügen und den andern
Und freilich auch dabei vertraun,
Gott werde wohl auf ihn niederschaun.

—

Niemand soll ins Kloster gehn,
Als er sei denn wohl versehn
Mit gehörigem Sündenvorrat,

Damit es ihm so früh als spat
Nicht mög' am Vergnügen fehlen,
Sich mit Reue durchzuquälen.

—

Den deutschen Mannen gereicht's zum Ruhm,
Dass sie gehasst das Christentum,
Bis Herrn Carolus' leidigem Degen
Die edlen Sachsen unterlegen.
Doch haben sie lange genug gerungen,
Bis endlich die Pfaffen sie bezwungen
Und sie sich unters Joch geduckt;
Doch haben sie immer einmal gemuckt.
Sie lagen nur im halben Schlaf,
Als Luther die Bibel verdeutscht so brav.
Sankt Paulus, wie ein Ritter derb,
Erschien den Rittern minder herb.
Freiheit erwacht in jeder Brust,
Wir protestieren all' mit Lust.

—

Ich bin euch sämtlichen zur Last,
Einigen auch sogar verhasst;
Das hat aber gar nichts zu sagen:
Denn mir behagt's in alten Tagen,
So wie es mir in jungen behagte,
Dass ich nach alt und jung nicht fragte.

Ins Einzelne

Seit vielen Jahren hab' ich still
Zu eurem Tun geschwiegen,
Das sich am Tag und Tages-Will
Gefällig mag vergnügen.

Ihr denkt, woher der Wind auch weht,
Zu Schaden und Gewinne,
Wenn es nach eurem Sinne geht,
Es ging' nach einem Sinne.

Du segelst her, der andre hin,
Die Woge zu erproben,
Und was erst eine Flotte schien,
Ist ganz und gar zerstoben.

—

Ein großer Teich war zugefroren,
Die Fröschlein, in der Tiefe verloren,
Durften nicht ferner quaken noch springen,
Versprachen sich aber, im halben Traum,
Fänden sie nur da oben Raum,
Wie Nachtigallen wollten sie singen.
Der Tauwind kam, das Eis zerschmolz,
Nun ruderten sie und landeten stolz,
Und saßen am Ufer weit und breit
Und quakten wie vor alter Zeit.

—

Sonst: wie die Alten sungen,
So zwitscherten die Jungen;
Jetzt: wie die Jungen singen,
Soll's bei den Alten klingen.
Bei solchem Lied und Reigen
Das Beste — ruhn und schweigen.

—

Die holden jungen Geister
Sind alle von einem Schlag,
Sie nennen mich ihren Meister
Und gehn der Nase nach.

—

Mit seltsamen Gebärden
Gibt man sich viele Pein,
Kein Mensch will etwas werden,
Ein jeder will schon was sein.

Kläffer

Wir reiten in die Kreuz und Quer'
Nach Freuden und Geschäften;
Doch immer kläfft es hinterher
Und billt aus allen Kräften.
So will der Spitz aus unserm Stall
Uns immerfort begleiten,
Und seines Bellens lauter Schall
Beweist nur, dass wir reiten.

Gedichte an Personen

RHEIN UND MAIN

1.

Zu des Rheins gestreckten Hügeln,
Hochgesegneten Gebreiten,
Auen, die den Fluss bespiegeln,
Weingeschmückten Landesweiten
Möget mit Gedankenflügeln
Ihr den treuen Freund begleiten.

2.

Erst Empfindung, dann Gedanken,
Erst ins Weite, dann zu Schranken,
Aus dem Wilden hold und mild
Zeigt sich dir das wahre Bild.

3.

Nicht ist alles Gold, was gleißt,
Glück nicht alles, was so heißt,
Nicht alles Freude, was so scheint.
Damit hab' ich gar manches gemeint.

4.

Wohlerleuchtet, glühend-milde
Zog der Fluss im Abendschein,
Über Brück' und Stadtgebilde
Finsternisse sanken ein.

WEIHNACHTEN

Bäume leuchtend, Bäume blendend,
Überall das Süße spendend,
In dem Glanze sich bewegend,
Alt- und junges Herz erregend —
Solch ein Fest ist uns bescheret,
Mancher Gaben Schmuck verehret;
Staunend schaun wir auf und nieder,
Hin und her und immer wieder.

Aber, Fürst, wenn dir's begegnet,
Und ein Abend so dich segnet,
Dass als Lichter, dass als Flammen
Vor dir glänzten allzusammen
Alles, was du ausgerichtet,
Alle, die sich dir verpflichtet:
Mit erhöhten Geistesblicken
Fühltest herrliches Entzücken.

Dem Großherzog Carl August zu Neujahr 1828

Fehlt der Gabe gleich das Neue,
Sei das Alte nicht veraltet,
Wie Verehrung, Lieb' und Treue
Immer frisch im Busen waltet.

Sei auch noch so viel bezeichnet,
Was man fürchtet, was begehrt,
Nur weil es dem Dank sich eignet,
Ist das Leben schätzenswert.

IHRO HOHEIT DER PRINZESSIN MARIA VON SACHSEN-WEIMAR UND -EISENACH MIT RAFFAELS »GÄRTNERIN«

zum 3. Februar 1820

Sanftes Bild dem sanften Bilde
Unsrer Fürstin widmet sich;
Solche Ruhe, solche Milde
Immerfort umschwebe dich!

Denn ein äußerlich Zerstreuen,
Das sich in sich selbst zerschellt,
Fordert inneres Erneuen,
Das den Sinn zusammenhält.

Aus dem bunten Weltbeginnen
Wende deinen holden Blick
So vertrauenvoll nach innen,
Wie aufs heilige Bild zurück.

SYMBOLUM

Des Maurers Wandeln
Es gleicht dem Leben,
Und sein Bestreben
Es gleicht dem Handeln
Der Menschen auf Erden.

Die Zukunft decket
Schmerzen und Glücke.
Schrittweis dem Blicke,
Doch ungeschrecket
Dringen wir vorwärts.

Und schwer und schwerer
Hängt eine Hülle

Mit Ehrfurcht. Stille
Ruhn oben die Sterne
Und unten die Gräber.

Betracht' sie genauer
Und siehe, so melden
Im Busen der Helden
Sich wandelnde Schauer
Und ernste Gefühle.

Doch rufen von drüben
Die Stimmen der Geister,
Die Stimmen der Meister:
»Versäumt nicht zu üben
Die Kräfte des Guten.

Hier winden sich Kronen
In ewiger Stille,
Die sollen mit Fülle
Die Tätigen lohnen!
Wir heißen euch hoffen.«

ZUR LOGENFEIER DES DRITTEN SEPTEMBERS 1825

Einleitung

Einmal nur in unserm Leben,
Was auch sonst begegnen mag,
Ist das höchste Glück gegeben,
Einmal feiert solchen Tag!

Einen Tag, der froh erglänzend
Bunten Schmucks der Nacht entsteigt,
Sich gesellig nun bekränzend
Segensvoll zum Berge neigt.

Darum öffnet eure Pforten,
Lasst Vertrauteste herein;
Heute soll an allen Orten
Liebe nah' der Liebe sein!

Zwischengesang

Lasst fahren hin das allzu Flüchtige!
Ihr sucht bei ihm vergebens Rat;
In dem Vergangnen lebt das Tüchtige,
Verewigt sich in schöner Tat.

Und so gewinnt sich das Lebendige
Durch Folg' aus Folge neue Kraft,
Denn die Gesinnung, die beständige,
Sie macht allein den Menschen dauerhaft.

So löst sich jene große Frage
Nach unserm zweiten Vaterland;
Denn das Beständige der ird'schen Tage
Verbürgt uns ewigen Bestand.

Schlussgesang

Nun auf und lasst verlauten,
Ihr brüderlich Vertrauten,
Wie ihr geheim verehret,
Nach außen sei's gekehret!
Nicht mehr in Sälen
Verhalle der Sang.

Und jubelnd übermaßen
Durchziehet neue Straßen!
Wo wir ins Leere schauten,
Erscheinen edle Bauten
Und Kranz an Kränzen
Die Reihen entlang.

So äußeres Gebäude
Verkündet innre Freude;
Der Schule Raum erheitert,
Zu lichtem Saal erweitert;
Die Kinder scheuen
Nicht Moder noch Zwang.

Nun in die luft'gen Räume!
Wer pflanzte diese Bäume,
Ihr kinderfrohen Gatten?
Er pflegte diese Schatten,
Und Wälder umgrünen
Die Hügel entlang.

Die Plage zu vergessen,
Das Gute zu ermessen,
So aufgeregt als treulich,
So treusam wie erfreulich
Stimmet zusammen
In herzlichem Sang!

Wie viel er ausgespendet,
Auch weit und breit vollendet,
Die Unzahl sich verbündet,
Unsäglich Glück gegründet,
Das wiederholet
Das Leben entlang.

DEM WÜRDIGEN BRUDERFESTE

Johanni 1830

Funfzig Jahre sind vorüber,
Wie gemischte Tage flohn;
Funfzig Jahre sind hinüber
In das ernst Vergangne schon.

Doch lebendig stets aufs Neue
Tut sich edles Wirken kund,
Freundesliebe, Männertreue
Und ein ewig sichrer Bund.

Ausgesät in weiter Ferne,
Nah, getrennt, ein ernstes Reich,
Schimmern sie, bescheidner Sterne
Leis wohl tät'gem Lichte gleich.

So, die Menschheit fort zu ehren,
Lasset, freudig überein,
Als wenn wir beisammen wären,
Kräftig uns zusammen sein!

DEM 31. OKTOBER 1817

Dreihundert Jahre hat sich schon
Der Protestant erwiesen,
Dass ihn von Papst- und Türkenthron
Befehle bass verdrießen.

Was auch der Pfaffe sinnt und schleicht,
Der Prediger steht zur Wache,
Und dass der Erbfeind nichts erreicht,
Ist aller Deutschen Sache.

Auch ich soll gottgegebne Kraft
Nicht ungenützt verlieren,
Und will in Kunst und Wissenschaft
Wie immer protestieren.

HERRN STAATSMINISTER VON VOIGT

Zur Feier des 27. Septembers 1816

Von Berges Luft, dem Äther gleich zu achten,
Umweht, auf Gipfelfels hochwaldiger Schlünde,
Im engsten Stollen, wie in tiefsten Schachten
Ein Licht zu suchen, das den Geist entzünde,
War ein gemeinsam köstliches Betrachten,
Ob nicht Natur zuletzt sich doch ergründe?
Und manches Jahr des stillsten Erdelebens
Ward so zum Zeugen edelsten Bestrebens.

Im Garten auch, wo Dichterblumen sprossen,
Den äußern Sinn, den innern Sinn erquicken,
Gefahrlos nicht vor luftigen Geschossen,
Wie sie Eroten hin und wieder schicken,
Da haben wir der Stunden viel genossen
An frisch belebter Vorwelt heitern Blicken,
Gesellend uns den ewig teuren Geistern,
Den stets beredten, unerreichten Meistern.

Dahin bewegten wir von dornigen Pfaden
Verworrnen Lebens gern die müden Schritte,
Dort fanden sich, zu gleicher Lust geladen,
Der Männer Tiefsinn, Frauengeist und -sitte,
Und Wissenschaft und Kunst und alle Gnaden
Des Musengottes, reich, in unsrer Mitte;
Bis endlich, längst umwölkt, der Himmel wettert,
Das Paradies und seinen Hain zerschmettert.

Nun aber Friede tröstend wiederkehret,
Kehrt unser Sinn sich treulich nach dem Alten,
Zu bauen auf, was Kampf und Zug zerstöret,
Zu sichern, wie's ein guter Geist erhalten. —
Verwirrend ist's, wenn man die Menge höret:
Denn jeder will nach eignem Willen schalten;

Beharren wir zusamt in gleichem Sinne,
Das rechn' ich uns zum köstlichsten Gewinne.

DEM FÜRSTEN BLÜCHER VON WAHLSTADT DIE SEINEN

In Harren und Krieg,
In Sturz und Sieg
Bewusst und groß!
So riss er uns
Von Feinden los.

GRAFEN KARL HARRACH

Karlsbad, den 25. September 1819

Die sich herzlich oft begrüßten,
Die das Leben sich versüßten,
Führt ein guter Geist zur Stelle
Wieder an dieselbe Quelle!
Treues Wirken, reines Lieben
Ist das Beste stets geblieben.

An den Grafen Kaspar Sternberg

Weimar, den 12. Juni 1827

Wenn mit jugendlichen Scharen
Wir beblümte Wege gehn,
Ist die Welt doch gar zu schön.
Aber wenn bei hohen Jahren
Sich ein Edler uns gesellt,
O, wie herrlich ist die Welt!

DEN 6. JUNI 1816

Du versuchst, o Sonne, vergebens,
Durch die düstren Wolken zu scheinen!
Der ganze Gewinn meines Lebens
Ist, ihren Verlust zu beweinen.

DER GRÄFIN TITINNE ODONELL,
die eine meiner Schreibfedern verlangte

Als der Knabe nach der Schule
Das Pennal in Händen ging,
Und mit stumpfer Federspule
Lettern an zu kritzeln fing,
Hofft' er endlich schön zu schreiben
Als den herrlichsten Gewinn;
Doch dass das Geschriebne bleiben
Sollte, sich durch Länder treiben,
Gar ein Wert der Federspule,
Kam ihm, in der engen Schule,
Auf dem niedern Schemelstuhle,
Wahrlich niemals in den Sinn.

An Frau v. Stein
zu ihrem Geburtstag am 25. Dezember 1815

Dass du zugleich mit dem heil'gen Christ
An diesem Tage geboren bist,
Und August auch, der werte, schlanke,
Dafür ich Gott im Herzen danke.
Dies gibt in tiefer Winterszeit
Erwünschteste Gelegenheit,
Mit einigem Zucker dich zu grüßen,
Abwesenheit mir zu versüßen,
Der ich, wie sonst, in Sonnenferne
Im Stillen liebe, leide, lerne.

AN FANNY CASPERS

Jena, den 21. November 1815

In einer Stadt einmal
Auf dem Stadthaus
Ein großer Saal,
Darin ein lustig Mahl.
Unter den Gästen
Eine artige Maus,
Wie's bei solchen Festen
Geht, im Champagnersaus.
Sie hatte nicht so viel getrunken
Als Schiller, ich und alle,
Sie war mir aber um den Hals gesunken.
In keiner Falle
Fing man so lieblich Mäuschen;
Niedlich war sie, niedlicher im Räuschchen.
Ich hielt sie feste, feste,
Wir küssten, und aufs Beste;
Doch wickelt' sie sich heraus —
Fort war die Maus!
Die treibt sich in Osten und Süden;
Gott schenk' ihr Lieb' und Frieden!

JULIEN GRÄFIN EGLOFFSTEIN

Freundlich werden neue Stunden
Zu vergangnen sich gesellen,
Blüten, Blumen, wohl empfunden,
Bleiben ewig Immortellen.

REISESEGEN

Sei die Zierde des Geschlechts! —
Blicke weder links noch rechts;
Schaue von den Gegenständen
In dein Innerstes zurück;
Sicher traue deinen Händen,
Eignes fördre, Freundes Glück.

AN FRÄULEIN VON SCHILLER

Den 10. August 1819

Weil so viel zu sagen war,
Wusst' ich nichts zu sagen,
Ob die Blätter gleich ein Jahr
Mir vorm Auge lagen.

Jetzo, da du sie entführt,
Mag die Feder walten:
Denn es bleibt, wie sich's gebührt,
Immerfort beim Alten.

Milde zum Verständlichen
Wird die Mutter mahnen,
Deutend zum Unendlichen
Auf des Vaters Bahnen.

An Marianne v. Willemer

Weimar, den 3. März 1831

Vor die Augen meiner Lieben,
Zu den Fingern, die's geschrieben, —
Einst, mit heißestem Verlangen
So erwartet, wie empfangen —

Zu der Brust, der sie entquollen,
Diese Blätter wandern sollen;
Immer liebevoll bereit,
Zeugen allerschönster Zeit.

AN LORD BYRON

Ein freundlich Wort kommt eines nach dem andern
Von Süden her und bringt uns frohe Stunden;
Es ruft uns auf, zum Edelsten zu wandern,
Nicht ist der Geist, doch ist der Fuß gebunden.

Wie soll ich dem, den ich so lang begleitet,
Nun etwas Traulich's in die Ferne sagen?
Ihm, der sich selbst im Innersten bestreitet,
Stark angewohnt, das tiefste Weh zu tragen.

Wohl sei ihm doch, wenn er sich selbst empfindet!
Er wage selbst sich hochbeglückt zu nennen,
Wenn Musenkraft die Schmerzen überwindet;
Und wie ich ihn erkannt, mög' er sich kennen.

*

Stark von Faust, gewandt im Rat,
Liebt er die Hellenen;
Edles Wort und schöne Tat
Füllt sein Aug' mit Tränen.

Liebt den Säbel, liebt das Schwert,
Freut sich der Gewehre;
Säh' er, wie sein Herz begehrt,
Sich vor mut'gem Heere!

Lasst ihn der Historia,
Bändigt euer Sehnen;

Ewig bleibt ihm Gloria,
Bleiben uns die Tränen.

DEN FUNFZEHN ENGLISCHEN FREUNDEN

Weimar, 28. August 1831

Worte, die der Dichter spricht,
Treu, in heimischen Bezirken,
Wirken gleich, doch weiß er nicht,
Ob sie in die Ferne wirken.

Briten! habt sie aufgefasst:
»Tätigen Sinn, das Tun gezügelt;
Stetig Streben, ohne Hast.«
Und so wollt ihr's denn besiegelt.

Trilogie zu Howards Wolkenlehre

Atmosphäre

»Die Welt, sie ist so groß und breit,
Der Himmel auch so hehr und weit,
Ich muss das alles mit Augen fassen,
Will sich aber nicht recht denken lassen.«

Dich im Unendlichen zu finden,
Musst unterscheiden und dann verbinden;
Drum danket mein beflügelt Lied
Dem Manne, der Wolken unterschied.

Howards Ehrengedächtnis

Wenn Gottheit Camarupa, hoch und hehr,
Durch Lüfte schwankend wandelt leicht und schwer,
Des Schleiers Falten sammelt, sie zerstreut,
Am Wechsel der Gestalten sich erfreut,
Jetzt starr sich hält, dann schwindet wie ein Traum,
Da staunen wir und traun dem Auge kaum;

Nun regt sich kühn des eignen Bildens Kraft,
Die Unbestimmtes zu Bestimmtem schafft;
Da droht ein Leu, dort wogt ein Elefant,
Kameles Hals, zum Drachen umgewandt,
Ein Heer zieht an, doch triumphiert es nicht,
Da es die Macht am steilen Felsen bricht;
Der treuste Wolkenbote selbst zerstiebt,
Eh' er die Fern' erreicht, wohin man liebt.

Er aber, Howard, gibt mit reinem Sinn
Uns neuer Lehre herrlichsten Gewinn.
Was sich nicht halten, nicht erreichen lässt,
Er fasst es an, er hält zuerst es fest;
Bestimmt das Unbestimmte, schränkt es ein,
Benennt es treffend! — Sei die Ehre dein! —
Wie Streife steigt, sich ballt, zerflattert, fällt,
Erinnre dankbar deiner sich die Welt.

Stratus

Wenn von dem stillen Wasserspiegelplan
Ein Nebel hebt den flachen Teppich an,
Der Mond, dem Wallen des Erscheins vereint,
Als ein Gespenst Gespenster bildend scheint,
Dann sind wir alle, das gestehn wir nur,
Erquickt', erfreute Kinder, o Natur!

Dann hebt sich's wohl am Berge, sammelnd breit
An Streife Streifen, so umdüstert's weit
Die Mittelhöhe, beidem gleich geneigt,
Ob's fallend wässert oder luftig steigt.

Kumulus

Und wenn darauf zu höhrer Atmosphäre
Der tüchtige Gehalt berufen wäre,
Steht Wolke hoch, zum Herrlichsten geballt,
Verkündet, festgebildet, Machtgewalt,
Und, was ihr fürchtet und auch wohl erlebt,
Wie's oben drohet, so es unten bebt.

Cirrus

Doch immer höher steigt der edle Drang!
Erlösung ist ein himmlisch leichter Zwang.
Ein Aufgehäuftes, flockig löst sich's auf,
Wie Schäflein tripplend, leicht gekämmt zu Hauf.
So fließt zuletzt, was unten leicht entstand,
Dem Vater oben still in Schoß und Hand.

Nimbus

Nun lasst auch niederwärts, durch Erdgewalt
Herabgezogen, was sich hoch geballt,
In Donnerwettern wütend sich ergehn,
Heerscharen gleich entrollen und verwehn! —
Der Erde tätig-leidendes Geschick!
Doch mit dem Bilde hebet euren Blick:
Die Rede geht herab, denn sie beschreibt,
Der Geist will aufwärts, wo er ewig bleibt.

Wohl zu merken

Und wenn wir unterschieden haben,
Dann müssen wir lebendige Gaben
Dem Abgesonderten wieder verleihn
Und uns eines Folgelebens erfreun.

So, wenn der Maler, der Poet,
Mit Howards Sondrung wohl vertraut,
Des Morgens früh, am Abend spät
Die Atmosphäre prüfend schaut,

Da lässt er den Charakter gelten,
Doch ihm erteilen luftige Welten
Das Übergängliche, das Milde,
Dass er es fasse, fühle, bilde.

AN ZWEI GEBRÜDER, EIFRIGE JUNGE NATURFREUNDE

Marienbad, 1822

Am feuchten Fels, den dichtes Moos versteckt,
Erblühen Blumen, flattert manch Insekt;
Scheint es auch dürr den kahlen Berg hinan,
So nährt es doch, das Schaf bewollt sich dran.
Die Wiese grünt, gehörnte Herde braunt,
Da wandeln Menschen gut und bös gelaunt,
Genießen reichlich, spärlich, früh und spat,
Den Wunderwuchs der folgereichen Saat.
Und wenn der Kranke fast am Ziel erliegt,
So steigt die Quelle rasch, die Hoffnung siegt.
Ihr! vom Gestein hinauf zur Atmosphäre
Gedenket mein! — Dem Höchsten Preis und Ehre!

An Johann Daniel Wagener
Weimar, den 7. September 1827

Span'sches hast du mir gesandt,
Deutsches folgt hieneben;
Beides ist gar wohl gekannt,
Soll auch beides leben!

Ziehn wir nun die achtzig Jahr'
Durch des Lebens Mühen,
Müssen noch im Silberhaar
Unsre Pflüge ziehen.

Führt doch durch des Lebens Tor,
Traun, so manche Gleise;
Ziehn wir einst im Engelchor,
Geht's nach *einer* Weise.

Dem Schauspieler Krüger
mit einem Exemplar der »Iphigenie«
Weimar, 31. März 1827

Was der Dichter diesem Bande
Glaubend, hoffend anvertraut,
Werd' im Kreise deutscher Lande
Durch des Künstlers Wirken laut.
So im Handeln, so im Sprechen
Liebevoll verkünd' es weit:
Alle menschliche Gebrechen
Sühnet reine Menschlichkeit.

In das Stammbuch des Enkels Walter v. Goethe
April 1825

Unter die Worte Jean Pauls: »Der Mensch hat hier dritthalb Minuten: eine zu lächeln, eine zu seufzen und eine halbe zu lieben; denn mitten in dieser Minute stirbt er.«

Ihrer sechzig hat die Stunde,
Über tausend hat der Tag.
Söhnchen, werde dir die Kunde,
Was man alles leisten mag!

Zu einem Kupferstich,
Goethes Gartenhaus im Weimarer Park darstellend

Übermütig sieht's nicht aus,
Hohes Dach und niedres Haus;
Allen, die daselbst verkehrt,
Ward ein guter Mut beschert.
Schlanker Bäume grüner Flor,
Selbstgepflanzter, wuchs empor.
Geistig ging zugleich alldort
Schaffen, Hegen, Wachsen fort.

PARABEL

In einer Stadt, wo Parität
Noch in der alten Ordnung steht,
Da, wo sich nämlich Katholiken
Und Protestanten in einander schicken,
Und, wie's von Vätern war erprobt,
Jeder Gott auf seine Weise lobt;
Da lebten wir Kinder Lutheraner
Von etwas Predigt und Gesang,
Waren aber dem Kling und Klang
Der Katholiken nur zugetaner:

Denn alles war doch gar zu schön,
Bunter und lustiger anzusehn.

Dieweil nun Affe, Mensch und Kind
Zur Nachahmung geboren sind,
Erfanden wir, die Zeit zu kürzen,
Ein auserlesnes Pfaffenspiel:
Zum Chorrock, der uns wohlgefiel,
Gaben die Schwestern ihre Schürzen;
Handtücher, mit Wirkwerk schön verziert,
Wurden zur Stola travestiert;
Die Mütze musste den Bischof zieren
Von Goldpapier mit vielen Tieren.

So zogen wir nun im Ornat
Durch Haus und Garten, früh und spat,
Und wiederholten ohne Schonen
Die sämtlichen heiligen Funktionen;
Doch fehlte noch das beste Stück.
Wir wussten wohl, ein prächtig Läuten
Habe hier am meisten zu bedeuten;
Und nun begünstigt' uns das Glück:
Denn auf dem Boden hing ein Strick.
Wir sind entzückt, und wie wir diesen
Zum Glockenstrang sogleich erkiesen,
Ruht er nicht einen Augenblick:
Denn wechselnd eilten wir Geschwister,
Einer ward um den andern Küster,
Ein jedes drängte sich hinzu.
Das ging nun allerliebst vonstatten,
Und weil wir keine Glocken hatten,
So sangen wir *Bum Baum* dazu.

Vergessen, wie die ältste Sage,
War der unschuld'ge Kinderscherz;
Doch grade diese letzten Tage

Fiel er mit einmal mir aufs Herz:
Da sind sie ja, nach allen Stücken,
Die neupoetischen Katholiken!

AN KOTZEBUE
Februar 1816

Natur gab dir so schöne Gaben,
Als tausend andre Menschen nicht haben;
Sie versagte dir aber den schönsten Gewinst,
Zu schätzen mit Freude fremdes Verdienst.

Könntest du dich deiner Nachbarn freuen,
Du stelltest dich ehrenvoll mit in den Reihen;
Nun aber hat dich das Rechte verdrossen,
Und hast dich selber ausgeschlossen.

Und wenn nach hundert Jahren ein Meiner
Deiner Werke gedenkt und deiner,
So darf er es nicht anders sagen;
Du kannst ihn beim Jüngsten Gericht verklagen.

*

»Warum bekämpfst du nicht den Kotzebue,
Der scharfe Pfeile, dir zu schaden, richtet?«
Ich sehe schadenfroh im Stillen zu,
Wie dieser Feind sich selbst vernichtet.

*

Ein strenger Mann, von Stirne kraus,
Herr Doktor Müllner heißt er,
Wirft alles gleich zum Fenster hinaus,
Sogar den »Wilhelm Meister«.
Er ganz allein versteht es recht,
Daran ist gar kein Zweifel:

Denn geht es seinen Helden schlecht,
Ergibt er sie dem Teufel.

Erwiderung

Wenn schönes Mädchen sorgen will
Für meine Seligkeit,
So ist ihr zartes Herzchen still
Der Liebe schon geweiht;
Doch Pfarrers Wittib mahnt mich an
Aus ihrem Ofenwinkel!
Fürwahr, ich sehe nichts daran
Als Eitelkeit und Dünkel. —
Beim Heiland möcht' ich euch nicht gern
Für die Empfehlung danken,
Gesunde kennen unsern Herrn
Weit besser als ihr Kranken.

*

Verwandte sind sie von Natur,
Der Frischling und das Ferkel;
So ist Herr Menzel endlich nur
Ein potenzierter Merkel.

Die weltanschaulichen Gedichte

PROOEMION

Im Namen dessen, der Sich selbst erschuf!
Von Ewigkeit in schaffendem Beruf;
In Seinem Namen, der den Glauben schafft,
Vertrauen, Liebe, Tätigkeit und Kraft;
In Jenes Namen, der, so oft genannt,
Dem Wesen nach blieb immer unbekannt:

So weit das Ohr, so weit das Auge reicht,
Du findest nur Bekanntes, das Ihm gleicht,
Und deines Geistes höchster Feuerflug
Hat schon am Gleichnis, hat am Bild genug;
Es zieht dich an, es reißt dich heiter fort,
Und wo du wandelst, schmückt sich Weg und Ort;
Du zählst nicht mehr, berechnest keine Zeit,
Und jeder Schritt ist Unermesslichkeit.

—

Was wär' ein Gott, der nur von außen stieße,
Im Kreis das All am Finger laufen ließe!
Ihm ziemt's, die Welt im Innern zu bewegen,
Natur in Sich, Sich in Natur zu hegen,
So dass, was in Ihm lebt und webt und ist,
Nie Seine Kraft, nie Seinen Geist vermisst.

Im Innern ist ein Universum auch;
Daher der Völker löblicher Gebrauch,
Dass jeglicher das Beste, was er kennt,
Er Gott, ja seinen Gott benennt,
Ihm Himmel und Erden übergibt,
Ihn fürchtet und wo möglich liebt.

PARABASE

Freudig war, vor vielen Jahren,
Eifrig so der Geist bestrebt,
Zu erforschen, zu erfahren,
Wie Natur im Schaffen lebt.
Und es ist das ewig Eine,
Das sich vielfach offenbart;
Klein das Große, groß das Kleine,
Alles nach der eignen Art.
Immer wechselnd, fest sich haltend;
Nah und fern und fern und nah;
So gestaltend, umgestaltend —
Zum Erstaunen bin ich da.

EPIRRHEMA

Müsset im Naturbetrachten
Immer eins wie alles achten;
Nichts ist drinnen, nichts ist draußen:
Denn was innen, das ist außen.
So ergreifet ohne Säumnis
Heilig öffentlich Geheimnis.

Freuet euch des wahren Scheins,
Euch des ernsten Spieles:
Kein Lebendiges ist ein Eins,
Immer ist's ein Vieles.

ANTEPIRRHEMA

So schauet mit bescheidnem Blick
Der ewigen Weberin Meisterstück,
Wie Ein Tritt tausend Fäden regt,

Die Schifflein hinüber, herüber schießen,
Die Fäden sich begegnend fließen,
Ein Schlag tausend Verbindungen schlägt,
Das hat sie nicht zusammengebettelt,
Sie hat's von Ewigkeit angezettelt;
Damit der ewige Meistermann
Getrost den Einschlag werfen kann.

ALLERDINGS

Dem Physiker

»Ins Innre der Natur —«
O du Philister! —
»Dringt kein erschaffner Geist.«
Mich und Geschwister
Mögt ihr an solches Wort
Nur nicht erinnern:
Wir denken: Ort für Ort
Sind wir im Innern.
»Glückselig! wem sie nur
Die äußre Schale weist!«
Das hör' ich sechzig Jahre wiederholen,
Ich fluche drauf, aber verstohlen;
Sage mir tausend tausendmale:
Alles gibt sie reichlich und gern;
Natur hat weder Kern
Noch Schale,
Alles ist sie mit einem Male;
Dich prüfe du nur allermeist,
Ob du Kern oder Schale seist.

URWORTE. ORPHISCH

ΔΑΙΜΩΝ, Dämon

Wie an dem Tag, der dich der Welt verliehen,
Die Sonne stand zum Gruße der Planeten,
Bist alsobald und fort und fort gediehen
Nach dem Gesetz, wonach du angetreten.
So musst du sein, dir kannst du nicht entfliehen,
So sagten schon Sibyllen, so Propheten;
Und keine Zeit und keine Macht zerstückelt
Geprägte Form, die lebend sich entwickelt.

ΤΥΧΗ, Das Zufällige

Die strenge Grenze doch umgeht gefällig
Ein Wandelndes, das mit und um uns wandelt;
Nicht einsam bleibst du, bildest dich gesellig
Und handelst wohl so, wie ein andrer handelt:
Im Leben ist's bald hin-, bald widerfällig,
Es ist ein Tand und wird so durchgetandelt.
Schon hat sich still der Jahre Kreis geründet,
Die Lampe harrt der Flamme, die entzündet.

ΕΡΩΣ, Liebe

Die bleibt nicht aus! — Er stürzt vom Himmel nieder,
Wohin er sich aus alter Öde schwang,
Er schwebt heran auf luftigem Gefieder
Um Stirn und Brust den Frühlingstag entlang,
Scheint jetzt zu fliehn, vom Fliehen kehrt er wieder,
Da wird ein Wohl im Weh, so süß und bang.
Gar manches Herz verschwebt im Allgemeinen,
Doch widmet sich das edelste dem Einen.

ΑΝΑΓΚΗ, Nötigung

Da ist's denn wieder, wie die Sterne wollten:
Bedingung und Gesetz; und aller Wille
Ist nur ein Wollen, weil wir eben sollten,
Und vor dem Willen schweigt die Willkür stille;
Das Liebste wird vom Herzen weggescholten,
Dem harten Muss bequemt sich Will' und Grille.
So sind wir scheinfrei denn nach manchen Jahren
Nur enger dran, als wir am Anfang waren.

ΕΛΠΙΣ, Hoffnung

Doch solcher Grenze, solcher eh'rnen Mauer
Höchst widerwärt'ge Pforte wird entriegelt,
Sie stehe nur mit alter Felsendauer!
Ein Wesen regt sich leicht und ungezügelt:
Aus Wolkendecke, Nebel, Regenschauer
Erhebt sie uns, mit ihr, durch sie beflügelt;
Ihr kennt sie wohl, sie schwärmt durch alle Zonen;
Ein Flügelschlag — und hinter uns Äonen.

PARIA

Des Paria Gebet

Großer Brahma, Herr der Mächte,
Alles ist von deinem Samen,
Und so bist du der Gerechte!
Hast du denn allein die Brahmen,
Nur die Rajahs und die Reichen,
Hast du sie allein geschaffen?
Oder bist auch du's, der Affen
Werden ließ und unseresgleichen?

Edel sind wir nicht zu nennen:
Denn das Schlechte, das gehört uns,
Und was andre tödlich kennen,
Das alleine, das vermehrt uns.
Mag dies für die Menschen gelten,
Mögen sie uns doch verachten;
Aber du, du sollst uns achten,
Denn du könntest alle schelten.

Also, Herr, nach diesem Flehen,
Segne mich zu deinem Kinde;
Oder Eines lass entstehen,
Das auch mich mit dir verbinde!
Denn du hast den Bajaderen
Eine Göttin selbst erhoben;
Auch wir andern, dich zu loben,
Wollen solch ein Wunder hören.

Legende

Wasser holen geht die reine
Schöne Frau des hohen Brahmen,
Des verehrten, fehlerlosen,
Ernstester Gerechtigkeit.
Täglich von dem heiligen Flusse
Holt sie köstlichstes Erquicken; —
Aber wo ist Krug und Eimer?
Sie bedarf derselben nicht.
Seligem Herzen, frommen Händen
Ballt sich die bewegte Welle
Herrlich zu kristallner Kugel;
Diese trägt sie, frohen Busens,
Reiner Sitte, holden Wandelns,
Vor den Gatten in das Haus.

Heute kommt die morgendliche
Im Gebet zu Ganges' Fluten,
Beugt sich zu der klaren Fläche —
Plötzlich überraschend spiegelt
Aus des höchsten Himmels Breiten
Über ihr vorübereilend
Allerlieblichste Gestalt
Hehren Jünglings, den des Gottes
Uranfänglich-schönes Denken
Aus dem ew'gen Busen schuf;
Solchen schauend fühlt ergriffen
Von verwirrenden Gefühlen
Sie das innere tiefste Leben,
Will verharren in dem Anschaun,
Weist es weg, da kehrt es wieder,
Und verworren strebt sie flutwärts,
Mit unsichrer Hand zu schöpfen;
Aber ach! sie schöpft nicht mehr!
Denn des Wassers heilige Welle
Scheint zu fliehn, sich zu entfernen,
Sie erblickt nur hohler Wirbel
Grause Tiefen unter sich.

Arme sinken, Tritte straucheln,
Ist's denn auch der Pfad nach Hause?
Soll sie zaudern? soll sie fliehen?
Will sie denken, wo Gedanke,
Rat und Hülfe gleich versagt? —
Und so tritt sie vor den Gatten;
Er erblickt sie, Blick ist Urteil,
Hohen Sinns ergreift das Schwert er,
Schleppt sie zu dem Totenhügel,
Wo Verbrecher büßend bluten.
Wüsste sie zu widerstreben?
Wüsste sie sich zu entschuld'gen,
Schuldig, keiner Schuld bewusst?

Und er kehrt mit blutigem Schwerte
Sinnend zu der stillen Wohnung;
Da entgegnet ihm der Sohn:
»Wessen Blut ist's? Vater! Vater!« —
»Der Verbrecherin!« — »Mit nichten!
Denn es starret nicht am Schwerte
Wie verbrecherische Tropfen,
Fließt wie aus der Wunde frisch.
Mutter, Mutter! tritt heraus her!
Ungerecht war nie der Vater,
Sage, was er jetzt verübt.« —
»Schweige! Schweige! 's ist das ihre!« —
»Wessen ist es?« — »Schweige! Schweige!« —
»Wäre meiner Mutter Blut!
Was geschehen? was verschuldet?
Her das Schwert! ergriffen hab' ich's;
Deine Gattin magst du töten,
Aber meine Mutter nicht!
In die Flammen folgt die Gattin
Ihrem einzig Angetrauten,
Seiner einzig teuren Mutter
In das Schwert der treue Sohn.«

»Halt', o halte!«, rief der Vater,
»Noch ist Raum, enteil', enteile!
Füge Haupt dem Rumpfe wieder,
Du berührest mit dem Schwerte,
Und lebendig folgt sie dir.«

Eilend, atemlos erblickt er
Staunend zweier Frauen Körper
Überkreuzt und so die Häupter;
Welch Entsetzen! welche Wahl!
Dann der Mutter Haupt erfasst er,
Küsst es nicht, das tot erblasste,
Auf des nächsten Rumpfes Lücke

Setzt er's eilig, mit dem Schwerte
Segnet er das fromme Werk.

Aufersteht ein Riesenbildnis. —
Von der Mutter teuren Lippen,
Göttlich-unverändert-süßen,
Tönt das grausenvolle Wort:
»Sohn, o Sohn! welch Übereilen!
Deiner Mutter Leichnam dorten,
Neben ihm das freche Haupt
Der Verbrecherin, des Opfers
Waltender Gerechtigkeit!
Mich nun hast du ihrem Körper
Eingeimpft auf ewige Tage;
Weisen Wollens, wilden Handelns
Werd' ich unter Göttern sein.
Ja des Himmelsknaben Bildnis
Webt so schön vor Stirn und Auge;
Senkt sich's in das Herz herunter,
Regt es tolle Wutbegier.

Immer wird es wiederkehren,
Immer steigen, immer sinken,
Sich verdüstern, sich verklären,
So hat Brahma dies gewollt.
Er gebot ja buntem Fittich,
Klarem Antlitz, schlanken Gliedern,
Göttlich-einzigem Erscheinen,
Mich zu prüfen, zu verführen;
Denn von oben kommt Verführung,
Wenn's den Göttern so beliebt.
Und so soll ich, die Brahmane,
Mit dem Haupt im Himmel weilend,
Fühlen, Paria, dieser Erde
Niederziehende Gewalt.

Sohn, ich sende dich dem Vater!
Tröste! — Nicht ein traurig Büßen,
Stumpfes Harren, stolz Verdienen
Halt' euch in der Wildnis fest;
Wandert aus durch alle Welten,
Wandelt hin durch alle Zeiten
Und verkündet auch Geringstem:
Dass ihn Brahma droben hört!

Ihm ist keiner der Geringste.
Wer sich mit gelähmten Gliedern,
Sich mit wild zerstörtem Geiste,
Düster ohne Hülf' und Rettung,
Sei er Brahma, sei er Paria,
Mit dem Blick nach oben kehrt,
Wird's empfinden, wird's erfahren:
Dort erglühen tausend Augen,
Ruhend lauschen tausend Ohren,
Denen nichts verborgen bleibt.

Heb' ich mich zu seinem Throne,
Schaut er mich, die Grausenhafte,
Die er grässlich umgeschaffen,
Muss er ewig mich bejammern,
Euch zugute komme das.
Und ich werd' ihn freundlich mahnen,
Und ich werd' ihm wütend sagen,
Wie es mir der Sinn gebietet,
Wie es mir im Busen schwellet.
Was ich denke, was ich fühle —
Ein Geheimnis bleibe das.«

Dank des Paria

Großer Brahma! nun erkenn' ich,
Dass du Schöpfer bist der Welten!

Dich als meinen Herrscher nenn' ich,
Denn du lässest alle gelten.

Und verschließest auch dem Letzten
Keines von den tausend Ohren;
Uns, die tief Herabgesetzten,
Alle hast du neu geboren.

Wendet euch zu dieser Frauen,
Die der Schmerz zur Göttin wandelt;
Nun beharr' ich anzuschauen
Den, der einzig wirkt und handelt.

*

Im ernsten Beinhaus war's, wo ich beschaute,
Wie Schädel Schädeln angeordnet passten;
Die alte Zeit gedacht ich, die ergraute.
Sie stehn in Reih' geklemmt, die sonst sich hassten,
Und derbe Knochen, die sich tödlich schlugen,
Sie liegen kreuzweis zahm allhier zu rasten.
Entrenkte Schulterblätter! was sie trugen,
Fragt niemand mehr, und zierlich-tät'ge Glieder,
Die Hand, der Fuß, zerstreut aus Lebensfugen.
Ihr Müden also lagt vergebens nieder,
Nicht Ruh' im Grabe ließ man euch, vertrieben
Seid ihr herauf zum lichten Tage wieder,
Und niemand kann die dürre Schale lieben,
Welch herrlich edlen Kern sie auch bewahrte.
Doch mir Adepten war die Schrift geschrieben,
Die heil'gen Sinn nicht jedem offenbarte,
Als ich inmitten solcher starren Menge
Unschätzbar herrlich ein Gebild gewahrte,
Dass in des Raumes Moderkält' und Enge
Ich frei und wärmefühlend mich erquickte,
Als ob ein Lebensquell dem Tod entspränge.
Wie mich geheimnisvoll die Form entzückte!

Die gottgedachte Spur, die sich erhalten!
Ein Blick, der mich an jenes Meer entrückte,
Das flutend strömt gesteigerte Gestalten.
Geheim Gefäß! Orakelsprüche spendend,
Wie bin ich wert, dich in der Hand zu halten,
Dich höchsten Schatz aus Moder fromm entwendend
Und in die freie Luft zu freiem Sinnen,
Zum Sonnenlicht andächtig hin mich wendend.
Was kann der Mensch im Leben mehr gewinnen,
Als dass sich Gott-Natur ihm offenbare?
Wie sie das Feste lässt zu Geist verrinnen,
Wie sie das Geisterzeugte fest bewahre.

*

Wer Wissenschaft und Kunst besitzt,
Hat auch Religion;
Wer jene beiden nicht besitzt,
Der habe Religion.

*

Wär nicht das Auge sonnenhaft,
Die Sonne könnt' es nie erblicken;
Läg' nicht in uns des Gottes eigne Kraft,
Wie könnt' uns Göttliches entzücken?

*

Was auch als Wahrheit oder Fabel
In tausend Büchern dir erscheint,
Das alles ist ein Turm zu Babel,
Wenn es die Liebe nicht vereint.

*

Wenn im Unendlichen dasselbe
Sich wiederholend ewig fließt,
Das tausendfältige Gewölbe
Sich kräftig ineinander schließt,

Strömt Lebenslust aus allen Dingen,
Dem kleinsten wie dem größten Stern,
Und alles Drängen, alles Ringen
Ist ewige Ruh in Gott dem Herrn.

SCHWEBENDER GENIUS ÜBER DER ERDKUGEL

Mit der einen Hand nach unten, mit der andern nach oben deutend.

Zwischen Oben, zwischen Unten
Schweb' ich hin zu muntrer Schau,
Ich ergötze mich am Bunten,
Ich erquicke mich im Blau.

Und wenn mich am Tag die Ferne
Luftiger Berge sehnlich zieht,
Nachts das Übermaß der Sterne
Prächtig mir zu Häupten glüht,

Alle Tag' und alle Nächte
Rühm' ich so des Menschen Los;
Denkt er ewig sich ins Rechte,
Ist er ewig schön und groß.

*

Wenn am Tag Zenit und Ferne
Blau ins Ungemessne fließt,
Nachts die Überwucht der Sterne
Himmlische Gewölbe schließt,
So am Grünen, so am Bunten
Kräftigt sich ein reiner Sinn,
Und das Oben wie das Unten
Bringt dem edlen Geist Gewinn.

EINS UND ALLES

Im Grenzenlosen sich zu finden,
Wird gern der Einzelne verschwinden,
Da löst sich aller Überdruss;
Statt heißem Wünschen, wildem Wollen,
Statt läst'gem Fordern, strengem Sollen,
Sich aufzugeben ist Genuss.

Weltseele, komm, uns zu durchdringen!
Dann mit dem Weltgeist selbst zu ringen
Wird unsrer Kräfte Hochberuf.
Teilnehmend führen gute Geister,
Gelinde leitend, höchste Meister,
Zu dem, der alles schafft und schuf.

Und umzuschaffen das Geschaffne,
Damit sich's nicht zum Starren waffne,
Wirkt ewiges lebendiges Tun.
Und was nicht war, nun will es werden,
Zu reinen Sonnen, farbigen Erden,
In keinem Falle darf es ruhn.

Es soll sich regen, schaffend handeln,
Erst sich gestalten, dann verwandeln;
Nur scheinbar steht's Momente still.
Das Ewige regt sich fort in allen,
Denn alles muss in Nichts zerfallen,
Wenn es im Sein beharren will.

VERMÄCHTNIS

Kein Wesen kann zu Nichts zerfallen!
Das Ew'ge regt sich fort in allen,
Am Sein erhalte dich beglückt!

Das Sein ist ewig; denn Gesetze
Bewahren die lebend'gen Schätze,
Aus welchen sich das All geschmückt.

Das Wahre war schon längst gefunden,
Hat edle Geisterschaft verbunden,
Das alte Wahre, fass es an!
Verdank es, Erdensohn, dem Weisen,
Der ihr die Sonne zu umkreisen
Und dem Geschwister wies die Bahn.

Sofort nun wende dich nach innen,
Das Zentrum findest du da drinnen,
Woran kein Edler zweifeln mag.
Wirst keine Regel da vermissen,
Denn das selbstständige Gewissen
Ist Sonne deinem Sittentag.

Den Sinnen hast du dann zu trauen,
Kein Falsches lassen sie dich schauen,
Wenn dein Verstand dich wach erhält.
Mit frischem Blick bemerke freudig,
Und wandle sicher wie geschmeidig
Durch Auen reichbegabter Welt.

Genieße mäßig Füll' und Segen,
Vernunft sei überall zugegen,
Wo Leben sich des Lebens freut.
Dann ist Vergangenheit beständig,
Das Künftige voraus lebendig,
Der Augenblick ist Ewigkeit.

Und war es endlich dir gelungen,
Und bist du vom Gefühl durchdrungen:
Was fruchtbar ist, allein ist wahr,
Du prüfst das allgemeine Walten,

Es wird nach seiner Weise schalten,
Geselle dich zur kleinsten Schar.

Und wie von alters her im Stillen
Ein Liebewerk nach eignem Willen
Der Philosoph, der Dichter schuf,
So wirst du schönste Gunst erzielen:
Denn edlen Seelen vorzufühlen
Ist wünschenswertester Beruf.

Die späte Lyrik

FRÜHLING ÜBERS JAHR

Das Beet schon lockert
Sich's in die Höh',
Da wanken Glöckchen
So weiß wie Schnee;
Safran entfaltet
Gewalt'ge Glut,
Smaragden keimt es
Und keimt wie Blut.
Primeln stolzieren
So naseweis,
Schalkhafte Veilchen
Versteckt mit Fleiß;
Was auch noch alles
Da regt und webt,
Genug, der Frühling
Er wirkt und lebt.

Doch was im Garten
Am reichsten blüht,
Das ist des Liebchens
Lieblich Gemüt.
Da glühen Blicke
Mir immerfort,
Erregend Liedchen,
Erheiternd Wort.
Ein immer offen,
Ein Blütenherz,
Im Ernste freundlich
Und rein im Scherz.
Wenn Ros' und Lilie

Der Sommer bringt,
Er doch vergebens
Mit Liebchen ringt.

MÄRZ

Es ist ein Schnee gefallen,
Denn es ist noch nicht Zeit,
Dass von den Blümlein allen,
Dass von den Blümlein allen
Wir werden hoch erfreut.

Der Sonnenblick betrüget
Mit mildem, falschem Schein,
Die Schwalbe selber lüget,
Die Schwalbe selber lüget,
Warum? Sie kommt allein!

Sollt' ich mich einzeln freuen,
Wenn auch der Frühling nah?
Doch kommen wir zu zweien,
Doch kommen wir zu zweien,
Gleich ist der Sommer da.

BLICK UM BLICK

Wenn du dich im Spiegel besiehst,
Denke, dass ich diese Augen küsste,
Und mich mit mir selbst entzweien müsste,
Sobalde du mich fliehst:
Denn da ich nur in diesen Augen lebe,
Du mir gibst, was ich gebe,
So wär' ich ganz verloren;
Jetzt bin ich immer wie neu geboren.

UM MITTERNACHT

Um Mitternacht ging ich, nicht eben gerne,
Klein, kleiner Knabe, jenen Kirchhof hin
Zu Vaters Haus, des Pfarrers; Stern am Sterne
Sie leuchteten doch alle gar zu schön;
 Um Mitternacht.

Wenn ich dann ferner in des Lebens Weite
Zur Liebsten musste, musste, weil sie zog,
Gestirn und Nordschein über mir im Streite,
Ich gehend, kommend Seligkeiten sog;
 Um Mitternacht.

Bis dann zuletzt des vollen Mondes Helle
So klar und deutlich mir ins Finstere drang,
Auch der Gedanke willig, sinnig, schnelle
Sich ums Vergangne wie ums Künftige schlang;
 Um Mitternacht.

ZWISCHEN BEIDEN WELTEN

Einer Einzigen angehören,
Einen Einzigen verehren,
Wie vereint es Herz und Sinn!
Lida, Glück der nächsten Nähe,
William, Stern der schönsten Höhe,
Euch verdank' ich, was ich bin.
Tag' und Jahre sind verschwunden,
Und doch ruht auf jenen Stunden
Meines Wertes Vollgewinn.

IMMER UND ÜBERALL

Dringe tief zu Bergesgrüften,
Wolken folge hoch zu Lüften;
Muse ruft zu Bach und Tale
Tausend, abertausend Male.

Sobald ein frisches Kelchlein blüht,
Es fordert neue Lieder;
Und wenn die Zeit verrauschend flieht,
Jahrszeiten kommen wieder.

ST. NEPOMUKS VORABEND
Karlsbad, den 15. Mai 1820

Lichtlein schwimmen auf dem Strome,
Kinder singen auf der Brücken,
Glocke, Glöckchen fügt vom Dome
Sich der Andacht, dem Entzücken.

Lichtlein schwinden, Sterne schwinden;
Also löste sich die Seele
Unsres Heil'gen, nicht verkünden
Durft' er anvertraute Fehle.

Lichtlein, schwimmet! Spielt, ihr Kinder!
Kinder-Chor, o singe, singe!
Und verkündiget nicht minder,
Was den Stern zu Sternen bringe.

WANDERSEGEN

Die Wanderjahre sind nun angetreten,
Und jeder Schritt des Wandrers ist bedenklich.
Zwar pflegt er nicht zu singen und zu beten;
Doch wendet er, sobald der Pfad verfänglich,
Den ernsten Blick, wo Nebel ihn umtrüben,
Ins eigne Herz und in das Herz der Lieben.

WILHELM TISCHBEINS IDYLLEN

1.

Würdige Prachtgebäude stürzen,
Mauer fällt, Gewölbe bleiben,
Dass nach tausendjähr'gem Treiben
Tor und Pfeiler sich verkürzen.
Dann beginnt das Leben wieder,
Boden mischt sich neuen Saaten,
Rank' auf Ranke senkt sich nieder;
Der Natur ist's wohl geraten.

2.

Schön und menschlich ist der Geist,
Der uns in das Freie weist,
Wo in Wäldern, auf der Flur,
Wie im steilen Berggehänge,
Sonnenauf- und -untergänge
Preisen Gott und die Natur.

3.

Wenn in Wäldern Baum an Bäumen,
Bruder sich mit Bruder nähret,
Sei das Wandern, sei das Träumen
Unverwehrt und ungestöret;
Doch, wo einzelne Gesellen

Zierlich miteinander streben,
Sich zum schönen Ganzen stellen,
Das ist Freude, das ist Leben.

4.

Mitten in dem Wasserspiegel
Hob die Eiche sich empor,
Majestätisch Fürstensiegel
Solchem grünen Waldesflor;
Sieht sich selbst zu ihren Füßen,
Schaut den Himmel in der Flut:
So des Lebens zu genießen
Einsamkeit ist höchstes Gut.

5.

Edel-ernst, ein Halbtier, liegend,
Im Beschauen, im Besinnen,
Hin und her im Geiste wiegend,
Denkt er Großes zu gewinnen.
Ach, er möchte gern entfliehen
Solchem Auftrag, solcher Würde;
Einen Helden zu erziehen
Wird Centauren selbst zur Bürde.

6.

Was wir froh und dankbar fühlen,
Wenn es auch am Ende quält,
Was wir lechzen zu erzielen,
Wo es Herz und Sinnen fehlt:
Heitre Gegend, groß gebildet,
Jugendschritt an Freundesbrust,
Wechselseitig abgemildet,
Holder Liebe Schmerzenslust;
Alles habt ihr nun empfangen,
Irdisch war's und in der Näh';
Sehnsucht aber und Verlangen

Hebt vom Boden in die Höh'.
An der Quelle sind's Najaden,
Sind Sylphiden in der Luft,
Leichter fühlt ihr euch im Baden,
Leichter noch in Himmelsduft;
Und das Plätschern und das Wallen
Ein und andres zieht euch an;
Lasset Lied und Bild verhallen,
Doch im Innern ist's getan.

7.

Ruhig Wasser, grause Höhle,
Bergeshöh' und ernstes Licht,
Seltsam, wie es unsrer Seele
Schauderhafte Laute spricht.
So erweist sich wohl Natur,
Künstlerblick vernimmt es nur.

ÄOLSHARFEN

Gespräch

Er

Ich dacht', ich habe keinen Schmerz,
Und doch war mir so bang ums Herz,
Mir war's gebunden vor der Stirn
Und hohl im innersten Gehirn —

Bis endlich Trän' auf Träne fließt,
Verhaltnes Lebewohl ergießt. —
Ihr Lebewohl war heitre Ruh',
Sie weint wohl jetzund auch wie du.

Sie

Ja er ist fort, das muss nun sein!
Ihr Lieben, lasst mich nur allein,
Sollt' ich euch seltsam scheinen,
Es wird nicht ewig währen!
Jetzt kann ich ihn nicht entbehren.
Und da muss ich weinen.

Er

Zur Trauer bin ich nicht gestimmt,
Und Freude kann ich auch nicht haben:
Was sollen mir die reifen Gaben,
Die man von jedem Baume nimmt!
Der Tag ist mir zum Überdruss,
Langweilig ist's, wenn Nächte sich befeuern;
Mir bleibt der einzige Genuss,
Dein holdes Bild mir ewig zu erneuern,
Und fühltest du den Wunsch nach diesem Segen,
Du kämest mir auf halbem Weg entgegen.

Sie

Du trauerst, dass ich nicht erscheine,
Vielleicht entfernt so treu nicht meine,
Sonst wär' mein Geist im Bilde da.
Schmückt Iris wohl des Himmels Bläue?
Lass regnen, gleich erscheint die Neue.
Du weinst! Schon bin ich wieder da.

Er

Ja, du bist wohl an Iris zu vergleichen!
Ein liebenswürdig Wunderzeichen.
So schmiegsam herrlich, bunt in Harmonie
Und immer neu und immer gleich wie sie.

*

Könnt' ich vor mir selber fliehn!
Das Maß ist voll.
Ach! Warum streb' ich immer dahin,
Wohin ich nicht soll.

*

Ach! wer doch wieder gesundete!
Welch unerträgliche Schmerzen!
Wie die Schlange, die verwundete,
Krümmt sich's im eignen Herzen.

*

Denn freilich sind's dergleichen Kiel' und Pfeile,
Die, hin und wider fliegend, würkend zischen,
Gehetzt in Eile, bogenhaft in Weile
In tausendfält'gem Wollen sich vermischen.
Man weiß nicht, soll man? Oder soll's verschieben? —
Nur wer sich kennt, der hat das Recht zu lieben.

An Ulrike v. Levetzow

I.

Du hattest längst mir's angetan,
Doch jetzt gewahr' ich neues Leben;
Ein süßer Mund blickt uns gar freundlich an,
Wenn er uns einen Kuss gegeben.

II.

Tadelt man, dass wir uns lieben,
Dürfen wir uns nicht betrüben,
Tadel ist von keiner Kraft.
Andern Dingen mag das gelten,
Kein Missbilligen, kein Schelten
Macht die Liebe tadelhaft.

III.

Du Schüler Howards, wunderlich
Siehst morgens um und über dich,
Ob Nebel fallen, ob sie steigen,
Und was sich für Gewölke zeigen.

Auf Berges Ferne ballt sich auf
Ein Alpenheer, beeist zu Hauf,
Und oben drüber flüchtig schweifen
Gefiedert weiße luftige Streifen;
Doch unten senkt sich grau und grauer
Aus Wolkenschicht ein Regenschauer.

Und wenn bei stillem Dämmerlicht
Ein allerliebstes Treugesicht
Auf holder Schwelle dir begegnet,
Weißt du, ob's heitert? ob es regnet?

IV.

Wenn sich lebendig Silber neigt,
So gibt es Schnee und Regen,
Und wie es wieder aufwärts steigt,
Ist blaues Zelt zugegen.
Auch sinke viel, es steige kaum
Der Freude Wink, des Schmerzens,
Man fühlt ihn gleich im engen Raum
Des lieb-lebend'gen Herzens.

V.

Du gingst vorüber? Wie! ich sah dich nicht;
Du kamst zurück, dich hab' ich nicht gesehen —
Verlorner, unglücksel'ger Augenblick!
Bin ich denn blind? Wie soll mir das geschehen?

Doch tröst' ich mich, und du verzeihst mir gern,
Entschuldigung wirst du mit Freude finden;

Ich sehe dich, bist du auch noch so fern!
Und in der Nähe kannst du mir verschwinden.

VI.

Am heißen Quell verbringst du deine Tage,
Das regt mich auf zu innerm Zwist;
Denn wie ich dich so ganz im Herzen trage,
Begreif' ich nicht, wie du wo anders bist.

TRILOGIE DER LEIDENSCHAFT

An Werther

Noch einmal wagst du, vielbeweinter Schatten,
Hervor dich an das Tageslicht,
Begegnest mir auf neu beblümten Matten,
Und meinen Anblick scheust du nicht.
Es ist, als ob du lebtest in der Frühe,
Wo uns der Tau auf Einem Feld erquickt,
Und nach des Tages unwillkommner Mühe
Der Scheidesonne letzter Strahl entzückt;
Zum Bleiben ich, zum Scheiden du erkoren,
Gingst du voran — und hast nicht viel verloren.

Des Menschen Leben scheint ein herrlich Los:
Der Tag wie lieblich, so die Nacht wie groß!
Und wir, gepflanzt in Paradieses Wonne,
Genießen kaum der hocherlauchten Sonne,
Da kämpft sogleich verworrene Bestrebung
Bald mit uns selbst und bald mit der Umgebung;
Keins wird vom andern wünschenswert ergänzt,
Von außen düstert's, wenn es innen glänzt,
Ein glänzend Äußres deckt mein trüber Blick,
Da steht es nah — und man verkennt das Glück.

Nun glauben wir's zu kennen! Mit Gewalt
Ergreift uns Liebreiz weiblicher Gestalt:
Der Jüngling, froh wie in der Kindheit Flor,
Im Frühling tritt als Frühling selbst hervor,
Entzückt, erstaunt, wer dies ihm angetan?
Er schaut umher, die Welt gehört ihm an.

Ins Weite zieht ihn unbefangne Hast,
Nichts engt ihn ein, nicht Mauer, nicht Palast;
Wie Vögelschar an Wäldergipfeln streift,
So schwebt auch er, der um die Liebste schweift,
Er sucht vom Äther, den er gern verlässt,
Den treuen Blick, und dieser hält ihn fest.

Doch erst zu früh und dann zu spät gewarnt,
Fühlt er den Flug gehemmt, fühlt sich umgarnt,
Das Wiedersehn ist froh, das Scheiden schwer,
Das Wieder-Wiedersehn beglückt noch mehr,
Und Jahre sind im Augenblick ersetzt;
Doch tückisch harrt das Lebewohl zuletzt.

Du lächelst, Freund, gefühlvoll, wie sich ziemt:
Ein grässlich Scheiden machte dich berühmt;
Wir feierten dein kläglich Missgeschick,
Du ließest uns zu Wohl und Weh zurück;
Dann zog uns wieder ungewisse Bahn
Der Leidenschaften labyrinthisch an;
Und wir, verschlungen wiederholter Not,
Dem Scheiden endlich — Scheiden ist der Tod!
Wie klingt es rührend, wenn der Dichter singt,
Den Tod zu meiden, den das Scheiden bringt!
Verstrickt in solche Qualen, halbverschuldet,
Geb' ihm ein Gott zu sagen, was er duldet.

Elegie

Und wenn der Mensch in seiner Qual verstummt
Gab mir ein Gott zu sagen, was ich leide.

Was soll ich nun vom Wiedersehen hoffen,
Von dieses Tages noch geschlossner Blüte?
Das Paradies, die Hölle steht dir offen;
Wie wankelsinnig regt sich's im Gemüte! —
Kein Zweifeln mehr! Sie tritt ans Himmelstor,
Zu ihren Armen hebt sie dich empor.

So warst du denn im Paradies empfangen,
Als wärst du wert des ewig schönen Lebens;
Dir blieb kein Wunsch, kein Hoffen, kein Verlangen,
Hier war das Ziel des innigsten Bestrebens,
Und in dem Anschaun dieses einzig Schönen
Versiegte gleich der Quell sehnsüchtiger Tränen.

Wie regte nicht der Tag die raschen Flügel,
Schien die Minuten vor sich her zu treiben!
Der Abendkuss, ein treu verbindlich Siegel:
So wird es auch der nächsten Sonne bleiben.
Die Stunden glichen sich in zartem Wandern
Wie Schwestern zwar, doch keine ganz den andern.

Der Kuss, der letzte, grausam süß, zerschneidend
Ein herrliches Geflecht verschlungner Minnen.
Nun eilt, nun stockt der Fuß, die Schwelle meidend,
Als trieb' ein Cherub flammend ihn von hinnen;
Das Auge starrt auf düstrem Pfad verdrossen,
Es blickt zurück, die Pforte steht verschlossen.

Und nun verschlossen in sich selbst, als hätte
Dies Herz sich nie geöffnet, selige Stunden
Mit jedem Stern des Himmels um die Wette
An ihrer Seite leuchtend nicht empfunden;

Und Missmut, Reue, Vorwurf, Sorgenschwere
Belasten's nun in schwüler Atmosphäre.

Ist denn die Welt nicht übrig? Felsenwände,
Sind sie nicht mehr gekrönt von heiligen Schatten?
Die Ernte, reift sie nicht? Ein grün Gelände,
Zieht sich's nicht hin am Fluss durch Busch und Matten?
Und wölbt sich nicht das überweltlich Große,
Gestaltenreiche, bald Gestaltenlose?

Wie leicht und zierlich, klar und zart gewoben
Schwebt, seraphgleich, aus ernster Wolken Chor,
Als glich' es ihr, am blauen Äther droben,
Ein schlank Gebild aus lichtem Duft empor;
So sahst du sie in frohem Tanze walten,
Die lieblichste der lieblichsten Gestalten.

Doch nur Momente darfst dich unterwinden,
Ein Luftgebild statt ihrer festzuhalten;
Ins Herz zurück, dort wirst du's besser finden,
Dort regt sie sich in wechselnden Gestalten;
Zu vielen bildet Eine sich hinüber,
So tausendfach und immer, immer lieber.

Wie zum Empfang sie an den Pforten weilte
Und mich von dannauf stufenweis beglückte;
Selbst nach dem letzten Kuss mich noch ereilte,
Den letztesten mir auf die Lippen drückte:
So klar beweglich bleibt das Bild der Lieben,
Mit Flammenschrift ins treue Herz geschrieben.

Ins Herz, das fest wie zinnenhohe Mauer
Sich ihr bewahrt und sie in sich bewahret,
Für sie sich freut an seiner eignen Dauer,
Nur weiß von sich, wenn sie sich offenbaret,
Sich freier fühlt in so geliebten Schranken
Und nur noch schlägt, für alles ihr zu danken.

War Fähigkeit zu lieben, war Bedürfen
Von Gegenliebe weggelöscht, verschwunden;
Ist Hoffnungslust zu freudigen Entwürfen,
Entschlüssen, rascher Tat sogleich gefunden!
Wenn Liebe je den Liebenden begeistet,
Ward es an mir aufs lieblichste geleistet;

Und zwar durch sie! — Wie lag ein innres Bangen
Auf Geist und Körper, unwillkommner Schwere:
Von Schauerbildern rings der Blick umfangen
Im wüsten Raum beklommner Herzensleere;
Nun dämmert Hoffnung von bekannter Schwelle,
Sie selbst erscheint in milder Sonnenhelle.

Dem Frieden Gottes, welcher euch hienieden
Mehr als Vernunft beseliget — wir lesen's —,
Vergleich' ich wohl der Liebe heitern Frieden
In Gegenwart des allgeliebten Wesens;
Da ruht das Herz, und nichts vermag zu stören
Den tiefsten Sinn, den Sinn, ihr zu gehören.

In unsers Busens Reine wogt ein Streben,
Sich einem Höhern, Reinern, Unbekannten
Aus Dankbarkeit freiwillig hinzugeben,
Enträtselnd sich den ewig Ungenannten;
Wir heißen's: fromm sein! — Solcher seligen Höhe
Fühl' ich mich teilhaft, wenn ich vor ihr stehe.

Vor ihrem Blick, wie vor der Sonne Walten,
Vor ihrem Atem, wie vor Frühlingslüften,
Zerschmilzt, so längst sich eisig starr gehalten,
Der Selbstsinn tief in winterlichen Grüften;
Kein Eigennutz, kein Eigenwille dauert,
Vor ihrem Kommen sind sie weggeschauert.

Es ist, als wenn sie sagte: »Stund' um Stunde
Wird uns das Leben freundlich dargeboten,
Das Gestrige ließ uns geringe Kunde,
Das Morgende, zu wissen ist's verboten;
Und wenn ich je mich vor dem Abend scheute,
Die Sonne sank und sah noch, was mich freute.

Drum tu wie ich und schaue, froh-verständig,
Dem Augenblick ins Auge! Kein Verschieben!
Begegn' ihm schnell, wohlwollend wie lebendig,
Im Handeln sei's, zur Freude, sei's dem Lieben;
Nur wo du bist, sei alles, immer kindlich,
So bist du alles, bist unüberwindlich.«

Du hast gut reden, dacht' ich, zum Geleite
Gab dir ein Gott die Gunst des Augenblickes,
Und jeder fühlt an deiner holden Seite
Sich augenblicks den Günstling des Geschickes;
Mich schreckt der Wink, von dir mich zu entfernen,
Was hilft es mir, so hohe Weisheit lernen!

Nun bin ich fern! Der jetzigen Minute,
Was ziemt denn der? Ich wüsst' es nicht zu sagen;
Sie bietet mir zum Schönen manches Gute,
Das lastet nur, ich muss mich ihm entschlagen;
Mich treibt umher ein unbezwinglich Sehnen,
Da bleibt kein Rat als grenzenlose Tränen.

So quellt denn fort und fließet unaufhaltsam!
Doch nie geläng's, die innre Glut zu dämpfen!
Schon rast's und reißt in meiner Brust gewaltsam,
Wo Tod und Leben grausend sich bekämpfen.
Wohl Kräuter gäb's, des Körpers Qual zu stillen;
Allein dem Geist fehlt's am Entschluss und Willen,

Fehlt's am Begriff: wie sollt' er sie vermissen?
Er wiederholt ihr Bild zu tausendmalen.
Das zaudert bald, bald wird es weggerissen,
Undeutlich jetzt und jetzt im reinsten Strahlen;
Wie könnte dies geringstem Troste frommen,
Die Ebb' und Flut, das Gehen wie das Kommen?

Verlasst mich hier, getreue Weggenossen!
Lasst mich allein am Fels, in Moor und Moos;
Nur immer zu! euch ist die Welt erschlossen,
Die Erde weit, der Himmel hehr und groß;
Betrachtet, forscht, die Einzelheiten sammelt,
Naturgeheimnis werde nachgestammelt.

Mir ist das All, ich bin mir selbst verloren,
Der ich noch erst den Göttern Liebling war;
Sie prüften mich, verliehen mir Pandoren,
So reich an Gütern, reicher an Gefahr;
Sie drängten mich zum gabeseligen Munde,
Sie trennen mich, und richten mich zu Grunde.

Aussöhnung

Die Leidenschaft bringt Leiden! — Wer beschwichtigt
Beklommnes Herz, das allzu viel verloren?
Wo sind die Stunden, überschnell verflüchtigt?
Vergebens war das Schönste dir erkoren!
Trüb' ist der Geist, verworren das Beginnen;
Die hehre Welt, wie schwindet sie den Sinnen!

Da schwebt hervor Musik mit Engelschwingen,
Verflicht zu Millionen Tön' um Töne,
Des Menschen Wesen durch und durch zu dringen,
Zu überfüllen ihn mit ew'ger Schöne:
Das Auge netzt sich, fühlt im höhern Sehnen
Den Götterwert der Töne wie der Tränen.

Und so das Herz erleichtert merkt behände,
Dass es noch lebt und schlägt und möchte schlagen,
Zum reinsten Dank der überreichen Spende
Sich selbst erwidernd willig darzutragen.
Da fühlte sich — o dass es ewig bliebe! —
Das Doppelglück der Töne wie der Liebe.

DER BRÄUTIGAM

Um Mitternacht, ich schlief, im Busen wachte
Das liebevolle Herz, als wär' es Tag;
Der Tag erschien, mir war, als ob es nachte,
Was ist es mir, so viel er bringen mag.

Sie fehlte ja, mein emsig Tun und Streben
Für sie allein ertrug ich's durch die Glut
Der heißen Stunde, welch erquicktes Leben
Am kühlen Abend! lohnend war's und gut.

Die Sonne sank, und Hand in Hand verpflichtet
Begrüßten wir den letzten Segensblick,
Und Auge sprach, ins Auge klar gerichtet:
Von Osten, hoffe nur, sie kommt zurück.

Um Mitternacht! der Sterne Glanz geleitet
In holdem Traum zur Schwelle, wo sie ruht.
O sei auch mir dort auszuruhn bereitet,
Wie es auch sei das Leben es ist gut.

LÄNDLICH

Die Nachtigall, sie war entfernt,
Der Frühling lockt sie wieder;
Was Neues hat sie nicht gelernt,
Singt alte liebe Lieder.

CHINESISCH-DEUTSCHE JAHRES- UND TAGESZEITEN

I.

Sag', was könnt' uns Mandarinen,
Satt zu herrschen, müd zu dienen,
Sag', was könnt' uns übrig bleiben,
Als in solchen Frühlingstagen
Uns des Nordens zu entschlagen
Und am Wasser und im Grünen
Fröhlich trinken, geistig schreiben,
Schal' auf Schale, Zug in Zügen?

II.

Weiß wie Lilien, reine Kerzen,
Sternen gleich, bescheidner Beugung,
Leuchtet aus dem Mittelherzen,
Rot gesäumt, die Glut der Neigung.

So frühzeitige Narzissen
Blühen reihenweis im Garten.
Mögen wohl die guten wissen,
Wen sie so spaliert erwarten.

III.

Ziehn die Schafe von der Wiese,
Liegt sie da, ein reines Grün;
Aber bald zum Paradiese
Wird sie bunt geblümt erblühn.

Hoffnung breitet lichte Schleier
Nebelhaft vor unsern Blick:
Wunscherfüllung, Sonnenfeier,
Wolkenteilung bring' uns Glück!

IV.

Der Pfau schreit hässlich, aber sein Geschrei
Erinnert mich ans himmlische Gefieder,
So ist mir auch sein Schreien nicht zuwider.
Mit indischen Gänsen ist's nicht gleicherlei,
Sie zu erdulden, ist unmöglich:
Die hässlichen, sie schreien unerträglich.

V.

Entwickle deiner Lüste Glanz
Der Abendsonne goldnen Strahlen,
Lass deines Schweifes Rad und Kranz
Kühn-äugelnd ihr entgegen prahlen.
Sie forscht, wo es im Grünen blüht,
Im Garten, überwölbt vom Blauen;
Ein Liebespaar, wo sie's ersieht,
Glaubt sie das Herrlichste zu schauen.

VI.

Der Kuckuck wie die Nachtigall,
Sie möchten den Frühling fesseln,
Doch drängt der Sommer schon überall
Mit Disteln und mit Nesseln.
Auch mir hat er das leichte Laub
An jenem Baum verdichtet,
Durch das ich sonst zu schönstem Raub
Den Liebesblick gerichtet;
Verdeckt ist mir das bunte Dach,
Die Gitter und die Pfosten;
Wohin mein Auge spähend brach,
Dort ewig bleibt mein Osten.

VII.

War schöner als der schönste Tag,
Drum muss man mir verzeihen,
Dass ich sie nicht vergessen mag,

Am wenigsten im Freien.
Im Garten war's, sie kam heran,
Mir ihre Gunst zu zeigen;
Das fühl' ich noch und denke dran
Und bleib' ihr ganz zu eigen.

VIII.

Dämmrung senkte sich von oben,
Schon ist alle Nähe fern;
Doch zuerst emporgehoben
Holden Lichts der Abendstern!
Alles schwankt ins Ungewisse,
Nebel schleichen in die Höh';
Schwarzvertiefte Finsternisse
Widerspiegelnd ruht der See.

Nun im östlichen Bereiche
Ahn' ich Mondenglanz und -glut,
Schlanker Weiden Haargezweige
Scherzen auf der nächsten Flut.
Durch bewegter Schatten Spiele
Zittert Lunas Zauberschein,
Und durchs Auge schleicht die Kühle
Sänftigend ins Herz hinein.

IX.

Nun weiß man erst, was Rosenknospe sei,
Jetzt, da die Rosenzeit vorbei;
Ein Spätling noch am Stocke glänzt
Und ganz allein die Blumenwelt ergänzt.

X.

Als Allerschönste bist du anerkannt,
Bist Königin des Blumenreichs genannt;
Unwidersprechlich allgemeines Zeugnis,
Streitsucht verbannend, wundersam Ereignis!

Du bist es also, bist kein bloßer Schein,
In dir trifft Schaun und Glauben überein;
Doch Forschung strebt und ringt, ermüdend nie,
Nach dem Gesetz, dem Grund *Warum* und *Wie.*

XI.

»Mich ängstigt das Verfängliche
Im widrigen Geschwätz,
Wo nichts verharret, alles flieht,
Wo schon verschwunden, was man sieht;
Und mich umfängt das bängliche,
Das graugestrickte Netz.« —
Getrost! Das Unvergängliche,
Es ist das ewige Gesetz,
Wonach die Ros' und Lilie blüht.

XII.

»Hingesunken alten Träumen,
Buhlst mit Rosen, sprichst mit Bäumen
Statt der Mädchen, statt der Weisen;
Können das nicht löblich preisen,
Kommen deshalb die Gesellen,
Sich zur Seite dir zu stellen,
Finden, dir und uns zu dienen,
Pinsel, Farbe, Wein im Grünen.«

XIII.

Die stille Freude wollt ihr stören?
Lasst mich bei meinem Becher Wein;
Mit andern kann man sich belehren,
Begeistert wird man nur allein.

XIV.

»Nun denn! Eh' wir von hinnen eilen,
Hast noch was Kluges mitzuteilen?«

Sehnsucht ins Ferne, Künftige zu beschwichtigen,
Beschäftige dich hier und heut im Tüchtigen.

*

Es spricht sich aus der stumme Schmerz,
Der Äther klärt sich blau und bläuer,
Da schwebt sie ja, die goldne Leier,
Komm, alte Freundin, komm ans Herz.

DEM AUFGEHENDEN VOLLMONDE

Dornburg, 25. August 1828

Willst du mich sogleich verlassen?
Warst im Augenblick so nah!
Dich umfinstern Wolkenmassen,
Und nun bist du gar nicht da.

Doch du fühlst, wie ich betrübt bin,
Blickt dein Rand herauf als Stern!
Zeugest mir, dass ich geliebt bin,
Sei das Liebchen noch so fern.

So hinan denn! hell und heller,
Reiner Bahn, in voller Pracht!
Schlägt mein Herz auch schmerzlich schneller,
Überselig ist die Nacht.

*

Dornburg, September 1828

Früh, wenn Tal, Gebirg und Garten
Nebelschleiern sich enthüllen,
Und dem sehnlichsten Erwarten
Blumenkelche bunt sich füllen,

Wenn der Äther, Wolken tragend,
Mit dem klaren Tage streitet,
Und ein Ostwind, sie verjagend,
Blaue Sonnenbahn bereitet,

Dankst du dann, am Blick dich weidend,
Reiner Brust der Großen, Holden,
Wird die Sonne, rötlich scheidend,
Rings den Horizont vergolden.

GEDICHTE AUS »WILHELM MEISTER«

Wer nie sein Brot mit Tränen aß,
Wer nie die kummervollen Nächte
Auf seinem Bette weinend saß,
Der kennt euch nicht, ihr himmlischen Mächte.

Ihr führt ins Leben uns hinein,
Ihr lasst den Armen schuldig werden,
Dann überlasst ihr ihn der Pein,
Denn alle Schuld rächt sich auf Erden.

*

Wer sich der Einsamkeit ergibt,
Ach! der ist bald allein;
Ein jeder lebt, ein jeder liebt,
Und lässt ihn seiner Pein.

Ja! lasst mich meiner Qual!
Und kann ich nur einmal
Recht einsam sein,
Dann bin ich nicht allein.

Es schleicht ein Liebender lauschend sacht,
Ob seine Freundin allein?
So überschleicht bei Tag und Nacht
Mich Einsamen die Pein,
Mich Einsamen die Qual.
Ach werd' ich erst einmal
Einsam im Grabe sein,
Da lässt sie mich allein!

*

Kennst du das Land, wo die Zitronen blühn,
Im dunkeln Laub die Goldorangen glühn,
Ein sanfter Wind vom blauen Himmel weht,
Die Myrte still und hoch der Lorbeer steht,
Kennst du es wohl?
Dahin! Dahin
Möcht' ich mit dir, o mein Geliebter, ziehn!

Kennst du das Haus? auf Säulen ruht sein Dach,
Es glänzt der Saal, es schimmert das Gemach,
Und Marmorbilder stehn und sehn mich an:
Was hat man dir, du armes Kind, getan?
Kennst du es wohl?
Dahin! Dahin
Möcht' ich mit dir, o mein Beschützer, ziehn!

Kennst du den Berg und seinen Wolkensteg?
Das Maultier sucht im Nebel seinen Weg,
In Höhlen wohnt der Drachen alte Brut,
Es stürzt der Fels und über ihn die Flut:
Kennst du es wohl?
Dahin! Dahin
Geht unser Weg; o Vater, lass uns ziehn!

*

Nur wer die Sehnsucht kennt,
Weiß, was ich leide!
Allein und abgetrennt
Von aller Freude,
Seh' ich ans Firmament
Nach jener Seite.
Ach! der mich liebt und kennt,
Ist in der Weite.
Es schwindelt mir, es brennt
Mein Eingeweide.
Nur wer die Sehnsucht kennt,
Weiß, was ich leide!

*

Singet nicht in Trauertönen
Von der Einsamkeit der Nacht!
Nein, sie ist, o holde Schönen,
Zur Geselligkeit gemacht.

Wie das Weib dem Mann gegeben
Als die schönste Hälfte war,
Ist die Nacht das halbe Leben,
Und die schönste Hälfte zwar.

Könnt ihr euch des Tages freuen,
Der nur Freuden unterbricht?
Er ist gut, sich zu zerstreuen;
Zu was anderm taugt er nicht.

Aber wenn in nächt'ger Stunde
Süßer Lampe Dämmrung fließt,
Und vom Mund zum nahen Munde
Scherz und Liebe sich ergießt;

Wenn der rasche, lose Knabe,
Der sonst wild und feurig eilt,
Oft bei einer kleinen Gabe
Unter leichten Spielen weilt;

Wenn die Nachtigall Verliebten
Liebevoll ein Liedchen singt,
Das Gefangnen und Betrübten
Nur wie Ach und Wehe klingt:

Mit wie leichtem Herzensregen
Horchet ihr der Glocke nicht,
Die mit zwölf bedächt'gen Schlägen
Ruh' und Sicherheit verspricht!

Darum an dem langen Tage
Merke dir es, liebe Brust:
Jeder Tag hat seine Plage,
Und die Nacht hat ihre Lust.

*

An die Türen will ich schleichen,
Still und sittsam will ich stehn,
Fromme Hand wird Nahrung reichen,
Und ich werde weiter gehn.
Jeder wird sich glücklich scheinen,
Wenn mein Bild vor ihm erscheint,
Eine Träne wird er weinen,
Und ich weiß nicht, was er weint.

*

Heiß mich nicht reden, heiß mich schweigen,
Denn mein Geheimnis ist mir Pflicht;
Ich möchte dir mein ganzes Innre zeigen,
Allein das Schicksal will es nicht.

Zur rechten Zeit vertreibt der Sonne Lauf
Die finstre Nacht, und sie muss sich erhellen;
Der harte Fels schließt seinen Busen auf,
Missgönnt der Erde nicht die tiefverborgnen Quellen.

Ein jeder sucht im Arm des Freundes Ruh',
Dort kann die Brust in Klagen sich ergießen;
Allein ein Schwur drückt mir die Lippen zu,
Und nur ein Gott vermag sie aufzuschließen.

*

So lasst mich scheinen, bis ich werde,
Zieht mir das weiße Kleid nicht aus!
Ich eile von der schönen Erde
Hinab in jenes feste Haus.

Dort ruh' ich eine kleine Stille,
Dann öffnet sich der frische Blick,
Ich lasse dann die reine Hülle,
Den Gürtel und den Kranz zurück.

Und jene himmlischen Gestalten,
Sie fragen nicht nach Mann und Weib,
Und keine Kleider, keine Falten
Umgeben den verklärten Leib.

Zwar lebt' ich ohne Sorg' und Mühe,
Doch fühlt' ich tiefen Schmerz genung;
Vor Kummer altert' ich zu frühe;
Macht mich auf ewig wieder jung!

*

Woher im Mantel so geschwinde,
Da kaum der Tag in Osten graut?
Hat wohl der Freund beim scharfen Winde
Auf einer Wallfahrt sich erbaut?
Wer hat ihm seinen Hut genommen?
Mag er mit Willen barfuß gehn?
Wie ist er in den Wald gekommen
Auf den beschneiten, wilden Höhn?

Gar wunderlich von warmer Stätte,
Wo er sich bessern Spaß versprach,
Und wenn er nicht den Mantel hätte,
Wie grässlich wäre seine Schmach!
So hat ihn jener Schalk betrogen
Und ihm das Bündel abgepackt:
Der arme Freund ist ausgezogen,
Beinah wie Adam bloß und nackt.

Warum auch ging er solche Wege
Nach jenem Apfel voll Gefahr,

Der freilich schön im Mühlgehege
Wie sonst im Paradiese war!
Er wird den Scherz nicht leicht erneuen;
Er drückte schnell sich aus dem Haus,
Und bricht auf einmal nun im Freien
In bittre, laute Klagen aus:

»Ich las in ihren Feuerblicken
Doch keine Silbe von Verrat!
Sie schien mit mir sich zu entzücken
Und sann auf solche schwarze Tat!
Konnt ich in ihren Armen träumen,
Wie meuchlerisch der Busen schlug?
Sie hieß den raschen Amor säumen,
Und günstig war er uns genug.

Sich meiner Liebe zu erfreuen,
Der Nacht, die nie ein Ende nahm,
Und erst die Mutter anzuschreien
Jetzt eben, als der Morgen kam!
Da drang ein Dutzend Anverwandten
Herein, ein wahrer Menschenstrom!
Da kamen Brüder, guckten Tanten,
Da stand ein Vetter und ein Ohm!

Das war ein Toben, war ein Wüten!
Ein jeder schien ein andres Tier.
Da forderten sie Kranz und Blüten
Mit grässlichem Geschrei von mir.
›Was dringt ihr alle wie von Sinnen
Auf den unschuld'gen Jüngling ein!
Denn solche Schätze zu gewinnen,
Da muss man viel behänder sein.

Weiß Amor seinem schönen Spiele
Doch immer zeitig nachzugehn:

Er lässt fürwahr nicht in der Mühle
Die Blumen sechzehn Jahre stehn.‹ —
Da raubten sie das Kleiderbündel
Und wollten auch den Mantel noch.
Wie nur so viel verflucht Gesindel
Im engen Hause sich verkroch!

Da sprang ich auf und tobt' und fluchte,
Gewiss, durch alle durchzugehn.
Ich sah noch einmal die Verruchte,
Und ach! sie war noch immer schön.
Sie alle wichen meinem Grimme,
Doch flog noch manches wilde Wort;
So macht' ich mich mit Donnerstimme
Noch endlich aus der Höhle fort.

Man soll euch Mädchen auf dem Lande
Wie Mädchen aus den Städten fliehn!
So lasset doch den Fraun von Stande
Die Lust, die Diener auszuziehn!
Doch seid ihr auch von den Geübten
Und kennt ihr keine zarte Pflicht,
So ändert immer die Geliebten,
Doch sie verraten müsst ihr nicht.«

So singt er in der Winterstunde,
Wo nicht ein armes Hälmchen grünt.
Ich lache seiner tiefen Wunde,
Denn wirklich ist sie wohlverdient;
So geh' es jedem, der am Tage
Sein edles Liebchen frech belügt
Und nachts, mit allzu kühner Wage,
Zu Amors falscher Mühle kriecht.

*

Ein Wunder ist der arme Mensch geboren,
In Wundern ist der irre Mensch verloren,
Nach welcher dunklen, schwer entdeckten Schwelle
Durchtappen pfadlos ungewisse Schritte?
Dann in lebendigem Himmelsglanz und Mitte
Gewahr', empfind' ich Nacht und Tod und Hölle.

Bist noch so tief in Schmerz und Qual verloren,
So bleibst du doch zum Jugendglück geboren;
Ermanne dich zu rasch gesundem Schritte,
Komm in der Freundschaft Himmelsglanz und Helle,
Empfinde dich in treuer Guten Mitte,
Da sprieße dir des Lebens heitre Quelle.

*

Zu erfinden, zu beschließen,
Bleibe, Künstler, oft allein;
Deines Wirkens zu genießen,
Eile freudig zum Verein!
Hier im Ganzen schau', erfahre
Deinen eignen Lebenslauf,
Und die Taten mancher Jahre
Gehn dir in dem Nachbar auf.

Der Gedanke, das Entwerfen,
Die Gestalten, ihr Bezug,
Eines wird das andre schärfen,
Und am Ende sei's genug!
Wohl erfunden, klug ersonnen,
Schön gebildet, zart vollbracht —
So von jeher hat gewonnen
Künstler kunstreich seine Macht.

Wie Natur im Vielgebilde
Einen Gott nur offenbart,
So im weiten Kunstgefilde

Webt *ein* Sinn der ew'gen Art;
Dieses ist der Sinn der Wahrheit,
Der sich nur mit Schönem schmückt
Und getrost der höchsten Klarheit
Hellsten Tags entgegenblickt.

Wie beherzt in Reim und Prose
Redner, Dichter sich ergehn,
Soll des Lebens heitre Rose
Frisch auf Malertafel stehn,
Mit Geschwistern reich umgeben,
Mit des Herbstes Frucht umlegt,
Dass sie von geheimem Leben
Offenbaren Sinn erregt.

Tausendfach und schön entfließe
Form aus Formen deiner Hand,
Und im Menschenbild genieße,
Dass ein Gott sich hergewandt.
Welch ein Werkzeug ihr gebrauchet,
Stellet euch als Brüder dar;
Und gesangweis flammt und rauchet
Opfersäule vom Altar.

*

Von dem Berge zu den Hügeln,
Niederab das Tal entlang,
Da erklingt es wie von Flügeln,
Da bewegt sich's wie Gesang;
Und dem unbedingten Triebe
Folget Freude, folget Rat;
Und dein Streben, sei's in Liebe,
Und dein Leben sei die Tat.

Denn die Bande sind zerrissen,
Das Vertrauen ist verletzt;

Kann ich sagen, kann ich wissen,
Welchem Zufall ausgesetzt
Ich nun scheiden, ich nun wandern,
Wie die Witwe trauervoll,
Statt dem einen mit dem andern
Fort und fort mich wenden soll!

*

Bleibe nicht am Boden heften,
Frisch gewagt und frisch hinaus!
Kopf und Arm mit heitern Kräften,
Überall sind sie zu Haus;
Wo wir uns der Sonne freuen,
Sind wir jede Sorge los.
Dass wir uns in ihr zerstreuen,
Darum ist die Welt so groß.

WEST-ÖSTLICHER DIVAN

MOGANNI NAMEH
BUCH DES SÄNGERS

Zwanzig Jahre ließ ich gehn
Und genoss, was mir beschieden;
Eine Reihe, völlig schön,
Wie die Zeit der Barmekiden.

HEGIRE

Nord und West und Süd zersplittern,
Throne bersten, Reiche zittern,
Flüchte du, im reinen Osten
Patriarchenluft zu kosten,
Unter Lieben, Trinken, Singen
Soll dich Chisers Quell verjüngen.

Dort, im Reinen und im Rechten,
Will ich menschlichen Geschlechten
In des Ursprungs Tiefe dringen,
Wo sie noch von Gott empfingen
Himmelslehr' in Erdesprachen
Und sich nicht den Kopf zerbrachen.

Wo sie Väter hoch verehrten,
Jeden fremden Dienst verwehrten;
Will mich freun der Jugendschranke:
Glaube weit, eng der Gedanke,
Wie das Wort so wichtig dort war,
Weil es ein gesprochen Wort war.

Will mich unter Hirten mischen,
An Oasen mich erfrischen,
Wenn mit Karawanen wandle,
Schal, Kaffee und Moschus handle;
Jeden Pfad will ich betreten
Von der Wüste zu den Städten.

Bösen Felsweg auf und nieder
Trösten, Hafis, deine Lieder,
Wenn der Führer mit Entzücken
Von des Maultiers hohem Rücken
Singt, die Sterne zu erwecken
Und die Räuber zu erschrecken.

Will in Bädern und in Schenken,
Heil'ger Hafis, dein gedenken,
Wenn den Schleier Liebchen lüftet,
Schüttelnd Ambralocken düftet.
Ja, des Dichters Liebeflüstern
Mache selbst die Huris lüstern.

Wolltet ihr ihm dies beneiden
Oder etwa gar verleiden,
Wisset nur, dass Dichterworte
Um des Paradieses Pforte
Immer leise klopfend schweben,
Sich erbittend ew'ges Leben.

SEGENSPFÄNDER

Talisman in Karneol,
Gläubigen bringt er Glück und Wohl;
Steht er gar auf Onyx' Grunde,
Küss ihn mit geweihtem Munde!
Alles Übel treibt er fort,

Schützet dich und schützt den Ort,
Wenn das eingegrabne Wort
Allahs Namen rein verkündet,
Dich zu Lieb' und Tat entzündet.
Und besonders werden Frauen
Sich am Talisman erbauen.

Amulette sind dergleichen
Auf Papier geschriebne Zeichen;
Doch man ist nicht im Gedränge
Wie auf edlen Steines Enge,
Und vergönnt ist frommen Seelen
Längre Verse hier zu wählen.
Männer hängen die Papiere
Gläubig um als Skapuliere.

Die *Inschrift* aber hat nichts hinter sich,
Sie ist sie selbst und muss dir alles sagen,
Was hinterdrein mit redlichem Behagen
Du gerne sagst: Ich sag' es! Ich!

Doch *Abraxas* bring' ich selten!
Hier soll meist das Fratzenhafte,
Das ein düstrer Wahnsinn schaffte,
Für das Allerhöchste gelten.
Sag' ich euch absurde Dinge,
Denkt, dass ich Abraxas bringe.

Ein *Siegelring* ist schwer zu zeichnen,
Den höchsten Sinn im engsten Raum;
Doch weißt du hier ein Echtes anzueignen,
Gegraben steht das Wort, du denkst es kaum.

FREISINN

Lasst mich nur auf meinem Sattel gelten!
Bleibt in euren Hütten, euren Zelten!
Und ich reite froh in alle Ferne,
Über meiner Mütze nur die Sterne.

—

Er hat euch die Gestirne gesetzt
Als Leiter zu Land und See,
Damit ihr euch daran ergetzt,
Stets blickend in die Höh'.

TALISMANE

Gottes ist der Orient!
Gottes ist der Okzident!
Nord- und südliches Gelände
Ruht im Frieden seiner Hände.

—

Er, der einzige Gerechte,
Will für jedermann das Rechte.
Sei von seinen hundert Namen
Dieser hochgelobet! Amen.

—

Mich verwirren will das Irren;
Doch du weißt mich zu entwirren.
Wenn ich handle, wenn ich dichte,
Gib du meinem Weg die Richte.

—

Ob ich Ird'sches denk' und sinne,
Das gereicht zu höherem Gewinne.

Mit dem Staube nicht der Geist zerstoben,
Dringet, in sich selbst gedrängt, nach oben.

—

Im Atemholen sind zweierlei Gnaden:
Die Luft einziehn, sich ihrer entladen.
Jenes bedrängt, dieses erfrischt;
So wunderbar ist das Leben gemischt.
Du danke Gott, wenn er dich presst,
Und dank' ihm, wenn er dich wieder entlässt.

VIER GNADEN

Dass Araber an ihrem Teil
Die Weite froh durchziehen,
Hat Allah zu gemeinem Heil
Der Gnaden vier verliehen.

Den Turban erst, der besser schmückt
Als alle Kaiserkronen,
Ein Zelt, das man vom Orte rückt,
Um überall zu wohnen.

Ein Schwert, das tüchtiger beschützt
Als Fels und hohe Mauern,
Ein Liedchen, das gefällt und nützt,
Worauf die Mädchen lauern.

Und Blumen sing' ich ungestört
Von ihrem Schal herunter,
Sie weiß recht wohl, was ihr gehört,
Und bleibt mir hold und munter.

Und Blum' und Früchte weiß ich euch
Gar zierlich aufzutischen,

Wollt ihr Moralien zugleich,
So geb' ich von den frischen.

GESTÄNDNIS

Was ist schwer zu verbergen? Das Feuer!
Denn bei Tage verrät's der Rauch,
Bei Nacht die Flamme, das Ungeheuer.
Ferner ist schwer zu verbergen auch
Die Liebe; noch so stille gehegt,
Sie doch gar leicht aus den Augen schlägt.
Am schwersten zu bergen ist ein Gedicht;
Man stellt es untern Scheffel nicht.
Hat es der Dichter frisch gesungen,
So ist er ganz davon durchdrungen;
Hat er es zierlich nett geschrieben,
Will er, die ganze Welt soll's lieben.
Er liest es jedem froh und laut,
Ob es uns quält, ob es erbaut.

ELEMENTE

Aus wie vielen Elementen
Soll ein echtes Lied sich nähren,
Dass es Laien gern empfinden,
Meister es mit Freuden hören?

Liebe sei vor allen Dingen
Unser Thema, wenn wir singen;
Kann sie gar das Lied durchdringen,
Wird's um desto besser klingen.

Dann muss Klang der Gläser tönen
Und Rubin des Weins erglänzen:

Denn für Liebende, für Trinker
Winkt man mit den schönsten Kränzen.

Waffenklang wird auch gefodert,
Dass auch die Drommete schmettre;
Dass, wenn Glück zu Flammen lodert,
Sich im Sieg der Held vergöttre.

Dann zuletzt ist unerlässlich,
Dass der Dichter manches hasse;
Was unleidlich ist und hässlich,
Nicht wie Schönes leben lasse.

Weiß der Sänger, dieser Viere
Urgewalt'gen Stoff zu mischen,
Hafis gleich wird er die Völker
Ewig freuen und erfrischen.

ERSCHAFFEN UND BELEBEN

Hans Adam war ein Erdenkloß,
Den Gott zum Menschen machte,
Doch bracht' er aus der Mutter Schoß
Noch vieles Ungeschlachte.

Die Elohim zur Nas' hinein
Den besten Geist ihm bliesen,
Nun schien er schon was mehr zu sein,
Denn er fing an zu niesen.

Doch mit Gebein und Glied und Kopf
Blieb er ein halber Klumpen,
Bis endlich Noah für den Tropf
Das Wahre fand, den Humpen.

Der Klumpe fühlt sogleich den Schwung,
Sobald er sich benetzet,
So wie der Teig durch Säuerung
Sich in Bewegung setzet.

So, Hafis, mag dein holder Sang,
Dein heiliges Exempel,
Uns führen bei der Gläser Klang
Zu unsres Schöpfers Tempel.

PHÄNOMEN

Wenn zu der Regenwand
Phöbus sich gattet,
Gleich steht ein Bogenrand
Farbig beschattet.

Im Nebel gleichen Kreis
Seh' ich gezogen,
Zwar ist der Bogen weiß,
Doch Himmelsbogen.

So sollst du, muntrer Greis,
Dich nicht betrüben:
Sind gleich die Haare weiß,
Doch wirst du lieben.

LIEBLICHES

Was doch Buntes dort verbindet
Mir den Himmel mit der Höhe?
Morgennebelung verblindet
Mir des Blickes scharfe Sehe.

Sind es Zelte des Vesires,
Die er lieben Frauen baute?
Sind es Teppiche des Festes,
Weil er sich der Liebsten traute?

Rot und weiß, gemischt, gesprenkelt
Wüsst' ich Schönres nicht zu schauen;
Doch wie, Hafis, kommt dein Schiras
Auf des Nordens trübe Gauen?

Ja, es sind die bunten Mohne,
Die sich nachbarlich erstrecken
Und, dem Kriegesgott zum Hohne,
Felder streifweis freundlich decken.

Möge stets so der Gescheute
Nutzend Blumenzierde pflegen,
Und ein Sonnenschein, wie heute,
Klären sie auf meinen Wegen!

ZWIESPALT

Wenn links an Baches Rand
Cupido flötet,
Im Felde rechter Hand
Mavors drommetet,
Da wird dorthin das Ohr
Lieblich gezogen,
Doch um des Liedes Flor
Durch Lärm betrogen.
Nun flötet's immer voll
Im Kriegesthunder,
Ich werde rasend, toll;
Ist das ein Wunder?
Fort wächst der Flötenton,

Schall der Posaunen,
Ich irre, rase schon;
Ist das zu staunen?

IM GEGENWÄRTIGEN VERGANGNES

Ros' und Lilie morgentaulich
Blüht im Garten meiner Nähe;
Hinten an, bebuscht und traulich,
Steigt der Felsen in die Höhe.
Und mit hohem Wald umzogen,
Und mit Ritterschloss gekrönet,
Lenkt sich hin des Gipfels Bogen,
Bis er sich dem Tal versöhnet.

Und da duftet's wie vor alters,
Da wir noch von Liebe litten
Und die Saiten meines Psalters
Mit dem Morgenstrahl sich stritten.
Wo das Jagdlied aus den Büschen
Fülle runden Tons enthauchte,
Anzufeuern, zu erfrischen,
Wie's der Busen wollt' und brauchte.

Nun die Wälder ewig sprossen,
So ermutigt euch mit diesen,
Was ihr sonst für euch genossen,
Lässt in andern sich genießen.
Niemand wird uns dann beschreien,
Dass wir's uns alleine gönnen;
Nun in allen Lebensreihen
Müsset ihr genießen können.

Und mit diesem Lied und Wendung
Sind wir wieder bei Hafisen,

Denn es ziemt des Tags Vollendung
Mit Genießern zu genießen.

LIED UND GEBILDE

Mag der Grieche seinen Ton
Zu Gestalten drücken,
An der eignen Hände Sohn
Steigern sein Entzücken;

Aber uns ist wonnereich
In den Euphrat greifen,
Und im flüss'gen Element
Hin und wider schweifen.

Löscht' ich so der Seele Brand,
Lied, es wird erschallen;
Schöpft des Dichters reine Hand,
Wasser wird sich ballen.

DREISTIGKEIT

Worauf kommt es überall an,
Dass der Mensch gesundet?
Jeder höret gern den Schall an,
Der zum Ton sich rundet.

Alles weg, was deinen Lauf stört!
Nur kein düster Streben!
Eh' er singt und eh' er aufhört,
Muss der Dichter leben.

Und so mag des Lebens Erzklang
Durch die Seele dröhnen!

Fühlt der Dichter sich das Herz bang,
Wird sich selbst versöhnen.

DERB UND TÜCHTIG

Dichten ist ein Übermut,
Niemand schelte mich!
Habt getrost ein warmes Blut
Froh und frei wie ich.

Sollte jeder Stunde Pein
Bitter schmecken mir,
Würd' ich auch bescheiden sein
Und noch mehr als ihr.

Denn Bescheidenheit ist fein,
Wenn das Mädchen blüht,
Sie will zart geworben sein,
Die den Rohen flieht.

Auch ist gut Bescheidenheit,
Spricht ein weiser Mann,
Der von Zeit und Ewigkeit
Mich belehren kann.

Dichten ist ein Übermut!
Treib' es gern allein.
Freund' und Frauen, frisch von Blut,
Kommt nur auch herein!

Mönchlein ohne Kapp' und Kutt',
Schwatz' nicht auf mich ein!
Zwar du machest mich kaputt,
Nicht bescheiden, nein!

Deiner Phrasen leeres Was
Treibet mich davon,
Abgeschliffen hab' ich das
An den Sohlen schon.

Wenn des Dichters Mühle geht,
Halte sie nicht ein:
Denn wer einmal uns versteht,
Wird uns auch verzeihn.

ALL-LEBEN

Staub ist eins der Elemente,
Das du gar geschickt bezwingest,
Hafis, wenn zu Liebchens Ehren
Du ein zierlich Liedchen singest.

Denn der Staub auf ihrer Schwelle
Ist dem Teppich vorzuziehen,
Dessen goldgewirkte Blumen
Mahmuds Günstlinge beknieen.

Treibt der Wind von ihrer Pforte
Wolken Staubs behänd vorüber,
Mehr als Moschus sind die Düfte
Und als Rosenöl dir lieber.

Staub, den hab' ich längst entbehret
In dem stets umhüllten Norden,
Aber in dem heißen Süden
Ist er mir genugsam worden.

Doch schon längst, dass liebe Pforten
Mir auf ihren Angeln schwiegen!
Heile mich, Gewitterregen,
Lass mich, dass es grunelt, riechen!

Wenn jetzt alle Donner rollen
Und der ganze Himmel leuchtet,
Wird der wilde Staub des Windes
Nach dem Boden hingefeuchtet.

Und sogleich entspringt ein Leben,
Schwillt ein heilig heimlich Wirken,
Und es grunelt und es grünet
In den irdischen Bezirken.

SELIGE SEHNSUCHT

Sagt es niemand, nur den Weisen,
Weil die Menge gleich verhöhnet,
Das Lebend'ge will ich preisen,
Das nach Flammentod sich sehnet.

In der Liebesnächte Kühlung,
Die dich zeugte, wo du zeugtest,
Überfällt dich fremde Fühlung,
Wenn die stille Kerze leuchtet.

Nicht mehr bleibest du umfangen
In der Finsternis Beschattung,
Und dich reißet neu Verlangen
Auf zu höherer Begattung.

Keine Ferne macht dich schwierig,
Kommst geflogen und gebannt,
Und zuletzt, des Lichts begierig,
Bist du, Schmetterling, verbrannt.

Und so lang du das nicht hast,
Dieses: Stirb und werde!
Bist du nur ein trüber Gast
Auf der dunklen Erde.

—

Tut ein Schilf sich doch hervor,
Welten zu versüßen!
Möge meinem Schreibe-Rohr
Liebliches entfließen!

HAFIS NAMEH
BUCH HAFIS

Sei das Wort die Braut genannt,
Bräutigam der Geist;
Diese Hochzeit hat gekannt,
Wer Hafisen preist.

BEINAME

Dichter

Mohamed Schemseddin, sage,
Warum hat dein Volk, das hehre,
Hafis dich genannt?

Hafis

Ich ehre,
Ich erwidre deine Frage.
Weil in glücklichem Gedächtnis
Des Korans geweiht Vermächtnis
Unverändert ich verwahre,
Und damit so fromm gebare,
Dass gemeinen Tages Schlechtnis
Weder mich noch die berühret,
Die Prophetenwort und Samen
Schätzen, wie es sich gebühret;
Darum gab man mir den Namen.

Dichter

Hafis, drum, so will mir scheinen,
Möcht' ich dir nicht gerne weichen:
Denn wenn wir wie andre meinen,
Werden wir den andern gleichen.
Und so gleich' ich dir vollkommen,

Der ich unsrer heil'gen Bücher
Herrlich Bild an mich genommen,
Wie auf jenes Tuch der Tücher
Sich des Herren Bildnis drückte,
Mich in stiller Brust erquickte,
Trotz Verneinung, Hindrung, Raubens,
Mit dem heitern Bild des Glaubens.

ANKLAGE

Wisst ihr denn, auf wen die Teufel lauern,
In der Wüste, zwischen Fels und Mauern?
Und wie sie den Augenblick erpassen,
Nach der Hölle sie entführend fassen?
Lügner sind es und der Bösewicht.

Der Poete, warum scheut er nicht,
Sich mit solchen Leuten einzulassen!

Weiß denn der, mit wem er geht und wandelt,
Er, der immer nur im Wahnsinn handelt?
Grenzenlos, von eigensinn'gem Lieben,
Wird er in die Öde fortgetrieben,
Seiner Klagen Reim', in Sand geschrieben,
Sind vom Winde gleich verjagt;
Er versteht nicht, was er sagt,
Was er sagt, wird er nicht halten.

Doch sein Lied, man lässt es immer walten,
Da es doch dem Koran widerspricht.
Lehret nun, ihr, des Gesetzes Kenner,
Weisheit-fromme, hochgelahrte Männer,
Treuer Mosleminen feste Pflicht.

Hafis insbesondre schaffet Ärgernisse,
Mirza sprengt den Geist ins Ungewisse,
Saget, was man tun und lassen müsse?

FETWA

Hafis' Dichterzüge, sie bezeichnen
Ausgemachte Wahrheit unauslöschlich,
Aber hie und da auch Kleinigkeiten
Außerhalb der Grenze des Gesetzes.
Willst du sicher gehn, so musst du wissen
Schlangengift und Theriak zu sondern —
Doch der reinen Wollust edler Handlung
Sich mit frohem Mut zu überlassen,
Und vor solcher, der nur ew'ge Pein folgt,
Mit besonnenem Sinn sich zu verwahren,
Ist gewiss das Beste, um nicht zu fehlen.
Dieses schrieb der arme Ebusuud,
Gott verzeih' ihm seine Sünden alle.

DER DEUTSCHE DANKT

Heiliger Ebusuud, hast's getroffen!
Solche Heil'ge wünschet sich der Dichter;
Denn gerade jene Kleinigkeiten
Außerhalb der Grenze des Gesetzes
Sind das Erbteil, wo er übermütig,
Selbst im Kummer lustig, sich beweget.
Schlangengift und Theriak muss
Ihm das eine wie das andre scheinen,
Töten wird nicht jenes, dies nicht heilen:
Denn das wahre Leben ist des Handelns
Ew'ge Unschuld, die sich so erweiset,
Dass sie niemand schadet als sich selber.

Und so kann der alte Dichter hoffen,
Dass die Huris ihn im Paradiese
Als verklärten Jüngling wohl empfangen.
Heiliger Ebusuud, hast's getroffen!

FETWA

Der Mufti las des *Misri* Gedichte
Eins nach dem andern, alle zusammen,
Und wohlbedächtig warf sie in die Flammen,
Das schöngeschriebne Buch, es ging zunichte.

»Verbrannt sei jeder«, sprach der hohe Richter,
»Wer spricht und glaubt wie Misri — er allein
Sei ausgenommen von des Feuers Pein:
Denn Allah gab die Gabe jedem Dichter.
Missbraucht er sie im Wandel seiner Sünden,
So seh' er zu, mit Gott sich abzufinden.«

UNBEGRENZT

Dass du nicht enden kannst, das macht dich groß,
Und dass du nie beginnst, das ist dein Los.
Dein Lied ist drehend wie das Sterngewölbe,
Anfang und Ende immerfort dasselbe,
Und was die Mitte bringt, ist offenbar
Das, was zu Ende bleibt und anfangs war.

Du bist der Freuden echte Dichterquelle,
Und ungezählt entfließt dir Well' auf Welle.
Zum Küssen stets bereiter Mund,
Ein Brustgesang, der lieblich fließet,
Zum Trinken stets gereizter Schlund,
Ein gutes Herz, das sich ergießet.

Und mag die ganze Welt versinken,
Hafis, mit dir, mit dir allein
Will ich wetteifern! Lust und Pein
Sei uns, den Zwillingen, gemein!
Wie du zu lieben und zu trinken,
Das soll mein Stolz, mein Leben sein.

Nun töne Lied mit eignem Feuer!
Denn du bist älter, du bist neuer.

NACHBILDUNG

In deine Reimart hoff' ich mich zu finden,
Das Wiederholen soll mir auch gefallen,
Erst werd' ich Sinn, sodann auch Worte finden;
Zum zweiten Mal soll mir kein Klang erschallen,
Er müsste denn besondern Sinn begründen,
Wie du's vermagst begünstigter vor allen.

Denn wie ein Funke fähig zu entzünden
Die Kaiserstadt, wenn Flammen grimmig wallen,
Sich winderzeugend, glühn von eignen Winden,
Er, schon erloschen, schwand zu Sternenhallen:
So schlang's von dir sich fort mit ew'gen Gluten,
Ein deutsches Herz von frischem zu ermuten.

—

Zugemessne Rhythmen reizen freilich,
Das Talent erfreut sich wohl darin;
Doch wie schnelle widern sie abscheulich,
Hohle Masken ohne Blut und Sinn.
Selbst der Geist erscheint sich nicht erfreulich,
Wenn er nicht, auf neue Form bedacht,
Jener toten Form ein Ende macht.

OFFENBAR GEHEIMNIS

Sie haben dich, heiliger Hafis,
Die mystische Zunge genannt,
Und haben, die Wortgelehrten,
Den Wert des Worts nicht erkannt.

Mystisch heißest du ihnen,
Weil sie Närrisches bei dir denken
Und ihren unlautern Wein
In deinem Namen verschenken.

Du aber bist mystisch rein
Weil sie dich nicht verstehn,
Der du, ohne fromm zu sein, selig bist!
Das wollen sie dir nicht zugestehn.

WINK

Und doch haben sie recht, die ich schelte:
Denn dass ein Wort nicht einfach gelte,
Das müsste sich wohl von selbst verstehn.
Das Wort ist ein Fächer! Zwischen den Stäben
Blicken ein Paar schöne Augen hervor.
Der Fächer ist nur ein lieblicher Flor,
Er verdeckt mir zwar das Gesicht,
Aber das Mädchen verbirgt er nicht,
Weil das Schönste, was sie besitzt,
Das Auge, mir ins Auge blitzt.

AN HAFIS

Was alle wollen, weißt du schon
Und hast es wohl verstanden:
Denn Sehnsucht hält, von Staub zu Thron,
Uns all' in strengen Banden.

Es tut so weh, so wohl hernach,
Wer sträubte sich dagegen?
Und wenn den Hals der eine brach,
Der andre bleibt verwegen.

Verzeihe, Meister, wie du weißt,
Dass ich mich oft vermesse,
Wenn sie das Auge nach sich reißt,
Die wandelnde Zypresse.

Wie Wurzelfasern schleicht ihr Fuß
Und buhlet mit dem Boden;
Wie leicht Gewölk verschmilzt ihr Gruß,
Wie Ost-Gekos' ihr Oden.

Das alles drängt uns ahndevoll,
Wo Lock' an Locke kräuselt,
In brauner Fülle ringelnd schwoll,
So dann im Winde säuselt.

Nun öffnet sich die Stirne klar,
Dein Herz damit zu glätten,
Vernimmst ein Lied so froh und wahr,
Den Geist darin zu betten.

Und wenn die Lippen sich dabei
Aufs Niedlichste bewegen,
Sie machen dich auf einmal frei,
In Fesseln dich zu legen.

Der Atem will nicht mehr zurück,
Die Seel' zur Seele fliehend,
Gerüche winden sich durchs Glück,
Unsichtbar wolkig ziehend.

Doch wenn es allgewaltig brennt,
Dann greifst du nach der Schale:
Der Schenke läuft, der Schenke kömmt
Zum erst- und zweiten Male.

Sein Auge blitzt, sein Herz erbebt,
Er hofft auf deine Lehren,
Dich, wenn der Wein den Geist erhebt,
Im höchsten Sinn zu hören.

Ihm öffnet sich der Welten Raum,
Im Innern Heil und Orden,
Es schwillt die Brust, es bräunt der Flaum,
Er ist ein Jüngling worden.

Und wenn dir kein Geheimnis blieb,
Was Herz und Welt enthalte,
Dem Denker winkst du treu und lieb,
Dass sich der Sinn entfalte.

Auch dass vom Throne Fürstenhort
Sich nicht für uns verliere,
Gibst du dem Schach ein gutes Wort
Und gibst es dem Vesire.

Das alles kennst und singst du heut
Und singst es morgen eben:
So trägt uns freundlich dein Geleit
Durchs raue, milde Leben.

USCHK NAMEH
BUCH DER LIEBE

Sage mir,
Was mein Herz begehrt?
Mein Herz ist bei dir,
Halt es wert.

MUSTERBILDER

Hör' und bewahre
Sechs Liebespaare.
Wortbild entzündet, Liebe schürt zu:
Rustan und Rodawu.
Unbekannte sind sich nah':
Jussuph und Suleika.
Liebe, nicht Liebesgewinn:
Ferhad und Schirin.
Nur für einander da:
Medschnun und Leila.
Liebend im Alter sah
Dschemil auf Boteinah.
Süße Liebeslaune,
Salomo und die Braune!
Hast du sie wohl vermerkt,
Bist im Lieben gestärkt.

NOCH EIN PAAR

Ja, Lieben ist ein groß Verdienst!
Wer findet schöneren Gewinst? —
Du wirst nicht mächtig, wirst nicht reich,
Jedoch den größten Helden gleich.

Man wird, so gut wie vom Propheten,
Von *Wamik* und von *Asra* reden. —
Nicht reden wird man, wird sie nennen:
Die Namen müssen alle kennen.
Was sie getan, was sie geübt,
Das weiß kein Mensch! Dass sie geliebt,
Das wissen wir. Genug gesagt,
Wenn man nach Wamik und Asra fragt.

LESEBUCH

Wunderlichstes Buch der Bücher
Ist das Buch der Liebe;
Aufmerksam hab' ich's gelesen:
Wenig Blätter Freuden,
Ganze Hefte Leiden;
Einen Abschnitt macht die Trennung.
Wiedersehn — ein klein Kapitel,
Fragmentarisch! Bände Kummers,
Mit Erklärungen verlängert,
Endlos, ohne Maß.
O Nisami! — doch am Ende
Hast den rechten Weg gefunden;
Unauflösliches, wer löst es?
Liebende sich wieder findend.

—

Ja, die Augen waren's, ja, der Mund,
Die mir blickten, die mich küssten.
Hüfte schmal, der Leib so rund
Wie zu Paradieses Lüsten.
War sie da? Wo ist sie hin?
Ja! sie war's, sie hat's gegeben,
Hat gegeben sich im Fliehn
Und gefesselt all mein Leben.

GEWARNT

Auch in Locken hab' ich mich
Gar zu gern verfangen,
Und so, Hafis, wär's wie dir
Deinem Freund ergangen.

Aber Zöpfe flechten sie
Nun aus langen Haaren,
Unterm Helme fechten sie,
Wie wir wohl erfahren.

Wer sich aber wohl besann,
Lässt sich so nicht zwingen:
Schwere Ketten fürchtet man,
Rennt in leichte Schlingen.

VERSUNKEN

Voll Locken kraus ein Haupt so rund! —
Und darf ich dann in solchen reichen Haaren
Mit vollen Händen hin und wider fahren,
Da fühl' ich mich von Herzensgrund gesund.
Und küss' ich Stirne, Bogen, Auge, Mund,
Dann bin ich frisch und immer wieder wund.
Der fünfgezackte Kamm, wo sollt' er stocken?
Er kehrt schon wieder zu den Locken.
Das Ohr versagt sich nicht dem Spiel,
Hier ist nicht Fleisch, hier ist nicht Haut,
So zart zum Scherz, so liebeviel!
Doch wie man auf dem Köpfchen kraut,
Man wird in solchen reichen Haaren
Für ewig auf und nieder fahren.
So hast du, Hafis, auch getan,
Wir fangen es von vornen an.

BEDENKLICH

Soll ich von Smaragden reden,
Die dein Finger niedlich zeigt?
Manchmal ist ein Wort vonnöten,
Oft ist's besser, dass man schweigt.

Also sag' ich, dass die Farbe
Grün und augerquicklich sei!
Sage nicht, dass Schmerz und Narbe
Zu befürchten nah dabei.

Immerhin! du magst es lesen!
Warum übst du solche Macht!
»So gefährlich ist dein Wesen
Als erquicklich der Smaragd.«

—

Liebchen, ach! im starren Bande
Zwängen sich die freien Lieder,
Die im reinen Himmelslande
Munter flogen hin und wider.
Allem ist die Zeit verderblich,
Sie erhalten sich allein!
Jede Zeile soll unsterblich,
Ewig wie die Liebe sein.

SCHLECHTER TROST

Mitternachts weint' und schluchzt' ich,
Weil ich dein entbehrte.
Da kamen Nachtgespenster,
Und ich schämte mich.
»Nachtgespenster«, sagt' ich,
»Schluchzend und weinend

Findet ihr mich, dem ihr sonst
Schlafendem vorüberzogt.
Große Güter vermiss' ich.
Denkt nicht schlimmer von mir,
Den ihr sonst weise nanntet,
Großes Übel betrifft ihn!« —
Und die Nachtgespenster
Mit langen Gesichtern
Zogen vorbei,
Ob ich weise oder törig,
Völlig unbekümmert.

GENÜGSAM

»Wie irrig wähnest du:
Aus Liebe gehöre das Mädchen dir zu.
Das könnte mich nun gar nicht freuen,
Sie versteht sich auf Schmeicheleien.«

Dichter
Ich bin zufrieden, dass ich's habe!
Mir diene zur Entschuldigung:
Liebe ist freiwillige Gabe,
Schmeichelei Huldigung.

GRUSS

O wie selig ward mir!
Im Lande wandl' ich,
Wo Hudhud über den Weg läuft.
Des alten Meeres Muscheln
Im Stein sucht' ich die versteinten;
Hudhud lief einher,
Die Krone entfaltend;

Stolzierte, neckischer Art,
Über das Tote scherzend,
Der Lebend'ge.
»Hudhud«, sagt' ich, »fürwahr!
Ein schöner Vogel bist du.
Eile doch, Wiedehopf!
Eile, der Geliebten
Zu verkünden, dass ich ihr
Ewig angehöre.
Hast du doch auch
Zwischen Salomo
Und Sabas Königin
Ehmals den Kuppler gemacht!«

ERGEBUNG

»Du vergehst und bist so freundlich,
Verzehrst dich und singst so schön?«

Dichter

Die Liebe behandelt mich feindlich!
Da will ich gern gestehn,
Ich singe mit schwerem Herzen.
Sieh doch einmal die Kerzen,
Sie leuchten, indem sie vergehn.

—

Eine Stelle suchte der Liebe Schmerz,
Wo es recht wüst und einsam wäre;
Da fand er denn mein ödes Herz
Und nistete sich in das leere.

UNVERMEIDLICH

Wer kann gebieten den Vögeln,
Still zu sein auf der Flur?
Und wer verbieten zu zappeln
Den Schafen unter der Schur?

Stell' ich mich wohl ungebärdig,
Wenn mir die Wolle kraust?
Nein! Die Ungebärden entzwingt mir
Der Scherer, der mich zerzaust.

Wer will mir wehren zu singen
Nach Lust zum Himmel hinan,
Den Wolken zu vertrauen,
Wie lieb sie mir's angetan?

GEHEIMES

Über meines Liebchens Äugeln
Stehn verwundert alle Leute;
Ich, der Wissende, dagegen
Weiß recht gut, was das bedeute.

Denn es heißt: ich liebe diesen
Und nicht etwa den und jenen.
Lasset nur, ihr guten Leute,
Euer Wundern, euer Sehnen!

Ja, mit ungeheuren Mächten
Blicket sie wohl in die Runde;
Doch sie sucht nur zu verkünden
Ihm die nächste süße Stunde.

GEHEIMSTES

»Wir sind emsig, nachzuspüren,
Wir, die Anekdotenjäger,
Wer dein Liebchen sei und ob du
Nicht auch habest viele Schwäger.

Denn dass du verliebt bist, sehn wir,
Mögen dir es gerne gönnen;
Doch dass Liebchen so dich liebe,
Werden wir nicht glauben können.«

Ungehindert, liebe Herren,
Sucht sie auf! nur hört das Eine:
Ihr erschrecket, wenn sie dasteht!
Ist sie fort, ihr kost dem Scheine.

Wisset ihr, wie *Schehâb-eddin*
Sich auf *Arafat* entmantelt;
Niemand haltet ihr für törig,
Der in seinem Sinne handelt.

Wenn vor deines Kaisers Throne
Oder vor der Vielgeliebten
Je dein Name wird gesprochen,
Sei es dir zu höchstem Lohne.

Darum war's der höchste Jammer,
Als einst *Medschnun* sterbend wollte,
Dass vor *Leila* seinen Namen
Man forthin nicht nennen sollte.

TEFKIR NAMEH
BUCH DER BETRACHTUNGEN

—

Höre den Rat, den die Leier tönt;
Doch er nutzet nur, wenn du fähig bist.
Das glücklichste Wort, es wird verhöhnt,
Wenn der Hörer ein Schiefohr ist.

»Was tönt denn die Leier?« Sie tönet laut:
Die schönste, das ist nicht die beste Braut;
Doch wenn wir dich unter uns zählen sollen,
So musst du das Schönste, das Beste wollen.

FÜNF DINGE

Fünf Dinge bringen fünfe nicht hervor,
Du, dieser Lehre öffne du dein Ohr:
Der stolzen Brust wird Freundschaft nicht entsprossen;
Unhöflich sind der Niedrigkeit Genossen;
Ein Bösewicht gelangt zu keiner Größe;
Der Neidische erbarmt sich nicht der Blöße;
Der Lügner hofft vergeblich Treu' und Glauben;
Das halte fest und niemand lass dir's rauben.

FÜNF ANDERE

Was verkürzt mir die Zeit?
 Tätigkeit!
Was macht sie unerträglich lang?
 Müßiggang!
Was bringt in Schulden?
 Harren und Dulden!

Was macht Gewinnen?
Nicht lange besinnen!
Was bringt zu Ehren?
Sich wehren!

—

Lieblich ist des Mädchens Blick, der winket,
Trinkers Blick ist lieblich, eh' er trinket,
Gruß des Herren, der befehlen konnte,
Sonnenschein im Herbst, der dich besonnte.
Lieblicher als alles dieses habe
Stets vor Augen, wie sich kleiner Gabe
Dürft'ge Hand so hübsch entgegen dränget,
Zierlich dankbar, was du reichst, empfänget.
Welch ein Blick! ein Gruß! ein sprechend Streben!
Schau' es recht, und du wirst immer geben.

—

Und was im *Pend-Nameh* steht,
Ist dir aus der Brust geschrieben:
Jeden, dem du selber gibst,
Wirst du wie dich selber lieben.
Reiche froh den Pfennig hin,
Häufe nicht ein Goldvermächtnis,
Eile freudig vorzuziehn
Gegenwart vor dem Gedächtnis.

—

Reitest du bei einem Schmied vorbei,
Weißt nicht, wann er dein Pferd beschlägt;
Siehst du eine Hütte im Felde frei,
Weißt nicht, ob sie dir ein Liebchen hegt;
Einem Jüngling begegnest du, schön und kühn,
Er überwindet dich künftig oder du ihn.
Am sichersten kannst du vom Rebstock sagen,
Er werde für dich was Gutes tragen.

So bist du denn der Welt empfohlen,
Das übrige will ich nicht wiederholen.

—

Den Gruß des Unbekannten ehre ja!
Er sei dir wert als alten Freundes Gruß.
Nach wenig Worten sagt ihr Lebewohl!
Zum Osten du, er westwärts, Pfad an Pfad —
Kreuzt euer Weg nach vielen Jahren drauf
Sich unerwartet, ruft ihr freudig aus:
»Er ist es! ja, da war's!«, als hätte nicht
So manche Tagefahrt zu Land und See,
So manche Sonnenkehr sich drein gelegt.
Nun tauschet War' um Ware, teilt Gewinn!
Ein alt Vertrauen wirke neuen Bund —
Der erste Gruß ist viele tausend wert,
Drum grüße freundlich jeden, der begrüßt.

—

Haben sie von deinen Fehlen
Immer viel erzählt,
Und, fürwahr sie zu erzählen,
Vielfach sich gequält.
Hätten sie von deinem Guten
Freundlich dir erzählt,
Mit verständig treuen Winken,
Wie man Bessres wählt;
O gewiss! das Allerbeste
Blieb mir nicht verhehlt,
Das fürwahr nur wenig Gäste
In der Klause zählt,
Nun als Schüler mich, zu kommen,
Endlich auserwählt,
Und mich lehrt der Buße Frommen,
Wenn der Mensch gefehlt.

—

Märkte reizen dich zum Kauf;
Doch das Wissen blähet auf.
Wer im Stillen um sich schaut,
Lernet, wie die Lieb' erbaut.
Bist du Tag und Nacht beflissen,
Viel zu hören, viel zu wissen,
Horch an einer andern Türe,
Wie zu wissen sich gebühre.
Soll das Rechte zu dir ein,
Fühl' in Gott was Rechts zu sein:
Wer von reiner Lieb' entbrannt,
Wird vom lieben Gott erkannt.

—

Wie ich so ehrlich war,
Hab' ich gefehlt,
Und habe jahrelang
Mich durchgequält;
Ich galt und galt auch nicht,
Was sollt' es heißen?
Nun wollt' ich Schelm sein,
Tät mich befleißen;
Das wollt' mir gar nicht ein,
Musst' mich zerreißen.
Da dacht' ich: ehrlich sein
Ist doch das Beste,
War es nur kümmerlich,
So steht es feste.

—

Frage nicht, durch welche Pforte
Du in Gottes Stadt gekommen,
Sondern bleib am stillen Orte,
Wo du einmal Platz genommen.

Schaue dann umher nach Weisen
Und nach Mächtigen, die befehlen;
Jene werden unterweisen,
Diese Tat und Kräfte stählen.

Wenn du nützlich und gelassen
So dem Staate treu geblieben,
Wisse! niemand wird dich hassen,
Und dich werden viele lieben.

Und der Fürst erkennt die Treue,
Sie erhält die Tat lebendig;
Dann bewährt sich auch das Neue
Nächst dem Alten erst beständig.

—

Woher ich kam? Es ist noch eine Frage,
Mein Weg hierher, der ist mir kaum bewusst,
Heut nun und hier am himmelfrohen Tage
Begegnen sich wie Freunde Schmerz und Lust.
O süßes Glück, wenn beide sich vereinen!
Einsam, wer möchte lachen, möchte weinen?

—

Es geht eins nach dem andern hin,
Und auch wohl vor dem andern;
Drum lasst uns rasch und brav und kühn
Die Lebenswege wandern.
Es hält dich auf, mit Seitenblick
Der Blumen viel zu lesen;
Doch hält nichts grimmiger zurück,
Als wenn du falsch gewesen.

—

Behandelt die Frauen mit Nachsicht!
Aus krummer Rippe ward sie erschaffen,
Gott konnte sie nicht ganz grade machen.
Willst du sie biegen, sie bricht.
Lässt du sie ruhig, sie wird noch krümmer;
Du guter Adam, was ist denn schlimmer? —
Behandelt die Frauen mit Nachsicht:
Es ist nicht gut, dass euch eine Rippe bricht.

—

Das Leben ist ein schlechter Spaß,
Dem fehlt's an Dies, dem fehlt's an Das,
Der will nicht wenig, der zu viel,
Und Kann und Glück kommt auch ins Spiel.
Und hat sich 's Unglück drein gelegt,
Jeder, wie er nicht wollte, trägt.
Bis endlich Erben mit Behagen
Herrn Kannnicht-Willnicht weiter tragen.

—

Das Leben ist ein Gänsespiel:
Je mehr man vorwärts gehet,
Je früher kommt man an das Ziel,
Wo niemand gerne stehet.

Man sagt, die Gänse wären dumm,
O glaubt mir nicht den Leuten:
Denn eine sieht einmal sich 'rum,
Mich rückwärts zu bedeuten.

Ganz anders ist's in dieser Welt,
Wo alles vorwärts drücket,
Wenn einer stolpert oder fällt,
Keine Seele rückwärts blicket.

—

»Die Jahre nahmen dir, du sagst, so vieles:
Die eigentliche Lust des Sinnenspieles,
Erinnerung des allerliebsten Tandes
Von gestern, weit- und breiten Landes
Durchschweifen frommt nicht mehr; selbst nicht von oben
Der Ehren anerkannte Zier, das Loben,
Erfreulich sonst. Aus eignem Tun Behagen
Quillt nicht mehr auf, dir fehlt ein dreistes Wagen!
Nun wüsst' ich nicht, was dir Besondres bliebe?«

Mir bleibt genug! Es bleibt Idee und Liebe!

—

Vor den Wissenden sich stellen,
Sicher ist's in allen Fällen!
Wenn du lange dich gequälet,
Weiß er gleich, wo dir es fehlet;
Auch auf Beifall darfst du hoffen,
Denn er weiß, wo du's getroffen.

—

Freigebiger wird betrogen,
Geizhafter ausgesogen,
Verständiger irr geleitet,
Vernünftiger leer geweitet,
Der Harte wird umgangen,
Der Gimpel wird gefangen.
Beherrsche diese Lüge,
Betrogener betrüge!

—

Wer befehlen kann, wird loben,
Und er wird auch wieder schelten,
Und das muss dir, treuer Diener,
Eines wie das andre gelten.

Denn er lobt wohl das Geringe,
Schilt auch, wo er sollte loben;
Aber bleibst du guter Dinge,
Wird er dich zuletzt erproben.

Und so haltet's auch, ihr Hohen,
Gegen Gott wie der Geringe,
Tut und leidet, wie sich's findet,
Bleibt nur immer guter Dinge.

AN SCHACH SEDSCHAN UND SEINESGLEICHEN

Durch allen Schall und Klang
Der Transoxanen
Erkühnt sich unser Sang
Auf deine Bahnen!
Uns ist für gar nichts bang,
In dir lebendig,
Dein Leben daure lang,
Dein Reich beständig!

HÖCHSTE GUNST

Ungezähmt, so wie ich war,
Hab' ich einen Herrn gefunden,
Und gezähmt nach manchem Jahr
Eine Herrin auch gefunden.
Da sie Prüfung nicht gespart,
Haben sie mich treu gefunden,
Und mit Sorgfalt mich bewahrt
Als den Schatz, den sie gefunden.
Niemand diente zweien Herrn,
Der dabei sein Glück gefunden;
Herr und Herrin sehn es gern,

Dass sie beide mich gefunden,
Und mir leuchtet Glück und Stern,
Da ich beide sie gefunden.

—

Ferdusi

spricht

»O Welt! wie schamlos und boshaft du bist!
Du nährst und erziehest und tötest zugleich.«
Nur wer von Allah begünstiget ist,
Der nährt sich, erzieht sich, lebendig und reich.

—

Was heißt denn Reichtum? — Eine wärmende Sonne,
Genießt sie der Bettler, wie wir sie genießen!
Es möge doch keinen der Reichen verdrießen
Des Bettlers im Eigensinn selige Wonne.

—

Dschelâl-eddîn Rumi

spricht

Verweilst du in der Welt, sie flieht als Traum,
Du reisest, ein Geschick bestimmt den Raum;
Nicht Hitze, Kälte nicht vermagst du fest zu halten,
Und was dir blüht, sogleich wird es veralten.

Suleika

spricht

Der Spiegel sagt mir, ich bin schön!
Ihr sagt: zu altern sei auch mein Geschick.
Vor Gott muss alles ewig stehn,
In mir liebt Ihn, für diesen Augenblick.

RENDSCH NAMEH
BUCH DES UNMUTS

»Wo hast du das genommen?
Wie konnt' es zu dir kommen?
Wie aus dem Lebensplunder
Erwarbst du diesen Zunder,
Der Funken letzte Gluten
Von frischem zu ermuten?«

Euch mög' es nicht bedünkeln,
Es sei gemeines Fünkeln;
Auf ungemessner Ferne,
Im Ozean der Sterne,
Mich hatt' ich nicht verloren,
Ich war wie neu geboren.

Von weißer Schafe Wogen
Die Hügel überzogen,
Umsorgt von ernsten Hirten,
Die gern und schmal bewirten,
So ruhig-liebe Leute,
Dass jeder mich erfreute.

In schauerlichen Nächten,
Bedrohet von Gefechten,
Das Stöhnen der Kamele
Durchdrang das Ohr, die Seele,
Und derer, die sie führen,
Einbildung und Stolzieren.

Und immer ging es weiter,
Und immer ward es breiter,
Und unser ganzes Ziehen,
Es schien ein ewig Fliehen,

Blau, hinter Wüst' und Heere,
Der Streif erlogner Meere.

—

Keinen Reimer wird man finden,
Der sich nicht den besten hielte,
Keinen Fiedler, der nicht lieber
Eigne Melodien spielte.

Und ich konnte sie nicht tadeln;
Wenn wir andern Ehre geben,
Müssen wir uns selbst entadeln;
Lebt man denn, wenn andre leben?

Und so fand ich's denn auch juste
In gewissen Antichambern,
Wo man nicht zu sondern wusste
Mäusedreck von Koriandern.

Das Gewesne wollte hassen
Solche rüstige neue Besen,
Diese dann nicht gelten lassen,
Was sonst Besen war gewesen.

Und wo sich die Völker trennen
Gegenseitig im Verachten,
Keins von beiden wird bekennen,
Dass sie nach demselben trachten.

Und das grobe Selbstempfinden
Haben Leute hart gescholten,
Die am wenigsten verwinden,
Wenn die andern was gegolten.

—

Befindet sich einer heiter und gut,
Gleich will ihn der Nachbar peinigen;
Solang der Tüchtige lebt und tut,
Möchten sie ihn gerne steinigen.
Ist er hinterher aber tot,
Gleich sammeln sie große Spenden,
Zu Ehren seiner Lebensnot
Ein Denkmal zu vollenden;
Doch ihren Vorteil sollte dann
Die Menge wohl ermessen:
Gescheiter wär's, den guten Mann
Auf immerdar vergessen.

—

Übermacht, ihr könnt es spüren,
Ist nicht aus der Welt zu bannen;
Mir gefällt zu konversieren
Mit Gescheiten, mit Tyrannen.

Da die dummen Eingeengten
Immerfort am stärksten pochten
Und die Halben, die Beschränkten
Gar zu gern uns unterjochten,

Hab' ich mich für frei erkläret
Von den Narren, von den Weisen,
Diese bleiben ungestöret,
Jene möchten sich zerreißen.

Denken, in Gewalt und Liebe
Müssten wir zuletzt uns gatten,
Machen mir die Sonne trübe
Und erhitzen mir den Schatten.

Hafis auch und Ulrich Hutten
Mussten ganz bestimmt sich rüsten

Gegen braun' und blaue Kutten;
Meine gehn wie andre Christen.

»Aber nenn' uns doch die Feinde!«
Niemand soll sie unterscheiden:
Denn ich hab' in der Gemeinde
Schon genug daran zu leiden.

—

Wenn du auf dem Guten ruhst,
Nimmer werd' ich's tadeln,
Wenn du gar das Gute tust,
Sieh, das soll dich adeln!
Hast du aber deinen Zaun
Um dein Gut gezogen,
Leb' ich frei und lebe traun
Keineswegs betrogen.

Denn die Menschen, sie sind gut,
Würden besser bleiben,
Sollte nicht, wie's einer tut,
Auch der andre treiben.
Auf dem Weg, da ist's ein Wort,
Niemand wird's verdammen:
Wollen wir an Einen Ort,
Nun! wir gehn zusammen.

Vieles wird sich da und hie
Uns entgegenstellen.
In der Liebe mag man nie
Helfer und Gesellen;
Geld und Ehre hätte man
Gern allein zur Spende;
Und der Wein, der treue Mann,
Der entzweit am Ende.

Hat doch über solches Zeug
Hafis auch gesprochen,
Über manchen dummen Streich
Sich den Kopf zerbrochen,
Und ich seh' nicht, was es frommt,
Aus der Welt zu laufen,
Magst du, wenn's zum Schlimmsten kommt,
Auch einmal dich raufen.

—

Als wenn das auf Namen ruhte,
Was sich schweigend nur entfaltet!
Lieb' ich doch das schöne Gute,
Wie es sich aus Gott gestaltet.

Jemand lieb' ich, das ist nötig;
Niemand hass' ich; soll ich hassen,
Auch dazu bin ich erbötig,
Hasse gleich in ganzen Massen.

Willst sie aber näher kennen,
Sieh aufs Rechte, sieh aufs Schlechte;
Was sie ganz fürtrefflich nennen,
Ist wahrscheinlich nicht das Rechte.

Denn das Rechte zu ergreifen,
Muss man aus dem Grunde leben,
Und salbadrisch auszuschweifen
Dünket mich ein seicht Bestreben.

Wohl! Herr Knitterer er kann sich
Mit Zersplitterer vereinen,
Und Verwitterer alsdann sich
Allenfalls der Beste scheinen!

Dass nur immer in Erneuung
Jeder täglich Neues höre,
Und zugleich auch die Zerstreuung
Jeden in sich selbst zerstöre.

Dies der Landsmann wünscht und liebet,
Mag er deutsch, mag teutsch sich schreiben,
Liedchen aber heimlich piepet:
»Also war es und wird bleiben.«

—

Medschnun heißt — ich will nicht sagen,
Dass es grad' ein Toller heiße;
Doch ihr müsst mich nicht verklagen,
Dass ich mich als Medschnun preise.

Wenn die Brust, die redlich volle,
Sich entladet, euch zu retten,
Ruft ihr nicht: »Das ist der Tolle!
Holet Stricke, schaffet Ketten!«

Und wenn ihr zuletzt in Fesseln
Seht die Klügeren verschmachten,
Sengt es euch wie Feuernesseln,
Das vergebens zu betrachten.

—

Hab' ich euch denn je geraten,
Wie ihr Kriege führen solltet?
Schalt ich euch, nach euren Taten,
Wenn ihr Friede schließen wolltet?

Und so hab' ich auch den Fischer
Ruhig sehen Netze werfen,
Brauchte dem gewandten Tischer
Winkelmaß nicht einzuschärfen.

Aber ihr wollt besser wissen,
Was ich weiß, der ich bedachte,
Was Natur, für mich beflissen,
Schon zu meinem Eigen machte.

Fühlt ihr auch dergleichen Stärke?
Nun, so fördert eure Sachen!
Seht ihr aber meine Werke,
Lernet erst: so wollt' er's machen.

WANDERERS GEMÜTSRUHE

Übers Niederträchtige
Niemand sich beklage;
Denn es ist das Mächtige,
Was man dir auch sage.

In dem Schlechten waltet es
Sich zu Hochgewinne,
Und mit Rechtem schaltet es
Ganz nach seinem Sinne.

Wandrer! — Gegen solche Not
Wolltest du dich sträuben?
Wirbelwind und trocknen Kot,
Lass sie drehn und stäuben.

—

Wer wird von der Welt verlangen,
Was sie selbst vermisst und träumet,
Rückwärts oder seitwärts blickend
Stets den Tag des Tags versäumet?
Ihr Bemühn, ihr guter Wille
Hinkt nur nach dem raschen Leben,
Und was du vor Jahren brauchtest,
Möchte sie dir heute geben.

—

Sich selbst zu loben, ist ein Fehler,
Doch jeder tut's, der etwas Gutes tut;
Und ist er dann in Worten kein Verhehler,
Das Gute bleibt doch immer gut.

Lasst doch, ihr Narren, doch die Freude
Dem Weisen, der sich weise hält,
Dass er, ein Narr wie ihr, vergeude
Den abgeschmackten Dank der Welt.

—

Glaubst du denn: von Mund zu Ohr
Sei ein redlicher Gewinst?
Überliefrung, o du Tor,
Ist auch wohl ein Hirngespinst!

Nun geht erst das Urteil an.
Dich vermag aus Glaubensketten
Der Verstand allein zu retten,
Dem du schon Verzicht getan.

—

Und wer franzet oder britet,
Italienert oder teutschet,
Einer will nur wie der andre,
Was die Eigenliebe heischet.

Denn es ist kein Anerkennen,
Weder vieler noch des Einen,
Wenn es nicht am Tage fördert,
Wo man selbst was möchte scheinen.

Morgen habe denn das Rechte
Seine Freunde wohlgesinnet,
Wenn nur heute noch das Schlechte
Vollen Platz und Gunst gewinnet.

Wer nicht von dreitausend Jahren
Sich weiß Rechenschaft zu geben,
Bleib im Dunkeln unerfahren,
Mag von Tag zu Tage leben.

—

Sonst, wenn man den heiligen Koran zitierte,
Nannte man die Sure, den Vers dazu,
Und jeder Moslem, wie sich's gebührte,
Fühlte sein Gewissen in Respekt und Ruh'.
Die neuen Derwische wissen's nicht besser,
Sie schwatzen das Alte, das Neue dazu.
Die Verwirrung wird täglich größer,
O heiliger Koran! O ewige Ruh'!

—

Der Prophet
spricht

Ärgert's jemand, dass es Gott gefallen
Mahomet zu gönnen Schutz und Glück,
An den stärksten Balken seiner Hallen
Da befestig' er den derben Strick,
Knüpfe sich daran! das hält und trägt;
Er wird fühlen, dass sein Zorn sich legt.

Timur
spricht

Was? Ihr missbilliget den kräftigen Sturm
Des Übermuts, verlogne Pfaffen!
Hätt' Allah mich bestimmt zum Wurm,
So hätt' er mich als Wurm geschaffen.

HIKMET NAMEH
BUCH DER SPRÜCHE

—

Talismane werd' ich in dem Buch zerstreuen,
Das bewirkt ein Gleichgewicht.
Wer mit gläubiger Nadel sticht,
Überall soll gutes Wort ihn freuen.

—

Vom heut'gen Tag, von heut'ger Nacht
Verlange nichts,
Als was die gestrigen gebracht.

—

Wer geboren in bös'sten Tagen,
Dem werden selbst die bösen behagen.

—

Wie etwas sei leicht,
Weiß, der es erfunden und der es erreicht.

—

Das Meer flutet immer,
Das Land behält es nimmer.

—

Was wird mir jede Stunde so bang? —
Das Leben ist kurz, der Tag ist lang.
Und immer sehnt sich fort das Herz,
Ich weiß nicht recht, ob himmelwärts;
Fort aber will es hin und hin,
Und möchte vor sich selber fliehn.

Und fliegt es an der Liebsten Brust,
Da ruht's im Himmel unbewusst;
Der Lebestrudel reißt es fort,
Und immer hängt's an Einem Ort;
Was es gewollt, was es verlor,
Es bleibt zuletzt sein eigner Tor.

—

Prüft das Geschick dich, weiß es wohl warum:
Es wünschte dich enthaltsam! Folge stumm!

—

Noch ist es Tag, da rühre sich der Mann,
Die Nacht tritt ein, wo niemand wirken kann.

—

Was machst du an der Welt? sie ist schon gemacht,
Der Herr der Schöpfung hat alles bedacht.
Dein Los ist gefallen, verfolge die Weise,
Der Weg ist begonnen, vollende die Reise:
Denn Sorgen und Kummer verändern es nicht,
Sie schleudern dich ewig aus gleichem Gewicht.

—

Wenn der schwer Gedrückte klagt,
Hülfe, Hoffnung sei versagt,
Bleibet heilsam fort und fort
Immer noch ein freundlich Wort.

—

»Wie ungeschickt habt ihr euch benommen,
Da euch das Glück ins Haus gekommen!«
Das Mädchen hat's nicht übelgenommen
Und ist noch ein paar Mal wiedergekommen.

—

Mein Erbteil wie herrlich, weit und breit!
Die Zeit ist mein Besitz, mein Acker ist die Zeit.

—

Gutes tu rein aus des Guten Liebe!
Das überliefre deinem Blut;
Und wenn's den Kindern nicht verbliebe,
Den Enkeln kommt es doch zugut.

—

Enweri sagt's, ein Herrlichster der Männer,
Des tiefsten Herzens, höchsten Hauptes Kenner:
Dir frommt an jedem Ort, zu jeder Zeit
Geradheit, Urteil und Verträglichkeit.

—

Was klagst du über Feinde?
Sollten solche je werden Freunde,
Denen das Wesen, wie du bist,
Im Stillen ein ewiger Vorwurf ist?

—

Dümmer ist nichts zu ertragen,
Als wenn Dumme sagen den Weisen:
Dass sie sich in großen Tagen
Sollten bescheidentlich erweisen.

—

Wenn Gott so schlechter Nachbar wäre,
Als ich bin und als du bist,
Wir hätten beide wenig Ehre;
Der lässt einen jeden, wie er ist.

—

Gesteht's! die Dichter des Orients
Sind größer als wir des Okzidents.

Worin wir sie aber völlig erreichen,
Das ist im Hass auf unsresgleichen.

—

Überall will jeder obenauf sein,
Wie's eben in der Welt so geht.
Jeder sollte freilich grob sein,
Aber nur in dem, was er versteht.

—

Verschon' uns Gott mit deinem Grimme!
Zaunkönige gewinnen Stimme.

—

Will der Neid sich doch zerreißen,
Lass ihn seinen Hunger speisen.

—

Sich im Respekt zu erhalten,
Muss man recht borstig sein.
Alles jagt man mit Falken,
Nur nicht das wilde Schwein.

—

Was hilft's dem Pfaffenorden,
Der mir den Weg verrannt?
Was nicht gerade erfasst worden,
Wird auch schief nicht erkannt.

—

Einen Helden mit Lust preisen und nennen
Wird jeder, der selbst als Kühner stritt.
Des Menschen Wert kann niemand erkennen,
Der nicht selbst Hitze und Kälte litt.

—

Gutes tu rein aus des Guten Liebe,
Was du tust, verbleibt dir nicht;
Und wenn es auch dir verbliebe,
Bleibt es deinen Kindern nicht.

—

Soll man dich nicht aufs Schmählichste berauben,
Verbirg dein Gold, dein Weggehn, deinen Glauben.

—

Wie kommt's, dass man an jedem Orte
So viel Gutes, so viel Dummes hört?
Die Jüngsten wiederholen der Ältesten Worte
Und glauben, dass es ihnen angehört.

—

Lass dich nur in keiner Zeit
Zum Widerspruch verleiten,
Weise fallen in Unwissenheit,
Wenn sie mit Unwissenden streiten.

—

»Warum ist Wahrheit fern und weit?
Birgt sich hinab in tiefste Gründe?«

Niemand versteht zur rechten Zeit! —
Wenn man zur rechten Zeit verstünde,
So wäre Wahrheit nah und breit,
Und wäre lieblich und gelinde.

—

Was willst du untersuchen,
Wohin die Milde fließt.
Ins Wasser wirf deine Kuchen,
Wer weiß, wer sie genießt.

—

Als ich einmal eine Spinne erschlagen,
Dacht' ich, ob ich das wohl gesollt?
Hat Gott ihr doch wie mir gewollt
Einen Anteil an diesen Tagen!

—

»Dunkel ist die Nacht, bei Gott ist Licht.
Warum hat er uns nicht auch so zugericht?«

—

Welch eine bunte Gemeinde!
An Gottes Tisch sitzen Freund' und Feinde.

—

Ihr nennt mich einen kargen Mann;
Gebt mir, was ich verprassen kann.

—

Soll ich dir die Gegend zeigen,
Musst du erst das Dach besteigen.

—

Wer schweigt, hat wenig zu sorgen;
Der Mensch bleibt unter der Zunge verborgen.

—

Ein Herre mit zwei Gesind,
Er wird nicht wohl gepflegt.
Ein Haus, worin zwei Weiber sind,
Es wird nicht rein gefegt.

—

Ihr lieben Leute, bleibt dabei
Und sagt nur: »Autos epha!«
Was sagt ihr lange Mann und Weib?
Adam, so heißt's, und Eva.

—

Wofür ich Allah höchlich danke?
Dass er Leiden und Wissen getrennt.
Verzweifeln müsste jeder Kranke,
Das Übel kennend, wie der Arzt es kennt.

—

Närrisch, dass jeder in seinem Falle
Seine besondere Meinung preist!
Wenn *Islam* Gott ergeben heißt,
Im Islam leben und sterben wir alle.

—

Wer auf die Welt kommt, baut ein neues Haus,
Er geht und lässt es einem zweiten,
Der wird sich's anders zubereiten,
Und niemand baut es aus.

—

Wer in mein Haus tritt, der kann schelten,
Was ich ließ viele Jahre gelten;
Vor der Tür aber müsst' er passen,
Wenn ich ihn nicht wollte gelten lassen.

—

Herr, lass dir gefallen
Dieses kleine Haus,
Größre kann man bauen,
Mehr kommt nicht heraus.

—

Du bist auf immer geborgen,
Das nimmt dir niemand wieder:
Zwei Freunde, ohne Sorgen,
Weinbecher, Büchlein Lieder.

—

»Was brachte Lokman nicht hervor,
Den man den garst'gen hieß!«
Die Süßigkeit liegt nicht im Rohr,
Der Zucker, der ist süß.

—

Herrlich ist der Orient
Übers Mittelmeer gedrungen;
Nur wer Hafis liebt und kennt,
Weiß, was Calderon gesungen.

—

»Was schmückst du die eine Hand denn nun
Weit mehr, als ihr gebührte?«
Was sollte denn die linke tun,
Wenn sie die rechte nicht zierte?

—

Wenn man auch nach Mekka triebe
Christus' Esel, würd' er nicht
Dadurch besser abgericht,
Sondern stets ein Esel bliebe.

—

Getretner Quark
Wird breit, nicht stark.

Schlägst du ihn aber mit Gewalt
In feste Form, er nimmt Gestalt.
Dergleichen Steine wirst du kennen,
Europäer Pisé sie nennen.

—

Betrübt euch nicht, ihr guten Seelen!
Denn wer nicht fehlt, weiß wohl, wenn andre fehlen;
Allein wer fehlt, der ist erst recht daran,
Er weiß nun deutlich, wie sie wohl getan.

—

»Du hast gar vielen nicht gedankt,
Die dir so manches Gute gegeben!«
Darüber bin ich nicht erkrankt,
Ihre Gaben mir im Herzen leben.

—

Guten Ruf musst du dir machen,
Unterscheiden wohl die Sachen;
Wer was weiter will, verdirbt.

—

Die Flut der Leidenschaft, sie stürmt vergebens
Ans unbezwungne feste Land. —
Sie wirft poetische Perlen an den Strand,
Und das ist schon Gewinn des Lebens.

—

Vertrauter

Du hast so manche Bitte gewährt,
Und wenn sie dir auch schädlich war;
Der gute Mann da hat wenig begehrt,
Dabei hat es doch keine Gefahr.

Vesir

Der gute Mann hat wenig begehrt,
Und hätt' ich's ihm sogleich gewährt,
Er auf der Stelle verloren war.

—

Schlimm ist es, wie doch wohl geschieht,
Wenn Wahrheit sich nach dem Irrtum zieht;
Das ist auch manchmal ihr Behagen,
Wer wird so schöne Frau befragen?
Herr Irrtum, wollt' er an Wahrheit sich schließen,
Das sollte Frau Wahrheit bass verdrießen.

—

Wisse, dass mir sehr missfällt,
Wenn so viele singen und reden!
Wer treibt die Dichtkunst aus der Welt?
Die Poeten!

TIMUR NAMEH
BUCH DES TIMUR

DER WINTER UND TIMUR

So umgab sie nun der Winter
Mit gewalt'gem Grimme. Streuend
Seinen Eishauch zwischen alle,
Hetzt' er die verschiednen Winde
Widerwärtig auf sie ein.
Über sie gab er Gewaltkraft
Seinen frostgespitzten Stürmen,
Stieg in Timurs Rat hernieder,
Schrie ihn drohend an und sprach so:
»Leise, langsam, Unglücksel'ger,
Wandle, du Tyrann des Unrechts;
Sollen länger noch die Herzen
Sengen, brennen deinen Flammen?
Bist du der verdammten Geister
Einer, wohl! ich bin der andre.
Du bist Greis, ich auch, erstarren
Machen wir so Land als Menschen.
Mars! du bist's! ich bin Saturnus,
Übeltätige Gestirne,
Im Verein die schrecklichsten.
Tötest du die Seele, kältest
Du den Luftkreis: meine Lüfte
Sind noch kälter, als du sein kannst.
Quälen deine wilden Heere
Gläubige mit tausend Martern:
Wohl, in meinen Tagen soll sich,
Geb' es Gott! was Schlimmres finden.
Und bei Gott! Dir schenk' ich nichts.
Hör' es Gott, was ich dir biete!

Ja bei Gott! von Todeskälte
Nicht, o Greis, verteid'gen soll dich
Breite Kohlenglut vom Herde,
Keine Flamme des Dezembers.«

AN SULEIKA

Dir mit Wohlgeruch zu kosen,
Deine Freuden zu erhöhn,
Knospend müssen tausend Rosen
Erst in Gluten untergehn.

Um ein Fläschchen zu besitzen,
Das den Ruch auf ewig hält,
Schlank wie deine Fingerspitzen,
Da bedarf es einer Welt.

Einer Welt von Lebenstrieben,
Die in ihrer Fülle Drang
Ahndeten schon Bulbuls Lieben,
Seeleregenden Gesang.

Sollte jene Qual uns quälen,
Da sie unsre Lust vermehrt?
Hat nicht Myriaden Seelen
Timurs Herrschaft aufgezehrt?

SULEIKA NAMEH
BUCH SULEIKA

Ich gedachte in der Nacht,
Dass ich den Mond sähe im Schlaf;
Als ich aber erwachte,
Ging unvermutet die Sonne auf.

EINLADUNG

Musst nicht vor dem Tage fliehen:
Denn der Tag, den du ereilest,
Ist nicht besser als der heut'ge;
Aber wenn du froh verweilest,
Wo ich mir die Welt beseit'ge,
Um die Welt an mich zu ziehen,
Bist du gleich mit mir geborgen:
Heut ist heute, morgen morgen,
Und was folgt und was vergangen,
Reißt nicht hin und bleibt nicht hangen.
Bleibe du, mein Allerliebstes;
Denn du bringst es, und du gibst es.

—

Dass Suleika von Jussuph entzückt war,
Ist keine Kunst;
Er war jung, Jugend hat Gunst,
Er war schön, sie sagen zum Entzücken,
Schön war sie, konnten einander beglücken.
Aber dass du, die so lange mir erharrt war,
Feurige Jugendblicke mir schickst,
Jetzt mich liebst, mich später beglückst,
Das sollen meine Lieder preisen,
Sollst mir ewig Suleika heißen.

—

Da du nun Suleika heißest,
Sollt' ich auch benamset sein.
Wenn du deinen Geliebten preisest,
Hatem! das soll der Name sein.
Nur dass man mich daran erkennet,
Keine Anmaßung soll es sein:
Wer sich St.-Georgen-Ritter nennet,
Denkt nicht gleich Sankt Georg zu sein.
Nicht Hatem Thai, nicht der alles Gebende
Kann ich in meiner Armut sein;
Hatem Zograi nicht, der reichlichst Lebende
Von allen Dichtern, möcht' ich sein.
Aber beide doch im Auge zu haben,
Es wird nicht ganz verwerflich sein:
Zu nehmen, zu geben des Glückes Gaben,
Wird immer ein groß Vergnügen sein.
Sich liebend aneinander zu laben,
Wird Paradieses Wonne sein.

—

Hatem

Nicht Gelegenheit macht Diebe,
Sie ist selbst der größte Dieb;
Denn sie stahl den Rest der Liebe,
Die mir noch im Herzen blieb.

Dir hat sie ihn übergeben,
Meines Lebens Vollgewinn,
Dass ich nun, verarmt, mein Leben
Nur von dir gewärtig bin.

Doch ich fühle schon Erbarmen
Im Karfunkel deines Blicks
Und erfreu' in deinen Armen
Mich erneuerten Geschicks.

—

Suleika

Hochbeglückt in deiner Liebe,
Schelt' ich nicht Gelegenheit;
Ward sie auch an dir zum Diebe,
Wie mich solch ein Raub erfreut!

Und wozu denn auch berauben?
Gib dich mir aus freier Wahl;
Gar zu gerne möcht' ich glauben —
Ja, ich bin's, die dich bestahl.

Was so willig du gegeben,
Bringt dir herrlichen Gewinn,
Meine Ruh', mein reiches Leben
Geb' ich freudig, nimm es hin!

Scherze nicht! Nichts von Verarmen!
Macht uns nicht die Liebe reich?
Halt' ich dich in meinen Armen,
Jedem Glück ist meines gleich.

—

Der Liebende wird nicht irre gehn,
Wär's um ihn her auch noch so trübe.
Sollten Leila und Medschnun auferstehn,
Von mir erführen sie den Weg der Liebe.

—

Ist's möglich, dass ich Liebchen dich kose,
Vernehme der göttlichen Stimme Schall!
Unmöglich scheint immer die Rose,
Unbegreiflich die Nachtigall.

Suleika

Als ich auf dem Euphrat schiffte,
Streifte sich der goldne Ring
Fingerab in Wasserklüfte,
Den ich jüngst von dir empfing.

Also träumt' ich. Morgenröte
Blitzt' ins Auge durch den Baum,
Sag', Poete, sag', Prophete!
Was bedeutet dieser Traum?

Hatem

Dies zu deuten, bin erbötig!
Hab' ich dir nicht oft erzählt,
Wie der Doge von Venedig
Mit dem Meere sich vermählt?

So von deinen Fingergliedern
Fiel der Ring dem Euphrat zu.
Ach, zu tausend Himmelsliedern,
Süßer Traum, begeisterst du!

Mich, der von den Indostanen
Streifte bis Damaskus hin,
Um mit neuen Karawanen
Bis ans Rote Meer zu ziehn,

Mich vermählst du deinem Flusse,
Der Terrasse, diesem Hain,
Hier soll bis zum letzten Kusse
Dir mein Geist gewidmet sein.

—

Kenne wohl der Männer Blicke,
Einer sagt: Ich liebe, leide!
Ich begehre, ja verzweifle!

Und was sonst ist, kennt ein Mädchen.
Alles das kann mir nicht helfen,
Alles das kann mich nicht rühren;
Aber, Hatem, deine Blicke
Geben erst dem Tage Glanz.
Denn sie sagen: *Die* gefällt mir,
Wie mir sonst nichts mag gefallen.
Seh' ich Rosen, seh' ich Lilien,
Aller Gärten Zier und Ehre,
So Zypressen, Myrten, Veilchen,
Aufgeregt zum Schmuck der Erde;
Und geschmückt ist sie ein Wunder,
Mit Erstaunen uns umfangend,
Uns erquickend, heilend, segnend,
Dass wir uns gesundet fühlen,
Wieder gern erkranken möchten.
Da erblicktest du Suleika
Und gesundetest erkrankend,
Und erkranketest gesundend,
Lächeltest und sahst herüber,
Wie du nie der Welt gelächelt.
Und Suleika fühlt des Blickes
Ew'ge Rede: Die gefällt mir,
Wie mir sonst nichts mag gefallen.

GINGO BILOBA

Dieses Baums Blatt, der von Osten
Meinem Garten anvertraut,
Gibt geheimen Sinn zu kosten,
Wie's den Wissenden erbaut.

Ist es *ein* lebendig Wesen,
Das sich in sich selbst getrennt?
Sind es zwei, die sich erlesen,
Dass man sie als *eines* kennt?

Solche Frage zu erwidern,
Fand ich wohl den rechten Sinn;
Fühlst du nicht an meinen Liedern,
Dass ich eins und doppelt bin?

—

Suleika

Sag', du hast wohl viel gedichtet,
Hin und her dein Lied gerichtet,
Schöne Schrift von deiner Hand,
Prachtgebunden, goldgerändet,
Bis auf Punkt und Strich vollendet,
Zierlich lockend, manchen Band?
Stets, wo du sie hingewendet,
War's gewiss ein Liebespfand?

Hatem

Ja, von mächtig holden Blicken,
Wie von lächelndem Entzücken
Und von Zähnen blendend klar,
Wimpernpfeilen, Lockenschlangen,
Hals und Busen reizumhangen
Tausendfältige Gefahr!
Denke nun, wie von so langem
Prophezeit Suleika war.

—

Suleika

Die Sonne kommt! Ein Prachterscheinen!
Der Sichelmond umklammert sie.
Wer konnte solch ein Paar vereinen?
Dies Rätsel, wie erklärt sich's? Wie?

Hatem

Der Sultan konnt' es, er vermählte
Das allerhöchste Weltenpaar,

Um zu bezeichnen Auserwählte,
Die Tapfersten der treuen Schar.

Auch sei's ein Bild von unsrer Wonne!
Schon seh' ich wieder mich und dich,
Du nennst mich, Liebchen, deine Sonne,
Komm, süßer Mond, umklammre mich!

—

Komm, Liebchen, komm! umwinde mir die Mütze!
Aus deiner Hand nur ist der Tulbend schön.
Hat Abbas doch, auf Irans höchstem Sitze,
Sein Haupt nicht zierlicher umwinden sehn!

Ein Tulbend war das Band, das Alexandern
In Schleifen schön vom Haupte fiel
Und allen Folgeherrschern, jenen andern,
Als Königszierde wohl gefiel.

Ein Tulbend ist's, der unsern Kaiser schmücket,
Sie nennen's Krone. Name geht wohl hin!
Juwel und Perle! sei das Aug' entzücket!
Der schönste Schmuck ist stets der Musselin.

Und diesen hier, ganz rein und silberstreifig,
Umwinde, Liebchen, um die Stirn umher.
Was ist denn Hoheit? Mir ist sie geläufig!
Du schaust mich an, ich bin so groß als er.

—

Nur wenig ist's, was ich verlange,
Weil eben alles mir gefällt,
Und dieses wenige, wie lange,
Gibt mir gefällig schon die Welt!

Oft sitz' ich heiter in der Schenke
Und heiter im beschränkten Haus;

Allein sobald ich dein gedenke,
Dehnt sich mein Geist erobernd aus.

Dir sollten Timurs Reiche dienen,
Gehorchen sein gebietend Heer,
Badakschan zollte dir Rubinen,
Türkise das Hyrkanische Meer.

Getrocknet honigsüße Früchte
Von Bochara, dem Sonnenland,
Und tausend liebliche Gedichte
Auf Seidenblatt von Samarkand.

Da solltest du mit Freude lesen,
Was ich von Ormus dir verschrieb,
Und wie das ganze Handelswesen
Sich nur bewegte dir zulieb.

Wie in dem Lande der Brahmanen
Viel tausend Finger sich bemüht,
Dass alle Pracht der Indostanen
Für dich auf Woll' und Seide blüht;

Ja, zu Verherrlichung der Lieben,
Gießbäche Soumelpours durchwühlt,
Aus Erde, Grus, Gerill, Geschieben
Dir Diamanten ausgespült;

Wie Taucherschar verwegner Männer
Der Perle Schatz dem Golf entriss,
Darauf ein Divan scharfer Kenner
Sie dir zu reihen sich befliss;

Wenn nun Bassora noch das Letzte,
Gewürz und Weihrauch, beigetan,
Bringt alles, was die Welt ergetzte,
Die Karawane dir heran.

Doch alle diese Kaisergüter
Verwirrten doch zuletzt den Blick;
Und wahrhaft liebende Gemüter
Eins nur im andern fühlt sein Glück.

—

Hätt' ich irgend wohl Bedenken,
Balch, Bochâra, Samarkand,
Süßes Liebchen, dir zu schenken,
Dieser Städte Rausch und Tand?

Aber frag' einmal den Kaiser,
Ob er dir die Städte gibt?
Er ist herrlicher und weiser;
Doch er weiß nicht, wie man liebt.

Herrscher, zu dergleichen Gaben
Nimmermehr bestimmst du dich!
Solch ein Mädchen muss man haben
Und ein Bettler sein wie ich.

—

Die schön geschriebenen,
Herrlich umgüldeten
Belächeltest du,
Die anmaßlichen Blätter,
Verziehst mein Prahlen
Von deiner Lieb' und meinem
Durch dich glücklichen Gelingen,
Verziehst anmutigem Selbstlob.

Selbstlob! Nur dem Neide stinkt's,
Wohlgeruch Freunden
Und eignem Schmack!

Freude des Daseins ist groß,
Größer die Freud' am Dasein,
Wenn du, Suleika,
Mich überschwänglich beglückst,
Deine Leidenschaft mir zuwirfst,
Als wär's ein Ball,
Dass ich ihn fange,
Dir zurückwerfe
Mein gewidmetes Ich;
Das ist ein Augenblick!
Und dann reißt mich von dir
Bald der Franke, bald der Armenier.

Aber Tage währt's,
Jahre dauert's, dass ich neu erschaffe
Tausendfältig deiner Verschwendungen Fülle,
Auftrösle die bunte Schnur meines Glücks,
Geklöppelt tausendfadig
Von dir, o Suleika.

Hier nun dagegen
Dichtrische Perlen,
Die mir deiner Leidenschaft
Gewaltige Brandung
Warf an des Lebens
Verödeten Strand aus.
Mit spitzen Fingern
Zierlich gelesen,
Durchreiht mit juwelenem
Goldschmuck,
Nimm sie an deinen Hals,
An deinen Busen!
Die Regentropfen Allahs,
Gereift in bescheidener Muschel.

—

Lieb' um Liebe, Stund' um Stunde,
Wort um Wort und Blick um Blick;
Kuss um Kuss, vom treusten Munde,
Hauch um Hauch und Glück um Glück.
So am Abend, so am Morgen!
Doch du fühlst an meinen Liedern
Immer noch geheime Sorgen;
Jussuphs Reize möcht' ich borgen,
Deine Schönheit zu erwidern.

—

Suleika

Volk und Knecht und Überwinder,
Sie gestehn, zu jeder Zeit,
Höchstes Glück der Erdenkinder
Sei nur die Persönlichkeit.

Jedes Leben sei zu führen,
Wenn man sich nicht selbst vermisst;
Alles könne man verlieren,
Wenn man bliebe, was man ist.

Hatem

Kann wohl sein! so wird gemeinet;
Doch ich bin auf andrer Spur:
Alles Erdenglück vereinet
Find' ich in Suleika nur.

Wie sie sich an mich verschwendet,
Bin ich mir ein wertes Ich;
Hätte sie sich weggewendet,
Augenblicks verlör' ich mich.

Nun, mit Hatem wär's zu Ende;
Doch schon hab' ich umgelost:
Ich verkörpre mich behände
In den Holden, den sie kost.

Wollte, wo nicht gar ein Rabbi,
Das will mir so recht nicht ein,
Doch Ferdusi, Motanabbi,
Allenfalls der Kaiser sein.

—

Hatem

Wie des Goldschmieds Basarlädchen
Vielgefärbt, geschliffne Lichter,
So umgeben hübsche Mädchen
Den beinah ergrauten Dichter.

Mädchen

Singst du schon Suleika wieder!
Diese können wir nicht leiden,
Nicht um dich — um deine Lieder
Wollen, müssen wir sie neiden.

Denn wenn sie auch garstig wäre,
Machst du sie zum schönsten Wesen,
Und so haben wir von Dschemil
Und Boteinah viel gelesen.

Aber eben weil wir hübsch sind,
Möchten wir auch gern gemalt sein,
Und wenn du es billig machest,
Sollst du auch recht hübsch bezahlt sein.

Hatem

Bräunchen komm! es wird schon gehen.
Zöpfe, Kämme, groß' und kleine,
Zieren Köpfchens nette Reine,
Wie die Kuppel ziert Moscheen.

Du, Blondinchen, bist so zierlich,
Aller Weis' und Weg' so nette,

Man gedenkt nicht ungebührlich
Alsogleich der Minarette.

Du dahinten hast der Augen
Zweierlei, du kannst die beiden
Einzeln nach Belieben brauchen;
Doch ich sollte dich vermeiden.

Leichtgedrückt der Augenlider
Eines, die den Stern bewhelmen,
Deutet auf den Schelm der Schelmen,
Doch das andre schaut so bieder.

Dies, wenn jen's verwundend angelt,
Heilend, nährend wird sich's weisen.
Niemand kann ich glücklich preisen,
Der des Doppelblicks ermangelt.

Und so könnt' ich alle loben,
Und so könnt' ich alle lieben:
Denn so wie ich euch erhoben,
War die Herrin mit beschrieben.

Mädchen

Dichter will so gerne Knecht sein,
Weil die Herrschaft draus entspringet;
Doch vor allem sollt' ihm recht sein,
Wenn das Liebchen selber singet.

Ist sie denn des Liedes mächtig,
Wie's auf unsern Lippen waltet?
Denn es macht sie gar verdächtig,
Dass sie im Verborgnen schaltet.

Hatem

Nun, wer weiß, was sie erfüllet!
Kennt ihr solcher Tiefe Grund?
Selbstgefühltes Lied entquillet,
Selbstgedichtetes dem Mund.

Von euch Dichterinnen allen
Ist ihr eben keine gleich:
Denn sie singt, mir zu gefallen,
Und ihr singt und liebt nur euch.

Mädchen

Merken wohl, du hast uns eine
Jener Huris vorgeheuchelt!
Mag schon sein! wenn es nur keine
Sich auf dieser Erde schmeichelt.

—

Hatem

Locken, haltet mich gefangen
In dem Kreise des Gesichts!
Euch geliebten braunen Schlangen
Zu erwidern hab' ich nichts.

Nur dies Herz, es ist von Dauer,
Schwillt in jugendlichstem Flor;
Unter Schnee und Nebelschauer
Rast ein Ätna dir hervor.

Du beschämst wie Morgenröte
Jener Gipfel ernste Wand,
Und noch einmal fühlet Hatem
Frühlingshauch und Sommerbrand.

Schenke her! Noch eine Flasche!
Diesen Becher bring' ich ihr!

Findet sie ein Häufchen Asche,
Sagt sie: »Der verbrannte mir.«

Suleika

Nimmer will ich dich verlieren!
Liebe gibt der Liebe Kraft.
Magst du meine Jugend zieren
Mit gewalt'ger Leidenschaft.

Ach! wie schmeichelt's meinem Triebe,
Wenn man meinen Dichter preist:
Denn das Leben ist die Liebe,
Und des Lebens Leben Geist.

—

Lass deinen süßen Rubinenmund
Zudringlichkeiten nicht verfluchen;
Was hat Liebesschmerz andern Grund,
Als seine Heilung zu suchen?

—

Bist du von deiner Geliebten getrennt
Wie Orient vom Okzident,
Das Herz durch alle Wüste rennt;
Es gibt sich überall selbst das Geleit,
Für Liebende ist Bagdad nicht weit.

—

Mag sie sich immer ergänzen
Eure brüchige Welt in sich!
Diese klaren Augen, sie glänzen,
Dieses Herz, es schlägt für mich!

—

O dass der Sinnen doch so viele sind!
Verwirrung bringen sie ins Glück herein.

Wenn ich dich sehe, wünsch' ich taub zu sein,
Wenn ich dich höre, blind.

—

Auch in der Ferne dir so nah!
Und unerwartet kommt die Qual.
Da hör' ich wieder dich einmal,
Auf einmal bist du wieder da!

—

Wie sollt' ich heiter bleiben,
Entfernt von Tag und Licht?
Nun aber will ich schreiben,
Und trinken mag ich nicht.

Wenn sie mich an sich lockte,
War Rede nicht im Brauch,
Und wie die Zunge stockte,
So stockt die Feder auch.

Nur zu! geliebter Schenke,
Den Becher fülle still!
Ich sage nur: Gedenke!
Schon weiß man, was ich will.

—

Wenn ich dein gedenke,
Fragt mich gleich der Schenke:
»Herr, warum so still?
Da von deinen Lehren
Immer weiter hören
Saki gerne will.«

Wenn ich mich vergesse
Unter der Zypresse,
Hält er nichts davon,

Und im stillen Kreise
Bin ich doch so weise,
Klug wie Salomon.

BUCH SULEIKA

Ich möchte dieses Buch wohl gern zusammenschürzen,
Dass es den andern wäre gleich geschnürt.
Allein wie willst du Wort und Blatt verkürzen,
Wenn Liebeswahnsinn dich ins Weite führt?

—

An vollen Büschelzweigen,
Geliebte, sieh nur hin!
Lass dir die Früchte zeigen,
Umschalet stachlig grün.

Sie hängen längst geballet,
Still, unbekannt mit sich,
Ein Ast, der schaukelnd wallet,
Wiegt sie geduldiglich.

Doch immer reift von innen
Und schwillt der braune Kern,
Er möchte Luft gewinnen
Und säh' die Sonne gern.

Die Schale platzt, und nieder
Macht er sich freudig los;
So fallen meine Lieder
Gehäuft in deinen Schoß.

—

Suleika

An des lust'gen Brunnens Rand,
Der in Wasserfäden spielt,
Wusst' ich nicht, was fest mich hielt;
Doch da war von deiner Hand
Meine Chiffer leis gezogen,
Nieder blickt' ich, dir gewogen.

Hier, am Ende des Kanals
Der gereihten Hauptallee,
Blick' ich wieder in die Höh',
Und da seh' ich abermals
Meine Lettern fein gezogen:
Bleibe! bleibe mir gewogen!

Hatem

Möge Wasser springend, wallend,
Die Zypressen dir gestehn:
Von Suleika zu Suleika
Ist mein Kommen und mein Gehn.

—

Suleika

Kaum dass ich dich wieder habe,
Dich mit Kuss und Liedern labe,
Bist du still in dich gekehret;
Was beengt und drückt und störet?

Hatem

Ach, Suleika, soll ich's sagen?
Statt zu loben, möcht' ich klagen!
Sangest sonst nur meine Lieder,
Immer neu und immer wieder.

Sollte wohl auch diese loben,
Doch sie sind nur eingeschoben;

Nicht von Hafis, nicht Nisami,
Nicht Saadi, nicht von Dschami.

Kenn' ich doch der Väter Menge,
Silb' um Silbe, Klang um Klänge,
Im Gedächtnis unverloren;
Diese da sind neugeboren.

Gestern wurden sie gedichtet.
Sag'! hast du dich neu verpflichtet?
Hauchest du so froh-verwegen
Fremden Atem mir entgegen,

Der dich ebenso belebet,
Ebenso in Liebe schwebet,
Lockend, ladend zum Vereine,
So harmonisch als der meine?

Suleika

War Hatem lange doch entfernt,
Das Mädchen hatte was gelernt,
Von ihm war sie so schön gelobt,
Da hat die Trennung sich erprobt.
Wohl, dass sie dir nicht fremde scheinen;
Sie sind Suleikas, sind die deinen!

—

Behramgur, sagt man, hat den Reim erfunden,
Er sprach entzückt aus reiner Seele Drang;
Dilaram schnell, die Freundin seiner Stunden,
Erwiderte mit gleichem Wort und Klang.

Und so, Geliebte, warst du mir beschieden,
Des Reims zu finden holden Lustgebrauch,
Dass auch Behramgur ich, den Sassaniden,
Nicht mehr beneiden darf: mir ward es auch.

Hast mir dies Buch geweckt, du hast's gegeben;
Denn was ich froh, aus vollem Herzen, sprach,
Das klang zurück aus deinem holden Leben,
Wie Blick dem Blick, so Reim dem Reime nach.

Nun tön' es fort zu dir, auch aus der Ferne
Das Wort erreicht, und schwände Ton und Schall.
Ist's nicht der Mantel noch gesäter Sterne?
Ist's nicht der Liebe hochverklärtes All?

—

Deinem Blick mich zu bequemen,
Deinem Munde, deiner Brust,
Deine Stimme zu vernehmen,
War die letzt' und erste Lust.

Gestern, ach, war sie die letzte,
Dann verlosch mir Leucht' und Feuer,
Jeder Scherz, der mich ergetzte,
Wird nun schuldenschwer und teuer.

Eh' es Allah nicht gefällt,
Uns aufs Neue zu vereinen,
Gibt mir Sonne, Mond und Welt
Nur Gelegenheit zum Weinen.

—

Suleika

Was bedeutet die Bewegung?
Bringt der Ost mir frohe Kunde?
Seiner Schwingen frische Regung
Kühlt des Herzens tiefe Wunde.

Kosend spielt er mit dem Staube,
Jagt ihn auf in leichten Wölkchen,
Treibt zur sichern Rebenlaube
Der Insekten frohes Völkchen.

Lindert sanft der Sonne Glühen,
Kühlt auch mir die heißen Wangen,
Küsst die Reben noch im Fliehen,
Die auf Feld und Hügel prangen.

Und mir bringt sein leises Flüstern
Von dem Freunde tausend Grüße;
Eh' noch diese Hügel düstern,
Grüßen mich wohl tausend Küsse.

Und so kannst du weiter ziehen!
Diene Freunden und Betrübten.
Dort, wo hohe Mauern glühen,
Find' ich bald den Vielgeliebten.

Ach, die wahre Herzenskunde,
Liebeshauch, erfrischtes Leben
Wird mir nur aus seinem Munde,
Kann mir nur sein Atem geben.

HOCHBILD

Die Sonne, Helios der Griechen,
Fährt prächtig auf der Himmelsbahn,
Gewiss, das Weltall zu besiegen,
Blickt er umher, hinab, hinan.

Er sieht die schönste Göttin weinen,
Die Wolkentochter, Himmelskind,
Ihr scheint er nur allein zu scheinen;
Für alle heitre Räume blind

Versenkt er sich in Schmerz und Schauer,
Und häufiger quillt ihr Tränenguss;
Er sendet Lust in ihre Trauer
Und jeder Perle Kuss auf Kuss.

Nun fühlt sie tief des Blicks Gewalten,
Und unverwandt schaut sie hinauf;
Die Perlen wollen sich gestalten:
Denn jede nahm sein Bildnis auf.

Und so, umkränzt von Farb' und Bogen,
Erheitert leuchtet ihr Gesicht,
Entgegen kommt er ihr gezogen;
Doch er, doch ach! erreicht sie nicht.

So, nach des Schicksals hartem Lose,
Weichst du mir, Lieblichste, davon;
Und wär' ich Helios der Große,
Was nützte mir der Wagenthron?

NACHKLANG

Es klingt so prächtig, wenn der Dichter
Der Sonne bald, dem Kaiser sich vergleicht;
Doch er verbirgt die traurigen Gesichter,
Wenn er in düstern Nächten schleicht.

Von Wolken streifenhaft befangen,
Versank zu Nacht des Himmels reinstes Blau;
Vermagert bleich sind meine Wangen
Und meine Herzenstränen grau.

Lass mich nicht so der Nacht, dem Schmerze,
Du Allerliebstes, du mein Mondgesicht,
O, du mein Phosphor, meine Kerze,
Du meine Sonne, du mein Licht!

—

Suleika

Ach, um deine feuchten Schwingen,
West, wie sehr ich dich beneide:
Denn du kannst ihm Kunde bringen,
Was ich in der Trennung leide.

Die Bewegung deiner Flügel
Weckt im Busen stilles Sehnen;
Blumen, Augen, Wald und Hügel
Stehn bei deinem Hauch in Tränen.

Doch dein mildes sanftes Wehen
Kühlt die wunden Augenlider;
Ach, für Leid müsst' ich vergehen,
Hofft' ich nicht zu sehn ihn wieder.

Eile denn zu meinem Lieben,
Spreche sanft zu seinem Herzen;
Doch vermeid' ihn zu betrüben
Und verbirg ihm meine Schmerzen.

Sag' ihm aber, sag's bescheiden:
Seine Liebe sei mein Leben,
Freudiges Gefühl von beiden
Wird mir seine Nähe geben.

WIEDERFINDEN

Ist es möglich! Stern der Sterne,
Drück' ich wieder dich ans Herz!
Ach, was ist die Nacht der Ferne
Für ein Abgrund, für ein Schmerz!
Ja, du bist es! meiner Freuden
Süßer, lieber Widerpart;
Eingedenk vergangner Leiden,
Schaudr' ich vor der Gegenwart.

Als die Welt im tiefsten Grunde
Lag an Gottes ew'ger Brust,
Ordnet' er die erste Stunde
Mit erhabner Schöpfungslust,
Und er sprach das Wort: ›Es werde!‹
Da erklang ein schmerzlich Ach!
Als das All mit Machtgebärde
In die Wirklichkeiten brach.

Auf tat sich das Licht! So trennte
Scheu sich Finsternis von ihm,
Und sogleich die Elemente
Scheidend auseinander fliehn.
Rasch, in wilden, wüsten Träumen
Jedes nach der Weite rang,
Starr, in ungemessnen Räumen,
Ohne Sehnsucht, ohne Klang.

Stumm war alles, still und öde,
Einsam Gott zum ersten Mal!
Da erschuf er Morgenröte,
Die erbarmte sich der Qual;
Sie entwickelte dem Trüben
Ein erklingend Farbenspiel,
Und nun konnte wieder lieben
Was erst auseinander fiel.

Und mit eiligem Bestreben
Sucht sich, was sich angehört,
Und zu ungemessnem Leben
Ist Gefühl und Blick gekehrt.
Sei's Ergreifen, sei es Raffen,
Wenn es nur sich fasst und hält!
Allah braucht nicht mehr zu schaffen,
Wir erschaffen seine Welt.

So, mit morgenroten Flügeln,
Riss es mich an deinen Mund,
Und die Nacht mit tausend Siegeln
Kräftigt sternenhell den Bund.
Beide sind wir auf der Erde
Musterhaft in Freud' und Qual,
Und ein zweites Wort: Es werde!
Trennt uns nicht zum zweiten Mal.

VOLLMONDNACHT

Herrin, sag', was heißt das Flüstern?
Was bewegt dir leis die Lippen?
Lispelst immer vor dich hin,
Lieblicher als Weines Nippen!
Denkst du deinen Mundgeschwistern
Noch ein Pärchen herzuziehn?

»Ich will küssen! Küssen! sagt' ich.«

Schau! Im zweifelhaften Dunkel
Glühen blühend alle Zweige,
Nieder spielet Stern auf Stern;
Und smaragden durchs Gesträuche
Tausendfältiger Karfunkel;
Doch dein Geist ist allem fern.

»Ich will küssen! Küssen! sagt' ich.«

Dein Geliebter, fern, erprobet
Gleicherweis' im Sauersüßen,
Fühlt ein unglücksel'ges Glück.
Euch im Vollmond zu begrüßen,
Habt ihr heilig angelobet,
Dieses ist der Augenblick.

»Ich will küssen! Küssen! sag' ich.«

GEHEIMSCHRIFT

Lasst euch, o Diplomaten,
Recht angelegen sein,
Und eure Potentaten
Beratet rein und fein!
Geheimer Chiffern Sendung
Beschäftige die Welt,
Bis endlich jede Wendung
Sich selbst ins Gleiche stellt.

Mir von der Herrin süße
Die Chiffer ist zur Hand,
Woran ich schon genieße,
Weil sie die Kunst erfand.
Es ist die Liebesfülle
Im lieblichsten Revier,
Der holde, treue Wille
Wie zwischen mir und ihr.

Von abertausend Blüten
Ist es ein bunter Strauß,
Von englischen Gemüten
Ein vollbewohntes Haus;
Von buntesten Gefiedern
Der Himmel übersät,
Ein klingend Meer von Liedern,
Geruchvoll überweht.

Ist unbedingten Strebens
Geheime Doppelschrift,
Die in das Mark des Lebens
Wie Pfeil um Pfeile trifft.
Was ich euch offenbaret,
War längst ein frommer Brauch,
Und wenn ihr es gewahret,
So schweigt und nutzt es auch.

ABGLANZ

Ein Spiegel, er ist mir geworden,
Ich sehe so gerne hinein,
Als hinge des Kaisers Orden
An mir mit Doppelschein;
Nicht etwa selbstgefällig
Such' ich mich überall;
Ich bin so gerne gesellig,
Und das ist hier der Fall.

Wenn ich nun vorm Spiegel stehe
Im stillen Witwerhaus,
Gleich guckt, eh' ich mich versehe,
Das Liebchen mit heraus.
Schnell kehr' ich mich um, und wieder
Verschwand sie, die ich sah;
Dann blick' ich in meine Lieder,
Gleich ist sie wieder da.

Die schreib' ich immer schöner
Und mehr nach meinem Sinn,
Trotz Krittler und Verhöhner,
Zu täglichem Gewinn.
Ihr Bild in reichen Schranken
Verherrlichet sich nur,
In goldnen Rosenranken
Und Rähmchen von Lasur.

—

Suleika

Wie mit innigstem Behagen,
Lied, empfind' ich deinen Sinn!
Liebevoll du scheinst zu sagen:
Dass ich ihm zur Seite bin.

Dass er ewig mein gedenket,
Seiner Liebe Seligkeit
Immerdar der Fernen schenket,
Die ein Leben ihm geweiht.

Ja! mein Herz, es ist der Spiegel,
Freund, worin du dich erblickt;
Diese Brust, wo deine Siegel
Kuss auf Kuss hereingedrückt.

Süßes Dichten, lautre Wahrheit
Fesselt mich in Sympathie!
Rein verkörpert Liebesklarheit
Im Gewand der Poesie.

—

Lass den Weltenspiegel Alexandern;
Denn was zeigt er? — Da und dort
Stille Völker, die er mit den andern
Zwingend rütteln möchte fort und fort.

Du! nicht weiter, nicht zu Fremdem strebe!
Singe mir, die du dir eigen sangst.
Denke, dass ich liebe, dass ich lebe,
Denke, dass du mich bezwangst.

—

Die Welt durchaus ist lieblich anzuschauen,
Vorzüglich aber schön die Welt der Dichter;
Auf bunten, hellen oder silbergrauen
Gefilden, Tag und Nacht, erglänzen Lichter.
Heut ist mir alles herrlich; wenn's nur bliebe!
Ich sehe heut durchs Augenglas der Liebe.

—

In tausend Formen magst du dich verstecken,
Doch, Allerliebste, gleich erkenn' ich dich;
Du magst mit Zauberschleiern dich bedecken,
Allgegenwärtige, gleich erkenn' ich dich.

An der Zypresse reinstem, jungem Streben,
Allschöngewachsne, gleich erkenn' ich dich;
In des Kanales reinem Wellenleben,
Allschmeichelhafte, wohl erkenn' ich dich.

Wenn steigend sich der Wasserstrahl entfaltet,
Allspielende, wie froh erkenn' ich dich;
Wenn Wolke sich gestaltend umgestaltet,
Allmannigfaltige, dort erkenn' ich dich.

An des geblümten Schleiers Wiesenteppich,
Allbuntbesternte, schön erkenn' ich dich;
Und greift umher ein tausendarm'ger Eppich,
O Allumklammernde, da kenn' ich dich.

Wenn am Gebirg der Morgen sich entzündet,
Gleich, Allerheiternde, begrüß' ich dich,
Dann über mir der Himmel rein sich ründet,
Allherzerweiternde, dann atm' ich dich.

Was ich mit äußerm Sinn, mit innerm kenne,
Du Allbelehrende, kenn' ich durch dich;
Und wenn ich Allahs Namenhundert nenne,
Mit jedem klingt ein Name nach für dich.

SAKI NAMEH
DAS SCHENKENBUCH

—

Ja, in der Schenke hab' ich auch gesessen,
Mir ward wie andern zugemessen,
Sie schwatzten, schrien, händelten von heut,
So froh und traurig, wie's der Tag gebeut;
Ich aber saß, im Innersten erfreut,
An meine Liebste dacht' ich — wie sie liebt?
Das weiß ich nicht; was aber mich bedrängt!
Ich liebe sie, wie es ein Busen gibt,
Der treu sich *einer* gab und knechtisch hängt.
Wo war das Pergament, der Griffel wo,
Die alles fassten? — doch so war's! ja so!

—

Sitz' ich allein,
Wo kann ich besser sein?
Meinen Wein
Trink' ich allein,
Niemand setzt mir Schranken,
Ich hab' so meine eignen Gedanken.

—

So weit bracht' es Muley, der Dieb,
Dass er trunken schöne Lettern schrieb.

—

Ob der Koran von Ewigkeit sei?
Darnach frag' ich nicht!
Ob der Koran geschaffen sei?
Das weiß ich nicht!
Dass er das Buch der Bücher sei,
Glaub' ich aus Mosleminenpflicht.

Dass aber der Wein von Ewigkeit sei,
Daran zweifl' ich nicht.
Oder dass er vor den Engeln geschaffen sei,
Ist vielleicht auch kein Gedicht.
Der Trinkende, wie es auch immer sei,
Blickt Gott frischer ins Angesicht.

—

Trunken müssen wir alle sein!
Jugend ist Trunkenheit ohne Wein;
Trinkt sich das Alter wieder zu Jugend,
So ist es wundervolle Tugend.
Für Sorgen sorgt das liebe Leben,
Und Sorgenbrecher sind die Reben.

—

Da wird nicht mehr nachgefragt!
Wein ist ernstlich untersagt.
Soll denn doch getrunken sein,
Trinke nur vom besten Wein:
Doppelt wärest du ein Ketzer
In Verdammnis um den Krätzer.

—

Solang man nüchtern ist,
Gefällt das Schlechte;
Wie man getrunken hat,
Weiß man das Rechte;
Nur ist das Übermaß
Auch gleich zuhanden;
Hafis, o lehre mich,
Wie du's verstanden!

Denn meine Meinung ist
Nicht übertrieben:
Wenn man nicht trinken kann,

Soll man nicht lieben;
Doch sollt ihr Trinker euch
Nicht besser dünken,
Wenn man nicht lieben kann,
Soll man nicht trinken.

—

Suleika

Warum du nur oft so unhold bist?

Hatem

Du weißt, dass der Leib ein Kerker ist;
Die Seele hat man hinein betrogen;
Da hat sie nicht freie Ellebogen.
Will sie sich da- und dorthin retten,
Schnürt man den Kerker selbst in Ketten,
Da ist das Liebchen doppelt gefährdet,
Deshalb sie sich oft so seltsam gebärdet.

—

Wenn der Körper ein Kerker ist,
Warum nur der Kerker so durstig ist?
Seele befindet sich wohl darinnen
Und bliebe gern vergnügt bei Sinnen;
Nun aber soll eine Flasche Wein,
Frisch eine nach der andern herein.
Seele will's nicht länger ertragen,
Sie an der Türe in Stücke schlagen.

—

Dem Kellner

Setze mir nicht, du Grobian,
Mir den Krug so derb vor die Nase!
Wer mir Wein bringt, sehe mich freundlich an,
Sonst trübt sich der Eilfer im Glase.

Dem Schenken
Du zierlicher Knabe, du komm herein,
Was stehst du denn da auf der Schwelle?
Du sollst mir künftig der Schenke sein,
Jeder Wein ist schmackhaft und helle.

—

Schenke
spricht
Du, mit deinen braunen Locken,
Geh mir weg, verschmitzte Dirne!
Schenk' ich meinem Herrn zu Danke,
Nun, so küsst er mir die Stirne.

Aber du, ich wollte wetten,
Bist mir nicht damit zufrieden,
Deine Wangen, deine Brüste
Werden meinen Freund ermüden.

Glaubst du wohl mich zu betrügen,
Dass du jetzt verschämt entweichest?
Auf der Schwelle will ich liegen
Und erwachen, wenn du schleichest.

—

Sie haben wegen der Trunkenheit
Vielfältig uns verklagt,
Und haben von unsrer Trunkenheit
Lange nicht genug gesagt.
Gewöhnlich der Betrunkenheit
Erliegt man, bis es tagt;
Doch hat mich meine Betrunkenheit
In der Nacht umher gejagt.
Es ist die Liebestrunkenheit,
Die mich erbärmlich plagt,
Von Tag zu Nacht, von Nacht zu Tag

In meinem Herzen zagt.
Dem Herzen, das in Trunkenheit
Der Lieder schwillt und ragt,
Dass keine nüchterne Trunkenheit
Sich gleich zu heben wagt.
Lieb-, Lied- und Weines Trunkenheit,
Ob's nachtet oder tagt,
Die göttlichste Betrunkenheit,
Die mich entzückt und plagt.

—

Du kleiner Schelm du!
Dass ich mir bewusst sei,
Darauf kommt es überall an.
Und so erfreu' ich mich
Auch deiner Gegenwart,
Du Allerliebster,
Obgleich betrunken.

—

Was in der Schenke waren heute
Am frühsten Morgen für Tumulte!
Der Wirt und Mädchen! Fackeln, Leute!
Was gab's für Händel, für Insulte!
Die Flöte klang, die Trommel scholl!
Es war ein wüstes Wesen —
Doch bin ich, Lust und Liebe voll,
Auch selbst dabei gewesen.

Dass ich von Sitte nichts gelernt,
Darüber tadelt mich ein jeder;
Doch bleib' ich weislich weit entfernt
Vom Streit der Schulen und Katheder.

—

Schenke

Welch ein Zustand! Herr, so späte
Schleichst du heut aus deiner Kammer;
Perser nennen's Bidamag buden,
Deutsche sagen Katzenjammer.

Dichter

Lass mich jetzt, geliebter Knabe,
Mir will nicht die Welt gefallen,
Nicht der Schein, der Duft der Rose,
Nicht der Sang der Nachtigallen.

Schenke

Eben das will ich behandeln,
Und ich denk', es soll mir klecken,
Hier! genieß die frischen Mandeln,
Und der Wein wird wieder schmecken.

Dann will ich auf der Terrasse
Dich mit frischen Lüften tränken;
Wie ich dich ins Auge fasse,
Gibst du einen Kuss dem Schenken.

Schau! die Welt ist keine Höhle,
Immer reich an Brut und Nestern,
Rosenduft und Rosenöle;
Bulbul auch, sie singt wie gestern.

—

Jene garstige Vettel,
Die buhlerische,
Welt heißt man sie,
Mich hat sie betrogen
Wie die Übrigen alle.
Glaube nahm sie mir weg,
Dann die Hoffnung,

Nun wollte sie
An die Liebe,
Da riss ich aus.
Den geretteten Schatz
Für ewig zu sichern,
Teilt' ich ihn weislich
Zwischen Suleika und Saki.
Jedes der beiden
Beeifert sich um die Wette,
Höhere Zinsen zu entrichten.
Und ich bin reicher als je:
Den Glauben hab' ich wieder!
An ihre Liebe den Glauben;
Er, im Becher, gewährt mir
Herrliches Gefühl der Gegenwart;
Was will da die Hoffnung!

—

Schenke

Heute hast du gut gegessen,
Doch du hast noch mehr getrunken;
Was du bei dem Mahl vergessen,
Ist in diesen Napf gesunken.

Sieh, das nennen wir ein Schwänchen,
Wie's dem satten Gast gelüstet;
Dieses bring' ich meinem Schwane,
Der sich auf den Wellen brüstet.

Doch vom Singschwan will man wissen,
Dass er sich zu Grabe läutet;
Lass mich jedes Lied vermissen,
Wenn es auf dein Ende deutet.

—

Schenke

Nennen dich den großen Dichter,
Wenn dich auf dem Markte zeigest;
Gerne hör' ich, wenn du singest,
Und ich horche, wenn du schweigest.

Doch ich liebe dich noch lieber,
Wenn du küssest zum Erinnern;
Denn die Worte gehn vorüber,
Und der Kuss, der bleibt im Innern.

Reim auf Reim will was bedeuten,
Besser ist es viel zu denken.
Singe du den andern Leuten
Und verstumme mit dem Schenken.

—

Dichter

Schenke, komm! Noch einen Becher!

Schenke

Herr, du hast genug getrunken;
Nennen dich den wilden Zecher!

Dichter

Sahst du je, dass ich gesunken?

Schenke

Mahomet verbietet's.

Dichter

Liebchen!
Hört es niemand, will dir's sagen.

Schenke

Wenn du einmal gerne redest,
Brauch' ich gar nicht viel zu fragen.

Dichter

Horch! wir andren Musulmannen
Nüchtern sollen wir gebückt sein,
Er, in seinem heil'gen Eifer,
Möchte gern allein verrückt sein.

—

Saki

Denk', o Herr! wenn du getrunken,
Sprüht um dich des Feuers Glast!
Prasselnd blitzen tausend Funken,
Und du weißt nicht, wo es fasst.

Mönche seh' ich in den Ecken,
Wenn du auf die Tafel schlägst,
Die sich gleisnerisch verstecken,
Wenn dein Herz du offen trägst.

Sag' mir nur, warum die Jugend,
Noch von keinem Fehler frei,
So ermangelnd jeder Tugend,
Klüger als das Alter sei.

Alles weißt du, was der Himmel,
Alles, was die Erde trägt,
Und verbirgst nicht das Gewimmel,
Wie sich's dir im Busen regt.

Hatem

Eben drum, geliebter Knabe,
Bleibe jung und bleibe klug;
Dichten zwar ist Himmelsgabe,
Doch im Erdeleben Trug.

Erst sich im Geheimnis wiegen,
Dann verplaudern früh und spat!

Dichter ist umsonst verschwiegen,
Dichten selbst ist schon Verrat.

SOMMERNACHT

Dichter

Niedergangen ist die Sonne,
Doch im Westen glänzt es immer;
Wissen möcht' ich wohl, wie lange
Dauert noch der goldne Schimmer?

Schenke

Willst du, Herr, so will ich bleiben,
Warten außer diesen Zelten;
Ist die Nacht des Schimmers Herrin,
Komm' ich gleich, es dir zu melden.

Denn ich weiß, du liebst, das Droben,
Das Unendliche zu schauen,
Wenn sie sich einander loben,
Jene Feuer in dem Blauen.

Und das hellste will nur sagen:
Jetzo glänz' ich meiner Stelle;
Wollte Gott euch mehr betagen,
Glänztet ihr wie ich so helle.

Denn vor Gott ist alles herrlich,
Eben weil er ist der Beste;
Und so schläft nun aller Vogel
In dem groß- und kleinen Neste.

Einer sitzt auch wohl gestängelt
Auf den Ästen der Zypresse,
Wo der laue Wind ihn gängelt,
Bis zu Taues luft'ger Nässe.

Solches hast du mich gelehret,
Oder etwas auch dergleichen;
Was ich je dir abgehöret,
Wird dem Herzen nicht entweichen.

Eule will ich deinetwegen
Kauzen hier auf der Terrasse,
Bis ich erst des Nordgestirnes
Zwillingswendung wohl erpasse.

Und da wird es Mitternacht sein,
Wo du oft zu früh ermunterst,
Und dann wird es eine Pracht sein,
Wenn das All mit mir bewunderst.

Dichter

Zwar in diesem Duft und Garten
Tönet Bulbul ganze Nächte;
Doch du könntest lange warten,
Bis die Nacht so viel vermöchte.

Denn in dieser Zeit der Flora,
Wie das Griechenvolk sie nennet,
Die Strohwitwe, die Aurora,
Ist in Hesperus entbrennet.

Sieh dich um! sie kommt! wie schnelle!
Über Blumenfelds Gelänge! —
Hüben hell und drüben helle,
Ja, die Nacht kommt ins Gedränge.

Und auf roten leichten Sohlen
Ihn, der mit der Sonn' entlaufen,
Eilt sie irrig einzuholen;
Fühlst du nicht ein Liebeschnaufen?

Geh nur, lieblichster der Söhne,
Tief ins Innre, schließ die Türen;
Denn sie möchte deine Schöne
Als den Hesperus entführen.

—

Der Schenke
(schläfrig)

So hab' ich endlich von dir erharrt:
In allen Elementen Gottes Gegenwart.
Wie du mir das so lieblich gibst!
Am lieblichsten aber, dass du liebst.

Hatem

Der schläft recht süß und hat ein Recht zu schlafen.
Du guter Knabe! hast mir eingeschenkt,
Vom Freund und Lehrer, ohne Zwang und Strafen,
So jung vernommen, wie der Alte denkt.
Nun aber kommt Gesundheit holder Fülle
Dir in die Glieder, dass du dich erneust.
Ich trinke noch, bin aber stille, stille,
Damit du mich erwachend nicht erfreust.

MATHAL NAMEH
BUCH DER PARABELN

—

Vom Himmel sank in wilder Meere Schauer
Ein Tropfe bangend, grässlich schlug die Flut,
Doch lohnte Gott bescheidnen Glaubensmut
Und gab dem Tropfen Kraft und Dauer.
Ihn schloss die stille Muschel ein.
Und nun, zu ew'gem Ruhm und Lohne,
Die Perle glänzt an unsers Kaisers Krone
Mit holdem Blick und mildem Schein.

—

Bulbuls Nachtlied durch die Schauer
Drang zu Allahs lichtem Throne,
Und dem Wohlgesang zu Lohne
Sperrt' er sie in goldnen Bauer.
Dieser sind des Menschen Glieder.
Zwar sie fühlet sich beschränket;
Doch wenn sie es recht bedenket,
Singt das Seelchen immer wieder.

WUNDERGLAUBE

Zerbrach einmal eine schöne Schal'
Und wollte schier verzweifeln;
Unart und Übereil' zumal
Wünscht' ich zu allen Teufeln.
Erst rast' ich aus, dann weint' ich weich
Beim traurigen Scherbelesen;
Das jammerte Gott, er schuf es gleich
So ganz als wie es gewesen.

—

Die Perle, die der Muschel entrann,
Die schönste, hochgeboren,
Zum Juwelier, dem guten Mann,
Sprach sie: »Ich bin verloren!
Durchbohrst du mich, mein schönes All
Es ist sogleich zerrüttet,
Mit Schwestern muss ich, Fall für Fall,
Zu schlechten sein geküttet.«

»Ich denke jetzt nur an Gewinn,
Du musst es mir verzeihen:
Denn wenn ich hier nicht grausam bin,
Wie soll die Schnur sich reihen?«

—

Ich sah mit Staunen und Vergnügen
Eine Pfauenfeder im Koran liegen:
Willkommen an dem heil'gen Platz,
Der Erdgebilde höchster Schatz!
An dir, wie an des Himmels Sternen,
Ist Gottes Größe im Kleinen zu lernen,
Dass er, der Welten überblickt,
Sein Auge hier hat aufgedrückt,
Und so den leichten Flaum geschmückt,
Dass Könige kaum unternahmen,
Die Pracht des Vogels nachzuahmen.
Bescheiden freue dich des Ruhms,
So bist du wert des Heiligtums.

—

Ein Kaiser hatte zwei Kassiere,
Einen zum Nehmen, einen zum Spenden;
Diesem fiel's nur so aus den Händen,
Jener wusste nicht, woher zu nehmen.
Der Spendende starb; der Herrscher wusste nicht gleich,
Wem das Geberamt sei anzuvertrauen,

Und wie man kaum tät um sich schauen,
So war der Nehmer unendlich reich;
Man wusste kaum vor Gold zu leben,
Weil man einen Tag nichts ausgegeben.
Da ward nun erst dem Kaiser klar,
Was schuld an allem Unheil war.
Den Zufall wusst' er wohl zu schätzen,
Nie wieder die Stelle zu besetzen.

—

Zum Kessel sprach der neue Topf:
»Was hast du einen schwarzen Bauch!« —
»Das ist bei uns nun Küchgebrauch.
Herbei, herbei, du glatter Tropf,
Bald wird dein Stolz sich mindern.
Behält der Henkel ein klar Gesicht,
Darob erhebe du dich nicht,
Besieh nur deinen Hintern.«

—

Alle Menschen groß und klein
Spinnen sich ein Gewebe fein,
Wo sie mit ihrer Scheren Spitzen
Gar zierlich in der Mitte sitzen.
Wenn nun darein ein Besen fährt,
Sagen sie, es sei unerhört,
Man habe den größten Palast zerstört.

—

Vom Himmel steigend Jesus bracht'
Des Evangeliums ewige Schrift,
Den Jüngern las er sie Tag und Nacht;
Ein göttlich Wort, es wirkt und trifft.
Er stieg zurück, nahm's wieder mit;
Sie aber hatten's gut gefühlt,
Und jeder schrieb, so Schritt vor Schritt,

Wie er's in seinem Sinn behielt,
Verschieden. Es hat nichts zu bedeuten:
Sie hatten nicht gleiche Fähigkeiten;
Doch damit können sich die Christen
Bis zu dem Jüngsten Tage fristen.

ES IST GUT

Bei Mondenschein im Paradeis
Fand Jehovah im Schlafe tief
Adam versunken, legte leis
Zur Seit' ein Evchen, das auch entschlief.
Da lagen nun, in Erdeschranken,
Gottes zwei lieblichste Gedanken. —
»Gut!!!«, rief er sich zum Meisterlohn,
Er ging sogar nicht gern davon.

Kein Wunder, dass es uns berückt,
Wenn Auge frisch in Auge blickt,
Als hätten wir's so weit gebracht,
Bei dem zu sein, der uns gedacht.
Und ruft er uns, wohlan, es sei!
Nur, das beding' ich, alle zwei.
Dich halten dieser Arme Schranken,
Liebster von allen Gottesgedanken.

PARSI NAMEH
BUCH DES PARSEN

VERMÄCHTNIS ALTPERSISCHEN GLAUBENS

Welch Vermächtnis, Brüder, sollt' euch kommen
Von dem Scheidenden, dem armen Frommen,
Den ihr Jüngeren geduldig nährtet,
Seine letzten Tage pflegend ehrtet?

Wenn wir oft gesehn den König reiten,
Gold an ihm und Gold an allen Seiten,
Edelstein' auf ihn und seine Großen
Ausgesät wie dichte Hagelschloßen,

Habt ihr jemals ihn darum beneidet?
Und nicht herrlicher den Blick geweidet,
Wenn die Sonne sich auf Morgenflügeln
Darnawends unzähligen Gipfelhügeln

Bogenhaft hervorhob? Wer enthielte
Sich des Blicks dahin? Ich fühlte, fühlte
Tausendmal, in so viel Lebenstagen,
Mich mit ihr, der kommenden, getragen,

Gott auf seinem Throne zu erkennen,
Ihn den Herrn des Lebensquells zu nennen,
Jenes hohen Anblicks wert zu handeln
Und in seinem Lichte fortzuwandeln.

Aber stieg der Feuerkreis vollendet,
Stand ich als in Finsternis geblendet,
Schlug den Busen, die erfrischten Glieder
Warf ich, Stirn voran, zur Erde nieder.

Und nun sei ein heiliges Vermächtnis
Brüderlichem Wollen und Gedächtnis:
Schwerer Dienste tägliche Bewahrung,
Sonst bedarf es keiner Offenbarung.

Regt ein Neugeborner fromme Hände,
Dass man ihn sogleich zur Sonne wende,
Tauche Leib und Geist im Feuerbade!
Fühlen wird es jeden Morgens Gnade.

Dem Lebendigen übergebt die Toten,
Selbst die Tiere deckt mit Schutt und Boden,
Und, so weit sich eure Kraft erstrecket,
Was euch unrein dünkt, es sei bedecket.

Grabet euer Feld ins zierlich Reine,
Dass die Sonne gern den Fleiß bescheine;
Wenn ihr Bäume pflanzt, so sei's in Reihen,
Denn sie lässt Geordnetes gedeihen.

Auch dem Wasser darf es in Kanälen
Nie am Laufe, nie an Reine fehlen;
Wie euch Senderud aus Bergrevieren
Rein entspringt, soll er sich rein verlieren.

Sanften Fall des Wassers nicht zu schwächen,
Sorgt, die Gräben fleißig auszustechen;
Rohr und Binse, Molch und Salamander,
Ungeschöpfe, tilgt sie miteinander!

Habt ihr Erd' und Wasser so im Reinen,
Wird die Sonne gern durch Lüfte scheinen,
Wo sie, ihrer würdig aufgenommen,
Leben wirkt, dem Leben Heil und Frommen.

Ihr, von Müh' zu Mühe so gepeinigt,
Seid getrost, nun ist das All gereinigt,
Und nun darf der Mensch als Priester wagen,
Gottes Gleichnis aus dem Stein zu schlagen.

Wo die Flamme brennt, erkennet freudig,
Hell ist Nacht, und Glieder sind geschmeidig,
An des Herdes raschen Feuerkräften
Reift das Rohe Tier- und Pflanzensäften.

Schleppt ihr Holz herbei, so tut's mit Wonne,
Denn ihr tragt den Samen ird'scher Sonne;
Pflückt ihr Pambeh, mögt ihr traulich sagen:
Diese wird als Docht das Heil'ge tragen.

Werdet ihr in jeder Lampe Brennen
Fromm den Abglanz höhern Lichts erkennen,
Soll euch nie ein Missgeschick verwehren,
Gottes Thron am Morgen zu verehren.

Da ist unsers Daseins Kaisersiegel,
Uns und Engeln reiner Gottesspiegel,
Und was nur am Lob des Höchsten stammelt,
Ist in Kreis' um Kreise dort versammelt.

Will dem Ufer Senderuds entsagen,
Auf zum Darnawend die Flügel schlagen,
Wie sie tagt, ihr freudig zu begegnen
Und von dorther ewig euch zu segnen.

—

Wenn der Mensch die Erde schätzet,
Weil die Sonne sie bescheinet,
An der Rebe sich ergetzet,
Die dem scharfen Messer weinet,
Da sie fühlt, dass ihre Säfte,

Wohlgekocht, die Welt erquickend,
Werden regsam vielen Kräften,
Aber mehreren erstickend —
Weiß er das der Glut zu danken,
Die das alles lässt gedeihen:
Wird Betrunkner stammelnd wanken,
Mäßiger wird sich singend freuen.

CHULD NAMEH
BUCH DES PARADIESES

VORSCHMACK

Der echte Moslem spricht vom Paradiese,
Als wenn er selbst allda gewesen wäre,
Er glaubt dem Koran, wie es der verhieße,
Hierauf begründet sich die reine Lehre.

Doch der Prophet, Verfasser jenes Buches,
Weiß unsre Mängel droben auszuwittern,
Und sieht, dass trotz dem Donner seines Fluches
Die Zweifel oft den Glauben uns verbittern.

Deshalb entsendet er den ewigen Räumen
Ein Jugendmuster, alles zu verjüngen;
Sie schwebt heran und fesselt ohne Säumen
Um meinen Hals die allerliebsten Schlingen.

Auf meinem Schoß, an meinem Herzen halt' ich
Das Himmelswesen, mag nichts weiter wissen;
Und glaube nun ans Paradies gewaltig,
Denn ewig möcht' ich sie so treulich küssen.

BERECHTIGTE MÄNNER

Nach der Schlacht von Bedr, unterm Sternenhimmel

Mahomet

spricht

Seine Toten mag der Feind betrauern:
Denn sie liegen ohne Wiederkehren;
Unsre Brüder sollt ihr nicht bedauern:
Denn sie wandeln über jenen Sphären.

Die Planeten haben alle sieben
Die metallnen Tore weit getan,
Und schon klopfen die verklärten Lieben
Paradieses Pforten kühnlich an.

Finden, ungehofft und überglücklich,
Herrlichkeiten, die mein Flug berührt,
Als das Wunderpferd mich augenblicklich
Durch die Himmel alle durchgeführt.

Weisheitsbaum an Baum zypresseragend
Heben Äpfel goldner Zierd' empor,
Lebensbäume, breite Schatten schlagend,
Decken Blumensitz und Kräuterflor.

Und nun bringt ein süßer Wind von Osten
Hergeführt die Himmelsmädchenschar;
Mit den Augen fängst du an zu kosten,
Schon der Anblick sättigt ganz und gar.

Forschend stehn sie, was du unternahmest?
Große Plane? fährlich blutigen Strauß?
Dass du Held seist, sehn sie, weil du kamest;
Welch ein Held du seist? sie forschen's aus.

Und sie sehn es bald an deiner Wunden,
Die sich selbst ein Ehrendenkmal schreibt.
Glück und Hoheit, alles ist verschwunden,
Nur die Wunde für den Glauben bleibt.

Führen zu Kiosken dich und Lauben,
Säulenreich von buntem Lichtgestein,
Und zum edlen Saft verklärter Trauben
Laden sie mit Nippen freundlich ein.

Jüngling! mehr als Jüngling bist willkommen!
Alle sind wie alle licht und klar;
Hast du eine dir ans Herz genommen,
Herrin, Freundin ist sie deiner Schar.

Doch die allertrefflichste gefällt sich
Keineswegs in solchen Herrlichkeiten,
Heiter, neidlos, redlich unterhält dich
Von den mannigfalt'gen andrer Trefflichkeiten.

Eine führt dich zu der andern Schmause,
Den sich jede äußerst ausersinnt.
Viele Frauen hast und Ruh' im Hause,
Wert, dass man darob das Paradies gewinnt.

Und so schicke dich in diesen Frieden:
Denn du kannst ihn weiter nicht vertauschen;
Solche Mädchen werden nicht ermüden,
Solche Weine werden nicht berauschen.

—

Und so war das wenige zu melden,
Wie der sel'ge Musulman sich brüstet;
Paradies der Männer, Glaubenshelden,
Ist hiemit vollkommen ausgerüstet.

AUSERWÄHLTE FRAUEN

Frauen sollen nichts verlieren,
Reiner Treue ziemt zu hoffen;
Doch wir wissen nur von vieren,
Die alldort schon eingetroffen.

Erst Suleika, Erdensonne,
Gegen Jussuph ganz Begierde,

Nun, des Paradieses Wonne,
Glänzt sie, der Entsagung Zierde.

Dann die Allgebenedeite,
Die den Heiden Heil geboren,
Und getäuscht, in bittrem Leide,
Sah den Sohn am Kreuz verloren.

Mahoms Gattin auch, sie baute
Wohlfahrt ihm und Herrlichkeiten,
Und empfahl bei Lebenszeiten
Einen Gott und *eine* Traute.

Kommt Fatima dann, die Holde,
Tochter, Gattin sonder Fehle,
Englisch allerreinste Seele
In dem Leib von Honiggolde.

Diese finden wir alldorten;
Und wer Frauenlob gepriesen,
Der verdient an ewigen Orten
Lustzuwandeln wohl mit diesen.

EINLASS

Huri

Heute steh' ich meine Wache
Vor des Paradieses Tor,
Weiß nicht grade, wie ich's mache,
Kommst mir so verdächtig vor!

Ob du unsern Mosleminen
Auch recht eigentlich verwandt?
Ob dein Kämpfen, dein Verdienen
Dich ans Paradies gesandt?

Zählst du dich zu jenen Helden?
Zeige deine Wunden an,
Die mir Rühmliches vermelden,
Und ich führe dich heran.

Dichter

Nicht so vieles Federlesen!
Lass mich immer nur herein:
Denn ich bin ein Mensch gewesen,
Und das heißt ein Kämpfer sein.

Schärfe deine kräft'gen Blicke!
Hier! — durchschaue diese Brust,
Sieh der Lebenswunden Tücke,
Sieh der Liebeswunden Lust.

Und doch sang ich gläubigerweise:
Dass mir die Geliebte treu,
Dass die Welt, wie sie auch kreise,
Liebevoll und dankbar sei.

Mit den Trefflichsten zusammen
Wirkt' ich, bis ich mir erlangt,
Dass mein Nam' in Liebesflammen
Von den schönsten Herzen prangt.

Nein! du wählst nicht den Geringern;
Gib die Hand! dass Tag für Tag
Ich an deinen zarten Fingern
Ewigkeiten zählen mag.

ANKLANG

Huri

Draußen am Orte,
Wo ich dich zuerst sprach,
Wacht' ich oft an der Pforte,
Dem Gebote nach.
Da hört' ich ein wunderlich Gesäusel,
Ein Ton- und Silbengekräusel,
Das wollte herein;
Niemand aber ließ sich sehen,
Da verklang es klein zu klein;
Es klang aber fast wie deine Lieder,
Das erinnr' ich mich wieder.

Dichter

Ewig Geliebte! wie zart
Erinnerst du dich deines Trauten!
Was auch, in irdischer Luft und Art,
Für Töne lauten,
Die wollen alle herauf;
Viele verklingen da unten zuhauf;
Andre mit Geistes Flug und Lauf,
Wie das Flügelpferd des Propheten,
Steigen empor und flöten
Draußen an dem Tor.

Kommt deinen Gespielen so etwas vor,
So sollen sie's freundlich vermerken,
Das Echo lieblich verstärken,
Dass es wieder hinunter halle,
Und sollen Acht haben,
Dass in jedem Falle,
Wenn er kommt, seine Gaben
Jedem zugute kommen;
Das wird beiden Welten frommen.

Sie mögen's ihm freundlich lohnen,
Auf liebliche Weise fügsam,
Sie lassen ihn mit sich wohnen:
Alle Guten sind genügsam.

Du aber bist mir beschieden,
Dich lass' ich nicht aus dem ewigen Frieden;
Auf die Wache sollst du nicht ziehn,
Schick' eine ledige Schwester dahin.

—

Dichter

Deine Liebe, dein Kuss mich entzückt!
Geheimnisse mag ich nicht erfragen;
Doch sag' mir, ob du an irdischen Tagen
Jemals teilgenommen?
Mir ist es oft so vorgekommen,
Ich wollt' es beschwören, ich wollt' es beweisen,
Du hast einmal Suleika geheißen.

Huri

Wir sind aus den Elementen geschaffen,
Aus Wasser, Feuer, Erd' und Luft
Unmittelbar; und irdischer Duft
Ist unserm Wesen ganz zuwider.
Wir steigen nie zu euch hernieder;
Doch wenn ihr kommt bei uns zu ruhn,
Da haben wir genug zu tun.

Denn, siehst du, wie die Gläubigen kamen,
Von dem Propheten so wohl empfohlen,
Besitz vom Paradiese nahmen,
Da waren wir, wie er befohlen,
So liebenswürdig, so scharmant,
Wie uns die Engel selbst nicht gekannt.

Allein der erste, zweite, dritte,
Die hatten vorher eine Favorite,
Gegen uns waren's garstige Dinger,
Sie aber hielten uns doch geringer,
Wir waren reizend, geistig, munter;
Die Moslems wollten wieder hinunter.

Nun war uns himmlisch Hochgebornen
Ein solch Betragen ganz zuwider,
Wir aufgewiegelten Verschwornen
Besannen uns schon hin und wider;
Als der Prophet durch alle Himmel fuhr,
Da passten wir auf seine Spur;
Rückkehrend hatt' er sich's nicht versehn,
Das Flügelpferd, es musste stehn.

Da hatten wir ihn in der Mitte! —
Freundlich ernst, nach Prophetensitte,
Wurden wir kürzlich von ihm beschieden;
Wir aber waren sehr unzufrieden.
Denn seine Zwecke zu erreichen
Sollten wir eben alles lenken,
So wie ihr dächtet, sollten wir denken,
Wir sollten euren Liebchen gleichen.

Unsere Eigenliebe ging verloren,
Die Mädchen krauten hinter den Ohren,
Doch, dachten wir, im ewigen Leben
Muss man sich eben in alles ergeben.

Nun sieht ein jeder, was er sah,
Und ihm geschieht, was ihm geschah.
Wir sind die Blonden, wir sind die Braunen,
Wir haben Grillen und haben Launen,
Ja, wohl auch manchmal eine Flause,
Ein jeder denkt, er sei zu Hause,

Und wir darüber sind frisch und froh,
Dass sie meinen, es wäre so.

Du aber bist von freiem Humor,
Ich komme dir paradiesisch vor;
Du gibst dem Blick, dem Kuss die Ehre,
Und wenn ich auch nicht Suleika wäre.
Doch da sie gar zu lieblich war,
So glich sie mir wohl auf ein Haar.

Dichter

Du blendest mich mit Himmelsklarheit,
Es sei nun Täuschung oder Wahrheit,
Genug, ich bewundre dich vor allen.
Um ihre Pflicht nicht zu versäumen,
Um einem Deutschen zu gefallen,
Spricht eine Huri in Knittelreimen.

Huri

Ja, reim' auch du nur unverdrossen,
Wie es dir aus der Seele steigt!
Wir paradiesische Genossen
Sind Wort- und Taten reinen Sinns geneigt.
Die Tiere, weißt du, sind nicht ausgeschlossen,
Die sich gehorsam, die sich treu erzeigt.
Ein derbes Wort kann Huri nicht verdrießen;
Wir fühlen, was vom Herzen spricht,
Und was aus frischer Quelle bricht,
Das darf im Paradiese fließen.

—

Huri

Wieder einen Finger schlägst du mir ein!
Weißt du denn, wie viel Äonen
Wir vertraut schon zusammen wohnen?

Dichter

Nein! — Will's auch nicht wissen. Nein!
Mannigfaltiger frischer Genuss,
Ewig bräutlich keuscher Kuss! —
Wenn jeder Augenblick mich durchschauert,
Was soll ich fragen, wie lang es gedauert!

Huri

Abwesend bist denn doch auch einmal,
Ich merk' es wohl, ohne Maß und Zahl.
Hast in dem Weltall nicht verzagt,
An Gottes Tiefen dich gewagt;
Nun sei der Liebsten auch gewärtig!
Hast du nicht schon das Liedchen fertig?
Wie klang es draußen an dem Tor?
Wie klingt's? — Ich will nicht stärker in dich dringen,
Sing mir die Lieder an Suleika vor:
Denn weiter wirst du's doch im Paradies nicht bringen.

BEGÜNSTIGTE TIERE

Vier Tieren auch verheißen war,
Ins Paradies zu kommen,
Dort leben sie das ew'ge Jahr
Mit Heiligen und Frommen.

Den Vortritt hier ein Esel hat,
Er kommt mit muntern Schritten:
Denn Jesus zur Prophetenstadt
Auf ihm ist eingeritten.

Halb schüchtern kommt ein Wolf sodann,
Dem Mahomet befohlen:
»Lass dieses Schaf dem armen Mann,
Dem Reichen magst du's holen.«

Nun, immer wedelnd, munter, brav,
Mit seinem Herrn, dem braven,
Das Hündlein, das den Siebenschlaf
So treulich mitgeschlafen.

Abuherriras Katze hier
Knurrt um den Herrn und schmeichelt:
Denn immer ist's ein heilig Tier,
Das der Prophet gestreichelt.

HÖHERES UND HÖCHSTES

Dass wir solche Dinge lehren,
Möge man uns nicht bestrafen:
Wie das alles zu erklären,
Dürft ihr euer Tiefstes fragen.

Und so werdet ihr vernehmen,
Dass der Mensch, mit sich zufrieden,
Gern sein Ich gerettet sähe,
So da droben wie hienieden.

Und mein liebes Ich bedürfte
Mancherlei Bequemlichkeiten,
Freuden, wie ich hier sie schlürfte,
Wünscht' ich auch für ew'ge Zeiten.

So gefallen schöne Gärten,
Blum' und Frucht und hübsche Kinder,
Die uns allen hier gefielen,
Auch verjüngtem Geist nicht minder.

Und so möcht' ich alle Freunde,
Jung und alt, in eins versammeln,
Gar zu gern in deutscher Sprache
Paradiesesworte stammeln.

Doch man horcht nun Dialekten,
Wie sich Mensch und Engel kosen,
Der Grammatik, der versteckten,
Deklinierend Mohn und Rosen.

Mag man ferner auch in Blicken
Sich rhetorisch gern ergehen
Und zu himmlischem Entzücken
Ohne Klang und Ton erhöhen.

Ton und Klang jedoch entwindet
Sich dem Worte selbstverständlich,
Und entschiedener empfindet
Der Verklärte sich unendlich.

Ist somit dem Fünf der Sinne
Vorgesehn im Paradiese,
Sicher ist es, ich gewinne
Einen Sinn für alle diese.

Und nun dring' ich allerorten
Leichter durch die ewigen Kreise,
Die durchdrungen sind vom Worte
Gottes rein-lebendigerweise.

Ungehemmt mit heißem Triebe
Lässt sich da kein Ende finden,
Bis im Anschaun ewiger Liebe
Wir verschweben, wir verschwinden.

SIEBENSCHLÄFER

Sechs Begünstigte des Hofes
Fliehen vor des Kaisers Grimme,
Der als Gott sich lässt verehren,

Doch als Gott sich nicht bewähret:
Denn ihn hindert eine Fliege,
Guter Bissen sich zu freuen.
Seine Diener scheuchen wedelnd,
Nicht verjagen sie die Fliege.
Sie umschwärmt ihn, sticht und irret
Und verwirrt die ganze Tafel,
Kehret wieder wie des hämischen
Fliegengottes Abgesandter.

»Nun«, so sagen sich die Knaben,
»Sollt' ein Flieglein Gott verhindern?
Sollt' ein Gott auch trinken, speisen,
Wie wir andern? Nein, der Eine,
Der die Sonn' erschuf, den Mond auch,
Und der Sterne Glut uns wölbte,
Dieser ist's, wir fliehn!« — Die zarten
Leicht beschuht-, beputzten Knaben
Nimmt ein Schäfer auf, verbirgt sie
Und sich selbst in Felsenhöhle.
Schäfershund, er will nicht weichen,
Weggescheucht, den Fuß zerschmettert,
Drängt er sich an seinen Herren
Und gesellt sich zum Verborgnen,
Zu den Lieblingen des Schlafes.

Und der Fürst, dem sie entflohen,
Liebentrüstet, sinnt auf Strafen,
Weiset ab so Schwert als Feuer,
In die Höhle sie mit Ziegeln
Und mit Kalk sie lässt vermauern.

Aber jene schlafen immer,
Und der Engel, ihr Beschützer,
Sagt vor Gottes Thron berichtend:
»So zur Rechten, so zur Linken

Hab' ich immer sie gewendet,
Dass die schönen jungen Glieder
Nicht des Moders Qualm verletze.
Spalten riss ich in die Felsen,
Dass die Sonne steigend, sinkend
Junge Wangen frisch erneute.
Und so liegen sie beseligt.
Auch, auf heilen Vorderpfoten,
Schläft das Hündlein süßen Schlummers.«

Jahre fliehen, Jahre kommen,
Wachen endlich auf die Knaben,
Und die Mauer, die vermorschte,
Altershalben ist gefallen.
Und Jamblika sagt, der Schöne,
Ausgebildete vor allen,
Als der Schäfer fürchtend zaudert:
»Lauf' ich hin! und hol' euch Speise,
Leben wag' ich und das Goldstück!« —

Ephesus, gar manches Jahr schon,
Ehrt die Lehre des Propheten
Jesus. (Friede sei dem Guten!)

Und er lief, da war der Tore
Wart' und Turn und alles anders.
Doch zum nächsten Bäckerladen
Wandt' er sich nach Brot in Eile. —
»Schelm!«, so rief der Bäcker, »hast du,
Jüngling, einen Schatz gefunden!
Gib mir, dich verrät das Goldstück,
Mir die Hälfte zum Versöhnen!«

Und sie hadern. — Vor den König
Kommt der Handel; auch der König
Will nur teilen wie der Bäcker.

Nun betätigt sich das Wunder
Nach und nach aus hundert Zeichen.
An dem selbsterbauten Palast
Weiß er sich sein Recht zu sichern.
Denn ein Pfeiler durchgegraben
Führt zu scharfbenamsten Schätzen.
Gleich versammeln sich Geschlechter,
Ihre Sippschaft zu beweisen.
Und als Ururvater prangend
Steht Jamblikas Jugendfülle.
Wie von Ahnherrn hört er sprechen
Hier von seinem Sohn und Enkeln.
Der Urenkel Schar umgibt ihn,
Als ein Volk von tapfern Männern,
Ihn, den jüngsten, zu verehren.
Und ein Merkmal übers andre
Dringt sich auf, Beweis vollendend;
Sich und den Gefährten hat er
Die Persönlichkeit bestätigt.

Nun zur Höhle kehrt er wieder,
Volk und König ihn geleiten. —
Nicht zum König, nicht zum Volke
Kehrt der Auserwählte wieder:
Denn die Sieben, die von lang her —
Achte waren's mit dem Hunde —
Sich von aller Welt gesondert,
Gabriels geheim Vermögen
Hat, gemäß dem Willen Gottes,
Sie dem Paradies geeignet,
Und die Höhle schien vermauert.

GUTE NACHT!

Nun, so legt euch, liebe Lieder,
An den Busen meinem Volke!
Und in einer Moschuswolke
Hüte Gabriel die Glieder
Des Ermüdeten gefällig;
Dass er frisch und wohlerhalten,
Froh, wie immer, gern gesellig,
Möge Felsenklüfte spalten,
Um des Paradieses Weiten
Mit Heroen aller Zeiten
Im Genusse zu durchschreiten;
Wo das Schöne, stets das Neue,
Immer wächst nach allen Seiten,
Dass die Unzahl sich erfreue.
Ja, das Hündlein gar, das treue,
Darf die Herren hinbegleiten.

AUS DEM NACHLASS

—

Wer sich selbst und andre kennt,
Wird auch hier erkennen:
Orient und Okzident
Sind nicht mehr zu trennen.

Sinnig zwischen beiden Welten
Sich zu wiegen, lass' ich gelten;
Also zwischen Ost und Westen
Sich bewegen sei zum Besten!

—

Hafis, dir sich gleich zu stellen,
 Welch ein Wahn!
Rauscht doch wohl auf Meeres Wellen
 Rasch ein Schiff hinan,
Fühlet seine Segel schwellen,
 Wandelt kühn und stolz;
Will's der Ozean zerschellen,
 Schwimmt es, morsches Holz.
Dir in Liedern, leichten, schnellen,
 Wallet kühle Flut,
Siedet auf zu Feuerwellen;
 Mich verschlingt die Glut.
Doch mir will ein Dünkel schwellen,
 Der mir Kühnheit gibt.
Hab' doch auch im sonnenhellen
 Land gelebt, geliebt!

—

Mich nach- und umzubilden, misszubilden
Versuchen sie seit vollen funfzig Jahren;
Ich dächte doch, da konntest du erfahren,
Was an dir sei in Vaterlandsgefilden.

Du hast getollt zu deiner Zeit mit wilden
Dämonisch genialen jungen Scharen,
Dann sachte schlossest du von Jahr zu Jahren
Dich näher an die Weisen, Göttlich-Milden.

—

Sollt' ich nicht ein Gleichnis brauchen,
Wie es mir beliebt?
Da uns Gott des Lebens Gleichnis
In der Mücke gibt.

Sollt' ich nicht ein Gleichnis brauchen,
Wie es mir beliebt?
Da mir Gott in Liebchens Augen
Sich im Gleichnis gibt.

—

Süßes Kind, die Perlenreihen,
Wie ich irgend nur vermochte,
Wollte traulich dir verleihen,
Als der Liebe Lampendochte.

Und nun kommst du, hast ein Zeichen
Drangehängt, das unter allen
Den Abraxas seinesgleichen
Mir am schlechtsten will gefallen.

Diese ganz moderne Narrheit
Magst du mir nach Schiras bringen!
Soll ich wohl in seiner Starrheit
Hölzchen quer auf Hölzchen singen?

Abraham, den Herrn der Sterne
Hat er sich zum Ahn erlesen;
Moses ist in wüster Ferne
Durch den *einen* groß gewesen.

David auch, durch viel Gebrechen,
Ja Verbrechen durch gewandelt,
Wusste doch sich loszusprechen:
»*Einem* hab' ich recht gehandelt.«

Jesus fühlte rein und dachte
Nur den *einen* Gott im Stillen;
Wer ihn selbst zum Gotte machte,
Kränkte seinen heil'gen Willen.

Und so muss das Rechte scheinen,
Was auch Mahomet gelungen;
Nur durch den Begriff des *einen*
Hat er alle Welt bezwungen.

Wenn du aber dennoch Huld'gung
Diesem leid'gen Ding verlangest,
Diene mir es zur Entschuld'gung,
Dass du nicht alleine prangest. —

Doch allein! — Da viele Frauen
Salomonis ihn verkehrten,
Götter betend anzuschauen,
Wie die Närrinnen verehrten.

Isis' Horn, Anubis' Rachen
Boten sie dem Judenstolze,
Mir willst du zum Gotte machen
Solch ein Jammerbild am Holze!

Und ich will nicht besser scheinen,
Als es sich mit mir eräugnet,
Salomo verschwur den seinen,
Meinen Gott hab' ich verleugnet.

Lass die Renegatenbürde
Mich in diesem Kuss verschmerzen:
Denn ein Vitzliputzli würde
Talisman an *deinem* Herzen.

—

Lasst mich weinen! umschränkt von Nacht,
In unendlicher Wüste.
Kamele ruhn, die Treiber desgleichen,
Rechnend still wacht der Armenier;
Ich aber, neben ihm, berechne die Meilen,
Die mich von Suleika trennen, wiederhole
Die wegeverlängernden ärgerlichen Krümmungen.
Lasst mich weinen! das ist keine Schande.
Weinende Männer sind gut.
Weinte doch Achill um seine Briseis!
Xerxes beweinte das unerschlagene Heer,
Über den selbstgemordeten Liebling
Alexander weinte.
Lasst mich weinen! Tränen beleben den Staub.
Schon grunelt's.

—

Und warum sendet
Der Reiterhauptmann
Nicht seine Boten
Von Tag zu Tage?
Hat er doch Pferde,
Versteht die Schrift.

Er schreibt ja Talik,
Auch Neski weiß er
Zierlich zu schreiben
Auf Seidenblätter.
An seiner Stelle
Sei mir die Schrift.

Die Kranke will nicht,
Will nicht genesen
Vom süßen Leiden,
Sie, an der Kunde
Von ihrem Liebsten
Gesundend, krankt.

—

Nicht mehr auf Seidenblatt
Schreib' ich symmetrische Reime;
Nicht mehr fass' ich sie
In goldne Ranken;
Dem Staub, dem beweglichen, eingezeichnet
Überweht sie der Wind, aber die Kraft besteht,
Bis zum Mittelpunkt der Erde
Dem Boden angebannt.
Und der Wandrer wird kommen,
Der Liebende. Betritt er
Diese Stelle, ihm zuckt's
Durch alle Glieder.
»Hier! vor mir liebte der Liebende.
War es Medschnun, der zarte?
Ferhad, der kräftige? Dschemil, der daurende?
Oder von jenen tausend
Glücklich-Unglücklichen einer?
Er liebte! Ich liebe wie er,
Ich ahnd' ihn!«

Suleika, du aber ruhst
Auf dem zarten Polster,
Das ich dir bereitet und geschmückt.
Auch dir zuckt's aufweckend durch die Glieder.
»Er ist, der mich ruft, Hatem.
Auch ich rufe dir, o Hatem! Hatem!«

—

REINEKE FUCHS

In zwölf Gesängen

ERSTER GESANG

Pfingsten, das liebliche Fest, war gekommen; es grünten und blühten
Feld und Wald; auf Hügeln und Höhn, in Büschen und Hecken
Übten ein fröhliches Lied die neuermunterten Vögel;
Jede Wiese sprosste von Blumen in duftenden Gründen,
Festlich heiter glänzte der Himmel und farbig die Erde.

Nobel, der König, versammelt den Hof; und seine Vasallen
Eilen gerufen herbei mit großem Gepränge; da kommen
Viele stolze Gesellen von allen Seiten und Enden,
Lütke, der Kranich, und Markart, der Häher, und alle die Besten.
Denn der König gedenkt mit allen seinen Baronen
Hof zu halten in Feier und Pracht; er lässt sie berufen
Alle miteinander, so gut die Großen als Kleinen.
Niemand sollte fehlen! und dennoch fehlte der Eine,
Reineke Fuchs, der Schelm! der viel begangenen Frevels
Halben des Hofs sich enthielt. So scheuet das böse Gewissen
Licht und Tag, es scheute der Fuchs die versammelten Herren.
Alle hatten zu klagen, er hatte sie alle beleidigt,
Und nur Grimbart, den Dachs, den Sohn des Bruders, verschont' er.

Isegrim aber, der Wolf, begann die Klage; von allen
Seinen Vettern und Gönnern, von allen Freunden begleitet,
Trat er vor den König und sprach die gerichtlichen Worte:
»Gnädigster König und Herr! vernehmet meine Beschwerden.
Edel seid Ihr und groß und ehrenvoll, jedem erzeigt Ihr
Recht und Gnade: so lasst Euch denn auch des Schadens erbarmen,
Den ich von Reineke Fuchs mit großer Schande gelitten.
Aber vor allen Dingen erbarmt Euch, dass er mein Weib so
Freventlich öfters verhöhnt und meine Kinder verletzt hat.

Ach! er hat sie mit Unrat besudelt, mit ätzendem Unflat,
Dass mir zu Hause noch drei in bittrer Blindheit sich quälen.
Zwar ist alle der Frevel schon lange zur Sprache gekommen,
Ja ein Tag war gesetzt, zu schlichten solche Beschwerden;
Er erbot sich zum Eide, doch bald besann er sich anders
Und entwischte behänd nach seiner Feste. Das wissen
Alle Männer zu wohl, die hier und neben mir stehen.
Herr! ich könnte die Drangsal, die mir der Bube bereitet,
Nicht mit eilenden Worten in vielen Wochen erzählen.
Würde die Leinwand von Gent, so viel auch ihrer gemacht wird,
Alle zu Pergament, sie fasste die Streiche nicht alle,
Und ich schweige davon. Doch meines Weibes Entehrung
Frisst mir das Herz; ich räche sie auch, es werde, was wolle.«

Als nun Isegrim so mit traurigem Mute gesprochen,
Trat ein Hündchen hervor, hieß Wackerlos, red'te französisch
Vor dem König: wie arm es gewesen und nichts ihm geblieben
Als ein Stückchen Wurst in einem Wintergebüsche;
Reineke hab' auch das ihm genommen! Jetzt sprang auch der Kater
Hinze zornig hervor und sprach: »Erhabner Gebieter,
Niemand beschwere sich mehr, dass ihm der Bösewicht schade,
Denn der König allein! Ich sag' Euch, in dieser Gesellschaft
Ist hier niemand, jung oder alt, er fürchtet den Frevler
Mehr als Euch! doch Wackerlos' Klage will wenig bedeuten,
Schon sind Jahre vorbei, seit diese Händel geschehen;
Mir gehörte die Wurst! Ich sollte mich damals beschweren.
Jagen war ich gegangen: auf meinem Wege durchsucht' ich
Eine Mühle zu Nacht; es schlief die Müllerin; sachte
Nahm ich ein Würstchen, ich will es gestehn; doch hatte zu dieser
Wackerlos irgendein Recht, so dankt' er's meiner Bemühung.«

Und der Panter begann: »Was helfen Klagen und Worte!
Wenig richten sie aus, genug, das Übel ist ruchtbar.
Er ist ein Dieb, ein Mörder! Ich darf es kühnlich behaupten,
Ja, es wissen's die Herren, er übet jeglichen Frevel.
Möchten doch alle die Edlen, ja selbst der erhabene König

Gut und Ehre verlieren; er lachte, gewänn' er nur etwa
Einen Bissen dabei von einem fetten Kapaune.
Lasst euch erzählen, wie er so übel an Lampen, dem Hasen,
Gestern tat; hier steht er! der Mann, der keinen verletzte.
Reineke stellte sich fromm und wollt' ihn allerlei Weisen
Kürzlich lehren und was zum Kaplan noch weiter gehöret,
Und sie setzten sich gegeneinander, begannen das Credo.
Aber Reineke konnte die alten Tücken nicht lassen;
Innerhalb unsers Königes Fried' und freiem Geleite
Hielt er Lampen gefasst mit seinen Klauen und zerrte
Tückisch den redlichen Mann. Ich kam die Straße gegangen,
Hörte beider Gesang, der, kaum begonnen, schon wieder
Endete. Horchend wundert' ich mich, doch als ich hinzukam,
Kannt' ich Reineken stracks, er hatte Lampen beim Kragen;
Ja er hätt' ihm gewiss das Leben genommen, wofern ich
Nicht zum Glücke des Wegs gekommen wäre. Da steht er!
Seht die Wunden an ihm, dem frommen Manne, den keiner
Zu beleidigen denkt. Und will es unser Gebieter,
Wollt ihr Herren es leiden, dass so des Königes Friede,
Sein Geleit und Brief von einem Diebe verhöhnt wird;
O, so wird der König und seine Kinder noch späten
Vorwurf hören von Leuten, die Recht und Gerechtigkeit lieben.«

Isegrim sagte darauf: »So wird es bleiben, und leider
Wird uns Reineke nie was Gutes erzeigen. O! läg' er
Lange tot; das wäre das Beste für friedliche Leute;
Aber wird ihm diesmal verziehn, so wird er in kurzem
Etliche kühnlich berücken, die nun es am wenigsten glauben.«

Reinekens Neffe, der Dachs, nahm jetzt die Rede, und mutig
Sprach er zu Reinekens Bestem, so falsch auch dieser bekannt war.
»Alt und wahr, Herr Isegrim!«, sagt' er, »beweist sich das Sprichwort:
›Feindes Mund frommt selten.‹ So hat auch wahrlich mein Oheim
Eurer Worte sich nicht zu getrösten. Doch ist es ein Leichtes.
Wär' er hier am Hofe so gut als Ihr, und erfreut' er
Sich des Königes Gnade, so möcht' es Euch sicher gereuen,

Dass Ihr so hämisch gesprochen und alte Geschichten erneuert.
Aber was Ihr Übels an Reineken selber verübet,
Übergeht Ihr; und doch, es wissen es manche der Herren,
Wie ihr zusammen ein Bündnis geschlossen und beide versprochen,
Als zwei gleiche Gesellen zu leben. Das muss ich erzählen;
Denn im Winter einmal erduldet' er große Gefahren
Euretwegen. Ein Fuhrmann, er hatte Fische geladen,
Fuhr die Straße; Ihr spürtet ihn aus und hättet um alles
Gern von der Ware gegessen; doch fehlt' es Euch leider am Gelde.
Da beredetet Ihr den Oheim, er legte sich listig
Grade für tot in den Weg. Es war beim Himmel ein kühnes
Abenteuer! Doch merket, was ihm für Fische geworden.
Und der Fuhrmann kam und sah im Gleise den Oheim,
Hastig zog er sein Schwert, ihm eins zu versetzen; der Kluge
Rührt' und regte sich nicht, als wär' er gestorben; der Fuhrmann
Wirft ihn auf seinen Karrn und freut sich des Balges im Voraus.
Ja, das wagte mein Oheim für Isegrim; aber der Fuhrmann
Fuhr dahin, und Reineke warf von den Fischen herunter.
Isegrim kam von ferne geschlichen, verzehrte die Fische.
Reineken mochte nicht länger zu fahren belieben; er hub sich,
Sprang vom Karren und wünschte nun auch von der Beute zu speisen.
Aber Isegrim hatte sie alle verschlungen; er hatte
Über Not sich beladen, er wollte bersten. Die Gräten
Ließ er allein zurück und bot dem Freunde den Rest an.
Noch ein anderes Stückchen! auch dies erzähl' ich euch wahrhaft.
Reineken war es bewusst, bei einem Bauer am Nagel
Hing ein gemästetes Schwein, erst heute geschlachtet; das sagt' er
Treu dem Wolfe: sie gingen dahin, Gewinn und Gefahren
Redlich zu teilen. Doch Müh' und Gefahr trug jener alleine.
Denn er kroch zum Fenster hinein und warf mit Bemühen
Die gemeinsame Beute dem Wolf herunter; zum Unglück
Waren Hunde nicht fern, die ihn im Hause verspürten
Und ihm wacker das Fell zerzausten. Verwundet entkam er,
Eilig sucht' er Isegrim auf und klagt' ihm sein Leiden
Und verlangte sein Teil. Da sagte jener: ›Ich habe
Dir ein köstliches Stück verwahrt; nun mache dich drüber

Und benage mir's wohl; wie wird das Fette dir schmecken!‹
Und er brachte das Stück; das Krummholz war es, der Schlächter
Hatte daran das Schwein gehängt; der köstliche Braten
War vom gierigen Wolfe, dem Ungerechten, verschlungen.
Reineke konnte vor Zorn nicht reden, doch was er sich dachte,
Denket euch selbst. Herr König, gewiss, dass hundert und drüber
Solcher Stückchen der Wolf an meinem Oheim verschuldet!
Aber ich schweige davon. Wird Reineke selber gefordert,
Wird er sich besser verteid'gen. Indessen, gnädigster König,
Edler Gebieter, ich darf es bemerken: Ihr habet, es haben
Diese Herren gehört, wie töricht Isegrims Rede
Seinem eignen Weibe und ihrer Ehre zu nah' tritt,
Die er mit Leib und Leben beschützen sollte. Denn freilich
Sieben Jahre sind's her und drüber, da schenkte mein Oheim
Seine Lieb' und Treue zum guten Teile der schönen
Frauen Gieremund; solches geschah beim nächtlichen Tanze;
Isegrim war verreist, ich sag' es, wie mir's bekannt ist.
Freundlich und höflich ist sie ihm oft zu Willen geworden,
Und was ist es denn mehr? Sie bracht' es niemals zur Klage,
Ja, sie lebt und befindet sich wohl, was macht er für Wesen?
Wär' er klug, so schwieg er davon; es bringt ihm nur Schande.«
Weiter sagte der Dachs: »Nun kommt das Märchen vom Hasen.
Eitel leeres Gewäsche! Den Schüler sollte der Meister
Etwa nicht züchtigen, wenn er nicht merkt und übel bestehet?
Sollte man nicht die Knaben bestrafen? und ginge der Leichtsinn,
Ginge die Unart so hin, wie sollte die Jugend erwachsen?
Nun klagt Wackerlos, wie er ein Würstchen im Winter verloren
Hinter der Hecke; das sollt' er nun lieber im Stillen verschmerzen;
Denn wir hören es ja, sie war gestohlen; zerronnen
Wie gewonnen; und wer kann meinem Oheim verargen,
Dass er gestohlenes Gut dem Diebe genommen? Es sollen
Edle Männer von hoher Geburt sich gehässig den Dieben
Und gefährlich erzeigen. Ja, hätt' er ihn damals gehangen,
War es verzeihlich. Doch ließ er ihn los, den König zu ehren;
Denn am Leben zu strafen gehört dem König alleine.
Aber wenigen Danks kann sich mein Oheim getrösten,

So gerecht er auch sei und Übeltaten verwehret.
Denn seitdem des Königs Friede verkündiget worden,
Hält sich niemand wie er. Er hat sein Leben verändert,
Speiset nur einmal des Tags, lebt wie ein Klausner, kasteit sich,
Trägt ein härenes Kleid auf bloßem Leibe und hat schon
Lange von Wildbret und zahmem Fleische sich gänzlich enthalten,
Wie mir noch gestern einer erzählte, der bei ihm gewesen.
Malepartus, sein Schloss, hat er verlassen und baut sich
Eine Klause zur Wohnung. Wie er so mager geworden,
Bleich von Hunger und Durst und andern strengeren Bußen,
Die er reuig erträgt, das werdet ihr selber erfahren.
Denn was kann es ihm schaden, dass hier ihn jeder verklaget?
Kommt er hieher, so führt er sein Recht aus und macht sie zuschanden.«

Als nun Grimbart geendigt, erschien zu großem Erstaunen
Henning, der Hahn, mit seinem Geschlecht. Auf trauriger Bahre,
Ohne Hals und Kopf, ward eine Henne getragen,
Kratzfuß war es, die beste der eierlegenden Hennen.
Ach, es floss ihr Blut, und Reineke hatt' es vergossen!
Jetzo sollt' es der König erfahren. Als Henning, der wackre,
Vor dem König erschien, mit höchstbetrübter Gebärde,
Kamen mit ihm zwei Hähne, die gleichfalls trauerten. Kreyant
Hieß der eine, kein besserer Hahn war irgend zu finden
Zwischen Holland und Frankreich; der andere durft' ihm zur Seite
Stehen, Kantart genannt, ein stracker, kühner Geselle;
Beide trugen ein brennendes Licht: sie waren die Brüder
Der ermordeten Frau. Sie riefen über den Mörder
Ach und Weh! Es trugen die Bahr' zwei jüngere Hähne,
Und man konnte von fern die Jammerklage vernehmen.
Henning sprach: »Wir klagen den unersetzlichen Schaden,
Gnädigster Herr und König! Erbarmt Euch, wie ich verletzt bin,
Meine Kinder und ich. Hier seht Ihr Reinekens Werke!
Als der Winter vorbei, und Laub und Blumen und Blüten
Uns zur Fröhlichkeit riefen, erfreut' ich mich meines Geschlechtes,
Das so munter mit mir die schönen Tage verlebte!
Zehen junge Söhne, mit vierzehn Töchtern, sie waren

Voller Lust zu leben; mein Weib, die treffliche Henne,
Hatte sie alle zusammen in *einem* Sommer erzogen.
Alle waren so stark und wohl zufrieden; sie fanden
Ihre tägliche Nahrung an wohl gesicherter Stätte.
Reichen Mönchen gehörte der Hof, uns schirmte die Mauer,
Und sechs große Hunde, die wackern Genossen des Hauses,
Liebten meine Kinder und wachten über ihr Leben;
Reineken aber, den Dieb, verdross es, dass wir in Frieden
Glückliche Tage verlebten und seine Ränke vermieden.
Immer schlich er bei Nacht um die Mauer und lauschte beim Tore;
Aber die Hunde bemerkten's; da mocht' er laufen! sie fassten
Wacker ihn endlich einmal und ruckten das Fell ihm zusammen;
Doch er rettete sich und ließ uns ein Weilchen in Ruhe.
Aber nun höret mich an! es währte nicht lange, so kam er
Als ein Klausner und brachte mir Brief und Siegel. Ich kannt' es:
Euer Siegel sah ich am Briefe; da fand ich geschrieben:
Dass Ihr festen Frieden so Tieren als Vögeln verkündigt.
Und er zeigte mir an: er sei ein Klausner geworden,
Habe strenge Gelübde getan, die Sünden zu büßen,
Deren Schuld er leider bekenne. Da habe nun keiner
Mehr vor ihm sich zu fürchten. Er habe heilig gelobet,
Nimmermehr Fleisch zu genießen. Er ließ mich die Kutte beschauen,
Zeigte sein Skapulier. Daneben wies er ein Zeugnis,
Das ihm der Prior gestellt, und, um mich sicher zu machen,
Unter der Kutte ein härenes Kleid. Dann ging er und sagte:
›Gott, dem Herren, seid mir befohlen! ich habe noch vieles
Heute zu tun! ich habe die Sext und die None zu lesen
Und die Vesper dazu.‹ Er las im Gehen und dachte
Vieles Böse sich aus, er sann auf unser Verderben.
Ich mit erheitertem Herzen erzählte geschwinde den Kindern
Eures Briefes fröhliche Botschaft, es freuten sich alle.
Da nun Reineke Klausner geworden, so hatten wir weiter
Keine Sorge noch Furcht. Ich ging mit ihnen zusammen
Vor die Mauer hinaus, wir freuten uns alle der Freiheit.
Aber leider bekam es uns übel. Er lag im Gebüsche
Hinterlistig; da sprang er hervor und verrannt' uns die Pforte;

Meiner Söhne schönsten ergriff er und schleppt' ihn von dannen,
Und nun war kein Rat, nachdem er sie einmal gekostet;
Immer versucht' er es wieder; und weder Jäger noch Hunde
Konnten vor seinen Ränken bei Tag und Nacht uns bewahren.
So entriss er mir nun fast alle Kinder; von zwanzig
Bin ich auf fünfe gebracht, die andern raubt' er mir alle.
O, erbarmt Euch des bittern Schmerzes! er tötete gestern
Meine Tochter, es haben die Hunde den Leichnam gerettet.
Seht, hier liegt sie! Er hat es getan, o! nehmt es zu Herzen!«

Und der König begann: »Kommt näher, Grimbart, und sehet,
Also fastet der Klausner, und so beweist er die Buße!
Leb' ich noch aber ein Jahr, so soll es ihn wahrlich gereuen!
Doch was helfen die Worte! Vernehmet, trauriger Henning:
Eurer Tochter ermangl' es an nichts, was irgend den Toten
Nur zu Rechte geschieht. Ich lass' ihr Vigilie singen,
Sie mit großer Ehre zur Erde bestatten; dann wollen
Wir mit diesen Herren des Mordes Strafe bedenken.«

Da gebot der König, man solle Vigilie singen.
Domino placebo begann die Gemeine, sie sangen
Alle Verse davon. Ich könnte ferner erzählen,
Wer die Lektion gesungen und wer die Responsen;
Aber es währte zu lang', ich lass' es lieber bewenden.
In ein Grab ward die Leiche gelegt und drüber ein schöner
Marmorstein, poliert wie ein Glas, gehauen im Viereck,
Groß und dick, und oben drauf war deutlich zu lesen:
»Kratzefuß, Tochter Hennings, des Hahns, die beste der Hennen,
Legte viel Eier ins Nest und wusste klüglich zu scharren.
Ach, hier liegt sie! durch Reinekens Mord den Ihren genommen.
Alle Welt soll erfahren, wie bös und falsch er gehandelt,
Und die Tote beklagen.« So lautete, was man geschrieben.

Und es ließ der König darauf die Klügsten berufen,
Rat mit ihnen zu halten, wie er den Frevel bestrafte,
Der so klärlich vor ihn und seine Herren gebracht war.

Und sie rieten zuletzt: man habe dem listigen Frevler
Einen Boten zu senden, dass er um Liebes und Leides
Nicht sich entzöge, er solle sich stellen am Hofe des Königs
An dem Tage der Herrn, wenn sie zunächst sich versammeln;
Braun, den Bären, ernannte man aber zum Boten. Der König
Sprach zu Braun, dem Bären: »Ich sag' es, Euer Gebieter,
Dass Ihr mit Fleiß die Botschaft verrichtet! Doch rat' ich zur Vorsicht:
Denn es ist Reineke falsch und boshaft, allerlei Listen
Wird er gebrauchen, er wird Euch schmeicheln, er wird Euch belügen,
Hintergehen, wie er nur kann.« — »Mitnichten«, versetzte
Zuversichtlich der Bär; »bleibt ruhig! sollt' er sich irgend
Nur vermessen und mir zum Hohne das Mindeste wagen,
Seht, ich schwör' es bei Gott! der möge mich strafen, wofern ich
Ihm nicht grimmig vergölte, dass er zu bleiben nicht wüsste.«

ZWEITER GESANG

Also wandelte Braun auf seinem Weg zum Gebirge
Stolzen Mutes dahin durch eine Wüste, die groß war,
Lang und sandig und breit; und als er sie endlich durchzogen,
Kam er gegen die Berge, wo Reineke pflegte zu jagen;
Selbst noch Tages zuvor hatt' er sich dorten erlustigt;
Aber der Bär ging weiter nach Malepartus; da hatte
Reineke schöne Gebäude. Von allen Schlössern und Burgen,
Deren ihm viele gehörten, war Malepartus die beste.
Reineke wohnte daselbst, sobald er Übels besorgte.
Braun erreichte das Schloss und fand die gewöhnliche Pforte
Fest verschlossen. Da trat er davor und besann sich ein wenig;
Endlich rief er und sprach: »Herr Oheim, seid Ihr zu Hause?
Braun, der Bär, ist gekommen, des Königs gerichtlicher Bote.
Denn es hat der König geschworen, Ihr sollet bei Hofe
Vor Gericht Euch stellen, ich soll Euch holen, damit Ihr
Recht zu nehmen und Recht zu geben keinem verweigert,
Oder es soll Euch das Leben kosten; denn bleibt Ihr dahinten,
Ist mit Galgen und Rad Euch gedroht. Drum wählet das Beste,
Kommt und folget mir nach, sonst möcht' es Euch übel bekommen.«

Reineke hörte genau vom Anfang zum Ende die Rede,
Lag und lauerte still und dachte: »Wenn es gelänge,
Dass ich dem plumpen Kompan die stolzen Worte bezahlte?
Lasst uns die Sache bedenken.« Er ging in die Tiefe der Wohnung,
In die Winkel des Schlosses, denn künstlich war es gebauet.
Löcher fanden sich hier und Höhlen mit vielerlei Gängen,
Eng und lang, und mancherlei Türen zum Öffnen und Schließen,
Wie es Zeit war und Not. Erfuhr er, dass man ihn suchte
Wegen schelmischer Tat, da fand er die beste Beschirmung.
Auch aus Einfalt hatten sich oft in diesen Mäandern
Arme Tiere gefangen, willkommene Beute dem Räuber.
Reineke hatte die Worte gehört, doch fürchtet' er klüglich,
Andre möchten noch neben dem Boten im Hinterhalt liegen.
Als er sich aber versichert, der Bär sei einzeln gekommen,
Ging er listig hinaus und sagte: »Wertester Oheim,
Seid willkommen! Verzeiht mir! ich habe Vesper gelesen,
Darum ließ ich Euch warten. Ich dank' Euch, dass Ihr gekommen,
Denn es nutzt mir gewiss bei Hofe, so darf ich es hoffen.
Seid zu jeglicher Stunde, mein Oheim, willkommen! Indessen
Bleibt der Tadel für den, der Euch die Reise befohlen,
Denn sie ist weit und beschwerlich. O Himmel! wie Ihr erhitzt seid!
Eure Haare sind nass und Euer Odem beklommen.
Hatte der mächtige König sonst keinen Boten zu senden,
Als den edelsten Mann, den er am meisten erhöhet?
Aber so sollt' es wohl sein zu meinem Vorteil; ich bitte,
Helft mir am Hofe des Königs, allwo man mich übel verleumdet.
Morgen setzt' ich mir vor, trotz meiner misslichen Lage,
Frei nach Hofe zu gehen, und so gedenk' ich noch immer;
Nur für heute bin ich zu schwer, die Reise zu machen.
Leider hab' ich zu viel von einer Speise gegessen,
Die mir übel bekommt; sie schmerzt mich gewaltig im Leibe.«
Braun versetzte darauf: »Was war es, Oheim?« Der andre
Sagte dagegen: »Was könnt' es Euch helfen, und wenn ich's erzählte?
Kümmerlich frist' ich mein Leben; ich leid' es aber geduldig,
Ist ein armer Mann doch kein Graf! und findet zuweilen
Sich für uns und die Unsern nichts Besseres, müssen wir freilich

Honigscheiben verzehren, die sind wohl immer zu haben.
Doch ich esse sie nur aus Not; nun bin ich geschwollen.
Wider Willen schluckt' ich das Zeug, wie sollt' es gedeihen?
Kann ich es immer vermeiden, so bleibt mir's ferne vom Gaumen.«

»Ei! was hab' ich gehört!«, versetzte der Braune, »Herr Oheim!
Ei! verschmähet Ihr so den Honig, den mancher begehret?
Honig, muss ich Euch sagen, geht über alle Gerichte,
Wenigstens mir; o schafft mir davon, es soll Euch nicht reuen!
Dienen werd' ich Euch wieder.« — »Ihr spottet«, sagte der andre.
»Nein wahrhaftig!«, verschwur sich der Bär, »es ist ernstlich gesprochen.«
»Ist dem also«, versetzte der Rote, »da kann ich Euch dienen,
Denn der Bauer Rüsteviel wohnt am Fuße des Berges.
Honig hat er! Gewiss mit allem Eurem Geschlechte
Saht Ihr niemal so viel beisammen.« Da lüstet' es Braunen
Übermäßig nach dieser geliebten Speise. »O führt mich«,
Rief er, »eilig dahin! Herr Oheim, ich will es gedenken,
Schafft mir Honig, und wenn ich auch nicht gesättiget werde.« —
»Gehen wir«, sagte der Fuchs; »es soll an Honig nicht fehlen,
Heute bin ich zwar schlecht zu Fuße; doch soll mir die Liebe,
Die ich Euch lange gewidmet, die sauern Tritte versüßen.
Denn ich kenne niemand von allen meinen Verwandten,
Den ich verehrte wie Euch! Doch kommt! Ihr werdet dagegen
An des Königes Hof am Herrentage mir dienen,
Dass ich der Feinde Gewalt und ihre Klagen beschäme.
Honigsatt mach' ich Euch heute, soviel Ihr immer nur tragen
Möget.« – Es meinte der Schalk die Schläge der zornigen Bauern.

Reineke lief ihm zuvor, und blindlings folgte der Braune.
»Will mir's gelingen«, so dachte der Fuchs, »ich bringe dich heute
Noch zu Markte, wo dir ein bittrer Honig zuteil wird.«
Und sie kamen zu Rüsteviels Hofe; das freute den Bären,
Aber vergebens, wie Toren sich oft mit Hoffnung betrügen.

Abend war es geworden, und Reineke wusste, gewöhnlich
Liege Rüsteviel nun in seiner Kammer zu Bette,

Der ein Zimmermann war, ein tüchtiger Meister. Im Hofe
Lag ein eichener Stamm; er hatte, diesen zu trennen,
Schon zwei tüchtige Keile hineingetrieben, und oben
Klaffte gespalten der Baum fast ellenweit. Reineke merkt' es,
Und er sagte: »Mein Oheim, in diesem Baume befindet
Sich des Honiges mehr, als Ihr vermutet; nun stecket
Eure Schnauze hinein, so tief Ihr möget. Nur rat' ich,
Nehmet nicht gierig zu viel, es möcht' Euch übel bekommen.«
»Meint Ihr«, sagte der Bär, »ich sei ein Vielfraß? mitnichten!
Maß ist überall gut, bei allen Dingen.« Und also
Ließ der Bär sich betören und steckte den Kopf in die Spalte
Bis an die Ohren hinein und auch die vordersten Füße.
Reineke machte sich dran, mit vielem Ziehen und Zerren
Bracht' er die Keile heraus: nun war der Braune gefangen,
Haupt und Füße geklemmt; es half kein Schelten noch Schmeicheln.
Vollauf hatte der Braune zu tun, so stark er und kühn war,
Und so hielt der Neffe mit List den Oheim gefangen.
Heulend plärrte der Bär, und mit den hintersten Füßen
Scharrt' er grimmig und lärmte so sehr, dass Rüsteviel aufsprang.
Was es wäre? dachte der Meister und brachte sein Beil mit,
Dass man bewaffnet ihn fände, wenn jemand zu schaden gedächte.

Braun befand sich indes in großen Ängsten; die Spalte
Klemmt' ihn gewaltig, er zog und zerrte, brüllend vor Schmerzen.
Aber mit alle der Pein war nichts gewonnen; er glaubte
Nimmer von dannen zu kommen; so meint' auch Reineke freudig.
Als er Rüsteviel sah von ferne schreiten, da rief er:
»Braun, wie steht es? Mäßiget Euch und schonet des Honigs!
Sagt, wie schmeckt es? Rüsteviel kommt und will Euch bewirten!
Nach der Mahlzeit bringt er ein Schlückchen, es mag Euch bekommen!«
Da ging Reineke wieder nach Malepartus, der Feste.
Aber Rüsteviel kam, und als er den Bären erblickte,
Lief er, die Bauern zu rufen, die noch in der Schenke beisammen
Schmauseten. »Kommt!«, so rief er; »in meinem Hofe gefangen
Hat sich ein Bär, ich sage die Wahrheit.« Sie folgten und liefen,
Jeder bewehrte sich eilig, so gut er konnte. Der eine

Nahm die Gabel zur Hand und seinen Rechen der andre,
Und der dritte, der vierte mit Spieß und Hacke bewaffnet
Kamen gesprungen, der fünfte mit einem Pfahle gerüstet.
Ja der Pfarrer und Küster, sie kamen mit ihrem Geräte.
Auch die Köchin des Pfaffen (sie hieß Frau Jutte, sie konnte
Grütze bereiten und kochen wie keine) blieb nicht dahinten,
Kam mit dem Rocken gelaufen, bei dem sie am Tage gesessen,
Dem unglücklichen Bären den Pelz zu waschen. Der Braune
Hörte den wachsenden Lärm in seinen schrecklichen Nöten,
Und er riss mit Gewalt das Haupt aus der Spalte; da blieb ihm
Haut und Haar des Gesichts bis zu den Ohren im Baume.
Nein! kein kläglicher Tier hat jemand gesehen! Es rieselt'
Über die Ohren das Blut. Was half ihm das Haupt zu befreien?
Denn es blieben die Pfoten im Baume stecken; da riss er
Hastig sie ruckend heraus; er raste sinnlos, die Klauen
Und von den Füßen das Fell blieb in der klemmenden Spalte.
Leider schmeckte dies nicht nach süßem Honig, wozu ihm
Reineke Hoffnung gemacht; die Reise war übel geraten,
Eine sorgliche Fahrt war Braunen geworden. Es blutet'
Ihm der Bart und die Füße dazu, er konnte nicht stehen,
Konnte nicht kriechen, noch gehn. Und Rüsteviel eilte zu schlagen,
Alle fielen ihn an, die mit dem Meister gekommen;
Ihn zu töten war ihr Begehr. Es führte der Pater
Einen langen Stab in der Hand und schlug ihn von ferne.
Kümmerlich wandt' er sich hin und her, es drängt' ihn der Haufen,
Einige hier mit Spießen, dort andre mit Beilen, es brachte
Hammer und Zange der Schmied, es kamen andre mit Schaufeln,
Andre mit Spaten, sie schlugen drauf los und riefen und schlugen,
Dass er vor schmerzlicher Angst in eignem Unflat sich wälzte.
Alle setzten ihm zu, es blieb auch keiner dahinten;
Der krummbeinige Schloppe mit dem breitnasigen Ludolf
Waren die Schlimmsten, und Gerold bewegte den hölzernen Flegel
Zwischen den krummen Fingern; ihm stand sein Schwager zur Seite,
Kückelrei war es, der Dicke, die beiden schlugen am meisten.
Abel Quack und Frau Jutte dazu, sie ließen's nicht fehlen;
Talke Lorden Quacks traf mit der Butte den Armen.

Und nicht diese Genannten allein, denn Männer und Weiber,
Alle liefen herzu und wollten das Leben des Bären.
Kückelrei machte das meiste Geschrei, er dünkte sich vornehm:
Denn Frau Willigetrud am hinteren Tore (man wusst' es)
War die Mutter, bekannt war nie sein Vater geworden.
Doch es meinten die Bauern, der Stoppelmäher, der schwarze
Sander, sagten sie, möcht' es wohl sein, ein stolzer Geselle,
Wenn er allein war. Es kamen auch Steine gewaltig geflogen,
Die den verzweifelten Braunen von allen Seiten bedrängten.
Nun sprang Rüsteviels Bruder hervor und schlug mit dem langen,
Dicken Knüttel den Bären aufs Haupt, dass Hören und Sehen
Ihm verging, doch fuhr er empor vom mächtigen Schlage.
Rasend fuhr er unter die Weiber, die untereinander
Taumelten, fielen und schrien, und einige stürzten ins Wasser,
Und das Wasser war tief. Da rief der Pater und sagte:
»Sehet, da unten schwimmt Frau Jutte, die Köchin, im Pelze,
Und der Rocken ist hier! O helft, ihr Männer! Ich gebe
Bier zwei Tonnen zum Lohn und großen Ablass und Gnade.«
Alle ließen für tot den Bären liegen und eilten
Nach den Weibern ans Wasser, man zog aufs Trockne die fünfe.
Da indessen die Männer am Ufer beschäftiget waren,
Kroch der Bär ins Wasser vor großem Elend und brummte
Vor entsetzlichem Weh. Er wollte sich lieber ersäufen
Als die Schläge so schändlich erdulden. Er hatte zu schwimmen
Nie versucht und hoffte sogleich das Leben zu enden.
Wider Vermuten fühlt' er sich schwimmen, und glücklich getragen
Ward er vom Wasser hinab, es sahen ihn alle die Bauern,
Riefen: »Das wird uns gewiss zur ewigen Schande gereichen!«
Und sie waren verdrießlich und schalten über die Weiber:
»Besser blieben sie doch zu Hause! Da seht nun, er schwimmet
Seiner Wege.« Sie traten herzu, den Block zu besehen,
Und sie fanden darin noch Haut und Haare vom Kopfe
Und von den Füßen und lachten darob und riefen: »Du kommst uns
Sicher wieder, behalten wir doch die Ohren zum Pfande!«
So verhöhnten sie ihn noch über den Schaden, doch war er
Froh, dass er nur dem Übel entging. Er fluchte den Bauern,

Die ihn geschlagen, und klagte den Schmerz der Ohren und Füße;
Fluchte Reineken, der ihn verriet. Mit solchen Gebeten
Schwamm er weiter, es trieb ihn der Strom, der reißend und groß war,
Binnen weniger Zeit fast eine Meile hinunter,
Und da kroch er ans Land am selbigen Ufer und keichte.
Kein bedrängteres Tier hat je die Sonne gesehen!
Und er dachte den Morgen nicht zu erleben, er glaubte
Plötzlich zu sterben und rief: »O Reineke, falscher Verräter!
Loses Geschöpf!« Er dachte dabei der schlagenden Bauern,
Und er dachte des Baums und fluchte Reinekens Listen.

Aber Reineke Fuchs, nachdem er mit gutem Bedachte
Seinen Oheim zu Markte geführt, ihm Honig zu schaffen,
Lief er nach Hühnern, er wusste den Ort, und schnappte sich eines,
Lief und schleppte die Beute behänd am Flusse hinunter.
Dann verzehrt' er sie gleich und eilte nach andern Geschäften
Immer am Flusse dahin und trank des Wassers und dachte:
»O wie bin ich so froh, dass ich den tölpischen Bären
So zu Hofe gebracht! Ich wette, Rüsteviel hat ihm
Wohl das Beil zu kosten gegeben. Es zeigte der Bär sich
Stets mir feindlich gesinnt, ich hab' es ihm wieder vergolten.
Oheim hab' ich ihn immer genannt, nun ist er am Baume
Tot geblieben, des will ich mich freun, so lang' ich nur lebe.
Klagen und schaden wird er nicht mehr!« — Und wie er so wandelt,
Schaut er am Ufer hinab und sieht den Bären sich wälzen.
Das verdross ihn im Herzen, dass Braun lebendig entkommen.
»Rüsteviel«, rief er, »du lässiger Wicht! du grober Geselle!
Solche Speise verschmähst du? die fett und guten Geschmacks ist,
Die manch ehrlicher Mann sich wünscht und die so gemächlich
Dir zuhanden gekommen. Doch hat für deine Bewirtung
Dir der redliche Braun ein Pfand gelassen!« So dacht' er,
Als er den Braunen betrübt, ermattet und blutig erblickte.
Endlich rief er ihn an: »Herr Oheim, find' ich Euch wieder?
Habt Ihr etwas vergessen bei Rüsteviel? Sagt mir, ich lass' ihm
Wissen, wo Ihr geblieben. Doch soll ich sagen, ich glaube,
Vieles Honig habt Ihr gewiss dem Manne gestohlen,

Oder habt Ihr ihn redlich bezahlt? Wie ist es geschehen?
Ei! wie seid Ihr gemalt? Das ist ein schmähliches Wesen!
War der Honig nicht guten Geschmacks? Zu selbigem Preise
Steht noch manches zu Kauf! Doch, Oheim, saget mir eilig,
Welchem Orden habt Ihr Euch wohl so kürzlich gewidmet,
Dass Ihr ein rotes Barett auf Eurem Haupte zu tragen
Anfangt? Seid Ihr ein Abt? Es hat der Bader gewisslich,
Der die Platte Euch schor, nach Euren Ohren geschnappet.
Ihr verloret den Schopf, wie ich sehe, das Fell von den Wangen
Und die Handschuh' dabei. Wo habt Ihr sie hängen gelassen?«
Und so musste der Braune die vielen spöttischen Worte
Hintereinander vernehmen und konnte vor Schmerzen nicht reden,
Sich nicht raten noch helfen. Und um nicht weiter zu hören,
Kroch er ins Wasser zurück und trieb mit dem reißenden Strome
Nieder und landete drauf am flachen Ufer. Da lag er
Krank und elend und jammerte laut und sprach zu sich selber:
»Schlüge nur einer mich tot! Ich kann nicht gehen und sollte
Nach des Königes Hof die Reise vollenden und bleibe
So geschändet zurück von Reinekens bösem Verrate.
Bring' ich mein Leben davon, gewiss, dich soll es gereuen!«
Doch er raffte sich auf und schleppte mit grässlichen Schmerzen
Durch vier Tage sich fort, und endlich kam er zu Hofe.

Als der König den Bären in seinem Elend erblickte,
Rief er: »Gnädiger Gott! Erkenn' ich Braunen? Wie kommt er
So geschändet?« Und Braun versetzte: »Leider erbärmlich
Ist das Ungemach, das Ihr erblickt; so hat mich der Frevler
Reineke schändlich verraten!« Da sprach der König entrüstet:
»Rächen will ich gewiss ohn' alle Gnade den Frevel.
Solch einen Herrn wie Braun, den sollte Reineke schänden?
Ja, bei meiner Ehre, bei meiner Krone! das schwör' ich,
Alles soll Reineke büßen, was Braun zu Rechte begehret.
Halt' ich mein Wort nicht, so trag' ich kein Schwert mehr, ich will es geloben!«

Und der König gebot, es solle der Rat sich versammeln,
Überlegen und gleich der Frevel Strafe bestimmen.
Alle rieten darauf, wofern es dem König beliebte,
Solle man Reineken abermals fordern, er solle sich stellen,
Gegen Anspruch und Klage sein Recht zu wahren. Es könne
Hinze, der Kater, sogleich die Botschaft Reineken bringen,
Weil er klug und gewandt sei. So rieten sie alle zusammen.

Und es vereinigte sich der König mit seinen Genossen,
Sprach zu Hinzen: »Merket mir recht die Meinung der Herren!
Ließ' er sich aber zum dritten Mal fordern, so soll es ihm selbst und
Seinem ganzen Geschlechte zum ewigen Schaden gereichen;
Ist er klug, so komm' er in Zeiten. Ihr schärft ihm die Lehre;
Andre verachtet er nur, doch Eurem Rate gehorcht er.«

Aber Hinze versetzte: »Zum Schaden oder zum Frommen
Mag es gereichen, komm' ich zu ihm, wie soll ich's beginnen?
Meinetwegen tut oder lasst es, aber ich dächte,
Jeden andern zu schicken ist besser, da ich so klein bin.
Braun, der Bär, ist so groß und stark und konnt' ihn nicht zwingen,
Welcher Weise soll ich es enden? O! habt mich entschuldigt.«

»Du beredest mich nicht«, versetzte der König; »man findet
Manchen kleinen Mann voll List und Weisheit, die manchem
Großen fremd ist. Seid Ihr auch gleich kein Riese gewachsen,
Seid Ihr doch klug und gelehrt.« Da gehorchte der Kater und sagte:
»Euer Wille geschehe! und kann ich ein Zeichen erblicken
Rechter Hand am Wege, so wird die Reise gelingen.«

DRITTER GESANG

Nun war Hinze, der Kater, ein Stückchen Weges gegangen;
Einen Martinsvogel erblickt' er von Weiten, da rief er:
»Edler Vogel! Glück auf! o wende die Flügel und fliege
Her zu meiner Rechten!« Es flog der Vogel und setzte

Sich zur Linken des Katers, auf einem Baume zu singen.
Hinze betrübte sich sehr, er glaubte sein Unglück zu hören,
Doch er machte nun selber sich Mut, wie mehrere pflegen.
Immer wandert' er fort nach Malepartus, da fand er
Vor dem Hause Reineken sitzen, er grüßt' ihn und sagte:
»Gott, der reiche, der gute, bescher' Euch glücklichen Abend!
Euer Leben bedrohet der König, wofern Ihr Euch weigert,
Mit nach Hofe zu kommen; und ferner lässt er Euch sagen:
Stehet den Klägern zu Recht, sonst werden's die Eurigen büßen.«
Reineke sprach: »Willkommen dahier, geliebtester Neffe!
Möget Ihr Segen von Gott nach meinem Wunsche genießen.«
Aber er dachte nicht so in seinem verrätrischen Herzen;
Neue Tücke sann er sich aus, er wollte den Boten
Wieder geschändet nach Hofe senden. Er nannte den Kater
Immer seinen Neffen und sagte: »Neffe, was setzt man
Euch für Speise nur vor? Man schläft gesättiget besser;
Einmal bin ich der Wirt, wir gingen dann morgen am Tage
Beide nach Hofe: so dünkt es mich gut. Von meinen Verwandten
Ist mir keiner bekannt, auf den ich mich lieber verließe.
Denn der gefräßige Bär war trotzig zu mir gekommen.
Er ist grimmig und stark, dass ich um vieles nicht hätte
Ihm zur Seite die Reise gewagt. Nun aber versteht sich's,
Gerne geh' ich mit Euch. Wir machen uns frühe des Morgens
Auf den Weg: so scheinet es mir das Beste geraten.«
Hinze versetzte darauf: »Es wäre besser, wir machten
Gleich uns fort nach Hofe, so wie wir gehen und stehen.
Auf der Heide scheinet der Mond, die Wege sind trocken.«
Reineke sprach: »Ich finde bei Nacht das Reisen gefährlich.
Mancher grüßet uns freundlich bei Tage, doch käm' er im Finstern
Uns in den Weg, es möchte wohl kaum zum Besten geraten.«
Aber Hinze versetzte: »So lasst mich wissen, mein Neffe,
Bleib' ich hier, was sollen wir essen?« Und Reineke sagte:
»Ärmlich behelfen wir uns; doch wenn Ihr bleibet, so bring' ich
Frische Honigscheiben hervor, ich wähle die klärsten.«
»Niemals ess' ich dergleichen«, versetzte murrend der Kater;
»Fehlet Euch alles im Hause, so gebt eine Maus her! Mit dieser

Bin ich am besten versorgt, und sparet das Honig für andre.«
»Esst Ihr Mäuse so gern?«, sprach Reineke; »redet mir ernstlich;
Damit kann ich Euch dienen. Es hat mein Nachbar, der Pfaffe,
Eine Scheun' im Hofe, darin sind Mäuse, man führe
Sie auf keinem Wagen hinweg; ich höre den Pfaffen
Klagen, dass sie bei Nacht und Tag ihm lästiger werden.«
Unbedächtig sagte der Kater: »Tut mir die Liebe,
Bringet mich hin zu den Mäusen! denn über Wildbret und alles
Lob' ich mir Mäuse, die schmecken am besten.« Und Reineke sagte:
»Nun wahrhaftig, Ihr sollt mir ein herrliches Gastmahl genießen.
Da mir bekannt ist, womit ich Euch diene, so lasst uns nicht zaudern.«

Hinze glaubt' ihm und folgte; sie kamen zur Scheune des Pfaffen,
Zu der lehmernen Wand. Die hatte Reineke gestern
Klug durchgraben und hatte durchs Loch dem schlafenden Pfaffen
Seiner Hähne den besten entwendet. Das wollte Martinchen
Rächen, des geistlichen Herrn geliebtes Söhnchen; er knüpfte
Klug vor die Öffnung den Strick mit einer Schlinge; so hofft' er
Seinen Hahn zu rächen am wiederkehrenden Diebe.
Reineke wusst' und merkte sich das und sagte: »Geliebter
Neffe, kriechet hinein gerade zur Öffnung; ich halte
Wache davor, indessen Ihr mauset; Ihr werdet zu Haufen
Sie im Dunkeln erhaschen. O! höret, wie munter sie pfeifen!
Seid Ihr satt, so kommt nur zurück, Ihr findet mich wieder.
Trennen dürfen wir nicht uns diesen Abend, denn morgen
Gehen wir früh und kürzen den Weg mit muntern Gesprächen.«
»Glaubt Ihr«, sagte der Kater, »es sei hier sicher zu kriechen?
Denn es haben mitunter die Pfaffen auch Böses im Sinne.«
Da versetzte der Fuchs, der Schelm: »Wer konnte das wissen!
Seid Ihr so blöde? Wir gehen zurück; es soll Euch mein Weibchen
Gut und mit Ehren empfangen, ein schmackhaft Essen bereiten;
Wenn es auch Mäuse nicht sind, so lasst es uns fröhlich verzehren.«
Aber Hinze, der Kater, sprang in die Öffnung, er schämte
Sich vor Reinekens spottenden Worten und fiel in die Schlinge.
Also empfanden Reinekens Gäste die böse Bewirtung.

Da nun Hinze den Strick an seinem Halse verspürte,
Fuhr er ängstlich zusammen und übereilte sich furchtsam,
Denn er sprang mit Gewalt: da zog der Strick sich zusammen.
Kläglich rief er Reineken zu, der außer dem Loche
Horchte, sich hämisch erfreute und so zur Öffnung hineinsprach:
»Hinze, wie schmecken die Mäuse? Ihr findet sie, glaub' ich, gemästet.
Wüsste Martinchen doch nur, dass Ihr sein Wildbret verzehret;
Sicher brächt' er Euch Senf: er ist ein höflicher Knabe.
Singet man so bei Hofe zum Essen? Es klingt mir bedenklich.
Wüsst' ich Isegrim nur in diesem Loche, so wie ich
Euch zu Falle gebracht; er sollte mir alles bezahlen,
Was er mir Übels getan!« Und so ging Reineke weiter.
Aber er ging nicht allein um Diebereien zu üben;
Ehbruch, Rauben und Mord und Verrat, er hielt es nicht sündlich.
Und er hatte sich eben was ausgesonnen. Die schöne
Gieremund wollt' er besuchen in doppelter Absicht: fürs erste
Hofft' er von ihr zu erfahren, was eigentlich Isegrim klagte;
Zweitens wollte der Schalk die alten Sünden erneuern.
Isegrim war nach Hofe gegangen, das wollt' er benutzen.
Denn, wer zweifelt daran? es hatte die Neigung der Wölfin
Zu dem schändlichen Fuchse den Zorn des Wolfes entzündet.
Reineke trat in die Wohnung der Frauen und fand sie nicht heimisch.
»Grüß' euch Gott! Stiefkinderchen!«, sagt' er, nicht mehr und nicht minder,
Nickte freundlich den Kleinen und eilte nach seinem Gewerbe.
Als Frau Gieremund kam des Morgens, wie es nur tagte,
Sprach sie: »Ist niemand kommen, nach mir zu fragen?« — »Soeben
Geht Herr Pate Reineke fort, er wünscht' Euch zu sprechen.
Alle, wie wir hier sind, hat er Stiefkinder geheißen.«
Da rief Gieremund aus: »Er soll es bezahlen!«, und eilte,
Diesen Frevel zu rächen zur selben Stunde. Sie wusste,
Wo er pflegte zu gehn; sie erreicht' ihn, zornig begann sie:
»Was für Worte sind das? und was für schimpfliche Reden
Habt Ihr ohne Gewissen vor meinen Kindern gesprochen?
Büßen sollt Ihr dafür!« So sprach sie zornig und zeigt' ihm
Ein ergrimmtes Gesicht; sie fasst' ihn am Barte, da fühlt' er
Ihrer Zähne Gewalt und lief und wollt' ihr entweichen;

Sie behänd strich hinter ihm drein. Da gab es Geschichten —
Ein verfallenes Schloss war in der Nähe gelegen,
Hastig liefen die beiden hinein; es hatte sich aber
Altershalben die Mauer an einem Turme gespalten.
Reineke schlupfte hindurch; allein er musste sich zwängen,
Denn die Spalte war eng; und eilig steckte die Wölfin,
Groß und stark wie sie war, den Kopf in die Spalte; sie drängte,
Schob und brach und zog und wollte folgen, und immer
Klemmte sie tiefer sich ein und konnte nicht vorwärts noch rückwärts.
Da das Reineke sah, lief er zur anderen Seite
Krummen Weges herein und kam und macht' ihr zu schaffen.
Aber sie ließ es an Worten nicht fehlen, sie schalt ihn: »Du handelst
Als ein Schelm! ein Dieb!«, und Reineke sagte dagegen:
»Ist es noch niemals geschehen, so mag es jetzo geschehen.«

Wenig Ehre verschafft es, sein Weib mit andern zu sparen,
Wie nun Reineke tat. Gleichviel war alles dem Bösen.
Da nun endlich die Wölfin sich aus der Spalte gerettet,
War schon Reineke weg und seine Straße gegangen.
Und so dachte die Frau sich selber Recht zu verschaffen,
Ihrer Ehre zu wahren, und doppelt war sie verloren.

Lasset uns aber zurück nach Hinzen sehen. Der Arme,
Da er gefangen sich fühlte, beklagte nach Weise der Kater
Sich erbärmlich: das hörte Martinchen und sprang aus dem Bette.
»Gott sei Dank! Ich habe den Strick zur glücklichen Stunde
Vor die Öffnung geknüpft; der Dieb ist gefangen! Ich denke,
Wohl bezahlen soll er den Hahn!«, so jauchzte Martinchen,
Zündete hurtig ein Licht an (im Hause schliefen die Leute);
Weckte Vater und Mutter darauf und alles Gesinde;
Rief: »Der Fuchs ist gefangen! wir wollen ihm dienen.« Sie kamen
Alle, groß und klein, ja selbst der Pater erhub sich,
Warf ein Mäntelchen um; es lief mit doppelten Lichtern
Seine Köchin voran, und eilig hatte Martinchen
Einen Knüttel gefasst und machte sich über den Kater,
Traf ihm Haut und Haupt und schlug ihm grimmig ein Aug' aus.

Alle schlugen auf ihn; es kam mit zackiger Gabel
Hastig der Pater herbei und glaubte den Räuber zu fällen.
Hinze dachte zu sterben; da sprang er wütend entschlossen
Zwischen die Schenkel des Pfaffen und biss und kratzte gefährlich,
Schändete grimmig den Mann und rächte grausam das Auge.
Schreiend stürzte der Pater und fiel ohnmächtig zur Erden.
Unbedachtsam schimpfte die Köchin: es habe der Teufel
Ihr zum Possen das Spiel selbst angerichtet. Und doppelt,
Dreifach schwur sie: wie gern verlöre sie, wäre das Unglück
Nicht dem Herren begegnet, ihr bisschen Habe zusammen.
Ja sie schwur: ein Schatz von Golde, wenn sie ihn hätte,
Sollte sie wahrlich nicht reuen, sie wollt' ihn missen. So jammert'
Sie die Schande des Herrn und seine schwere Verwundung.
Endlich brachten sie ihn mit vielen Klagen zu Bette,
Ließen Hinzen am Strick und hatten seiner vergessen.

Als nun Hinze der Kater in seiner Not sich allein sah,
Schmerzlich geschlagen und übel verwundet, so nahe dem Tode,
Fasst' er aus Liebe zum Leben den Strick und nagt' ihn behände.
»Sollt' ich mich etwa erlösen vom großen Übel?«, so dacht' er.
Und es gelang ihm, der Strick zerriss. Wie fand er sich glücklich!
Eilte dem Ort zu entfliehn, wo er so vieles erduldet,
Hastig sprang er zum Loche heraus und eilte die Straße
Nach des Königes Hof, den er des Morgens erreichte.
Ärgerlich schalt er sich selbst: »So musste dennoch der Teufel
Dich durch Reinekens List, des bösen Verräters, bezwingen!
Kommst du doch mit Schande zurück, am Auge geblendet
Und mit Schlägen schmerzlich beladen; wie musst du dich schämen!«

Aber des Königes Zorn entbrannte heftig, er dräute
Dem Verräter den Tod ohn' alle Gnade. Da ließ er
Seine Räte versammeln; es kamen seine Baronen,
Seine Weisen zu ihm, er fragte: wie man den Frevler
Endlich brächte zu Recht, der schon so vieles verschuldet?
Als nun viele Beschwerden sich über Reineken häuften,
Redete Grimbart der Dachs: »Es mögen in diesem Gerichte

Viele Herren auch sein, die Reineken Übels gedenken,
Doch wird niemand die Rechte des freien Mannes verletzen.
Nun zum dritten Mal muss man ihn fordern. Ist dieses geschehen,
Kommt er dann nicht, so möge das Recht ihn schuldig erkennen.«
Da versetzte der König: »Ich fürchte, keiner von allen
Ginge, dem tückischen Manne die dritte Ladung zu bringen.
Wer hat ein Auge zu viel? Wer mag verwegen genug sein,
Leib und Leben zu wagen um diesen bösen Verräter?
Seine Gesundheit aufs Spiel zu setzen und dennoch am Ende
Reineken nicht zu stellen? Ich denke, niemand versucht es.«

Überlaut versetzte der Dachs: »Herr König, begehret
Ihr es von mir, so will ich sogleich die Botschaft verrichten,
Sei es, wie es auch sei. Wollt Ihr mich öffentlich senden,
Oder geh' ich, als käm' ich von selber? Ihr dürft nur befehlen.«
Da beschied ihn der König: »So geht dann! Alle die Klagen
Habt Ihr sämtlich gehört, und geht nur weislich zu Werke;
Denn es ist ein gefährlicher Mann.« Und Grimbart versetzte:
»Einmal muss ich es wagen und hoff' ihn dennoch zu bringen.«
So betrat er den Weg nach Malepartus, der Feste;
Reineken fand er daselbst mit Weib und Kindern und sagte:
»Oheim Reineke, seid mir gegrüßt! Ihr seid ein gelehrter,
Weiser, kluger Mann, wir müssen uns alle verwundern,
Wie Ihr des Königs Ladung verachtet, ich sage verspottet.
Deucht Euch nicht, es wäre nun Zeit? Es mehren sich immer
Klagen und böse Gerüchte von allen Seiten. Ich rat' Euch,
Kommt nach Hofe mit mir, es hilft kein längeres Zaudern.
Viele, viele Beschwerden sind vor den König gekommen,
Heute werdet Ihr nun zum dritten Male geladen;
Stellt Ihr Euch nicht, so seid Ihr verurteilt. Dann führet der König
Seine Vasallen hieher, Euch einzuschließen, in dieser
Feste Malepartus Euch zu belagern; so gehet
Ihr mit Weib und Kindern und Gut und Leben zu Grunde.
Ihr entfliehet dem Könige nicht; drum ist es am besten,
Kommt nach Hofe mit mir! Es wird an listiger Wendung
Euch nicht fehlen, Ihr habt sie bereit und werdet Euch retten;

Denn Ihr habt ja wohl oft, auch an gerichtlichen Tagen,
Abenteuer bestanden, weit größer als dieses, und immer
Kamt Ihr glücklich davon und Eure Gegner in Schande.«

Grimbart hatte gesprochen, und Reineke sagte dagegen:
»Oheim, Ihr ratet mir wohl, dass ich zu Hofe mich stelle,
Meines Rechtes selber zu wahren. Ich hoffe, der König
Wird mir Gnade gewähren; er weiß, wie sehr ich ihm nütze;
Aber er weiß auch, wie sehr ich deshalb den andern verhasst bin.
Ohne mich kann der Hof nicht bestehn. Und hätt' ich noch zehnmal
Mehr verbrochen, so weiß ich es schon, sobald mir's gelinget,
Ihm in die Augen zu sehen und ihn zu sprechen, so fühlt er
Seinen Zorn im Busen bezwungen. Denn freilich begleiten
Viele den König und kommen, in seinem Rate zu sitzen;
Aber es geht ihm niemal zu Herzen; sie finden zusammen
Weder Rat noch Sinn. Doch bleibet an jeglichem Hofe,
Wo ich immer auch sei, der Ratschluss meinem Verstande.
Denn versammeln sich König und Herren, in kitzlichen Sachen
Klugen Rat zu ersinnen, so muss ihn Reineke finden.
Das missgönnen mir viele. Die hab' ich leider zu fürchten,
Denn sie haben den Tod mir geschworen, und grade die Schlimmsten
Sind am Hofe versammelt, das macht mich eben bekümmert.
Über zehen und Mächtige sind's; wie kann ich alleine
Vielen widerstehn? Drum hab' ich immer gezaudert.
Gleichwohl find' ich es besser, mit Euch nach Hofe zu wandeln,
Meine Sache zu wahren; das soll mehr Ehre mir bringen,
Als durch Zaudern mein Weib und meine Kinder in Ängsten
Und Gefahren zu stürzen; wir wären alle verloren.
Denn der König ist mir zu mächtig, und was es auch wäre,
Müsst' ich tun, sobald er's befiehlt. Wir können versuchen,
Gute Verträge vielleicht mit unsern Feinden zu schließen.«

Reineke sagte darnach: »Frau Ermelyn, nehmet der Kinder
(Ich empfehl' es Euch) wahr, vor allen andern des jüngsten,
Reinharts; es stehn ihm die Zähne so artig ums Mäulchen, ich hoff', er
Wird der leibhaftige Vater; und hier ist Rossel, das Schelmchen,

Der mir ebenso lieb ist. O! tut den Kindern zusammen
Etwas zugut, indes ich weg bin! Ich will's Euch gedenken,
Kehr' ich glücklich zurück und Ihr gehorchet den Worten.«
Also schied er von dannen mit Grimbart, seinem Begleiter,
Ließ Frau Ermelyn dort mit beiden Söhnen und eilte;
Unberaten ließ er sein Haus; das schmerzte die Füchsin.

Beide waren noch nicht ein Stündchen Weges gegangen,
Als zu Grimbart Reineke sprach: »Mein teuerster Oheim,
Wertester Freund, ich muss Euch gestehn, ich bebe vor Sorgen.
Ich entschlage mich nicht des ängstlichen, bangen Gedankens,
Dass ich wirklich dem Tod entgegengehe. Da seh' ich
Meine Sünden vor mir, so viel ich deren begangen.
Ach! Ihr glaubet mir nicht die Unruh', die ich empfinde.
Lasst mich beichten! höret mich an! kein anderer Pater
Ist in der Nähe zu finden; und hab' ich alles vom Herzen,
Werd' ich nicht schlimmer darum vor meinem Könige stehen.«
Grimbart sagte: »Verredet zuerst das Rauben und Stehlen,
Allen bösen Verrat und andre gewöhnliche Tücken,
Sonst kann Euch die Beichte nicht helfen.« — »Ich weiß es«, versetzte
Reineke; »darum lasst mich beginnen und höret bedächtig.

Confiteor tibi, Pater et Mater, dass ich der Otter,
Dass ich dem Kater und manchen gar manche Tücke versetzte,
Ich bekenn' es und lasse mir gern die Buße gefallen.«
»Redet deutsch«, versetzte der Dachs, »damit ich's verstehe.«
Reineke sagte: »Ich habe mich freilich, wie sollt' ich es leugnen!
Gegen alle Tiere, die jetzo leben, versündigt.
Meinen Oheim, den Bären, den hielt ich im Baume gefangen;
Blutig ward ihm sein Haupt, und viele Prügel ertrug er.
Hinzen führt' ich nach Mäusen; allein am Stricke gehalten,
Musst' er vieles erdulden und hat sein Auge verloren.
Und so klaget auch Henning mit Recht, ich raubt' ihm die Kinder,
Groß' und kleine, wie ich sie fand, und ließ sie mir schmecken.
Selbst verschont' ich des Königes nicht, und mancherlei Tücken
Übt' ich kühnlich an ihm und an der Königin selber;

Spät verwindet sie's nur. Und weiter muss ich bekennen:
Isegrim hab' ich, den Wolf, mit allem Fleiße geschändet;
Alles zu sagen fänd' ich nicht Zeit. So hab' ich ihn immer
Scherzend Oheim genannt, und wir sind keine Verwandte.
Einmal, es werden nun bald sechs Jahre, kam er nach Elkmar
Zu mir ins Kloster, ich wohnte daselbst, und bat mich um Beistand,
Weil er eben ein Mönch zu werden gedächte. Das, meint' er,
Wär' ein Handwerk für ihn, und zog die Glocke. Das Läuten
Freut' ihn so sehr! Ich band ihm darauf die vorderen Füße
Mit dem Seile zusammen, er war es zufrieden und stand so,
Zog und erlustigte sich und schien das Läuten zu lernen.
Doch es sollt' ihm die Kunst zu schlechter Ehre gedeihen,
Denn er läutete zu wie toll und törig. Die Leute
Liefen eilig bestürzt aus allen Straßen zusammen,
Denn sie glaubten, es sei ein großes Unglück begegnet;
Kamen und fanden ihn da, und eh' er sich eben erklärte,
Dass er den geistlichen Stand ergreifen wolle, so war er
Von der dringenden Menge beinah' zu Tode geschlagen.
Dennoch beharrte der Tor auf seinem Vorsatz und bat mich,
Dass ich ihm sollte mit Ehren zu einer Platte verhelfen;
Und ich ließ ihm das Haar auf seinem Scheitel versengen,
Dass die Schwarte davon zusammenschrumpfte. So hab' ich
Oft ihm Prügel und Stöße mit vieler Schande bereitet.
Fische lehrt' ich ihn fangen, sie sind ihm übel bekommen.
Einsmal folgt' er mir auch im Jülicher Lande, wir schlichen
Zu der Wohnung des Pfaffen, des reichsten in dortiger Gegend.
Einen Speicher hatte der Mann mit köstlichen Schinken,
Lange Seiten des zartesten Specks verwahrt' er daneben,
Und ein frisch gesalzenes Fleisch befand sich im Troge.
Durch die steinerne Mauer gelang es Isegrim endlich
Eine Spalte zu kratzen, die ihn gemächlich hindurchließ,
Und ich trieb ihn dazu, es trieb ihn seine Begierde.
Aber da konnt' er sich nicht im Überflusse bezwingen,
Übermäßig füllt' er sich an; da hemmte gewaltig
Den geschwollenen Leib und seine Rückkehr die Spalte.
Ach, wie klagt' er sie an, die ungetreue, sie ließ ihn

Hungrig hinein und wollte dem Satten die Rückkehr verwehren.
Und ich machte darauf ein großes Lärmen im Dorfe,
Dass ich die Menschen erregte, die Spuren des Wolfes zu finden.
Denn ich lief in die Wohnung des Pfaffen und traf ihn beim Essen,
Und ein fetter Kapaun ward eben vor ihn getragen,
Wohl gebraten; ich schnappte darnach und trug ihn von dannen.
Hastig wollte der Pfaffe mir nach und lärmte, da stieß er
Über den Haufen den Tisch mit Speisen und allem Getränke.
›Schlaget, werfet, fanget und stechet!‹, so rief der ergrimmte
Pater und fiel und kühlte den Zorn (er hatte die Pfütze
Nicht gesehen) und lag. Und alle kamen und schrien:
›Schlagt!‹ Ich rannte davon und hinter mir alle zusammen,
Die mir das Schlimmste gedachten. Am meisten lärmte der Pfaffe:
›Welch ein verwegener Dieb! Er nahm das Huhn mir vom Tische!‹
Und so lief ich voraus, bis zu dem Speicher, da ließ ich
Wider Willen das Huhn zur Erde fallen, es ward mir
Endlich leider zu schwer; und so verlor mich die Menge.
Aber sie fanden das Huhn, und da der Pater es aufhub,
Ward er des Wolfes im Speicher gewahr, es sah ihn der Haufen.
Allen rief der Pater nun zu: ›Hierher nur! und trefft ihn!
Uns ist ein anderer Dieb, ein Wolf, in die Hände gefallen,
Käm' er davon, wir wären beschimpft; es lachte wahrhaftig
Alles auf unsre Kosten im ganzen Jülicher Lande.‹
Was er nur konnte, dachte der Wolf. Da regnet' es Schläge
Hierher und dorther ihm über den Leib und schmerzliche Wunden.
Alle schrien, so laut sie konnten; die übrigen Bauern
Liefen zusammen und streckten für tot ihn zur Erde darnieder.
Größeres Weh geschah ihm noch nie, so lang' er auch lebte.
Malt' es einer auf Leinwand, es wäre seltsam zu sehen,
Wie er dem Pfaffen den Speck und seine Schinken bezahlte.
Auf die Straße warfen sie ihn und schleppten ihn eilig
Über Stock und Stein; es war kein Leben zu spüren.
Und er hatte sich unrein gemacht, da warf man mit Abscheu
Vor das Dorf ihn hinaus; er lag in schlammiger Grube,
Denn sie glaubten ihn tot. In solcher schmählichen Ohnmacht
Blieb er, ich weiß nicht wie lange, bevor er sein Elend gewahr ward.

Wie er noch endlich entkommen, das hab' ich niemals erfahren.
Und doch schwur er hernach (es kann ein Jahr sein), mir immer
Treu und gewärtig zu bleiben; nur hat es nicht lange gedauert.
Denn warum er mir schwur, das konnt' ich leichtlich begreifen:
Gerne hätt' er einmal sich satt an Hühnern gegessen.
Und damit ich ihn tüchtig betröge, beschrieb ich ihm ernstlich
Einen Balken, auf dem sich ein Hahn des Abends gewöhnlich
Neben sieben Hühnern zu setzen pflegte. Da führt' ich
Ihn im Stillen bei Nacht, es hatte zwölfe geschlagen,
Und der Laden des Fensters, mit leichter Latte gestützet,
Stand (ich wusst' es) noch offen. Ich tat, als wollt' ich hineingehn;
Aber ich schmiegte mich an und ließ dem Oheim den Vortritt.
›Gehet frei nur hinein‹, so sagt' ich; ›wollt Ihr gewinnen,
Seid geschäftig, es gilt! Ihr findet gemästete Hennen.‹
Gar bedächtig kroch er hinein und tastete leise
Hier- und dahin und sagte zuletzt mit zornigen Worten:
›O wie führt Ihr mich schlecht! ich finde wahrlich von Hühnern
Keine Feder.‹ Ich sprach: ›Die vorne pflegten zu sitzen,
Hab' ich selber geholt, die andern sitzen dahinten.
Geht nur unverdrossen voran und tretet behutsam.‹
Freilich der Balken war schmal, auf dem wir gingen. Ich ließ ihn
Immer voraus und hielt mich zurück und drückte mich rückwärts
Wieder zum Fenster hinaus und zog am Holze; der Laden
Schlug und klappte, das fuhr dem Wolf in die Glieder und schreckt' ihn;
Zitternd plumpt' er hinab vom schmalen Balken zur Erde.
Und erschrocken erwachten die Leute, sie schliefen am Feuer.
›Sagt, was fiel zum Fenster herein?‹, so riefen sie alle,
Rafften behände sich auf, und eilig brannte die Lampe.
In der Ecke fanden sie ihn und schlugen und gerbten
Ihm gewaltig das Fell; mich wundert, wie er entkommen.

Weiter bekenn' ich vor Euch, dass ich Frau Gieremund heimlich
Öfters besucht und öffentlich auch. Das hätte nun freilich
Unterbleiben sollen, o wär' es niemals geschehen!
Denn so lange sie lebt, verwindet sie schwerlich die Schande.

Alles hab' ich Euch jetzt gebeichtet, dessen ich irgend
Mich zu erinnern vermag, was meine Seele beschweret.
Sprechet mich los! ich bitte darum; ich werde mit Demut
Jede Buße vollbringen, die schwerste, die Ihr mir auflegt.«

Grimbart wusste sich schon in solchen Fällen zu nehmen,
Brach ein Reischen am Wege, dann sprach er: »Oheim, nun schlagt Euch
Dreimal über den Rücken mit diesem Reischen und legt es,
Wie ich's Euch zeige, zur Erde und springet dreimal darüber;
Dann mit Sanftmut küsset das Reis und zeigt Euch gehorsam.
Solche Buße leg' ich Euch auf und spreche von allen
Sünden und allen Strafen Euch los und ledig, vergeb' Euch
Alles im Namen des Herrn, so viel Ihr immer begangen.«

Und als Reineke nun die Buße willig vollendet,
Sagte Grimbart: »Lasset an guten Werken, mein Oheim,
Eure Besserung spüren und leset Psalmen, besuchet
Fleißig die Kirchen und fastet an rechten gebotenen Tagen;
Wer Euch fraget, dem weiset den Weg und gebet den Armen
Gern und schwöret mir zu, das böse Leben zu lassen,
Alles Rauben und Stehlen, Verrat und böse Verführung,
Und so ist es gewiss, dass Ihr zu Gnaden gelanget.«
Reineke sprach: »So will ich es tun, so sei es geschworen!«

Und so war die Beichte vollendet. Da gingen sie weiter
Nach des Königes Hof. Der fromme Grimbart und jener
Kamen durch schwärzliche, fette Gebreite; sie sahen ein Kloster
Rechter Hand des Weges, es dienten geistliche Frauen
Spat und früh dem Herren daselbst und nährten im Hofe
Viele Hühner und Hähne, mit manchem schönen Kapaune,
Welche nach Futter zuweilen sich außer der Mauer zerstreuten.
Reineke pflegte sie oft zu besuchen. Da sagt' er zu Grimbart:
»Unser kürzester Weg geht an der Mauer vorüber«;
Aber er meinte die Hühner, wie sie im Freien spazierten.
Seinen Beichtiger führt' er dahin, sie nahten den Hühnern;
Da verdrehte der Schalk die gierigen Augen im Kopfe.

Ja, vor allem gefiel ihm ein Hahn, der jung und gemästet
Hinter den andern spazierte, den fasst' er treulich ins Auge,
Hastig sprang er hinter ihm drein; es stoben die Federn.

Aber Grimbart, entrüstet, verwies ihm den schändlichen Rückfall.
»Handelt Ihr so? unseliger Oheim, und wollt Ihr schon wieder
Um ein Huhn in Sünde geraten, nachdem Ihr gebeichtet?
Schöne Reue heiß' ich mir das!« Und Reineke sagte:
»Hab' ich es doch in Gedanken getan! O teuerster Oheim,
Bittet zu Gott, er möge die Sünde mir gnädig vergeben.
Nimmer tu' ich es wieder und lass' es gerne.« Sie kamen
Um das Kloster herum in ihre Straße, sie mussten
Über ein schmales Brückchen hinüber, und Reineke blickte
Wieder nach den Hühnern zurück; er zwang sich vergebens.
Hätte jemand das Haupt ihm abgeschlagen, es wäre
Nach den Hühnern geflogen; so heftig war die Begierde.

Grimbart sah es und rief: »Wo lasst Ihr, Neffe, die Augen
Wieder spazieren? Fürwahr, Ihr seid ein hässlicher Vielfraß!«
Reineke sagte darauf: »Das macht Ihr übel, Herr Oheim!
Übereilet Euch nicht und stört nicht meine Gebete;
Lasst ein Paternoster mich sprechen. Die Seelen der Hühner
Und der Gänse bedürfen es wohl, so viel ich den Nonnen,
Diesen heiligen Frauen, durch meine Klugheit entrissen.«
Grimbart schwieg, und Reineke Fuchs verwandte das Haupt nicht
Von den Hühnern, solang' er sie sah. Doch endlich gelangten
Sie zur rechten Straße zurück und nahten dem Hofe.
Und als Reineke nun die Burg des Königs erblickte,
Ward er innig betrübt; denn heftig war er beschuldigt.

VIERTER GESANG

Als man bei Hofe vernahm, es komme Reineke wirklich,
Drängte sich jeder heraus, ihn zu sehn, die Großen und Kleinen,
Wenige freundlich gesinnt, fast alle hatten zu klagen.

Aber Reineken deuchte, das sei von keiner Bedeutung;
Wenigstens stellt' er sich so, da er mit Grimbart, dem Dachse,
Jetzo dreist und zierlich die hohe Straße daher ging.
Mutig kam er heran und gelassen, als wär' er des Königs
Eigener Sohn und frei und ledig von allen Gebrechen.
Ja, so trat er vor Nobel, den König, und stand im Palaste
Mitten unter den Herren; er wusste sich ruhig zu stellen.

»Edler König, gnädiger Herr!«, begann er zu sprechen;
»Edel seid Ihr und groß, von Ehren und Würden der Erste;
Darum bitt' ich von Euch, mich heute rechtlich zu hören.
Keinen treueren Diener hat Eure fürstliche Gnade
Je gefunden als mich, das darf ich kühnlich behaupten.
Viele weiß ich am Hofe, die mich darüber verfolgen.
Eure Freundschaft würd' ich verlieren, woferne die Lügen
Meiner Feinde, wie sie es wünschen, Euch glaublich erschienen;
Aber glücklicherweise bedenkt Ihr jeglichen Vortrag,
Hört den Beklagten so gut als den Kläger; und haben sie vieles
Mir im Rücken gelogen, so bleib' ich ruhig und denke:
Meine Treue kennt Ihr genug, sie bringt mir Verfolgung.«

»Schweiget!«, versetzte der König; »es hilft kein Schwätzen und Schmeicheln,
Euer Frevel ist laut, und Euch erwartet die Strafe.
Habt Ihr den Frieden gehalten, den ich den Tieren geboten?
Den ich geschworen? Da steht der Hahn! Ihr habt ihm die Kinder,
Falscher, leidiger Dieb! eins nach dem andern entrissen.
Und wie lieb Ihr mich habt, das wollt Ihr, glaub' ich, beweisen,
Wenn Ihr mein Ansehn schmäht und meine Diener beschädigt.
Seine Gesundheit verlor der arme Hinze! Wie langsam
Wird der verwundete Braun von seinen Schmerzen genesen!
Aber ich schelt' Euch nicht weiter. Denn hier sind Kläger die Menge,
Viele bewiesene Taten. Ihr möchtet schwerlich entkommen.«

»Bin ich, gnädiger Herr, deswegen strafbar«, versetzte
Reineke; »kann ich davor, wenn Braun mit blutiger Platte

Wieder zurückkehrt? Wagt' er sich doch und wollte vermessen
Rüsteviels Honig verzehren; und kamen die tölpischen Bauern
Ihm zu Leibe, so ist er ja stark und mächtig an Gliedern;
Schlugen und schimpften sie ihn, eh' er ins Wasser gekommen,
Hätt' er als rüstiger Mann die Schande billig gerochen.
Und wenn Hinze, der Kater, den ich mit Ehren empfangen,
Nach Vermögen bewirtet, sich nicht vom Stehlen enthalten,
In die Wohnung des Pfaffen, so sehr ich ihn treulich verwarnte,
Sich bei Nacht geschlichen und dort was Übels erfahren:
Hab' ich Strafe verdient, weil jene töricht gehandelt?
Eurer fürstlichen Krone geschähe das wahrlich zu nahe!
Doch Ihr möget mit mir nach Eurem Willen verfahren
Und, so klar auch die Sache sich zeigt, beliebig verfügen:
Mag es zum Nutzen, mag es zum Schaden auch immer gereichen.
Soll ich gesotten, gebraten, geblendet oder gehangen
Werden oder geköpft, so mag es eben geschehen!
Alle sind wir in Eurer Gewalt, Ihr habt uns in Händen.
Mächtig seid Ihr und stark, was widerstünde der Schwache?
Wollt Ihr mich töten, das würde fürwahr ein geringer Gewinn sein.
Doch es komme, was will; ich stehe redlich zu Rechte.«

Da begann der Widder Bellyn: »Die Zeit ist gekommen,
Lasst uns klagen!« Und Isegrim kam mit seinen Verwandten,
Hinze, der Kater, und Braun, der Bär, und Tiere zu Scharen.
Auch der Esel Boldewyn kam und Lampe, der Hase,
Wackerlos kam, das Hündchen, und Ryn, die Dogge, die Ziege
Metke, Hermen, der Bock, dazu das Eichhorn, die Wiesel
Und das Hermelin. Auch waren der Ochs und das Pferd nicht
Außen geblieben; daneben ersah man die Tiere der Wildnis,
Als den Hirsch und das Reh, und Bokert, den Biber, den Marder,
Das Kaninchen, den Eber, und alle drängten einander.
Bartolt, der Storch, und Markart, der Häher, und Lütke, der Kranich,
Flogen herüber; es meldeten sich auch Tybbke, die Ente,
Alheid, die Gans, und andere mehr mit ihren Beschwerden.
Henning, der traurige Hahn, mit seinen wenigen Kindern
Klagte heftig; es kamen herbei unzählige Vögel

Und der Tiere so viel, wer wüsste die Menge zu nennen!
Alle gingen dem Fuchs zu Leibe, sie hofften die Frevel
Nun zur Sprache zu bringen und seine Strafe zu sehen.
Vor den König drängten sie sich mit heftigen Reden,
Häuften Klagen auf Klagen, und alt' und neue Geschichten
Brachten sie vor. Man hatte noch nie an einem Gerichtstag
Vor des Königes Thron so viele Beschwerden gehöret.
Reineke stand und wusste darauf gar künstlich zu dienen:
Denn ergriff er das Wort, so floss die zierliche Rede
Seiner Entschuldigung her, als wär' es lautere Wahrheit.
Alles wusst' er beiseite zu lehnen und alles zu stellen.
Hörte man ihn, man wunderte sich und glaubt' ihn entschuldigt,
Ja, er hatte noch übriges Recht und vieles zu klagen.
Aber es standen zuletzt wahrhaftige, redliche Männer
Gegen Reineken auf, die wider ihn zeugten, und alle
Seine Frevel fanden sich klar. Nun war es geschehen!
Denn im Rate des Königs mit *einer* Stimme beschloss man:
Reineke Fuchs sei schuldig des Todes! so soll man ihn fahen,
Soll ihn binden und hängen an seinem Halse, damit er
Seine schweren Verbrechen mit schmählichem Tode verbüße.

Jetzt gab Reineke selbst das Spiel verloren; es hatten
Seine klugen Worte nur wenig geholfen. Der König
Sprach das Urteil selber. Da schwebte dem losen Verbrecher,
Als sie ihn fingen und banden, sein klägliches Ende vor Augen.

Wie nun nach Urteil und Recht gebunden Reineke dastand,
Seine Feinde sich regten, zum Tod ihn eilend zu führen,
Standen die Freunde betroffen und waren schmerzlich bekümmert,
Martin, der Affe, mit Grimbart und vielen aus Reinekens Sippschaft.
Ungern hörten sie an das Urteil und trauerten alle,
Mehr als man dächte. Denn Reineke war der ersten Baronen
Einer und stand nun entsetzt von allen Ehren und Würden
Und zum schmählichen Tode verdammt. Wie musste der Anblick
Seine Verwandten empören! Sie nahmen alle zusammen
Urlaub vom Könige, räumten den Hof, so viele sie waren.

Aber dem Könige ward es verdrießlich, dass ihn so viele
Ritter verließen. Es zeigte sich nun die Menge Verwandten,
Die sich mit Reinekens Tod sehr unzufrieden entfernten.
Und der König sprach zu einem seiner Vertrauten:
»Freilich ist Reineke boshaft, allein man sollte bedenken,
Viele seiner Verwandten sind nicht zu entbehren am Hofe.«

Aber Isegrim, Braun und Hinze, der Kater, sie waren
Um den Gebundnen geschäftig, sie wollten die schändliche Strafe,
Wie es der König gebot, an ihrem Feinde vollziehen,
Führten ihn hastig hinaus und sahen den Galgen von ferne.
Da begann der Kater erbost zum Wolfe zu sprechen:
»Nun bedenket, Herr Isegrim, wohl, wie Reineke damals
Alles tat und betrieb, wie seinem Hasse gelungen,
Euren Bruder am Galgen zu sehn. Wie zog er so fröhlich
Mit ihm hinaus! Versäumet ihm nicht die Schuld zu bezahlen.
Und gedenket, Herr Braun: er hat Euch schändlich verraten,
Euch in Rüsteviels Hofe dem groben, zornigen Volke,
Männern und Weibern, treulos geliefert und Schlägen und Wunden
Und der Schande dazu, die allerorten bekannt ist.
Habet acht und haltet zusammen! Entkäm' er uns heute,
Könnte sein Witz ihn befrein und seine listigen Ränke,
Niemals würd' uns die Stunde der süßen Rache beschert sein.
Lasst uns eilen und rächen, was er an allen verschuldet.«

Isegrim sprach: »Was helfen die Worte? Geschwinde verschafft mir
Einen tüchtigen Strick; wir wollen die Qual ihm verkürzen.«
Also sprachen sie wider den Fuchs und zogen die Straße.

Aber Reineke hörte sie schweigend; doch endlich begann er:
»Da ihr so grausam mich hasst und tödliche Rache begehret,
Wisset ihr doch kein Ende zu finden! Wie muss ich mich wundern!
Hinze wüsste wohl Rat zu einem tüchtigen Stricke:
Denn er hat ihn geprüft, als in des Pfaffen Behausung
Er sich nach Mäusen hinabließ und nicht mit Ehren davonkam.
Aber Isegrim, Ihr und Braun, ihr eilt ja gewaltig,
Euren Oheim zum Tode zu bringen; ihr meint, es gelänge.«

Und der König erhob sich mit allen Herren des Hofes,
Um das Urteil vollstrecken zu sehn; es schloss an den Zug sich
Auch die Königin an, von ihren Frauen begleitet;
Hinter ihnen strömte die Menge der Armen und Reichen,
Alle wünschten Reinekens Tod und wollten ihn sehen.
Isegrim sprach indes mit seinen Verwandten und Freunden
Und ermahnete sie, ja fest aneinander geschlossen,
Auf den gebundenen Fuchs ein wachsam Auge zu haben;
Denn sie fürchteten immer, es möchte der Kluge sich retten.
Seinem Weibe befahl der Wolf besonders: »Bei deinem
Leben! siehe mir zu und hilf den Bösewicht halten.
Käm' er los, wir würden es alle gar schmählich empfinden.«
Und zu Braunen sagt' er: »Gedenket, wie er Euch höhnte;
Alles könnt Ihr ihm nun mit reichlichen Zinsen bezahlen.
Hinze klettert und soll uns den Strick da oben befesten;
Haltet ihn und stehet mir bei, ich rücke die Leiter,
Wenig Minuten, so soll's um diesen Schelmen getan sein!«
Braun versetzte: »Stellt nur die Leiter, ich will ihn schon halten.«

»Seht doch!«, sagte Reineke drauf; »wie seid ihr geschäftig,
Euren Oheim zum Tode zu bringen! Ihr solltet ihn eher
Schützen und schirmen und, wär' er in Not, euch seiner erbarmen.
Gerne bät' ich um Gnade, allein was könnt' es mir helfen?
Isegrim hasst mich zu sehr, ja seinem Weibe gebeut er,
Mich zu halten und mir den Weg zur Flucht zu vertreten.
Dächte sie voriger Zeiten, sie könnte mir wahrlich nicht schaden.
Aber soll es nun über mich gehn, so wollt' ich, es wäre
Bald getan. So kam auch mein Vater in schreckliche Nöten,
Doch am Ende ging es geschwind. Es begleiteten freilich
Nicht so viele den sterbenden Mann. Doch wolltet ihr länger
Mich verschonen, es müsst' euch gewiss zur Schande gereichen.«
»Hört ihr«, sagte der Bär, »wie trotzig der Bösewicht redet?
Immer, immer hinauf! es ist sein Ende gekommen.«

Ängstlich dachte Reineke nun: »O möcht' ich in diesen
Großen Nöten geschwind was glücklich Neues ersinnen,

Dass der König mir gnädig das Leben schenkte und diese
Grimmigen Feinde, die drei, in Schaden und Schande gerieten!
Lasst uns alles bedenken, und helfe, was helfen kann! denn hier
Gilt es den Hals, die Not ist dringend, wie soll ich entkommen?
Alles Übel häuft sich auf mich. Es zürnet der König,
Meine Freunde sind fort und meine Feinde gewaltig;
Selten hab' ich was Gutes getan, die Stärke des Königs,
Seiner Räte Verstand wahrhaftig wenig geachtet;
Vieles hab' ich verschuldet und hoffte dennoch, mein Unglück
Wieder zu wenden. Gelänge mir's nur, zum Worte zu kommen,
Wahrlich sie hingen mich nicht; ich lasse die Hoffnung nicht fahren.«

Und er wandte darauf sich von der Leiter zum Volke,
Rief: »Ich sehe den Tod vor meinen Augen und werd' ihm
Nicht entgehen. Nur bitt' ich euch alle, so viele mich hören,
Um ein weniges nur, bevor ich die Erde verlasse.
Gerne möcht' ich vor euch in aller Wahrheit die Beichte
Noch zum letzten Mal öffentlich sprechen und redlich bekennen
Alles Übel, das ich getan, damit nicht ein andrer
Etwa dieses und jenes von mir im Stillen begangnen,
Unbekannten Verbrechens dereinst bezüchtiget werde;
So verhüt' ich zuletzt noch manches Übel, und hoffen
Kann ich, es werde mir's Gott in allen Gnaden gedenken.«

Viele jammerte das. Sie sprachen untereinander:
»Klein ist die Bitte, gering nur die Frist!« Sie baten den König,
Und der König vergönnt' es. Da wurd' es Reineken wieder
Etwas leichter ums Herz, er hoffte glücklichen Ausgang;
Gleich benutzt' er den Raum, der ihm gegönnt war, und sagte:

»Spiritus Domini helfe mir nun! Ich sehe nicht einen
Unter der großen Versammlung, den ich nicht irgend beschädigt.
Erst, ich war noch ein kleiner Kompan und hatte die Brüste
Kaum zu saugen verlernt, da folgt' ich meinen Begierden
Unter die jungen Lämmer und Ziegen, die neben der Herde
Sich im Freien zerstreuten; ich hörte die blökenden Stimmen

Gar zu gerne, da lüstete mich nach leckerer Speise,
Lernte hurtig sie kennen. Ein Lämmchen biss ich zu Tode,
Leckte das Blut; es schmeckte mir köstlich! und tötete weiter
Vier der jüngsten Ziegen und aß sie und übte mich ferner;
Sparte keine Vögel, noch Hühner, noch Enten, noch Gänse,
Wo ich sie fand, und habe gar manches im Sande vergraben,
Was ich geschlachtet und was mir nicht alles zu essen beliebte.

Dann begegnet' es mir: in einem Winter am Rheine
Lernt' ich Isegrim kennen, er lauerte hinter den Bäumen.
Gleich versichert' er mir, ich sei aus seinem Geschlechte,
Ja, er wusste mir gar die Grade der Sippschaft am Finger
Vorzurechnen. Ich ließ mir's gefallen; wir schlossen ein Bündnis
Und gelobten einander, als treue Gesellen zu wandern;
Leider sollt' ich dadurch mir manches Übel bereiten.
Wir durchstrichen zusammen das Land. Da stahl er das Große,
Stahl ich das Kleine. Was wir gewonnen, das sollte gemein sein;
Aber es war nicht gemein, wie billig: er teilte nach Willkür;
Niemals empfing ich die Hälfte. Ja, Schlimmeres hab' ich erfahren.
Wenn er ein Kalb sich geraubt, sich einen Widder erbeutet,
Wenn ich im Überfluss sitzen ihn fand, er eben die Ziege,
Frisch geschlachtet, verzehrte, ein Bock ihm unter den Klauen
Lag und zappelte, grinst' er mich an und stellte sich grämlich,
Trieb mich knurrend hinweg: so war mein Teil ihm geblieben.
Immer ging es mir so, es mochte der Braten so groß sein,
Als er wollte. Ja, wenn es geschah, dass wir in Gesellschaft
Einen Ochsen gefangen, wir eine Kuh uns gewonnen,
Gleich erschienen sein Weib und sieben Kinder und warfen
Über die Beute sich her und drängten mich hinter die Mahlzeit.
Keine Rippe konnt' ich erlangen, sie wäre denn gänzlich
Glatt und trocken genagt; das sollte mir alles gefallen!
Aber Gott sei gedankt, ich litt deswegen nicht Hunger;
Heimlich nährt' ich mich wohl von meinem herrlichen Schatze,
Von dem Silber und Golde, das ich an sicherer Stätte
Heimlich verwahre; des hab' ich genug. Es schafft mir wahrhaftig
Ihn kein Wagen hinweg, und wenn er siebenmal führe.«

Und es horchte der König, da von dem Schatze gesagt ward,
Neigte sich vor und sprach: »Von wannen ist er Euch kommen?
Saget an! ich meine den Schatz.« Und Reineke sagte:
»Dieses Geheimnis verhehl' ich Euch nicht, was könnt' es mir helfen!
Denn ich nehme nichts mit von diesen köstlichen Dingen.
Aber wie Ihr befehlt, will ich Euch alles erzählen;
Denn es muss nun einmal heraus; um Liebes und Leides
Möcht' ich wahrhaftig das große Geheimnis nicht länger verhehlen:
Denn der Schatz war gestohlen. Es hatten sich viele verschworen,
Euch, Herr König, zu morden, und wurde zur selbigen Stunde
Nicht der Schatz mit Klugheit entwendet, so war es geschehen.
Merket es, gnädiger Herr! denn Euer Leben und Wohlfahrt
Hing an dem Schatz. Und dass man ihn stahl, das brachte denn leider
Meinen eigenen Vater in große Nöten, es bracht' ihn
Frühe zur traurigen Fahrt, vielleicht zu ewigem Schaden;
Aber, gnädiger Herr, zu Eurem Nutzen geschah es!«

Und die Königin hörte bestürzt die grässliche Rede,
Das verworrne Geheimnis von ihres Gemahles Ermordung,
Von dem Verrat, vom Schatz und was er alles gesprochen.
»Ich vermahn' Euch, Reineke«, rief sie, »bedenket! Die lange
Heimfahrt steht Euch bevor, entladet reuig die Seele;
Saget die lautere Wahrheit und redet mir deutlich vom Morde.«
Und der König setzte hinzu: »Ein jeglicher schweige!
Reineke komme nun wieder herab und trete mir näher;
Denn es betrifft die Sache mich selbst, damit ich sie höre.«

Reineke, der es vernahm, stand wieder getröstet, die Leiter
Stieg er zum großen Verdruss der Feindlichgesinnten herunter;
Und er nahte sich gleich dem König und seiner Gemahlin,
Die ihn eifrig befragten, wie diese Geschichte begegnet.

Da bereitet' er sich zu neuen gewaltigen Lügen.
»Könnt' ich des Königes Huld und seiner Gemahlin«, so dacht' er,
»Wieder gewinnen, und könnte zugleich die List mir gelingen,
Dass ich die Feinde, die mich dem Tod entgegen geführet,

Selbst verdürbe, das rettete mich aus allen Gefahren.
Sicher wäre mir das ein unerwarteter Vorteil;
Aber ich sehe schon, Lügen bedarf es, und über die Maßen.«

Ungeduldig befragte die Königin Reineken weiter:
»Lasset uns deutlich vernehmen, wie diese Sache beschaffen!
Saget die Wahrheit, bedenkt das Gewissen, entladet die Seele!«
Reineke sagte darauf: »Ich will euch gerne berichten.
Sterben muss ich nun wohl; es ist kein Mittel dagegen.
Sollt' ich meine Seele beladen am Ende des Lebens,
Ewige Strafe verwirken; es wäre töricht gehandelt.
Besser ist es, dass ich bekenne, und muss ich dann leider
Meine lieben Verwandten und meine Freunde verklagen,
Ach, was kann ich dafür! es drohen die Qualen der Hölle.«

Und es war dem Könige schon bei diesen Gesprächen
Schwer geworden ums Herz. Er sagte: »Sprichst du die Wahrheit?«
Da versetzte Reineke drauf mit verstellter Gebärde:
»Freilich bin ich ein sündiger Mensch; doch red' ich die Wahrheit.
Könnt' es mir nutzen, wenn ich Euch löge? Da würd' ich mich selber
Ewig verdammen. Ihr wisst ja nun wohl, so ist es beschlossen,
Sterben muss ich, ich sehe den Tod und werde nicht lügen:
Denn es kann mir nicht Böses noch Gutes zur Hülfe gedeihen.«
Bebend sagte Reineke das und schien zu verzagen.

Und die Königin sprach: »Mich jammert seine Beklemmung;
Sehet ihn gnadenreich an, ich bitt' Euch, mein Herr! und erwäget:
Manches Unheil wenden wir ab nach seinem Bekenntnis.
Lasst uns je eher je lieber den Grund der Geschichte vernehmen.
Heißet jeglichen schweigen und lasst ihn öffentlich sprechen.«

Und der König gebot, da schwieg die ganze Versammlung.
Aber Reineke sprach: »Beliebt es Euch, gnädiger König,
So vernehmet, was ich Euch sage. Geschieht auch mein Vortrag
Ohne Brief und Papier, so soll er doch treu und genau sein;
Ihr erfahrt die Verschwörung, und niemands denk' ich zu schonen.«

FÜNFTER GESANG

Nun vernehmet die List und wie der Fuchs sich gewendet,
Seine Frevel wieder zu decken und andern zu schaden.
Bodenlose Lügen ersann er, beschimpfte den Vater
Jenseit der Grube, beschwerte den Dachs mit großer Verleumdung,
Seinen redlichsten Freund, der ihm beständig gedienet.
So erlaubt' er sich alles, damit er seiner Erzählung
Glauben schaffte, damit er an seinen Verklägern sich rächte.

»Mein Herr Vater«, sagt' er darauf, »war so glücklich gewesen,
König Emmrichs, des Mächtigen, Schatz auf verborgenen Wegen
Einst zu entdecken, doch bracht' ihm der Fund gar wenigen Nutzen.
Denn er überhob sich des großen Vermögens und schätzte
Seinesgleichen von nun an nicht mehr, und seine Gesellen
Achtet' er viel zu gering: er suchte sich höhere Freunde.
Hinze, den Kater, sendet' er ab in die wilden Ardennen,
Braun, den Bären, zu suchen, dem sollt' er Treue versprechen,
Sollt' ihn laden, nach Flandern zu kommen und König zu werden.

Als nun Braun das Schreiben gelesen, erfreut' es ihn herzlich;
Unverdrossen und kühn begab er sich eilig nach Flandern:
Denn er hatte schon lange so was in Gedanken getragen.
Meinen Vater fand er daselbst, der sah ihn mit Freuden,
Sendete gleich nach Isegrim aus und nach Grimbart, dem Weisen;
Und die vier verhandelten dann die Sache zusammen;
Doch der Fünfte dabei war Hinze, der Kater. Ein Dörfchen
Liegt allda, wird Ifte genannt, und grade da war es
Zwischen Ifte und Gent, wo sie zusammen gehandelt.
Eine lange düstere Nacht verbarg die Versammlung;
Nicht mit Gott! es hatte der Teufel, es hatte mein Vater
Sie in seiner Gewalt mit seinem leidigen Golde.
Sie beschlossen des Königes Tod, beschwuren zusammen
Festen, ewigen Bund, und also schwuren die fünfe
Sämtlich auf Isegrims Haupt: sie wollten Braunen, den Bären,
Sich zum Könige wählen und auf dem Stuhle zu Aachen

Mit der goldnen Krone das Reich ihm festlich versichern.
Wollte nun auch von des Königes Freunden und seinen Verwandten
Jemand dagegen sich setzen, den sollte mein Vater bereden
Oder bestechen und, ginge das nicht, sogleich ihn verjagen.
Das bekam ich zu wissen: denn Grimbart hatte sich einmal
Morgens lustig getrunken und war gesprächig geworden;
Seinem Weibe verschwätzte der Tor die Heimlichkeit alle,
Legte Schweigen ihr auf; da, glaubt' er, wäre geholfen.
Sie begegnete drauf bald meinem Weibe, die musst' ihr
Der drei Könige Namen zum feierlichen Gelübde
Nennen, Ehr' und Treue verpfänden, um Liebes und Leides,
Niemand ein Wörtchen zu sagen, und so entdeckt' sie ihr alles.
Ebenso wenig hat auch mein Weib das Versprechen gehalten:
Denn sobald sie mich fand, erzählte sie, was sie vernommen,
Gab mir ein Merkmal dazu, woran ich die Wahrheit der Rede
Leicht erkennte; doch war mir dadurch nur schlimmer geschehen.
Ich erinnerte mich der Frösche, deren Gequake
Bis zu den Ohren des Herrn im Himmel endlich gelangte.
Einen König wollten sie haben und wollten im Zwange
Leben, nachdem sie der Freiheit in allen Landen genossen.
Da erhörte sie Gott und sandte den Storch, der beständig
Sie verfolget und hasst und keinen Frieden gewähret.
Ohne Gnade behandelt er sie; nun klagen die Toren,
Aber leider zu spät; denn nun bezwingt sie der König.«

Reineke redete laut zur ganzen Versammlung, es hörten
Alle Tiere sein Wort, und so verfolgt' er die Rede:
»Seht, für alle fürchtet' ich das. So wär' es geworden.
Herr, ich sorgte für Euch und hoffte bessre Belohnung.
Braunens Ränke sind mir bekannt, sein tückisches Wesen,
Manche Missetat auch von ihm; ich besorgte das Schlimmste.
Würd' er Herr, so wären wir alle zusammen verdorben.
›Unser König ist edel geboren und mächtig und gnädig‹,
Dacht' ich im Stillen bei mir, ›es wär' ein trauriger Wechsel,
Einen Bären und tölpischen Taugenicht so zu erhöhen.‹
Etliche Wochen sann ich darüber und sucht' es zu hindern.

Auch vor allem begriff ich es wohl: behielte mein Vater
Seinen Schatz in der Hand, so brächt' er viele zusammen,
Sicher gewänn' er das Spiel, und wir verlören den König.
Meine Sorge ging nun dahin, den Ort zu entdecken,
Wo der Schatz sich befände, damit ich ihn heimlich entführte.
Zog mein Vater ins Feld, der alte listige, lief er
Nach dem Walde bei Tag oder Nacht, in Frost oder Hitze,
Näss' oder Trockne, so war ich dahinter und spürte den Gang aus.

Einmal lag ich versteckt in der Erde mit Sorgen und Sinnen,
Wie ich entdeckte den Schatz, von dem mir so vieles bekannt war.
Da erblickt' ich den Vater aus einer Ritze sich schleichen,
Zwischen den Steinen kam er hervor und stieg aus der Tiefe.
Still und verborgen hielt ich mich da; er glaubte sich einsam,
Schaute sich überall um, und als er niemand bemerkte
Nah oder fern, begann er sein Spiel, ihr sollt es vernehmen.
Wieder mit Sande verstopft' er das Loch und wusste geschicklich
Mit dem übrigen Boden es gleich zu machen. Das konnte,
Wer nicht zusah, unmöglich erkennen. Und eh' er von dannen
Wanderte, wusst' er den Platz, wo seine Füße gestanden,
Über und über geschickt mit seinem Schwanze zu streichen
Und verwühlte die Spur mit seinem Munde. Das lernt' ich
Jenes Tages zuerst von meinem listigen Vater,
Der in Ränken und Schwänken und allen Streichen gewandt war.
Und so eilt' er hinweg nach seinem Gewerbe. Da sann ich,
Ob sich der herrliche Schatz wohl in der Nähe befände.
Eilig trat ich herbei und schritt zum Werke; die Ritze
Hatt' ich in weniger Zeit mit meinen Pfoten eröffnet,
Kroch begierig hinein. Da fand ich köstliche Sachen,
Feinen Silbers genug und roten Goldes! Wahrhaftig
Auch der Älteste hier hat nie so vieles gesehen.
Und ich machte mich dran mit meinem Weibe; wir trugen,
Schleppten bei Tag und bei Nacht; uns fehlten Karren und Wagen,
Viele Mühe kostet' es uns und manche Beschwernis.
Treulich hielt Frau Ermelyn aus; so hatten wir endlich
Die Kleinode hinweg zu einer Stätte getragen,

Die uns gelegener schien. Indessen hielt sich mein Vater
Täglich mit jenen zusammen, die unsern König verrieten.
Was sie beschlossen, das werdet Ihr hören und werdet erschrecken.

Braun und Isegrim sandten sofort in manche Provinzen
Offene Briefe, die Söldner zu locken: sie sollten zu Haufen
Eilig kommen, es wolle sie Braun mit Diensten versehen,
Milde woll' er sogar voraus die Söldner bezahlen.
Da durchstrich mein Vater die Länder und zeigte die Briefe,
Seines Schatzes gewiss, der, glaubt' er, läge geborgen.
Aber es war nun geschehn, er hätte mit allen Gesellen,
Sucht' er auch noch so genau, nicht einen Pfennig gefunden.

Keine Bemühung ließ er sich reun; so war er behände
Zwischen der Elb' und dem Rheine durch alle Länder gelaufen,
Manchen Söldner hatt' er gefunden und manchen gewonnen.
Kräftigen Nachdruck sollte das Geld den Worten verleihen.

Endlich kam der Sommer ins Land; zu seinen Gesellen
Kehrte mein Vater zurück. Da hatt' er von Sorgen und Nöten
Und von Angst zu erzählen, besonders, wie er beinahe
Vor den hohen Burgen in Sachsen sein Leben verloren,
Wo ihn Jäger mit Pferden und Hunden alltäglich verfolgten,
Dass er knapp und mit Not mit heilem Pelze davonkam.

Freudig zeigt' er darauf den vier Verrätern die Liste,
Welche Gesellen er alle mit Gold und Versprechen gewonnen.
Braunen erfreute die Botschaft; es lasen die fünfe zusammen,
Und es hieß: ›Zwölfhundert von Isegrims kühnen Verwandten
Werden kommen mit offenen Mäulern und spitzigen Zähnen,
Ferner, die Kater und Bären sind alle für Braunen gewonnen,
Jeder Vielfraß und Dachs aus Sachsen und Thüringen stellt sich.‹
Doch man solle sich ihnen zu der Bedingung verbinden:
Einen Monat des Soldes vorauszuzahlen; sie wollten
Alle dagegen mit Macht beim ersten Gebote sich stellen.
Gott sei ewig gedankt, dass ich die Plane gehindert!

Denn nachdem er nun alles besorgt, so eilte mein Vater
Über Feld und wollte den Schatz auch wieder beschauen.
Da ging erst die Bekümmernis an; da grub er und suchte.
Doch je länger er scharrte, je weniger fand er. Vergebens
War die Mühe, die er sich gab, und seine Verzweiflung:
Denn der Schatz war fort, er konnt' ihn nirgend entdecken.
Und vor Ärger und Scham — wie schrecklich quält die Erinnrung
Mich bei Tag und bei Nacht! — erhängte mein Vater sich selber.

Alles das hab' ich getan, die böse Tat zu verhindern.
Übel gerät es mir nun; jedoch es soll mich nicht reuen.
Isegrim aber und Braun, die gefräßigen, sitzen am nächsten
Bei dem König zu Rat. Und Reineke! wie dir dagegen,
Armer Mann, jetzt gedankt wird! dass du den leiblichen Vater
Hingegeben, den König zu retten. Wo sind sie zu finden,
Die sich selber verderben, nur Euch das Leben zu fristen?«

König und Königin hatten indes den Schatz zu gewinnen
Große Begierde gefühlt; sie traten seitwärts und riefen
Reineken, ihn besonders zu sprechen, und fragten behände:
»Saget an, wo habt Ihr den Schatz? Wir möchten es wissen.«
Reineke ließ sich dagegen vernehmen: »Was könnt' es mir helfen,
Zeigt' ich die herrlichen Güter dem Könige, der mich verurteilt?
Glaubet er meinen Feinden doch mehr, den Dieben und Mördern,
Die euch mit Lügen beschweren, mein Leben mir abzugewinnen.«

»Nein«, versetzte die Königin, »nein! so soll es nicht werden!
Leben lässt Euch mein Herr, und das Vergangne vergisst er.
Er bezwingt sich und zürnet nicht mehr. Doch möget Ihr künftig
Klüger handeln, und treu und gewärtig dem Könige bleiben.«

Reineke sagte: »Gnädige Frau, vermöget den König,
Mir zu geloben vor Euch, dass er mich wieder begnadigt,
Dass er mir alle Verbrechen und Schulden und alle den Unmut,
Den ich ihm leider erregt', auf keine Weise gedenket,
So besitzet gewiss in unsern Zeiten kein König

Solchen Reichtum, als er durch meine Treue gewinnet;
Groß ist der Schatz; ich zeige den Ort, ihr werdet erstaunen.«

»Glaubet ihm nicht«, versetzte der König; »doch wenn er von Stehlen,
Lügen und Rauben erzählet, das möget Ihr allenfalls glauben;
Denn ein größerer Lügner ist wahrlich niemals gewesen.«

Und die Königin sprach: »Fürwahr, sein bisheriges Leben
Hat ihm wenig Vertrauen erworben; doch jetzo bedenket,
Seinen Oheim, den Dachs, und seinen eigenen Vater
Hat er diesmal bezüchtigt und ihre Frevel verkündigt.
Wollt' er, so konnt' er sie schonen und konnte von anderen Tieren
Solche Geschichten erzählen; er wird so törig nicht lügen.«

»Meinet Ihr so«, versetzte der König, »und denkt Ihr, es wäre
Wirklich zum Besten geraten, dass nicht ein größeres Übel
Draus entstünde, so will ich es tun und diese Verbrechen
Reinekens über mich nehmen und seine verwundete Sache.
Einmal trau' ich, zum letzten Mal noch! das mag er bedenken:
Denn ich schwör' es ihm zu bei meiner Krone! wofern er
Künftig frevelt und lügt, es soll ihn ewig gereuen;
Alles, wär' es ihm nur verwandt im zehenten Grade,
Wer sie auch wären, sie sollen's entgelten, und keiner entgeht mir,
Sollen in Unglück und Schmach und schwere Prozesse geraten!«

Als nun Reineke sah, wie schnell sich des Königs Gedanken
Wendeten, fasst' er ein Herz und sagte: »Sollt' ich so töricht
Handeln, gnädiger Herr, und Euch Geschichten erzählen,
Deren Wahrheit sich nicht in wenig Tagen bewiese?«

Und der König glaubte den Worten, und alles vergab er,
Erst des Vaters Verrat, dann Reinekens eigne Verbrechen.
Über die Maßen freute sich der; zur glücklichen Stunde
War er der Feinde Gewalt und seinem Verhängnis entronnen.

»Edler König, gnädiger Herr!«, begann er zu sprechen,
»Möge Gott Euch alles vergelten und Eurer Gemahlin,
Was ihr an mir Unwürdigem tut; ich will es gedenken,
Und ich werde mich immer gar höchlich dankbar erzeigen.
Denn es lebet gewiss in allen Landen und Reichen
Niemand unter der Sonne, dem ich die herrlichen Schätze
Lieber gönnte denn eben euch beiden. Was habt ihr nicht alles
Mir für Gnade bewiesen! Dagegen geb' ich euch willig
König Emmerichs Schatz, so wie ihn dieser besessen.
Wo er liegt, beschreib' ich euch nun, ich sage die Wahrheit.

Höret! im Osten von Flandern ist eine Wüste, darinnen
Liegt ein einzelner Busch, heißt Hüsterlo, merket den Namen!
Dann ist ein Brunn, der Krekelborn heißt, ihr werdet verstehen,
Beide nicht weit auseinander. Es kommt in selbige Gegend
Weder Weib noch Mann im ganzen Jahre. Da wohnet
Nur die Eul' und der Schuhu, und dort begrub ich die Schätze.
Krekelborn heißt die Stätte, das merket und nützet das Zeichen.
Gehet selber dahin mit Eurer Gemahlin; es wäre
Niemand sicher genug, um ihn als Boten zu senden,
Und der Schade wäre zu groß; ich darf es nicht raten.
Selber müsst Ihr dahin. Bei Krekelborn geht Ihr vorüber,
Seht zwei junge Birken hernach, und merket! die eine
Steht nicht weit von dem Brunnen; so geht nun, gnädiger König,
Grad' auf die Birken los, denn drunter liegen die Schätze.
Kratzt und scharret nur zu; erst findet Ihr Moos an den Wurzeln,
Dann entdeckt Ihr sogleich die allerreichsten Geschmeide,
Golden, künstlich und schön, auch findet Ihr Emmerichs Krone;
Wäre des Bären Wille geschehn, der sollte sie tragen.
Manchen Zierrat seht Ihr daran und Edelgesteine,
Goldnes Kunstwerk: man macht es nicht mehr, wer wollt' es bezahlen?
Sehet Ihr alle das Gut, o gnädiger König, beisammen,
Ja, ich bin es gewiss, Ihr denket meiner in Ehren.
›Reineke, redlicher Fuchs!‹, so denkt Ihr, ›der du so klüglich
Unter das Moos die Schätze gegraben, o mög' es dir immer,
Wo du auch sein magst, glücklich ergehn!‹« So sagte der Heuchler.

Und der König versetzte darauf: »Ihr müsst mich begleiten;
Denn wie will ich allein die Stelle treffen? Ich habe
Wohl von Aachen gehört, wie auch von Lübeck und Cöllen
Und von Paris: doch Hüsterlo hört' ich im Leben nicht einmal
Nennen, ebenso wenig als Krekelborn; sollt' ich nicht fürchten,
Dass du uns wieder belügst und solche Namen erdichtest?«

Reineke hörte nicht gern des Königs bedächtige Rede,
Sprach: »So weis' ich Euch doch nicht fern von hinnen, als hättet
Ihr am Jordan zu suchen. Wie schien' ich Euch jetzo verdächtig?
Nächst, ich bleibe dabei, ist alles in Flandern zu finden.
Lasst uns einige fragen; es mag es ein andrer versichern.
Krekelborn! Hüsterlo! sagt' ich, und also heißen die Namen.«
Lampen rief er darauf, und Lampe zauderte bebend.
Reineke rief: »So kommt nur getrost, der König begehrt Euch,
Will, Ihr sollt bei Eid und bei Pflicht, die Ihr neulich geleistet,
Wahrhaft reden; so zeiget denn an, wofern Ihr es wisset,
Sagt, wo Hüsterlo liegt und Krekelborn! Lasset uns hören.«

Lampe sprach: »Das kann ich wohl sagen. Es liegt in der Wüste
Krekelborn nahe bei Hüsterlo. Hüsterlo nennen die Leute
Jenen Busch, wo Simonet lange, der Krumme, sich aufhielt,
Falsche Münze zu schlagen mit seinen verwegnen Gesellen.
Vieles hab' ich daselbst von Frost und Hunger gelitten,
Wenn ich vor Rynen, dem Hund, in großen Nöten geflüchtet.«
Reineke sagte darauf: »Ihr könnt Euch unter die andern
Wieder stellen; Ihr habet den König genugsam berichtet.«
Und der König sagte zu Reineke: »Seid mir zufrieden,
Dass ich hastig gewesen und Eure Worte bezweifelt;
Aber sehet nun zu, mich an die Stelle zu bringen.«

Reineke sprach: »Wie schätzt' ich mich glücklich, geziemt' es mir heute
Mit dem König zu gehn und ihm nach Flandern zu folgen;
Aber es müsst' Euch zur Sünde gereichen. So sehr ich mich schäme,
Muss es heraus, wie gern ich es auch noch länger verschwiege.
Isegrim ließ vor einiger Zeit zum Mönche sich weihen,

Zwar nicht etwa dem Herren zu dienen, er diente dem Magen;
Zehrte das Kloster fast auf, man reicht' ihm für sechse zu essen,
Alles war ihm zu wenig; er klagte mir Hunger und Kummer;
Endlich erbarmet' es mich, als ich ihn mager und krank sah,
Half ihm treulich davon, er ist mein naher Verwandter.
Und nun hab' ich darum den Bann des Papstes verschuldet,
Möchte nun ohne Verzug, mit Eurem Wissen und Willen,
Meine Seele beraten und morgen mit Aufgang der Sonne,
Gnad' und Ablass zu suchen, nach Rom mich als Pilger begeben
Und von dannen über das Meer, so werden die Sünden
Alle von mir genommen, und kehr' ich wieder nach Hause,
Darf ich mit Ehren neben Euch gehn. Doch tät' ich es heute,
Würde jeglicher sagen: ›Wie treibt es jetzo der König
Wieder mit Reineken, den er vor kurzem zum Tode verurteilt!
Und der über das alles im Bann des Papstes verstrickt ist!‹
Gnädiger Herr, Ihr seht es wohl ein, wir lassen es lieber.«

»Wahr«, versetzte der König drauf, »das konnt' ich nicht wissen.
Bist du im Banne, so wär' mir's ein Vorwurf, dich mit mir zu führen,
Lampe kann mich, oder ein andrer, zum Borne begleiten.
Aber, Reineke, dass du vom Banne dich suchst zu befreien,
Find' ich nützlich und gut. Ich gebe dir gnädigen Urlaub,
Morgen beizeiten zu gehn; ich will die Wallfahrt nicht hindern.
Denn mir scheint, Ihr wollt Euch bekehren vom Bösen zum Guten.
Gott gesegne den Vorsatz und lass' Euch die Reise vollbringen!«

SECHSTER GESANG

So gelangte Reineke wieder zur Gnade des Königs.
Und es trat der König hervor auf erhabene Stätte,
Sprach vom Steine herab und hieß die sämtlichen Tiere
Stille schweigen; sie sollten ins Gras nach Stand und Geburt sich
Niederlassen. Und Reineke stand an der Königin Seite;
Aber der König begann mit großem Bedachte zu sprechen:

»Schweiget und höret mich an zusammen, Vögel und Tiere,
Arm' und Reiche, höret mich an, ihr Großen und Kleinen,
Meine Baronen und meine Genossen des Hofes und Hauses!
Reineke steht hier in meiner Gewalt; man dachte vor kurzem
Ihn zu hängen, doch hat er bei Hofe so manches Geheimnis
Dargetan, dass ich ihm glaube und wohlbedächtlich die Huld ihm
Wieder schenke. So hat auch die Königin, meine Gemahlin,
Sehr gebeten für ihn, so dass ich ihm günstig geworden,
Mich ihm völlig versöhnet und Leib und Leben und Güter
Frei ihm gegeben. Es schützt ihn fortan und schirmt ihn mein Friede;
Nun sei allen zusammen bei Leibesleben geboten:
Reineken sollt ihr überall ehren mit Weib und mit Kindern,
Wo sie euch immer bei Tag oder Nacht hinkünftig begegnen.
Ferner hör' ich von Reinekens Dingen nicht weitere Klage;
Hat er Übels getan, so ist es vorüber; er wird sich
Bessern und tut es gewiss. Denn morgen wird er beizeiten
Stab und Ränzel ergreifen, als frommer Pilger nach Rom gehn
Und von dannen über das Meer; auch kommt er nicht wieder,
Bis er vollkommenen Ablass der sündigen Taten erlangt hat.«

Hinze wandte sich drauf zu Braun und Isegrim zornig:
»Nun ist Mühe und Arbeit verloren!«, so rief er, »o wär' ich
Weit von hier! Ist Reineke wieder zu Gnaden gekommen,
Braucht er jegliche Kunst, uns alle drei zu verderben.
Um ein Auge bin ich gebracht, ich fürchte fürs andre!«

»Guter Rat ist teuer«, versetzte der Braune, »das seh' ich.«
Isegrim sagte dagegen: »Das Ding ist seltsam! wir wollen
Grad' zum Könige gehn.« Er trat verdrießlich mit Braunen
Gleich vor König und Königin auf, sie redeten vieles
Wider Reineken, redeten heftig; da sagte der König:
»Hörtet ihr's nicht? Ich hab' ihn aufs Neue zu Gnaden empfangen.«
Zornig sagt' es der König und ließ im Augenblick beide
Fahen, binden und schließen; denn er gedachte der Worte,
Die er von Reineken hatte vernommen, und ihres Verrates.

So veränderte sich in dieser Stunde die Sache
Reinekens völlig. Er machte sich los, und seine Verkläger
Wurden zu Schanden; er wusste sogar es tückisch zu lenken,
Dass man dem Bären ein Stück von seinem Felle herabzog,
Fußlang, fußbreit, dass auf die Reise daraus ihm ein Ränzel
Fertig würde; so schien zum Pilger ihm wenig zu fehlen.
Aber die Königin bat er, auch Schuh' ihm zu schaffen, und sagte:
»Ihr erkennt mich, gnädige Frau, nun einmal für Euren
Pilger; helfet mir nun, dass ich die Reise vollbringe.
Isegrim hat vier tüchtige Schuhe, da wär' es wohl billig,
Dass er ein Paar mir davon zu meinem Wege verließe;
Schafft mir sie, gnädige Frau, durch meinen Herren, den König.
Auch entbehrte Frau Gieremund wohl ein Paar von den ihren,
Denn als Hausfrau bleibt sie doch meist in ihrem Gemache.«

Diese Forderung fand die Königin billig. »Sie können
Jedes wahrlich ein Paar entbehren!«, sagte sie gnädig.
Reineke dankte darauf und sagte mit freudiger Beugung:
»Krieg' ich doch nun vier tüchtige Schuhe, da will ich nicht zaudern.
Alles Guten, was ich sofort als Pilger vollbringe,
Werdet Ihr teilhaft gewiss! Ihr und mein gnädiger König;
Auf der Wallfahrt sind wir verpflichtet für alle zu beten,
Die uns irgend geholfen. Es lohne Gott Euch die Milde!«

An den vorderen Füßen verlor Herr Isegrim also
Seine Schuhe bis an die Knorren; desgleichen verschonte
Man Frau Gieremund nicht, sie musste die hintersten lassen.

So verloren sie beide die Haut und Klauen der Füße,
Lagen erbärmlich mit Braunen zusammen und dachten zu sterben;
Aber der Heuchler hatte die Schuh' und das Ränzel gewonnen,
Trat herzu und spottete noch besonders der Wölfin:
»Liebe, Gute!«, sagt' er zu ihr, »da sehet, wie zierlich
Eure Schuhe mir stehn, ich hoffe, sie sollen auch dauern.
Manche Mühe gabt Ihr Euch schon zu meinem Verderben,
Aber ich habe mich wieder bemüht; es ist mir gelungen.

Habt Ihr Freude gehabt, so kommt nun endlich die Reihe
Wieder an mich; so pflegt es zu gehn, man weiß sich zu fassen.
Wenn ich nun reise, so kann ich mich täglich der lieben Verwandten
Dankbar erinnern; Ihr habt mir die Schuhe gefällig gegeben,
Und es soll Euch nicht reuen; was ich an Ablass verdiene,
Teil' ich mit Euch, ich hol' ihn zu Rom und über dem Meere.«

Und Frau Gieremund lag in großen Schmerzen, sie konnte
Fast nicht reden, doch griff sie sich an und sagte mit Seufzen:
»Unsre Sünden zu strafen, lässt Gott Euch alles gelingen.«
Aber Isegrim lag und schwieg mit Braunen zusammen;
Beide waren elend genug, gebunden, verwundet
Und vom Feinde verspottet. Es fehlte Hinze, der Kater;
Reineke wünschte so sehr, auch ihm das Wasser zu wärmen.

Nun beschäftigte sich der Heuchler, am anderen Morgen
Gleich die Schuhe zu schmieren, die seine Verwandten verloren,
Eilte dem Könige noch sich vorzustellen und sagte:
»Euer Knecht ist bereit, den heiligen Weg zu betreten;
Eurem Priester werdet Ihr nun in Gnaden befehlen,
Dass er mich segne, damit ich von hinnen mit Zuversicht scheide,
Dass mein Ausgang und Eingang gebenedeit sei!«, so sprach er.
Und es hatte der König den Widder zu seinem Kaplane;
Alle geistlichen Dinge besorgt er, es braucht ihn der König
Auch zum Schreiber, man nennt ihn Bellyn. Da ließ er ihn rufen,
Sagte: »Leset sogleich mir etliche heilige Worte
Über Reineken hier, ihn auf die Reise zu segnen,
Die er vorhat; er gehet nach Rom und über das Wasser.
Hänget das Ränzel ihm um und gebt ihm den Stab in die Hände.«
Und es erwiderte drauf Bellyn: »Herr König, Ihr habet,
Glaub' ich, vernommen, dass Reineke noch vom Banne nicht los ist.
Übels würd' ich deswegen von meinem Bischof erdulden,
Der es leichtlich erfährt und mich zu strafen Gewalt hat.
Aber ich tue Reineken selbst nichts Grades noch Krummes.
Könnte man freilich die Sache vermitteln, und sollt' es kein Vorwurf
Mir beim Bischof, Herrn Ohnegrund, werden, zürnte nicht etwa

Drüber der Propst, Herr Losefund, oder der Dechant
Rapiamus, ich segnet' ihn gern nach Eurem Befehle.«

Und der König versetzte: »Was soll das Reimen und Reden?
Viele Worte lasst Ihr uns hören und wenig dahinter.
Leset Ihr über Reineke mir nicht Grades noch Krummes,
Frag' ich den Teufel darnach! Was geht mich der Bischof im Dom an?
Reineke macht die Wallfahrt nach Rom, und wollt Ihr das hindern?«
Ängstlich kraute Bellyn sich hinter den Ohren; er scheute
Seines Königes Zorn und fing sogleich aus dem Buch an
Über den Pilger zu lesen, doch dieser achtet' es wenig.
Was es mochte, half es denn auch, das kann man sich denken.

Und nun war der Segen gelesen, da gab man ihm weiter
Ränzel und Stab, der Pilger war fertig, so log er die Wallfahrt.
Falsche Tränen liefen dem Schelmen die Wangen herunter
Und benetzten den Bart, als fühlt' er die schmerzlichste Reue.
Freilich schmerzt' es ihn auch, dass er nicht alle zusammen,
Wie sie waren, ins Unglück gebracht und drei nur geschändet.
Doch er stand und bat, sie möchten alle getreulich
Für ihn beten, so gut sie vermöchten. Er machte nun Anstalt,
Fortzueilen, er fühlte sich schuldig und hatte zu fürchten.
»Reineke«, sagte der König: »Ihr seid mir so eilig! Warum das?«
»Wer was Gutes beginnt, soll niemals weilen«, versetzte
Reineke drauf; »ich bitt' Euch um Urlaub, es ist die gerechte
Stunde gekommen, gnädiger Herr, und lasset mich wandern.«
»Habet Urlaub«, sagte der König, und also gebot er
Sämtlichen Herren des Hofs, dem falschen Pilger ein Stückchen
Weges zu folgen und ihn zu begleiten. Es lagen indessen
Braun und Isegrim, beide gefangen, in Jammer und Schmerzen.

Und so hatte denn Reineke wieder die Liebe des Königs
Völlig gewonnen und ging mit großen Ehren von Hofe,
Schien mit Ränzel und Stab nach dem heiligen Grabe zu wallen,
Hatt' er dort gleich so wenig zu tun als ein Maibaum in Aachen.
Ganz was anders führt' er im Schilde. Nun war ihm gelungen,

Einen flächsenen Bart und eine wächserne Nase
Seinem König zu drehen; es mussten ihm alle Verkläger
Folgen, da er nun ging, und ihn mit Ehren begleiten.
Und er konnte die Tücke nicht lassen und sagte noch scheidend:
»Sorget, gnädiger Herr, dass Euch die beiden Verräter
Nicht entgehen, und haltet sie wohl im Kerker gebunden.
Würden sie frei, sie ließen nicht ab mit schändlichen Werken.
Eurem Leben drohet Gefahr, Herr König, bedenkt es!«

Und so ging er dahin mit stillen, frommen Gebärden,
Mit einfältigem Wesen, als wüsst' er's eben nicht anders.
Drauf erhub sich der König zurück zu seinem Palaste,
Sämtliche Tiere folgten dahin. Nach seinem Befehle
Hatten sie Reineken erst ein Stückchen Weges begleitet;
Und es hatte der Schelm sich ängstlich und traurig gebärdet,
Dass er manchen gutmütigen Mann zum Mitleid bewegte.
Lampe, der Hase, besonders war sehr bekümmert. »Wir sollen,
Lieber Lampe«, sagte der Schelm, »und sollen wir scheiden?
Möcht' es Euch und Bellyn, dem Widder, heute belieben,
Meine Straße mit mir noch ferner zu wandeln! Ihr würdet
Mir durch eure Gesellschaft die größte Wohltat erzeigen.
Ihr seid angenehme Begleiter und redliche Leute,
Jedermann redet nur Gutes von euch, das brächte mir Ehre;
Geistlich seid ihr und heiliger Sitte. Ihr lebet gerade,
Wie ich als Klausner gelebt. Ihr lasst euch mit Kräutern begnügen,
Pfleget mit Laub und Gras den Hunger zu stillen und fraget
Nie nach Brot oder Fleisch, noch andrer besonderer Speise.«
Also konnt' er mit Lob der beiden Schwäche betören;
Beide gingen mit ihm zu seiner Wohnung und sahen
Malepartus, die Burg, und Reineke sagte zum Widder:
»Bleibet hier außen, Bellyn, und lasst die Gräser und Kräuter
Nach Belieben Euch schmecken; es bringen diese Gebirge
Manche Gewächse hervor, gesund und guten Geschmackes.
Lampen nehm' ich mit mir; doch bittet ihn, dass er mein Weib mir
Trösten möge, die schon sich betrübt, und wird sie vernehmen,
Dass ich nach Rom als Pilger verreise, so wird sie verzweifeln.«

Süße Worte brauchte der Fuchs, die zwei zu betriegen.
Lampen führt' er hinein, da fand er die traurige Füchsin
Liegen neben den Kindern, von großer Sorge bezwungen;
Denn sie glaubte nicht mehr, dass Reineke sollte von Hofe
Wiederkehren. Nun sah sie ihn aber mit Ränzel und Stabe;
Wunderbar kam es ihr vor, und sagte: »Reinhart, mein Lieber,
Saget mir doch, wie ist's Euch gegangen? Was habt Ihr erfahren?«
Und er sprach: »Schon war ich verurteilt, gefangen, gebunden,
Aber der König bezeigte sich gnädig, befreite mich wieder,
Und ich zog als Pilger hinweg; es blieben zu Bürgen
Braun und Isegrim beide zurück. Dann hat mir der König
Lampen zur Sühne gegeben, und was wir nur wollen, geschieht ihm.
Denn es sagte der König zuletzt mit gutem Bescheide:
›Lampe war es, der dich verriet.‹ So hat er wahrhaftig
Große Strafe verdient und soll mir alles entgelten.«
Aber Lampe vernahm erschrocken die drohenden Worte,
War verwirrt und wollte sich retten und eilte zu fliehen.
Reineke schnell vertrat ihm das Tor, es fasste der Mörder
Bei dem Halse den Armen, der laut und grässlich um Hülfe
Schrie: »O helfet, Bellyn! Ich bin verloren! Der Pilger
Bringt mich um!« Doch schrie er nicht lange; denn Reineke hatt' ihm
Bald die Kehle zerbissen. Und so empfing er den Gastfreund.
»Kommt nun«, sagt' er, »und essen wir schnell, denn fett ist der Hase,
Guten Geschmackes. Er ist wahrhaftig zum ersten Mal etwas
Nütze, der alberne Geck; ich hatt' es ihm lange geschworen.
Aber nun ist es vorbei; nun mag der Verräter verklagen!«
Reineke machte sich dran mit Weib und Kindern, sie pflückten
Eilig dem Hasen das Fell und speisten mit gutem Behagen.
Köstlich schmeckt' es der Füchsin, und einmal über das andre:
»Dank sei König und Königin!«, rief sie, »wir haben durch ihre
Gnade das herrliche Mahl, Gott mög' es ihnen belohnen!«
»Esset nur«, sagte Reineke, »zu; es reichet für diesmal;
Alle werden wir satt, und mehreres denk' ich zu holen:
Denn es müssen doch alle zuletzt die Zeche bezahlen,
Die sich an Reineken machen und ihm zu schaden gedenken.«

Und Frau Ermelyn sprach: »Ich möchte fragen, wie seid Ihr
Los und ledig geworden?« — »Ich brauchte«, sagt' er dagegen,
»Viele Stunden, wollt' ich erzählen, wie fein ich den König
Umgewendet und ihn und seine Gemahlin betrogen.
Ja, ich leugn' es Euch nicht, es ist die Freundschaft nur dünne
Zwischen dem König und mir und wird nicht lange bestehen.
Wenn er die Wahrheit erfährt, er wird sich grimmig entrüsten.
Kriegt er mich wieder in seine Gewalt, nicht Gold und nicht Silber
Könnte mich retten, er folgt mir gewiss und sucht mich zu fangen.
Keine Gnade darf ich erwarten, das weiß ich am besten;
Ungehangen lässt er mich nicht, wir müssen uns retten.

Lasst uns nach Schwaben entfliehn! dort kennt uns niemand; wir halten
Uns nach Landes Weise daselbst. Hilf Himmel! es findet
Süße Speise sich da und alles Guten die Fülle:
Hühner, Gänse, Hasen, Kaninchen und Zucker und Datteln,
Feigen, Rosinen und Vögel von allen Arten und Größen;
Und man bäckt im Lande das Brot mit Butter und Eiern.
Rein und klar ist das Wasser, die Luft ist heiter und lieblich,
Fische gibt es genug, die heißen Gallinen, und andre
Heißen Pullus und Gallus und Anas, wer nennte sie alle?
Das sind Fische nach meinem Geschmack! Da brauch' ich nicht eben
Tief ins Wasser zu tauchen; ich habe sie immer gegessen,
Da ich als Klausner mich hielt. Ja, Weibchen, wollen wir endlich
Friede genießen, so müssen wir hin, Ihr müsst mich begleiten.

Nun versteht mich nur wohl: es ließ mich diesmal der König
Wieder entwischen, weil ich ihm log von seltenen Dingen.
König Emmerichs herrlichen Schatz versprach ich zu liefern;
Den beschrieb ich, er läge bei Krekelborn. Werden sie kommen,
Dort zu suchen, so finden sie leider nicht dieses, noch jenes,
Werden vergeblich im Boden wühlen, und siehet der König
Dergestalt sich betrogen, so wird er schrecklich ergrimmen.
Denn was ich für Lügen ersann, bevor ich entwischte,
Könnt Ihr denken; fürwahr, es ging zunächst an den Kragen!
Niemals war ich in größerer Not, noch schlimmer geängstigt,

Nein! ich wünsche mir solche Gefahr nicht wieder zu sehen.
Kurz, es mag mir begegnen, was will, ich lasse mich niemals
Wieder nach Hofe bereden, um in des Königs Gewalt mich
Wieder zu geben; es brauchte wahrhaftig die größte Gewandtheit,
Meinen Daumen mit Not aus seinem Munde zu bringen.«

Und Frau Ermelyn sagte betrübt: »Was wollte das werden?
Elend sind wir und fremd in jedem anderen Lande;
Hier ist alles nach unserm Begehren. Ihr bleibet der Meister
Eurer Bauern. Und habt Ihr ein Abenteuer zu wagen
Denn so nötig? Fürwahr, um Ungewisses zu suchen,
Das Gewisse zu lassen ist weder rätlich noch rühmlich.
Leben wir hier doch sicher genug! Wie stark ist die Feste!
Überzög' uns der König mit seinem Heere, belegt' er
Auch die Straße mit Macht; wir haben immer so viele
Seitentore, so viel geheime Wege, wir wollen
Glücklich entkommen. Ihr wisst es ja besser, was soll ich es sagen?
Uns mit Macht und Gewalt in seine Hände zu kriegen,
Viel gehörte dazu. Es macht mir keine Besorgnis.
Aber dass Ihr über das Meer zu gehen geschworen,
Das betrübt mich. Ich fasse mich kaum. Was könnte das werden!«

»Liebe Frau, bekümmert Euch nicht!«, versetzte dagegen
Reineke; »höret mich an und merket: besser geschworen
Als verloren! So sagte mir einst ein Weiser im Beichtstuhl:
Ein gezwungener Eid bedeute wenig. Das kann mich
Keinen Katzenschwanz hindern! Ich meine den Eid, versteht nur.
Wie Ihr gesagt habt, soll es geschehen. Ich bleibe zu Hause.
Wenig hab' ich fürwahr in Rom zu suchen, und hätt' ich
Zehen Eide geschworen, so wollt' ich Jerusalem nimmer
Sehen; ich bleibe bei Euch und hab' es freilich bequemer;
Andrer Orten find' ich's nicht besser, als wie ich es habe.
Will mir der König Verdruss bereiten, ich muss es erwarten,
Stark und zu mächtig ist er für mich; doch kann es gelingen,
Dass ich ihn wieder betöre, die bunte Kappe mit Schellen
Über die Ohren ihm schiebe. Da soll er's, wenn ich's erlebe,
Schlimmer finden, als er es sucht. Das sei ihm geschworen!«

Ungeduldig begann Bellyn am Tore zu schmälen:
»Lampe, wollt Ihr nicht fort? So kommt doch! lasset uns gehen!«
Reineke hört' es und eilte hinaus und sagte: »Mein Lieber,
Lampe bittet Euch sehr, ihm zu vergeben, er freut sich
Drin mit seiner Frau Muhme; das werdet Ihr, sagt' er, ihm gönnen.
Gehet sachte voraus. Denn Ermelyn, seine Frau Muhme,
Lässt ihn so bald nicht hinweg; Ihr werdet die Freude nicht stören.«

Da versetzte Bellyn: »Ich hörte schreien; was war es?
Lampen hört' ich; er rief mir: ›Bellyn! zu Hülfe! zu Hülfe!‹
Habt Ihr ihm etwas Übels getan?« Da sagte der kluge
Reineke: »Höret mich recht! Ich sprach von meiner gelobten
Wallfahrt; da wollte mein Weib darüber völlig verzweifeln,
Es befiel sie ein tödlicher Schrecken, sie lag uns in Ohnmacht.
Lampe sah das und fürchtete sich, und in der Verwirrung
Rief er: ›Helfet, Bellyn, Bellyn! o säumet nicht lange,
Meine Muhme wird mir gewiss nicht wieder lebendig!‹«
»So viel weiß ich«, sagte Bellyn, »er hat ängstlich gerufen.«
»Nicht ein Härchen ist ihm verletzt«, verschwur sich der Falsche;
»Lieber möchte mir selbst als Lampen was Böses begegnen.
Hörtet Ihr?«, sagte Reineke drauf, »es bat mich der König
Gestern, käm' ich nach Hause, da sollt' ich in einigen Briefen
Über wichtige Sachen ihm meine Gedanken vermelden.
Lieber Neffe, nehmet sie mit; ich habe sie fertig.
Schöne Dinge sag' ich darin und rat' ihm das Klügste.
Lampe war über die Maßen vergnügt, ich hörte mit Freuden
Ihn mit seiner Frau Muhme sich alter Geschichten erinnern.
Wie sie schwatzten! sie wurden nicht satt! Sie aßen und tranken;
Freuten sich übereinander; indessen schrieb ich die Briefe.«

»Lieber Reinhart«, sagte Bellyn, »Ihr müsst nur die Briefe
Wohl verwahren; es fehlt sie einzustecken ein Täschchen.
Wenn ich die Siegel zerbräche, das würde mir übel bekommen.«
Reineke sagte: »Das weiß ich zu machen. Ich denke, das Ränzel,
Das ich aus Braunens Felle bekam, wird eben sich schicken,
Es ist dicht und stark, darin verwahr' ich die Briefe.

Und es wird Euch dagegen der König besonders belohnen;
Er empfängt Euch mit Ehren, Ihr seid ihm dreimal willkommen.«
Alles das glaubte der Widder Bellyn. Da eilte der andre
Wieder ins Haus, das Ränzel ergriff er und steckte behände
Lampens Haupt, des ermordeten, drein und dachte daneben,
Wie er dem armen Bellyn die Tasche zu öffnen verwehrte.

Und er sagte, wie er herauskam: »Hänget das Ränzel
Nur um den Hals und lasst Euch, mein Neffe, nicht etwa gelüsten,
In die Briefe zu sehen; es wäre schädliche Neugier:
Denn ich habe sie wohl verwahrt, so müsst Ihr sie lassen.
Selbst das Ränzel öffnet mir nicht! Ich habe den Knoten
Künstlich geknüpft, ich pflege das so in wichtigen Dingen
Zwischen dem König und mir; und findet der König die Riemen
So verschlungen, wie er gewohnt ist, so werdet Ihr Gnade
Und Geschenke verdienen als zuverlässiger Bote.

Ja, sobald Ihr den König erblickt und wollt noch in bessres
Ansehn Euch setzen bei ihm, so lasst ihn merken, als hättet
Ihr mit gutem Bedacht zu diesen Briefen geraten,
Ja dem Schreiber geholfen; es bringt Euch Vorteil und Ehre.«
Und Bellyn ergötzte sich sehr und sprang von der Stätte,
Wo er stand, mit Freuden empor und hierhin und dorthin,
Sagte: »Reineke! Neffe und Herr, nun seh' ich, Ihr liebt mich,
Wollt mich ehren. Es wird vor allen Herren des Hofes
Mir zum Lobe gereichen, dass ich so gute Gedanken,
Schöne, zierliche Worte zusammenbringe. Denn freilich
Weiß ich nicht zu schreiben wie Ihr; doch sollen sie's meinen,
Und ich dank' es nur Euch. Zu meinem Besten geschah es,
Dass ich Euch folgte hierher. Nun sagt, was meint Ihr noch weiter?
Geht nicht Lampe mit mir in dieser Stunde von hinnen?«

»Nein! versteht mich!«, sagte der Schalk; »noch ist es unmöglich.
Geht allmählich voraus, er soll Euch folgen, sobald ich
Einige Sachen von Wichtigkeit ihm vertraut und befohlen.«
»Gott sei bei Euch!«, sagte Bellyn; »so will ich denn gehen.«
Und er eilete fort; um Mittag gelangt' er nach Hofe.

Als ihn der König ersah und zugleich das Ränzel erblickte,
Sprach er: »Saget, Bellyn, von wannen kommt Ihr? und wo ist
Reineke blieben? Ihr traget das Ränzel, was soll das bedeuten?«
Da versetzte Bellyn: »Er bat mich, gnädigster König,
Euch zwei Briefe zu bringen, wir haben sie beide zusammen
Ausgedacht. Ihr findet subtil die wichtigsten Sachen
Abgehandelt, und was sie enthalten, das hab' ich geraten;
Hier im Ränzel finden sie sich; er knüpfte den Knoten.«

Und es ließ der König sogleich dem Biber gebieten,
Der Notarius war und Schreiber des Königs, man nennt ihn
Bokert. Es war sein Geschäft, die schweren, wichtigen Briefe
Vor dem König zu lesen, denn manche Sprache verstand er.
Auch nach Hinzen schickte der König, er sollte dabei sein.
Als nun Bokert den Knoten mit Hinze seinem Gesellen
Aufgelöset, zog er das Haupt des ermordeten Hasen
Mit Erstaunen hervor und rief: »Das heiß' ich mir Briefe!
Seltsam genug! Wer hat sie geschrieben? Wer kann es erklären?
Dies ist Lampens Kopf, es wird ihn niemand verkennen.«

Und es erschraken König und Königin. Aber der König
Senkte sein Haupt und sprach: »O, Reineke! hätt' ich dich wieder.«
König und Königin beide betrübten sich über die Maßen.
»Reineke hat mich betrogen!«, so rief der König. »O, hätt' ich
Seinen schändlichen Lügen nicht Glauben gegeben!«, so rief er,
Schien verworren, mit ihm verwirrten sich alle die Tiere.

Aber Lupardus begann, des Königs naher Verwandter:
»Traun! ich sehe nicht ein, warum Ihr also betrübt seid
Und die Königin auch. Entfernet diese Gedanken;
Fasset Mut! es möcht' Euch vor allen zur Schande gereichen.
Seid Ihr nicht Herr? Es müssen Euch alle, die hier sind, gehorchen.«

»Eben deswegen«, versetzte der König; »so lasst Euch nicht wundern,
Dass ich im Herzen betrübt bin. Ich habe mich leider vergangen;
Denn mich hat der Verräter mit schändlicher Tücke bewogen,

Meine Freunde zu strafen. Es liegen beide geschändet,
Braun und Isegrim; sollte mich's nicht von Herzen gereuen?
Ehre bringt es mir nicht, dass ich den besten Baronen
Meines Hofes so übel begegnet und dass ich dem Lügner
So viel Glauben geschenkt und ohne Vorsicht gehandelt.
Meiner Frauen folgt' ich zu schnell. Sie ließ sich betören.
Bat und flehte für ihn; o, wär' ich nur fester geblieben!
Nun ist die Reue zu spät, und aller Rat ist vergebens.«

Und es sagte Lupardus: »Herr König, höret die Bitte,
Trauert nicht länger! was Übels geschehen ist, lässt sich vergleichen.
Gebet dem Bären, dem Wolfe, der Wölfin zur Sühne den Widder;
Denn es bekannte Bellyn gar offen und kecklich, er habe
Lampens Tod geraten; das mag er nun wieder bezahlen!
Und wir wollen hernach zusammen auf Reineken losgehn,
Werden ihn fangen, wenn es gerät; da hängt man ihn eilig;
Kommt er zum Worte, so schwätzt er sich los und wird nicht gehangen.
Aber ich weiß es gewiss, es lassen sich jene versöhnen.«

Und der König hörte das gern; er sprach zu Lupardus:
»Euer Rat gefällt mir; so geht nun eilig und holet
Mir die beiden Baronen; sie sollen sich wieder mit Ehren
In dem Rate neben mich setzen. Lasst mir die Tiere
Sämtlich zusammenberufen, die hier bei Hofe gewesen;
Alle sollen erfahren, wie Reineke schändlich gelogen,
Wie er entgangen und dann mit Bellyn den Lampe getötet.
Alle sollen dem Wolf und dem Bären mit Ehrfurcht begegnen,
Und zur Sühne geb' ich den Herren, wie Ihr geraten,
Den Verräter Bellyn und seine Verwandten auf ewig.«

Und es eilte Lupardus, bis er die beiden Gebundnen,
Braun und Isegrim, fand. Sie wurden gelöset; da sprach er:
»Guten Trost vernehmet von mir! Ich bringe des Königs
Festen Frieden und freies Geleit. Versteht mich, ihr Herren:
Hat der König euch Übels getan, so ist es ihm selber
Leid, er lässt es euch sagen und wünscht euch beide zufrieden;

Und zur Sühne sollt ihr Bellyn mit seinem Geschlechte,
Ja, mit allen Verwandten auf ewige Zeiten empfahen.
Ohne weiteres tastet sie an, ihr möget im Walde,
Möget im Felde sie finden, sie sind euch alle gegeben.
Dann erlaubt euch mein gnädiger Herr noch über das alles,
Reineken, der euch verriet, auf jede Weise zu schaden:
Ihn, sein Weib und Kinder und alle seine Verwandten
Mögt ihr verfolgen, wo ihr sie trefft, es hindert euch niemand.
Diese köstliche Freiheit verkünd' ich im Namen des Königs.
Er und alle, die nach ihm herrschen, sie werden es halten!
Nur vergesset denn auch, was euch Verdrießlichs begegnet,
Schwöret, ihm treu und gewärtig zu sein, ihr könnt es mit Ehren,
Nimmer verletzt er euch wieder; ich rat' euch, ergreifet den Vorschlag.«

Also war die Sühne beschlossen; sie musste der Widder
Mit dem Halse bezahlen, und alle seine Verwandten
Werden noch immer verfolgt von Isegrims mächtiger Sippschaft.
So begann der ewige Hass. Nun fahren die Wölfe
Ohne Scheu und Scham auf Lämmer und Schafe zu wüten
Fort, sie glauben das Recht auf ihrer Seite zu haben;
Keines verschonet ihr Grimm, sie lassen sich nimmer versöhnen.
Aber um Brauns und Isegrims willen und ihnen zu Ehren
Ließ der König den Hof zwölf Tage verlängern; er wollte
Öffentlich zeigen, wie ernst es ihm sei, die Herrn zu versöhnen.

SIEBENTER GESANG

Und nun sah man den Hof gar herrlich bestellt und bereitet,
Manche Ritter kamen dahin; den sämtlichen Tieren
Folgten unzählige Vögel, und alle zusammen verehrten
Braun und Isegrim hoch, die ihrer Leiden vergaßen.
Da ergötzte sich festlich die beste Gesellschaft, die jemals
Nur beisammen gewesen; Trompeten und Pauken erklangen,
Und den Hoftanz führte man auf mit guten Manieren.
Überflüssig war alles bereitet, was jeder begehrte.

Boten auf Boten gingen ins Land und luden die Gäste,
Vögel und Tiere machten sich auf; sie kamen zu Paaren,
Reiseten hin bei Tag und bei Nacht und eilten zu kommen.

Aber Reineke Fuchs lag auf der Lauer zu Hause,
Dachte nicht nach Hofe zu gehn, der verlogene Pilger;
Wenig Dankes erwartet' er sich. Nach altem Gebrauche
Seine Tücke zu üben gefiel am besten dem Schelme.
Und man hörte bei Hof die allerschönsten Gesänge;
Speis' und Trank ward über und über den Gästen gereichet;
Und man sah turnieren und fechten. Es hatte sich jeder
Zu den Seinen gesellt, da ward getanzt und gesungen,
Und man hörte Pfeifen dazwischen und hörte Schalmeien.
Freundlich schaute der König von seinem Saale hernieder;
Ihm behagte das große Getümmel, er sah es mit Freuden.

Und acht Tage waren vorbei (es hatte der König
Sich zu Tafel gesetzt mit seinen ersten Baronen,
Neben der Königin saß er), und blutig kam das Kaninchen
Vor den König getreten und sprach mit traurigem Sinne:

»Herr! Herr König! und alle zusammen! erbarmet euch meiner!
Denn ihr habt so argen Verrat und mördrische Taten,
Wie ich von Reineken diesmal erduldet, nur selten vernommen.
Gestern Morgen fand ich ihn sitzen, es war um die sechste
Stunde, da ging ich die Straße vor Malepartus vorüber;
Und ich dachte den Weg in Frieden zu ziehen. Er hatte,
Wie ein Pilger gekleidet, als läs' er Morgengebete,
Sich vor seine Pforte gesetzt. Da wollt' ich behände
Meines Weges vorbei, zu Eurem Hofe zu kommen.
Als er mich sah, erhub er sich gleich und trat mir entgegen,
Und ich glaubt', er wollte mich grüßen; da fasst' er mich aber
Mit den Pfoten gar mörderlich an, und zwischen den Ohren
Fühlt' ich die Klauen und dachte wahrhaftig das Haupt zu verlieren:
Denn sie sind lang und scharf, er druckte mich nieder zur Erde.
Glücklicherweise macht' ich mich los, und da ich so leicht bin,

Konnt' ich entspringen; er knurrte mir nach und schwur, mich zu finden.
Aber ich schwieg und machte mich fort, doch leider behielt er
Mir ein Ohr zurück, ich komme mit blutigem Haupte.
Seht, vier Löcher trug ich davon! Ihr werdet begreifen,
Wie er mit Ungestüm schlug, fast wär' ich liegen geblieben.
Nun bedenket die Not, bedenket Euer Geleite!
Wer mag reisen? wer mag an Eurem Hofe sich finden,
Wenn der Räuber die Straße belegt und alle beschädigt?«

Und er endigte kaum, da kam die gesprächige Krähe,
Merkenau, sagte: »Würdiger Herr und gnädiger König!
Traurige Märe bring' ich vor Euch, ich bin nicht im Stande,
Viel zu reden vor Jammer und Angst, ich fürchte, das bricht mir
Noch das Herz: so jämmerlich Ding begegnet' mir heute.
Scharfenebbe, mein Weib, und ich, wir gingen zusammen
Heute früh, und Reineke lag für tot auf der Heide,
Beide Augen im Kopfe verkehrt, es hing ihm die Zunge
Weit zum offenen Munde heraus. Da fing ich vor Schrecken
Laut an zu schrein. Er regte sich nicht, ich schrie und beklagt' ihn,
Rief: ›O weh mir!‹ und ›Ach!‹ und wiederholte die Klage:
›Ach! er ist tot! wie dauert er mich! Wie bin ich bekümmert!‹
Meine Frau betrübte sich auch; wir jammerten beide.
Und ich betastet' ihm Bauch und Haupt, es nahte desgleichen
Meine Frau sich und trat ihm ans Kinn, ob irgend der Atem
Einiges Leben verriet'; allein sie lauschte vergebens;
Beide hätten wir drauf geschworen. Nun höret das Unglück.

Wie sie nun traurig und ohne Besorgnis dem Munde des Schelmen
Ihren Schnabel näher gebracht, bemerkt' es der Unhold,
Schnappte grimmig nach ihr und riss das Haupt ihr herunter.
Wie ich erschrak, das will ich nicht sagen. ›O weh mir! o weh mir!‹,
Schrie ich und rief. Da schoss er hervor und schnappte mit einmal
Auch nach mir; da fuhr ich zusammen und eilte zu fliehen.
Wär' ich nicht so behände gewesen, er hätte mich gleichfalls
Festgehalten; mit Not entkam ich den Klauen des Mörders;
Eilend erreicht' ich den Baum! O, hätt' ich mein trauriges Leben

Nicht gerettet! ich sah mein Weib in des Bösewichts Klauen,
Ach! er hatte die Gute gar bald gegessen. Er schien mir
So begierig und hungrig, als wollt' er noch einige speisen;
Nicht ein Beinchen ließ er zurück, kein Knöchelchen übrig.
Solchen Jammer sah ich mit an! Er eilte von dannen,
Aber ich konnt' es nicht lassen und flog mit traurigem Herzen
An die Stätte; da fand ich nur Blut und wenige Federn
Meines Weibes. Ich bringe sie her, Beweise der Untat.
Ach, erbarmt Euch, gnädiger Herr; denn solltet Ihr diesmal
Diesen Verräter verschonen, gerechte Rache verzögern,
Eurem Frieden und Eurem Geleite nicht Nachdruck verschaffen,
Vieles würde darüber gesprochen, es würd' Euch missfallen.
Denn man sagt: der ist schuldig der Tat, der zu strafen Gewalt hat
Und nicht strafet; es spielet alsdann ein jeder den Herren.
Eurer Würde ging' es zu nah, Ihr mögt es bedenken.«

Also hatte der Hof die Klage des guten Kaninchens
Und der Krähe vernommen. Da zürnte Nobel, der König,
Rief: »So sei es geschworen bei meiner ehlichen Treue,
Diesen Frevel bestraf' ich, man soll es lange gedenken!
Mein Geleit und Gebot zu verhöhnen! Ich will es nicht dulden.
Gar zu leicht vertraut' ich dem Schelm und ließ ihn entkommen,
Stattet' ihn selbst als Pilger noch aus und sah ihn von hinnen
Scheiden, als ging' er nach Rom. Was hat uns der Lügner nicht alles
Aufgeheftet! Wie wusst' er sich nicht der Königin Vorwort
Leicht zu gewinnen! Sie hat mich beredet, nun ist er entkommen;
Aber ich werde der letzte nicht sein, den es bitter gereute,
Frauenrat befolget zu haben. Und lassen wir länger
Ungestraft den Bösewicht laufen, wir müssen uns schämen.
Immer war er ein Schalk und wird es bleiben. Bedenket
Nun zusammen, ihr Herren, wie wir ihn fahen und richten!
Greifen wir ernstlich dazu, so wird die Sache gelingen.«

Isegrimen und Braunen behagte die Rede des Königs.
»Werden wir doch am Ende gerochen!«, so dachten sie beide.
Aber sie trauten sich nicht zu reden, sie sahen, der König

War verstörten Gemüts und zornig über die Maßen.
Und die Königin sagte zuletzt: »Ihr solltet so heftig,
Gnädiger Herr, nicht zürnen, so leicht nicht schwören; es leidet
Euer Ansehn dadurch und Eurer Worte Bedeutung.
Denn wir sehen die Wahrheit noch keineswegs am Tage;
Ist doch erst der Beklagte zu hören. Und wär' er zugegen,
Würde mancher verstummen, der wider Reineken redet.
Beide Parteien sind immer zu hören; denn mancher Verwegne
Klagt, um seine Verbrechen zu decken. Für klug und verständig
Hielt ich Reineken, dachte nichts Böses und hatte nur immer
Euer Bestes vor Augen, wiewohl es nun anders gekommen.
Denn sein Rat ist gut zu befolgen, wenn freilich sein Leben
Manchen Tadel verdient. Dabei ist seines Geschlechtes
Große Verbindung wohl zu bedenken. Es werden die Sachen
Nicht durch Übereilung gebessert, und was Ihr beschließet,
Werdet Ihr dennoch zuletzt als Herr und Gebieter vollziehen.«

Und Lupardus sagte darauf: »Ihr höret so manchen;
Höret diesen denn auch. Er mag sich stellen, und was Ihr
Dann beschließt, vollziehe man gleich. So denken vermutlich
Diese sämtlichen Herrn mit Eurer edlen Gemahlin.«

Isegrim sagte darauf: »Ein jeder rate zum Besten!
Herr Lupardus, höret mich an. Und wäre zur Stunde
Reineke hier und entledigte sich der doppelten Klage
Dieser beiden, so wär' es mir immer ein leichtes, zu zeigen,
Dass er das Leben verwirkt. Allein ich schweige von allem,
Bis wir ihn haben. Und habt Ihr vergessen, wie sehr er den König
Mit dem Schatze belogen? Den sollt' er in Hüsterlo neben
Krekelborn finden, und was der groben Lüge noch mehr war.
Alle hat er betrogen und mich und Braunen geschändet;
Aber ich setze mein Leben daran. So treibt es der Lügner
Auf der Heide. Nun streicht er herum und raubet und mordet.
Deucht es dem Könige gut und seinen Herren, so mag man
Also verfahren. Doch wär' es ihm Ernst, nach Hofe zu kommen,
Hätt' er sich lange gefunden. Es eilten die Boten des Königs
Durch das Land, die Gäste zu laden, doch blieb er zu Hause.«

Und es sagte der König darauf: »Was sollen wir lange
Hier ihn erwarten? Bereitet euch alle (so sei es geboten!),
Mir am sechsten Tage zu folgen. Denn wahrlich das Ende
Dieser Beschwerden will ich erleben. Was sagen die Herren?
Wär' er nicht fähig, zuletzt ein Land zugrunde zu richten?
Macht euch fertig, so gut ihr nur könnt, und kommet im Harnisch,
Kommt mit Bogen und Spießen und allen andern Gewehren
Und betragt euch wacker und brav! Es führe mir jeder,
Denn ich schlage wohl Ritter im Felde, den Namen mit Ehren.
Malepartus, die Burg, belegen wir; was er im Haus hat,
Wollen wir sehen.« Da riefen sie alle: »Wir werden gehorchen!«

Also dachte der König und seine Genossen, die Feste
Malepartus zu stürmen, den Fuchs zu strafen. Doch Grimbart,
Der im Rate gewesen, entfernte sich heimlich und eilte,
Reineken aufzusuchen und ihm die Nachricht zu bringen;
Traurend ging er und klagte vor sich und sagte die Worte:
»Ach, was kann es nun werden, mein Oheim! Billig bedauert
Dich dein ganzes Geschlecht, du Haupt des ganzen Geschlechtes!
Vor Gerichte vertratest du uns, wir waren geborgen:
Niemand konnte bestehn vor dir und deiner Gewandtheit.«

So erreicht' er das Schloss, und Reineken fand er im Freien
Sitzen; er hatte sich erst zwei junge Tauben gefangen;
Aus dem Neste wagten sie sich, den Flug zu versuchen,
Aber die Federn waren zu kurz; sie fielen zu Boden,
Nicht imstande, sich wieder zu heben, und Reineke griff sie;
Denn oft ging er umher, zu jagen. Da sah er von weiten
Grimbart kommen und wartete sein; er grüßt' ihn und sagte:
»Seid mir, Neffe, willkommen vor allen meines Geschlechtes!
Warum lauft Ihr so sehr? Ihr keichet! bringt Ihr was Neues?«
Ihm erwiderte Grimbart: »Die Zeitung, die ich vermelde,
Klingt nicht tröstlich, Ihr seht, ich komm' in Ängsten gelaufen;
Leben und Gut ist alles verloren! Ich habe des Königs
Zorn gesehen; er schwört, Euch zu fahen und schändlich zu töten.
Allen hat er befohlen, am sechsten Tage gewaffnet

Hier zu erscheinen mit Bogen und Schwert, mit Büchsen und Wagen.
Alles fällt nun über Euch her, bedenkt Euch in Zeiten!
Isegrim aber und Braun sind mit dem Könige wieder
Besser vertraut, als ich nur immer mit Euch bin, und alles,
Was sie wollen, geschieht. Den grässlichsten Mörder und Räuber
Schilt Euch Isegrim laut, und so bewegt er den König.
Er wird Marschall; Ihr werdet es sehen in wenigen Wochen.
Das Kaninchen erschien, dazu die Krähe, sie brachten
Große Klagen gegen Euch vor. Und sollt' Euch der König
Diesmal fahen, so lebt Ihr nicht lange! das muss ich befürchten.«

»Weiter nichts?«, versetzte der Fuchs. »Das ficht mich nun alles
Keinen Pfifferling an. Und hätte der König mit seinem
Ganzen Rate doppelt und dreifach gelobt und geschworen:
Komm' ich nur selber dahin, ich hebe mich über sie alle.
Denn sie raten und raten und wissen es nimmer zu treffen.
Lieber Neffe, lasset das fahren und folgt mir und sehet,
Was ich Euch gebe. Da hab' ich soeben die Tauben gefangen,
Jung und fett. Es bleibt mir das liebste von allen Gerichten!
Denn sie sind leicht zu verdauen, man schluckt sie nur eben hinunter;
Und die Knöchelchen schmecken so süß! sie schmelzen im Munde,
Sind halb Milch, halb Blut. Die leichte Speise bekommt mir,
Und mein Weib ist von gleichem Geschmack. So kommt nur, sie wird uns
Freundlich empfangen; doch merke sie nicht, warum Ihr gekommen!
Jede Kleinigkeit fällt ihr aufs Herz und macht ihr zu schaffen.
Morgen geh' ich nach Hofe mit Euch, da hoff' ich, Ihr werdet,
Lieber Neffe, mir helfen, so wie es Verwandten geziemet.«

»Leben und Gut verpflicht' ich Euch gern zu Eurem Behufe«,
Sagte der Dachs, und Reineke sprach: »Ich will es gedenken;
Leb' ich lange, so soll es Euch frommen!« Der andre versetzte:
»Tretet immer getrost vor die Herren und wahret zum Besten
Eure Sache, sie werden Euch hören; auch stimmte Lupardus
Schon dahin, man sollt' Euch nicht strafen, bevor Ihr genugsam
Euch verteidigt; es meinte das Gleiche die Königin selber.
Merket den Umstand und sucht ihn zu nutzen!« Doch Reineke sagte:

»Seid nur gelassen, es findet sich alles. Der zornige König,
Wenn er mich hört, verändert den Sinn, es frommt mir am Ende.«

Und so gingen sie beide hinein und wurden gefällig
Von der Hausfrau empfangen; sie brachte, was sie nur hatte.
Und man teilte die Tauben, man fand sie schmackhaft, und jedes
Speiste sein Teil, sie wurden nicht satt und hätten gewisslich
Ein halb Dutzend verzehrt, wofern sie zu haben gewesen.

Reineke sagte zum Dachse: »Bekennt mir, Oheim, ich habe
Kinder trefflicher Art, sie müssen jedem gefallen.
Sagt mir, wie Euch Rossel behagt und Reinhart der Kleine.
Sie vermehren einst unser Geschlecht und fangen allmählich
An sich zu bilden, sie machen mir Freude von Morgen bis Abend.
Einer fängt sich ein Huhn, der andre hascht sich ein Küchlein;
Auch ins Wasser ducken sie brav, die Ente zu holen
Und den Kiebitz. Ich schickte sie gern noch öfter zu jagen;
Aber Klugheit muss ich vor allem sie lehren und Vorsicht,
Wie sie vor Strick und Jäger und Hunden sich weise bewahren.
Und verstehen sie dann das rechte Wesen und sind sie
Abgerichtet, wie sich's gehört, dann sollen sie täglich
Speise holen und bringen und soll im Hause nichts fehlen.
Denn sie schlagen mir nach und spielen grimmige Spiele.
Wenn sie's beginnen, so ziehn den kürzern die übrigen Tiere,
An der Kehle fühlt sie der Gegner und zappelt nicht lange:
Das ist Reinekens Art und Spiel. Auch greifen sie hastig,
Und ihr Sprung ist gewiss; das dünkt mich eben das Rechte!«

Grimbart sprach: »Es gereichet zur Ehre und mag man sich freuen,
Kinder zu haben, wie man sie wünscht, und die zum Gewerbe
Bald sich gewöhnen, den Eltern zu helfen. Ich freue mich herzlich,
Sie von meinem Geschlechte zu wissen, und hoffe das Beste.«
»Mag es für heute bewenden«, versetzte Reineke; »gehn wir
Schlafen, denn alle sind müd', und Grimbart besonders ermattet.«
Und sie legten sich nieder im Saale, der über und über
War mit Heu und Blättern bedeckt, und schliefen zusammen.

Aber Reineke wachte vor Angst; es schien ihm die Sache
Guten Rats zu bedürfen, und sinnend fand ihn der Morgen.
Und er hub vom Lager sich auf und sagte zu seinem
Weibe: »Betrübt Euch nicht, es hat mich Grimbart gebeten,
Mit nach Hofe zu gehn; Ihr bleibet ruhig zu Hause.
Redet jemand von mir, so kehret es immer zum Besten
Und verwahret die Burg, so ist uns allen geraten.«

Und Frau Ermelyn sprach: »Ich find' es seltsam! Ihr wagt es,
Wieder nach Hofe zu gehn, wo Eurer so übel gedacht wird.
Seid Ihr genötigt? Ich seh' es nicht ein, bedenkt das Vergangne!«
»Freilich«, sagte Reineke drauf; »es war nicht zu scherzen;
Viele wollten mir übel, ich kam in große Bedrängnis;
Aber mancherlei Dinge begegnen unter der Sonne.
Wider alles Vermuten erfährt man dieses und jenes,
Und wer was zu haben vermeint, vermisst es auf einmal.
Also lasst mich nur gehn, ich habe dort manches zu schaffen.
Bleibet ruhig, das bitt' ich Euch sehr, Ihr habet nicht nötig,
Euch zu ängstigen. Wartet es ab! Ihr sehet, mein Liebchen,
Ist es mir immer nur möglich, in fünf, sechs Tagen mich wieder.«
Und so schied er von dannen, begleitet von Grimbart, dem Dachse.

ACHTER GESANG

Weiter gingen sie nun zusammen über die Heide,
Grimbart und Reineke, grade den Weg zum Schlosse des Königs.
Aber Reineke sprach: »Es falle, wie es auch wolle,
Diesmal ahnet es mir, die Reise führet zum Besten.
Lieber Oheim, höret mich nun! Seitdem ich zum letzten
Euch gebeichtet, verging ich mich wieder in sündigem Wesen;
Höret Großes und Kleines und was ich damals vergessen.

Von dem Leibe des Bären und seinem Felle verschafft' ich
Mir ein tüchtiges Stück; es ließen der Wolf und die Wölfin
Ihre Schuhe mir ab; so hab' ich mein Mütchen gekühlet.

Meine Lüge verschaffte mir das, ich wusste den König
Aufzubringen und hab' ihn dabei entsetzlich betrogen:
Denn ich erzählt' ihm ein Märchen, und Schätze wusst' ich zu dichten.
Ja, ich hatte daran nicht genug, ich tötete Lampen,
Ich bepackte Bellyn mit dem Haupt des Ermordeten; grimmig
Sah der König auf ihn, er musste die Zeche bezahlen.
Und das Kaninchen, ich drückt' es gewaltig hinter die Ohren,
Dass es beinah' das Leben verlor, und war mir verdrießlich,
Dass es entkam. Auch muss ich bekennen, die Krähe beklagt sich
Nicht mit Unrecht, ich habe Frau Scharfenebbe, sein Weibchen,
Aufgegessen. Das hab' ich begangen, seitdem ich gebeichtet.
Aber damals vergaß ich nur eines, ich will es erzählen,
Eine Schalkheit, die ich beging, Ihr müsst sie erfahren,
Denn ich möchte nicht gern so etwas tragen; ich lud es
Damals dem Wolf auf den Rücken. Wir gingen nämlich zusammen
Zwischen Kackyß und Elverdingen, da sahn wir von weiten
Eine Stute mit ihrem Fohlen, und eins wie das andre
Wie ein Rabe so schwarz. Vier Monat mochte das Fohlen
Alt sein, und Isegrim war vom Hunger gepeinigt, da bat er:
›Fraget mir doch, verkauft uns die Stute nicht etwa das Fohlen?
Und wie teuer?‹ Da ging ich zu ihr und wagte das Stückchen.
›Liebe Frau Mähre‹, sagt' ich zu ihr, ›das Fohlen ist Euer,
Wie ich weiß; verkauft Ihr es wohl? Das möcht' ich erfahren.‹
Sie versetzte: ›Bezahlt Ihr es gut, so kann ich es missen,
Und die Summe, für die es mir feil ist, Ihr werdet sie lesen,
Hinten steht sie geschrieben an meinem Fuße.‹ Da merkt' ich,
Was sie wollte, versetzte darauf: ›Ich muss Euch bekennen,
Lesen und schreiben gelingt mir nicht eben so, wie ich es wünschte,
Auch begehr' ich des Kindes nicht selbst: denn Isegrim möchte
Das Verhältnis eigentlich wissen; er hat mich gesendet.‹

›Lasst ihn kommen‹, versetzte sie drauf; ›er soll es erfahren.‹
Und ich ging, und Isegrim stand und wartete meiner.
›Wollt Ihr Euch sättigen‹, sagt' ich zu ihm; ›so geht nur, die Mähre
Gibt Euch das Fohlen, es steht der Preis am hinteren Fuße
Unten geschrieben; ich möchte nur, sagte sie, selber da nachsehn.

Aber zu meinem Verdruss musst' ich schon manches versäumen,
Weil ich nicht lesen und schreiben gelernt. Versucht es, mein Oheim,
Und beschauet die Schrift, Ihr werdet vielleicht sie verstehen.‹

Isegrim sagte: ›Was sollt' ich nicht lesen! das wäre mir seltsam!
Deutsch, Latein und Welsch, sogar Französisch versteh' ich:
Denn in Erfurt hab' ich mich wohl zur Schule gehalten
Bei den Weisen, Gelahrten und mit den Meistern des Rechtes
Fragen und Urteil gestellt; ich habe meine Lizenzen
Förmlich genommen, und was für Skripturen man immer auch findet,
Les' ich, als wär' es mein Name. Drum wird es mir heute nicht fehlen.
Bleibet! ich geh' und lese die Schrift, wir wollen doch sehen!‹

Und er ging und fragte die Frau: ›Wie teuer das Fohlen?
Macht es billig!‹ Sie sagte darauf: ›Ihr dürft nur die Summe
Lesen, sie stehet geschrieben an meinem hinteren Fuße.‹
›Lasst mich sehen!‹, versetzte der Wolf. Sie sagte: ›Das tu' ich!‹
Und sie hub den Fuß empor aus dem Grase, der war erst
Mit sechs Nägeln beschlagen; sie schlug gar richtig und fehlte
Nicht ein Härchen, sie traf ihm den Kopf, er stürzte zur Erden,
Lag betäubt wie tot. Sie aber eilte von dannen,
Was sie konnte. So lag er verwundet, es dauerte lange.
Eine Stunde verging, da regt' er sich wieder und heulte
Wie ein Hund. Ich trat ihm zur Seite und sagte: ›Herr Oheim,
Wo ist die Stute? Wie schmeckte das Fohlen? Ihr habt Euch gesättigt,
Habt mich vergessen: Ihr tatet nicht wohl; ich brachte die Botschaft!
Nach der Mahlzeit schmeckte das Schläfchen. Wie lautete, sagt mir,
Unter dem Fuße die Schrift? Ihr seid ein großer Gelehrter.‹

›Ach!‹, versetzt' er, ›spottet Ihr noch? Wie bin ich so übel
Diesmal gefahren! Es sollte fürwahr ein Stein sich erbarmen.
Die langbeinige Mähre! Der Henker mag's ihr bezahlen!
Denn der Fuß war mit Eisen beschlagen, das waren die Schriften!
Neue Nägel! Ich habe davon sechs Wunden im Kopfe.‹

Kaum behielt er sein Leben. Ich habe nun alles gebeichtet,
Lieber Neffe! vergebet mir nun die sündigen Werke!
Wie es bei Hofe gerät, ist misslich; aber ich habe
Mein Gewissen befreit und mich von Sünden gereinigt.
Saget nun, wie ich mich bessre, damit ich zu Gnaden gelange.«

Grimbart sprach: »Ich find' Euch von neuem mit Sünden beladen.
Doch es werden die Toten nicht wieder lebendig; es wäre
Freilich besser, wenn sie noch lebten. So will ich, mein Oheim,
In Betrachtung der schrecklichen Stunde, der Nähe des Todes,
Der Euch droht, die Sünde vergeben als Diener des Herren;
Denn sie streben Euch nach mit Gewalt, ich fürchte das Schlimmste,
Und man wird Euch vor allem das Haupt des Hasen gedenken!
Große Dreistigkeit war es, gesteht's, den König zu reizen,
Und es schadet Euch mehr, als Euer Leichtsinn gedacht hat.«

»Nicht ein Haar!«, versetzte der Schelm; »und dass ich Euch sage,
Durch die Welt sich zu helfen ist ganz was Eignes; man kann sich
Nicht so heilig bewahren als wie im Kloster, das wisst Ihr.
Handelt einer mit Honig, er leckt zuweilen die Finger.
Lampe reizte mich sehr; er sprang herüber, hinüber,
Mir vor den Augen herum, sein fettes Wesen gefiel mir,
Und ich setzte die Liebe beiseite. So gönnt' ich Bellynen
Wenig Gutes. Sie haben den Schaden; ich habe die Sünde.
Aber sie sind zum Teil auch so plump, in jeglichen Dingen
Grob und stumpf. Ich sollte noch viel Zeremonien machen?
Wenig Lust behielt ich dazu. Ich hatte von Hofe
Mich mit Ängsten gerettet und lehrte sie dieses und jenes,
Aber es wollte nicht fort. Zwar jeder sollte den Nächsten
Lieben, das muss ich gestehn; indessen achtet' ich diese
Wenig, und tot ist tot, so sagt Ihr selber. Doch lasst uns
Andre Dinge besprechen; es sind gefährliche Zeiten,
Denn wie geht es von oben herab? Man soll ja nicht reden;
Doch wir andern merken darauf und denken das Unsre.

Raubt der König ja selbst so gut als einer, wir wissen's;
Was er selber nicht nimmt, das lässt er Bären und Wölfe
Holen und glaubt, es geschähe mit Recht. Da findet sich keiner,
Der sich getraut, ihm die Wahrheit zu sagen, so weit hinein ist es
Böse, kein Beichtiger, kein Kaplan; sie schweigen! Warum das?
Sie genießen es mit, und wär' nur ein Rock zu gewinnen.
Komme dann einer und klage! der haschte mit gleichem Gewinne
Nach der Luft, er tötet die Zeit und beschäftigte besser
Sich mit neuem Erwerb. Denn fort ist fort, und was einmal
Dir ein Mächtiger nimmt, das hast du besessen. Der Klage
Gibt man wenig Gehör, und sie ermüdet am Ende.
Unser Herr ist der Löwe, und alles an sich zu reißen,
Hält er seiner Würde gemäß. Er nennt uns gewöhnlich
Seine Leute. Fürwahr, das Unsre, scheint es, gehört ihm!

Darf ich reden, mein Oheim? Der edle König, er liebt sich
Ganz besonders Leute, die bringen und die nach der Weise,
Die er singt, zu tanzen verstehn. Man sieht es zu deutlich.
Dass der Wolf und der Bär zum Rate wieder gelangen,
Schadet noch manchem. Sie stehlen und rauben; es liebt sie der König;
Jeglicher sieht es und schweigt: er denkt an die Reihe zu kommen.
Mehr als vier befinden sich so zur Seite des Herren,
Ausgezeichnet vor allen, sie sind die Größten am Hofe.
Nimmt ein armer Teufel, wie Reineke, irgendein Hühnchen,
Wollen sie alle gleich über ihn her, ihn suchen und fangen,
Und verdammen ihn laut mit *einer* Stimme zum Tode.
Kleine Diebe hängt man so weg, es haben die großen
Starken Vorsprung, mögen das Land und die Schlösser verwalten.
Sehet, Oheim, bemerk' ich nun das und sinne darüber,
Nun, so spiel' ich halt auch mein Spiel und denke daneben
Öfters bei mir: es muss ja wohl recht sein; tun's doch so viele!
Freilich regt sich dann auch das Gewissen und zeigt mir von ferne
Gottes Zorn und Gericht und lässt mich das Ende bedenken.
Ungerecht Gut, so klein es auch sei, man muss es erstatten.
Und da fühl' ich denn Reu' im Herzen; doch währt es nicht lange.
Ja, was hilft dich's, der Beste zu sein, es bleiben die Besten

Doch nicht unberedet in diesen Zeiten vom Volke.
Denn es weiß die Menge genau nach allem zu forschen,
Niemand vergessen sie leicht, erfinden dieses und jenes;
Wenig Gutes ist in der Gemeine, und wirklich verdienen
Wenige drunter auch gute, gerechte Herren zu haben.
Denn sie singen und sagen vom Bösen immer und immer;
Auch das Gute wissen sie zwar von großen und kleinen
Herren, doch schweigt man davon, und selten kommt es zur Sprache.
Doch das Schlimmste find' ich den Dünkel des irrigen Wahnes,
Der die Menschen ergreift: es könne jeder im Taumel
Seines heftigen Wollens die Welt beherrschen und richten.
Hielte doch jeder sein Weib und seine Kinder in Ordnung,
Wüsste sein trotzig Gesinde zu bändigen, könnte sich stille,
Wenn die Toren verschwenden, in mäßigem Leben erfreuen.
Aber wie sollte die Welt sich verbessern? Es lässt sich ein jeder
Alles zu und will mit Gewalt die andern bezwingen.
Und so sinken wir tiefer und immer tiefer ins Arge.
Afterreden, Lug und Verrat und Diebstahl, und falscher
Eidschwur, Rauben und Morden, man hört nichts anders erzählen.
Falsche Propheten und Heuchler betriegen schändlich die Menschen.

Jeder lebt nur so hin! und will man sie treulich ermahnen,
Nehmen sie's leicht und sagen auch wohl: ›Ei, wäre die Sünde
Groß und schwer, wie hier und dort uns manche Gelehrte
Predigen, würde der Pfaffe die Sünde selber vermeiden.‹
Sie entschuldigen sich mit bösem Exempel und gleichen
Gänzlich dem Affengeschlecht, das, nachzuahmen geboren,
Weil es nicht denket und wählt, empfindlichen Schaden erduldet.

Freilich sollten die geistlichen Herren sich besser betragen!
Manches könnten sie tun, wofern sie es heimlich vollbrächten:
Aber sie schonen uns nicht, uns andre Laien, und treiben
Alles, was ihnen beliebt, vor unsern Augen, als wären
Wir mit Blindheit geschlagen; allein wir sehen zu deutlich,
Ihre Gelübde gefallen den guten Herren so wenig,
Als sie dem sündigen Freunde der weltlichen Werke behagen.

Denn so haben über den Alpen die Pfaffen gewöhnlich
Eigens ein Liebchen; nicht weniger sind in diesen Provinzen,
Die sich sündlich vergehn. Man will mir sagen, sie haben
Kinder wie andre verehlichte Leute; und sie zu versorgen
Sind sie eifrig bemüht und bringen sie hoch in die Höhe.
Diese denken hernach nicht weiter, woher sie gekommen,
Lassen niemand den Rang und gehen stolz und gerade,
Eben als wären sie edlen Geschlechts, und bleiben der Meinung,
Ihre Sache sei richtig. So pflegte man aber vor diesem
Pfaffenkinder so hoch nicht zu halten; nun heißen sie alle
Herren und Frauen. Das Geld ist freilich alles vermögend.
Selten findet man fürstliche Lande, worin nicht die Pfaffen
Zölle und Zinsen erhüben und Dörfer und Mühlen benutzten.
Diese verkehren die Welt, es lernt die Gemeine das Böse:
Denn man sieht, so hält es der Pfaffe, da sündiget jeder,
Und vom Guten leitet hinweg ein Blinder den andern.
Ja, wer merkte denn wohl die guten Werke der frommen
Priester, und wie sie die heilige Kirche mit gutem Exempel
Auferbauen? Wer lebt nun darnach? Man stärkt sich im Bösen.
So geschieht es im Volke, wie sollte die Welt sich verbessern?

Aber höret mich weiter. Ist einer unecht geboren,
Sei er ruhig darüber, was kann er weiter zur Sache?
Denn ich meine nur so, versteht mich. Wird sich ein solcher
Nur mit Demut betragen und nicht durch eitles Benehmen
Andre reizen, so fällt es nicht auf, und hätte man unrecht,
Über dergleichen Leute zu reden. Es macht die Geburt uns
Weder edel noch gut, noch kann sie zur Schande gereichen.
Aber Tugend und Laster, sie unterscheiden die Menschen.
Gute, gelehrte geistliche Männer, man hält sie, wie billig,
Hoch in Ehren, doch geben die bösen ein böses Exempel.
Predigt so einer das Beste, so sagen doch endlich die Laien:
›Spricht er das Gute und tut er das Böse, was soll man erwählen?‹
Auch der Kirche tut er nichts Gutes, er prediget jedem:
›Leget nur aus und bauet die Kirche; das rat' ich, ihr Lieben,
Wollt ihr Gnade verdienen und Ablass!‹, so schließt er die Rede,

Und er legt wohl wenig dazu, ja gar nichts, und fiele
Seinetwegen die Kirche zusammen. So hält er denn weiter
Für die beste Weise zu leben, sich köstlich zu kleiden,
Lecker zu essen. Und hat sich so einer um weltliche Sachen
Übermäßig bekümmert, wie will er beten und singen?
Gute Priester sind täglich und stündlich im Dienste des Herren
Fleißig begriffen und üben das Gute; der heiligen Kirche
Sind sie nütze; sie wissen die Laien durch gutes Exempel
Auf dem Wege des Heils zur rechten Pforte zu leiten.

Aber ich kenne denn auch die Bekappten; sie plärren und plappern
Immer zum Scheine so fort und suchen immer die Reichen;
Wissen den Leuten zu schmeicheln und gehn am liebsten zu Gaste.
Bittet man einen, so kommt auch der zweite; da finden sich weiter
Noch zu diesen zwei oder drei. Und wer in dem Kloster
Gut zu schwatzen versteht, der wird im Orden erhoben,
Wird zum Lesemeister, zum Kustos oder zum Prior.
Andere stehen beiseite. Die Schüsseln werden gar ungleich
Aufgetragen. Denn einige müssen des Nachts in dem Chore
Singen, lesen, die Gräber umgehn; die anderen haben
Guten Vorteil und Ruh' und essen die köstlichen Bissen.

Und die Legaten des Papsts, die Äbte, Pröpste, Prälaten,
Die Beginen und Nonnen, da wäre vieles zu sagen!
Überall heißt es: ›Gebt mir das Eure und lasst mir das Meine.‹
Wenige finden sich wahrlich, nicht sieben, welche der Vorschrift
Ihres Ordens gemäß ein heiliges Leben beweisen.
Und so ist der geistliche Stand gar schwach und gebrechlich.«

»Oheim!«, sagte der Dachs, »ich find' es besonders, Ihr beichtet
Fremde Sünden. Was will es Euch helfen? Mich dünket, es wären
Eurer eignen genug. Und sagt mir, Oheim, was habt Ihr
Um die Geistlichkeit Euch zu bekümmern und dieses und jenes?
Seine Bürde mag jeglicher tragen, und jeglicher gebe
Red' und Antwort, wie er in seinem Stande die Pflichten
Zu erfüllen strebt; dem soll sich niemand entziehen,

Weder Alte noch Junge, hier außen oder im Kloster.
Doch Ihr redet zu viel von allerlei Dingen und könntet
Mich zuletzt zum Irrtum verleiten. Ihr kennet vortrefflich,
Wie die Welt nun besteht und alle Dinge sich fügen;
Niemand schickte sich besser zum Pfaffen. Ich käme mit andern
Schafen zu beichten bei Euch und Eurer Lehre zu horchen,
Eure Weisheit zu lernen; denn freilich muss ich gestehen:
Stumpf und grob sind die meisten von uns und hätten's vonnöten.«

Also hatten sie sich dem Hofe des Königs genähert.
Reineke sagte: »So ist es gewagt!«, und nahm sich zusammen.
Und sie begegneten Martin, dem Affen, der hatte sich eben
Aufgemacht und wollte nach Rom; er grüßte die beiden.
»Lieber Oheim, fasset ein Herz!«, so sprach er zum Fuchse,
Fragt' ihn dieses und jenes, obschon ihm die Sache bekannt war.
»Ach, wie ist mir das Glück in diesen Tagen entgegen!«,
Sagte Reineke drauf; »da haben mich etliche Diebe
Wieder beschuldigt, wer sie auch sind; besonders die Krähe
Mit dem Kaninchen; sein Weib verlor das eine, dem andern
Fehlt ein Ohr. Was kümmert mich das? Und könnt' ich nur selber
Mit dem Könige reden, sie beide sollten's empfinden.
Aber mich hindert am meisten, dass ich im Banne des Papstes
Leider noch bin. Nun hat in der Sache der Dompropst die Vollmacht,
Der beim Könige gilt. Und in dem Banne befind' ich
Mich um Isegrims willen, der einst ein Klausner geworden,
Aber dem Kloster entlief, von Elkmar, wo er gewohnet.
Und er schwur, so könnt' er nicht leben, man halt' ihn zu strenge,
Lange könn' er nicht fasten und könne nicht immer so lesen.
Damals half ich ihm fort. Es reut mich; denn er verleumdet
Mich beim Könige nun und sucht mir immer zu schaden.
Soll ich nach Rom? Wie werden indes zu Hause die Meinen
In Verlegenheit sein! Denn Isegrim kann es nicht lassen,
Wo er sie findet, beschädigt er sie. Auch sind noch so viele,
Die mir Übels gedenken und sich an die Meinigen halten.
Wär' ich aus dem Banne gelöst, so hätt' ich es besser,
Könnte gemächlich mein Glück bei Hofe wieder versuchen.«

Martin versetzte: »Da kann ich Euch helfen, es trifft sich! Soeben
Geh' ich nach Rom und nütz' Euch daselbst mit künstlichen Stücken.
Unterdrücken lass' ich Euch nicht! Als Schreiber des Bischofs,
Dünkt mich, versteh' ich das Werk. Ich schaffe, dass man den Dompropst
Grade nach Rom zitiert, da will ich gegen ihn fechten.
Seht nur, Oheim, ich treibe die Sache und weiß sie zu leiten;
Exequieren lass' ich das Urteil, Ihr werdet mir sicher
Absolviert, ich bring' es Euch mit; es sollen die Feinde
Übel sich freun und ihr Geld zusamt der Mühe verlieren:
Denn ich kenne den Gang der Dinge zu Rom und verstehe,
Was zu tun und zu lassen. Da ist Herr Simon, mein Oheim,
Angesehn und mächtig; er hilft den guten Bezahlern.
Schalkefund, das ist ein Herr! und Doktor Greifzu und andre,
Wendemantel und Losefund hab' ich alle zu Freunden.
Meine Gelder schickt' ich voraus; denn, seht nur, so wird man
Dort am besten bekannt. Sie reden wohl von Zitieren:
Aber das Geld begehren sie nur. Und wäre die Sache
Noch so krumm, ich mache sie grad' mit guter Bezahlung.
Bringst du Geld, so findest du Gnade; sobald es dir mangelt,
Schließen die Türen sich zu. Ihr bleibet ruhig im Lande;
Eurer Sache nehm' ich mich an, ich löse den Knoten.
Geht nur nach Hofe, Ihr werdet daselbst Frau Rückenau finden,
Meine Gattin; es liebt sie der König, unser Gebieter,
Und die Königin auch, sie ist behänden Verstandes.
Sprecht sie an, sie ist klug, verwendet sich gerne für Freunde.
Viele Verwandte findet Ihr da. Es hilft nicht immer,
Recht zu haben. Ihr findet bei ihr zwei Schwestern, und meiner
Kinder sind drei, daneben noch manche von Eurem Geschlechte,
Euch zu dienen bereit, wie Ihr es immer begehret.
Und versagte man Euch das Recht, so sollt Ihr erfahren,
Was ich vermag. Und wenn man Euch druckt, berichtet mir's eilig!
Und ich lasse das Land in Bann tun, den König und alle
Weiber und Männer und Kinder. Ein Interdikt will ich senden,
Singen soll man nicht mehr, noch Messe lesen, noch taufen,
Noch begraben, was es auch sei. Des tröstet Euch, Neffe!

Denn der Papst ist alt und krank und nimmt sich der Dinge
Weiter nicht an, man achtet ihn wenig. Auch hat nun am Hofe
Kardinal Ohnegenüge die ganze Gewalt, der ein junger
Rüstiger Mann ist, ein feuriger Mann von schnellem Entschlusse.
Dieser liebt ein Weib, das ich kenne; sie soll ihm ein Schreiben
Bringen, und was sie begehrt, das weiß sie trefflich zu machen.
Und sein Schreiber Johannes Partei, der kennt aufs Genauste
Alte und neue Münze; dann Horchegenau, sein Geselle,
Ist ein Hofmann; Schleifen und Wenden ist Notarius,
Baccalaureus beider Rechte, und bleibt er nur etwa
Noch ein Jahr, so ist er vollkommen in praktischen Schriften.
Dann sind noch zwei Richter daselbst, die heißen Moneta
Und Donarius; sprechen sie ab, so bleibt es gesprochen.

So verübt man in Rom gar manche Listen und Tücken,
Die der Papst nicht erfährt. Man muss sich Freunde verschaffen!
Denn durch sie vergibt man die Sünden und löset die Völker
Aus dem Banne. Verlasst Euch darauf, mein wertester Oheim!
Denn es weiß der König schon lang', ich lass' Euch nicht fallen;
Eure Sache führ' ich hinaus und bin es vermögend.
Ferner mag er bedenken, es sind gar viele den Affen
Und den Füchsen verwandt, die ihn am besten beraten,
Und das hilft Euch gewiss, es gehe, wie es auch wolle.«

Reineke sprach: »Das tröstet mich sehr; ich denk' es Euch wieder,
Komm' ich diesmal nur los.« Und einer empfahl sich dem andern.
Ohne Geleit ging Reineke nun mit Grimbart dem Dachse
Nach dem Hofe des Königs, wo man ihm übel gesinnt war.

NEUNTER GESANG

Reineke war nach Hofe gelangt, er dachte die Klagen
Abzuwenden, die ihn bedrohten. Doch als er die vielen
Feinde beisammen erblickte, wie alle standen und alle
Sich zu rächen begehrten und ihn am Leben zu strafen,

Fiel ihm der Mut; er zweifelte nun, doch ging er mit Kühnheit
Grade durch alle Baronen, und Grimbart ging ihm zur Seite;
Sie gelangten zum Throne des Königs, da lispelte Grimbart:
»Seid nicht furchtsam, Reineke, diesmal; gedenket: dem Blöden
Wird das Glück nicht zuteil, der Kühne sucht die Gefahr auf
Und erfreut sich mit ihr; sie hilft ihm wieder entkommen.«
Reineke sprach: »Ihr sagt mir die Wahrheit, ich danke zum schönsten
Für den herrlichen Trost, und komm' ich wieder in Freiheit,
Werd' ich's gedenken.« Er sah nun umher, und viele Verwandte
Fanden sich unter der Schar, doch wenige Gönner, den meisten
Pflegt' er übel zu dienen; ja, unter den Ottern und Bibern,
Unter Großen und Kleinen trieb er sein schelmisches Wesen.
Doch entdeckt' er noch Freunde genug im Saale des Königs.

Reineke kniete vorm Throne zur Erden und sagte bedächtig:
»Gott, dem alles bekannt ist, und der in Ewigkeit mächtig
Bleibt, bewahr' Euch, mein Herr und König, bewahre nicht minder
Meine Frau, die Königin, immer, und beiden zusammen
Geb' er Weisheit und gute Gedanken, damit sie besonnen
Recht und Unrecht erkennen; denn viele Falschheit ist jetzo
Unter den Menschen im Gange. Da scheinen viele von außen,
Was sie nicht sind. O hätte doch jeder am Vorhaupt geschrieben,
Wie er gedenkt, und säh' es der König! da würde sich zeigen,
Dass ich nicht lüge und dass ich Euch immer zu dienen bereit bin.
Zwar verklagen die Bösen mich heftig; sie möchten mir gerne
Schaden und Eurer Huld mich berauben, als wär' ich derselben
Unwert. Aber ich kenne die strenge Gerechtigkeitsliebe
Meines Königs und Herrn, denn ihn verleitete keiner,
Je die Wege des Rechtes zu schmälern; so wird es auch bleiben.«

Alles kam und drängte sich nun, ein jeglicher musste
Reinekens Kühnheit bewundern, es wünscht' ihn jeder zu hören;
Seine Verbrechen waren bekannt, wie wollt' er entrinnen?

»Reineke, Bösewicht!«, sagte der König, »für diesmal erretten
Deine losen Worte dich nicht, sie helfen nicht länger,

Lügen und Trug zu verkleiden, nun bist du ans Ende gekommen.
Denn du hast die Treue zu mir, ich glaube, bewiesen
Am Kaninchen und an der Krähe! Das wäre genugsam.
Aber du übest Verrat an allen Orten und Enden;
Deine Streiche sind falsch und behände, doch werden sie nicht mehr
Lange dauern, denn voll ist das Maß, ich schelte nicht länger.«

Reineke dachte: »Wie wird es mir gehn? O hätt' ich nur wieder
Meine Behausung erreicht! Wo will ich Mittel ersinnen?
Wie es auch geht, ich muss nun hindurch, versuchen wir alles.«

»Mächtiger König, edelster Fürst!«, so ließ er sich hören;
»Meint Ihr, ich habe den Tod verdient, so habt Ihr die Sache
Nicht von der rechten Seite betrachtet; drum bitt' ich, Ihr wollet
Erst mich hören. Ich habe ja sonst Euch nützlich geraten,
In der Not bin ich bei Euch geblieben, wenn etliche wichen,
Die sich zwischen uns beide nun stellen zu meinem Verderben
Und die Gelegenheit nützen, wenn ich entfernt bin. Ihr möget,
Edler König, hab' ich gesprochen, die Sache dann schlichten;
Werd' ich schuldig befunden, so muss ich es freilich ertragen.
Wenig habt Ihr meiner gedacht, indes ich im Lande
Vieler Orten und Enden die sorglichste Wache gehalten.
Meint Ihr, ich wäre nach Hofe gekommen, wofern ich mich schuldig
Wusste groß- oder kleiner Vergehn? Ich würde bedächtig
Eure Gegenwart fliehn und meine Feinde vermeiden.
Nein, mich hätten gewiss aus meiner Feste nicht sollen
Alle Schätze der Welt hierher verleiten; da war ich
Frei auf eigenem Grund und Boden. Nun bin ich mir aber
Keines Übels bewusst, und also bin ich gekommen.
Eben stand ich Wache zu halten; da brachte mein Oheim
Mir die Zeitung, ich solle nach Hof. Ich hatte von neuem,
Wie ich dem Bann mich entzöge, gedacht, darüber mit Martin
Vieles gesprochen, und er gelobte mir heilig, er wolle
Mich von dieser Bürde befrein. ›Ich werde nach Rom gehn‹,
Sagt' er, ›und nehme die Sache von nun an völlig auf meine
Schultern, geht nur nach Hofe, des Bannes werdet Ihr ledig.‹

Sehet, so hat mir Martin geraten, er muss es verstehen:
Denn der vortreffliche Bischof, Herr Ohnegrund, braucht ihn beständig;
Schon fünf Jahre dient er demselben in rechtlichen Sachen.
Und so kam ich hieher und finde Klagen auf Klagen.
Das Kaninchen, der Äugler, verleumdet mich; aber es steht nun
Reineke hier: so tret' er hervor mir unter die Augen!
Denn es ist freilich was Leichtes, sich über Entfernte beklagen,
Aber man soll den Gegenteil hören, bevor man ihn richtet.
Diese falschen Gesellen, bei meiner Treue! sie haben
Gutes genossen von mir, die Krähe mit dem Kaninchen:
Denn vorgestern am Morgen in aller Frühe begegnet'
Mir das Kaninchen und grüßte mich schön; ich hatte soeben
Vor mein Schloss mich gestellt und las die Gebete des Morgens.
Und er zeigte mir an, er gehe nach Hofe; da sagt' ich:
›Gott begleit' Euch!‹ Er klagte darauf: ›Wie hungrig und müde
Bin ich geworden!‹ Da fragt' ich ihn freundlich: ›Begehrt Ihr zu essen?‹
›Dankbar nehm' ich es an‹, versetzt' er. Aber ich sagte:
›Geb' ich's doch gerne.‹ So ging ich mit ihm und bracht' ihm behände
Kirschen und Butter: ich pflege kein Fleisch am Mittwoch zu essen.
Und er sättigte sich mit Brot und Butter und Früchten.
Aber es trat mein Söhnchen, das jüngste, zum Tische, zu sehen,
Ob was übrig geblieben: denn Kinder lieben das Essen;
Und der Knabe haschte darnach. Da schlug das Kaninchen
Hastig ihn über das Maul, es bluteten Lippen und Zähne.
Reinhart, mein andrer, sah die Begegnung und fasste den Äugler
Grad' an der Kehle, spielte sein Spiel und rächte den Bruder.
Das geschah, nicht mehr und nicht minder. Ich säumte nicht lange,
Lief und strafte die Knaben und brachte mit Mühe die beiden
Auseinander. Kriegt' er was ab, so mag er es tragen,
Denn er hatte noch mehr verdient; auch wären die Jungen,
Hätt' ich es übel gemeint, mit ihm wohl fertig geworden.
Und so dankt er mir nun! Ich riss ihm, sagt er, ein Ohr ab;
Ehre hat er genossen und hat ein Zeichen behalten.

Ferner kam die Krähe zu mir und klagte: die Gattin
Hab' er verloren, sie habe sich leider zu Tode gegessen,

Einen ziemlichen Fisch mit allen Gräten verschlungen;
Wo es geschah, das weiß er am besten, nun sagt er: ich habe
Sie gemordet; er tat es wohl selbst, und würde man ernstlich
Ihn verhören, dürft' ich es tun, er spräche wohl anders.
Denn sie fliegen, es reichet kein Sprung so hoch, in die Lüfte.

Will nun solcher verbotenen Taten mich jemand bezüchten;
Tu' er's mit redlichen gültigen Zeugen: denn also gehört sich's
Gegen edle Männer zu rechten; ich müsst' es erwarten.
Aber finden sich keine, so gibt's ein anderes Mittel.
Hier! ich bin zum Kampfe bereit! man setze den Tag an
Und den Ort. Es zeige sich dann ein würdiger Gegner,
Gleich mit mir von Geburt, ein jeder führe sein Recht aus.
Wer dann Ehre gewinnt, dem mag sie bleiben. So hat es
Immer zu Rechte gegolten, und ich verlang' es nicht besser.«

Alle standen und hörten und waren über die Worte
Reinekens höchlich verwundert, die er so trotzig gesprochen.
Und es erschraken die beiden, die Krähe mit dem Kaninchen,
Räumten den Hof und trauten nicht weiter ein Wörtchen zu sprechen;
Gingen und sagten untereinander: »Es wäre nicht ratsam,
Gegen ihn weiter zu rechten. Wir möchten alles versuchen
Und wir kämen nicht aus. Wer hat's gesehen? Wir waren
Ganz allein mit dem Schelm; wer sollte zeugen? Am Ende
Bleibt der Schaden uns doch. Für alle seine Verbrechen
Warte der Henker ihm auf und lohn' ihm, wie er's verdiente!
Kämpfen will er mit uns? das möcht' uns übel bekommen.
Nein fürwahr, wir lassen es lieber. Denn falsch und behände,
Lose und tückisch kennen wir ihn. Es wären ihm wahrlich
Unser fünfe zu wenig, wir müssten es teuer bezahlen.«

Isegrim aber und Braunen war übel zumute; sie sahen
Ungern die beiden von Hofe sich schleichen. Da sagte der König:
»Hat noch jemand zu klagen, der komme! Lasst uns vernehmen!
Gestern drohten so viele, hier steht der Beklagte! Wo sind sie?«

Reineke sagte: »So pflegt es zu gehn; man klagt und beschuldigt
Diesen und jenen; doch stünd' er dabei, man bliebe zu Hause.
Diese losen Verräter, die Krähe mit dem Kaninchen,
Hätten mich gern in Schande gebracht und Schaden und Strafe,
Aber sie bitten mir's ab, und ich vergebe; denn freilich,
Da ich komme, bedenken sie sich und weichen zur Seite.
Wie beschämt' ich sie nicht! Ihr sehet, wie es gefährlich
Ist, die losen Verleumder entfernter Diener zu hören;
Sie verdrehen das Rechte und sind den Besten gehässig.
Andre dauern mich nur, an mir ist wenig gelegen.«

»Höre mich«, sagte der König darauf, »du loser Verräter!
Sage, was trieb dich dazu, dass du mir Lampen, den treuen,
Der mir die Briefe zu tragen pflegte, so schmählich getötet?
Hatt' ich nicht alles vergeben, so viel du immer verbrochen?
Ränzel und Stab empfingst du von mir, so warst du versehen,
Solltest nach Rom und über das Meer; ich gönnte dir alles,
Und ich hoffte Bessrung von dir. Nun seh' ich zum Anfang,
Wie du Lampen gemordet; es musste Bellyn dir zum Boten
Dienen, der brachte das Haupt im Ränzel getragen und sagte
Öffentlich aus, er bringe mir Briefe, die ihr zusammen
Ausgedacht und geschrieben, er habe das Beste geraten.
Und im Ränzel fand sich das Haupt, nicht mehr und nicht minder.
Mir zum Hohne tatet ihr das. Bellynen behielt ich
Gleich zum Pfande, sein Leben verlor er; nun geht es an deines.«

Reineke sagte: »Was hör' ich? Ist Lampe tot? und Bellynen
Find' ich nicht mehr? Was wird nun aus mir? O, wär' ich gestorben!
Ach, mit beiden geht mir ein Schatz, der größte, verloren!
Denn ich sandt' Euch durch sie Kleinode, welche nicht besser
Über der Erde sich finden. Wer sollte glauben, der Widder
Würde Lampen ermorden und Euch der Schätze berauben?
Hüte sich einer, wo niemand Gefahr und Tücke vermutet.«

Zornig hörte der König nicht aus, was Reineke sagte,
Wandte sich weg nach seinem Gemach und hatte nicht deutlich

Reinekens Rede vernommen, er dacht' ihn am Leben zu strafen;
Und er fand die Königin eben in seinem Gemache
Mit Frau Rückenau stehn. Es war die Äffin besonders
König und Königin lieb. Das sollte Reineken helfen.
Unterrichtet war sie und klug und wusste zu reden;
Wo sie erschien, sah jeder auf sie und ehrte sie höchlich.
Diese merkte des Königs Verdruss und sprach mit Bedachte:
»Wenn Ihr, gnädiger Herr, auf meine Bitte zuweilen
Hörtet, gereut' es Euch nie, und Ihr vergabt mir die Kühnheit,
Wenn Ihr zürntet, ein Wort gelinder Meinung zu sagen.
Seid auch diesmal geneigt, mich anzuhören, betrifft es
Doch mein eignes Geschlecht! Wer kann die Seinen verleugnen?
Reineke, wie er auch sei, ist mein Verwandter, und soll ich,
Wie sein Betragen mir scheint, aufrichtig bekennen: ich denke,
Da er zu Rechte sich stellt, von seiner Sache das Beste.
Musste sein Vater doch auch, den Euer Vater begünstigt,
Viel von losen Mäulern erdulden und falschen Verklägern!
Doch beschämt' er sie stets. Sobald man die Sache genauer
Untersuchte, fand es sich klar: die tückischen Neider
Suchten Verdienste sogar als schwere Verbrechen zu deuten.
So erhielt er sich immer in größerem Ansehn bei Hof als
Braun und Isegrim jetzt: denn diesen wäre zu wünschen,
Dass sie alle Beschwerden auch zu beseitigen wüssten,
Die man häufig über sie hört; allein sie verstehen
Wenig vom Rechte, so zeigt es ihr Rat, so zeigt es ihr Leben.«

Doch der König versetzte darauf: »Wie kann es Euch wundern,
Dass ich Reineken gram bin, dem Diebe, der mir vor kurzem
Lampen getötet, Bellynen verführt und frecher als jemals
Alles leugnet und sich als treuen und redlichen Diener
Anzupreisen erkühnt, indessen alle zusammen
Laute Klagen erheben und nur zu deutlich beweisen,
Wie er mein sicher Geleite verletzt und wie er mit Stehlen,
Rauben und Morden das Land und meine Getreuen beschädigt.
Nein! Ich duld' es nicht länger!« Dagegen sagte die Äffin:
»Freilich ist's nicht vielen gegeben, in jeglichen Fällen

Klug zu handeln und klug zu raten, und wem es gelinget,
Der erwirbt sich Vertrauen; allein es suchen die Neider
Ihm dagegen heimlich zu schaden, und werden sie zahlreich,
Treten sie öffentlich auf. So ist es Reineken mehrmals
Schon ergangen; doch werden sie nicht die Erinnrung vertilgen,
Wie er in Fällen Euch weise geraten, wenn alle verstummten.
Wisst Ihr noch? vor kurzem geschah's. Der Mann und die Schlange
Kamen vor Euch, und niemand verstund die Sache zu schlichten;
Aber Reineke fand's, Ihr lobtet ihn damals vor allen.«

Und der König versetzte nach kurzem Bedenken dagegen:
»Ich erinnre der Sache mich wohl, doch hab' ich vergessen,
Wie sie zusammenhing; sie war verworren, so dünkt mich.
Wisst Ihr sie noch, so lasst sie mich hören, es macht mir Vergnügen.«
Und sie sagte: »Befiehlt es mein Herr, so soll es geschehen.

Eben sind's zwei Jahre, da kam ein Lindwurm und klagte
Stürmisch, gnädiger Herr, vor Euch: es woll' ihm ein Bauer
Nicht im Rechte sich fügen, ein Mann, den zweimal das Urteil
Nicht begünstigt. Er brachte den Bauer vor Euern Gerichtshof
Und erzählte die Sache mit vielen heftigen Worten.

Durch ein Loch im Zaune zu kriechen gedachte die Schlange,
Fing sich aber im Stricke, der vor die Öffnung gelegt war;
Fester zog die Schlinge sich zu, sie hätte das Leben
Dort gelassen, da kam ihr zum Glück ein Wandrer gegangen.
Ängstlich rief sie: »Erbarme dich meiner und mache mich ledig!
Lass dich erbitten!‹ Da sagte der Mann: ›Ich will dich erlösen,
Denn mich jammert dein Elend; allein erst sollst du mir schwören,
Mir nichts Leides zu tun.‹ Die Schlange fand sich erbötig,
Schwur den teuersten Eid: sie wolle auf keinerlei Weise
Ihren Befreier verletzen, und so erlöste der Mann sie.

Und sie gingen ein Weilchen zusammen, da fühlte die Schlange
Schmerzlichen Hunger, sie schoss auf den Mann und wollt' ihn erwürgen,
Ihn verzehren; mit Angst und Not entsprang ihr der Arme.

›Das ist mein Dank? Das hab' ich verdient?‹, so rief er; ›und hast du
Nicht geschworen den teuersten Eid?‹ Da sagte die Schlange:
›Leider nötiget mich der Hunger, ich kann mir nicht helfen;
Not erkennt kein Gebot, und so besteht es zu Rechte.‹

Da versetzte der Mann: ›So schone nur meiner so lange,
Bis wir zu Leuten kommen, die unparteiisch uns richten.‹
Und es sagte der Wurm: ›Ich will mich so lange gedulden.‹

Also gingen sie weiter und fanden über dem Wasser
Pflückebeutel, den Raben, mit seinem Sohne; man nennt ihn
Quackeler. Und die Schlange berief sie zu sich und sagte:
›Kommt und höret!‹ Es hörte die Sache der Rabe bedächtig,
Und er richtete gleich: den Mann zu essen. Er hoffte
Selbst ein Stück zu gewinnen. Da freute die Schlange sich höchlich:
›Nun, ich habe gesiegt! es kann mir's niemand verdenken.
›Nein‹, versetzte der Mann, ›ich habe nicht völlig verloren;
Sollt' ein Räuber zum Tode verdammen? und sollte nur Einer
Richten? ich fordere ferner Gehör, im Gange des Rechtes;
Lasst uns vor vier, vor zehn die Sache bringen und hören.‹

›Gehn wir!‹, sagte die Schlange. Sie gingen, und es begegnet'
Ihnen der Wolf und der Bär, und alle traten zusammen.
Alles befürchtete nun der Mann: denn zwischen den fünfen
War es gefährlich zu stehn und zwischen solchen Gesellen;
Ihn umringten die Schlange, der Wolf, der Bär und die Raben.
Bange war ihm genug: denn bald verglichen sich beide,
Wolf und Bär, das Urteil in dieser Maße zu fällen:
Töten dürfe die Schlange den Mann; der leidige Hunger
Kenne keine Gesetze, die Not entbinde vom Eidschwur.
Sorgen und Angst befielen den Wandrer, denn alle zusammen
Wollten sein Leben. Da schoss die Schlange mit grimmigem Zischen,
Spritzte Geifer auf ihn, und ängstlich sprang er zur Seite.
›Großes Unrecht‹, rief er, ›begehst du! Wer hat dich zum Herren
Über mein Leben gemacht?‹ Sie sprach: ›Du hast es vernommen;
Zweimal sprachen die Richter, und zweimal hast du verloren.‹

Ihr versetzte der Mann: ›Sie rauben selber und stehlen;
Ich erkenne sie nicht, wir wollen zum Könige gehen.
Mag er sprechen, ich füge mich drein, und wenn ich verliere,
Hab' ich noch Übels genug, allein ich will es ertragen.‹
Spottend sagte der Wolf und der Bär: ›Du magst es versuchen,
Aber die Schlange gewinnt, sie wird's nicht besser begehren.‹
Denn sie dachten, es würden die sämtlichen Herren des Hofes
Sprechen wie sie, und gingen getrost und führten den Wandrer,
Kamen vor Euch, die Schlange, der Wolf, der Bär und die Raben;
Ja, selbdritt erschien der Wolf, er hatte zwei Kinder,
Eitelbauch hieß der eine, der andere Nimmersatt, beide
Machten dem Mann am meisten zu schaffen. Sie waren gekommen,
Auch ihr Teil zu verzehren: denn sie sind immer begierig;
Heulten damals vor Euch mit unerträglicher Grobheit,
Ihr verbotet den Hof den beiden plumpen Gesellen.
Da berief sich der Mann auf Eure Gnaden, erzählte,
Wie ihn die Schlange zu töten gedenke, sie habe der Wohltat
Völlig vergessen, sie breche den Eid! So fleht' er um Rettung.
Aber die Schlange leugnete nicht: ›Es zwingt mich des Hungers
Allgewaltige Not, sie kennet keine Gesetze.‹

Gnädiger Herr, da wart Ihr bekümmert. Es schien Euch die Sache
Gar bedenklich zu sein und rechtlich schwer zu entscheiden.
Denn es schien Euch hart, den guten Mann zu verdammen,
Der sich hülfreich bewiesen; allein Ihr dachtet dagegen
Auch des schmählichen Hungers. Und so beriefț Ihr die Räte.
Leider war die Meinung der meisten dem Manne zum Nachteil;
Denn sie wünschten die Mahlzeit und dachten der Schlange zu helfen.
Doch Ihr sendetet Boten nach Reineken: alle die andern
Sprachen gar manches und konnten die Sache zu Rechte nicht scheiden.
Reineke kam und hörte den Vortrag, Ihr legtet das Urteil
Ihm in die Hände, und wie er es spräche, so sollt' es geschehen.

Reineke sprach mit gutem Bedacht: ›Ich finde vor allem
Nötig, den Ort zu besuchen, und seh' ich die Schlange gebunden,
Wie der Bauer sie fand, so wird das Urteil sich geben.‹

Und man band die Schlange von neuem an selbiger Stätte,
In der Maße, wie sie der Bauer im Zaune gefunden.

Reineke sagte darauf: ›Hier ist nun jedes von beiden
Wieder im vorigen Stand, und keines hat weder gewonnen,
Noch verloren; jetzt zeigt sich das Recht, so scheint mir's, von selber.
Denn beliebt es dem Manne, so mag er die Schlange noch einmal
Aus der Schlinge befrein; wo nicht, so lässt er sie hängen;
Frei, mit Ehren geht er die Straße nach seinen Geschäften.
Da sie untreu geworden, als sie die Wohltat empfangen,
Hat der Mann nun billig die Wahl. Das scheint mir des Rechtes
Wahrer Sinn; wer's besser versteht, der lass' es uns hören.‹

Damals gefiel Euch das Urteil und Euren Räten zusammen;
Reineke wurde gepriesen, der Bauer dankt' Euch, und jeder
Rühmte Reinekens Klugheit, ihn rühmte die Königin selber.
Vieles wurde gesprochen: im Kriege wären noch eher
Isegrim und Braun zu gebrauchen, man fürchte sie beide
Weit und breit, sie fänden sich gern, wo alles verzehrt wird.
Groß und stark und kühn sei jeder, man könn' es nicht leugnen;
Doch im Rate fehle gar oft die nötige Klugheit:
Denn sie pflegen zu sehr auf ihre Stärke zu trotzen,
Kommt man ins Feld und naht sich dem Werke, da hinkt es gewaltig.
Mutiger kann man nichts sehn, als sie zu Hause sich zeigen;
Draußen liegen sie gern im Hinterhalt. Setzt es denn einmal
Tüchtige Schläge, so nimmt man sie mit, so gut als ein andrer.
Bären und Wölfe verderben das Land; es kümmert sie wenig,
Wessen Haus die Flamme verzehrt, sie pflegen sich immer
An den Kohlen zu wärmen, und sie erbarmen sich keines,
Wenn ihr Kropf sich nur füllt. Man schlürft die Eier hinunter,
Lässt den Armen die Schalen und glaubt noch redlich zu teilen.
Reineke Fuchs mit seinem Geschlecht versteht sich dagegen
Wohl auf Weisheit und Rat, und hat er nun etwas versehen,
Gnädiger Herr, so ist er kein Stein. Doch wird Euch ein andrer
Niemals besser beraten. Darum verzeiht ihm, ich bitte!«

Da versetzte der König: »Ich will es bedenken. Das Urteil
Ward gesprochen, wie Ihr erzählt, es büßte die Schlange.
Doch von Grund aus bleibt er ein Schalk, wie sollt' er sich bessern?
Macht man ein Bündnis mit ihm, so bleibt man am Ende betrogen;
Denn er dreht sich so listig heraus, wer ist ihm gewachsen?
Wolf und Bär und Kater, Kaninchen und Krähe, sie sind ihm
Nicht behände genug, er bringt sie in Schaden und Schande.
Diesem behielt er ein Ohr, dem andern das Auge, das Leben
Raubt' er dem Dritten! fürwahr, ich weiß nicht, wie Ihr dem Bösen
So zu Gunsten sprecht und seine Sache verteidigt.«
»Gnädiger Herr«, versetzte die Äffin, »ich kann es nicht bergen;
Sein Geschlecht ist edel und groß, Ihr mögt es bedenken.«

Da erhub sich der König, herauszutreten, es stunden
Alle zusammen und warteten sein; er sah in dem Kreise
Viele von Reinekens nächsten Verwandten, sie waren gekommen,
Ihren Vetter zu schützen, sie wären schwerlich zu nennen.
Und er sah das große Geschlecht, er sah auf der andern
Seite Reinekens Feinde: es schien der Hof sich zu teilen.

Da begann der König: »So höre mich, Reineke! Kannst du
Solchen Frevel entschuld'gen, dass du mit Hülfe Bellynens
Meinen frommen Lampe getötet? und dass ihr Verwegnen
Mir sein Haupt ins Ränzel gesteckt, als wären es Briefe?
Mich zu höhnen tatet ihr das; ich habe den einen
Schon bestraft, es büßte Bellyn; erwarte das Gleiche.«

»Weh mir!«, sagte Reineke drauf, »o wär' ich gestorben!
Höret mich an, und wie es sich findet, so mag es geschehen:
Bin ich schuldig, so tötet mich gleich, ich werde doch nimmer
Aus der Not und Sorge mich retten, ich bleibe verloren.
Denn der Verräter Bellyn, er unterschlug mir die größten
Schätze, kein Sterblicher hat dergleichen jemals gesehen.
Ach, sie kosten Lampen das Leben! Ich hatte sie beiden
Anvertraut, nun raubte Bellyn die köstlichen Sachen.
Ließen sie sich doch wieder erforschen! Allein ich befürchte,
Niemand findet sie mehr, sie bleiben auf immer verloren.«

Aber die Äffin versetzte darauf: »Wer wollte verzweifeln?
Sind sie nur über der Erde, so ist noch Hoffnung zu schöpfen.
Früh und späte wollen wir gehn, und Laien und Pfaffen
Emsig fragen; doch zeiget uns an, wie waren die Schätze?«

Reineke sagte: »Sie waren so köstlich, wir finden sie nimmer;
Wer sie besitzt, verwahrt sie gewiss. Wie wird sich darüber
Nicht Frau Ermelyn quälen! Sie wird mir's niemals verzeihen.
Denn sie missriet mir, den beiden das köstliche Kleinod zu geben.
Nun erfindet man Lügen auf mich und will mich verklagen;
Doch ich verfechte mein Recht, erwarte das Urteil, und werd' ich
Losgesprochen, so reis' ich umher durch Länder und Reiche,
Suche die Schätze zu schaffen, und sollt' ich mein Leben verlieren.«

ZEHNTER GESANG

»O mein König«, sagte darauf der listige Redner:
»Lasst mich, edelster Fürst, vor meinen Freunden erzählen,
Was Euch alles von mir an köstlichen Dingen bestimmt war.
Habt Ihr sie gleich nicht erhalten, so war mein Wille doch löblich.«
»Sage nur an«, versetzte der König, »und kürze die Worte.«

»Glück und Ehre sind hin! Ihr werdet alles erfahren«,
Sagte Reineke traurig. »Das erste köstliche Kleinod
War ein Ring. Ich gab ihn Bellynen, er sollt' ihn dem König
Überliefern. Es war auf wunderbarliche Weise
Dieser Ring zusammengesetzt und würdig, im Schatze
Meines Fürsten zu glänzen, aus feinem Golde gebildet.
Auf der inneren Seite, die nach dem Finger sich kehret,
Standen Lettern gegraben und eingeschmolzen; es waren
Drei hebräische Worte von ganz besonderer Deutung.
Niemand erklärte so leicht in diesen Landen die Züge;
Meister Abryon nur von Trier, der konnte sie lesen.
Es ist ein Jude, gelehrt, und alle Zungen und Sprachen
Kennt er, die von Poitou bis Lüneburg werden gesprochen;
Und auf Kräuter und Steine versteht sich der Jude besonders.

Als ich den Ring ihm gezeigt, da sagt' er: ›Köstliche Dinge
Sind hierinnen verborgen. Die drei gegrabenen Namen
Brachte Seth, der Fromme, vom Paradiese hernieder,
Als er das Öl der Barmherzigkeit suchte; und wer ihn am Finger
Trägt, der findet sich frei von allen Gefahren. Es werden
Weder Donner noch Blitz noch Zauberei ihn verletzen.‹
Ferner sagte der Meister: er habe gelesen, es könne,
Wer den Ring am Finger bewahrt, in grimmiger Kälte
Nicht erfrieren; er lebe gewiss ein ruhiges Alter.
Außen stand ein Edelgestein, ein heller Karfunkel,
Dieser leuchtete nachts und zeigte deutlich die Sachen.
Viele Kräfte hatte der Stein; er heilte die Kranken;
Wer ihn berührte, fühlte sich frei von allen Gebrechen,
Aller Bedrängnis, nur ließ sich der Tod allein nicht bezwingen.
Weiter entdeckte der Meister des Steines herrliche Kräfte:
›Glücklich reist der Besitzer durch alle Lande, ihm schadet
Weder Wasser noch Feuer; gefangen oder verraten
Kann er nicht werden, und jeder Gewalt des Feindes entgeht er.
Und besieht er nüchtern den Stein, so wird er im Kampfe
Hundert überwinden und mehr. Die Tugend des Steines
Nimmt dem Gifte die Wirkung und allen schädlichen Säften.
Ebenso vertilgt sie den Hass, und sollte gleich mancher
Den Besitzer nicht lieben; er fühlt sich in kurzem verändert.‹

Wer vermöchte die Kräfte des Steines alle zu zählen,
Den ich im Schatze des Vaters gefunden und den ich dem König
Nun zu senden gedachte? Denn solches köstlichen Ringes
War ich nicht wert; ich wusst' es recht wohl; er sollte dem einen,
Der von allen der Edelste bleibt, so dacht' ich, gehören:
Unser Wohl beruht nur auf ihm und unser Vermögen,
Und ich hoffte sein Leben vor allem Übel zu schützen.

Ferner sollte Widder Bellyn der Königin gleichfalls
Kamm und Spiegel verehren, damit sie meiner gedächte.
Diese hatt' ich einmal zur Lust vom Schatze des Vaters
Zu mir genommen, es fand sich auf Erden kein schöneres Kunstwerk.

O wie oft versucht' es mein Weib und wollte sie haben!
Sie verlangte nichts weiter von allen Gütern der Erde,
Und wir stritten darum; sie konnte mich niemals bewegen.
Doch nun sendet' ich Spiegel und Kamm mit gutem Bedachte
Meiner gnädigen Frauen, der Königin, welche mir immer
Große Wohltat erwies und mich vor Übel beschirmte;
Öfters hat sie für mich ein günstiges Wörtchen gesprochen;
Edel ist sie, von hoher Geburt, es ziert sie die Tugend,
Und ihr altes Geschlecht bewährt sich in Worten und Werken:
Würdig war sie des Spiegels und Kammes! die hat sie nun leider
Nicht mit Augen gesehn, sie bleiben auf immer verloren.

Nun vom Kamme zu reden. Zu diesem hatte der Künstler
Panterknochen genommen, die Reste des edlen Geschöpfes,
Zwischen Indien wohnt es und zwischen dem Paradiese.
Allerlei Farben zieren sein Fell, und süße Gerüche
Breiten sich aus, wohin es sich wendet, darum auch die Tiere
Seine Fährte so gern auf allen Wegen verfolgen;
Denn sie werden gesund von diesem Geruche, das fühlen
Und bekennen sie alle. Von solchen Knochen und Beinen
War der zierliche Kamm mit vielem Fleiße gebildet,
Klar wie Silber und weiß von unaussprechlicher Reinheit,
Und des Kammes Geruch ging über Nelken und Zimmet.
Stirbt das Tier, so fährt der Geruch in alle Gebeine,
Bleibt beständig darin und lässt sie nimmer verwesen,
Alle Seuche treibt er hinweg und alle Vergiftung.

Ferner sah man die köstlichsten Bilder am Rücken des Kammes
Hocherhaben, durchflochten mit goldenen zierlichen Ranken
Und mit rot- und blauer Lasur. Im mittelsten Felde
War die Geschichte künstlich gebildet, wie Paris von Troja
Eines Tages am Brunnen saß, drei göttliche Frauen
Vor sich sah, man nannte sie Pallas und Juno und Venus.
Lange stritten sie erst, denn jegliche wollte den Apfel
Gerne besitzen, der ihnen bisher zusammen gehörte;
Endlich verglichen sie sich: es solle den goldenen Apfel
Paris der Schönsten bestimmen, sie sollt' allein ihn behalten.

Und der Jüngling beschaute sie wohl mit gutem Bedachte.
Juno sagte zu ihm: ›Erhalt' ich den Apfel, erkennst du
Mich für die Schönste, so wirst du der Erste vor allen an Reichtum.‹
Pallas versetzte: ›Bedenke dich wohl und gib mir den Apfel,
Und du wirst der mächtigste Mann; es fürchten dich alle,
Wird dein Name genannt, so Feind' als Freunde zusammen.‹
Venus sprach: ›Was soll die Gewalt? Was sollen die Schätze?
Ist dein Vater nicht König Priamus? Deine Gebrüder
Hektor und andre, sind sie nicht reich und mächtig im Lande?
Ist nicht Troja geschützt von seinem Heere? Und habt ihr
Nicht umher das Land bezwungen und fernere Völker?
Wirst du die Schönste mich preisen und mir den Apfel erteilen,
Sollst du des herrlichsten Schatzes auf dieser Erde dich freuen.
Dieser Schatz ist ein treffliches Weib, die Schönste von allen,
Tugendsam, edel und weise, wer könnte würdig sie loben?
Gib mir den Apfel, du sollst des griechischen Königs Gemahlin,
Helena mein' ich, die Schöne, den Schatz der Schätze, besitzen.‹

Und er gab ihr den Apfel und pries sie vor allen die Schönste.
Aber sie half ihm dagegen die schöne Königin rauben,
Menelaus' Gemahlin, sie ward in Troja die Seine.
Diese Geschichte sah man erhaben im mittelsten Felde.
Und es waren Schilder umher mit künstlichen Schriften;
Jeder durfte nur lesen, und so verstand er die Fabel.

Höret nun weiter vom Spiegel, daran die Stelle des Glases
Ein Beryll vertrat von großer Klarheit und Schönheit;
Alles zeigte sich drin, und wenn es meilenweit vorging,
War es Tag oder Nacht. Und hatte jemand im Antlitz
Einen Fehler, wie er auch war, ein Fleckchen im Auge,
Durft' er sich nur im Spiegel besehn, so gingen von Stund an
Alle Mängel hinweg und alle fremden Gebrechen.
Ist's ein Wunder, dass mich es verdrießt, den Spiegel zu missen?
Und es war ein köstliches Holz zur Fassung der Tafel,
Sethym heißt es, genommen, von festem, glänzendem Wuchse,
Keine Würmer stechen es an und wird auch, wie billig,

Höher gehalten als Gold, nur Ebenholz kommt ihm am nächsten.
Denn aus diesem verfertigt' einmal ein trefflicher Künstler
Unter König Krompardes ein Pferd von seltnem Vermögen,
Eine Stunde brauchte der Reiter und mehr nicht zu hundert
Meilen. Ich könnte die Sache für jetzt nicht gründlich erzählen,
Denn es fand sich kein ähnliches Ross, so lange die Welt steht.

Anderthalb Fuß war rings die ganze Breite des Rahmens
Um die Tafel herum, geziert mit künstlichem Schnitzwerk,
Und mit goldenen Lettern stand unter jeglichem Bilde,
Wie sich's gehört, die Bedeutung geschrieben. Ich will die Geschichten
Kürzlich erzählen. Die erste war von dem neidischen Pferde:
Um die Wette gedacht' es mit einem Hirsche zu laufen;
Aber hinter ihm blieb es zurück, das schmerzte gewaltig;
Und es eilte darauf mit einem Hirten zu reden,
Sprach: ›Du findest dein Glück, wenn du mir eilig gehorchest.
Setze dich auf, ich bringe dich hin, es hat sich vor kurzem
Dort ein Hirsch im Walde verborgen, den sollst du gewinnen;
Fleisch und Haut und Geweih, du magst sie teuer verkaufen,
Setze dich auf, wir wollen ihm nach!‹ — ›Das will ich wohl wagen!‹,
Sagte der Hirt und setzte sich auf, sie eilten von dannen.
Und sie erblickten den Hirsch in kurzem, folgten behände
Seiner Spur und jagten ihm nach. Er hatte den Vorsprung,
Und es ward dem Pferde zu sauer, da sagt' es zum Manne:
›Sitze was ab, ich bin müde geworden, der Ruhe bedarf ich.‹
›Nein! wahrhaftig‹, versetzte der Mann, ›du sollst mir gehorchen,
Meine Sporen sollst du empfinden, du hast mich ja selber
Zu dem Ritte gebracht‹; und so bezwang es der Reiter.
Seht, so lohnet sich der mit vielem Bösen, der, andern
Schaden zu bringen, sich selbst mit Pein und Übel beladet.

Ferner zeig' ich Euch an, was auf dem Spiegel gebildet
Stand: Wie ein Esel und Hund bei einem Reichen in Diensten
Beide gewesen, so war denn der Hund nun freilich der Liebling,
Denn er saß beim Tische des Herrn und aß mit demselben
Fisch und Fleisch und ruhte wohl auch im Schoße des Gönners,

Der ihm das beste Brot zu reichen pflegte; dagegen
Wedelte mit dem Schwanze der Hund und leckte den Herren.

Boldewyn sah das Glück des Hundes, und traurig im Herzen
Ward der Esel und sagte bei sich: ›Wo denkt doch der Herr hin,
Dass er dem faulen Geschöpfe so äußerst freundlich begegnet?
Springt das Tier nicht auf ihm herum und leckt ihn am Barte!
Und ich muss die Arbeit verrichten und schleppe die Säcke.
Er probier' es einmal und tu' mit fünf, ja mit zehen
Hunden im Jahre so viel, als ich des Monats verrichte!
Und doch wird ihm das Beste gereicht, mich speist man mit Stroh ab;
Lässt auf der harten Erde mich liegen, und wo man mich hintreibt
Oder reitet, spottet man meiner. Ich kann und ich will es
Länger nicht dulden, will auch des Herren Gunst mir erwerben.‹

Als er so sprach, kam eben sein Herr die Straße gegangen;
Da erhub der Esel den Schwanz und bäumte sich springend
Über den Herren und schrie und sang und plärrte gewaltig,
Leckt' ihm den Bart und wollte nach Art und Weise des Hundes
An die Wange sich schmiegen und stieß ihm einige Beulen.
Ängstlich entsprang ihm der Herr und rief: ›O! fangt mir den Esel,
Schlagt ihn tot!‹ Es kamen die Knechte, da regnet' es Prügel,
Nach dem Stalle trieb man ihn fort: da blieb er ein Esel.

Mancher findet sich noch von seinem Geschlechte, der andern
Ihre Wohlfahrt missgönnt und sich nicht besser befindet.
Kommt dann aber einmal so einer in reichlichen Zustand,
Schickt sich's grad', als äße das Schwein mit Löffeln die Suppe,
Nicht viel besser fürwahr. Der Esel trage die Säcke,
Habe Stroh zum Lager und finde Disteln zur Nahrung.
Will man ihn anders behandeln, so bleibt es doch immer beim Alten.
Wo ein Esel zur Herrschaft gelangt, kann's wenig gedeihen.
Ihren Vorteil suchen sie wohl, was kümmert sie weiter?

Ferner sollt Ihr erfahren, mein König, und lasst Euch die Rede
Nicht verdrießen, es stand noch auf dem Rahmen des Spiegels

Schön gebildet und deutlich beschrieben, wie ehmals mein Vater
Sich mit Hinzen verbündet, auf Abenteuer zu ziehen,
Und wie beide heilig geschworen, in allen Gefahren
Tapfer zusammenzuhalten und jede Beute zu teilen.
Als sie nun vorwärts zogen, bemerkten sie Jäger und Hunde
Nicht gar ferne vom Wege; da sagte Hinze, der Kater:
›Guter Rat scheint teuer zu werden!‹ Mein Alter versetzte:
›Wunderlich sieht es wohl aus, doch hab' ich mit herrlichem Rate
Meinen Sack noch gefüllt, und wir gedenken des Eides,
Halten wacker zusammen, das bleibt vor allem das Erste.‹
Hinze sagte dagegen: ›Es gehe, wie es auch wolle,
Bleibt mir doch ein Mittel bekannt, das denk' ich zu brauchen.‹
Und so sprang er behänd auf einen Baum, sich zu retten
Vor der Hunde Gewalt, und so verließ er den Oheim.
Ängstlich stand mein Vater nun da; es kamen die Jäger.
Hinze sprach: ›Nun, Oheim? Wie steht's? So öffnet den Sack doch!
Ist er voll Rates, so braucht ihn doch jetzt, die Zeit ist gekommen.‹
Und die Jäger bliesen das Horn und riefen einander.
Lief mein Vater, so liefen die Hunde, sie folgten mit Bellen,
Und er schwitzte vor Angst, und häufige Losung entfiel ihm;
Leichter fand er sich da, und so entging er den Feinden.

Schändlich, Ihr habt es gehört, verriet ihn der nächste Verwandte,
Dem er sich doch am meisten vertraut. Es ging ihm ans Leben,
Denn die Hunde waren zu schnell, und hätt' er nicht eilig
Einer Höhle sich wieder erinnert, so war es geschehen;
Aber da schlupft' er hinein, und ihn verloren die Feinde.
Solcher Bursche gibt es noch viel, wie Hinze sich damals
Gegen den Vater bewies: wie sollt' ich ihn lieben und ehren?
Halb zwar hab' ich's vergeben, doch bleibt noch etwas zurücke.
All dies war auf dem Spiegel geschnitten mit Bildern und Worten.

Ferner sah man daselbst ein eignes Stückchen vom Wolfe,
Wie er zu danken bereit ist für Gutes, das er empfangen.
Auf dem Anger fand er ein Pferd, woran nur die Knochen
Übrig waren; doch hungert' ihn sehr, er nagte sie gierig,

Und es kam ihm ein spitziges Bein die Quer' in den Kragen;
Ängstlich stellt' er sich an, es war ihm übel geraten.
Boten auf Boten sendet' er fort, die Ärzte zu rufen;
Niemand vermochte zu helfen, wiewohl er große Belohnung
Allen geboten. Da meldete sich am Ende der Kranich,
Mit dem roten Barett auf dem Haupt. Ihm flehte der Kranke:
›Doktor, helft mir geschwind von diesen Nöten! Ich geb' Euch,
Bringt Ihr den Knochen heraus, so viel Ihr immer begehret.‹

Also glaubte der Kranich den Worten und steckte den Schnabel
Mit dem Haupt in den Rachen des Wolfes und holte den Knochen.
›Weh mir!‹, heulte der Wolf, ›du tust mir Schaden! Es schmerzet!
Lass es nicht wieder geschehn! Für heute sei es vergeben.
Wär' es ein andrer, ich hätte das nicht geduldig gelitten.‹
›Gebt Euch zufrieden‹, versetzte der Kranich; ›Ihr seid nun genesen;
Gebt mir den Lohn, ich hab' ihn verdient, ich hab' Euch geholfen.‹
›Höret den Gecken!‹, sagte der Wolf; ›ich habe das Übel,
Er verlangt die Belohnung und hat die Gnade vergessen,
Die ich ihm eben erwies. Hab' ich ihm Schnabel und Schädel,
Den ich im Munde gefühlt, nicht unbeschädigt entlassen?
Hat mir der Schäker nicht Schmerzen gemacht? Ich könnte wahrhaftig,
Ist von Belohnung die Rede, sie selbst am ersten verlangen.‹
Also pflegen die Schälke mit ihren Knechten zu handeln.

Diese Geschichten und mehr verzierten, künstlich geschnitten,
Rings die Fassung des Spiegels und mancher gegrabene Zierrat,
Manche goldene Schrift. Ich hielt des köstlichen Kleinods
Mich nicht wert, ich bin zu gering und sandt' es deswegen
Meiner Frauen, der Königin, zu. Ich dachte durch solches
Ihr und ihrem Gemahl mich ehrerbietig zu zeigen.
Meine Kinder betrübten sich sehr, die artigen Knaben,
Als ich den Spiegel dahingab. Sie sprangen gewöhnlich und spielten
Vor dem Glase, beschauten sich gern, sie sahen die Schwänzchen
Hängen vom Rücken herab und lachten den eigenen Mäulchen.
Leider vermutet' ich nicht den Tod des ehrlichen Lampe,
Da ich ihm und Bellyn auf Treu und Glauben die Schätze

Heilig empfahl; ich hielt sie beide für redliche Leute,
Keine besseren Freunde gedacht' ich jemals zu haben.
Wehe sei über den Mörder gerufen! Ich will es erfahren,
Wer die Schätze verborgen, es bleibt kein Mörder verhohlen.
Wüsste doch ein und andrer vielleicht im Kreis hier zu sagen,
Wo die Schätze geblieben und wie man Lampen getötet!

Seht, mein gnädiger König, es kommen täglich so viele
Wichtige Sachen vor Euch; Ihr könnt nicht alles behalten;
Doch vielleicht gedenket Ihr noch des herrlichen Dienstes,
Den mein Vater dem Euren an dieser Stätte bewiesen.
Krank lag Euer Vater, sein Leben rettete meiner,
Und doch sagt Ihr, ich habe noch nie, es habe mein Vater
Euch nichts Gutes erzeigt. Beliebt mich weiter zu hören.
Sei es mit Eurer Erlaubnis gesagt: Es fand sich am Hofe
Eures Vaters der meine bei großen Würden und Ehren
Als erfahrener Arzt. Er wusste das Wasser des Kranken
Klug zu besehn: er half der Natur; was immer den Augen,
Was den edelsten Gliedern gebrach, gelang ihm zu heilen;
Kannte wohl die emetischen Kräfte, verstand auch daneben
Auf die Zähne sich gut und holte die schmerzenden spielend.
Gerne glaub' ich, Ihr habt es vergessen; es wäre kein Wunder;
Denn drei Jahre hattet Ihr nur. Es legte sich damals
Euer Vater im Winter mit großen Schmerzen zu Bette,
Ja, man musst' ihn heben und tragen. Da ließ er die Ärzte
Zwischen hier und Rom zusammenberufen, und alle
Gaben ihn auf; er schickte zuletzt, man holte den Alten;
Dieser hörte die Not und sah die gefährliche Krankheit.

Meinen Vater jammert' es sehr, er sagte: ›Mein König,
Gnädiger Herr, ich setzte, wie gern! mein eigenes Leben,
Könnt' ich Euch retten, daran! doch lasst im Glase mich Euer
Wasser besehn.‹ Der König befolgte die Worte des Vaters,
Aber klagte dabei, es werde je länger je schlimmer.
Auf dem Spiegel war es gebildet, wie glücklich zur Stunde
Euer Vater genesen. Denn meiner sagte bedächtig:

›Wenn Ihr Gesundheit verlangt, entschließt Euch ohne Versäumnis,
Eines Wolfes Leber zu speisen, doch sollte derselbe
Sieben Jahre zum wenigsten haben; die müsst Ihr verzehren.
Sparen dürft Ihr mir nicht, denn Euer Leben betrifft es.
Euer Wasser zeuget nur Blut, entschließt Euch geschwinde!‹

In dem Kreise befand sich der Wolf und hört' es nicht gerne.
Euer Vater sagte darauf: ›Ihr habt es vernommen,
Höret, Herr Wolf, Ihr werdet mir nicht zu meiner Genesung
Eure Leber verweigern.‹ Der Wolf versetzte dagegen:
›Nicht fünf Jahre bin ich geboren! was kann ich Euch nutzen?‹
›Eitles Geschwätz!‹, versetzte mein Vater; ›es soll uns nicht hindern,
An der Leber seh' ich das gleich.‹ Es musste zur Stelle
Nach der Küche der Wolf, und brauchbar fand sich die Leber.
Euer Vater verzehrte sie stracks. Zur selbigen Stunde
War er von aller Krankheit befreit und allen Gebrechen.
Meinem Vater dankt' er genug, es musst' ihn ein jeder
Doktor heißen am Hofe; man durft' es niemals vergessen.

Also ging mein Vater beständig dem König zur Rechten.
Euer Vater verehrt' ihm hernach, ich weiß es am besten,
Eine goldene Spange mit einem roten Barette,
Sie vor allen Herren zu tragen; so haben ihn alle
Hoch in Ehren gehalten. Es hat sich aber mit seinem
Sohne leider geändert, und an die Tugend des Vaters
Wird nicht weiter gedacht. Die allergierigsten Schälke
Werden erhoben, und Nutz und Gewinn bedenkt man alleine,
Recht und Weisheit stehen zurück. Es werden die Diener
Große Herren, das muss der Arme gewöhnlich entgelten.
Hat ein solcher Macht und Gewalt, so schlägt er nur blindlings
Unter die Leute, gedenket nicht mehr, woher er gekommen;
Seinen Vorteil gedenkt er aus allem Spiele zu nehmen.
Um die Großen finden sich viele von diesem Gelichter.
Keine Bitte hören sie je, wozu nicht die Gabe
Gleich sich reichlich gesellt, und wenn sie die Leute bescheiden,
Heißt es: ›Bringt nur! und bringt!‹, zum ersten, zweiten und dritten.

Solche gierige Wölfe behalten köstliche Bissen
Gerne für sich, und wär' es zu tun, mit kleinem Verluste
Ihres Herren Leben zu retten, sie trügen Bedenken.
Wollte der Wolf doch die Leber nicht lassen, dem König zu dienen!
Und was Leber! Ich sag' es heraus! Es möchten auch zwanzig
Wölfe das Leben verlieren, behielte der König und seine
Teure Gemahlin das ihre, so wär' es weniger Schade.
Denn ein schlechter Same, was kann er Gutes erzeugen?
Was in Eurer Jugend geschah, Ihr habt es vergessen;
Aber ich weiß es genau, als wär' es gestern geschehen.
Auf dem Spiegel stand die Geschichte, so wollt' es mein Vater;
Edelsteine zierten das Werk und goldene Ranken.
Könnt' ich den Spiegel erfragen, ich wagte Vermögen und Leben.«

»Reineke«, sagte der König, »die Rede hab' ich verstanden,
Habe die Worte gehört und was du alles erzähltest.
War dein Vater so groß hier am Hofe und hat er so viele
Nützliche Taten getan, das mag wohl lange schon her sein.
Ich erinnre mich's nicht, auch hat mir's niemand berichtet.
Eure Händel dagegen, die kommen mir öfters zu Ohren,
Immer seid Ihr im Spiele, so hör' ich wenigstens sagen;
Tun sie Euch Unrecht damit und sind es alte Geschichten,
Möcht' ich einmal was Gutes vernehmen; es findet sich selten.«

»Herr«, versetzte Reineke drauf, »ich darf mich hierüber
Wohl erklären vor Euch, denn mich betrifft ja die Sache.
Gutes hab' ich Euch selber getan! es sei Euch nicht etwa
Vorgeworfen; behüte mich Gott! ich erkenne mich schuldig,
Euch zu leisten, soviel ich vermag. Ihr habt die Geschichte
Ganz gewiss nicht vergessen. Ich war mit Isegrim glücklich
Einst, ein Schwein zu erjagen, es schrie, wir bissen es nieder,
Und Ihr kamt und klagtet so sehr und sagtet: es käme
Eure Frau noch hinter Euch drein, und teilte nur jemand
Wenige Speise mit Euch, so wär' Euch beiden geholfen.
›Gebet von eurem Gewinne was ab!‹, so sagtet Ihr damals.
Isegrim sagte wohl: ›Ja!‹; doch murmelt' er unter dem Barte,

Dass man kaum es verstand. Ich aber sagte dagegen:
›Herr! es ist Euch gegönnt, und wären's der Schweine die Menge.
Sagt, wer soll es verteilen?‹ — ›Der Wolf!‹, versetztet Ihr wieder.
Isegrim freute sich sehr; er teilte, wie er gewohnt war,
Ohne Scham und Scheu und gab Euch eben ein Vierteil,
Eurer Frauen das andre, und er fiel über die Hälfte,
Schlang begierig hinein und reichte mir außer den Ohren
Nur die Nase noch hin und eine Hälfte der Lunge;
Alles andre behielt er für sich, Ihr habt es gesehen.
Wenig Edelmut zeigt' er uns da. Ihr wisst es, mein König!
Euer Teil verzehrtet Ihr bald, doch merkt' ich, Ihr hattet
Nicht den Hunger gestillt, nur Isegrim wollt' es nicht sehen,
Aß und kaute so fort und bot Euch nicht das Geringste.
Aber da traft Ihr ihn auch mit Euren Tatzen gewaltig
Hinter die Ohren, verschobt ihm das Fell, mit blutiger Glatze
Lief er davon, mit Beulen am Kopf und heulte vor Schmerzen.
Und Ihr rieft ihm noch zu: ›Komm wieder, lerne dich schämen!
Teilst du wieder, so triff mir's besser, sonst will ich dir's zeigen.
Jetzt mach' eilig dich fort und bring' uns ferner zu essen!‹
›Herr! gebietet Ihr das?‹, versetzt' ich, ›so will ich ihm folgen,
Und ich weiß, ich hole schon was.‹ Ihr wart es zufrieden.
Ungeschickt hielt sich Isegrim damals; er blutete, seufzte,
Klagte mir vor; doch trieb ich ihn an, wir jagten zusammen,
Fingen ein Kalb! Ihr liebt Euch die Speise. Und als wir es brachten,
Fand sich's fett; Ihr lachtet dazu und sagtet zu meinem
Lobe manch freundliches Wort; ich wäre, meintet Ihr, trefflich
Auszusenden zur Stunde der Not, und sagtet daneben:
›Teile das Kalb!‹ Da sprach ich: ›Die Hälfte gehöret schon Euer!
Und die Hälfte gehört der Königin; was sich im Leibe
Findet, als Herz und Leber und Lunge, gehöret, wie billig,
Euern Kindern; ich nehme die Füße, die lieb' ich zu nagen,
Und das Haupt behalte der Wolf, die köstliche Speise.‹

Als Ihr die Rede vernommen, versetztet Ihr: ›Sage! wer hat dich
So nach Hofart teilen gelehrt? ich möcht' es erfahren?‹
Da versetzt' ich: ›Mein Lehrer ist nah', denn dieser mit rotem

Kopfe, mit blutiger Glatze, hat mir das Verständnis geöffnet,
Ich bemerkte genau, wie er heut frühe das Ferkel
Teilte, da lernt' ich den Sinn von solcher Teilung begreifen;
Kalb oder Schwein, ich find' es nun leicht und werde nicht fehlen.‹

Schaden und Schande befiel den Wolf und seine Begierde.
Seinesgleichen gibt es genug! Sie schlingen der Güter
Reichliche Früchte zusamt den Untersassen hinunter.
Alles Wohl zerstören sie leicht, und keine Verschonung
Ist zu erwarten, und wehe dem Lande, das selbige nähret!

Seht! Herr König, so hab' ich Euch oft in Ehren gehalten.
Alles, was ich besitze, und was ich nur immer gewinne,
Alles widm' ich Euch gern und Eurer Königin; sei es
Wenig oder auch viel, Ihr nehmt das meiste von allem.
Wenn Ihr des Kalbes und Schweines gedenkt, so merkt Ihr die Wahrheit,
Wo die rechte Treue sich findet. Und dürfte wohl etwa
Isegrim sich mit Reineken messen? Doch leider im Ansehn
Steht der Wolf als oberster Vogt, und alle bedrängt er.
Euren Vorteil besorgt er nicht sehr; zum Halben und Ganzen
Weiß er den seinen zu fördern. So führt er freilich mit Braunen
Nun das Wort, und Reinekens Rede wird wenig geachtet.

Herr! es ist wahr, man hat mich verklagt, ich werde nicht weichen,
Denn ich muss nun hindurch, und also sei es gesprochen:
Ist hier einer, der glaubt zu beweisen, so komm' er mit Zeugen,
Halte sich fest an die Sache und setze gerichtlich zum Pfande
Sein Vermögen, sein Ohr, sein Leben, wenn er verlöre,
Und ich setze das Gleiche dagegen: so hat es zu Rechte
Stets gegolten, so halte man's noch, und alle die Sache,
Wie man sie für und wider gesprochen, sie werde getreulich
Solcherweise geführt und gerichtet; ich darf es verlangen!«

»Wie es auch sei«, versetzte der König, »am Wege des Rechtes
Will und kann ich nicht schmälern, ich hab' es auch niemals gelitten.
Groß ist zwar der Verdacht, du habest an Lampens Ermordung

Teilgenommen, des redlichen Boten! ich liebt' ihn besonders
Und verlor ihn nicht gern, betrübte mich über die Maßen,
Als man sein blutiges Haupt aus deinem Ränzel herauszog;
Auf der Stelle büßt' es Bellyn, der böse Begleiter;
Und du magst die Sache nun weiter gerichtlich verfechten.
Was mich selber betrifft, vergeb' ich Reineken alles,
Denn er hielt sich zu mir in manchen bedenklichen Fällen.
Hätte weiter jemand zu klagen, wir wollen ihn hören;
Stell' er unbescholtene Zeugen und bringe die Klage
Gegen Reineken ordentlich vor, hier steht er zu Rechte!«

Reineke sagte: »Gnädiger Herr! ich danke zum Besten.
Jeden hört Ihr, und jeder genießt die Wohltat des Rechtes.
Lasst mich heilig beteuern, mit welchem traurigen Herzen
Ich Bellyn und Lampen entließ; mir ahnete, glaub' ich,
Was den beiden sollte geschehn, ich liebte sie zärtlich.«

So staffierte Reineke klug Erzählung und Worte.
Jedermann glaubt' ihm; er hatte die Schätze so zierlich beschrieben,
Sich so ernstlich betragen; er schien die Wahrheit zu reden.
Ja, man sucht' ihn zu trösten. Und so betrog er den König,
Dem die Schätze gefielen; er hätte sie gerne besessen,
Sagte zu Reineken: »Gebt Euch zufrieden, Ihr reiset und suchet
Weit und breit, das Verlorne zu finden, das Mögliche tut Ihr;
Wenn Ihr meiner Hülfe bedürft, sie steht Euch zu Diensten.«

»Dankbar«, sagte Reineke drauf, »erkenn' ich die Gnade;
Diese Worte richten mich auf und lassen mich hoffen.
Raub und Mord zu bestrafen ist Eure höchste Behörde.
Dunkel bleibt mir die Sache, doch wird sich's finden; ich sehe
Mit dem größten Fleiße darnach und werde des Tages
Emsig reisen und nachts und alle Leute befragen.
Hab' ich erfahren, wo sie sich finden, und kann sie nicht selber
Wieder gewinnen, wär' ich zu schwach, so bitt' ich um Hülfe,
Die gewährt Ihr alsdann, und sicher wird es geraten.
Bring' ich glücklich die Schätze vor Euch, so find' ich am Ende
Meine Mühe belohnt und meine Treue bewähret.«

Gerne hört' es der König und fiel in allem und jedem
Reineken bei, der hatte die Lüge so künstlich geflochten.
Alle die andern glaubten es auch; er durfte nun wieder
Reisen und gehen, wohin ihm gefiel und ohne zu fragen.

Aber Isegrim konnte sich länger nicht halten, und knirschend
Sprach er: »Gnädiger Herr! So glaubt Ihr wieder dem Diebe,
Der Euch zwei- und dreifach belog? Wen sollt' es nicht wundern!
Seht Ihr nicht, dass der Schalk Euch betriegt und uns alle beschädigt?
Wahrheit redet er nie, und eitel Lügen ersinnt er.
Aber ich lass' ihn so leicht nicht davon! Ihr sollt es erfahren,
Dass er ein Schelm ist und falsch. Ich weiß drei große Verbrechen,
Die er begangen; er soll nicht entgehn, und sollten wir kämpfen.
Zwar man fordert Zeugen von uns, was wollte das helfen?
Stünden sie hier und sprächen und zeugten den ganzen Gerichtstag,
Könnte das fruchten? Er täte nur immer nach seinem Belieben.
Oft sind keine Zeugen zu stellen, da sollte der Frevler
Nach wie vor die Tücke verüben? Wer traut sich zu reden?
Jedem hängt er was an, und jeder fürchtet den Schaden.
Ihr und die Euren empfinden es auch und alle zusammen.
Heute will ich ihn halten, er soll nicht wanken noch weichen,
Und er soll zu Rechte mir stehn, nun mag er sich wahren!«

EILFTER GESANG

Isegrim klagte, der Wolf, und sprach: »Ihr werdet verstehen!
Reineke, gnädiger König, so wie er immer ein Schalk war,
Bleibt er es auch und steht und redet schändliche Dinge,
Mein Geschlecht zu beschimpfen und mich. So hat er mir immer,
Meinem Weibe noch mehr empfindliche Schande bereitet.
So bewog er sie einst, in einem Teiche zu waten
Durch den Morast, und hatte versprochen, sie solle des Tages
Viele Fische gewinnen; sie habe den Schwanz nur ins Wasser
Einzutauchen und hängen zu lassen: es würden die Fische
Fest sich beißen, sie könne selbviert nicht alle verzehren.

Watend kam sie darauf und schwimmend gegen das Ende,
Gegen den Zapfen; da hatte das Wasser sich tiefer gesammelt,
Und er hieß sie den Schwanz ins Wasser hängen. Die Kälte
Gegen Abend war groß, und grimmig begann es zu frieren,
Dass sie fast nicht länger sich hielt; so war auch in kurzem
Ihr der Schwanz ins Eis gefroren, sie konnt' ihn nicht regen,
Glaubte, die Fische wären so schwer, es wäre gelungen.
Reineke merkt' es, der schändliche Dieb, und was er getrieben,
Darf ich nicht sagen, er kam und übermannte sie leider.
Von der Stelle soll er mir nicht! Es kostet der Frevel
Einen von beiden, wie Ihr uns seht, noch heute das Leben.
Denn er schwätzt sich nicht durch; ich hab' ihn selber betroffen
Über der Tat, mich führte der Zufall am Hügel den Weg her.
Laut um Hülfe hört' ich sie schreien, die arme Betrogne,
Fest im Eise stand sie gefangen und konnt' ihm nicht wehren,
Und ich kam und musste mit eignen Augen das alles
Sehen! Ein Wunder fürwahr, dass mir das Herz nicht gebrochen.
›Reineke!‹, rief ich, ›was tust du?‹ Er hörte mich kommen und eilte
Seine Straße. Da ging ich hinzu mit traurigem Herzen,
Musste waten und frieren im kalten Wasser und konnte
Nur mit Mühe das Eis zerbrechen, mein Weib zu erlösen.
Ach, es ging nicht glücklich vonstatten! Sie zerrte gewaltig,
Und es blieb ihr ein Viertel des Schwanzes im Eise gefangen.
Jammernd klagte sie laut und viel, das hörten die Bauern,
Kamen hervor und spürten uns aus und riefen einander.
Hitzig liefen sie über den Damm mit Piken und Äxten,
Mit dem Rocken kamen die Weiber und lärmten gewaltig:
›Fangt sie! Schlagt nur und werft!‹, so riefen sie gegeneinander.
Angst wie damals empfand ich noch nie, das Gleiche bekennet
Gieremund auch, wir retteten kaum mit Mühe das Leben,
Liefen, es rauchte das Fell. Da kam ein Bube gelaufen,
Ein vertrackter Geselle, mit einer Pike bewaffnet,
Leicht zu Fuße, stach er nach uns und drängt' uns gewaltig.
Wäre die Nacht nicht gekommen, wir hätten das Leben gelassen.
Und die Weiber riefen noch immer, die Hexen, wir hätten
Ihre Schafe gefressen. Sie hätten uns gerne getroffen,

Schimpften und schmähten hinter uns drein. Wir wandten uns aber
Von dem Lande wieder zum Wasser und schlupften behände
Zwischen die Binsen; da trauten die Bauern nicht weiter zu folgen,
Denn es war dunkel geworden, sie machten sich wieder nach Hause.
Knapp entkamen wir so. Ihr sehet, gnädiger König,
Überwältigung, Mord und Verrat, von solchen Verbrechen
Ist die Rede, die werdet Ihr streng, mein König, bestrafen.«

Als der König die Klage vernommen, versetzt' er: »Es werde
Rechtlich hierüber erkannt, doch lasst uns Reineken hören.«
Reineke sprach: »Verhielt' es sich also, würde die Sache
Wenig Ehre mir bringen, und Gott bewahre mich gnädig,
Dass man es fände, wie er erzählt! Doch will ich nicht leugnen,
Dass ich sie Fische fangen gelehrt und auch ihr die beste
Straße, zu Wasser zu kommen, und sie zu dem Teiche gewiesen.
Aber sie lief so gierig darnach, sobald sie nur Fische
Nennen gehört, und Weg und Maß und Lehre vergaß sie.
Blieb sie fest im Eise befroren, so hatte sie freilich
Viel zu lange gesessen; denn hätte sie zeitig gezogen,
Hätte sie Fische genug zum köstlichen Mahle gefangen.
Allzu große Begierde wird immer schädlich. Gewöhnt sich
Ungenügsam das Herz, so muss es vieles vermissen.
Wer den Geist der Gierigkeit hat, er lebt nur in Sorgen,
Niemand sättiget ihn. Frau Gieremund hat es erfahren,
Da sie im Eise befror. Sie dankt nun meiner Bemühung
Schlecht. Das hab' ich davon, dass ich ihr redlich geholfen!
Denn ich schob und wollte mit allen Kräften sie heben,
Doch sie war mir zu schwer, und über dieser Bemühung
Traf mich Isegrim an, der längs dem Ufer daherging,
Stand dadroben und rief und fluchte grimmig herunter.
Ja, fürwahr ich erschrak, den schönen Segen zu hören.
Eins und zwei- und dreimal warf er die grässlichsten Flüche
Über mich her und schrie, von wildem Zorne getrieben,
Und ich dachte: ›Du machst dich davon und wartest nicht länger;
Besser laufen als faulen.‹ Ich hatt' es eben getroffen,
Denn er hätte mich damals zerrissen. Und wenn es begegnet,

Dass zwei Hunde sich beißen um einen Knochen, da muss wohl
Einer verlieren. So schien mir auch da das Beste geraten,
Seinem Zorn zu entweichen und seinem verworrnen Gemüte.
Grimmig war er und bleibt es, wie kann er's leugnen? Befraget
Seine Frau; was hab' ich mit ihm, dem Lügner, zu schaffen?
Denn sobald er sein Weib im Eise befroren bemerkte,
Flucht' und schalt er gewaltig und kam und half ihr entkommen.
Machten die Bauern sich hinter sie her, so war es zum Besten;
Denn so kam ihr Blut in Bewegung, sie froren nicht länger.
Was ist weiter zu sagen? Es ist ein schlechtes Benehmen,
Wer sein eigenes Weib mit solchen Lügen beschimpfet.
Fragt sie selber, da steht sie, und hätt' er die Wahrheit gesprochen,
Würde sie selber zu klagen nicht fehlen. Indessen erbitt' ich
Eine Woche mir Frist, mit meinen Freunden zu sprechen,
Was für Antwort dem Wolf und seiner Klage gebühret.«

Gieremund sagte darauf: »In Eurem Treiben und Wesen
Ist nur Schalkheit, wir wissen es wohl, und Lügen und Trügen,
Büberei, Täuschung und Trotz. Wer Euren verfänglichen Reden
Glaubt, wird sicher am Ende beschädigt. Immer gebraucht Ihr
Lose, verworrene Worte. So hab' ich's am Borne gefunden.
Denn zwei Eimer hingen daran, Ihr hattet in einen,
Weiß ich warum? Euch gesetzt und wart hernieder gefahren;
Nun vermochtet Ihr nicht, Euch selber wieder zu heben,
Und Ihr klagtet gewaltig. Des Morgens kam ich zum Brunnen,
Fragte: ›Wer bracht' Euch herein?‹ Ihr sagtet: ›Kommt Ihr doch eben,
Liebe Gevatterin, recht! Ich gönn' Euch jeglichen Vorteil;
Steigt in den Eimer da droben, so fahrt Ihr hernieder und esset
Hier an Fischen Euch satt.‹ Ich war zum Unglück gekommen,
Denn ich glaubt' es, Ihr schwurt noch dazu: Ihr hättet so viele
Fische verzehrt, es schmerz' Euch der Leib. Ich ließ mich betören,
Dumm wie ich war, und stieg in den Eimer; da ging er hernieder
Und der andere wieder herauf, Ihr kamt mir entgegen.
Wunderlich schien mir's zu sein, ich fragte voller Erstaunen:
›Sagt, wie gehet das zu?‹ Ihr aber sagtet dawider:
›Auf und ab, so geht's in der Welt, so geht es uns beiden.

Ist es doch also der Lauf. Erniedrigt werden die einen
Und die andern erhöht, nach eines jeglichen Tugend.‹
Aus dem Eimer sprangt Ihr und lieft und eiltet von dannen.
Aber ich saß im Brunnen bekümmert und musste den Tag lang
Harren und Schläge genug am selbigen Abend erdulden,
Eh' ich entkam. Es traten zum Brunnen einige Bauern,
Sie bemerkten mich da. Von grimmigem Hunger gepeinigt,
Saß ich in Trauer und Angst, erbärmlich war mir zumute.
Untereinander sprachen die Bauern: ›Da sieh nur, im Eimer
Sitzt da unten der Feind, der unsre Schafe vermindert.‹
›Hol' ihn herauf‹, versetzte der eine; ›ich halte mich fertig
Und empfang' ihn am Rand, er soll uns die Lämmer bezahlen!‹
Wie er mich aber empfing, das war ein Jammer! Es fielen
Schläg' auf Schläge mir über den Pelz, ich hatte mein Leben
Keinen traurigern Tag, und kaum entrann ich dem Tode.«

Reineke sagte darauf: »Bedenkt genauer die Folgen,
Und Ihr findet gewiss, wie heilsam die Schläge gewesen.
Ich für meine Person mag lieber dergleichen entbehren,
Und wie die Sache stand, so musste wohl eines von beiden
Sich mit den Schlägen beladen, wir konnten zugleich nicht entgehen.
Wenn Ihr's Euch merkt, so nutzt es Euch wohl, und künftig vertraut Ihr
Keinem so leicht in ähnlichen Fällen. Die Welt ist voll Schalkheit.«

»Ja«, versetzte der Wolf, »was braucht es weiter Beweise!
Niemand verletzte mich mehr als dieser böse Verräter.
Eines erzählt' ich noch nicht, wie er in Sachsen mich einmal
Unter das Affengeschlecht zu Schand' und Schaden geführet.
Er beredete mich, in eine Höhle zu kriechen,
Und er wusste voraus, es würde mir Übels begegnen.
Wär' ich nicht eilig entflohn, ich wär' um Augen und Ohren
Dort gekommen. Er sagte vorher mit gleißenden Worten:
Seine Frau Muhme find' ich daselbst, er meinte die Äffin;
Doch es verdross ihn, dass ich entkam. Er schickte mich tückisch
In das abscheuliche Nest, ich dacht', es wäre die Hölle.«

Reineke sagte darauf vor allen Herren des Hofes:
»Isegrim redet verwirrt, er scheint nicht völlig bei Sinnen.
Von der Äffin will er erzählen, so sag' er es deutlich.
Drittehalb Jahr' sind's her, als nach dem Lande zu Sachsen
Er mit großem Prassen gezogen, wohin ich ihm folgte.
Das ist wahr, das übrige lügt er. Es waren nicht Affen,
Meerkatzen waren's, von welchen er redet; und nimmermehr werd' ich
Diese für meine Muhmen erkennen. Martin, der Affe,
Und Frau Rückenau sind mir verwandt. Sie ehr' ich als Muhme,
Ihn als Vetter und rühme mich des. Notarius ist er
Und versteht sich aufs Recht. Doch was von jenen Geschöpfen
Isegrim sagt, geschieht mir zum Hohn, ich habe mit ihnen
Nichts zu tun, und nie sind's meine Verwandten gewesen;
Denn sie gleichen dem höllischen Teufel. Und dass ich die Alte
Damals Muhme geheißen, das tat ich mit gutem Bedachte.
Nichts verlor ich dabei, das will ich gerne gestehen:
Gut gastierte sie mich, sonst hätte sie mögen ersticken.

Seht, ihr Herren, wir hatten den Weg zur Seite gelassen,
Gingen hinter dem Berg, und eine düstere Höhle,
Tief und lang, bemerkten wir da. Es fühlte sich aber
Isegrim krank, wie gewöhnlich, vor Hunger. Wann hätt' ihn auch jemals
Einer so satt gesehen, dass er zufrieden gewesen?
Und ich sagte zu ihm: ›In dieser Höhle befindet
Speise fürwahr sich genug, ich zweifle nicht, ihre Bewohner
Teilen gerne mit uns, was sie haben, wir kommen gelegen.‹
Isegrim aber versetzte darauf: ›Ich werde, mein Oheim,
Unter dem Baume hier warten, Ihr seid in allem geschickter,
Neue Bekannte zu machen, und wenn Euch Essen gereicht wird,
Tut mir's zu wissen!‹ So dachte der Schalk, auf meine Gefahr erst
Abzuwarten, was sich ergäbe; ich aber begab mich
In die Höhle hinein. Nicht ohne Schauer durchwandert'
Ich den langen und krummen Gang, er wollte nicht enden.
Aber was ich dann fand — den Schrecken wollt' ich um vieles
Rotes Gold nicht zweimal in meinem Leben erfahren!
Welch ein Nest voll hässlicher Tiere, großer und kleiner!

Und die Mutter dabei, ich dacht', es wäre der Teufel.
Weit und groß ihr Maul mit langen hässlichen Zähnen,
Lange Nägel an Händen und Füßen und hinten ein langer
Schwanz an den Rücken gesetzt; so was Abscheuliches hab' ich
Nicht im Leben gesehn! Die schwarzen, leidigen Kinder
Waren seltsam gebildet wie lauter junge Gespenster.
Gräulich sah sie mich an. Ich dachte: ›Wär' ich von dannen!‹
Größer war sie als Isegrim selbst und einige Kinder
Fast von gleicher Statur. Im faulen Heue gebettet
Fand ich die garstige Brut und über und über beschlabbert
Bis an die Ohren mit Kot, es stank in ihrem Reviere
Ärger als höllisches Pech. Die reine Wahrheit zu sagen:
Wenig gefiel es mir da, denn ihrer waren so viele,
Und ich stand nur allein. Sie zogen gräuliche Fratzen.
Da besann ich mich denn, und einen Ausweg versucht' ich,
Grüßte sie schön — ich meint' es nicht so — und wusste so freundlich
Und bekannt mich zu stellen. ›Frau Muhme!‹, sagt' ich zur Alten,
Vettern hieß ich die Kinder und ließ es an Worten nicht fehlen.
›Spar' Euch der gnädige Gott auf lange, glückliche Zeiten!
Sind das Eure Kinder? Fürwahr! ich sollte nicht fragen;
Wie behagen sie mir! Hilf Himmel! wie sie so lustig,
Wie sie so schön sind! Man nähme sie alle für Söhne des Königs.
Seid mir vielmal gelobt, dass ihr mit würdigen Sprossen
Mehret unser Geschlecht, ich freue mich über die Maßen.
Glücklich find' ich mich nun, von solchen Öhmen zu wissen;
Denn zu Zeiten der Not bedarf man seiner Verwandten.‹

Als ich ihr so viel Ehre geboten, wiewohl ich es anders
Meinte, bezeigte sie mir von ihrer Seite desgleichen,
Hieß mich Oheim und tat so bekannt, so wenig die Närrin
Auch zu meinem Geschlechte gehört. Doch konnte für diesmal
Gar nicht schaden, sie Muhme zu heißen. Ich schwitzte dazwischen
Über und über vor Angst; allein sie redete freundlich:
›Reineke, werter Verwandter, ich heiß' Euch schönstens willkommen!
Seid Ihr auch wohl? Ich bin Euch mein ganzes Leben verbunden,
Dass Ihr zu mir gekommen. Ihr lehret kluge Gedanken

Meine Kinder fortan, dass sie zu Ehren gelangen.‹
Also hört' ich sie reden, das hatt' ich mit wenigen Worten,
Dass ich sie Muhme genannt und dass ich die Wahrheit geschonet,
Reichlich verdient. Doch wär' ich so gern im Freien gewesen.
Aber sie ließ mich nicht fort und sprach: ›Ihr dürfet, mein Oheim,
Unbewirtet nicht weg! Verweilet, lasst Euch bedienen.‹
Und sie brachte mir Speise genug; ich wüsste sie wahrlich
Jetzt nicht alle zu nennen; verwundert war ich zum höchsten,
Wie sie zu allem gekommen. Von Fischen, Rehen und anderm
Guten Wildbret, ich speiste davon, es schmeckte mir herrlich.
Als ich zur G'nüge gegessen, belud sie mich über das alles,
Bracht' ein Stück vom Hirsche getragen, ich sollt' es nach Hause
Zu den Meinigen bringen, und ich empfahl mich zum Besten.
›Reineke‹, sagte sie noch, ›besucht mich öfters!‹ Ich hätte,
Was sie wollte, versprochen, ich machte, dass ich herauskam.
Lieblich war es nicht da für Augen und Nase, ich hätte
Mir den Tod beinahe geholt; ich suchte zu fliehen,
Lief behände den Gang bis zu der Öffnung am Baume.
Isegrim lag und stöhnte daselbst; ich sagte: ›Wie geht's Euch,
Oheim?‹ Er sprach: ›Nicht wohl! ich muss vor Hunger verderben.‹
Ich erbarmte mich seiner und gab ihm den köstlichen Braten,
Den ich mit mir gebracht. Er aß mit großer Begierde,
Vielen Dank erzeigt' er mir da; nun hat er's vergessen!
Als er nun fertig geworden, begann er: ›Lasst mich erfahren,
Wer die Höhle bewohnt? Wie habt Ihr's drinne gefunden?
Gut oder schlecht?‹ Ich sagt' ihm darauf die lauterste Wahrheit,
Unterrichtet' ihn wohl. Das Nest sei böse, dagegen
Finde sich drin viel köstliche Speise. Sobald er begehre
Seinen Teil zu erhalten, so mög' er kecklich hineingehn,
Nur vor allem sich hüten, die grade Wahrheit zu sagen.
›Soll es Euch nach Wünschen ergehn, so spart mir die Wahrheit!‹,
Wiederholt' ich ihm noch; ›denn führt sie jemand beständig
Unklug im Munde, der leidet Verfolgung, wohin er sich wendet;
Überall steht er zurück, die andern werden geladen.‹
Also hieß ich ihn gehn; ich lehrt' ihn: was er auch fände,
Sollt' er reden, was jeglicher gerne zu hören begehret,

Und man werd' ihn freundlich empfangen. Das waren die Worte,
Gnädiger König und Herr, nach meinem besten Gewissen.
Aber das Gegenteil tat er hernach, und kriegt' er darüber
Etwas ab, so hab' er es auch; er sollte mir folgen.
Grau sind seine Zotteln fürwahr, doch sucht man die Weisheit
Nur vergebens dahinter. Es achten solche Gesellen
Weder Klugheit noch feine Gedanken; es bleibet dem groben,
Tölpischen Volke der Wert von aller Weisheit verborgen.
Treulich schärft' ich ihm ein, die Wahrheit diesmal zu sparen;
›Weiß ich doch selbst, was sich ziemt!‹, versetzt' er trotzig dagegen,
Und so trabt' er die Höhle hinein, da hat er's getroffen.

Hinten saß das abscheuliche Weib, er glaubte, den Teufel
Vor sich zu sehn! die Kinder dazu! da rief er betroffen:
›Hülfe! Was für abscheuliche Tiere! Sind diese Geschöpfe
Eure Kinder? Sie scheinen fürwahr ein Höllengesindel.
Geht, ertränkt sie, das wäre das Beste, damit sich die Brut nicht
Über die Erde verbreite! Wenn es die meinigen wären,
Ich erdrosselte sie. Man finge wahrlich mit ihnen
Junge Teufel, man brauchte sie nur in einem Moraste
Auf das Schilf zu binden, die garstigen, schmutzigen Rangen!
Ja, Mooraffen sollten sie heißen, da passte der Name!‹

Eilig versetzte die Mutter und sprach mit zornigen Worten:
›Welcher Teufel schickt uns den Boten? Wer hat Euch gerufen,
Hier uns grob zu begegnen? Und meine Kinder! Was habt Ihr,
Schön oder hässlich, mit ihnen zu tun? Soeben verlässt uns
Reineke Fuchs, der erfahrene Mann, der muss es verstehen;
Meine Kinder, beteuert' er hoch, er finde sie sämtlich
Schön und sittig, von guter Manier, er mochte mit Freuden
Sie für seine Verwandten erkennen. Das hat er uns alles
Hier an diesem Platz vor einer Stunde versichert.
Wenn sie Euch nicht, wie ihm, gefallen, so hat Euch wahrhaftig
Niemand zu kommen gebeten. Das mögt Ihr, Isegrim, wissen.‹

Und er forderte gleich von ihr zu essen und sagte:
›Holt herbei, sonst helf' ich Euch suchen! was wollen die Reden
Weiter helfen?‹ Er machte sich dran und wollte gewaltsam
Ihren Vorrat betasten; das war ihm übel geraten!
Denn sie warf sich über ihn her, zerbiss und zerkratzt' ihm
Mit den Nägeln das Fell und klaut' und zerrt' ihn gewaltig;
Ihre Kinder taten das Gleiche, sie bissen und krammten
Gräulich auf ihn; da heult' er und schrie mit blutigen Wangen,
Wehrte sich nicht und lief mit hastigen Schritten zur Öffnung.
Übel zerbissen sah ich ihn kommen, zerkratzt, und die Fetzen
Hingen herum, ein Ohr war gespalten und blutig die Nase,
Manche Wunde kneipten sie ihm und hatten das Fell ihm
Garstig zusammengeruckt. Ich fragt' ihn, wie er heraustrat:
›Habt Ihr die Wahrheit gesagt?‹ Er aber sagte dagegen:
›Wie ich's gefunden, so hab' ich gesprochen. Die leidige Hexe
Hat mich übel geschändet; ich wollte, sie wäre hier außen,
Teuer bezahlte sie mir's! Was dünkt Euch, Reineke? habt Ihr
Jemals solche Kinder gesehn? so garstig, so böse?
Da ich's ihr sagte, da war es geschehn, da fand ich nicht weiter
Gnade vor ihr und habe mich übel im Loche befunden.‹

›Seid Ihr verrückt?‹, versetzt' ich ihm drauf; ›ich hab' es Euch anders
Weislich geheißen. Ich grüß' Euch zum schönsten (so solltet Ihr sagen),
Liebe Muhme, wie geht es mit Euch? Wie geht es den lieben
Artigen Kindern? Ich freue mich sehr, die großen und kleinen
Neffen wieder zu sehn.‹ Doch Isegrim sagte dagegen:
›Muhme das Weib zu begrüßen? und Neffen die hässlichen Kinder?
Nehm' sie der Teufel zu sich! Mir graut vor solcher Verwandtschaft.
Pfui! ein ganz abscheuliches Pack! ich seh' sie nicht wieder.‹
Darum ward er so übel bezahlt. Nun richtet, Herr König!
Sagt er mit Recht, ich hab' ihn verraten? Er mag es gestehen,
Hat die Sache sich nicht, wie ich erzähle, begeben?«

Isegrim sprach entschlossen dagegen: »Wir machen wahrhaftig
Diesen Streit mit Worten nicht aus. Was sollen wir keifen?
Recht bleibt Recht, und wer es auch hat, es zeigt sich am Ende.

Trotzig, Reineke, tretet Ihr auf, so mögt Ihr es haben!
Kämpfen wollen wir gegeneinander, da wird es sich finden.
Vieles wisst Ihr zu sagen, wie vor der Affen Behausung
Ich so großen Hunger gelitten, und wie Ihr mich damals
Treulich genährt. Ich wüsste nicht wie! Es war nur ein Knochen,
Den Ihr brachtet, das Fleisch vermutlich speistet Ihr selber.
Wo Ihr stehet, spottet Ihr mein und redet verwegen
Meiner Ehre zu nah. Ihr habt mit schändlichen Lügen
Mich verdächtig gemacht, als hätt' ich böse Verschwörung
Gegen den König im Sinne gehabt und hätte sein Leben
Ihm zu rauben gewünscht; Ihr aber prahltet dagegen
Ihm von Schätzen was vor; er möchte schwerlich sie finden!
Schmählich behandeltet Ihr mein Weib und sollt es mir büßen.
Dieser Sachen klag' ich Euch an! ich denke, zu kämpfen
Über Altes und Neues, und wiederhol' es: ein Mörder,
Ein Verräter seid Ihr, ein Dieb; und Leben um Leben
Wollen wir kämpfen, es endige nun das Keifen und Schelten.
Einen Handschuh biet' ich Euch an, so wie ihn zu Rechte
Jeder Fordernde reicht; Ihr mögt ihn zum Pfande behalten,
Und wir finden uns bald. Der König hat es vernommen,
Alle die Herren haben's gehört! ich hoffe, sie werden
Zeugen sein des rechtlichen Kampfs. Ihr sollt nicht entweichen,
Bis die Sache sich endlich entscheidet, dann wollen wir sehen.«

Reineke dachte bei sich: »Das geht um Vermögen und Leben!
Groß ist er, ich aber bin klein, und könnt' es mir diesmal
Etwa misslingen, so hätten mir alle die listigen Streiche
Wenig geholfen. Doch warten wir's ab. Denn wenn ich's bedenke,
Bin ich im Vorteil: verlor er ja schon die vordersten Klauen!
Ist der Tor nicht kühler geworden, so soll er am Ende
Seinen Willen nicht haben, es koste, was es auch wolle.«

Reineke sagte zum Wolfe darauf: »Ihr mögt mir wohl selber
Ein Verräter, Isegrim, sein und alle Beschwerden,
Die Ihr auf mich zu bringen gedenket, sind alle gelogen.
Wollt Ihr kämpfen? ich wag' es mit Euch und werde nicht wanken.
Lange wünscht' ich mir das! hier ist mein Handschuh dagegen.«

So empfing der König die Pfänder, es reichten sie beide
Kühnlich. Er sagte darauf: »Ihr sollt mir Bürgen bestellen.
Dass Ihr morgen zum Kampfe nicht fehlt; denn beide Parteien
Find' ich verworren, wer mag die Reden alle verstehen?«
Isegrims Bürgen wurden sogleich der Bär und der Kater,
Braun und Hinze; für Reineken aber verbürgten sich gleichfalls
Vetter Moneke, Sohn von Märtenaffe, mit Grimbart.

»Reineke«, sagte Frau Rückenau drauf, »nun bleibet gelassen,
Klug von Sinnen! Es lehrte mein Mann, der jetzo nach Rom ist,
Euer Oheim, mich einst ein Gebet; es hatte dasselbe
Abt von Schluckauf gesetzt und gab es meinem Gemahle,
Dem er sich günstig erwies, auf einem Zettel geschrieben.
›Dieses Gebet‹, so sagte der Abt, ›ist heilsam den Männern,
Die ins Gefecht sich begeben; man muss es nüchtern des Morgens
Überlesen, so bleibt man des Tags von Not und Gefahren
Völlig befreit, vorm Tode geschützt, vor Schmerzen und Wunden.‹
Tröstet Euch, Neffe, damit, ich will es morgen beizeiten
Über Euch lesen, so geht Ihr getrost und ohne Besorgnis.«
»Liebe Muhme«, versetzte der Fuchs, »ich danke von Herzen,
Ich gedenk' es Euch wieder. Doch muss mir immer am meisten
Meiner Sache Gerechtigkeit helfen und meine Gewandtheit.«

Reinekens Freunde blieben beisammen die Nacht durch und scheuchten
Seine Grillen durch muntre Gespräche. Frau Rückenau aber
War vor allen besorgt und geschäftig, sie ließ ihn behände
Zwischen Kopf und Schwanz und Brust und Bauche bescheren
Und mit Fett und Öle bestreichen; es zeigte sich aber
Reineke fett und rund und wohl zu Fuße. Daneben
Sprach sie: »Höret mich an, bedenket, was Ihr zu tun habt,
Höret den Rat verständiger Freunde, das hilft Euch am besten.
Trinket nur brav und haltet das Wasser, und kommt Ihr des Morgens
In den Kreis, so macht es gescheit, benetzet den rauen
Wedel über und über und sucht den Gegner zu treffen;
Könnt Ihr die Augen ihm salben, so ist's am besten geraten,
Sein Gesicht verdunkelt sich gleich. Es kommt Euch zustatten

Und ihn hindert es sehr. Auch müsst Ihr anfangs Euch furchtsam
Stellen und gegen den Wind mit flüchtigen Füßen entweichen.
Wenn er Euch folget, erregt nur den Staub, auf dass Ihr die Augen
Ihm mit Unrat und Sande verschließt. Dann springet zur Seite,
Passt auf jede Bewegung, und wenn er die Augen sich auswischt:
Nehmt des Vorteils gewahr und salbt ihm aufs Neue die Augen
Mit dem ätzenden Wasser, damit er völlig verblinde,
Nicht mehr wisse, wo aus noch ein, und der Sieg Euch verbleibe.
Lieber Neffe, schlaft nur ein wenig, wir wollen Euch wecken,
Wenn es Zeit ist. Doch will ich sogleich die heiligen Worte
Über Euch lesen, von welchen ich sprach, auf dass ich Euch stärke.«
Und sie legt' ihm die Hand aufs Haupt und sagte die Worte:
»Nekräst negibaul geid sum namteflih dnudna mein tedachs!
Nun Glück auf! nun seid Ihr verwahrt!« Das nämliche sagte
Oheim Grimbart; dann führten sie ihn und legten ihn schlafen.
Ruhig schlief er. Die Sonne ging auf; da kamen die Otter
Und der Dachs, den Vetter zu wecken. Sie grüßten ihn freundlich,
Und sie sagten: »Bereitet Euch wohl!« Da brachte die Otter
Eine junge Ente hervor und reicht' sie ihm sagend:
»Esst, ich habe sie Euch mit manchem Sprunge gewonnen
An dem Damme bei Hünerbrot! lasst's Euch belieben, mein Vetter.«

»Gutes Handgeld ist das«, versetzte Reineke munter;
»So was verschmäh' ich nicht leicht. Das möge Gott Euch vergelten,
Dass Ihr meiner gedenkt!« Er ließ das Essen sich schmecken
Und das Trinken dazu und ging mit seinen Verwandten
In den Kreis, auf den ebenen Sand, da sollte man kämpfen.

ZWÖLFTER GESANG

Als der König Reineken sah, wie dieser am Kreise
Glatt geschoren sich zeigte, mit Öl und schlüpfrigem Fette
Über und über gesalbt, da lacht' er über die Maßen.
»Fuchs! wer lehrte dich das?«, so rief er; »mag man doch billig
Reineke Fuchs dich heißen, du bist beständig der Lose!
Allerorten kennst du ein Loch und weißt dir zu helfen.«

Reineke neigte sich tief vor dem Könige, neigte besonders
Vor der Königin sich und kam mit mutigen Sprüngen
In den Kreis. Da hatte der Wolf mit seinen Verwandten
Schon sich gefunden; sie wünschten dem Fuchs ein schmähliches Ende;
Manches zornige Wort und manche Drohung vernahm er.
Aber Lynx und Lupardus, die Wärter des Kreises, sie brachten
Nun die Heil'gen hervor, und beide Kämpfer beschwuren,
Wolf und Fuchs, mit Bedacht die zu behauptende Sache.

Isegrim schwur mit heftigen Worten und drohenden Blicken:
Reineke sei ein Verräter, ein Dieb, ein Mörder und aller
Missetat schuldig, er sei auf Gewalt und Ehbruch betreten,
Falsch in jeglicher Sache, das gelte Leben um Leben!
Reineke schwur zur Stelle dagegen: er seie sich keiner
Dieser Verbrechen bewusst und Isegrim lüge wie immer,
Schwöre falsch wie gewöhnlich, doch soll' es ihm nimmer gelingen,
Seine Lüge zur Wahrheit zu machen, am wenigsten diesmal.
Und es sagten die Wärter des Kreises: »Ein jeglicher tue,
Was er schuldig zu tun ist! das Recht wird bald sich ergeben.«
Groß und klein verließen den Kreis, die beiden alleine
Drin zu verschließen; geschwind begann die Äffin zu flüstern:
»Merket, was ich Euch sagte, vergesst nicht dem Rate zu folgen!«
Reineke sagte heiter darauf: »Die gute Vermahnung
Macht mich mutiger gehn. Getrost! ich werde der Kühnheit
Und der List auch jetzt nicht vergessen, durch die ich aus manchen
Größren Gefahren entronnen, worein ich öfters geraten,
Wenn ich mir dieses und jenes geholt, was bis jetzt nicht bezahlt ist,
Und mein Leben kühnlich gewagt. Wie sollt' ich nicht jetzo
Gegen den Bösewicht stehen? Ich hoff' ihn gewisslich zu schänden,
Ihn und sein ganzes Geschlecht, und Ehre den Meinen zu bringen.
Was er auch lügt, ich tränk' es ihm ein.« Nun ließ man die beiden
In dem Kreise zusammen, und alle schauten begierig.

Isegrim zeigte sich wild und grimmig, reckte die Tatzen,
Kam daher mit offenem Maul und gewaltigen Sprüngen.
Reineke, leichter als er, entsprang dem stürmenden Gegner

Und benetzte behände den rauen Wedel mit seinem
Ätzenden Wasser und schleift' ihn im Staube, mit Sand ihn zu füllen.
Isegrim dachte, nun hab' er ihn schon! da schlug ihm der Lose
Über die Augen den Schwanz, und Hören und Sehen verging ihm.
Nicht das erste Mal übt' er die List, schon viele Geschöpfe
Hatten die schädliche Kraft des ätzenden Wassers erfahren.
Isegrims Kinder blendet' er so, wie anfangs gesagt ist.
Und nun dacht' er, den Vater zu zeichnen. Nachdem er dem Gegner
So die Augen gesalbt, entsprang er seitwärts und stellte
Gegen den Wind sich, rührte den Sand und jagte des Staubes
Viel in die Augen des Wolfs, der sich mit Reiben und Wischen
Hastig und übel benahm und seine Schmerzen vermehrte.
Reineke wusste dagegen geschickt den Wedel zu führen,
Seinen Gegner aufs Neue zu treffen und gänzlich zu blenden.
Übel bekam es dem Wolfe! denn seinen Vorteil benutzte
Nun der Fuchs. Sobald er die schmerzlich tränenden Augen
Seines Feindes erblickte, begann er mit heftigen Sprüngen,
Mit gewaltigen Schlägen auf ihn zu stürmen, zu kratzen
Und zu beißen und immer die Augen ihm wieder zu salben.
Halb von Sinnen tappte der Wolf, da spottete seiner
Reineke dreister und sprach: »Herr Wolf, Ihr habt wohl vorzeiten
Manch unschuldiges Lamm verschlungen, in Euerem Leben
Manch unsträfliches Tier verzehrt; ich hoffe, sie sollen
Künftig Ruhe genießen; auf alle Fälle bequemt Ihr
Euch, sie in Frieden zu lassen, und nehmet Segen zum Lohne.
Eure Seele gewinnt bei dieser Buße, besonders
Wenn Ihr das Ende geduldig erwartet. Ihr werdet für diesmal
Nicht aus meinen Händen entrinnen, Ihr müsstet mit Bitten
Mich versöhnen, da schont' ich Euch wohl und ließ' Euch das Leben.«

Hastig sagte Reineke das und hatte den Gegner
Fest an der Kehle gepackt und hofft' ihn also zu zwingen.
Isegrim aber, stärker als er, bewegte sich grimmig,
Mit zwei Zügen riss er sich los. Doch Reineke griff ihm
Ins Gesicht, verwundet' ihn hart und riss ihm ein Auge
Aus dem Kopfe, es rann ihm das Blut die Nase herunter.

Reineke rief: »So wollt' ich es haben! so ist es gelungen!«
Blutend verzagte der Wolf, und sein verlorenes Auge
Macht' ihn rasend, er sprang, vergessend Wunden und Schmerzen,
Gegen Reineken los und druckt' ihn nieder zu Boden.
Übel befand sich der Fuchs, und wenig half ihm die Klugheit.
Einen der vorderen Füße, die er als Hände gebrauchte,
Fasst' ihm Isegrim schnell und hielt ihn zwischen den Zähnen.
Reineke lag bekümmert am Boden, er sorgte zur Stunde,
Seine Hand zu verlieren, und dachte tausend Gedanken.
Isegrim brummte dagegen mit hohler Stimme die Worte:

»Deine Stunde, Dieb, ist gekommen! Ergib dich zur Stelle,
Oder ich schlage dich tot für deine betrüglichen Taten!
Ich bezahle dich nun, es hat dir wenig geholfen,
Staub zu kratzen, Wasser zu lassen, das Fell zu bescheren,
Dich zu schmieren. Wehe dir nun! du hast mir so vieles
Übel getan, gelogen auf mich, mir das Auge geblendet,
Aber du sollst nicht entgehn, ergib dich oder ich beiße!«

Reineke dachte: »Nun geht es mir schlimm, was soll ich beginnen?
Geb' ich mich nicht, so bringt er mich um, und wenn ich mich gebe,
Bin ich auf ewig beschimpft. Ja, ich verdiene die Strafe,
Denn ich hab' ihn zu übel behandelt, zu gröblich beleidigt.«
Süße Worte versucht' er darauf, den Gegner zu mildern.
»Lieber Oheim!«, sagt' er zu ihm, »ich werde mit Freuden
Euer Lehnsmann sogleich mit allem, was ich besitze.
Gerne geh' ich als Pilger für Euch zum heiligen Grabe,
In das heilige Land, in alle Kirchen und bringe
Ablass genug von dannen zurück. Es gereichet derselbe
Eurer Seele zu Nutz und soll für Vater und Mutter
Übrigbleiben, damit sich auch die im ewigen Leben
Dieser Wohltat erfreun; wer ist nicht ihrer bedürftig?
Ich verehr' Euch, als wärt Ihr der Papst, und schwöre den teuren
Heiligen Eid, von jetzt auf alle künftigen Zeiten
Ganz der Eure zu sein mit allen meinen Verwandten.
Alle sollen Euch dienen zu jeder Stunde. So schwör' ich!

Was ich dem Könige selbst nicht verspräche, das sei Euch geboten,
Nehmt Ihr es an, so wird Euch dereinst die Herrschaft des Landes.
Alles, was ich zu fangen verstehe, das will ich Euch bringen:
Gänse, Hühner, Enten und Fische, bevor ich das mindste
Solcher Speise verzehre, ich lass' Euch immer die Auswahl,
Eurem Weib und Kindern. Ich will mit Fleiße darneben
Euer Leben beraten, es soll Euch kein Übel berühren.
Lose heiß' ich, und Ihr seid stark, so können wir beide
Große Dinge verrichten. Zusammen müssen wir halten,
Einer mit Macht, der andre mit Rat, wer wollt' uns bezwingen?
Kämpfen wir gegeneinander, so ist es übel gehandelt.
Ja, ich hätt' es niemals getan, wofern ich nur schicklich
Hätte den Kampf zu vermeiden gewusst; Ihr fordertet aber,
Und ich musste denn wohl mich ehrenhalber bequemen.
Aber ich habe mich höflich gehalten und während des Streites
Meine ganze Macht nicht bewiesen; ›es muss dir‹, so dacht' ich,
›Deinen Oheim zu schonen, zur größten Ehre gereichen.‹
Hätt' ich Euch aber gehasst, es wär' Euch anders gegangen.
Wenig Schaden habt Ihr gelitten, und wenn aus Versehen
Euer Auge verletzt ist, so bin ich herzlich bekümmert.
Doch das Beste bleibt mir dabei, ich kenne das Mittel,
Euch zu heilen, und teil' ich's Euch mit, Ihr werdet mir's danken.
Bliebe das Auge gleich weg und seid Ihr sonst nur genesen,
Ist es Euch immer bequem; Ihr habet, legt Ihr Euch schlafen,
Nur *ein* Fenster zu schließen, wir andern bemühen uns doppelt.
Euch zu versöhnen, sollen sogleich sich meine Verwandten
Vor Euch neigen, mein Weib und meine Kinder, sie sollen
Vor des Königes Augen im Angesicht dieser Versammlung
Euch ersuchen und bitten, dass Ihr mir gnädig vergebet
Und mein Leben mir schenkt. Dann will ich offen bekennen,
Dass ich unwahr gesprochen und Euch mit Lügen geschändet,
Euch betrogen, wo ich gekonnt. Ich verspreche zu schwören,
Dass mir von Euch nichts Böses bekannt ist, und dass ich von nun an
Nimmer Euch zu beleidigen denke. Wie könntet Ihr jemals
Größere Sühne verlangen als die, wozu ich bereit bin?
Schlagt Ihr mich tot, was habt Ihr davon? Es bleiben Euch immer

Meine Verwandten zu fürchten und meine Freunde; dagegen
Wenn Ihr mich schont, verlasst Ihr mit Ruhm und Ehren den Kampfplatz,
Scheinet jeglichem edel und weise: denn höher vermag sich
Niemand zu heben, als wenn er vergibt. Es kommt Euch so bald nicht
Diese Gelegenheit wieder, benutzt sie. Übrigens kann mir
Jetzt ganz einerlei sein zu sterben oder zu leben.«

»Falscher Fuchs!«, versetzte der Wolf, »wie wärst du so gerne
Wieder los! Doch wäre die Welt von Golde geschaffen
Und du bötest sie mir in deinen Nöten, ich würde
Dich nicht lassen. Du hast mir so oft vergeblich geschworen,
Falscher Geselle! Gewiss, nicht Eierschalen erhielt' ich,
Ließ' ich dich los. Ich achte nicht viel auf deine Verwandten;
Ich erwarte, was sie vermögen, und denke so ziemlich
Ihre Feindschaft zu tragen. Du Schadenfroher! wie würdest
Du nicht spotten, gäb' ich dich frei auf deine Beteurung.
Wer dich nicht kennte, wäre betrogen. Du hast mich, so sagst du,
Heute geschont, du leidiger Dieb! und hängt mir das Auge
Nicht zum Kopfe heraus? Du Bösewicht, hast du die Haut mir
Nicht an zwanzig Orten verletzt? und konnt' ich nur einmal
Wieder zu Atem gelangen, da du den Vorteil gewonnen?
Töricht wär' es gehandelt, wenn ich für Schaden und Schande
Dir nun Gnad' und Mitleid erzeigte. Du brachtest, Verräter,
Mich und mein Weib in Schaden und Schmach, das kostet dein Leben.«

Also sagte der Wolf. Indessen hatte der Lose
Zwischen die Schenkel des Gegners die andre Tatze geschoben,
Bei den empfindlichsten Teilen ergriff er denselben und ruckte,
Zerrt' ihn grausam, ich sage nicht mehr — Erbärmlich zu schreien
Und zu heulen begann der Wolf mit offenem Munde.
Reineke zog die Tatze behänd aus den klemmenden Zähnen,
Hielt mit beiden den Wolf nun immer fester und fester,
Kneipt' und zog, da heulte der Wolf und schrie so gewaltig,
Dass er Blut zu speien begann, es brach ihm vor Schmerzen
Über und über der Schweiß durch seine Zotten, er löste
Sich vor Angst. Das freute den Fuchs, nun hofft' er zu siegen,

Hielt ihn immer mit Händen und Zähnen, und große Bedrängnis,
Große Pein kam über den Wolf, er gab sich verloren.
Blut rann über sein Haupt, aus seinen Augen, er stürzte
Nieder betäubt. Es hätte der Fuchs des Goldes die Fülle
Nicht für diesen Anblick genommen, so hielt er ihn immer
Fest und schleppte den Wolf und zog, dass alle das Elend
Sahen, und kneipt' und druckt' und biss und klaute den Armen,
Der mit dumpfem Geheul im Staub und eigenen Unrat
Sich mit Zuckungen wälzte, mit ungebärdigem Wesen.

Seine Freunde jammerten laut, sie baten den König,
Aufzunehmen den Kampf, wenn es ihm also beliebte.
Und der König versetzte: »Sobald euch allen bedünket,
Allen lieb ist, dass es geschehe, so bin ich's zufrieden.«

Und der König gebot, die beiden Wärter des Kreises,
Lynx und Lupardus, sollten zu beiden Kämpfern hineingehn.
Und sie traten darauf in die Schranken und sprachen dem Sieger
Reineke zu: es sei genug nun, es wünsche der König
Aufzunehmen den Kampf, den Zwist geendigt zu sehen.
»Er verlangt«, so fuhren sie fort, »Ihr mögt ihm den Gegner
Überlassen, das Leben dem Überwundenen schenken.
Denn wenn einer getötet in diesem Zweikampf erläge,
Wäre es schade auf jeglicher Seite. Ihr habt ja den Vorteil!
Alle sahen es, Klein' und Große. Auch fallen die besten
Männer Euch bei, Ihr habt sie für Euch auf immer gewonnen.«

Reineke sprach: »Ich werde dafür mich dankbar beweisen!
Gerne folg' ich dem Willen des Königs, und was sich gebühret,
Tu' ich gern; ich habe gesiegt, und Schöners verlang' ich
Nichts zu erleben! Es gönne mir nur der König das Eine,
Dass ich meine Freunde befrage.« Da riefen die Freunde
Reinekens alle: »Es dünket uns gut, den Willen des Königs
Gleich zu erfüllen.« Sie kamen zu Scharen zum Sieger gelaufen,
Alle Verwandte, der Dachs und der Affe und Otter und Biber.
Seine Freunde waren nun auch der Marder, die Wiesel,

Hermelin und Eichhorn und viele, die ihn befeindet,
Seinen Namen zuvor nicht nennen mochten, sie liefen
Alle zu ihm. Da fanden sich auch, die sonst ihn verklagten,
Seine Verwandten anjetzt, und brachten Weiber und Kinder,
Große, mittlere, kleine, dazu die kleinsten, es tat ihm
Jeglicher schön, sie schmeichelten ihm und konnten nicht enden.

In der Welt geht's immer so zu. Dem Glücklichen sagt man:
»Bleibet lange gesund!«, er findet Freunde die Menge.
Aber wem es übel gerät, der mag sich gedulden!
Ebenso fand es sich hier. Ein jeglicher wollte der Nächste
Neben dem Sieger sich blähn. Die einen flöteten, andre
Sangen, bliesen Posaunen und schlugen Pauken dazwischen.
Reinekens Freunde sprachen zu ihm: »Erfreut Euch, Ihr habet
Euch und Euer Geschlecht in dieser Stunde gehoben!
Sehr betrübten wir uns, Euch unterliegen zu sehen,
Doch es wandte sich bald, es war ein treffliches Stückchen.«
Reineke sprach: »Es ist mir geglückt«, und dankte den Freunden.
Also gingen sie hin mit großem Getümmel, vor allen
Reineke mit den Wärtern des Kreises, und so gelangten
Sie zum Throne des Königs, da kniete Reineke nieder.
Aufstehn hieß ihn der König und sagte vor allen den Herren:
»Euren Tag bewahrtet Ihr wohl; ihr habet mit Ehren
Eure Sache vollführt, deswegen sprech' ich Euch ledig;
Alle Strafe hebet sich auf, ich werde darüber
Nächstens sprechen im Rat mit meinen Edlen, sobald nur
Isegrim wieder geheilt ist; für heute schließ' ich die Sache.«

»Eurem Rate, gnädiger Herr«, versetzte bescheiden
Reineke drauf, »ist heilsam zu folgen. Ihr wisst es am besten.
Als ich hierher kam, klagten so viele, sie logen dem Wolfe,
Meinem mächtigen Feinde, zulieb, der wollte mich stürzen,
Hatte mich fast in seiner Gewalt, da riefen die andern:
›Kreuzige!‹, klagten mit ihm, nur mich aufs Letzte zu bringen,
Ihm gefällig zu sein; denn alle konnten bemerken:
Besser stand er bei Euch als ich, und keiner gedachte

Weder ans Ende noch wie sich vielleicht die Wahrheit verhalte.
Jenen Hunden vergleich' ich sie wohl, die pflegten in Menge
Vor der Küche zu stehn und hofften, es werde wohl ihrer
Auch der günstige Koch mit einigen Knochen gedenken.
Einen ihrer Gesellen erblickten die wartenden Hunde,
Der ein Stück gesottenes Fleisch dem Koche genommen
Und nicht eilig genug zu seinem Unglück davonsprang.
Denn es begoss ihn der Koch mit heißem Wasser von hinten
Und verbrüht' ihm den Schwanz; doch ließ er die Beute nicht fallen,
Mengte sich unter die andern, sie aber sprachen zusammen:
›Seht, wie diesen der Koch vor allen andern begünstigt!
Seht, welch köstliches Stück er ihm gab!‹, und jener versetzte:
›Wenig begreift ihr davon, ihr lobt und preist mich von vorne,
Wo es euch freilich gefällt, das köstliche Fleisch zu erblicken;
Aber beseht mich von hinten und preist mich glücklich, wofern ihr
Eure Meinung nicht ändert.‹ Da sie ihn aber besahen,
War er schrecklich verbrannt, es fielen die Haare herunter,
Und die Haut verschrumpft' ihm am Leib. Ein Grauen befiel sie,
Niemand wollte zur Küche; sie liefen und ließen ihn stehen.
Herr, die Gierigen mein' ich hiermit. Solange sie mächtig
Sind, verlangt sie ein jeder zu seinem Freunde zu haben.
Stündlich sieht man sie an, sie tragen das Fleisch in dem Munde.
Wer sich nicht nach ihnen bequemt, der muss es entgelten,
Loben muss man sie immer, so übel sie handeln, und also
Stärkt man sie nur in sträflicher Tat. So tut es ein jeder,
Der nicht das Ende bedenkt. Doch werden solche Gesellen
Öfters gestraft, und ihre Gewalt nimmt ein trauriges Ende.
Niemand leidet sie mehr, so fallen zur Rechten und Linken
Ihnen die Haare vom Leibe. Das sind die vorigen Freunde,
Groß und klein, sie fallen nun ab und lassen sie nackend.
So wie sämtliche Hunde sogleich den Gesellen verließen,
Als sie den Schaden bemerkt und seine geschändete Hälfte.
Gnädiger Herr, Ihr werdet verstehn, von Reineken soll man
Nie so reden, es sollen die Freunde sich meiner nicht schämen.
Euer Gnaden dank' ich aufs Beste, und könnt' ich nur immer
Euren Willen erfahren, ich würd' ihn gerne vollbringen.«

»Viele Worte helfen uns nichts«, versetzte der König;
»Alles hab' ich gehört und, was Ihr meinet, verstanden.
Euch, als edlen Baron, Euch will ich im Rate wie vormals
Wieder sehen, ich mach' Euch zur Pflicht, zu jeglicher Stunde
Meinen geheimen Rat zu besuchen. So bring' ich Euch wieder
Völlig zu Ehren und Macht, und Ihr verdient es, ich hoffe.
Helfet alles zum Besten wenden. Ich kann Euch am Hofe
Nicht entbehren, und wenn Ihr die Weisheit mit Tugend verbindet,
So wird niemand über Euch gehn und schärfer und klüger
Rat und Wege bezeichnen. Ich werde künftig die Klagen
Über Euch weiter nicht hören. Und Ihr sollt immer an meiner
Stelle reden und handeln als Kanzler des Reiches. Es sei Euch
Also mein Siegel befohlen, und was Ihr tuet und schreibet,
Bleibe getan und geschrieben.« — So hat nun Reineke billig
Sich zu großen Gunsten geschwungen, und alles befolgt man,
Was er rät und beschließt, zu Frommen oder zu Schaden.

Reineke dankte dem König und sprach: »Mein edler Gebieter,
Zu viel Ehre tut Ihr mir an, ich will es gedenken,
Wie ich hoffe Verstand zu behalten. Ihr sollt es erfahren.«

Wie es dem Wolf indessen erging, vernehmen wir kürzlich,
Überwunden lag er im Kreise und übel behandelt,
Weib und Freunde gingen zu ihm und Hinze, der Kater,
Braun, der Bär, und Kind und Gesind' und seine Verwandten,
Klagend legten sie ihn auf eine Bahre (man hatte
Wohl mit Heu sie gepolstert, ihn warm zu halten) und trugen
Aus dem Kreis ihn heraus. Man untersuchte die Wunden,
Zählete sechsundzwanzig; es kamen viele Chirurgen,
Die sogleich ihn verbanden und heilende Tropfen ihm reichten.
Alle Glieder waren ihm lahm. Sie rieben ihm gleichfalls
Kraut ins Ohr, er nieste gewaltig von vornen und hinten.
Und sie sprachen zusammen: »Wir wollen ihn salben und baden«;
Trösteten solchergestalt des Wolfes traurige Sippschaft;
Legten ihn sorglich zu Bette; da schlief er, aber nicht lange,
Wachte verworren und kümmerte sich, die Schande, die Schmerzen

Setzten ihm zu, er jammerte laut und schien zu verzweifeln;
Sorglich wartete Gieremund sein mit traurigem Mute,
Dachte den großen Verlust. Mit mannigfaltigen Schmerzen
Stand sie, bedauerte sich und ihre Kinder und Freunde,
Sah den leidenden Mann, er konnt' es niemals verwinden,
Raste vor Schmerz, der Schmerz war groß und traurig die Folgen.

Reineken aber behagte das wohl, er schwatzte vergnüglich
Seinen Freunden was vor und hörte sich preisen und loben.
Hohen Mutes schied er von dannen. Der gnädige König
Sandte Geleite mit ihm und sagte fröhlich zum Abschied:
»Kommt bald wieder!« Da kniete der Fuchs am Throne zur Erden,
Sprach: »Ich dank' Euch von Herzen und meiner gnädigen Frauen,
Eurem Rate, den Herren zusamt. Es spare, mein König,
Gott zu vielen Ehren Euch auf, und was Ihr begehret,
Tu' ich gern, ich lieb' Euch gewiss und bin es Euch schuldig.
Jetzo, wenn Ihr's vergönnt, gedenk' ich nach Hause zu reisen,
Meine Frau und Kinder zu sehn, sie warten und trauren.«

»Reiset nur hin«, versetzte der König, »und fürchtet nichts weiter.«
Also machte sich Reineke fort, vor allen begünstigt.
Manche seines Gelichters verstehen dieselbigen Künste,
Rote Bärte tragen nicht alle; doch sind sie geborgen.

Reineke zog mit seinem Geschlecht, mit vierzig Verwandten,
Stolz von Hofe, sie waren geehrt und freuten sich dessen.
Als ein Herr trat Reineke vor, es folgten die andern.
Frohen Mutes erzeigt' er sich da, es war ihm der Wedel
Breit geworden, er hatte die Gunst des Königs gefunden,
War nun wieder im Rat und dachte, wie er es nutzte.
»Wen ich liebe, dem frommt's, und meine Freunde genießen's«;
Also dacht' er; »die Weisheit ist mehr als Gold zu verehren.«

So begab sich Reineke fort, begleitet von allen
Seinen Freunden, den Weg nach Malepartus, der Feste.
Allen zeigt' er sich dankbar, die sich ihm günstig erwiesen,

Die in bedenklicher Zeit an seiner Seite gestanden.
Seine Dienste bot er dagegen; sie schieden und gingen
Zu den Seinigen jeder, und er in seiner Behausung
Fand sein Weib, Frau Ermelyn, wohl; sie grüßt' ihn mit Freuden,
Fragte nach seinem Verdruss, und wie er wieder entkommen.
Reineke sagte: »Gelang es mir doch! ich habe mich wieder
In die Gunst des Königs gehoben, ich werde wie vormals
Wieder im Rate mich finden, und unserm ganzen Geschlechte
Wird es zur Ehre gedeihn. Er hat mich zum Kanzler des Reiches
Laut vor allen ernannt und mir das Siegel befohlen.
Alles, was Reineke tut und schreibt, es bleibet für immer
Wohlgetan und geschrieben, das mag sich jeglicher merken!

Unterwiesen hab' ich den Wolf in wenig Minuten,
Und er klagt mir nicht mehr. Geblendet ist er, verwundet
Und beschimpft sein ganzes Geschlecht; ich hab' ihn gezeichnet!
Wenig nützt er künftig der Welt. Wir kämpften zusammen,
Und ich hab' ihn untergebracht. Er wird mir auch schwerlich
Wieder gesund. Was liegt mir daran? Ich bleibe sein Vormann,
Aller seiner Gesellen, die mit ihm halten und stehen.«

Reinekens Frau vergnügte sich sehr, so wuchs auch den beiden
Kleinen Knaben der Mut bei ihres Vaters Erhöhung.
Untereinander sprachen sie froh: »Vergnügliche Tage
Leben wir nun, von allen verehrt, und denken indessen,
Unsre Burg zu befest'gen und heiter und sorglos zu leben.«

Hochgeehrt ist Reineke nun! Zur Weisheit bekehre
Bald sich jeder und meide das Böse, verehre die Tugend!
Dieses ist der Sinn des Gesangs, in welchem der Dichter
Fabel und Wahrheit gemischt, damit ihr das Böse vom Guten
Sondern möget und schätzen die Weisheit, damit auch die Käufer
Dieses Buchs vom Laufe der Welt sich täglich belehren.
Denn so ist es beschaffen, so wird es bleiben, und also
Endigt sich unser Gedicht von Reinekens Wesen und Taten.
Uns verhelfe der Herr zur ewigen Herrlichkeit! Amen.

HERMANN UND DOROTHEA

I

KALLIOPE
SCHICKSAL UND ANTEIL

»Hab' ich den Markt und die Straßen doch nie so einsam gesehen!
Ist doch die Stadt wie gekehrt! wie ausgestorben! Nicht funfzig,
Deucht mir, blieben zurück von allen unsern Bewohnern.
Was die Neugier nicht tut! So rennt und läuft nun ein jeder,
Um den traurigen Zug der armen Vertriebnen zu sehen.
Bis zum Dammweg, welchen sie ziehn, ist's immer ein Stündchen,
Und da läuft man hinab im heißen Staube des Mittags.
Möcht' ich mich doch nicht rühren vom Platz, um zu sehen das Elend
Guter fliehender Menschen, die nun, mit geretteter Habe,
Leider das überrheinische Land, das schöne, verlassend,
Zu uns herüberkommen und durch den glücklichen Winkel
Dieses fruchtbaren Tals und seiner Krümmungen wandern.
Trefflich hast du gehandelt, o Frau, dass du milde den Sohn fort
Schicktest mit altem Linnen und etwas Essen und Trinken,
Um es den Armen zu spenden; denn Geben ist Sache des Reichen.
Was der Junge doch fährt, und wie er bändigt die Hengste!
Sehr gut nimmt das Kütschchen sich aus, das neue; bequemlich
Säßen viere darin und auf dem Bocke der Kutscher.
Diesmal fuhr er allein; wie rollt' es leicht um die Ecke!«
So sprach, unter dem Tore des Hauses sitzend am Markte,
Wohlbehaglich zur Frau der Wirt zum Goldenen Löwen.

Und es versetzte darauf die kluge, verständige Hausfrau:
»Vater, nicht gerne verschenk' ich die abgetragene Leinwand;
Denn sie ist zu manchem Gebrauch und für Geld nicht zu haben,
Wenn man ihrer bedarf. Doch heute gab ich so gerne
Manches bessere Stück an Überzügen und Hemden;
Denn ich hörte von Kindern und Alten, die nackend daher gehn.

Wirst du mir aber verzeihn? denn auch dein Schrank ist geplündert.
Und besonders den Schlafrock mit indianischen Blumen,
Von dem feinsten Kattun, mit feinem Flanelle gefüttert,
Gab ich hin; er ist dünn und alt und ganz aus der Mode.«

Aber es lächelte drauf der treffliche Hauswirt und sagte:
»Ungern vermiss' ich ihn doch, den alten kattunenen Schlafrock
Echt ostindischen Stoffs; so etwas kriegt man nicht wieder.
Wohl! ich trug ihn nicht mehr. Man will jetzt freilich, der Mann soll
Immer gehn im Surtout und in der Pekesche sich zeigen,
Immer gestiefelt sein; verbannt ist Pantoffel und Mütze.« —

»Siehe!«, versetzte die Frau, »dort kommen schon einige wieder,
Die den Zug mit gesehn; er muss doch wohl schon vorbei sein.
Seht, wie allen die Schuhe so staubig sind! wie die Gesichter
Glühen! und jeglicher führt das Schnupftuch und wischt sich den Schweiß ab.
Möcht' ich doch auch in der Hitze nach solchem Schauspiel so weit nicht
Laufen und leiden! Fürwahr, ich habe genug am Erzählten.«

Und es sagte darauf der gute Vater mit Nachdruck:
»Solch ein Wetter ist selten zu solcher Ernte gekommen,
Und wir bringen die Frucht herein, wie das Heu schon herein ist,
Trocken; der Himmel ist hell, es ist kein Wölkchen zu sehen,
Und von Morgen wehet der Wind mit lieblicher Kühlung.
Das ist beständiges Wetter! und überreif ist das Korn schon;
Morgen fangen wir an zu schneiden die reichliche Ernte.«

Als er so sprach, vermehrten sich immer die Scharen der Männer
Und der Weiber, die über den Markt sich nach Hause begaben;
Und so kam auch zurück mit seinen Töchtern gefahren
Rasch an die andere Seite des Markts der begüterte Nachbar
An sein erneuertes Haus, der erste Kaufmann des Ortes,
Im geöffneten Wagen (er war in Landau verfertigt).
Lebhaft wurden die Gassen; denn wohl war bevölkert das Städtchen,
Mancher Fabriken befliss man sich da und manches Gewerbes.

Und so saß das trauliche Paar, sich unter dem Torweg
Über das wandernde Volk mit mancher Bemerkung ergötzend.
Endlich aber begann die würdige Hausfrau und sagte:
»Seht! dort kommt der Prediger her; es kommt auch der Nachbar
Apotheker mit ihm: die sollen uns alles erzählen,
Was sie draußen gesehn und was zu schauen nicht froh macht.«

Freundlich kamen heran die beiden und grüßten das Eh'paar,
Setzten sich auf die Bänke, die hölzernen, unter dem Torweg,
Staub von den Füßen schüttelnd und Luft mit dem Tuche sich fächelnd.
Da begann denn zuerst, nach wechselseitigen Grüßen,
Der Apotheker zu sprechen und sagte, beinahe verdrießlich:
»So sind die Menschen fürwahr! und einer ist doch wie der andre,
Dass er zu gaffen sich freut, wenn den Nächsten ein Unglück befället!
Läuft doch jeder, die Flamme zu sehn, die verderblich emporschlägt,
Jeder den armen Verbrecher, der peinlich zum Tode geführt wird.
Jeder spaziert nun hinaus, zu schauen der guten Vertriebnen
Elend, und niemand bedenkt, dass ihn das ähnliche Schicksal
Auch vielleicht zunächst betreffen kann, oder doch künftig.
Unverzeihlich find' ich den Leichtsinn; doch liegt er im Menschen.«

Und es sagte darauf der edle, verständige Pfarrherr,
Er, die Zierde der Stadt, ein Jüngling, näher dem Manne.
Dieser kannte das Leben und kannte der Hörer Bedürfnis,
War vom hohen Werte der heiligen Schriften durchdrungen,
Die uns der Menschen Geschick enthüllen und ihre Gesinnung;
Und so kannt' er auch wohl die besten weltlichen Schriften.
Dieser sprach: »Ich tadle nicht gern, was immer dem Menschen
Für unschädliche Triebe die gute Mutter Natur gab;
Denn was Verstand und Vernunft nicht immer vermögen, vermag oft
Solch ein glücklicher Hang, der unwiderstehlich uns leitet.
Lockte die Neugier nicht den Menschen mit heftigen Reizen,
Sagt! erführ' er wohl je, wie schön sich die weltlichen Dinge
Gegeneinander verhalten? Denn erst verlangt er das Neue,
Suchet das Nützliche dann mit unermüdetem Fleiße;
Endlich begehrt er das Gute, das ihn erhebet und wert macht.

In der Jugend ist ihm ein froher Gefährte der Leichtsinn,
Der die Gefahr ihm verbirgt und heilsam geschwinde die Spuren
Tilget des schmerzlichen Übels, sobald es nur irgend vorbeizog.
Freilich ist er zu preisen, der Mann, dem in reiferen Jahren
Sich der gesetzte Verstand aus solchem Frohsinn entwickelt,
Der im Glück wie im Unglück sich eifrig und tätig bestrebet;
Denn das Gute bringt er hervor und ersetzet den Schaden.«

Freundlich begann sogleich die ungeduldige Hausfrau:
»Saget uns, was ihr gesehn; denn das begehrt' ich zu wissen.«

»Schwerlich«, versetzte darauf der Apotheker mit Nachdruck,
»Werd' ich so bald mich freun nach dem, was ich alles erfahren.
Und wer erzählet es wohl, das mannigfaltigste Elend!
Schon von ferne sahn wir den Staub, noch eh' wir die Wiesen
Abwärts kamen; der Zug war schon von Hügel zu Hügel
Unabsehlich dahin, man konnte wenig erkennen.
Als wir nun aber den Weg, der quer durchs Tal geht, erreichten,
War Gedräng' und Getümmel noch groß der Wandrer und Wagen.
Leider sahen wir noch genug der Armen vorbeiziehn,
Konnten einzeln erfahren, wie bitter die schmerzliche Flucht sei
Und wie froh das Gefühl des eilig geretteten Lebens.
Traurig war es, zu sehn die mannigfaltige Habe,
Die ein Haus nur verbirgt, das wohlversehne, und die ein
Guter Wirt umher an die rechten Stellen gesetzt hat,
Immer bereit zum Gebrauche, denn alles ist nötig und nützlich,
Nun zu sehen das alles, auf mancherlei Wagen und Karren
Durcheinander geladen, mit Übereilung geflüchtet.
Über dem Schranke lieget das Sieb und die wollene Decke;
In dem Backtrog das Bett und das Leintuch über dem Spiegel.
Ach! und es nimmt die Gefahr, wie wir beim Brande vor zwanzig
Jahren auch wohl gesehn, dem Menschen alle Besinnung,
Dass er das Unbedeutende fasst und das Teure zurücklässt.
Also führten auch hier mit unbesonnener Sorgfalt
Schlechte Dinge sie fort, die Ochsen und Pferde beschwerend:
Alte Bretter und Fässer, den Gänsestall und den Käfig.

Auch so keuchten die Weiber und Kinder, mit Bündeln sich schleppend,
Unter Körben und Butten voll Sachen keines Gebrauches;
Denn es verlässt der Mensch so ungern das Letzte der Habe.
Und so zog auf dem staubigen Weg der drängende Zug fort,
Ordnungslos und verwirrt. Mit schwächeren Tieren der eine
Wünschte langsam zu fahren, ein andrer emsig zu eilen.
Da entstand ein Geschrei der gequetschten Weiber und Kinder
Und ein Blöken des Viehes, dazwischen der Hunde Gebelfer
Und ein Wehlaut der Alten und Kranken, die hoch auf dem schweren
Übergepackten Wagen auf Betten saßen und schwankten.
Aber, aus dem Gleise gedrängt, nach dem Rande des Hochwegs
Irrte das knarrende Rad; es stürzt' in den Graben das Fuhrwerk,
Umgeschlagen, und weithin entstürzten im Schwunge die Menschen
Mit entsetzlichem Schrein in das Feld hin, aber doch glücklich.
Später stürzten die Kasten und fielen näher dem Wagen.
Wahrlich, wer im Fallen sie sah, der erwartete nun, sie
Unter der Last der Kisten und Schränke zerschmettert zu schauen.
Und so lag zerbrochen der Wagen und hülflos die Menschen;
Denn die Übrigen gingen und zogen eilig vorüber,
Nur sich selber bedenkend und hingerissen vom Strome.
Und wir eilten hinzu und fanden die Kranken und Alten,
Die zu Haus und im Bett schon kaum ihr dauerndes Leiden
Trügen, hier auf dem Boden, beschädigt, ächzen und jammern,
Von der Sonne verbrannt und erstickt vom wogenden Staube.«

Und es sagte darauf gerührt der menschliche Hauswirt:
»Möge doch Hermann sie treffen und sie erquicken und kleiden!
Ungern würd' ich sie sehn; mich schmerzt der Anblick des Jammers.
Schon von dem ersten Bericht so großer Leiden gerühret,
Schickten wir eilend ein Scherflein von unserm Überfluss, dass nur
Einige würden gestärkt, und schienen uns selber beruhigt.
Aber lasst uns nicht mehr die traurigen Bilder erneuern;
Denn es beschleichet die Furcht gar bald die Herzen der Menschen
Und die Sorge, die mehr als selbst mir das Übel verhasst ist.
Tretet herein in den hinteren Raum, das kühlere Sälchen!
Nie scheint Sonne dahin, nie dringet wärmere Luft dort

Durch die stärkeren Mauern; und Mütterchen bringt uns ein Gläschen
Dreiundachtziger her, damit wir die Grillen vertreiben.
Hier ist nicht freundlich zu trinken; die Fliegen umsummen die Gläser.«
Und sie gingen dahin und freuten sich alle der Kühlung.

Sorgsam brachte die Mutter des klaren, herrlichen Weines
In geschliffener Flasche auf blankem, zinnernem Runde,
Mit den grünlichen Römern, den echten Bechern des Rheinweins.
Und so sitzend, umgaben die drei den glänzend gebohnten,
Runden, braunen Tisch, er stand auf mächtigen Füßen.
Heiter klangen sogleich die Gläser des Wirtes und Pfarrers;
Doch unbeweglich hielt der Dritte denkend das seine,
Und es fordert' ihn auf der Wirt mit freundlichen Worten:

»Frisch, Herr Nachbar, getrunken! denn noch bewahrte vor Unglück
Gott uns gnädig und wird auch künftig uns also bewahren.
Denn wer erkennet es nicht, dass seit dem schrecklichen Brande,
Da er so hart uns gestraft, er uns nun beständig erfreut hat
Und beständig beschützt, so wie der Mensch sich des Auges
Köstlichen Apfel bewahrt, der vor allen Gliedern ihm lieb ist.
Sollt' er fernerhin nicht uns schützen und Hülfe bereiten?
Denn man sieht es erst recht, wie viel er vermag, in Gefahren;
Sollt' er die blühende Stadt, die er erst durch fleißige Bürger
Neu aus der Asche gebaut und dann sie reichlich gesegnet,
Jetzo wieder zerstören und alle Bemühung vernichten?«

Heiter sagte darauf der treffliche Pfarrer und milde:
»Haltet am Glauben fest und fest an dieser Gesinnung;
Denn sie macht im Glücke verständig und sicher, im Unglück
Reicht sie den schönsten Trost und belebt die herrlichste Hoffnung.«

Da versetzte der Wirt mit männlichen, klugen Gedanken:
»Wie begrüßt' ich so oft mit Staunen die Fluten des Rheinstroms,
Wenn ich, reisend nach meinem Geschäft, ihm wieder mich nahte!
Immer schien er mir groß und erhob mir Sinn und Gemüte;
Aber ich konnte nicht denken, dass bald sein liebliches Ufer

Sollte werden ein Wall, um abzuwehren den Franken,
Und sein verbreitetes Bett ein allverhindernder Graben.
Seht, so schützt die Natur, so schützen die wackeren Deutschen,
Und so schützt uns der Herr; wer wollte töricht verzagen?
Müde schon sind die Streiter, und alles deutet auf Frieden.
Möge doch auch, wenn das Fest, das lang' erwünschte, gefeiert
Wird, in unserer Kirche die Glocke dann tönt zu der Orgel
Und die Trompete schmettert, das hohe Tedeum begleitend, —
Möge mein Hermann doch auch an diesem Tage, Herr Pfarrer,
Mit der Braut entschlossen vor Euch am Altare sich stellen
Und das glückliche Fest, in allen den Landen begangen,
Auch mir künftig erscheinen, der häuslichen Freuden ein Jahrstag!
Aber ungern seh' ich den Jüngling, der immer so tätig
Mir in dem Hause sich regt, nach außen langsam und schüchtern.
Wenig findet er Lust, sich unter Leuten zu zeigen;
Ja, er vermeidet sogar der jungen Mädchen Gesellschaft
Und den fröhlichen Tanz, den alle Jugend begehret.«

Also sprach er und horchte. Man hörte der stampfenden Pferde
Fernes Getöse sich nahn, man hörte den rollenden Wagen,
Der mit gewaltiger Eile nun donnert' unter den Torweg.

II
TERPSICHORE
HERMANN

Als nun der wohlgebildete Sohn ins Zimmer hereintrat,
Schaute der Prediger ihm mit scharfen Blicken entgegen
Und betrachtete seine Gestalt und sein ganzes Benehmen
Mit dem Auge des Forschers, der leicht die Mienen enträtselt;
Lächelte dann und sprach zu ihm mit traulichen Worten:
»Kommt Ihr doch als ein veränderter Mensch! Ich habe noch niemals
Euch so munter gesehn und Eure Blicke so lebhaft.
Fröhlich kommt Ihr und heiter; man sieht, Ihr habet die Gaben
Unter die Armen verteilt und ihren Segen empfangen.«

Ruhig erwiderte drauf der Sohn mit ernstlichen Worten:
»Ob ich löblich gehandelt, ich weiß es nicht; aber mein Herz hat
Mich geheißen zu tun, so wie ich genau nun erzähle.
Mutter, Ihr kramtet so lange, die alten Stücke zu suchen
Und zu wählen; nur spät war erst das Bündel zusammen,
Auch der Wein und das Bier ward langsam, sorglich gepacket.
Als ich nun endlich vors Tor und auf die Straße hinauskam,
Strömte zurück die Menge der Bürger mit Weibern und Kindern,
Mir entgegen; denn fern war schon der Zug der Vertriebnen.
Schneller hielt ich mich dran und fuhr behände dem Dorf zu,
Wo sie, wie ich gehört, heut übernachten und rasten.
Als ich nun meines Weges die neue Straße hinanfuhr,
Fiel mir ein Wagen ins Auge, von tüchtigen Bäumen gefüget,
Von zwei Ochsen gezogen, den größten und stärksten des Auslands,
Nebenher aber ging mit starken Schritten ein Mädchen,
Lenkte mit langem Stabe die beiden gewaltigen Tiere,
Trieb sie an und hielt sie zurück, sie leitete klüglich.
Als mich das Mädchen erblickte, so trat sie den Pferden gelassen
Näher und sagte zu mir: ›Nicht immer war es mit uns so
Jammervoll, als Ihr uns heut auf diesen Wegen erblicket.
Noch nicht bin ich gewohnt, vom Fremden die Gabe zu heischen,
Die er oft ungern gibt, um loszuwerden den Armen;
Aber mich dränget die Not, zu reden. Hier auf dem Strohe
Liegt die erst entbundene Frau des reichen Besitzers,
Die ich mit Stieren und Wagen noch kaum, die Schwangre, gerettet.
Spät nur kommen wir nach, und kaum das Leben erhielt sie.
Nun liegt, neugeboren, das Kind ihr nackend im Arme,
Und mit wenigem nur vermögen die Unsern zu helfen,
Wenn wir im nächsten Dorf, wo wir heute zu rasten gedenken,
Auch sie finden, wiewohl ich fürchte, sie sind schon vorüber.
Wär' Euch irgend von Leinwand nur was Entbehrliches, wenn Ihr
Hier aus der Nachbarschaft seid, so spendet's gütig den Armen.‹

Also sprach sie, und matt erhob sich vom Strohe die bleiche
Wöchnerin, schaute nach mir; ich aber sagte dagegen:
›Guten Menschen, fürwahr, spricht oft ein himmlischer Geist zu,

Dass sie fühlen die Not, die dem armen Bruder bevorsteht;
Denn so gab mir die Mutter, im Vorgefühle von eurem
Jammer, ein Bündel, sogleich es der nackten Notdurft zu reichen.‹
Und ich löste die Knoten der Schnur und gab ihr den Schlafrock
Unsers Vaters dahin und gab ihr Hemden und Leintuch.
Und sie dankte mit Freuden und rief: ›Der Glückliche glaubt nicht,
Dass noch Wunder geschehn; denn nur im Elend erkennt man
Gottes Hand und Finger, der gute Menschen zum Guten
Leitet. Was er durch Euch an uns tut, tu' er Euch selber.‹
Und ich sah die Wöchnerin froh die verschiedene Leinwand,
Aber besonders den weichen Flanell des Schlafrocks befühlen.
›Eilen wir‹, sagte zu ihr die Jungfrau, ›dem Dorf zu, in welchem
Unsre Gemeine schon rastet und diese Nacht durch sich aufhält;
Dort besorg' ich sogleich das Kinderzeug, alles und jedes.‹
Und sie grüßte mich noch und sprach den herzlichsten Dank aus,
Trieb die Ochsen; da ging der Wagen. Ich aber verweilte,
Hielt die Pferde noch an; denn Zwiespalt war mir im Herzen,
Ob ich mit eilenden Rossen das Dorf erreichte, die Speisen
Unter das übrige Volk zu spenden, oder sogleich hier
Alles dem Mädchen gäbe, damit sie es weislich verteilte.
Und ich entschied mich gleich in meinem Herzen und fuhr ihr
Sachte nach und erreichte sie bald und sagte behände:
›Gutes Mädchen, mir hat die Mutter nicht Leinwand alleine
Auf den Wagen gegeben, damit ich den Nackten bekleide,
Sondern sie fügte dazu noch Speis' und manches Getränke,
Und es ist mir genug davon im Kasten des Wagens.
Nun bin ich aber geneigt, auch diese Gaben in deine
Hand zu legen, und so erfüll' ich am besten den Auftrag;
Du verteilst sie mit Sinn, ich müsste dem Zufall gehorchen.‹
Drauf versetzte das Mädchen: ›Mit aller Treue verwend' ich
Eure Gaben; der Dürftige soll sich derselben erfreuen.‹
Also sprach sie. Ich öffnete schnell die Kasten des Wagens,
Brachte die Schinken hervor, die schweren, brachte die Brote,
Flaschen Weines und Biers und reicht' ihr alles und jedes.
Gerne hätt' ich noch mehr ihr gegeben; doch leer war der Kasten.
Alles packte sie drauf zu der Wöchnerin Füßen und zog so
Weiter; ich eilte zurück mit meinen Pferden der Stadt zu.«

Als nun Hermann geendet, da nahm der gesprächige Nachbar
Gleich das Wort und rief: »O glücklich, wer in den Tagen
Dieser Flucht und Verwirrung in seinem Haus nur allein lebt,
Wem nicht Frau und Kinder zur Seite bange sich schmiegen!
Glücklich fühl' ich mich jetzt; ich möcht' um vieles nicht heute
Vater heißen und nicht für Frau und Kinder besorgt sein.
Öfters dacht' ich mir auch schon die Flucht und habe die besten
Sachen zusammengepackt, das alte Geld und die Ketten
Meiner seligen Mutter, das alles noch heilig verwahrt liegt.
Freilich bliebe noch vieles zurück, das so leicht nicht geschafft wird.
Selbst die Kräuter und Wurzeln, mit vielem Fleiße gesammelt,
Misst' ich ungern, wenn auch der Wert der Ware nicht groß ist.
Bleibt der Provisor zurück, so geh' ich getröstet von Hause.
Hab' ich die Barschaft gerettet und meinen Körper, so hab' ich
Alles gerettet; der einzelne Mann entfliehet am leichtsten.«

»Nachbar«, versetzte darauf der junge Hermann mit Nachdruck:
»Keinesweges denk' ich wie Ihr und tadle die Rede.
Ist wohl der ein würdiger Mann, der im Glück und im Unglück
Sich nur allein bedenkt und Leiden und Freuden zu teilen
Nicht verstehet und nicht dazu von Herzen bewegt wird?
Lieber möcht' ich als je mich heute zur Heirat entschließen;
Denn manch gutes Mädchen bedarf des schützenden Mannes
Und der Mann des erheiternden Weibs, wenn ihm Unglück bevorsteht.«

Lächelnd sagte darauf der Vater: »So hör' ich dich gerne!
Solch ein vernünftiges Wort hast du mir selten gesprochen.«

Aber es fiel sogleich die gute Mutter behänd ein:
»Sohn, fürwahr! du hast recht; wir Eltern gaben das Beispiel.
Denn wir haben uns nicht an fröhlichen Tagen erwählet,
Und uns knüpfte vielmehr die traurigste Stunde zusammen.
Montag morgens — ich weiß es genau, denn Tages vorher war
Jener schreckliche Brand, der unser Städtchen verzehrte —
Zwanzig Jahre sind's nun; es war ein Sonntag wie heute,
Heiß und trocken die Zeit und wenig Wasser im Orte.

Alle Leute waren, spazierend in festlichen Kleidern,
Auf den Dörfern verteilt und in den Schenken und Mühlen.
Und am Ende der Stadt begann das Feuer. Der Brand lief
Eilig die Straßen hindurch, erzeugend sich selber den Zugwind.
Und es brannten die Scheunen der reichgesammelten Ernte,
Und es brannten die Straßen bis zu dem Markt, und das Haus war
Meines Vaters hierneben verzehrt und dieses zugleich mit.
Wenig flüchteten wir. Ich saß die traurige Nacht durch
Vor der Stadt auf dem Anger, die Kasten und Betten bewahrend;
Doch zuletzt befiel mich der Schlaf, und als nun des Morgens
Mich die Kühlung erweckte, die vor der Sonne herabfällt,
Sah ich den Rauch und die Glut und die hohlen Mauern und Essen.
Da war beklemmt mein Herz; allein die Sonne ging wieder
Herrlicher auf als je und flößte mir Mut in die Seele.
Da erhob ich mich eilend. Es trieb mich, die Stätte zu sehen,
Wo die Wohnung gestanden, und ob sich die Hühner gerettet,
Die ich besonders geliebt: denn kindisch war mein Gemüt noch.
Als ich nun über die Trümmer des Hauses und Hofes daher stieg,
Die noch rauchten, und so die Wohnung wüst und zerstört sah,
Kamst du zur andern Seite herauf und durchsuchtest die Stätte.
Dir war ein Pferd in dem Stalle verschüttet; die glimmenden Balken
Lagen darüber und Schutt, und nichts zu sehn war vom Tiere.
Also standen wir gegeneinander, bedenklich und traurig:
Denn die Wand war gefallen, die unsere Höfe geschieden.
Und du fasstest darauf mich bei der Hand an und sagtest:
›Lieschen, wie kommst du hieher? Geh weg! du verbrennest die Sohlen;
Denn der Schutt ist heiß, er sengt mir die stärkeren Stiefeln.‹
Und du hobest mich auf und trugst mich herüber durch deinen
Hof weg. Da stand noch das Tor des Hauses mit seinem Gewölbe,
Wie es jetzt steht; es war allein von allem geblieben.
Und du setztest mich nieder und küsstest mich, und ich verwehrt' es.
Aber du sagtest darauf mit freundlich bedeutenden Worten:
›Siehe, das Haus liegt nieder. Bleib hier und hilf mir es bauen,
Und ich helfe dagegen auch deinem Vater an seinem.‹
Doch ich verstand dich nicht, bis du zum Vater die Mutter
Schicktest und schnell das Gelübd' der fröhlichen Ehe vollbracht war.

Noch erinnr' ich mich heute des halbverbrannten Gebälkes
Freudig und sehe die Sonne noch immer so herrlich heraufgehn;
Denn mir gab der Tag den Gemahl, es haben die ersten
Zeiten der wilden Zerstörung den Sohn mir der Jugend gegeben.
Darum lob' ich dich, Hermann, dass du mit reinem Vertrauen
Auch ein Mädchen dir denkst in diesen traurigen Zeiten
Und es wagtest, zu frein im Krieg und über den Trümmern.«

Da versetzte sogleich der Vater lebhaft und sagte:
»Die Gesinnung ist löblich, und wahr ist auch die Geschichte,
Mütterchen, die du erzählst; denn so ist alles begegnet.
Aber besser ist besser. Nicht einen jeden betrifft es,
Anzufangen von vorn sein ganzes Leben und Wesen;
Nicht soll jeder sich quälen, wie wir und andere taten,
O, wie glücklich ist der, dem Vater und Mutter das Haus schon
Wohlbestellt übergeben, und der mit Gedeihen es ausziert!
Aller Anfang ist schwer, am schwersten der Anfang der Wirtschaft.
Mancherlei Dinge bedarf der Mensch, und alles wird täglich
Teurer; da seh' er sich vor, des Geldes mehr zu erwerben.
Und so hoff' ich von dir, mein Hermann, dass du mir nächstens
In das Haus die Braut mit schöner Mitgift hereinführst;
Denn ein wackerer Mann verdient ein begütertes Mädchen,
Und es behaget so wohl, wenn mit dem gewünscheten Weibchen
Auch in Körben und Kasten die nützliche Gabe hereinkommt.
Nicht umsonst bereitet durch manche Jahre die Mutter
Viele Leinwand der Tochter von feinem und starkem Gewebe;
Nicht umsonst verehren die Paten ihr Silbergeräte,
Und der Vater sondert im Pulte das seltene Goldstück:
Denn sie soll dereinst mit ihren Gütern und Gaben
Jenen Jüngling erfreun, der sie vor allen erwählt hat.
Ja, ich weiß, wie behaglich ein Weibchen im Hause sich findet,
Das ihr eignes Gerät in Küch' und Zimmern erkennet
Und das Bette sich selbst und den Tisch sich selber gedeckt hat.
Nur wohl ausgestattet möcht' ich im Hause die Braut sehn;
Denn die Arme wird doch nur zuletzt vom Manne verachtet,
Und er hält sie als Magd, die als Magd mit dem Bündel hereinkam.

Ungerecht bleiben die Männer, und die Zeiten der Liebe vergehen.
Ja, mein Hermann, du würdest mein Alter höchlich erfreuen,
Wenn du mir bald ins Haus ein Schwiegertöchterchen brächtest
Aus der Nachbarschaft her, aus jenem Hause, dem grünen.
Reich ist der Mann fürwahr: sein Handel und seine Fabriken
Machen ihn täglich reicher: denn wo gewinnt nicht der Kaufmann?
Nur drei Töchter sind da; sie teilen allein das Vermögen.
Schon ist die ältste bestimmt, ich weiß es; aber die zweite
Wie die dritte sind noch, und vielleicht nicht lange, zu haben.
Wär' ich an deiner Statt, ich hätte bis jetzt nicht gezaudert,
Eins mir der Mädchen geholt, so wie ich das Mütterchen forttrug.«

Da versetzte der Sohn bescheiden dem dringenden Vater:
»Wirklich, mein Wille war auch wie Eurer, eine der Töchter
Unsers Nachbars zu wählen. Wir sind zusammen erzogen,
Spielten neben dem Brunnen am Markt in früheren Zeiten,
Und ich habe sie oft vor der Knaben Wildheit beschützet.
Doch das ist lange schon her; es bleiben die wachsenden Mädchen
Endlich billig zu Haus und fliehn die wilderen Spiele.
Wohlgezogen sind sie gewiss! Ich ging auch zuzeiten
Noch aus alter Bekanntschaft, so wie Ihr es wünschtet, hinüber;
Aber ich konnte mich nie in ihrem Umgang erfreuen.
Denn sie tadelten stets an mir, das musst' ich ertragen:
Gar zu lang war mein Rock, zu grob das Tuch und die Farbe
Gar zu gemein und die Haare nicht recht gestutzt und gekräuselt.
Endlich hatt' ich im Sinne, mich auch zu putzen wie jene
Handelsbübchen, die stets am Sonntag drüben sich zeigen
Und um die halbseiden im Sommer das Läppchen herumhängt.
Aber noch früh genug merkt' ich, sie hatten mich immer zum Besten;
Und das war mir empfindlich, mein Stolz war beleidigt; doch mehr noch
Kränkte mich's tief, dass so sie den guten Willen verkannten,
Den ich gegen sie hegte, besonders Minchen, die Jüngste.
Denn so war ich zuletzt an Ostern hinübergegangen,
Hatte den neuen Rock, der jetzt nur oben im Schrank hängt,
Angezogen und war frisiert wie die übrigen Bursche.
Als ich eintrat, kicherten sie; doch zog ich's auf mich nicht.

Minchen saß am Klavier; es war der Vater zugegen,
Hörte die Töchterchen singen und war entzückt und in Laune.
Manches verstand ich nicht, was in den Liedern gesagt war,
Aber ich hörte viel von Pamina, viel von Tamino,
Und ich wollte doch auch nicht stumm sein! Sobald sie geendet,
Fragt' ich dem Texte nach und nach den beiden Personen.
Alle schwiegen darauf und lächelten; aber der Vater
Sagte: ›Nicht wahr, mein Freund, Er kennt nur Adam und Eva?‹
Niemand hielt sich alsdann, und laut auf lachten die Mädchen,
Laut auf lachten die Knaben, es hielt den Bauch sich der Alte.
Fallen ließ ich den Hut vor Verlegenheit, und das Gekicher
Dauerte fort und fort, so viel sie auch sangen und spielten.
Und ich eilte beschämt und verdrießlich wieder nach Hause,
Hängte den Rock in den Schrank und zog die Haare herunter
Mit den Fingern und schwur, nicht mehr zu betreten die Schwelle.
Und ich hatte wohl recht; denn eitel sind sie und lieblos,
Und ich höre, noch heiß' ich bei ihnen immer Tamino.«

Da versetzte die Mutter: »Du solltest, Hermann, so lange
Mit den Kindern nicht zürnen; denn Kinder sind sie ja sämtlich.
Minchen fürwahr ist gut und war dir immer gewogen;
Neulich fragte sie noch nach dir. Die solltest du wählen!«

Da versetzte bedenklich der Sohn: »Ich weiß nicht, es prägte
Jener Verdruss sich so tief bei mir ein, ich möchte fürwahr nicht
Sie am Klaviere mehr sehn und ihre Liedchen vernehmen.«

Doch der Vater fuhr auf und sprach die zornigen Worte:
»Wenig Freud' erleb' ich an dir! Ich sagt' es doch immer,
Als du zu Pferden nur und Lust nur bezeigtest zum Acker:
Was ein Knecht schon verrichtet des wohlbegüterten Mannes,
Tust du; indessen muss der Vater des Sohnes entbehren,
Der ihm zur Ehre doch auch vor andern Bürgern sich zeigte.
Und so täuschte mich früh mit leerer Hoffnung die Mutter,
Wenn in der Schule das Lesen und Schreiben und Lernen dir niemals
Wie den andern gelang und du immer der Unterste saßest.

Freilich! das kommt daher, wenn Ehrgefühl nicht im Busen
Eines Jünglinges lebt, und wenn er nicht höher hinauf will.
Hätte mein Vater gesorgt für mich, so wie ich für dich tat,
Mich zur Schule gesendet und mir die Lehrer gehalten,
Ja, ich wäre was anders als Wirt zum Goldenen Löwen!«

Aber der Sohn stand auf und nahte sich schweigend der Türe,
Langsam und ohne Geräusch; allein der Vater, entrüstet,
Rief ihm nach: »So gehe nur hin! ich kenne den Trotzkopf!
Geh und führe fortan die Wirtschaft, dass ich nicht schelte;
Aber denke nur nicht, du wollest ein bäurisches Mädchen
Je mir bringen ins Haus, als Schwiegertochter, die Trulle!
Lange hab' ich gelebt und weiß mit Menschen zu handeln,
Weiß zu bewirten die Herren und Frauen, dass sie zufrieden
Von mir weggehn; ich weiß den Fremden gefällig zu schmeicheln.
Aber so soll mir denn auch ein Schwiegertöchterchen endlich
Wiederbegegnen und so mir die viele Mühe versüßen;
Spielen soll sie mir auch das Klavier; es sollen die schönsten,
Besten Leute der Stadt sich mit Vergnügen versammeln,
Wie es sonntags geschieht im Hause des Nachbars!« Da drückte
Leise der Sohn auf die Klinke, und so verließ er die Stube.

III
THALIA
DIE BÜRGER

Also entwich der bescheidene Sohn der heftigen Rede;
Aber der Vater fuhr in der Art fort, wie er begonnen:
»Was im Menschen nicht ist, kommt auch nicht aus ihm, und schwerlich
Wird mich des herzlichsten Wunsches Erfüllung jemals erfreuen,
Dass der Sohn dem Vater nicht gleich sei, sondern ein Bessrer.
Denn was wäre das Haus, was wäre die Stadt, wenn nicht immer
Jeder gedächte mit Lust zu erhalten und zu erneuen
Und zu verbessern auch, wie die Zeit uns lehrt und das Ausland!
Soll doch nicht als ein Pilz der Mensch dem Boden entwachsen

Und verfaulen geschwind an dem Platze, der ihn erzeugt hat,
Keine Spur nachlassend von seiner lebendigen Wirkung!
Sieht man am Hause doch gleich so deutlich, wes Sinnes der Herr sei,
Wie man, das Städtchen betretend, die Obrigkeiten beurteilt.
Denn wo die Türme verfallen und Mauern, wo in den Gräben
Unrat sich häufet und Unrat auf allen Gassen herumliegt,
Wo der Stein aus der Fuge sich rückt und nicht wieder gesetzt wird,
Wo der Balken verfault und das Haus vergeblich die neue
Unterstützung erwartet: der Ort ist übel regieret.
Denn wo nicht immer von oben die Ordnung und Reinlichkeit wirket,
Da gewöhnet sich leicht der Bürger zu schmutzigem Saumsal,
Wie der Bettler sich auch an lumpige Kleider gewöhnet.
Darum hab' ich gewünscht, es solle sich Hermann auf Reisen
Bald begeben und sehn zum wenigsten Straßburg und Frankfurt
Und das freundliche Mannheim, das gleich und heiter gebaut ist.
Denn wer die Städte gesehn, die großen und reinlichen, ruht nicht,
Künftig die Vaterstadt selbst, so klein sie auch sei, zu verzieren.
Lobt nicht der Fremde bei uns die ausgebesserten Tore
Und den geweißten Turm und die wohlerneuerte Kirche?
Rühmt nicht jeder das Pflaster, die wasserreichen, verdeckten,
Wohlverteilten Kanäle, die Nutzen und Sicherheit bringen,
Dass dem Feuer sogleich beim ersten Ausbruch gewehrt sei?
Ist das nicht alles geschehn seit jenem schrecklichen Brande?
Bauherr war ich sechsmal im Rat und habe mir Beifall,
Habe mir herzlichen Dank von guten Bürgern verdienet,
Was ich angab, emsig betrieben, und so auch die Anstalt
Redlicher Männer vollführt, die sie unvollendet verließen.
So kam endlich die Lust in jedes Mitglied des Rates.
Alle bestreben sich jetzt, und schon ist der neue Chausseebau
Fest beschlossen, der uns mit der großen Straße verbindet.
Aber ich fürchte nur sehr, so wird die Jugend nicht handeln!
Denn die einen, sie denken auf Lust und vergänglichen Putz nur;
Andere hocken zu Haus und brüten hinter dem Ofen.
Und das fürcht' ich, ein solcher wird Hermann immer mir bleiben.«

Und es versetzte sogleich die gute, verständige Mutter:
»Immer bist du doch, Vater, so ungerecht gegen den Sohn, und
So wird am wenigsten dir dein Wunsch des Guten erfüllet.
Denn wir können die Kinder nach unserem Sinne nicht formen;
So wie Gott sie uns gab, so muss man sie haben und lieben,
Sie erziehen aufs Beste und jeglichen lassen gewähren.
Denn der eine hat die, die anderen andere Gaben;
Jeder braucht sie, und jeder ist doch nur auf eigene Weise
Gut und glücklich. Ich lasse mir meinen Hermann nicht schelten;
Denn, ich weiß es, er ist der Güter, die er dereinst erbt,
Wert und ein trefflicher Wirt, ein Muster Bürgern und Bauern,
Und im Rate gewiss, ich seh' es voraus, nicht der Letzte.
Aber täglich mit Schelten und Tadeln hemmst du dem Armen
Allen Mut in der Brust, so wie du es heute getan hast.«
Und sie verließ die Stube sogleich und eilte dem Sohn nach,
Dass sie ihn irgendwo fänd' und ihn mit gütigen Worten
Wieder erfreute; denn er, der treffliche Sohn, er verdient' es.

Lächelnd sagte darauf, sobald sie hinweg war, der Vater:
»Sind doch ein wunderlich Volk die Weiber so wie die Kinder!
Jedes lebet so gern nach seinem eignen Belieben,
Und man sollte hernach nur immer loben und streicheln.
Einmal für allemal gilt das wahre Sprüchlein der Alten:
Wer nicht vorwärts geht, der kommt zurücke! So bleibt es.«

Und es versetzte darauf der Apotheker bedächtig:
»Gerne geb' ich es zu, Herr Nachbar, und sehe mich immer
Selbst nach dem Besseren um, wofern es nicht teuer, doch neu ist;
Aber hilft es fürwahr, wenn man nicht die Fülle des Gelds hat,
Tätig und rührig zu sein und innen und außen zu bessern?
Nur zu sehr ist der Bürger beschränkt; das Gute vermag er
Nicht zu erlangen, wenn er es kennt. Zu schwach ist sein Beutel,
Das Bedürfnis zu groß; so wird er immer gehindert.
Manches hätt' ich getan; allein wer scheut nicht die Kosten
Solcher Verändrung, besonders in diesen gefährlichen Zeiten!
Lange lachte mir schon mein Haus im modischen Kleidchen,

Lange glänzten durchaus mit großen Scheiben die Fenster;
Aber wer tut dem Kaufmann es nach, der bei seinem Vermögen
Auch die Wege noch kennt, auf welchen das Beste zu haben?
Seht nur das Haus an da drüben, das neue! Wie prächtig in grünen
Feldern die Stuckatur der weißen Schnörkel sich ausnimmt!
Groß sind die Tafeln der Fenster; wie glänzen und spiegeln die Scheiben,
Dass verdunkelt stehn die übrigen Häuser des Marktes!
Und doch waren die unsern gleich nach dem Brande die schönsten,
Die Apotheke zum Engel so wie der Goldene Löwe.
So war mein Garten auch in der ganzen Gegend berühmt, und
Jeder Reisende stand und sah durch die roten Staketen
Nach den Bettlern von Stein und nach den farbigen Zwergen.
Wem ich den Kaffee dann gar in dem herrlichen Grottenwerk reichte,
Das nun freilich verstaubt und halb verfallen mir dasteht,
Der erfreute sich hoch des farbig schimmernden Lichtes
Schöngeordneter Muscheln; und mit geblendetem Auge
Schaute der Kenner selbst den Bleiglanz und die Korallen.
Ebenso ward in dem Saale die Malerei auch bewundert,
Wo die geputzten Herren und Damen im Garten spazieren
Und mit spitzigen Fingern die Blumen reichen und halten.
Ja, wer sähe das jetzt nur noch an! Ich gehe verdrießlich
Kaum mehr hinaus; denn alles soll anders sein und geschmackvoll,
Wie sie's heißen, und weiß die Latten und hölzernen Bänke.
Alles ist einfach und glatt; nicht Schnitzwerk oder Vergoldung
Will man mehr, und es kostet das fremde Holz nun am meisten.
Nun, ich wär' es zufrieden, mir auch was Neues zu schaffen;
Auch zu gehn mit der Zeit und oft zu verändern den Hausrat;
Aber es fürchtet sich jeder, auch nur zu rücken das Kleinste,
Denn wer vermöchte wohl jetzt die Arbeitsleute zu zahlen?
Neulich kam mir's in Sinn, den Engel Michael wieder,
Der mir die Offizin bezeichnet, vergolden zu lassen,
Und den gräulichen Drachen, der ihm zu Füßen sich windet;
Aber ich ließ ihn verbräunt, wie er ist; mich schreckte die Fordrung.«

IV
EUTERPE
MUTTER UND SOHN

Also sprachen die Männer, sich unterhaltend. Die Mutter
Ging indessen, den Sohn erst vor dem Hause zu suchen,
Auf der steinernen Bank, wo sein gewöhnlicher Sitz war.
Als sie daselbst ihn nicht fand, so ging sie, im Stalle zu schauen,
Ob er die herrlichen Pferde, die Hengste, selber besorgte,
Die er als Fohlen gekauft und die er niemand vertraute.
Und es sagte der Knecht: »Er ist in den Garten gegangen.«
Da durchschritt sie behände die langen doppelten Höfe,
Ließ die Ställe zurück und die wohlgezimmerten Scheunen,
Trat in den Garten, der weit bis an die Mauern des Städtchens
Reichte, schritt ihn hindurch und freute sich jegliches Wachstums,
Stellte die Stützen zurecht, auf denen beladen die Äste
Ruhten des Apfelbaums wie des Birnbaums lastende Zweige,
Nahm gleich einige Raupen vom kräftig strotzenden Kohl weg;
Denn ein geschäftiges Weib tut keine Schritte vergebens.
Also war sie ans Ende des langen Gartens gekommen,
Bis zur Laube, mit Geißblatt bedeckt; nicht fand sie den Sohn da,
Ebenso wenig, als sie bis jetzt ihn im Garten erblickte.
Aber nur angelehnt war das Pförtchen, das aus der Laube,
Aus besonderer Gunst, durch die Mauer des Städtchens gebrochen
Hatte der Ahnherr einst, der würdige Burgemeister.
Und so ging sie bequem den trocknen Graben hinüber,
Wo an der Straße sogleich der wohlumzäunete Weinberg
Aufstieg steileren Pfads, die Fläche zur Sonne gekehret.
Auch den schritt sie hinauf und freute der Fülle der Trauben
Sich im Steigen, die kaum sich unter den Blättern verbargen.
Schattig war und bedeckt der hohe mittlere Laubgang,
Den man auf Stufen erstieg von unbehauenen Platten.
Und es hingen herein Gutedel und Muskateller,
Rötlich blaue daneben von ganz besonderer Größe,
Alle mit Fleiße gepflanzt, der Gäste Nachtisch zu zieren.
Aber den übrigen Berg bedeckten einzelne Stöcke,

Kleinere Trauben tragend, von denen der köstliche Wein kommt.
Also schritt sie hinauf, sich schon des Herbstes erfreuend
Und des festlichen Tags, an dem die Gegend im Jubel
Trauben lieset und tritt und den Most in die Fässer versammelt,
Feuerwerke des Abends von allen Orten und Enden
Leuchten und knallen und so der Ernten schönste geehrt wird.
Doch unruhiger ging sie, nachdem sie dem Sohne gerufen
Zwei-, auch dreimal und nur das Echo vielfach zurückkam,
Das von den Türmen der Stadt, ein sehr geschwätziges, herklang.
Ihn zu suchen war ihr so fremd; er entfernte sich niemals
Weit, er sagt' es ihr denn, um zu verhüten die Sorge
Seiner liebenden Mutter und ihre Furcht vor dem Unfall.
Aber sie hoffte noch stets, ihn doch auf dem Wege zu finden;
Denn die Türen, die untre so wie die obre, des Weinbergs
Standen gleichfalls offen. Und so nun trat sie ins Feld ein,
Das mit weiter Fläche den Rücken des Hügels bedeckte.
Immer noch wandelte sie auf eigenem Boden und freute
Sich der eigenen Saat und des herrlich nickenden Kornes,
Das mit goldener Kraft sich im ganzen Felde bewegte.
Zwischen den Äckern schritt sie hindurch auf dem Raine den Fußpfad,
Hatte den Birnbaum im Auge, den großen, der auf dem Hügel
Stand, die Grenze der Felder, die ihrem Hause gehörten.
Wer ihn gepflanzt, man konnt' es nicht wissen. Er war in der Gegend
Weit und breit gesehn, und berühmt die Früchte des Baumes.
Unter ihm pflegten die Schnitter des Mahls sich zu freuen am Mittag
Und die Hirten des Viehs in seinem Schatten zu warten;
Bänke fanden sie da von rohen Steinen und Rasen.
Und sie irrete nicht; dort saß ihr Hermann und ruhte,
Saß mit dem Arme gestützt und schien in die Gegend zu schauen
Jenseits nach dem Gebirg'; er kehrte der Mutter den Rücken.
Sachte schlich sie hinan und rührt' ihm leise die Schulter.
Und er wandte sich schnell; da sah sie ihm Tränen im Auge.

»Mutter«, sagt' er betroffen, »Ihr überrascht mich!« Und eilig
Trocknet' er ab die Träne, der Jüngling edlen Gefühles.
»Wie? du weinest, mein Sohn?«, versetzte die Mutter betroffen:

»Daran kenn' ich dich nicht! ich habe das niemals erfahren!
Sag', was beklemmt dir das Herz? was treibt dich, einsam zu sitzen
Unter dem Birnbaum hier? was bringt dir Tränen ins Auge?«

Und es nahm sich zusammen der treffliche Jüngling und sagte:
»Wahrlich, dem ist kein Herz im ehernen Busen, der jetzo
Nicht die Not der Menschen, der umgetriebnen, empfindet;
Dem ist kein Sinn in dem Haupte, der nicht um sein eigenes Wohl sich
Und um des Vaterlands Wohl in diesen Tagen bekümmert.
Was ich heute gesehn und gehört, das rührte das Herz mir;
Und nun ging ich heraus und sah die herrliche, weite
Landschaft, die sich vor uns in fruchtbaren Hügeln umherschlingt;
Sah die goldene Frucht den Garben entgegen sich neigen
Und ein reichliches Obst uns volle Kammern versprechen.
Aber, ach! wie nah ist der Feind! Die Fluten des Rheines
Schützen uns zwar; doch ach! was sind nun Fluten und Berge
Jenem schrecklichen Volke, das wie ein Gewitter daherzieht!
Denn sie rufen zusammen aus allen Enden die Jugend
Wie das Alter und dringen gewaltig vor, und die Menge
Scheut den Tod nicht; es dringt gleich nach der Menge die Menge.
Ach! und ein Deutscher wagt in seinem Hause zu bleiben?
Hofft vielleicht zu entgehen dem alles bedrohenden Unfall?
Liebe Mutter, ich sag' Euch, am heutigen Tage verdrießt mich,
Dass man mich neulich entschuldigt, als man die Streitenden auslas
Aus den Bürgern. Fürwahr! ich bin der einzige Sohn nur
Und die Wirtschaft ist groß, und wichtig unser Gewerbe;
Aber wär' ich nicht besser, zu widerstehen da vorne
An der Grenze, als hier zu erwarten Elend und Knechtschaft?
Ja, mir hat es der Geist gesagt, und im innersten Busen
Regt sich Mut und Begier, dem Vaterlande zu leben
Und zu sterben und andern ein würdiges Beispiel zu geben.
Wahrlich, wäre die Kraft der deutschen Jugend beisammen,
An der Grenze, verbündet, nicht nachzugeben den Fremden,
O, sie sollten uns nicht den herrlichen Boden betreten
Und vor unseren Augen die Früchte des Landes verzehren,
Nicht den Männern gebieten und rauben Weiber und Mädchen!

Sehet, Mutter, mir ist im tiefsten Herzen beschlossen,
Bald zu tun und gleich, was recht mir deucht und verständig;
Denn wer lange bedenkt, der wählt nicht immer das Beste.
Sehet, ich werde nicht wieder nach Hause kehren! Von hier aus
Geh' ich gerad' in die Stadt und übergebe den Kriegern
Diesen Arm und dies Herz, dem Vaterlande zu dienen.
Sage der Vater alsdann, ob nicht der Ehre Gefühl mir
Auch den Busen belebt und ob ich nicht höher hinauf will!«

Da versetzte bedeutend die gute, verständige Mutter,
Stille Tränen vergießend, sie kamen ihr leichtlich ins Auge:
»Sohn, was hat sich in dir verändert und deinem Gemüte,
Dass du zu deiner Mutter nicht redest wie gestern und immer,
Offen und frei, und sagst, was deinen Wünschen gemäß ist?
Hörte jetzt ein Dritter dich reden, er würde fürwahr dich
Höchlich loben und deinen Entschluss als den edelsten preisen,
Durch dein Wort verführt und deine bedeutenden Reden.
Doch ich tadle dich nur; denn sieh', ich kenne dich besser.
Du verbirgst dein Herz und hast ganz andre Gedanken.
Denn ich weiß es, dich ruft nicht die Trommel, nicht die Trompete,
Nicht begehrst du zu scheinen in der Montur vor den Mädchen;
Denn es ist deine Bestimmung, so wacker und brav du auch sonst bist,
Wohl zu verwahren das Haus und stille das Feld zu besorgen.
Darum sage mir frei: was dringt dich zu dieser Entschließung?«

Ernsthaft sagte der Sohn: »Ihr irret, Mutter. Ein Tag ist
Nicht dem anderen gleich. Der Jüngling reifet zum Manne;
Besser im Stillen reift er zur Tat oft als im Geräusche
Wilden schwankenden Lebens, das manchen Jüngling verderbt hat.
Und so still ich auch bin und war, so hat in der Brust mir
Doch sich gebildet ein Herz, das Unrecht hasset und Unbill,
Und ich verstehe recht gut die weltlichen Dinge zu sondern;
Auch hat die Arbeit den Arm und die Füße mächtig gestärket.
Alles, fühl' ich, ist wahr; ich darf es kühnlich behaupten.
Und doch tadelt Ihr mich mit Recht, o Mutter, und habt mich
Auf halbwahren Worten ertappt und halber Verstellung.

Denn, gesteh' ich es nur, nicht ruft die nahe Gefahr mich
Aus dem Hause des Vaters und nicht der hohe Gedanke,
Meinem Vaterland hülfreich zu sein und schrecklich den Feinden.
Worte waren es nur, die ich sprach: sie sollten vor Euch nur
Meine Gefühle verstecken, die mir das Herz zerreißen.
Und so lasst mich, o Mutter! Denn da ich vergebliche Wünsche
Hege im Busen, so mag auch mein Leben vergeblich dahingehn.
Denn ich weiß es recht wohl: der einzelne schadet sich selber,
Der sich hingibt, wenn sich nicht alle zum Ganzen bestreben.«

»Fahre nur fort«, so sagte darauf die verständige Mutter,
»Alles mir zu erzählen, das Größte wie das Geringste!
Denn die Männer sind heftig und denken nur immer das Letzte,
Und die Hindernis treibt die Heftigen leicht von dem Wege;
Aber ein Weib ist geschickt, auf Mittel zu denken, und wandelt
Auch den Umweg, geschickt zu ihrem Zweck zu gelangen.
Sage mir alles daher, warum du so heftig bewegt bist,
Wie ich dich niemals gesehn, und das Blut dir wallt in den Adern,
Wider Willen die Träne dem Auge sich dringt zu entstürzen.«

Da überließ sich dem Schmerze der gute Jüngling und weinte,
Weinte laut an der Brust der Mutter und sprach so erweichet:
»Wahrlich! des Vaters Wort hat heute mich kränkend getroffen,
Das ich niemals verdient, nicht heut und keinen der Tage.
Denn die Eltern zu ehren war früh mein Liebstes, und niemand
Schien mir klüger zu sein und weiser, als die mich erzeugten
Und mit Ernst mir in dunkeler Zeit der Kindheit geboten.
Vieles hab' ich fürwahr von meinen Gespielen geduldet,
Wenn sie mit Tücke mir oft den guten Willen vergalten;
Oftmals hab' ich an ihnen nicht Wurf noch Streiche gerochen:
Aber spotteten sie mir den Vater aus, wenn er sonntags
Aus der Kirche kam mit würdig bedächtigem Schritte;
Lachten sie über das Band der Mütze, die Blumen des Schlafrocks,
Den er so stattlich trug und der erst heute verschenkt ward:
Fürchterlich ballte sich gleich die Faust mir; mit grimmigem Wüten
Fiel ich sie an und schlug und traf mit blindem Beginnen,

Ohne zu sehen wohin. Sie heulten mit blutigen Nasen
Und entrissen sich kaum den wütenden Tritten und Schlägen.
Und so wuchs ich heran, um viel vom Vater zu dulden,
Der statt anderer mich gar oft mit Worten herumnahm,
Wenn bei Rat ihm Verdruss in der letzten Sitzung erregt ward;
Und ich büßte den Streit und die Ränke seiner Kollegen.
Oftmals habt Ihr mich selbst bedauert; denn vieles ertrug ich,
Stets in Gedanken der Eltern von Herzen zu ehrende Wohltat,
Die nur sinnen, für uns zu mehren die Hab' und die Güter,
Und sich selber manches entziehn, um zu sparen den Kindern.
Aber, ach! nicht das Sparen allein, um spät zu genießen,
Macht das Glück, es macht nicht das Glück der Haufe beim Haufen,
Nicht der Acker am Acker, so schön sich die Güter auch schließen.
Denn der Vater wird alt, und mit ihm altern die Söhne,
Ohne die Freude des Tags und mit der Sorge für morgen.
Sagt mir und schauet hinab, wie herrlich liegen die schönen,
Reichen Gebreite nicht da, und unten Weinberg und Gärten,
Dort die Scheunen und Ställe, die schöne Reihe der Güter!
Aber seh' ich dann dort das Hinterhaus, wo an dem Giebel
Sich das Fenster uns zeigt von meinem Stübchen im Dache,
Denk' ich die Zeiten zurück, wie manche Nacht ich den Mond schon
Dort erwartet und schon so manchen Morgen die Sonne,
Wenn der gesunde Schlaf mir nur wenige Stunden genügte:
Ach! da kommt mir so einsam vor wie die Kammer der Hof und
Garten, das herrliche Feld, das über die Hügel sich hinstreckt;
Alles liegt so öde vor mir: ich entbehre der Gattin.«

Da antwortete drauf die gute Mutter verständig:
»Sohn, mehr wünschest du nicht, die Braut in die Kammer zu führen,
Dass dir werde die Nacht zur schönen Hälfte des Lebens
Und die Arbeit des Tags dir freier und eigener werde,
Als der Vater es wünscht und die Mutter. Wir haben dir immer
Zugeredet, ja dich getrieben, ein Mädchen zu wählen.
Aber mir ist es bekannt, und jetzo sagt es das Herz mir:
Wenn die Stunde nicht kommt, die rechte, wenn nicht das rechte
Mädchen zur Stunde sich zeigt, so bleibt das Wählen im Weiten,

Und es wirket die Furcht, die falsche zu greifen, am meisten.
Soll ich dir sagen, mein Sohn, so hast du, ich glaube, gewählet,
Denn dein Herz ist getroffen und mehr als gewöhnlich empfindlich.
Sag' es gerad' nur heraus, denn mir schon sagt es die Seele:
Jenes Mädchen ist's, das vertriebene, die du gewählt hast.«

»Liebe Mutter, Ihr sagt's!«, versetzte lebhaft der Sohn drauf.
»Ja, sie ist's! und führ' ich sie nicht als Braut mir nach Hause
Heute noch, ziehet sie fort, verschwindet vielleicht mir auf immer
In der Verwirrung des Kriegs und im traurigen Hin- und Herziehn.
Mutter, ewig umsonst gedeiht mir die reiche Besitzung
Dann vor Augen; umsonst sind künftige Jahre mir fruchtbar.
Ja, das gewohnte Haus und der Garten ist mir zuwider;
Ach! und die Liebe der Mutter, sie selbst nicht tröstet den Armen.
Denn es löset die Liebe, das fühl' ich, jegliche Bande,
Wenn sie die ihrigen knüpft; und nicht das Mädchen allein lässt
Vater und Mutter zurück, wenn sie dem erwähleten Mann folgt;
Auch der Jüngling, er weiß nichts mehr von Mutter und Vater,
Wenn er das Mädchen sieht, das einziggeliebte, davonziehn.
Darum lasset mich gehn, wohin die Verzweiflung mich antreibt!
Denn mein Vater, er hat die entscheidenden Worte gesprochen,
Und sein Haus ist nicht mehr das meine, wenn er das Mädchen
Ausschließt, das ich allein nach Haus zu führen begehre.«

Da versetzte behänd die gute, verständige Mutter:
»Stehen wie Felsen doch zwei Männer gegeneinander!
Unbewegt und stolz will keiner dem andern sich nähern,
Keiner zum guten Worte, dem ersten, die Zunge bewegen.
Darum sag' ich dir, Sohn: noch lebt die Hoffnung in meinem
Herzen, dass er sie dir, wenn sie gut und brav ist, verlobe,
Obgleich arm, so entschieden er auch die Arme versagt hat.
Denn er redet gar manches in seiner heftigen Art aus,
Das er doch nicht vollbringt; so gibt er auch zu das Versagte.
Aber ein gutes Wort verlangt er und kann es verlangen;
Denn er ist Vater! Auch wissen wir wohl, sein Zorn ist nach Tische,
Wo er heftiger spricht und anderer Gründe bezweifelt,

Nie bedeutend; es reget der Wein dann jegliche Kraft auf
Seines heftigen Wollens und lässt ihn die Worte der andern
Nicht vernehmen, er hört und fühlt alleine sich selber.
Aber es kommt der Abend heran, und die vielen Gespräche
Sind nun zwischen ihm und seinen Freunden gewechselt.
Milder ist er fürwahr, ich weiß, wenn das Räuschchen vorbei ist
Und er das Unrecht fühlt, das er andern lebhaft erzeigte.
Komm! wir wagen es gleich; das Frischgewagte gerät nur,
Und wir bedürfen der Freunde, die jetzo bei ihm noch versammelt
Sitzen; besonders wird uns der würdige Geistliche helfen.«

Also sprach sie behände und zog, vom Steine sich hebend,
Auch vom Sitze den Sohn, den willig folgenden. Beide
Kamen schweigend herunter, den wichtigen Vorsatz bedenkend.

V
POLYHYMNIA
DER WELTBÜRGER

Aber es saßen die drei noch immer sprechend zusammen,
Mit dem geistlichen Herrn der Apotheker beim Wirte,
Und es war das Gespräch noch immer ebendasselbe,
Das viel hin und her nach allen Seiten geführt ward.
Aber der treffliche Pfarrer versetzte, würdig gesinnt, drauf:
»Widersprechen will ich Euch nicht. Ich weiß es, der Mensch soll
Immer streben zum Bessern; und, wie wir sehen, er strebt auch
Immer dem Höheren nach, zum wenigsten sucht er das Neue.
Aber geht nicht zu weit! Denn neben diesen Gefühlen
Gab die Natur uns auch die Lust zu verharren im Alten
Und sich dessen zu freun, was jeder lange gewohnt ist.
Aller Zustand ist gut, der natürlich ist und vernünftig.
Vieles wünscht sich der Mensch, und doch bedarf er nur wenig;
Denn die Tage sind kurz, und beschränkt der Sterblichen Schicksal.
Niemals tadl' ich den Mann, der immer, tätig und rastlos
Umgetrieben, das Meer und alle Straßen der Erde

Kühn und emsig befährt und sich des Gewinnes erfreuet,
Welcher sich reichlich um ihn und um die Seinen herum häuft;
Aber jener ist auch mir wert, der ruhige Bürger,
Der sein väterlich Erbe mit stillen Schritten umgehet
Und die Erde besorgt, so wie es die Stunden gebieten.
Nicht verändert sich ihm in jedem Jahre der Boden,
Nicht streckt eilig der Baum, der neugepflanzte, die Arme
Gegen den Himmel aus, mit reichlichen Blüten gezieret.
Nein, der Mann bedarf der Geduld; er bedarf auch des reinen,
Immer gleichen, ruhigen Sinns und des graden Verstandes.
Denn nur wenige Samen vertraut er der nährenden Erde,
Wenige Tiere nur versteht er mehrend zu ziehen;
Denn das Nützliche bleibt allein sein ganzer Gedanke.
Glücklich, wem die Natur ein so gestimmtes Gemüt gab!
Er ernähret uns alle. Und Heil dem Bürger des kleinen
Städtchens, der ländlich Gewerb' mit Bürgergewerbe gepaaret!
Auf ihm liegt nicht der Druck, der ängstlich den Landmann beschränket;
Ihn verwirrt nicht die Sorge der vielbegehrenden Städter,
Die dem Reicheren stets und dem Höheren, wenig vermögend,
Nachzustreben gewohnt sind, besonders die Weiber und Mädchen.
Segnet immer darum des Sohnes ruhig Bemühen
Und die Gattin, die einst er, die gleichgesinnte, sich wählet.«

Also sprach er. Es trat die Mutter zugleich mit dem Sohn ein,
Führend ihn bei der Hand und vor den Gatten ihn stellend.
»Vater«, sprach sie, »wie oft gedachten wir, untereinander
Schwatzend, des fröhlichen Tags, der kommen würde, wenn künftig
Hermann, seine Braut sich erwählend, uns endlich erfreute!
Hin und wider dachten wir da; bald dieses, bald jenes
Mädchen bestimmten wir ihm mit elterlichem Geschwätze.
Nun ist er kommen, der Tag; nun hat die Braut ihm der Himmel
Hergeführt und gezeigt, es hat sein Herz nun entschieden.
Sagten wir damals nicht immer, er solle selber sich wählen?
Wünschtest du nicht noch vorhin, er möchte heiter und lebhaft
Für ein Mädchen empfinden? Nun ist die Stunde gekommen!
Ja, er hat gefühlt und gewählt und ist männlich entschieden:

Jenes Mädchen ist's, die Fremde, die ihm begegnet.
Gib sie ihm; oder er bleibt, so schwur er, im ledigen Stande.«

Und es sagte der Sohn: »Die gebt mir, Vater! Mein Herz hat
Rein und sicher gewählt; Euch ist sie die würdigste Tochter.«

Aber der Vater schwieg. Da stand der Geistliche schnell auf,
Nahm das Wort und sprach: »Der Augenblick nur entscheidet
Über das Leben des Menschen und über sein ganzes Geschicke;
Denn nach langer Beratung ist doch ein jeder Entschluss nur
Werk des Moments, es ergreift doch nur der Verständ'ge das Rechte.
Immer gefährlicher ist's, beim Wählen dieses und jenes
Nebenher zu bedenken und so das Gefühl zu verwirren.
Rein ist Hermann: ich kenn' ihn von Jugend auf, und er streckte
Schon als Knabe die Hände nicht aus nach diesem und jenem.
Was er begehrte, das war ihm gemäß; so hielt er es fest auch.
Seid nicht scheu und verwundert, dass nun auf einmal erscheinet,
Was Ihr so lange gewünscht. Es hat die Erscheinung fürwahr nicht
Jetzt die Gestalt des Wunsches, so wie Ihr ihn etwa geheget.
Denn die Wünsche verhüllen uns selbst das Gewünschte; die Gaben
Kommen von oben herab in ihren eignen Gestalten.
Nun verkennet es nicht, das Mädchen, das Eurem geliebten,
Guten, verständigen Sohn zuerst die Seele bewegt hat.
Glücklich ist der, dem sogleich die erste Geliebte die Hand reicht,
Dem der lieblichste Wunsch nicht heimlich im Herzen verschmachtet!
Ja, ich seh' es ihm an, es ist sein Schicksal entschieden.
Wahre Neigung vollendet sogleich zum Manne den Jüngling.
Nicht beweglich ist er; ich fürchte, versagt Ihr ihm dieses,
Gehen die Jahre dahin, die schönsten, in traurigem Leben.«

Da versetzte sogleich der Apotheker bedächtig,
Dem schon lange das Wort von der Lippe zu springen bereit war:
»Lasst uns auch diesmal doch nur die Mittelstraße betreten!
Eile mit Weile! das war selbst Kaiser Augustus' Devise.
Gerne schick' ich mich an, den lieben Nachbarn zu dienen,
Meinen geringen Verstand zu ihrem Nutzen zu brauchen:

Und besonders bedarf die Jugend, dass man sie leite.
Lasst mich also hinaus; ich will es prüfen, das Mädchen,
Will die Gemeinde befragen, in der sie lebt und bekannt ist.
Niemand betrügt mich so leicht; ich weiß die Worte zu schätzen.«

Da versetzte sogleich der Sohn mit geflügelten Worten:
»Tut es, Nachbar, und geht und erkundigt Euch! Aber ich wünsche,
Dass der Herr Pfarrer sich auch in Eurer Gesellschaft befinde;
Zwei so treffliche Männer sind unverwerfliche Zeugen.
O, mein Vater! sie ist nicht hergelaufen, das Mädchen,
Keine, die durch das Land auf Abenteuer umherschweift
Und den Jüngling bestrickt, den unerfahrnen, mit Ränken.
Nein, das wilde Geschick des allverderblichen Krieges,
Das die Welt zerstört und manches feste Gebäude
Schon aus dem Grunde gehoben, hat auch die Arme vertrieben.
Streifen nicht herrliche Männer von hoher Geburt nun im Elend?
Fürsten fliehen vermummt, und Könige leben verbannet.
Ach, so ist auch sie, von ihren Schwestern die beste,
Aus dem Lande getrieben; ihr eignes Unglück vergessend,
Steht sie anderen bei, ist ohne Hülfe noch hülfreich.
Groß sind Jammer und Not, die über die Erde sich breiten;
Sollte nicht auch ein Glück aus diesem Unglück hervorgehn
Und ich, im Arme der Braut, der zuverlässigen Gattin,
Mich nicht erfreuen des Kriegs, so wie Ihr des Brandes Euch freutet?«

Da versetzte der Vater und tat bedeutend den Mund auf:
»Wie ist, o Sohn, dir die Zunge gelöst, die schon dir im Munde
Lange Jahre gestockt und nur sich dürftig bewegte!
Muss ich doch heut erfahren, was jedem Vater gedroht ist:
Dass den Willen des Sohns, den heftigen, gerne die Mutter
Allzu gelind begünstigt und jeder Nachbar Partei nimmt,
Wenn es über den Vater nur hergeht oder den Eh'mann.
Aber ich will euch zusammen nicht widerstehen; was hülf' es?
Denn ich sehe doch schon hier Trotz und Tränen im Voraus.
Gehet und prüfet und bringt in Gottes Namen die Tochter
Mir ins Haus; wo nicht, so mag er das Mädchen vergessen!«

Also der Vater. Es rief der Sohn mit froher Gebärde:
»Noch vor Abend ist Euch die trefflichste Tochter bescheret,
Wie sie der Mann sich wünscht, dem ein kluger Sinn in der Brust lebt.
Glücklich ist die Gute dann auch, so darf ich es hoffen.
Ja, sie danket mir ewig, dass ich ihr Vater und Mutter
Wiedergegeben in euch, so wie sie verständige Kinder
Wünschen. Aber ich zaudre nicht mehr; ich schirre die Pferde
Gleich und führe die Freunde hinaus auf die Spur der Geliebten,
Überlasse die Männer sich selbst und der eigenen Klugheit,
Richte, so schwör' ich Euch zu, mich ganz nach ihrer Entscheidung,
Und ich seh' es nicht wieder, als bis es mein ist, das Mädchen.«
Und so ging er hinaus, indessen manches die andern
Weislich erwogen und schnell die wichtige Sache besprachen.

Hermann eilte zum Stalle sogleich, wo die mutigen Hengste
Ruhig standen und rasch den reinen Hafer verzehrten
Und das trockene Heu, auf der besten Wiese gehauen.
Eilig legt' er ihnen darauf das blanke Gebiss an,
Zog die Riemen sogleich durch die schön versilberten Schnallen
Und befestigte dann die langen, breiteren Zügel,
Führte die Pferde heraus in den Hof, wo der willige Knecht schon
Vorgeschoben die Kutsche, sie leicht an der Deichsel bewegend.
Abgemessen knüpften sie drauf an die Waage mit saubern
Stricken die rasche Kraft der leicht hinziehenden Pferde.
Hermann fasste die Peitsche; dann saß er und rollt' in den Torweg.
Als die Freunde nun gleich die geräumigen Plätze genommen,
Rollte der Wagen eilig und ließ das Pflaster zurücke,
Ließ zurück die Mauern der Stadt und die reinlichen Türme.
So fuhr Hermann dahin der wohlbekannten Chaussee zu,
Rasch, und säumete nicht und fuhr bergan wie bergunter.
Als er aber nunmehr den Turm des Dorfes erblickte
Und nicht fern mehr lagen die gartenumgebenen Häuser,
Dacht' er bei sich selbst, nun anzuhalten die Pferde.

Von dem würdigen Dunkel erhabener Linden umschattet,
Die Jahrhunderte schon an dieser Stelle gewurzelt,

War mit Rasen bedeckt ein weiter grünender Anger
Vor dem Dorfe, den Bauern und nahen Städtern ein Lustort.
Flachgegraben befand sich unter den Bäumen ein Brunnen.
Stieg man die Stufen hinab, so zeigten sich steinerne Bänke,
Rings um die Quelle gesetzt, die immer lebendig hervorquoll,
Reinlich, mit niedriger Mauer gefasst, zu schöpfen bequemlich.
Hermann aber beschloss, in diesem Schatten die Pferde
Mit dem Wagen zu halten. Er tat so und sagte die Worte:
»Steiget, Freunde, nun aus und geht, damit ihr erfahret,
Ob das Mädchen auch wert der Hand sei, die ich ihr biete.
Zwar ich glaub' es, und mir erzählt ihr nichts Neues und Seltnes;
Hätt' ich allein zu tun, so ging' ich behänd zu dem Dorf hin,
Und mit wenigen Worten entschiede die Gute mein Schicksal.
Und ihr werdet sie bald vor allen andern erkennen;
Denn wohl schwerlich ist an Bildung ihr eine vergleichbar.
Aber ich geb' euch noch die Zeichen der reinlichen Kleider:
Denn der rote Latz erhebt den gewölbeten Busen,
Schön geschnürt, und es liegt das schwarze Mieder ihr knapp an;
Sauber hat sie den Saum des Hemdes zur Krause gefaltet,
Die ihr das Kinn umgibt, das runde, mit reinlicher Anmut;
Frei und heiter zeigt sich des Kopfes zierliches Eirund;
Stark sind vielmal die Zöpfe um silberne Nadeln gewickelt;
Vielgefaltet und blau fängt unter dem Latze der Rock an
Und umschlägt ihr im Gehn die wohlgebildeten Knöchel.
Doch das will ich euch sagen und noch mir ausdrücklich erbitten:
Redet nicht mit dem Mädchen und lasst nicht merken die Absicht,
Sondern befraget die andern und hört, was sie alles erzählen.
Habt ihr Nachricht genug, zu beruhigen Vater und Mutter,
Kehret zu mir dann zurück, und wir bedenken das Weitre.
Also dacht' ich mir's aus den Weg her, den wir gefahren.«

Also sprach er. Es gingen darauf die Freunde dem Dorf zu,
Wo in Gärten und Scheunen und Häusern die Menge von Menschen
Wimmelte, Karrn an Karrn die breite Straße dahin stand.
Männer versorgten das brüllende Vieh und die Pferd' an den Wagen,
Wäsche trockneten emsig auf allen Hecken die Weiber,

Und es ergötzten die Kinder sich plätschernd im Wasser des Baches.
Also durch die Wagen sich drängend, durch Menschen und Tiere,
Sahen sie rechts und links sich um, die gesendeten Späher,
Ob sie nicht etwa das Bild des bezeichneten Mädchens erblickten;
Aber keine von allen erschien die herrliche Jungfrau.
Stärker fanden sie bald das Gedränge. Da war um die Wagen
Streit der drohenden Männer, worein sich mischten die Weiber,
Schreiend. Da nahte sich schnell mit würdigen Schritten ein Alter,
Trat zu den Scheltenden hin; und sogleich verklang das Getöse,
Als er Ruhe gebot und väterlich ernst sie bedrohte.
»Hat uns«, rief er, »noch nicht das Unglück also gebändigt,
Dass wir endlich verstehn, uns untereinander zu dulden
Und zu vertragen, wenn auch nicht jeder die Handlungen abmisst?
Unverträglich fürwahr ist der Glückliche! Werden die Leiden
Endlich euch lehren, nicht mehr wie sonst mit dem Bruder zu hadern?
Gönnet einander den Platz auf fremdem Boden und teilet,
Was ihr habet, zusammen, damit ihr Barmherzigkeit findet!«

Also sagte der Mann, und alle schwiegen; verträglich
Ordneten Vieh und Wagen die wieder besänftigten Menschen.
Als der Geistliche nun die Rede des Mannes vernommen
Und den ruhigen Sinn des fremden Richters entdeckte,
Trat er an ihn heran und sprach die bedeutenden Worte:
»Vater, fürwahr! wenn das Volk in glücklichen Tagen dahinlebt,
Von der Erde sich nährend, die weit und breit sich auftut
Und die erwünschten Gaben in Jahren und Monden erneuert,
Da geht alles von selbst, und jeder ist sich der Klügste
Wie der Beste; und so bestehen sie nebeneinander,
Und der vernünftigste Mann ist wie ein andrer gehalten:
Denn was alles geschieht, geht still, wie von selber, den Gang fort.
Aber zerrüttet die Not die gewöhnlichen Wege des Lebens,
Reißt das Gebäude nieder und wühlet Garten und Saat um,
Treibt den Mann und das Weib vom Raume der traulichen Wohnung,
Schleppt in die Irre sie fort durch ängstliche Tage und Nächte:
Ach! da sieht man sich um, wer wohl der verständigste Mann sei,
Und er redet nicht mehr die herrlichen Worte vergebens.

Sagt mir, Vater, Ihr seid gewiss der Richter von diesen
Flüchtigen Männern, der Ihr sogleich die Gemüter beruhigt?
Ja, Ihr erscheint mir heut als einer der ältesten Führer,
Die durch Wüsten und Irren vertriebene Völker geleitet.
Denk' ich doch eben, ich rede mit Josua oder mit Moses.«

Und es versetzte darauf mit ernstem Blicke der Richter:
»Wahrlich, unsere Zeit vergleicht sich den seltensten Zeiten,
Die die Geschichte bemerkt, die heilige wie die gemeine.
Denn wer gestern und heut in diesen Tagen gelebt hat,
Hat schon Jahre gelebt: so drängen sich alle Geschichten.
Denk' ich ein wenig zurück, so scheint mir ein graues Alter
Auf dem Haupte zu liegen, und doch ist die Kraft noch lebendig.
O, wir anderen dürfen uns wohl mit jenen vergleichen,
Denen in ernster Stund' erschien im feurigen Busche
Gott der Herr; auch uns erschien er in Wolken und Feuer.«

Als nun der Pfarrer darauf noch weiter zu sprechen geneigt war
Und das Schicksal des Manns und der Seinen zu hören verlangte,
Sagte behänd der Gefährte mit heimlichen Worten ins Ohr ihm:
»Sprecht mit dem Richter nur fort und bringt das Gespräch auf das Mädchen.
Aber ich gehe herum, sie aufzusuchen, und komme
Wieder, sobald ich sie finde.« Es nickte der Pfarrer dagegen,
Und durch die Hecken und Gärten und Scheunen suchte der Späher.

VI
KLIO
DAS ZEITALTER

Als nun der geistliche Herr den fremden Richter befragte,
Was die Gemeine gelitten, wie lang' sie von Hause vertrieben,
Sagte der Mann darauf: »Nicht kurz sind unsere Leiden;
Denn wir haben das Bittre der sämtlichen Jahre getrunken,
Schrecklicher, weil auch uns die schönste Hoffnung zerstört ward.

Denn wer leugnet es wohl, dass hoch sich das Herz ihm erhoben,
Ihm die freiere Brust mit reineren Pulsen geschlagen,
Als sich der erste Glanz der neuen Sonne heranhob,
Als man hörte vom Rechte der Menschen, das allen gemein sei,
Von der begeisternden Freiheit und von der löblichen Gleichheit!
Damals hoffte jeder sich selbst zu leben; es schien sich
Aufzulösen das Band, das viele Länder umstrickte,
Das der Müßiggang und der Eigennutz in der Hand hielt.
Schauten nicht alle Völker in jenen drängenden Tagen
Nach der Hauptstadt der Welt, die es schon so lange gewesen
Und jetzt mehr als je den herrlichen Namen verdiente?
Waren nicht jener Männer, der ersten Verkünder der Botschaft,
Namen den höchsten gleich, die unter die Sterne gesetzt sind?
Wuchs nicht jeglichem Menschen der Mut und der Geist und die Sprache?

Und wir waren zuerst als Nachbarn lebhaft entzündet.
Drauf begann der Krieg, und die Züge bewaffneter Franken
Rückten näher; allein sie schienen nur Freundschaft zu bringen.
Und die brachten sie auch: denn ihnen erhöht war die Seele
Allen; sie pflanzten mit Lust die munteren Bäume der Freiheit,
Jedem das Seine versprechend und jedem die eigne Regierung.
Hoch erfreute sich da die Jugend, sich freute das Alter,
Und der muntere Tanz begann um die neue Standarte.
So gewannen sie bald, die überwiegenden Franken,
Erst der Männer Geist mit feurigem, munterm Beginnen,
Dann die Herzen der Weiber mit unwiderstehlicher Anmut.
Leicht selbst schien uns der Druck des vielbedürfenden Krieges;
Denn die Hoffnung umschwebte vor unsern Augen die Ferne,
Lockte die Blicke hinaus in neueröffnete Bahnen.

O, wie froh ist die Zeit, wenn mit der Braut sich der Bräut'gam
Schwinget im Tanze, den Tag der gewünschten Verbindung erwartend!
Aber herrlicher war die Zeit, in der uns das Höchste,
Was der Mensch sich denkt, als nah und erreichbar sich zeigte.
Da war jedem die Zunge gelöst; es sprachen die Greise,
Männer und Jünglinge laut voll hohen Sinns und Gefühles.

Aber der Himmel trübte sich bald. Um den Vorteil der Herrschaft
Stritt ein verderbtes Geschlecht, unwürdig, das Gute zu schaffen.
Sie ermordeten sich und unterdrückten die neuen
Nachbarn und Brüder und sandten die eigennützige Menge.
Und es prassten bei uns die Obern und raubten im Großen,
Und es raubten und prassten bis zu dem Kleinsten die Kleinen;
Jeder schien nur besorgt, es bleibe was übrig für morgen.
Allzu groß war die Not, und täglich wuchs die Bedrückung;
Niemand vernahm das Geschrei, sie waren die Herren des Tages.
Da fiel Kummer und Wut auch selbst ein gelassnes Gemüt an;
Jeder sann nur und schwur, die Beleidigung alle zu rächen
Und den bittern Verlust der doppelt betrogenen Hoffnung.
Und es wendete sich das Glück auf die Seite der Deutschen,
Und der Franke floh mit eiligen Märschen zurücke.
Ach, da fühlten wir erst das traurige Schicksal des Krieges!
Denn der Sieger ist groß und gut; zum wenigsten scheint er's,
Und er schonet den Mann, den besiegten, als wär' er der seine,
Wenn er ihm täglich nützt und mit den Gütern ihm dienet.
Aber der Flüchtige kennt kein Gesetz; denn er wehrt nur den Tod ab
Und verzehret nur schnell und ohne Rücksicht die Güter.
Dann ist sein Gemüt auch erhitzt, und es kehrt die Verzweiflung
Aus dem Herzen hervor das frevelhafte Beginnen.
Nichts ist heilig ihm mehr; er raubt es. Die wilde Begierde
Dringt mit Gewalt auf das Weib und macht die Lust zum Entsetzen.
Überall sieht er den Tod und genießt die letzten Minuten
Grausam, freut sich des Bluts und freut sich des heulenden Jammers.

Grimmig erhob sich darauf in unsern Männern die Wut nun,
Das Verlorne zu rächen und zu verteid'gen die Reste.
Alles ergriff die Waffen, gelockt von der Eile des Flüchtlings
Und vom blassen Gesicht und scheu unsicheren Blicke.
Rastlos nun erklang das Getön der stürmenden Glocke,
Und die künft'ge Gefahr hielt nicht die grimmige Wut auf.
Schnell verwandelte sich des Feldbaus friedliche Rüstung
Nun in Wehre; da troff von Blute Gabel und Sense.
Ohne Begnadigung fiel der Feind und ohne Verschonung;

Überall raste die Wut und die feige, tückische Schwäche.
Möcht' ich den Menschen doch nie in dieser schnöden Verirrung
Wiedersehn! Das wütende Tier ist ein besserer Anblick.
Sprech' er doch nie von Freiheit, als könn' er sich selber regieren!
Losgebunden erscheint, sobald die Schranken hinweg sind,
Alles Böse, das tief das Gesetz in die Winkel zurücktrieb.«

»Trefflicher Mann!«, versetzte darauf der Pfarrer mit Nachdruck,
»Wenn Ihr den Menschen verkennt, so kann ich Euch darum nicht schelten;
Habt Ihr doch Böses genug erlitten vom wüsten Beginnen!
Wolltet Ihr aber zurück die traurigen Tage durchschauen,
Würdet Ihr selber gestehen, wie oft Ihr auch Gutes erblicktet,
Manches Treffliche, das verborgen bleibt in dem Herzen,
Regt die Gefahr es nicht auf, und drängt die Not nicht den Menschen,
Dass er als Engel sich zeig', erscheine den andern ein Schutzgott.«

Lächelnd versetzte darauf der alte, würdige Richter:
»Ihr erinnert mich klug, wie oft nach dem Brande des Hauses
Man den betrübten Besitzer an Gold und Silber erinnert,
Das geschmolzen im Schutt nun überblieben zerstreut liegt.
Wenig ist es fürwahr, doch auch das wenige köstlich;
Und der Verarmte gräbet ihm nach und freut sich des Fundes.
Und so kehr' ich auch gern die heitern Gedanken zu jenen
Wenigen guten Taten, die aufbewahrt das Gedächtnis.
Ja, ich will es nicht leugnen, ich sah sich Feinde versöhnen,
Um die Stadt vom Übel zu retten; ich sah auch der Freunde,
Sah der Eltern Lieb' und der Kinder Unmögliches wagen;
Sah, wie der Jüngling auf einmal zum Mann ward, sah, wie der Greis sich
Wieder verjüngte, das Kind sich selbst als Jüngling enthüllte.
Ja, und das schwache Geschlecht, so wie es gewöhnlich genannt wird,
Zeigte sich tapfer und mächtig und gegenwärtigen Geistes.
Und so lasst mich vor allen der schönen Tat noch erwähnen,
Die hochherzig ein Mädchen vollbrachte, die treffliche Jungfrau,
Die auf dem großen Gehöft allein mit den Mädchen zurückblieb;
Denn es waren die Männer auch gegen die Fremden gezogen.

Da überfiel den Hof ein Trupp verlaufnen Gesindels
Plündernd und drängte sogleich sich in die Zimmer der Frauen.
Sie erblickten das Bild der schön erwachsenen Jungfrau
Und die lieblichen Mädchen, noch eher Kinder zu heißen.
Da ergriff sie wilde Begier; sie stürmten gefühllos
Auf die zitternde Schar und aufs hochherzige Mädchen.
Aber sie riss dem einen sogleich von der Seite den Säbel,
Hieb ihn nieder gewaltig; er stürzt' ihr blutend zu Füßen.
Dann mit männlichen Streichen befreite sie tapfer die Mädchen,
Traf noch viere der Räuber; doch die entflohen dem Tode.
Dann verschloss sie den Hof und harrte der Hülfe bewaffnet.«

Als der Geistliche nun das Lob des Mädchens vernommen,
Stieg die Hoffnung sogleich für seinen Freund im Gemüt auf,
Und er war im Begriff, zu fragen, wohin sie geraten,
Ob auf der traurigen Flucht sie nun mit dem Volk sich befinde.

Aber da trat herbei der Apotheker behände,
Zupfte den geistlichen Herrn und sagte die wispernden Worte:
»Hab' ich doch endlich das Mädchen aus vielen hundert gefunden
Nach der Beschreibung! So kommt und sehet sie selber mit Augen!
Nehmet den Richter mit Euch, damit wir das Weitere hören!«
Und sie kehrten sich um, und weg war gerufen der Richter
Von den Seinen, die ihn, bedürftig des Rates, verlangten.
Doch es folgte sogleich dem Apotheker der Pfarrherr
An die Lücke des Zauns, und jener deutete listig.
»Seht Ihr«, sagt' er, »das Mädchen? Sie hat die Puppe gewickelt,
Und ich erkenne genau den alten Kattun und den blauen
Kissenüberzug wohl, den ihr Hermann im Bündel gebracht hat.
Sie verwendete schnell, fürwahr, und gut die Geschenke.
Diese sind deutliche Zeichen, es treffen die Übrigen alle:
Denn der rote Latz erhebt den gewölbeten Busen,
Schön geschnürt, und es liegt das schwarze Mieder ihr knapp an;
Sauber ist der Saum des Hemdes zur Krause gefaltet
Und umgibt ihr das Kinn, das runde, mit reinlicher Anmut;
Frei und heiter zeigt sich des Kopfes zierliches Eirund

Und die starken Zöpfe um silberne Nadeln gewickelt;
Sitzt sie gleich, so sehen wir doch die treffliche Größe,
Und den blauen Rock, der vielgefaltet vom Busen
Reichlich herunterwallt zum wohlgebildeten Knöchel.
Ohne Zweifel, sie ist's. Drum kommet, damit wir vernehmen,
Ob sie gut und tugendhaft sei, ein häusliches Mädchen.«

Da versetzte der Pfarrer, mit Blicken die Sitzende prüfend:
»Dass sie den Jüngling entzückt, fürwahr, es ist mir kein Wunder;
Denn sie hält vor dem Blick des erfahrenen Mannes die Probe.
Glücklich, wem doch Mutter Natur die rechte Gestalt gab!
Denn sie empfiehlet ihn stets, und nirgends ist er ein Fremdling.
Jeder nahet sich gern, und jeder möchte verweilen,
Wenn die Gefälligkeit nur sich zu der Gestalt noch gesellet.
Ich versichr' Euch, es ist dem Jüngling ein Mädchen gefunden,
Das ihm die künftigen Tage des Lebens herrlich erheitert,
Treu mit weiblicher Kraft durch alle Zeiten ihm beisteht.
So ein vollkommener Körper gewiss verwahrt auch die Seele
Rein, und die rüstige Jugend verspricht ein glückliches Alter.«

Und es sagte darauf der Apotheker bedenklich:
»Trüget doch öfter der Schein! Ich mag dem Äußern nicht trauen;
Denn ich habe das Sprichwort so oft erprobet gefunden:
›Eh' du den Scheffel Salz mit dem neuen Bekannten verzehret,
Darfst du nicht leichtlich ihm trauen; dich macht die Zeit nur gewisser,
Wie du es habest mit ihm und wie die Freundschaft bestehe.‹
Lasset uns also zuerst bei guten Leuten uns umtun,
Denen das Mädchen bekannt ist, und die uns von ihr nun erzählen.«

»Auch ich lobe die Vorsicht«, versetzte der Geistliche folgend;
»Frein wir doch nicht für uns! Für andere frein ist bedenklich.«
Und sie gingen darauf dem wackern Richter entgegen,
Der in seinen Geschäften die Straße wieder heraufkam.
Und zu ihm sprach sogleich der kluge Pfarrer mit Vorsicht:
»Sagt! wir haben ein Mädchen gesehn, das im Garten zunächst hier
Unter dem Apfelbaum sitzt und Kindern Kleider verfertigt

Aus getragnem Kattun, der ihr vermutlich geschenkt ward.
Uns gefiel die Gestalt; sie scheint der Wackeren eine.
Saget uns, was Ihr wisst; wir fragen aus löblicher Absicht.«

Als in den Garten zu blicken der Richter sogleich nun herzutrat,
Sagt' er: »Diese kennet ihr schon; denn wenn ich erzählte
Von der herrlichen Tat, die jene Jungfrau verrichtet,
Als sie das Schwert ergriff und sich und die Ihren beschützte —
Diese war's! Ihr seht es ihr an, sie ist rüstig geboren,
Aber so gut wie stark; denn ihren alten Verwandten
Pflegte sie bis zum Tode, da ihn der Jammer dahinriss
Über des Städtchens Not und seiner Besitzung Gefahren.
Auch mit stillem Gemüt hat sie die Schmerzen ertragen
Über des Bräutigams Tod, der, ein edler Jüngling, im ersten
Feuer des hohen Gedankens, nach edler Freiheit zu streben,
Selbst hinging nach Paris und bald den schrecklichen Tod fand;
Denn wie zu Hause, so dort bestritt er Willkür und Ränke.«
Also sagte der Richter. Die beiden schieden und dankten,
Und der Geistliche zog ein Goldstück (das Silber des Beutels
War vor wenigen Stunden von ihm schon milde verspendet,
Als er die Flüchtlinge sah in traurigen Haufen vorbeiziehn).
Und er reicht' es dem Schulzen und sagte: »Teilet den Pfennig
Unter die Dürftigen aus, und Gott vermehre die Gabe!«
Doch es weigerte sich der Mann und sagte: »Wir haben
Manchen Taler gerettet und manche Kleider und Sachen,
Und ich hoffe, wir kehren zurück, noch eh' es verzehrt ist.«

Da versetzte der Pfarrer und drückt' ihm das Geld in die Hand ein:
»Niemand säume, zu geben in diesen Tagen, und niemand
Weigre sich, anzunehmen, was ihm die Milde geboten!
Niemand weiß, wie lang' er es hat, was er ruhig besitzet;
Niemand, wie lang' er noch in fremden Landen umherzieht
Und des Ackers entbehrt und des Gartens, der ihn ernähret.«

»Ei doch!«, sagte darauf der Apotheker geschäftig,
»Wäre mir jetzt nur Geld in der Tasche, so solltet Ihr's haben,

Groß wie klein; denn viele gewiss der Euren bedürfen's.
Unbeschenkt doch lass' ich Euch nicht, damit Ihr den Willen
Sehet, woferne die Tat auch hinter dem Willen zurückbleibt.«
Also sprach er und zog den gestickten ledernen Beutel
An den Riemen hervor, worin der Tobak ihm verwahrt war,
Öffnete zierlich und teilte; da fanden sich einige Pfeifen.
»Klein ist die Gabe«, setzt' er dazu. Da sagte der Schultheiß:
»Guter Tobak ist doch dem Reisenden immer willkommen.«
Und es lobte darauf der Apotheker den Knaster.

Aber der Pfarrherr zog ihn hinweg, und sie schieden vom Richter.
»Eilen wir!«, sprach der verständige Mann; »es wartet der Jüngling
Peinlich. Er höre so schnell als möglich die fröhliche Botschaft.«
Und sie eilten und kamen und fanden den Jüngling gelehnet
An den Wagen unter den Linden. Die Pferde zerstampften
Wild den Rasen; er hielt sie im Zaum und stand in Gedanken,
Blickte still vor sich hin und sah die Freunde nicht eher,
Bis sie kommend ihn riefen und fröhliche Zeichen ihm gaben.
Schon von ferne begann der Apotheker zu sprechen;
Doch sie traten näher hinzu. Da fasste der Pfarrherr
Seine Hand und sprach und nahm dem Gefährten das Wort weg:
»Heil dir, junger Mann! dein treues Auge, dein treues
Herz hat richtig gewählt! Glück dir und dem Weibe der Jugend!
Deiner ist sie wert; drum komm und wende den Wagen,
Dass wir fahrend sogleich die Ecke des Dorfes erreichen,
Um sie werben und bald nach Hause führen die Gute.«

Aber der Jüngling stand, und ohne Zeichen der Freude
Hört' er die Worte des Boten, die himmlisch waren und tröstlich,
Seufzete tief und sprach: »Wir kamen mit eilendem Fuhrwerk,
Und wir ziehen vielleicht beschämt und langsam nach Hause;
Denn hier hat mich, seitdem ich warte, die Sorge befallen,
Argwohn und Zweifel und alles, was nur ein liebendes Herz kränkt.
Glaubt ihr, wenn wir nur kommen, so werde das Mädchen uns folgen,
Weil wir reich sind, aber sie arm und vertrieben einherzieht?
Armut selbst macht stolz, die unverdiente. Genügsam

Scheint das Mädchen und tätig; und so gehört ihr die Welt an.
Glaubt ihr, es sei ein Weib von solcher Schönheit und Sitte
Aufgewachsen, um nie den guten Jüngling zu reizen?
Glaubt ihr, sie habe bis jetzt ihr Herz verschlossen der Liebe?
Fahret nicht rasch bis hinan; wir möchten zu unsrer Beschämung
Sachte die Pferde herum nach Hause lenken. Ich fürchte,
Irgendein Jüngling besitzt dies Herz, und die wackere Hand hat
Eingeschlagen und schon dem Glücklichen Treue versprochen.
Ach! da steh' ich vor ihr mit meinem Antrag beschämet.«

Ihn zu trösten, öffnete drauf der Pfarrer den Mund schon;
Doch es fiel der Gefährte mit seiner gesprächigen Art ein:
»Freilich! so wären wir nicht vorzeiten verlegen gewesen,
Da ein jedes Geschäft nach seiner Weise vollbracht ward.
Hatten die Eltern die Braut für ihren Sohn sich ersehen,
Ward zuvörderst ein Freund vom Hause vertraulich gerufen;
Diesen sandte man dann als Freiersmann zu den Eltern
Der erkorenen Braut, der dann in stattlichem Putze
Sonntags etwa nach Tische den würdigen Bürger besuchte,
Freundliche Worte mit ihm im Allgemeinen zuvörderst
Wechselnd und klug das Gespräch zu lenken und wenden verstehend.
Endlich nach langem Umschweif ward auch der Tochter erwähnet
Rühmlich und rühmlich des Manns und des Hauses, von dem man gesandt war.
Kluge Leute merkten die Absicht; der kluge Gesandte
Merkte den Willen gar bald und konnte sich weiter erklären.
Lehnte den Antrag man ab, so war auch ein Korb nicht verdrießlich.
Aber gelang es denn auch, so war der Freiersmann immer
In dem Hause der Erste bei jedem häuslichen Feste;
Denn es erinnerte sich durchs ganze Leben das Eh'paar,
Dass die geschickte Hand den ersten Knoten geschlungen.
Jetzt ist aber das alles mit andern guten Gebräuchen
Aus der Mode gekommen, und jeder freit für sich selber.
Nehme denn jeglicher auch den Korb mit eigenen Händen,
Der ihm etwa beschert ist, und stehe beschämt vor dem Mädchen!«

»Sei es, wie ihm auch sei!«, versetzte der Jüngling, der kaum auf
Alle die Worte gehört und schon sich im Stillen entschlossen:
»Selber geh' ich und will mein Schicksal selber erfahren
Aus dem Munde des Mädchens, zu dem ich das größte Vertrauen
Hege, das irgendein Mensch nur je zu dem Weibe gehegt hat.
Was sie sagt, das ist gut, es ist vernünftig, das weiß ich.
Soll ich sie auch zum letzten Mal sehn, so will ich noch einmal
Diesem offenen Blick des schwarzen Auges begegnen;
Drück' ich sie nie an das Herz, so will ich die Brust und die Schultern
Einmal noch sehn, die mein Arm so sehr zu umschließen begehret;
Will den Mund noch sehen, von dem ein Kuss und das Ja mich
Glücklich macht auf ewig, das Nein mich auf ewig zerstöret.
Aber lasst mich allein! Ihr sollt nicht warten. Begebet
Euch zu Vater und Mutter zurück, damit sie erfahren,
Dass sich der Sohn nicht geirrt, und dass es wert ist, das Mädchen.
Und so lasst mich allein! Den Fußweg über den Hügel
An dem Birnbaum hin und unsern Weinberg hinunter
Geh' ich näher nach Hause zurück. O, dass ich die Traute
Freudig und schnell heimführte! Vielleicht auch schleich' ich alleine
Jene Pfade nach Haus und betrete froh sie nicht wieder.«

Also sprach er und gab dem geistlichen Herrn die Zügel,
Der verständig sie fasste, die schäumenden Rosse beherrschend,
Schnell den Wagen bestieg und den Sitz des Führers besetzte.
Aber du zaudertest noch, vorsichtiger Nachbar, und sagtest:
»Gerne vertrau' ich, mein Freund, Euch Seel' und Geist und Gemüt an;
Aber Leib und Gebein ist nicht zum Besten verwahret,
Wenn die geistliche Hand der weltlichen Zügel sich anmaßt.«
Doch du lächeltest drauf, verständiger Pfarrer, und sagtest:
»Sitzet nur ein, und getrost vertraut mir den Leib wie die Seele;
Denn geschickt ist die Hand schon lange, den Zügel zu führen,
Und das Auge geübt, die künstlichste Wendung zu treffen.
Denn wir waren in Straßburg gewohnt, den Wagen zu lenken,
Als ich den jungen Baron dahin begleitete; täglich
Rollte der Wagen, geleitet von mir, das hallende Tor durch,
Staubige Wege hinaus, bis fern zu den Auen und Linden,
Mitten durch Scharen des Volks, das mit Spazieren den Tag lebt.«

Halb getröstet bestieg darauf der Nachbar den Wagen,
Saß wie einer, der sich zum weislichen Sprunge bereitet;
Und die Hengste rannten nach Hause, begierig des Stalles.
Aber die Wolke des Staubs quoll unter den mächtigen Hufen.
Lange noch stand der Jüngling und sah den Staub sich erheben,
Sah den Staub sich zerstreun; so stand er ohne Gedanken.

VII
ERATO
DOROTHEA

Wie der wandernde Mann, der vor dem Sinken der Sonne
Sie noch einmal ins Auge, die schnellverschwindende, fasste,
Dann im dunkeln Gebüsch und an der Seite des Felsens
Schweben siehet ihr Bild; wohin er die Blicke nur wendet,
Eilet es vor und glänzt und schwankt in herrlichen Farben:
So bewegte vor Hermann die liebliche Bildung des Mädchens
Sanft sich vorbei und schien dem Pfad ins Getreide zu folgen.
Aber er fuhr aus dem staunenden Traum auf, wendete langsam
Nach dem Dorfe sich zu und staunte wieder; denn wieder
Kam ihm die hohe Gestalt des herrlichen Mädchens entgegen.
Fest betrachtet' er sie; es war kein Scheinbild, sie war es
Selber. Den größeren Krug und einen kleinern am Henkel
Tragend in jeglicher Hand: so schritt sie geschäftig zum Brunnen.
Und er ging ihr freudig entgegen. Es gab ihm ihr Anblick
Mut und Kraft; er sprach zu seiner Verwunderten also:
»Find' ich dich, wackeres Mädchen, so bald aufs Neue beschäftigt,
Hülfreich andern zu sein und gern zu erquicken die Menschen?
Sag', warum kommst du allein zum Quell, der doch so entfernt liegt,
Da sich andere doch mit dem Wasser des Dorfes begnügen?
Freilich ist dies von besonderer Kraft und lieblich zu kosten.
Jener Kranken bringst du es wohl, die du treulich gerettet?«

Freundlich begrüßte sogleich das gute Mädchen den Jüngling,
Sprach: »So ist schon hier der Weg mir zum Brunnen belohnet,

Da ich finde den Guten, der uns so vieles gereicht hat;
Denn der Anblick des Gebers ist wie die Gaben erfreulich.
Kommt und sehet doch selber, wer Eure Milde genossen,
Und empfanget den ruhigen Dank von allen Erquickten.
Dass Ihr aber sogleich vernehmet, warum ich gekommen,
Hier zu schöpfen, wo rein und unablässig der Quell fließt,
Sag' ich Euch dies: es haben die unvorsichtigen Menschen
Alles Wasser getrübt im Dorfe, mit Pferden und Ochsen
Gleich durchwatend den Quell, der Wasser bringt den Bewohnern.
Und so haben sie auch mit Waschen und Reinigen alle
Tröge des Dorfes beschmutzt und alle Brunnen besudelt;
Denn ein jeglicher denkt nur, sich selbst und das nächste Bedürfnis
Schnell zu befried'gen und rasch, und nicht des Folgenden denkt er.«

Also sprach sie und war die breiten Stufen hinunter
Mit dem Begleiter gelangt; und auf das Mäuerchen setzten
Beide sich nieder des Quells. Sie beugte sich über, zu schöpfen;
Und er fasste den anderen Krug und beugte sich über.
Und sie sahen gespiegelt ihr Bild in der Bläue des Himmels
Schwanken und nickten sich zu und grüßten sich freundlich im Spiegel.
»Lass mich trinken«, sagte darauf der heitere Jüngling;
Und sie reicht' ihm den Krug. Dann ruhten sie beide, vertraulich
Auf die Gefäße gelehnt; sie aber sagte zum Freunde:
»Sage, wie find' ich dich hier? und ohne Wagen und Pferde
Ferne vom Ort, wo ich erst dich gesehn? wie bist du gekommen?«

Denkend schaute Hermann zur Erde; dann hob er die Blicke
Ruhig gegen sie auf und sah ihr freundlich ins Auge,
Fühlte sich still und getrost. Jedoch ihr von Liebe zu sprechen,
Wär' ihm unmöglich gewesen; ihr Auge blickte nicht Liebe,
Aber hellen Verstand und gebot, verständig zu reden.
Und er fasste sich schnell und sagte traulich zum Mädchen:
»Lass mich reden, mein Kind, und deine Fragen erwidern.
Deinetwegen kam ich hierher! was soll ich's verbergen?
Denn ich lebe beglückt mit beiden liebenden Eltern,
Denen ich treulich das Haus und die Güter helfe verwalten

Als der einzige Sohn, und unsre Geschäfte sind vielfach.
Alle Felder besorg' ich: der Vater waltet im Hause
Fleißig; die tätige Mutter belebt im Ganzen die Wirtschaft.
Aber du hast gewiss auch erfahren, wie sehr das Gesinde
Bald durch Leichtsinn und bald durch Untreu' plaget die Hausfrau,
Immer sie nötigt zu wechseln und Fehler um Fehler zu tauschen.
Lange wünschte die Mutter daher sich ein Mädchen im Hause,
Das mit der Hand nicht allein, das auch mit dem Herzen ihr hülfe,
An der Tochter Statt, der leider frühe verlornen.
Nun, als ich heut am Wagen dich sah in froher Gewandtheit,
Sah die Stärke des Arms und die volle Gesundheit der Glieder,
Als ich die Worte vernahm, die verständigen, war ich betroffen,
Und ich eilte nach Hause, den Eltern und Freunden die Fremde
Rühmend nach ihrem Verdienst. Nun komm' ich, dir aber zu sagen,
Was sie wünschen, wie ich. — Verzeih mir die stotternde Rede.«

»Scheuet Euch nicht«, so sagte sie drauf, »das Weitre zu sprechen;
Ihr beleidigt mich nicht, ich hab' es dankbar empfunden.
Sagt es nur grad' heraus; mich kann das Wort nicht erschrecken:
Dingen möchtet Ihr mich als Magd für Vater und Mutter,
Zu versehen das Haus, das wohl erhalten Euch dasteht;
Und Ihr glaubet an mir ein tüchtiges Mädchen zu finden,
Zu der Arbeit geschickt und nicht von rohem Gemüte.
Euer Antrag war kurz; so soll die Antwort auch kurz sein.
Ja, ich gehe mit Euch und folge dem Rufe des Schicksals.
Meine Pflicht ist erfüllt, ich habe die Wöchnerin wieder
Zu den Ihren gebracht, sie freuen sich alle der Rettung;
Schon sind die meisten beisammen, die Übrigen werden sich finden.
Alle denken gewiss, in kurzen Tagen zur Heimat
Wiederzukehren; so pflegt sich stets der Vertriebne zu schmeicheln.
Aber ich täusche mich nicht mit leichter Hoffnung in diesen
Traurigen Tagen, die uns noch traurige Tage versprechen:
Denn gelöst sind die Bande der Welt; wer knüpfet sie wieder
Als allein nur die Not, die höchste, die uns bevorsteht?
Kann ich im Hause des würdigen Manns mich dienend ernähren
Unter den Augen der trefflichen Frau, so tu' ich es gerne,

Denn ein wanderndes Mädchen ist immer von schwankendem Rufe.
Ja, ich gehe mit Euch, sobald ich die Krüge den Freunden
Wiedergebracht und noch mir den Segen der Guten erbeten.
Kommt! Ihr müsset sie sehen, und mich von ihnen empfangen.«

Fröhlich hörte der Jüngling des willigen Mädchens Entschließung,
Zweifelnd, ob er ihr nun die Wahrheit sollte gestehen.
Aber es schien ihm das Beste zu sein, in dem Wahn sie zu lassen,
In sein Haus sie zu führen, zu werben um Liebe nur dort erst.
Ach! und den goldenen Ring erblickt' er am Finger des Mädchens;
Und so ließ er sie sprechen und horchte fleißig den Worten.

»Lasst uns«, fuhr sie nun fort, »zurücke kehren! Die Mädchen
Werden immer getadelt, die lange beim Brunnen verweilen;
Und doch ist es am rinnenden Quell so lieblich zu schwätzen.«
Also standen sie auf und schauten beide noch einmal
In den Brunnen zurück, und süßes Verlangen ergriff sie.

Schweigend nahm sie darauf die beiden Krüge beim Henkel,
Stieg die Stufen hinan, und Hermann folgte der Lieben.
Einen Krug verlangt' er von ihr, die Bürde zu teilen.
»Lasst ihn«, sprach sie; »es trägt sich besser die gleichere Last so.
Und der Herr, der künftig befiehlt, er soll mir nicht dienen.
Seht mich so ernst nicht an, als wäre mein Schicksal bedenklich!
Dienen lerne beizeiten das Weib nach ihrer Bestimmung;
Denn durch Dienen allein gelangt sie endlich zum Herrschen,
Zu der verdienten Gewalt, die doch ihr im Hause gehöret.
Dienet die Schwester dem Bruder doch früh, sie dienet den Eltern,
Und ihr Leben ist immer ein ewiges Gehen und Kommen
Oder ein Heben und Tragen, Bereiten und Schaffen für andre.
Wohl ihr, wenn sie daran sich gewöhnt, dass kein Weg ihr zu sauer
Wird, und die Stunden der Nacht ihr sind wie die Stunden des Tages,
Dass ihr niemals die Arbeit zu klein und die Nadel zu fein dünkt,
Dass sie sich ganz vergisst und leben mag nur in andern!
Denn als Mutter, fürwahr, bedarf sie der Tugenden alle,
Wenn der Säugling die Krankende weckt und Nahrung begehret

Von der Schwachen, und so zu Schmerzen Sorgen sich häufen.
Zwanzig Männer verbunden ertrügen nicht diese Beschwerde,
Und sie sollen es nicht; doch sollen sie dankbar es einsehn.«

Also sprach sie und war mit ihrem stillen Begleiter
Durch den Garten gekommen bis an die Tenne der Scheune,
Wo die Wöchnerin lag, die sie froh mit den Töchtern verlassen,
Jenen geretteten Mädchen, den schönen Bildern der Unschuld.
Beide traten hinein; und von der anderen Seite
Trat, ein Kind an jeglicher Hand, der Richter zugleich ein.
Diese waren bisher der jammernden Mutter verloren;
Aber gefunden hatte sie nun im Gewimmel der Alte.
Und sie sprangen mit Lust, die liebe Mutter zu grüßen,
Sich des Bruders zu freun, des unbekannten Gespielen.
Auf Dorotheen sprangen sie dann und grüßten sie freundlich,
Brot verlangend und Obst, vor allem aber zu trinken.
Und sie reichte das Wasser herum. Da tranken die Kinder
Und die Wöchnerin trank mit den Töchtern, so trank auch der Richter.
Alle waren geletzt und lobten das herrliche Wasser;
Säuerlich war's und erquicklich, gesund zu trinken den Menschen.

Da versetzte das Mädchen mit ernsten Blicken und sagte:
»Freunde, dieses ist wohl das letzte Mal, dass ich den Krug euch
Führe zum Munde, dass ich die Lippen mit Wasser euch netze;
Aber wenn euch fortan am heißen Tage der Trunk labt,
Wenn ihr im Schatten der Ruh' und der reinen Quellen genießet,
Dann gedenket auch mein und meines freundlichen Dienstes,
Den ich aus Liebe mehr als aus Verwandtschaft geleistet.
Was ihr mir Gutes erzeigt, erkenn' ich durchs künftige Leben.
Ungern lass' ich euch zwar; doch jeder ist diesmal dem andern
Mehr zur Last als zum Trost, und alle müssen wir endlich
Uns im fremden Lande zerstreun, wenn die Rückkehr versagt ist.
Seht, hier steht der Jüngling, dem wir die Gaben verdanken,
Diese Hülle des Kinds und jene willkommene Speise.
Dieser kommt und wirbt, in seinem Haus mich zu sehen,
Dass ich diene daselbst den reichen trefflichen Eltern;

Und ich schlag' es nicht ab; denn überall dienet das Mädchen,
Und ihr wäre zur Last, bedient im Hause zu ruhen.
Also folg' ich ihm gern; er scheint ein verständiger Jüngling,
Und so werden die Eltern es sein, wie Reichen geziemet.
Darum lebet nun wohl, geliebte Freundin, und freuet
Euch des lebendigen Säuglings, der schon so gesund Euch anblickt.
Drücket Ihr ihn an die Brust in diesen farbigen Wickeln,
O, so gedenket des Jünglings, des guten, der sie uns reichte,
Und der künftig auch mich, die Eure, nähret und kleidet.
Und Ihr, trefflicher Mann«, so sprach sie, gewendet zum Richter,
»Habet Dank, dass Ihr Vater mir wart in mancherlei Fällen!«

Und sie kniete darauf zur guten Wöchnerin nieder,
Küsste die weinende Frau und vernahm des Segens Gelispel.
Aber du sagtest indes, ehrwürdiger Richter, zu Hermann:
»Billig seid Ihr, o Freund, zu den guten Wirten zu zählen,
Die mit tüchtigen Menschen den Haushalt zu führen bedacht sind.
Denn ich habe wohl oft gesehn, dass man Rinder und Pferde
Sowie Schafe genau bei Tausch und Handel betrachtet;
Aber den Menschen, der alles erhält, wenn er tüchtig und gut ist,
Und der alles zerstreut und zerstört durch falsches Beginnen,
Diesen nimmt man nur so auf Glück und Zufall ins Haus ein
Und bereuet zu spät ein übereiltes Entschließen.
Aber es scheint, Ihr versteht's; denn Ihr habt ein Mädchen erwählet,
Euch zu dienen im Haus und Euren Eltern, das brav ist.
Haltet sie wohl! Ihr werdet, solang' sie der Wirtschaft sich annimmt,
Nicht die Schwester vermissen, noch Eure Eltern die Tochter.«

Viele kamen indes, der Wöchnerin nahe Verwandte,
Manches bringend und ihr die bessere Wohnung verkündend.
Alle vernahmen des Mädchens Entschluss und segneten Hermann
Mit bedeutenden Blicken und mit besondern Gedanken.
Denn so sagte wohl eine zur andern flüchtig ans Ohr hin:
»Wenn aus dem Herrn ein Bräutigam wird, so ist sie geborgen.«
Hermann fasste darauf sie bei der Hand an und sagte:
»Lass uns gehen; es neigt sich der Tag, und fern ist das Städtchen.«

Lebhaft gesprächig umarmten darauf Dorotheen die Weiber.
Hermann zog sie hinweg; noch viele Grüße befahl sie.
Aber da fielen die Kinder mit Schrein und entsetzlichem Weinen
Ihr in die Kleider und wollten die zweite Mutter nicht lassen.
Aber ein' und die andre der Weiber sagte gebietend:
»Stille, Kinder! sie geht in die Stadt und bringt euch des guten
Zuckerbrotes genug, das euch der Bruder bestellte,
Als der Storch ihn jüngst beim Zuckerbäcker vorbeitrug,
Und ihr sehet sie bald mit den schön vergoldeten Deuten.«
Und so ließen die Kinder sie los, und Hermann entriss sie
Noch den Umarmungen kaum und den ferne winkenden Tüchern.

VIII
MELPOMENE
HERMANN UND DOROTHEA

Also gingen die zwei entgegen der sinkenden Sonne,
Die in Wolken sich tief, gewitterdrohend, verhüllte,
Aus dem Schleier bald hier, bald dort mit glühenden Blicken
Strahlend über das Feld die ahnungsvolle Beleuchtung.
»Möge das drohende Wetter«, so sagte Hermann, »nicht etwa
Schloßen uns bringen und heftigen Guss; denn schön ist die Ernte.«
Und sie freuten sich beide des hohen, wankenden Kornes,
Das die Durchschreitenden fast, die hohen Gestalten, erreichte.
Und es sagte darauf das Mädchen zum leitenden Freunde:
»Guter, dem ich zunächst ein freundlich Schicksal verdanke,
Dach und Fach, wenn im Freien so manchem Vertriebnen der Sturm dräut,
Saget mir jetzt vor allem und lehret die Eltern mich kennen,
Denen ich künftig zu dienen von ganzer Seele geneigt bin;
Denn kennt jemand den Herrn, so kann er ihm leichter genugtun,
Wenn er die Dinge bedenkt, die jenem die wichtigsten scheinen
Und auf die er den Sinn, den festbestimmten, gesetzt hat.
Darum saget mir doch: wie gewinn' ich Vater und Mutter?«

Und es versetzte dagegen der gute, verständige Jüngling:
»O, wie geb' ich dir recht, du kluges, treffliches Mädchen,
Dass du zuvörderst dich nach dem Sinne der Eltern befragest!
Denn so strebt' ich bisher vergebens, dem Vater zu dienen,
Wenn ich der Wirtschaft mich als wie der meinigen annahm,
Früh den Acker und spät und so besorgend den Weinberg.
Meine Mutter befriedigt' ich wohl, sie wusst' es zu schätzen;
Und so wirst du ihr auch das trefflichste Mädchen erscheinen,
Wenn du das Haus besorgst, als wenn du das deine bedächtest.
Aber dem Vater nicht so; denn dieser liebet den Schein auch.
Gutes Mädchen, halte mich nicht für kalt und gefühllos,
Wenn ich den Vater dir sogleich, der Fremden, enthülle.
Ja, ich schwör' es, das erste Mal ist's, dass frei mir ein solches
Wort die Zunge verlässt, die nicht zu schwatzen gewohnt ist;
Aber du lockst mir hervor aus der Brust ein jedes Vertrauen.
Einige Zierde verlangt der gute Vater im Leben,
Wünschet äußere Zeichen der Liebe sowie der Verehrung,
Und er würde vielleicht vom schlechteren Diener befriedigt,
Der dies wüsste zu nutzen, und würde dem besseren gram sein.«

Freudig sagte sie drauf, zugleich die schnelleren Schritte
Durch den dunkelnden Pfad verdoppelnd mit leichter Bewegung:
»Beide zusammen hoff' ich fürwahr zufriedenzustellen;
Denn der Mutter Sinn ist wie mein eigenes Wesen,
Und der äußeren Zierde bin ich von Jugend nicht fremde.
Unsere Nachbarn, die Franken, in ihren früheren Zeiten
Hielten auf Höflichkeit viel; sie war dem Edlen und Bürger
Wie den Bauern gemein, und jeder empfahl sie den Seinen.
Und so brachten bei uns auf deutscher Seite gewöhnlich
Auch die Kinder des Morgens mit Händeküssen und Knickschen
Segenswünsche den Eltern und hielten sittlich den Tag aus.
Alles, was ich gelernt und was ich von jung auf gewohnt bin,
Was von Herzen mir geht — ich will es dem Alten erzeigen.
Aber wer sagt mir nunmehr: wie soll ich dir selber begegnen,
Dir, dem einzigen Sohn und künftig meinem Gebieter?«

Also sprach sie, und eben gelangten sie unter den Birnbaum.
Herrlich glänzte der Mond, der volle, vom Himmel herunter;
Nacht war's, völlig bedeckt das letzte Schimmern der Sonne.
Und so lagen vor ihnen in Massen gegeneinander
Lichter, hell wie der Tag, und Schatten dunkeler Nächte.
Und es hörte die Frage, die freundliche, gern in dem Schatten
Hermann des herrlichen Baums, am Orte, der ihm so lieb war,
Der noch heute die Tränen um seine Vertriebne gesehen.
Und indem sie sich nieder ein wenig zu ruhen gesetzet,
Sagte der liebende Jüngling, die Hand des Mädchens ergreifend:
»Lass dein Herz dir es sagen und folg' ihm frei nur in allem!«
Aber er wagte kein weiteres Wort, so sehr auch die Stunde
Günstig war; er fürchtete, nur ein Nein zu ereilen,
Ach, und er fühlte den Ring am Finger, das schmerzliche Zeichen.
Also saßen sie still und schweigend nebeneinander;
Aber das Mädchen begann und sagte: »Wie find' ich des Mondes
Herrlichen Schein so süß! er ist der Klarheit des Tags gleich.
Seh' ich doch dort in der Stadt die Häuser deutlich und Höfe,
An dem Giebel ein Fenster; mich deucht, ich zähle die Scheiben.«

»Was du siehst«, versetzte darauf der gehaltene Jüngling,
»Das ist unsere Wohnung, in die ich nieder dich führe,
Und dies Fenster dort ist meines Zimmers im Dache,
Das vielleicht das deine nun wird; wir verändern im Hause.
Diese Felder sind unser, sie reifen zur morgenden Ernte:
Hier im Schatten wollen wir ruhn und des Mahles genießen.
Aber lass uns nunmehr hinab durch Weinberg und Garten
Steigen; denn sieh, es rückt das schwere Gewitter herüber,
Wetterleuchtend und bald verschlingend den lieblichen Vollmond.«
Und so standen sie auf und wandelten nieder das Feld hin
Durch das mächtige Korn, der nächtlichen Klarheit sich freuend;
Und sie waren zum Weinberg gelangt und traten ins Dunkel.

Und so leitet' er sie die vielen Platten hinunter,
Die, unbehauen gelegt, als Stufen dienten im Laubgang.
Langsam schritt sie hinab, auf seinen Schultern die Hände;

Und mit schwankenden Lichtern durchs Laub überblickte der Mond sie,
Eh' er, von Wetterwolken umhüllt, im Dunkeln das Paar ließ.
Sorglich stützte der Starke das Mädchen, das über ihn herhing;
Aber sie, unkundig des Steigs und der roheren Stufen,
Fehlte tretend, es knackte der Fuß, sie drohte zu fallen.
Eilig streckte gewandt der sinnige Jüngling den Arm aus,
Hielt empor die Geliebte; sie sank ihm leis' auf die Schulter,
Brust war gesenkt an Brust und Wang' an Wange. So stand er,
Starr wie ein Marmorbild, vom ernsten Willen gebändigt,
Drückte nicht fester sie an, er stemmte sich gegen die Schwere.
Und so fühlt' er die herrliche Last, die Wärme des Herzens
Und den Balsam des Atems, an seinen Lippen verhauchet,
Trug mit Mannesgefühl die Heldengröße des Weibes.
Doch sie verhehlte den Schmerz und sagte die scherzenden Worte:
»Das bedeutet Verdruss, so sagen bedenkliche Leute,
Wenn beim Eintritt ins Haus nicht fern von der Schwelle der Fuß knackt.
Hätt' ich mir doch fürwahr ein besseres Zeichen gewünschet!
Lass uns ein wenig verweilen, damit dich die Eltern nicht tadeln
Wegen der hinkenden Magd und ein schlechter Wirt du erscheinest.«

IX
URANIA
AUSSICHT

Musen, die ihr so gern die herzliche Liebe begünstigt,
Auf dem Wege bisher den trefflichen Jüngling geleitet,
An die Brust ihm das Mädchen noch vor der Verlobung gedrückt habt:
Helfet auch ferner den Bund des lieblichen Paares vollenden,
Teilet die Wolken sogleich, die über ihr Glück sich heraufziehn!
Aber saget vor allem, was jetzt im Hause geschiehet!

Ungeduldig betrat die Mutter zum dritten Mal wieder
Schon das Zimmer der Männer, das sorglich erst sie verlassen,
Sprechend vom nahen Gewitter, vom schnellen Verdunkeln des Mondes,
Dann vom Außenbleiben des Sohns und der Nächte Gefahren;

Tadelte lebhaft die Freunde, dass, ohne das Mädchen zu sprechen,
Ohne zu werben für ihn, sie so bald sich vom Jüngling getrennet.

»Mache nicht schlimmer das Übel!«, versetzt' unmutig der Vater;
»Denn du siehst, wir harren ja selbst und warten des Ausgangs.«

Aber gelassen begann der Nachbar sitzend zu sprechen:
»Immer verdank' ich es doch in solch unruhiger Stunde
Meinem seligen Vater, der mir als Knaben die Wurzel
Aller Ungeduld ausriss, dass auch kein Fäschen zurückblieb
Und ich erwarten lernte sogleich wie keiner der Weisen.«
»Sagt«, versetzte der Pfarrer, »welch Kunststück brauchte der Alte?«
»Das erzähl' ich Euch gern, denn jeder kann es sich merken«,
Sagte der Nachbar darauf. »Als Knabe stand ich am Sonntag
Ungeduldig einmal, die Kutsche begierig erwartend,
Die uns sollte hinaus zum Brunnen führen der Linden.
Doch sie kam nicht; ich lief wie ein Wiesel dahin und dorthin,
Treppen hinauf und hinab und von dem Fenster zur Türe.
Meine Hände prickelten mir; ich kratzte die Tische,
Trappelte stampfend herum, und nahe war mir das Weinen.
Alles sah der gelassene Mann; doch als ich es endlich
Gar zu töricht betrieb, ergriff er mich ruhig beim Arme,
Führte zum Fenster mich hin und sprach die bedenklichen Worte:
›Siehst du des Tischlers da drüben für heute geschlossene Werkstatt?
Morgen öffnet er sie; da rühret sich Hobel und Säge,
Und so geht es von frühe bis Abend die fleißigen Stunden.
Aber bedenke dir dies: der Morgen wird künftig erscheinen,
Da der Meister sich regt mit allen seinen Gesellen,
Dir den Sarg zu bereiten und schnell und geschickt zu vollenden;
Und sie tragen das bretterne Haus geschäftig herüber,
Das den Geduld'gen zuletzt und den Ungeduldigen aufnimmt
Und gar bald ein drückendes Dach zu tragen bestimmt ist.‹
Alles sah ich sogleich im Geiste wirklich geschehen,
Sah die Bretter gefügt und die schwarze Farbe bereitet,
Saß geduldig nunmehr und harrete ruhig der Kutsche.
Rennen andere nun in zweifelhafter Erwartung
Ungebärdig herum, da muss ich des Sarges gedenken.«

Lächelnd sagte der Pfarrer: »Des Todes rührendes Bild steht
Nicht als Schrecken dem Weisen und nicht als Ende dem Frommen.
Jenen drängt es ins Leben zurück und lehret ihn handeln;
Diesem stärkt es zu künftigem Heil im Trübsal die Hoffnung;
Beiden wird zum Leben der Tod. Der Vater mit Unrecht
Hat dem empfindlichen Knaben den Tod im Tode gewiesen.
Zeige man doch dem Jüngling des edel reifenden Alters
Wert und dem Alter die Jugend, dass beide des ewigen Kreises
Sich erfreuen und so sich Leben im Leben vollende!«

Aber die Tür ging auf. Es zeigte das herrliche Paar sich,
Und es erstaunten die Freunde, die liebenden Eltern erstaunten
Über die Bildung der Braut, des Bräutigams Bildung vergleichbar;
Ja, es schien die Türe zu klein, die hohen Gestalten
Einzulassen, die nun zusammen betraten die Schwelle.
Hermann stellte den Eltern sie vor mit fliegenden Worten.
»Hier ist«, sagt' er, »ein Mädchen, so wie ihr im Hause sie wünschet.
Lieber Vater, empfanget sie gut; sie verdient es. Und liebe
Mutter, befragt sie sogleich nach dem ganzen Umfang der Wirtschaft,
Dass Ihr seht, wie sehr sie verdient, Euch näher zu werden.«
Eilig führt' er darauf den trefflichen Pfarrer beiseite,
Sagte: »Würdiger Herr, nun helft mir aus dieser Besorgnis
Schnell und löset den Knoten, vor dessen Entwicklung ich schaudre.
Denn ich habe das Mädchen als meine Braut nicht geworben,
Sondern sie glaubt, als Magd in das Haus zu gehn, und ich fürchte,
Dass unwillig sie flieht, sobald wir gedenken der Heirat.
Aber entschieden sei es sogleich! Nicht länger im Irrtum
Soll sie bleiben, wie ich nicht länger den Zweifel ertrage.
Eilet und zeiget auch hier die Weisheit, die wir verehren!«
Und es wendete sich der Geistliche gleich zur Gesellschaft.
Aber leider getrübt war durch die Rede des Vaters
Schon die Seele des Mädchens; er hatte die munteren Worte
Mit behaglicher Art, im guten Sinne gesprochen:
»Ja, das gefällt mir, mein Kind! Mit Freuden erfahr' ich, der Sohn hat
Auch wie der Vater Geschmack, der seinerzeit es gewiesen,
Immer die Schönste zum Tanze geführt und endlich die Schönste

In sein Haus als Frau sich geholt; das Mütterchen war es.
Denn an der Braut, die der Mann sich erwählt, lässt gleich sich erkennen,
Welches Geistes er ist, und ob er sich eigenen Wert fühlt.
Aber Ihr brauchtet wohl auch nur wenig Zeit zur Entschließung?
Denn mich dünket fürwahr, ihm ist so schwer nicht zu folgen.«

Hermann hörte die Worte nur flüchtig; ihm bebten die Glieder
Innen, und stille war der ganze Kreis nun auf einmal.

Aber das treffliche Mädchen, von solchen spöttischen Worten,
Wie sie ihr schienen, verletzt und tief in der Seele getroffen,
Stand, mit fliegender Röte die Wange bis gegen den Nacken
Übergossen; doch hielt sie sich an und nahm sich zusammen,
Sprach zu dem Alten darauf, nicht völlig die Schmerzen verbergend:
»Traun! zu solchem Empfang hat mich der Sohn nicht bereitet,
Der mir des Vaters Art geschildert, des trefflichen Bürgers;
Und ich weiß, ich stehe vor Euch, dem gebildeten Manne,
Der sich klug mit jedem beträgt und gemäß den Personen.
Aber so scheint es, Ihr fühlt nicht Mitleid genug mit der Armen,
Die nun die Schwelle betritt und die Euch zu dienen bereit ist;
Denn sonst würdet Ihr nicht mit bitterem Spotte mir zeigen,
Wie entfernt mein Geschick von Eurem Sohn und von Euch sei.
Freilich tret' ich nur arm, mit kleinem Bündel ins Haus ein,
Das, mit allem versehn, die frohen Bewohner gewiss macht;
Aber ich kenne mich wohl und fühle das ganze Verhältnis.
Ist es edel, mich gleich mit solchem Spotte zu treffen,
Der auf der Schwelle beinah mich schon aus dem Hause zurücktreibt?«

Bang bewegte sich Hermann und winkte dem geistlichen Freunde,
Dass er ins Mittel sich schlüge, sogleich zu verscheuchen den Irrtum.
Eilig trat der Kluge heran und schaute des Mädchens
Stillen Verdruss und gehaltenen Schmerz und Tränen im Auge.
Da befahl ihm sein Geist, nicht gleich die Verwirrung zu lösen,
Sondern vielmehr das bewegte Gemüt zu prüfen des Mädchens.
Und er sagte darauf zu ihr mit versuchenden Worten:
»Sicher, du überlegtest nicht wohl, o Mädchen des Auslands,

Wenn du bei Fremden zu dienen dich allzu eilig entschlossest,
Was es heiße, das Haus des gebietenden Herrn zu betreten;
Denn der Handschlag bestimmt das ganze Schicksal des Jahres,
Und gar vieles zu dulden verbindet ein einziges Jawort.
Sind doch nicht das Schwerste des Diensts die ermüdenden Wege,
Nicht der bittere Schweiß der ewig drängenden Arbeit;
Denn mit dem Knechte zugleich bemüht sich der tätige Freie.
Aber zu dulden die Laune des Herrn, wenn er ungerecht tadelt
Oder dieses und jenes begehrt, mit sich selber in Zwiespalt,
Und die Heftigkeit noch der Frauen, die leicht sich erzürnet,
Mit der Kinder roher und übermütiger Unart:
Das ist schwer zu ertragen und doch die Pflicht zu erfüllen
Ungesäumt und rasch und selbst nicht mürrisch zu stocken.
Doch du scheinst mir dazu nicht geschickt, da die Scherze des Vaters
Schon dich treffen so tief und doch nichts gewöhnlicher vorkommt,
Als ein Mädchen zu plagen, dass wohl ihr ein Jüngling gefalle.«

Also sprach er. Es fühlte die treffende Rede das Mädchen,
Und sie hielt sich nicht mehr; es zeigten sich ihre Gefühle
Mächtig, es hob sich die Brust, aus der ein Seufzer hervordrang,
Und sie sagte sogleich mit heiß vergossenen Tränen:
»O, nie weiß der verständige Mann, der im Schmerz uns zu raten
Denkt, wie wenig sein Wort, das kalte, die Brust zu befreien
Je von dem Leiden vermag, das ein hohes Schicksal uns auflegt.
Ihr seid glücklich und froh, wie sollt' ein Scherz Euch verwunden?
Doch der Krankende fühlt auch schmerzlich die leise Berührung.
Nein; es hülfe mir nichts, wenn selbst mir Verstellung gelänge.
Zeige sich gleich, was später nur tiefere Schmerzen vermehrte
Und mich drängte vielleicht in stillverzehrendes Elend.
Lasst mich wieder hinweg! Ich darf im Hause nicht bleiben;
Ich will fort und gehe, die armen Meinen zu suchen,
Die ich im Unglück verließ, für mich nur das Bessere wählend.
Dies ist mein fester Entschluss; und ich darf euch darum nun bekennen,
Was im Herzen sich sonst wohl Jahre hätte verborgen.
Ja, des Vaters Spott hat tief mich getroffen: nicht, weil ich
Stolz und empfindlich bin, wie es wohl der Magd nicht geziemet,

Sondern weil mir fürwahr im Herzen die Neigung sich regte
Gegen den Jüngling, der heute mir als ein Erretter erschienen.
Denn als er erst auf der Straße mich ließ, so war er mir immer
In Gedanken geblieben; ich dachte des glücklichen Mädchens,
Das er vielleicht schon als Braut im Herzen möchte bewahren.
Und als ich wieder am Brunnen ihn fand, da freut' ich mich seines
Anblicks so sehr, als wär' mir der Himmlischen einer erschienen.
Und ich folgt' ihm so gern, als nun er zur Magd mich geworben.
Doch mir schmeichelte freilich das Herz (ich will es gestehen)
Auf dem Wege hierher, als könnt' ich vielleicht ihn verdienen,
Wenn ich würde des Hauses dereinst unentbehrliche Stütze.
Aber ach! nun seh' ich zuerst die Gefahren, in die ich
Mich begab, so nah dem still Geliebten zu wohnen.
Nun erst fühl' ich, wie weit ein armes Mädchen entfernt ist
Von dem reicheren Jüngling, und wenn sie die Tüchtigste wäre.
Alles das hab' ich gesagt, damit ihr das Herz nicht verkennet,
Das ein Zufall beleidigt, dem ich die Besinnung verdanke.
Denn das musst' ich erwarten, die stillen Wünsche verbergend,
Dass er sich brächte zunächst die Braut zum Hause geführet;
Und wie hätt' ich alsdann die heimlichen Schmerzen ertragen?
Glücklich bin ich gewarnt und glücklich löst das Geheimnis
Von dem Busen sich los, jetzt, da noch das Übel ist heilbar.
Aber das sei nun gesagt! Und nun soll im Hause mich länger
Hier nichts halten, wo ich beschämt und ängstlich nur stehe,
Frei die Neigung bekennend und jene törichte Hoffnung.
Nicht die Nacht, die breit sich bedeckt mit sinkenden Wolken,
Nicht der rollende Donner (ich hör' ihn) soll mich verhindern,
Nicht des Regens Guss, der draußen gewaltsam herabschlägt,
Noch der sausende Sturm. Das hab' ich alles ertragen
Auf der traurigen Flucht und nah am verfolgenden Feinde.
Und ich gehe nun wieder hinaus, wie ich lange gewohnt bin,
Von dem Strudel der Zeit ergriffen, von allem zu scheiden.
Lebet wohl! ich bleibe nicht länger; es ist nun geschehen.«

Also sprach sie, sich rasch zurück nach der Türe bewegend,
Unter dem Arm das Bündelchen noch, das sie brachte, bewahrend.

Aber die Mutter ergriff mit beiden Armen das Mädchen,
Um den Leib sie fassend, und rief verwundert und staunend:
»Sag', was bedeutet mir dies? und diese vergeblichen Tränen?
Nein, ich lasse dich nicht; du bist mir des Sohnes Verlobte.«
Aber der Vater stand mit Widerwillen dagegen,
Auf die Weinende schauend, und sprach die verdrießlichen Worte:
»Also das ist mir zuletzt für die höchste Nachsicht geworden,
Dass mir das Unangenehmste geschieht noch zum Schlusse des Tages!
Denn mir ist unleidlicher nichts als Tränen der Weiber,
Leidenschaftlich Geschrei, das heftig verworren beginnet,
Was mit ein wenig Vernunft sich ließe gemächlicher schlichten.
Mir ist lästig, noch länger dies wunderliche Beginnen
Anzuschauen. Vollendet es selbst! ich gehe zu Bette.«
Und er wandte sich schnell und eilte zur Kammer zu gehen,
Wo ihm das Eh'bett stand und wo er zu ruhen gewohnt war.
Aber ihn hielt der Sohn und sagte die flehenden Worte:
»Vater, eilet nur nicht und zürnt nicht über das Mädchen!
Ich nur habe die Schuld von aller Verwirrung zu tragen,
Die unerwartet der Freund noch durch Verstellung vermehrt hat.
Redet, würdiger Herr! denn Euch vertraut' ich die Sache.
Häufet nicht Angst und Verdruss; vollendet lieber das Ganze!
Denn ich möchte so hoch Euch nicht in Zukunft verehren,
Wenn Ihr Schadenfreude nur übt statt herrlicher Weisheit.«

Lächelnd versetzte darauf der würdige Pfarrer und sagte:
»Welche Klugheit hätte denn wohl das schöne Bekenntnis
Dieser Guten entlockt und uns enthüllt ihr Gemüte?
Ist nicht die Sorge sogleich dir zur Wonn' und Freude geworden?
Rede darum nur selbst! was bedarf es fremder Erklärung?«
Nun trat Hermann hervor und sprach die freundlichen Worte:
»Lass dich die Tränen nicht reun noch diese flüchtigen Schmerzen;
Denn sie vollenden mein Glück und, wie ich wünsche, das deine.
Nicht das treffliche Mädchen als Magd, die Fremde, zu dingen,
Kam ich zum Brunnen; ich kam, um deine Liebe zu werben.
Aber, ach! mein schüchterner Blick, er konnte die Neigung
Deines Herzens nicht sehn; nur Freundlichkeit sah er im Auge,

Als aus dem Spiegel du ihn des ruhigen Brunnens begrüßtest.
Dich ins Haus nur zu führen, es war schon die Hälfte des Glückes.
Aber nun vollendest du mir's! O, sei mir gesegnet!«
Und es schaute das Mädchen mit tiefer Rührung zum Jüngling
Und vermied nicht Umarmung und Kuss, den Gipfel der Freude,
Wenn sie den Liebenden sind die lang' ersehnte Versichrung
Künftigen Glücks im Leben, das nun ein unendliches scheinet.

Und den Übrigen hatte der Pfarrherr alles erkläret.
Aber das Mädchen kam, vor dem Vater sich herzlich mit Anmut
Neigend und so ihm die Hand, die zurückgezogene, küssend,
Sprach: »Ihr werdet gerecht der Überraschten verzeihen,
Erst die Tränen des Schmerzes und nun die Tränen der Freude.
O, vergebt mir jenes Gefühl! vergebt mir auch dieses,
Und lasst nur mich ins Glück, das neu mir gegönnte, mich finden!
Ja, der erste Verdruss, an dem ich Verworrene schuld war,
Sei der letzte zugleich! Wozu die Magd sich verpflichtet,
Treu zu liebendem Dienst, den soll die Tochter Euch leisten!«

Und der Vater umarmte sie gleich, die Tränen verbergend.
Traulich kam die Mutter herbei und küsste sie herzlich,
Schüttelte Hand in Hand; es schwiegen die weinenden Frauen.
Eilig fasste darauf der gute, verständige Pfarrherr
Erst des Vaters Hand und zog ihm vom Finger den Trauring
(Nicht so leicht; er war vom rundlichen Gliede gehalten),
Nahm den Ring der Mutter darauf und verlobte die Kinder;
Sprach: »Noch einmal sei der goldenen Reifen Bestimmung,
Fest ein Band zu knüpfen, das völlig gleiche dem alten.
Dieser Jüngling ist tief von der Liebe zum Mädchen durchdrungen,
Und das Mädchen gesteht, dass auch ihr der Jüngling erwünscht ist.
Also verlob' ich euch hier und segn' euch künftigen Zeiten
Mit dem Willen der Eltern und mit dem Zeugnis des Freundes.«

Und es neigte sich gleich mit Segenswünschen der Nachbar.
Aber als der geistliche Herr den goldenen Reif nun
Steckt' an die Hand des Mädchens, erblickt' er den anderen staunend,

Den schon Hermann zuvor am Brunnen sorglich betrachtet.
Und er sagte darauf mit freundlich scherzenden Worten:
»Wie! du verlobest dich schon zum zweiten Mal? Dass nicht der erste
Bräutigam bei dem Altar sich zeige mit hinderndem Einspruch!«

Aber sie sagte darauf: »O, lasst mich dieser Erinnrung
Einen Augenblick weihen! Denn wohl verdient sie der Gute,
Der mir ihn scheidend gab und nicht zur Heimat zurückkam.
Alles sah er voraus, als rasch die Liebe der Freiheit,
Als ihn die Lust, im neuen, veränderten Wesen zu wirken,
Trieb, nach Paris zu gehn, dahin, wo er Kerker und Tod fand.
›Lebe glücklich‹, sagt' er. ›Ich gehe; denn alles bewegt sich
Jetzt auf Erden einmal, es scheint sich alles zu trennen.
Grundgesetze lösen sich auf der festesten Staaten,
Und es löst der Besitz sich los vom alten Besitzer,
Freund sich los von Freund: so löst sich Liebe von Liebe.
Ich verlasse dich hier, und wo ich jemals dich wieder
Finde — wer weiß es? Vielleicht sind diese Gespräche die letzten.
Nur ein Fremdling, sagt man mit Recht, ist der Mensch hier auf Erden;
Mehr ein Fremdling als jemals ist nun ein jeder geworden.
Uns gehört der Boden nicht mehr; es wandern die Schätze;
Gold und Silber schmilzt aus den alten heiligen Formen;
Alles regt sich, als wollte die Welt, die gestaltete, rückwärts
Lösen in Chaos und Nacht sich auf und neu sich gestalten.
Du bewahrst mir dein Herz; und finden dereinst wir uns wieder
Über den Trümmern der Welt, so sind wir erneute Geschöpfe,
Umgebildet und frei und unabhängig vom Schicksal.
Denn was fesselte den, der solche Tage durchlebt hat!
Aber soll es nicht sein, dass je wir, aus diesen Gefahren
Glücklich entronnen, uns einst mit Freuden wieder umfangen,
O, so erhalte mein schwebendes Bild vor deinen Gedanken,
Dass du mit gleichem Mute zu Glück und Unglück bereit seist!
Locket neue Wohnung dich an und neue Verbindung,
So genieße mit Dank, was dann dir das Schicksal bereitet.
Liebe die Liebenden rein und halte dem Guten dich dankbar.
Aber dann auch setze nur leicht den beweglichen Fuß auf;

Denn es lauert der doppelte Schmerz des neuen Verlustes.
Heilig sei dir der Tag; doch schätze das Leben nicht höher
Als ein anderes Gut, und alle Güter sind trüglich.‹
Also sprach er; und nie erschien der Edle mir wieder.
Alles verlor ich indes, und tausendmal dacht' ich der Warnung.
Nun auch denk' ich des Worts, da schön mir die Liebe das Glück hier
Neu bereitet und mir die herrlichsten Hoffnungen aufschließt.
O verzeih, mein trefflicher Freund, dass ich, selbst an dem Arm dich
Haltend, bebe! So scheint dem endlich gelandeten Schiffer
Auch der sicherste Grund des festesten Bodens zu schwanken.«

Also sprach sie und steckte die Ringe nebeneinander.
Aber der Bräutigam sprach mit edler, männlicher Rührung:
»Desto fester sei bei der allgemeinen Erschüttrung,
Dorothea, der Bund! Wir wollen halten und dauern,
Fest uns halten und fest der schönen Güter Besitztum.
Denn der Mensch, der zur schwankenden Zeit auch schwankend gesinnt ist,
Der vermehret das Übel und breitet es weiter und weiter;
Aber wer fest auf dem Sinne beharrt, der bildet die Welt sich.
Nicht dem Deutschen geziemt es, die fürchterliche Bewegung
Fortzuleiten und auch zu wanken hierhin und dorthin.
›Dies ist unser!‹, so lass uns sagen und so es behaupten!
Denn es werden noch stets die entschlossenen Völker gepriesen,
Die für Gott und Gesetz, für Eltern, Weiber und Kinder
Stritten und gegen den Feind zusammenstehend erlagen.
Du bist mein; und nun ist das Meine meiner als jemals.
Nicht mit Kummer will ich's bewahren und sorgend genießen,
Sondern mit Mut und Kraft. Und drohen diesmal die Feinde
Oder künftig, so rüste mich selbst und reiche die Waffen.
Weiß ich durch dich nur versorgt das Haus und die liebenden Eltern,
O, so stellt sich die Brust dem Feinde sicher entgegen.
Und gedächte jeder wie ich, so stünde die Macht auf
Gegen die Macht, und wir erfreuten uns alle des Friedens.«

ACHILLEIS

ERSTER GESANG

Hoch zu Flammen entbrannte die mächtige Lohe noch einmal,
Strebend gegen den Himmel, und Ilios' Mauern erschienen
Rot durch die finstere Nacht; der aufgeschichteten Waldung
Ungeheures Gerüst, zusammenstürzend, erregte
Mächtige Glut zuletzt. Da senkten sich Hektors Gebeine
Nieder, und Asche lag der edelste Troer am Boden.

Nun erhob sich Achilleus vom Sitz vor seinem Gezelte,
Wo er die Stunden durchwachte, die nächtlichen, schaute der Flammen
Fernes schreckliches Spiel und des wechselnden Feuers Bewegung,
Ohne die Augen zu wenden von Pergamos' rötlicher Feste.
Tief im Herzen empfand er den Hass noch gegen den Toten,
Der ihm den Freund erschlug und der nun bestattet dahinsank.

Aber als nun die Wut nachließ des fressenden Feuers
Allgemach und zugleich mit Rosenfingern die Göttin
Schmückete Land und Meer, dass der Flammen Schrecknisse bleichten,
Wandte sich, tief bewegt und sanft, der große Pelide
Gegen Antilochos hin und sprach die gewichtigen Worte:
»So wird kommen der Tag, da bald von Ilios' Trümmern
Rauch und Qualm sich erhebt, von thrakischen Lüften getrieben,
Idas langes Gebirg' und Gargaros' Höhe verdunkelt;
Aber ich werd' ihn nicht sehen! Die Völkerweckerin Eos
Fand mich, Patroklos' Gebein zusammenlesend, sie findet
Hektors Brüder anjetzt in gleichem frommen Geschäfte,
Und dich mag sie auch bald, mein trauter Antilochos, finden,
Dass du den leichten Rest des Freundes jammernd bestattest.
Soll dies also nun sein, wie mir es die Götter entbieten,
Sei es! Gedenken wir nur des Nötigen, was noch zu tun ist.
Denn mich soll, vereint mit meinem Freunde Patroklos,

Ehren ein herrlicher Hügel, am hohen Gestade des Meeres
Aufgerichtet, den Völkern und künftigen Zeiten ein Denkmal.
Fleißig haben mir schon die rüstigen Myrmidonen
Rings umgraben den Raum, die Erde warfen sie einwärts,
Gleichsam schützenden Wall aufführend gegen des Feindes
Andrang. Also umgrenzten den weiten Raum sie geschäftig.
Aber wachsen soll mir das Werk! Ich eile, die Scharen
Aufzurufen, die mir noch Erde mit Erde zu häufen
Willig sind, und so vielleicht befördr' ich die Hälfte;
Euer sei die Vollendung, wenn bald mich die Urne gefasst hat.«

Also sprach er und ging und schritt durch die Reihe der Zelte,
Winkend jenem und diesem und rufend andre zusammen.
Alle sogleich nun erregt ergriffen das starke Geräte,
Schaufel und Hacke mit Lust, dass der Klang des Erzes ertönte,
Auch den gewaltigen Pfahl, den steinbewegenden Hebel.
Und so zogen sie fort, gedrängt aus dem Lager ergossen,
Aufwärts den sanften Pfad, und schweigend eilte die Menge.
Wie wenn zum Überfall gerüstet nächtlich die Auswahl
Stille ziehet des Heers, mit leisen Tritten die Reihe
Wandelt und jeder die Schritte misst und jeder den Atem
Anhält, in feindliche Stadt, die schlechtbewachte, zu dringen:
Also zogen auch sie, und aller tätige Stille
Ehrte das ernste Geschäft und ihres Königes Schmerzen.

Als sie aber den Rücken des wellenbespületen Hügels
Bald erreichten und nun des Meeres Weite sich auftat,
Blickte freundlich Eos sie an aus der heiligen Frühe
Fernem Nebelgewölk, und jedem erquickte das Herz sie.
Alle stürzten sogleich dem Graben zu, gierig der Arbeit,
Rissen in Schollen auf den lange betretenen Boden,
Warfen schaufelnd ihn fort, ihn trugen andre mit Körben
Aufwärts. In Helm und Schild einfüllen sah man die einen,
Und der Zipfel des Kleids war anderen statt des Gefäßes.

Itzt eröffneten heftig des Himmels Pforte die Horen,
Und das wilde Gespann des Helios, brausend erhub sich's.
Rasch erleuchtet' er gleich die frommen Äthiopen,
Welche die äußersten wohnen von allen Völkern der Erde.
Schüttlend bald die glühenden Locken, entstieg er des Ida
Wäldern, um klagenden Troern, um rüst'gen Achaiern zu leuchten.

Aber die Horen indes, zum Äther strebend, erreichten
Zeus Kronions heiliges Haus, das sie ewig begrüßen.
Und sie traten hinein, da begegnete ihnen Hephaistos
Eilig, hinkend und sprach auffordernde Worte zu ihnen:
»Trügliche! Glücklichen Schnelle, den Harrenden Langsame! hört mich!
Diesen Saal erbaut' ich, dem Willen des Vaters gehorsam,
Nach dem göttlichen Maß des herrlichsten Musengesanges;
Sparte nicht Gold und Silber, noch Erz und bleiches Metall nicht;
Und so wie ich's vollendet, vollkommen stehet das Werk noch,
Ungekränkt von der Zeit. Denn hier ergreift es der Rost nicht,
Noch erreicht es der Staub, des irdischen Wandrers Gefährte.
Alles hab' ich getan, was irgend schaffende Kunst kann.
Unerschütterlich ruht die hohe Decke des Hauses,
Und zum Schritte ladet der glatte Boden den Fuß ein.
Jedem Herrscher folget sein Thron, wohin er gebietet,
Wie dem Jäger der Hund, und goldene wandelnde Knaben
Schuf ich, welche Kronion, den kommenden, unterstützen,
Wie ich mir eherne Mädchen erschuf. Doch alles ist leblos!
Euch allein ist gegeben, den Charitinnen und euch nur,
Über das tote Gebild des Lebens Reize zu streuen.
Auf denn! sparet mir nichts und gießt aus dem heiligen Salbhorn
Liebreiz herrlich umher, damit ich mich freue des Werkes
Und die Götter entzückt so fort mich preisen wie anfangs.«
Und sie lächelten sanft, die beweglichen, nickten dem Alten
Freundlich und gossen umher verschwenderisch Leben und Licht aus,
Dass kein Mensch es ertrüg' und dass es die Götter entzückte.

Also gegen die Schwelle bewegte sich eilig Hephaistos,
Auf die Arbeit gesinnt, denn diese nur regte das Herz ihm.

Da begegnet' ihm Here, von Pallas Athene begleitet,
Sprechend wechselndes Wort; und als den Sohn sie erblickte,
Hielt sie ihn an sogleich und sprach, die göttliche Here:
»Sohn, du mangelst nun bald des selbstgefälligen Ruhmes,
Dass du Waffen bereitest, vom Tode zu schützen die Menschen,
Alle Kunst erschöpfend, wie diese dich bittet und jene
Göttin; denn nah' ist der Tag, da zeitig der große Pelide
Sinken wird in den Staub, der Sterblichen Grenze bezeichnend.
Schutz nicht ist ihm dein Helm, noch der Harnisch, auch nicht des Schildes
Umfang, wenn ihn bestreiten die finsteren Keren des Todes.«

Aber der künstliche Gott Hephaistos sagte dagegen:
»Warum spottest du mein, o Mutter, dass ich geschäftig
Mich der Thetis bewies und jene Waffen verfertigt?
Käme doch Gleiches nicht vom Amboss irdischer Männer;
Ja, mit meinem Gerät verfertigte selbst sie ein Gott nicht,
Angegossen dem Leib, wie Flügel den Helden erhebend,
Undurchdringlich und reich, ein Wunder staunendem Anblick.
Denn was ein Gott den Menschen verleiht, ist segnende Gabe,
Nicht wie ein Feindesgeschenk, das nur zum Verderben bewahrt wird.
Und mir wäre gewiss Patroklos glücklich und siegreich
Wiedergekehrt, wofern nicht Phöbos den Helm von dem Haupt ihm
Schlug und den Harnisch trennte, so dass der Entblößte dahinsank.
Aber soll es denn sein und fordert den Menschen das Schicksal,
Schützte die Waffe nicht, die göttlichste, schützte die Ägis
Selbst nicht, die Göttern allein die traurigen Tage davonscheucht.
Doch was kümmert es mich! Wer Waffen schmiedet, bereitet
Krieg und muss davon der Zither Klang nicht erwarten.«
Also sprach er und ging und murrte, die Göttinnen lachten.

Unterdessen betraten den Saal die übrigen Götter.
Artemis kam, die frühe, schon freudig des siegenden Pfeiles,
Der den stärksten Hirsch ihr erlegt an den Quellen des Ida.
Auch mit Iris Hermeias, dazu die erhabene Leto,
Ewig der Here verhasst, ihr ähnlich, milderes Wesens.
Phöbos folgt ihr, des Sohns erfreut sich die göttliche Mutter.

Ares schreitet mächtig heran, behände, der Krieger,
Keinem freundlich, und nur bezähmt ihn Kypris, die holde.
Spät kam Aphrodite herbei, die äugelnde Göttin,
Die von Liebenden sich in Morgenstunden so ungern
Trennet. Reizend ermattet, als hätte die Nacht ihr zur Ruhe
Nicht genüget, so senkte sie sich in die Arme des Thrones.

Und es leuchtete sanft die Hallen her, Wehen des Äthers
Drang aus den Weiten hervor, Kronions Nähe verkündend.
Gleich nun trat er heran aus dem hohen Gemach zur Versammlung,
Unterstützt durch Hephaistos' Gebild'. So gleitet' er herrlich
Bis zum goldenen Thron, dem künstlichen, saß, und die andern
Stehenden neigten sich ihm und setzten sich, jeder gesondert.

Munter eilten sogleich die schenkbeflissnen, gewandten
Jugendgötter hervor, die Charitinnen und Hebe,
Spendeten ringsumher des reichen ambrosischen Gischtes,
Voll, nicht überfließend, Genuss den Uranionen.
Nur zu Kronion trat Ganymed mit dem Ernste des ersten
Jünglingsblickes im kindlichen Aug', und es freute der Gott sich.
Also genossen sie still die Fülle der Seligkeit alle.

Aber Thetis erschien, die göttliche, traurenden Blickes,
Vollgestaltet und groß, die lieblichste Tochter des Nereus,
Und zu Here sogleich gewendet sprach sie das Wort aus:
»Göttin, nicht weggekehrt empfange mich! Lerne gerecht sein!
Denn ich schwör' es bei jenen, die, unten im Tartarus wohnend,
Sitzen um Kronos umher und über der stygischen Quelle,
Späte Rächer dereinst des falsch gesprochenen Schwures:
Nicht her bin ich gekommen, damit ich hemme des Sohnes
Nur zu gewisses Geschick und den traurigen Tag ihm entferne;
Nein, mich treibet herauf aus des Meeres Purpurbehausung
Unbezwinglicher Schmerz, ob in der olympischen Höhe
Irgend ich lindern möchte die jammervolle Beängstung.
Denn mich rufet der Sohn nicht mehr an, er stehet am Ufer,
Mein vergessend und nur des Freundes sehnlich gedenkend,

Der nun vor ihm hinab in des Aïs dunkle Behausung
Stieg, und dem er sich nach selbst hin zu den Schatten bestrebet.
Ja, ich mag ihn nicht sehn, nicht sprechen. Hülf' es, einander
Unvermeidliche Not zusammen jammernd zu klagen?«

Heftig wandte Here sich um, und fürchterlich blickend
Sprach sie, voller Verdruss, zur Traurigen kränkende Worte:
»Gleisnerin, unerforschte, dem Meer gleich, das dich erzeugt hat!
Trauen soll ich? und gar mit freundlichem Blick dich empfangen?
Dich, die tausendfach mich gekränkt, wie sonst, so vor kurzem,
Die mir die edelsten Krieger zum Tod befördert, um ihres
Sohns unerträglichem Sinn, dem unvernünft'gen, zu schmeicheln.
Glaubst du, ich kenne dich nicht und denke nicht jenes Beginnens,
Da dir als Bräutigam schon Kronion herrlich hinabstieg,
Mich, die Gattin und Schwester, verließ und die Tochter des Nereus
Himmelskönigin hoffte zu sein, entzündet von Hochmut?
Doch wohl kehrt' er zurück, der Göttliche, von des Titanen
Weiser Sage geschreckt, der aus dem verdammlichen Bette
Ihm den gefährlichsten Sohn verkündet. Prometheus verstand es!
Denn von dir und dem sterblichen Mann ist entsprungen ein Untier,
An der Chimära Statt und des erdeverwüstenden Drachens.
Hätt' ein Gott ihn gezeugt, wer sicherte Göttern den Äther?
Und wie jener die Welt, verwüstete dieser den Himmel.
Und doch seh' ich dich nie herannahn, dass nicht, erheitert,
Dir der Kronide winkt und leicht an der Wange dir streichelt;
Ja, dass er alles bewilligt, der Schreckliche, mich zu verkürzen.
Unbefriedigte Lust welkt nie in dem Busen des Mannes!«

Und die Tochter versetzte des wahrhaft sprechenden Nereus:
»Grausame! welcherlei Rede versendest du! Pfeile des Hasses!
Nicht verschonst du der Mutter Schmerz, den schrecklichsten aller,
Die das nahe Geschick des Sohnes, bekümmert, umher klagt.
Wohl erfuhrest du nicht, wie dieser Jammer im Busen
Wütet des sterblichen Weibes, so wie der unsterblichen Göttin.
Denn von Kronion gezeugt, umwohnen dich herrliche Söhne,
Ewig rüstig und jung, und du erfreust dich der hohen.

Doch du jammertest selbst, in ängstliche Klagen ergossen,
Jenes Tags, da Kronion, erzürnt, den treuen Hephaistos,
Deinetwegen, hinab auf Lemnos' Boden geschleudert,
Und der Herrliche lag, an dem Fuße verletzt, wie ein Erdsohn.
Damals schriest du laut zu den Nymphen der schattigen Insel,
Riefest den Päon herbei und wartetest selber des Schadens.
Ja, noch jetzt betrübt dich der Fehl des hinkenden Sohnes.
Eilt er geschäftig umher, wohlwollend, dass er den Göttern
Reiche des köstlichen Tranks, und trägt er die goldene Schale
Schwankend, ernstlich besorgt, damit er nicht etwa vergieße,
Und unendlich Gelächter entsteht von den seligen Göttern:
Immer zeigst du allein dich ernst und nimmst dich des Sohns an.
Und ich suchte mir nicht des Jammers gesellige Lindrung
Heute, da mir der Tod des herrlichen, einz'gen bevorsteht?
Denn mir hat es zu fest der graue Vater verkündet,
Nereus, der wahre Mund, des Künftigen göttlicher Forscher,
Jenes Tages, als ihr, versammelt, ihr ewigen Götter,
Mir das erzwungene Fest, des sterblichen Mannes Umarmung,
In des Pelions Wäldern, herniedersteigend, gefeiert.
Damals kündete gleich der Greis mir den herrlichen Sohn an,
Vorzuziehen dem Vater, denn also wollt' es das Schicksal;
Doch er verkündet' zugleich der traurigen Tage Verkürzung.
Also wälzten sich mir die eilenden Jahre vorüber,
Unaufhaltsam, den Sohn zur schwarzen Pforte des Aïs
Drängend. Was half mir die Kunst und die List? was die läuternde Flamme?
Was das weibliche Kleid? Den Edelsten rissen zum Kriege
Unbegrenzte Begier nach Ruhm und die Bande des Schicksals.
Traurige Tage hat er verlebt, sie gehen zu Ende
Gleich. Mir ist bekannt des hohen Geschickes Bedingung.
Ewig bleibt ihm gesicherter Ruhm, doch die Waffen der Keren
Drohen ihm nah' und gewiss, ihn rettete selbst nicht Kronion.«
Also sprach sie und ging und setzte sich Leto zur Seite,
Die ein mütterlich Herz vor den übrigen Uranionen
Hegt' im Busen, und dort genoss sie die Fülle des Schmerzens.

Ernst nun wandte Kronion und mild sein göttliches Antlitz
Gegen die Klagende hin, und väterlich also begann er:
»Tochter, sollt' ich von dir der Lästerung heftige Worte
Jemals im Ohre vernehmen! wie sie ein Titan wohl im Unmut
Ausstößt gegen die Götter, die hoch den Olympos beherrschen.
Selber sprichst du dem Sohn das Leben ab, töricht verzweifelnd?
Hoffnung bleibt mit dem Leben vermählt, die schmeichelnde Göttin,
Angenehm vor vielen, die als getreue Dämonen
Mit den sterblichen Menschen die wechselnden Tage durchwallen.
Ihr verschließt sich nicht der Olymp, ja selber des Aïs
Grause Wohnung eröffnet sich ihr, und das eherne Schicksal
Lächelt, wenn sie sich ihm, die Holde, schmeichlerisch andrängt.
Gab doch die undurchdringliche Nacht Admetos' Gemahlin
Meinem Sohne zurück, dem unbezwingbaren! Stieg nicht
Protesilaos herauf, die traurende Gattin umfangend?
Und erweichte sich nicht Persephone, als sie dort unten
Hörte des Orpheus Gesang und unbezwingliche Sehnsucht?
Ward nicht Asklepios' Kraft von meinem Strahle gebändigt,
Der, verwegen genug, die Toten dem Leben zurückgab?
Selbst für den Toten hofft der Lebende. Willst du verzweifeln,
Da der Lebendige noch das Licht der Sonne genießet?
Nicht ist fest umzäunt die Grenze des Lebens; ein Gott treibt,
Ja, es treibet der Mensch sie zurück, die Keren des Todes.
Darum lass mir nicht sinken den Mut! bewahre vor Frevel
Deine Lippen und schleuß dem feindlichen Spotte dein Ohr zu.
Oft begrub schon der Kranke den Arzt, der das Leben ihm kürzlich
Abgesprochen, genesen und froh der beleuchtenden Sonne.
Dränget nicht oft Poseidon den Kiel des Schiffes gewaltig
Nach der verderblichen Syrt' und spaltet Planken und Ribben?
Gleich entsinket das Ruder der Hand, und des berstenden Schiffes
Trümmer, von Männern gefasst, zerstreuet der Gott in den Wogen.
Alle will er verderben, doch rettet manchen der Dämon.
So auch weiß, mich dünkt, kein Gott noch der Göttinnen erste,
Wem von Ilios' Feld Rückkehr nach Hause bestimmt sei.«

Also sprach er und schwieg; da riss die göttliche Here
Schnell vom Sitze sich auf und stand, wie ein Berg in dem Meer steht,
Dessen erhabene Gipfel des Äthers Wetter umleuchten.
Zürnend sprach sie und hoch, die Einzige, würdiges Wesens:
»Schrecklicher, wankend Gesinnter! was sollen die täuschenden Worte?
Sprächest du mich zu reizen etwa? und dich zu ergötzen,
Wenn ich zürne, mir so vor den Himmlischen Schmach zu bereiten?
Denn ich glaube wohl kaum, dass ernstlich das Wort dir bedacht sei.
Ilios fällt! du schwurst es mir selbst, und die Winke des Schicksals
Deuten alle dahin, so mag denn auch fallen Achilleus!
Er, der Beste der Griechen, der würdige Liebling der Götter.
Denn wer im Wege steht dem Geschick, das dem endlichen Ziele
Furchtbar zueilt, stürzt in den Staub, ihn zerstampfen die Rosse,
Ihn zerquetschet das Rad des ehernen heiligen Wagens.
Also acht' ich es nicht, wie viel du auch Zweifel erregest,
Jene vielleicht zu erquicken, die weich sich den Schmerzen dahingibt.
Aber dies sag' ich dir doch, und nimm dir solches zu Herzen:
Willkür bleibet ewig verhasst den Göttern und Menschen,
Wenn sie in Taten sich zeigt, auch nur in Worten sich kundgibt.
Denn so hoch wir auch stehn, so ist der ewigen Götter
Ewigste Themis allein, und diese muss dauren und walten,
Wenn dein Reich dereinst, so spät es auch sei, der Titanen
Übermächtiger Kraft, der lange gebändigten, weichet.«

Aber unbewegt und heiter versetzte Kronion:
»Weise sprichst du, nicht handelst du so, denn es bleibet verwerflich,
Auf der Erd' und im Himmel, wenn sich der Genosse des Herrschers
Zu den Widersachern gesellt, geschäh' es in Taten
Oder Worten; das Wort ist nahenden Taten ein Herold.
Also bedeut' ich dir dieses: beliebt's, Unruhige, dir noch
Heute des Kronos Reich, da unten waltend, zu teilen;
Steig entschlossen hinab, erharre den Tag der Titanen,
Der, mich dünkt, noch weit vom Lichte des Äthers entfernt ist.
Aber euch anderen sag' ich es an: noch drängt nicht Verderben
Unaufhaltsam heran, die Mauern Trojas zu stürzen,
Auf denn! wer Troja beschützt, beschütze zugleich den Achilleus,

Und den Übrigen steht, mich dünkt, ein trauriges Werk vor,
Wenn sie den trefflichsten Mann der begünstigten Danaer töten.«
Also sprechend erhub er vom Thron sich nach seinen Gemächern.

Und von dem Sitze bewegt, entfernten sich Leto und Thetis
In die Tiefe der Hallen; des einsamen Wechselgespräches
Traurige Wonne begehrend, und keiner folgte den beiden.
Nun zu Ares gekehrt, rief aus die erhabene Here:
»Sohn! was sinnest nun du, des ungebändigte Willkür
Diesen und jenen begünstigt, den einen bald und den andern
Mit dem wechselnden Glück der schrecklichen Waffen erfreuet?
Dir liegt nimmer das Ziel im Sinn, wohin es gesteckt sei,
Augenblickliche Kraft nur und Wut und unendlicher Jammer.
Also denk' ich, du werdest nun bald, in der Mitte der Troer,
Selbst den Achilleus bekämpfen, der endlich seinem Geschick naht
Und nicht unwert ist, von Götterhänden zu fallen.«

Aber Ares versetzte darauf, mit Adel und Ehrfurcht:
»Mutter, dieses gebiete mir nicht; denn solches zu enden
Ziemte nimmer dem Gott. Es mögen die sterblichen Menschen
Untereinander sich töten, so wie sie des Sieges Begier treibt.
Mein ist, sie aufzuregen, aus ferner friedlicher Wohnung,
Wo sie unbedrängt die herrlichen Tage genießen,
Sich um die Gaben der Ceres, der Nährerin, emsig bemühend.
Aber ich mahne sie auf, von Ossa begleitet; der fernen
Schlachten Getümmel erklingt vor ihren Ohren, es sauset
Schon der Sturm des Gefechts um sie her und erregt die Gemüter
Grenzenlos; nichts hält sie zurück, und in mutigem Drange
Schreiten sie lechzend heran, der Todesgefahren begierig.
Also zieh' ich nun hin, den Sohn der lieblichen Eos,
Memnon, aufzurufen und äthiopische Völker;
Auch das Amazonengeschlecht, dem Männer verhasst sind.«
Also sprach er und wandte sich ab; doch Kypris, die holde,
Fasst' ihn und sah ihm ins Aug' und sprach mit herrlichem Lächeln:

»Wilder, stürmst du so fort, die letzten Völker der Erde
Aufzufordern zum Kampf, der um ein Weib hier gekämpft wird!
Tu es, ich halte dich nicht! Denn um die schönste der Frauen
Ist es ein werterer Kampf als je um der Güter Besitztum.
Aber errege mir nicht die äthiopischen Völker,
Die den Göttern so oft die frömmsten Feste bekränzen,
Reines Lebens; ich gab die schönsten Gaben den Guten,
Ewigen Liebesgenuss und unendlicher Kinder Umgebung.
Aber sei mir gepriesen, wenn du unweibliche Scharen
Wilder Amazonen zum Todeskampfe heranführst;
Denn mir sind sie verhasst, die rohen, welche der Männer
Süße Gemeinschaft fliehn und Pferdebändigerinnen
Jeden reinlichen Reiz, den Schmuck der Weiber, entbehren.«

Also sprach sie und sah dem Eilenden nach; doch behände
Wandte die Augen sie ab, des Phöbos Wege zu spähen,
Der sich von dem Olympos zur blühenden Erde herabließ,
Dann das Meer durchschritt, die Inseln alle vermeidend,
Nach dem Thymbräischen Tal hineilete, wo ihm ein Tempel
Ernst und würdig stand, von Trojas Völkern umflossen,
Als es Friede noch war, wo alles der Feste begehret.
Aber nun stand er leer und ohne Feier und Wettkampf.
Dort erblickt' ihn die kluge, gewandte Kypris, die Göttin,
Ihm zu begegnen gesinnt, denn mancherlei wälzt' sie im Busen.

Und zu Here sprach die ernste Pallas Athene:
»Göttin! du zürnest mir nicht. Ich steige jetzo hernieder,
Jenem zur Seite zu treten, den bald nun das Schicksal ereilet.
Solch ein schönes Leben verdient nicht zu enden in Unmut.
Gern gesteh' ich es dir, vor allen Helden der Vorzeit,
Wie auch der Gegenwart, lag stets mir Achilleus am Herzen;
Ja, ich hätte mich ihm verbunden in Lieb' und Umarmung,
Könnten Tritogeneien die Werke der Kypris geziemen;
Aber wie er den Freund mit gewaltiger Neigung umfasst hat,
Also halt' ich auch ihn; und so wie er jenen bejammert,
Werd' ich, wenn er nun fällt, den Sterblichen klagen, die Göttin.

Ach! dass schon so frühe das schöne Bildnis der Erde
Fehlen soll, die breit und weit am Gemeinen sich freuet!
Dass der schöne Leib, das herrliche Lebensgebäude,
Fressender Flamme soll dahingegeben zerstieben!
Ach! und dass er sich nicht, der edle Jüngling, zum Manne
Bilden soll! Ein fürstlicher Mann ist so nötig auf Erden,
Dass die jüngere Wut, des wilden Zerstörens Begierde
Sich als mächtiger Sinn, als schaffender, endlich beweise,
Der die Ordnung bestimmt, nach welcher sich Tausende richten.
Nicht mehr gleicht der Vollendete dann dem stürmenden Ares,
Dem die Schlacht nur genügt, die männertötende! Nein, er
Gleicht dem Kroniden selbst, von dem ausgehet die Wohlfahrt.
Städte zerstört er nicht mehr, er baut sie; fernem Gestade
Führt er den Überfluss der Bürger zu; Küsten und Syrten
Wimmeln von neuem Volk, des Raums und der Nahrung begierig.
Dieser aber baut sich sein Grab. Nicht kann oder soll ich
Meinen Liebling zurück von der Pforte des Aïs geleiten,
Die er schon forschend umgeht und sucht, dem Freunde zu folgen,
Die ihm, so nahe sie klafft, noch nächtliche Dunkel umhüllen.«
Also sprach sie und blickte schrecklich hinaus in den weiten
Äther. Schrecklich blicket ein Gott da, wo Sterbliche weinen.

Aber Here versetzte, der Freundin die Schulter berührend:
»Tochter, ich teile mit dir die Schmerzen, die dich ergreifen;
Denn wir denken ja gleich in vielem, so auch in diesem,
Dass ich vermeide des Mannes Umarmung, du sie verabscheust.
Aber desto geehrter ist stets uns der Würdige. Vielen
Frauen ist ein Weichling erwünscht, wie Anchises, der blonde,
Oder Endymion gar, der nur als Schläfer geliebt ward.
Aber fasse dich nun, Kronions würdige Tochter,
Steige hinab zum Peliden und fülle mit göttlichem Leben
Seinen Busen, damit er vor allen sterblichen Menschen
Heute der glücklichste sei, des künftigen Ruhmes gedenkend,
Und ihm der Stunde Hand die Fülle des Ewigen reiche.«

Pallas eilig schmückte den Fuß mit den goldenen Sohlen,
Die durch den weiten Raum des Himmels und über das Meer sie
Tragen, schritt so hinaus und durchstrich die ätherischen Räume
Sowie die untere Luft, und auf die Skamandrische Höhe
Senkte sie schnell sich hinab, ans weitgesehene Grabmal
Äsyetes'. Nicht blickte sie erst nach der Feste der Stadt hin,
Nicht in das ruhige Feld, das zwischen des heiligen Xanthos
Immer fließendem Schmuck und des Simois steinigem, breitem,
Trockenem Bette, hinab nach dem kiesigen Ufer sich strecket.
Nicht durchlief ihr Blick die Reihen der Schiffe, der Zelte,
Spähete nicht im Gewimmel herum des geschäftigen Lagers;
Meerwärts wandte die Göttliche sich, der Sigeische Hügel
Füllt' ihr das Auge, sie sah den rüstigen Peleionen
Seinem geschäftigen Volke der Myrmidonen gebietend.

Gleich der beweglichen Schar Ameisen, deren Geschäfte
Tief im Walde der eilende Tritt des Jägers gestöret,
Ihren Haufen zerstreuend, wie lang' er und sorglich getürmt war;
Schnell die gesellige Menge, zu tausend Scharen zerstoben,
Wimmelt sie hin und her, und einzelne Tausende wimmeln,
Jede das Nächste fassend und sich nach der Mitte bestrebend,
Hin nach dem alten Gebäude des labyrinthischen Kegels:
Also die Myrmidonen, sie häuften Erde mit Erde,
Rings von außen den Wall auftürmend, also erwuchs er
Höher, augenblicks, hinauf in beschriebenem Kreise.

Aber Achilleus stand im Grunde des Bechers, umgeben
Rings von dem stürzenden Wall, der nun ihm ein Denkmal emporstieg.
Hinter ihn trat Athene, nicht fern, des Antilochos Bildung
Hüllte die Göttin ein, nicht ganz, denn herrlicher schien er.
Bald nun zurückgewandt, erblickte den Freund der Pelide
Freudig, ging ihm entgegen und sprach, die Hand ihm ergreifend:
»Trauter, kommst du mir auch, das ernste Geschäft zu befördern,
Das der Jünglinge Fleiß mir nah' und näher vollbringet?
Sieh! wie rings der Damm sich erhebt und schon nach der Mitte
Sich der rollende Schutt, den Kreis verengend, herandrängt.

Solches mag die Menge vollenden, doch dir sei empfohlen,
In der Mitte das Dach, den Schirm der Urne, zu bauen.
Hier! zwei Platten sondert' ich aus, beim Graben gefundne
Ungeheure; gewiss der Erderschüttrer Poseidon
Riss vom hohen Gebirge sie los und schleuderte hierher
Sie, an des Meeres Rand, mit Kies und Erde sie deckend.
Diese bereiteten, stelle sie auf, aneinander sie lehnend,
Baue das feste Gezelt! Darunter möge die Urne
Stehen, heimlich verwahrt, fern bis ans Ende der Tage.
Fülle die Lücke sodann des tiefen Raumes mit Erde,
Immer weiter heran, bis dass der vollendete Kegel,
Auf sich selber gestützt, den künftigen Menschen ein Mal sei.«

Also sprach er, und Zeus' kläräugige Tochter Athene
Hielt ihm die Hände noch fest, die schrecklichen, denen im Streite
Ungern nahet ein Mann, und wenn er der trefflichste wäre.
Diese drückt' sie geschlossen, mit göttlicher freundlicher Stärke,
Wiederholend, und sprach die holden, erfreuenden Worte:
»Lieber, was du gebeutst, vollendet künftig der Deinen
Letzter, sei es nun ich, sei auch es ein andrer, wer weiß es.
Aber lass uns sogleich, aus diesem drängenden Kreise
Steigend hinauf, des Walles erhabenen Rücken umschreiten.
Dorten zeigt sich das Meer und das Land und die Inseln der Ferne.«
Also sprach sie und regte sein Herz und hob, an der Hand ihn
Führend, leicht ihn hinauf, und also wandelten beide
Um den erhabenen Rand des immer wachsenden Dammes.

Aber die Göttin begann, die blauen glänzenden Augen
Gegen das Meer gewendet, versuchende, freundliche Worte:
»Welche Segel sind dies, die zahlreich, hintereinander,
Streben dem Ufer zu, in weite Reihe gedehnet?
Diese nahen, mich dünkt, so bald nicht der heiligen Erde,
Denn vom Strande der Wind weht morgendlich ihnen entgegen.«

»Irret der Blick mich nicht«, versetzte der große Pelide,
»Trüget mich nicht das Bild der bunten Schiffe, so sind es

Kühne phönikische Männer, begierig mancherlei Reichtums.
Aus den Inseln führen sie her willkommene Nahrung
Zu dem achaiischen Heer, das lange vermisste die Zufuhr,
Wein und getrocknete Frucht und Herden blökenden Viehes.
Ja, sie sollen gelandet, mich dünkt, die Völker erquicken,
Ehe die drängende Schlacht die neugestärkten heranruft.«

»Wahrlich!«, versetzte darauf die bläulich blickende Göttin,
»Keinesweges irrte der Mann, der, hier an der Küste
Sich die Warte zu schaffen, die Seinigen sämtlich erregte,
Künftig ins hohe Meer nach kommenden Schiffen zu spähen,
Oder ein Feuer zu zünden, der Steuernden nächtliches Zeichen.
Denn der weiteste Raum eröffnet hier sich den Augen,
Nimmer leer; ein Schiff begegnet strebenden Schiffen,
Oder folgt. Fürwahr! ein Mann von Okeanos' Strömen
Kommend und körniges Gold des hintersten Phasis im hohlen
Schiffe führend, begierig nach Tausch das Meer zu durchstreifen,
Immer würd' er gesehn, wohin er sich wendete. Schifft' er
Durch die salzige Flut des breiten Hellespontos
Nach des Kroniden Wieg' und nach den Strömen Ägyptos',
Die Tritonische Syrte zu sehen verlangend, vielleicht auch
An dem Ende der Erde die niedersteigenden Rosse
Helios' zu begrüßen und dann nach Hause zu kehren,
Reich mit Waren beladen, wie manche Küste geboten,
Dieser würde gesehn so hinwärts also auch herwärts.
Selbst auch wohnet, mich deucht, dort hinten zu, wo sich die Nacht nie
Trennt von der heiligen Erde, der ewigen Nebel verdrossen,
Mancher entschlossene Mann, auf Abenteuer begierig,
Und er wagt sich ins offene Meer; nach dem fröhlichen Tag zu
Steuernd gelangt er hieher und zeigt den Hügel von ferne
Seinen Gesellen und fragt, was hier das Zeichen bedeute.«

Und mit heiterem Blick erwiderte froh der Pelide:
»Weislich sagst du mir das, des weisesten Vaters Erzeugter!
Nicht allein bedenkend, was jetzt dir das Auge berühret,
Sondern das Künftige schauend und heiligen Sehern vergleichbar.

Gerne hör' ich dich an, die holden Reden erzeugen
Neue Wonne der Brust, die schon so lang' ich entbehre.
Wohl wird mancher daher die blaue Woge durchschneiden,
Schauen das herrliche Mal und zu den Ruderern sprechen:
›Hier liegt keineswegs der Achaier Geringster bestattet,
Denen zurück den Weg der Moiren Strenge versagt hat;
Denn nicht wenige trugen den türmenden Hügel zusammen.‹«

»Nein! so redet er nicht«, versetzte heftig die Göttin;
»›Sehet!‹, ruft er entzückt, von fern den Gipfel erblickend,
›Dort ist das herrliche Mal des einzigen großen Peliden,
Den so frühe der Erde der Moiren Willkür entrissen.‹
Denn das sag' ich dir an, ein wahrheitsliebender Seher,
Dem jetzt augenblicks das Künftige Götter enthüllen:
Weit von Okeanos' Strom, wo die Rosse Helios herführt,
Über den Scheitel sie lenkend, bis hin, wo er abends hinabsteigt,
Ja, so weit nur der Tag und die Nacht reicht, siehe, verbreitet
Sich dein herrlicher Ruhm, und alle Völker verehren
Deine treffende Wahl des kurzen rühmlichen Lebens.
Köstliches hast du erwählt. Wer jung die Erde verlassen,
Wandelt auch ewig jung im Reiche Persephoneias,
Ewig erscheint er jung den Künftigen, ewig ersehnet.
Stirbt mein Vater dereinst, der graue reisige Nestor,
Wer beklagt ihn alsdann? Und selbst von dem Auge des Sohnes
Wälzet die Träne sich kaum, die gelinde. Völlig vollendet
Liegt der ruhende Greis, der Sterblichen herrliches Muster.
Aber der Jüngling fallend erregt unendliche Sehnsucht
Allen Künftigen auf, und jedem stirbt er aufs Neue,
Der die rühmliche Tat mit rühmlichen Taten gekrönt wünscht.«

Gleich versetzte darauf einstimmende Reden Achilleus:
»Ja, so schätzet der Mensch das Leben, als heiliges Kleinod,
Dass er jenen am meisten verehrt, der es trotzig verschmähet.
Manche Tugenden gibt's der hohen verständigen Weisheit,
Manche der Treu' und der Pflicht und der alles umfassenden Liebe;
Aber keine wird so verehrt von sämtlichen Menschen

Als der festere Sinn, der, statt dem Tode zu weichen,
Selbst der Keren Gewalt zum Streite mutig heranruft.
Auch ehrwürdig sogar erscheinet künft'gen Geschlechtern
Jener, der, nahe bedrängt von Schand' und Jammer, entschlossen
Selber die Schärfe des Erzes zum zarten Leibe gewendet.
Wider Willen folgt ihm der Ruhm; aus der Hand der Verzweiflung
Nimmt er den herrlichen Kranz des unverwelklichen Sieges.«

Also sprach er, doch ihm erwiderte Pallas Athene:
»Schickliches hast du gesprochen, denn so begegnet's den Menschen.
Selbst den Geringsten erhebt der Todesgefahren Verachtung.
Herrlich steht in der Schlacht ein Knecht an des Königes Seite.
Selbst des häuslichen Weibes Ruhm verbreitet die Erde.
Immer noch wird Alkestis, die stille Gattin, genennet
Unter den Helden, die sich für ihren Admetos dahingab.
Aber keinem steht ein herrlicher größeres Los vor
Als dem, welcher im Streit unzähliger Männer der erste
Ohne Frage gilt, die hier, achaiischer Abkunft
Oder heimische Phrygen, unendliche Kämpfe durchstreiten.
Mnemosyne wird eh' mit ihren herrlichen Töchtern
Jener Schlachten vergessen, der ersten göttlichen Kämpfe,
Die dem Kroniden das Reich befestigten, wo sich die Erde,
Wo sich Himmel und Meer bewegten in flammendem Anteil,
Eh die Erinnrung verlöschen der argonautischen Kühnheit,
Und herkulischer Kraft nicht mehr die Erde gedenken,
Als dass dieses Gefild' und diese Küste nicht sollten
Künden hinfort zehnjährigen Kampf und die Gipfel der Taten.
Und dir war es bestimmt, in diesem herrlichen Kriege,
Der ganz Hellas erregt und seine rüstigen Streiter
Über das Meer getrieben, so wie die letzten Barbaren,
Bundesgenossen der Troer, hieher zum Kampfe gefordert,
Immer der Erste genannt zu sein, als Führer der Völker.
Wo sich nun künftig der Kranz der ruhigen Männer versammelt
Und den Sänger vernimmt, in sicherem Hafen gelandet,
Ruhend auf gehauenem Stein von der Arbeit des Ruders
Und vom schrecklichen Kampf mit unbezwinglichen Wellen;

Auch am heiligen Fest um den herrlichen Tempel gelagert
Zeus', des Olympiers, oder des fernetreffenden Phöbos,
Wenn der rühmliche Preis den glücklichen Siegern erteilt ward:
Immer wird dein Name zuerst von den Lippen des Sängers
Fließen, wenn er voran des Gottes preisend erwähnte.
Allen erhebst du das Herz, als gegenwärtig, und allen
Tapfern verschwindet der Ruhm, sich auf dich Einen vereinend.«

Drauf mit ernstem Blick versetzte lebhaft Achilleus:
»Dieses redest du bieder und wohl, ein verständiger Jüngling.
Denn zwar reizt es den Mann, zu sehn die drängende Menge
Seinetwegen versammelt, im Leben, gierig des Schauens,
Und so freut es ihn auch, den holden Sänger zu denken,
Der des Gesanges Kranz mit seinem Namen verflechtet;
Aber reizender ist's, sich nahverwandter Gesinnung
Edeler Männer zu freun, im Leben, so auch im Tode.
Denn mir ward auf der Erde nichts Köstlichers jemals gegeben,
Als wenn mir Ajax die Hand, der Telamonier, schüttelt,
Abends, nach geendigter Schlacht und gewaltiger Mühe,
Sich des Sieges erfreuend und niedergemordeter Feinde.
Wahrlich, das kurze Leben, es wäre dem Menschen zu gönnen,
Dass er es froh vollbrächte, vom Morgen bis an den Abend
Unter der Halle sitzend und Speise die Fülle genießend,
Auch dazu den stärkenden Wein, den Sorgenbezwinger,
Wenn der Sänger indes Vergangnes und Künftiges brächte.
Aber ihm ward so wohl nicht jenes Tages beschieden,
Da Kronion erzürnt dem klugen Iapetiden
Und Pandorens Gebild Hephaistos dem König geschaffen;
Damals war beschlossen der unvermeidliche Jammer
Allen sterblichen Menschen, die je die Erde bewohnen,
Denen Helios nur zu trüglichen Hoffnungen leuchtet,
Trügend selbst durch himmlischen Glanz und erquickende Strahlen.
Denn im Busen des Menschen ist stets des unendlichen Haders
Quelle zu fließen geneigt, des ruhigsten Hauses Verderber.
Neid und Herrschsucht und Wunsch des unbedingten Besitzes
Weit verteileten Guts, der Herden, so wie des Weibes,

Die ihm göttlich scheinend gefährlichen Jammer ins Haus bringt.
Und wo rastet der Mensch von Müh' und gewaltigem Streben,
Der die Meere befährt im hohlen Schiffe? die Erde,
Kräftigen Stieren folgend, mit schicklicher Furche durchziehet?
Überall sind Gefahren ihm nah', und Tyche, der Moiren
Älteste, reget den Boden der Erde so gut als das Meer auf.
Also sag' ich dir dies: der Glücklichste denke zum Streite
Immer gerüstet zu sein, und jeder gleiche dem Krieger,
Der von Helios' Blick zu scheiden immer bereit ist.«

Lächelnd versetzte darauf die Göttin Pallas Athene:
»Lass dies alles uns nun beseitigen! Jegliche Rede,
Wie sie auch weise sei, der erdegeborenen Menschen
Löset die Rätsel nicht der undurchdringlichen Zukunft.
Darum gedenk' ich besser des Zwecks, warum ich gekommen,
Dich zu fragen, ob du vielleicht mir irgend gebötest,
Dir sogleich zu besorgen das Nötige, wie auch den Deinen.«

Und mit heiterem Ernst versetzte der große Pelide:
»Wohl erinnerst du mich, der Weisere, was es bedürfe.
Mich zwar reizet der Hunger nicht mehr, noch der Durst, noch ein andres
Erdegebornes Verlangen zur Feier fröhlicher Stunden;
Aber diesen ist nicht, den treu arbeitenden Männern,
In der Mühe selbst der Mühe Labung gegeben.
Forderst du auf der Deinigen Kraft, so musst du sie stärken
Mit den Gaben der Ceres, die alles Nährende spendet.
Darum eile hinab, mein Freund, und sende des Brotes
Und des Weines genug, damit wir fördern die Arbeit.
Und am Abende soll der Geruch willkommenen Fleisches
Euch entgegendampfen, das erst geschlachtet dahinfiel.«
Also sprach er laut; die Seinen hörten die Worte,
Lächelnd untereinander, erquickt vom Schweiße der Arbeit.

Aber hinab stieg Pallas, die göttliche, fliegenden Schrittes
Und erreichte sogleich der Myrmidonen Gezelte,
Unten am Fuße des Hügels, die rechte Seite des Lagers

Treu bewachend; es fiel dies Los dem hohen Achilleus.
Gleich erregte die Göttin die stets vorsichtigen Männer,
Welche, die goldene Frucht der Erde reichlich bewahrend,
Sie dem streitenden Mann zu reichen immer bereit sind.
Diese nun rief sie an und sprach die gebietenden Worte:
»Auf! Was säumet ihr nun, des Brotes willkommene Nahrung
Und des Weines hinauf den Schwerbemühten zu bringen,
Die nicht heut am Gezelt in frohem Geschwätze versammelt
Sitzen, das Feuer schürend, sich tägliche Nahrung bereiten!
Auf! ihr Faulen, schaffet sogleich den tätigen Männern,
Was der Magen bedarf; denn allzu oft nur verkürzt ihr
Streitendem Volke den schuldigen Lohn verheißener Nahrung.
Aber, mich dünkt, euch soll des Herrschenden Zorn noch ereilen,
Der den Krieger nicht her um euretwillen geführt hat.«
Also sprach sie, und jene gehorchten, verdrossenes Herzens,
Eilend und schafften die Fülle heraus, die Mäuler beladend.

VERZEICHNIS DER GEDICHTÜBERSCHRIFTEN UND -ANFÄNGE

Aber jetzt rat' ich euch, geht 234
Aber wenn der Tag die Welt 330
Abglanz 522
Abschied 316
Ach, fände für mich 20
Ach, ihr Götter, große Götter . . . 146
Ach, mein Hals ist ein wenig geschwollen 199
Ach, so drückt mein Schicksal mich 137
Ach, um deine feuchten Schwingen 518
Ach! unaufhaltsam strebet das Schiff 200
Ach, was soll der Mensch verlangen 145
Ach! wer doch wieder gesundete . . 408
Ach, wie bist du mir 137
Ach, wie sehn' ich mich nach dir . . 34
Achilles 231
Alexander und Cäsar und Heinrich 179
Alexis und Dora 200
All unser redlichstes Bemühn . . . 348
Alle die andern, sie haben zu tragen 245
Alle Freiheitsapostel, sie waren . . . 194
Alle Menschen groß und klein . . . 539
Alle sind sie entwichen, des Lebens Schatten 241
Allegiere der erste nur falsch 243
Allen habt ihr die Ehre genommen 227
Allerdings 386
Alles gaben Götter, die unendlichen 154
Alles in der Welt lässt sich ertragen 339
Alles kündet dich an 268
Alles war nur ein Spiel 234
All-Leben 447
Als Allerschönste bist du anerkannt 420
Als der Knabe nach der Schule . . . 371
Als Diogenes still in seiner Tonne sich sonnte 218
Als Gottes Spürhund hat er frei . . 125
Als ich auf dem Euphrat schiffte . . 499
Als ich einmal eine Spinne erschlagen 489
Als ich noch ein Knabe war 62
Als Kentauren gingen sie einst . . . 225
Als kleines, art'ges Kind nach Feld und Auen 315
Als Minerva, jenen Liebling 152
Als noch, verkannt und sehr gering 282
Als wenn das auf Namen ruhte . . 479
Also das wäre Verbrechen 211
Am feuchten Fels, den dichtes Moos versteckt 378
Am heißen Quell verbringst du deine Tage 410
Am Jüngsten Tag, wenn die Posaunen schallen 320
Amerika, du hast es besser 356
Amor als Landschaftsmaler 248
Amor als Schulkollege 222
Amor bleibet ein Schalk, und wer ihm vertraut 181
Amyntas 209
An … (Ja, ich liebte dich einst) . . 247
An … (Nein, du erbittest mich nicht!) 226

An Annetten 15
An Belinden 107
An den Fürsten Karl von Ligne . . 274
An den Geist des Johannes Secundus 153
An den Grafen Kaspar Sternberg 370
An den Leser 225
An den Mond (Schwester von dem) 21
An den Mond (Erste Fassung) . . . 140
An den Mond (Spätere Fassung) . . 141
An den Schlaf 18
An den Selbstherrscher 241
An des Eridanus Ufer umgeht mir 224
An des lust'gen Brunnens Rand . . 513
An die Freier 234
An die Günstigen 257
An die Jünglinge 241
An die Türen will ich schleichen . . 428
An die voreiligen Verbindungsstifter 228
An ein goldenes Herz, das er am Halse trug 115
An Fanny Caspers 372
An Frau v. Stein 371
An Frau v. Stein mit »Werthers Leiden« 137
An Fräulein von Schiller 373
An Friedrich Wilhelm Gotter 96
An Hafis 456
An Herzog Carl August 132
An Johann Daniel Wagener 379
An Kenner und Liebhaber 58
An Kotzebue 382
An Lida 139
An Lili 116
An Lord Byron 374
An Lotten 96
An Marianne v. Willemer 373
An meine Freunde 247
An meine Mutter 14
An Merck mit einer Zeichenmappe 100
An Prinzessin Caroline von Weimar 275
An Schach Sedschan und seinesgleichen 473
An Schwager Kronos 52
An Suleika 495
An Ulrike v. Levetzow 408
An vollen Büschelzweigen 512
An Werther 410
An zwei Gebrüder, eifrige junge Naturfreunde 378
Anakreons Grab 218
Analytiker 223
Anatomieren magst du die Sprache 226
Anders lesen Knaben den Terenz 353
Anekdote unsrer Tage 66
Angedenken du verklungner Freude 115
Anklage 451
Anklang 550
Anmutig Tal! du immergrüner Hain 118
Annette an ihren Geliebten 19
Antepirrhema 385
Antike 349
Äolsharfen 406
Arabesken 245
Architektur 245
Ärgert's jemand, dass es Gott gefallen 483
Aristokratische Hunde, sie knurren 229
Aristoteles 232
Arm am Beutel, krank am Herzen 281
Arm und kleiderlos war, als ich sie geworben 198
Ärzte 243
Atmosphäre 375
Auch in der Ferne dir so nah 511
Auch in Locken hab' ich mich . . . 460
Auch Nicolai schrieb an dem trefflichen Werk 226
Auch von des höchsten Gebirgs . . 204

Auf Christianen R. 99
Auf dem See 113
Auf Kieseln im Bache, da lieg' ich, wie helle 21
Auf Miedings Tod 125
Auf theoretischem Feld ist weiter 233
Aufgabe 239
Aufmunterung 225
Aug' um Ohr 333
Aus dem Tagebuch der Reise in die Schweiz 112
Aus einem Brief an den Herzog Carl August 117
Aus einem Briefe an Johann Christian Kestner 95
Aus einer großen Gesellschaft heraus 333
Aus tiefem Gemüt, aus der Mutter Schoß 325
Aus wie vielen Elementen 440
Auserwählte Frauen 547
Aussöhnung 416
Bald, es kenne nur jeder den eigenen 241
Ballade 309
Bäume leuchtend, Bäume blendend 363
Bedecke deinen Himmel, Zeus . . . 49
Bedenklich 461
Befindet sich einer heiter und gut 477
Begrüßung des Herzogs Carl August in Verkleidung als Bauer 117
Begünstigte Tiere 554
Behandelt die Frauen mit Nachsicht 471
Beherzigung 145
Behramgur, sagt man, hat den Reim erfunden 514
Bei Mondenschein im Paradeis . . . 540
Bei Tag der Wolken formumformend Weben 348
Beiname 450
Berechtigte Männer 545
Betrübt euch nicht, ihr guten Seelen 491
Bilde, Künstler! Rede nicht 348
Bist du von deiner Geliebten getrennt 510
Bist undankbar, so hast nicht recht 338
Bleibe, bleibe bei mir 107
Bleibe nicht am Boden heften . . . 433
Blick um Blick 401
Blumengruß 267
Böcke, zur Linken mit euch 194
Böser Kampf 244
Buch Suleika 512
Bücket euch, wie sich's geziemt . . 224
Bulbuls Nachtlied durch die Schauer 537
Bundeslied (Spätere Fassung) 104
Bundeslied, einem jungen Paar gesungen von Vieren 102
Buonarotti fing an, den Block zur Büste 245
Bürgerpflicht 357
Cäsarn wär' ich wohl nie 183
Charlotte 247
Chinesisch-Deutsche Jahres- und Tageszeiten 418
Christgeschenk 319
Christoph Kaufmann von Winterthur im Gefolge Lavaters 125
Cirrus 377
Cogito ergo sum. Ich denke 232
Cupido, loser, eigensinniger Knabe 250
Da du nun Suleika heißest 497
Da flattert um die Quelle 20
Da hatt' ich einen Kerl zu Gast . . 68
Da ist kein anderer Rat, du musst 234
Da ist's denn wieder, wie die Sterne wollten 388
Da sitz' ich hier schon Tage lang . . 75
Da wird nicht mehr nachgefragt . . 526
Da, wo das Wasser sich entzweit . . 326
Dacht' ich's doch! Wissen sie nichts 233

Damit lock' ich, ihr Herrn 233
Dämmrung senkte sich von oben 420
Dämon (ΔΑΙΜΩΝ) 387
Dank des Paria 393
Darf man das Volk betrügen 354
Darum hasst er dich ewig, Genie 244
Das Alter 331
Das Alter ist ein höflich Mann . . . 331
Das Beet schon lockert 400
Das Beste 337
Das Brüderpaar 225
Das gewöhnliche Schicksal 237
Das Göttliche (Edel sei der Mensch) 161
Das Göttliche (Wäre sie unverwelklich) 236
Das Größte will man nicht erreichen 354
Das Heiligste 240
Das ist die wahre Liebe, die immer 238
Das ist Italien, das ich verließ . . . 190
Das Leben ist ein Gänsespiel 471
Das Leben ist ein schlechter Spaß 471
Das Mädchen spricht 315
Das Märchen 226
Das Meer flutet immer 484
Das musst du als ein Knabe leiden 353
Das Rechte, das ich viel getan . . . 337
Das Schreien 19
Das Sonett 258
Das Tüchtige, und wenn auch falsch 351
Das ungleiche Verhältnis 231
Das Verbindungsmittel 221
Das verkauft er für Humanität . . . 246
Das Wasser rauscht' 167
Das Wiedersehn 209
Das Zeitungsgeschwister 356
Das Zufällige (ΤΥΧΗ) 387
Dass Araber an ihrem Teil 439
Dass du der Fehler schlimmsten, die Mittelmäßigkeit 236
Dass du die gute Sache liebst 355
Dass du nicht enden kannst, das macht dich groß 453
Dass du zugleich mit dem heil'gen Christ 371
Dass ihr den sichersten Pfad gewählt 235
Dass Suleika von Jussuph entzückt war 496
Dass Verfassung sich überall bilde 229
Dass von diesem wilden Sehnen . . 337
Dass wir solche Dinge lehren 555
Dauer im Wechsel 261
David Hume 233
Decisum 234
Deine Größe, Berlin, pflegt jeder Fremde 246
Deine Grüße hab ich wohl erhalten 138
Deine Liebe, dein Kuss mich entzückt 551
Deinem Blick mich zu bequemen 515
Dem 31. Oktober 1817 368
Dem Ackermann 217
Dem aufgehenden Vollmonde . . . 422
Dem Fürsten Blücher von Wahlstadt die Seinen 370
Dem Geier gleich 55
Dem Großherzog Carl August zu Neujahr 1828 363
Dem Schauspieler Krüger 379
Dem Schicksal 144
Dem Schnee, dem Regen 136
Dem würdigen Bruderfeste 367
Demut 346
Den 1. Januar 1814 355
Den 18. Januar 1832 344
Den 6. Juni 1816 371
Den deutschen Mannen gereicht's zum Ruhm 359
Den Dichter könnt ihr mir nicht nehmen 345

Den Einzigen, Lida, welchen du lieben kannst 139
Den funfzehn englischen Freunden 375
Den Gruß des Unbekannten ehre ja 468
Den künft'gen Tag' und Stunden 102
Den Originalen 340
Den Vereinigten Staaten 356
Denk- und Trostsprüchlein 68
Denk' ich, so bin ich. Wohl 232
Denk', o Herr! wenn du getrunken 533
Denn freilich sind's dergleichen Kiel' und Pfeile 408
Denn was das Feuer lebendig erfasst 326
Denn was der Mensch in seinen Erdeschranken 140
Der Adler und die Taube 63
Der Almanach als Bienenkorb . . . 229
Der ästhetische Torschreiber 221
Der berufene Leser 239
Der Besuch 250
Der Bräutigam 417
Der Chinese in Rom 219
Der Damm zerreißt, das Feld erbraust 302
Der Deutsche dankt 452
Der du mit deinem Mohne 18
Der du von dem Himmel bist . . . 155
Der echte Moslem spricht vom Paradiese 545
Der Erste 240
Der Fischer 167
Der getreue Eckart 304
Der Gott und die Bajadere 290
Der Gräfin Titinne Odonell 371
Der Heinsische Ariost 246
Der König von Thule (Frühe Fassung) 86
Der König in Thule (Spätere Fassung) 87
Der Kuckuck wie die Nachtigall . . 419
Der Künstler 245
Der Liebende wird nicht irre gehen 498
Der Mensch erfährt, er sei auch, wer er mag 328
Der moralische und der schöne Charakter 235
Der Morgen kam 163
Der Mufti las des Misri Gedichte 453
Der Musensohn 256
Der neue Amadis 62
Der Patriot 229
Der Pfau schreit hässlich, aber sein Geschrei 419
Der Philosoph, dem ich so gern vertraue 352
Der Prophet 222
Der Prophet spricht 483
Der Purist 226
Der Ratsherr 241
Der Sänger 169
Der Schatzgräber 281
Der schöne Geist und der Schöngeist 235
Der Schulmeister zu Breslau 222
Der Spiegel sagt mir, ich bin schön 474
Der Sprachforscher 226
Der Strauß, den ich gepflücket . . . 267
Der Strengling und der Frömmling 236
Der Teufel hol' das Menschengeschlecht 145
Der Totentanz 306
Der treue Spiegel 228
Der Türmer, der schaut zu Mitten der Nacht 306
Der Wandrer 39
Der Wichtige 228
Der Winter und Timur 494
Der Wolfische Homer 243
Der Würdigste 240
Der Zauberlehrling 293
Der Zaubrer fordert leidenschaftlich wild 344

Der Zeitpunkt 222
Derb und tüchtig 446
Des Künstlers Erdewallen 69
Des Künstlers Vergötterung 74
Des Maurers Wandeln 364
Des Menschen Seele 155
Des Paria Gebet 388
Desto besser! So gebt mir 232
Deutscher Nationalcharakter 224
Deutschland fragt nach Gedichten 225
Deutschlands größte Männer und kleinste 230
Dich erklärte der Pythia Mund . . 243
Dich verwirret, Geliebte 212
Dichten ist ein Übermut 446
Dichter lieben nicht zu schweigen 257
Die Basreliefs 246
Die Belohnung 237
Die bleibt nicht aus 387
Die Braut von Korinth 284
Die Deutschen sind recht gute Leut' 355
Die endliche Ruhe wird nur verspürt 327
Die Engel stritten für uns Gerechte 355
Die Feinde, sie bedrohen dich . . . 346
Die Flut der Leidenschaft, sie stürmt vergebens 492
Die Freuden 20
Die glücklichen Gatten 263
Die gute Sache kommt mir vor . . . 355
Die Hauptsache 229
Die heil'gen drei König' mit ihrem Stern 124
Die holden jungen Geister 360
Die Idealwelt 241
Die ihr Felsen und Bäume bewohnt 217
Die Jahre 331
Die Jahre nahmen dir, du sagst, so vieles 472
Die Jahre sind allerliebste Leut' . . 331
Die Königin steht im hohen Saal 300
Die Lehrer 218
Die Leidenschaft bringt Leiden . . 416
Die Liebende abermals 318
Die Liebende schreibt 317
Die Lustigen von Weimar 279
Die Metamorphose der Pflanzen . . 212
Die Möglichkeit 227
Die Nacht 19
Die Nachtigall, sie war entfernt . . 417
Die Nebel zerreißen 255
Die Nektartropfen 152
Die Perle, die der Muschel entrann 538
Die Quellen 235
Die schön geschriebenen 504
Die schwere Verbindung 239
Die sich herzlich oft begrüßten . . 370
Die Sicherheit 236
Die Sonne, Helios der Griechen . . 516
Die Sonne kommt! Ein Prachterscheinen 501
Die Sonntagskinder 231
Die stille Freude wollt ihr stören . . 421
Die strenge Grenze doch umgeht gefällig 387
Die Unberufenen (Tadeln ist leicht) 237
Die Unberufenen (Wissen wollt ihr) 242
Die wandelnde Glocke 308
Die Wanderjahre sind nun angetreten 404
Die Weidtasche 228
Die Welt durchaus ist lieblich anzuschauen 523
Die Welt ist nicht aus Brei und Mus geschaffen 339
Die Welt, sie ist so groß und breit 375
Dies wird die letzte Trän' nicht sein 108
Diese Gondel vergleich' ich 190
Dieses Baums Blatt, der von Osten 500
Dieses Stammbuch, wie man's auch nimmt 275
Dir mit Wohlgeruch zu kosen . . . 495

Distichen sind wir 221
Doch das ist gar kein groß Verdienst 333
Doch immer höher steigt der edle Drang 377
Doch solcher Grenze, solcher eh'rnen Mauer 388
Donnerstag nach Belvedere 279
Doppelter Irrtum 242
Draußen am Orte 550
Dreihundert Jahre hat sich schon . . 368
Dreistigkeit 445
Dringe tief zu Bergesgrüften 403
Dringend 232
Drum danket Gott, ihr Söhne der Zeit 327
Dschelâl-eddîn Rumi spricht 474
Du beweinst, du liebst ihn, liebe Seele 101
Du bist auf immer geborgen 490
Du bist König und Ritter 241
Du erhebest uns erst zu Idealen . . 229
Du gehst. Ich murre 24
Du gingst vorüber? Wie! ich sah dich nicht 409
Du hast gar vielen nicht gedankt . . 492
Du hast so manche Bitte gewährt 492
Du hattest längst mir's angetan . . 408
Du kleiner Schelm du 529
Du kommst nicht ins Ideenland . . 345
Du, mit deinen braunen Locken . . 528
Du Schüler Howards, wunderlich 409
Du sehnst dich, weit hinaus zu wandern 335
Du siehst so ernst, Geliebter! Deinem Bilde 315
Du sorgest freundlich, mir den Pfad 132
Du trägst sehr leicht, wenn du nichts hast 339
Du vergehst und bist so freundlich 463
Du versuchst, o Sonne, vergebens 371
Dümmer ist nichts zu ertragen . . . 486
Dunkel ist die Nacht 489
Durch allen Schall und Klang . . . 473
Durch Feld und Wald zu schweifen 256
Durch Vernünfteln wird Poesie vertrieben 348
Durchlauchtigster! Es nahet sich . . 117
Durchsichtig erscheint die Luft so rein 326
Edel-ernst, ein Halbtier 405
Edel sei der Mensch 161
Egalité 354
Ehret, wen ihr auch wollt 173
Eigentum 329
Ein Aber dabei 335
Ein Achter 233
Ein Adlerjüngling hob die Flügel 63
Ein asphaltischer Sumpf bezeichnet 222
Ein bedenklicher Fall! Doch die erste 234
Ein Blick von deinen Augen in die meinen 317
Ein Blumenglöckchen 270
Ein Dritter 232
Ein freundlich Wort kommt eines nach dem andern 374
Ein Fünfter 233
Ein Gleiches (Wandrers Nachtlied) 155
Ein Gleichnis 64
Ein großer Teich war zugefroren . . 360
Ein Herre mit zwei Gesind 489
Ein jeder kehre vor seiner Tür . . . 357
Ein Kaiser hatte zwei Kassiere . . . 538
Ein Mann, der Tränen streng entwöhnt 338
Ein Quidam sagt: »Ich bin von keiner Schule 340
Ein reiner Reim wird wohl begehrt 343
Ein Sadduzäer will ich bleiben . . . 358
Ein Sechster 233
Ein Siebenter 233

Ein Spiegel, er ist mir geworden . . 522
Ein strenger Mann, von Stirne kraus 382
Ein Strom entrauscht umwölktem Felsensaale 313
Ein Veilchen auf der Wiese stand 85
Ein Vierter 232
Ein Wunder ist der arme Mensch geboren 432
Ein zärtlich-jugendlicher Kummer 34
Ein Zweiter 232
Eine große Epoche hat das Jahrhundert 222
Eine Stelle suchte der Liebe Schmerz 463
Einem ist sie die hohe, die himmlische Göttin 224
Einen Chinesen sah ich in Rom . . 219
Einen Helden mit Lust preisen und nennen 487
Einer aus dem Haufen 232
Einer Einzigen angehören 402
Eines ist mir verdrießlich vor allen 185
Eines Menschen Leben, was ist's . . 194
Eines verzeih' ich mir nicht 244
Einige wandeln zu ernst, die andern 229
Einladung 496
Einlass 548
Einleitung 365
Einmal nur in unserm Leben 365
Eins und alles 397
Einsamkeit 217
Einschränkung 144
Eis-Lebens-Lied 143
Elegie 412
Elemente 440
Empiriker 235
Emsig wallet der Pilger 192
Entwickle deiner Lüste Glanz . . . 419
Entwöhnen sollt' ich mich vom Glanz der Blicke 316
Entzwei' und gebiete! Tüchtig Wort 353
Enweri sagt's, ein Herrlichster der Männer 486
Epilog zu Schillers »Glocke« 271
Epiphanias 124
Epirrhema 385
Epoche 322
Er, der einzige Gerechte 438
Er hat euch die Gestirne gesetzt . . 438
Ergebung 463
Ergo bibamus 278
Erhabner Großpapa 7
Eridanus 224
Erinnerung 145
Erkenne dich! – Was soll das heißen 329
Erklärung eines alten Holzschnittes 147
Erlauchte Bettler hab' ich gekannt 350
Erlkönig 168
Eros, wie seh' ich dich hier 218
Erschaffen und Beleben 441
Erst Empfindung, dann Gedanken 362
Erwache, Friederike 31
Erwählter Fels 217
Erwiderung 383
Es geht eins nach dem andern hin 470
Es hatt' ein Knab' eine Taube zart 65
Es ist ein Schnee gefallen 401
Es ist gut 540
Es klingt so prächtig, wenn der Dichter 517
Es ließe sich alles trefflich schlichten 334
Es nannten ihre Bücher 15
Es schlug mein Herz. Geschwind, zu Pferde 29
Es schlug mein Herz, geschwind zu Pferde! 30
Es spricht sich aus 422
Es war ein Buhle frech genung . . . 88
Es war ein Kind, das wollte nie . . 308

Es war ein König in Thule (Frühe Fassung) 86
Es war ein König in Thule (Spätere Fassung) 87
Es wäre schön, was Guts zu kauen 335
Euch, o Grazien, legt 179
Euphrosyne 204
Fallen verzeih' ich dir gern 241
Falschheit nur und Verstellung . . . 242
Faust hat sich leider schon oft . . . 230
Fehlet die Einsicht oben 240
Fehlt der Gabe gleich das Neue . . 363
Feierlich sehn wir neben dem Doge 191
Feiger Gedanken 146
Feindschaft sei zwischen euch . . . 227
Ferdusi spricht 474
Fern erblick' ich den Mohn; er glüht 237
Fetter grüne, du Laub 114
Fetwa (Der Mufti las) 453
Fetwa (Hafis' Dichterzüge) 452
Fichtes Wissenschaftslehre 243
Flach bedecket und leicht 217
Forsche der Philosoph, der Weltmann handle 242
Frage nicht, durch welche Pforte . . 469
Frankreichs traurig Geschick 195
Frauen sollen nichts verlieren 547
Frech und froh 254
Frech wohl bin ich geworden 196
Freigebiger wird betrogen 472
Freiheit 242
Freiheit ist ein herrlicher Schmuck 242
Freisinn 438
Freudig war, vor vielen Jahren . . . 385
Freunde, treibet nur alles mit Ernst und Liebe 238
Freundlich werden neue Stunden 372
Freundliches Begegnen 313
Froh empfind' ich mich nun 176
Fröhlich dienen wir eines dem andern 245
Fromm sind wir Liebende, still . . . 175
Früchte bringet das Leben dem Mann 238
Frühling übers Jahr 400
Früh, wenn Tal, Gebirg und Garten 422
Frühzeitiger Frühling 259
Füllest wieder Busch und Tal 141
Füllest wieder's liebe Tal 140
Fünf andere 466
Fünf Dinge 466
Fünf Dinge bringen fünfe nicht hervor 466
Funfzig Jahre sind vorüber 367
Für die historische Kunst hast du reichlich 243
Für ewig 140
Für mich hab' ich genug erworben 352
Für Töchter edler Herkunft 221
Fürsten prägen so oft 195
Ganymed 51
Garve 227
Gedichte sind gemalte Fensterscheiben 349
Gefunden 269
Gegenwart 268
Gehab' dich wohl bei den hundert Lichtern 117
Geh! gehorche meinen Winken . . 255
Geheimes 464
Geheimschrift 521
Geheimstes 465
Geht einer mit dem andern hin . . 330
Geht mir dem Krebs in B… aus dem Weg 224
Geistige Liebe, sie ist der Seelen seligste Kette 241
Gelbrot und Grün macht das Gelbe 227
Genügsam 462
Gern verlass' ich diese Hütte 19

Gern wär' ich Überliefrung los . . . 332
Gerne dien' ich den Freunden . . . 234
Gesang der Elfen 168
Gesang der Geister über den Wassern 155
Geschwindschreiber 231
Gesellschaft 333
Geständnis 440
Gesteht's! die Dichter des Orients 486
Getretner Quark 491
Gewarnt 460
Gewisse Romane 246
Gewissen Lesern 225
Gewissensskrupel 234
Gewiss, ich wäre schon so ferne, ferne 139
Gewölb 245
Gib eine Norm zur Bürgerführung 341
Gingo biloba 500
Glänzen sah ich das Meer 198
Glaube nur, du hast viel getan . . . 338
Glaubst du denn: von Mund zu Ohr 482
Glaubt nicht, dass ich fasele 358
Gleich sei keiner dem andern 239
Gleich und gleich 270
Gleich zur Sache, mein Freund . . . 232
Gleichgewinn 330
Glückliche Fahrt 255
Goldenes Zeitalter 222
Göschen an die deutschen Dichter 230
Gott grüß' euch, Brüder 345
Gott hat die Gradheit selbst ans Herz genommen 328
Gott segne dich, junge Frau 39
Gottes ist der Orient 438
Grafen Karl Harrach 370
Grenzen der Menschheit 159
Grenzscheide 245
Groß ist die Diana der Epheser . . 303
Großeltern, da dies Jahr heut seinen Anfang nimmt 8
Großer Brahma, Herr der Mächte 388
Großer Brahma! nun erkenn' ich 393
Gruß 462
Guerre ouverte 223
Gut, brav, mein Herr 67
Gut, dass ich euch, ihr Herren . . . 231
Gute Nacht 560
Guten Ruf musst du dir machen . . 492
Guter Rat 238
Gutes tu rein aus des Guten Liebe 486
Gutes tu rein aus des Guten Liebe 488
Gutes zu empfangen, zu erweisen 344
Ha, ich bin Herr der Welt, mich lieben 146
Ha! ich kenne dich, Amor 197
Hab' ich euch denn je geraten . . . 480
Hab oft einen dummen düstern Sinn 99
Haben sie von deinen Fehlen 468
Hafis' Dichterzüge, sie bezeichnen 452
Hafis, dir sich gleich zu stellen . . . 561
Halt, Passagiere! Wer seid ihr 221
Halte dich nur im Stillen rein . . . 328
Hängen auch alle Schmierer und Reimer 226
Hans Adam war ein Erdenkloß . . 441
Harzreise im Winter 55
Hast du an liebender Brust das Kind 237
Hast du es so lange wie ich getrieben 336
Hat der alte Hexenmeister 293
Hat man das Gute dir erwidert . . 330
Hätt' ich irgendwohl Bedenken . . 504
Hätte Gott mich anders gewollt . . 343
Hegire 435
Heidenröslein 85
Heilig wäre mir nichts 247
Heilig waren vordem die Tore . . . 245
Heiliger Ebusuud, hast's getroffen 452

Heiß mich nicht reden, heiß mich schweigen 428
Herbstlich leuchtet die Flamme . . 179
Herein, o du Guter! du Alter, herein 309
Hermann und Dorothea 695
Hermann und Dorothea (Also das wäre Verbrechen) 211
Herr, lass dir gefallen 490
Herrin, sag', was heißt das Flüstern 520
Herrlich ist der Orient 491
Herrn Staatsminister von Voigt . . 369
Herz, mein Herz, was soll das geben 106
Heute hast du gut gegessen 531
Heute steh' ich meine Wache 548
Hexen lassen sich wohl 222
Hielte diesen frühen Segen 261
Hieltest du deinen Reichtum nur 223
Hier bildend nach der reinen stillen 136
Hier im Stillen gedachte der Liebende seiner Geliebten 217
Hier leg ich, teurer Meister, meinen Pinsel nieder 74
Hier schick' ich dir ein teures Pfand 100
Hier sind wir versammelt zu löblichem Tun 278
Hingesunken alten Träumen 421
Hoch auf dem alten Turne steht . . 88
Hochbeglückt in deiner Liebe 498
Hochbild 516
Höchste Gunst 473
Hochzeitlied 298
Hoffnung (Allen habt ihr die Ehre) 227
Hoffnung (ΕΛΠΙΣ) 388
Hoffnung (Schaff', das Tagwerk) 143
Höheres und Höchstes 555
Holde Lili, warst so lang 115
Homer ist lange mit Ehren genannt 349
Hör' ich über Geduld dich, edler Leidender 227
Hör' und bewahre 458
Höre den Rat, den die Leier tönt 466
Höre den Tadler! Du kannst 225
Horen, erster Jahrgang 229
Hörest du, Liebchen, das muntre Geschrei 180
Howards Ehrengedächtnis 376
Hunderte denken an sich bei diesem Namen 247
Hundertmal werd' ich's euch sagen 227
Hüpfe nur, leichtes Geschlecht . . . 245
Hypochonder 145
Ich (Dacht' ich's doch) 233
Ich (Damit lock' ich) 233
Ich (Denk' ich, so bin ich) 232
Ich bin euch sämtlichen zur Last . . 359
Ich bin ich und setze mich selbst . . 233
Ich dacht', ich habe keinen Schmerz 406
Ich denke dein, wenn mir der Sonne Schimmer 256
Ich führt' einen Freund zum Maidel jung 66
Ich gedachte in der Nacht 496
Ich ging im Walde 269
Ich hab' euch einen Tempel baut 59
Ich habe gar nichts gegen die Menge 354
Ich habe nichts gegen die Frömmigkeit 358
Ich hielt mich stets von Meistern entfernt 341
Ich kann mich nicht betören lassen 353
Ich komme bald, ihr goldnen Kinder 27
Ich liebe mir den heitern Mann . . 340
Ich möchte dieses Buch wohl gern zusammenschürzen 512
Ich sah mit Staunen und Vergnügen 538
Ich sah, wie Doris bei Damöten stand 19
Ich saug' an meiner Nabelschnur 112
Ich träumt' und liebte sonnenklar 332

Ich wandle auf weiter bunter Flur 325
Ich weiß, dass mir nichts angehört 329
Ich weiß nicht, was mir hier gefällt 144
Ich will nicht! Ich kann nicht 69
Ich wünsche mir eine hübsche Frau 340
Ich zieh' ins Feld 341
Ich zweifle doch am Ernst verschränkter Zeilen 321
Ihr Gläubigen, rühmt nur nicht euren Glauben 358
Ihr könnt mir immer ungescheut 345
Ihr lieben Leute, bleibt dabei 489
Ihr liebt, und schreibt Sonette! Weh der Grille 321
Ihr müsst mich nicht durch Widerspruch verwirren 351
Ihr nennt mich einen kargen Mann 489
Ihr sucht die Menschen zu benennen 330
Ihrer sechzig hat die Stunde 380
Ihrer viele wissen viel 351
Ihro Hoheit der Prinzessin Maria 364
Ilm 225
Ilmenau 118
Im Atemholen sind zweierlei Gnaden 439
Im Auslegen seid frisch und munter 353
Im Dorfe war ein groß Gelag 334
Im ernsten Beinhaus war's, wo ich beschaute 394
Im Felde schleich ich still und wild (Erste Fassung) 133
Im Felde schleich' ich still und wild (Zweite Fassung) 133
Im Gegenwärtigen Vergangnes . . . 444
Im Grenzenlosen sich zu finden . . 397
Im Herbst 1775 114
Im holden Tal, auf schneebedeckten Höhen 116
Im Namen der Bürgerschaft von Karlsbad 276
Im Namen dessen, der Sich selbst erschuf 384
Im Vaterlande 348
Im Vorbeigehn stutzt mir den alten Berlinischen Steinbock 224
Im weiten Mantel bis ans Kinn verhüllet 313
Immer halt' ich die Liebste 189
Immer strebe zum Ganzen 239
Immer und überall 403
Immer war mir das Feld und der Wald 237
In allen guten Stunden 104
In das Stammbuch des Enkels Walter v. Goethe 380
In das Stammbuch des Schauspielers Friedrich Ludwig Schröder 219
In das Stammbuch von Jakob Michael Reinhold Lenz 102
In deine Reimart hoff' ich mich zu finden 454
In der Schönheit Gebiet sind wir 245
In ein Stammbuch (In unsres Lebens) 275
In ein Stammbuch (Weise die Rose nicht ab) 220
In einer Stadt einmal 372
In einer Stadt, wo Parität 380
In früher Zeit, noch froh und frei 274
In goldnen Frühlingssonnenstunden 258
In Harren und Krieg 370
In langweiligen Versen 222
In seiner Werkstatt sonntags früh 147
In tausend Formen magst du dich verstecken 524
In unsres Lebens oft getrübten Tagen 275
In wenig Stunden 325
Ins Einzelne 359

Ins Innre der Natur 386
Irrtum verlässt uns nie 239
Ist denn das klug und wohlgetan 347
Ist denn die Wahrheit ein Zwiebel 223
Ist doch keine Menagerie 108
Ist es dir Ernst, so zaudre nun länger nicht 197
Ist es möglich! Stern der Sterne . . 518
Ist nur erst Wieland heraus 230
Ist's möglich, dass ich Liebchen dich kose 498
Ja, das ist das rechte Gleis 328
Ja, die Augen waren's, ja, der Mund 459
Ja, ich liebte dich einst 247
Ja, in der Schenke hab' ich auch gesessen 525
Ja, Lieben ist ein groß Verdienst . . 458
Jägers Abendlied (Zweite Fassung) 133
Jägers Nachtlied (Erste Fassung) . . 133
Jahre lang schon bedien' ich mich 234
Jahrelang bildet der Meister 231
J-b . 223
Jean Paul Richter 223
Jede, wohin sie gehört 236
Jedem Besitzer das Seine 229
Jedem redlichen Bemühn 335
Jeder Jüngling sehnt sich, so zu lieben 101
Jeder wandle für sich und wisse nichts 228
Jeder Weg zum rechten Zwecke . . 336
Jeglichen Schwärmer schlagt mir ans Kreuz 195
Jene garstige Vettel 530
Jene machen Partei 240
Jener fordert durchaus, dass dir das Gute 236
Jetzt fühlt der Engel, was ich fühle 27
Johanna Sebus 302
Julien Gräfin Egloffstein 372
Jüngling, merke dir, in Zeiten . . . 350
Jüngst schlich ich meinem Mädchen nach 19
Jupiter Pluvius, heut erscheinst du 192
Jupiters Kette 226
Just das Gegenteil sprech' ich 232
K... 225
Kannst du, o Grausamer! mich . . . 176
Kant und seine Ausleger 223
Kaum an dem blaueren Himmel . . 189
Kaum dass ich dich wieder habe . . 513
Kehre nicht in diesem Kreise 143
Kein Wesen kann zu Nichts zerfallen 397
Keine lockt mich, Ranunkeln, von euch 237
Keinen Reimer wird man finden . . 476
Keiner bescheidet sich gern mit dem Teile 241
Keins von allen 339
Kenne wohl der Männer Blicke . . 499
Kenner und Künstler 67
Kennst du das Land, wo die Zitronen blühn 426
Kinder werfen den Ball an die Wand 238
Kläffer 361
Klaggesang von der edlen Frauen des Asan Aga 90
Klatschrose 237
Klein ist unter den Fürsten Germaniens 193
Kleine Blumen, kleine Blätter . . . 27
Kleine Blumen, kleine Blätter (Spätere Fassung) 28
Koffers führen wir nicht 221
Komm, Liebchen, komm! umwinde mir die Mütze 502
Königlich Gebet 146
Könnt' ich vor mir selber fliehn . . 408
Konnte denn die Nadel dich nicht 244
Kophtisches Lied 255

Kränken ein liebendes Herz . . . 238
Kumulus 377
Kunstgriff 229
Künstler, zeiget nur den Augen . . 350
Künstlers Apotheose 75
Künstlers Morgenlied 59
Kurz und Gut 314
Lächerlichster, du nennst das Mode 228
Ländlich 417
Lange haben die Großen 196
Lange neckt ihr uns schon 223
Lass deinen süßen Rubinenmund 510
Lass den Weltenspiegel Alexandern 523
Lass dich, Geliebte, nicht reun . . . 174
Lass dich nur in keiner Zeit 488
Lasset walten, lasset gelten 345
Lasst euch, o Diplomaten 521
Lasst fahren hin 366
Lasst mich nur auf meinem Sattel gelten 438
Lasst mich weinen! umschränkt von Nacht 564
Lasst mir die jungen Leute nur . . . 331
Leben muss man und lieben 238
Lebensart 340
Lebensregel 342
Lebet, ist Leben in euch, und erzählt 247
Legende (Als noch, verkannt) . . . 282
Legende (Wasser holen geht) 389
Lehre an den Kunstjünger 236
Lesebuch 459
Letzte Zuflucht 235
Lichtlein schwimmen auf dem Strome 403
Lieb' um Liebe, Stund' um Stunde 506
Lieb' und Leidenschaft können verfliegen 338
Liebchen, ach! im starren Bande . . 461
Liebe (ΕΡΩΣ) 387
Liebe flößest du ein, und Begier . . 197
Liebebedürfnis 154
Lieber, heiliger, großer Küsser . . 153
Liebesqual verschmäht mein Herz 254
Lieblich ist des Mädchens Blick . . 467
Lieblichen Honig geb' er dem Freund 229
Liebliches 442
Lied des physiognomischen Zeichners 58
Lied und Gebilde 445
Liegt der Irrtum nur erst 227
Liegt dir Gestern klar und offen . . 329
Lies uns nach Laune, nach Lust . . 225
Lilis Park 108
Literarische Zuverlässigkeit 243
Literaturbriefe 226
Locken, haltet mich gefangen . . . 509
Lug oder Trug 354
Luise von Voß 225
Mache zum Herrscher sich 191
Mächtiges Überraschen 313
Mädchen, setzt euch zu mir nieder 15
Mag der Grieche seinen Ton 445
Mag sie sich immer ergänzen 510
Magnetes Geheimnis, erkläre mir das 327
Mahadöh, der Herr der Erde 290
Mahomets-Gesang 46
Maifest 33
Mailied 266
Manch verwandtes Gemüt treibt mit mir im Strom 247
Manche Töne sind mir Verdruss . . 185
Manches Herrliche der Welt 353
Manso von den Grazien 222
Märkte reizen dich zum Kauf . . . 469
Martial 231
März 401
Medschnun heißt – ich will nicht sagen 480
Meeresstille 255

Mehr als zwanzig Personen sind . . 226
Mein Erbteil wie herrlich, weit und breit 486
Mein süßes Liebchen! Hier in Schachtelwänden 319
Meine Göttin 157
Meine Liebste wollt' ich heut beschleichen 250
Meine Ufer sind arm 225
Meine Wahl 340
Memento 335
Menschengefühl 146
Menschenhass? Nein, davon verspürt' ich 230
Menschenhass und Reue 230
Menschlichkeit kennest du nicht 242
Metamorphose der Tiere 214
Mich ängstigt das Verfängliche . . . 421
Mich freuen die vielen Guten und Tücht'gen 351
Mich nach- und umzubilden, misszubilden 561
Mich verwirren will das Irren . . . 438
Mir gäb' es keine größre Pein 332
Mir ist das Volk zur Last 354
Mir will das kranke Zeug nicht munden 350
Mit Botanik gibst du dich ab 197
Mit des Bräutigams Behagen 297
Mit dieser Welt ist's keinerwege richtig 334
Mit einem gemalten Band (Spätere Fassung) 28
Mit einem Herren steht es gut . . . 353
Mit einer Zeichnung 98
Mit Flammenschrift war innigst eingeschrieben 322
Mit hartherz'ger Kritik hast du den Dichter 243
Mit Kirchengeschichte was hab' ich zu schaffen 357
Mittelmäßigkeit ist von allen Gegnern 244
Mitten in dem Wasserspiegel 405
Mitternachts weint' und schluchzt' ich 461
Modephilosophie 228
Modernes 349
Mohamed Schemseddin, sage . . . 450
Moral der Pflicht und der Liebe . . 236
Morgenklagen 252
Morgennebel, Lila 94
Motto-Verse zur zweiten Ausgabe der »Leiden des jungen Werthers« 1775 101
Muse zu den Xenien 234
Müsset im Naturbetrachten 385
Musst nicht vor dem Tage fliehen 496
Musst nicht widerstehn dem Schicksal 335
Musterbilder 458
Nach diesem Frühlingsregen 263
Nach Korinthus von Athen gezogen 284
Nachbildung 454
Nachklang 517
Nachts, wann gute Geister schweifen 329
Nähe des Geliebten 256
Närrisch, dass jeder in seinem Falle 490
Natur gab dir so schöne Gaben . . 382
Natur und Kunst, sie scheinen sich zu fliehen 259
Natur und Vernunft 239
Naturforscher und Transzendentalphilosophen . . . 227
Nehmt nur mein Leben hin in Bausch 345
Neigung besiegen ist schwer 238
Nein, du erbittest mich nicht 226
Nein! Hier hat es keine Not 333
Nemesis 319
Nennen dich den großen Dichter 532

Neue Liebe, neues Leben 106
Neueste Farbentheorie von Wünsch 227
Newton hat sich geirrt 227
Nicht doch! Aber es schwächten . . 231
Nicht Gelegenheit macht Diebe . . 497
Nicht größern Vorteil wüsst' ich zu nennen 338
Nicht ist alles Gold, was gleißt . . . 362
Nicht mehr auf Seidenblatt 565
Nichts taugt Ungeduld 337
Nichts vom Vergänglichen 328
Nicolai 228
Nicolai auf Reisen 246
Nicolai reiset noch immer 228
Niedergangen ist die Sonne 534
Niemand soll ins Kloster gehn . . . 358
Niemand wird sich selber kennen 329
Nikias, trefflicher Mann 209
Nimbus 377
Nimmst du die Menschen für schlecht 242
Noch ein Paar 458
Noch einmal wagst du, vielbeweinter Schatten 410
Noch ist es Tag, da rühre sich der Mann 485
Nord und West und Süd zersplittern 435
Nötigung (ΑΝΑΓΚΗ) 388
Nun auf und lasst verlauten 366
Nun denn! Eh' wir von hinnen eilen 421
Nun lasst auch niederwärts, durch Erdgewalt 377
Nun weiß man erst, was Rosenknospe sei 420
Nun, so legt euch, liebe Lieder . . . 560
Nur das feurige Ross, das mutige 236
Nur das Leichtere trägt auf leichten 235
Nur wenig ist's, was ich verlange . . 502
Nur wenn das Herz erschlossen . . 337
Nur wer die Sehnsucht kennt . . . 426
O dass der Sinnen doch so viele sind 510
O dass die innre Schöpfungskraft 58
O du loses, leidig liebes Mädchen 252
O wären wir weiter, o wär' ich zu Haus 304
O Welt! wie schamlos und boshaft du bist 474
O wie achtet' ich sonst 198
O wie fühl' ich in Rom mich so froh 178
O wie selig ward mir 462
Ob der Koran von Ewigkeit sei . . . 525
Ob die Menschen im Ganzen sich bessern 222
Ob du der Klügste seist 241
Ob ich dich liebe, weiß ich nicht 27
Ob ich Ird'sches denk' und sinne 438
Obgleich kein Gruß, obgleich kein Brief von mir 14
Oden an meinen Freund. 1767 . . . 22
Offenbar Geheimnis 455
Öffnet die Koffers 221
Oft erklärtet ihr euch als Freunde des Dichters 193
Oft, wenn dir jeder Trost entflieht 339
Oftmals hab' ich geirrt 198
Ohne Umschweife 340
Pantheon der Deutschen, I. Band 230
Parabase 385
Parabel 380
Paria 388
Pflicht für jeden 239
Phänomen 442
Philosophen 231
Philosophische Querköpfe 228
Pilgers Morgenlied 94
Poetische Erdichtung und Wahrheit 244
Poetische Gedanken über die Höllenfahrt Jesu Christi 9
Prometheus 49

Prooemion 384
Prosaische Reimer 223
Prüft das Geschick dich, weiß es wohl warum 485
Pufendorf 234
Querkopf! schreiet ergrimmt 228
Qui pro quo 242
Ranunkeln 237
Rastlose Liebe 136
Rechtsfrage 234
Rede nicht mit dem Volk; der Kant 233
Reget sich was, gleich schießt der Jäger 228
Reineke Fuchs 567
Reineke Fuchs (Vor Jahrhunderten) 230
Reiner Bach, du entstellst nicht den Kiesel 228
Reisesegen 373
Reisezehrung 316
Reitest du bei einem Schmied vorbei 467
Repräsentant ist jener der ganzen Geistergemeine 235
Republiken hab' ich gesehen 240
Revolutionen 224
Rhein und Main 362
Richter 246
Richter in London – was wär' er geworden 246
Ritter Kurts Brautfahrt 297
Römische Elegien 173
Ros' und Lilie morgentaulich 444
Ruhig soll ich hier verpassen 352
Ruhig Wasser, grause Höhle 406
's geschieht wohl, dass man an einem Tag 68
Sachen, so gestohlen worden 230
Sag', du hast wohl viel gedichtet . . 501
Sag' ich's euch, geliebte Bäume . . . 138
Sag' mir, warum dich keine Zeitung freut 356
Sag' nur, wie trägst du so behäglich 347
Sag', was enthält die Kirchengeschichte 357
Sag', was könnt' uns Mandarinen 418
Sage, tun wir nicht recht 195
Sage, warum dich die Menschen verlassen 347
Sage, wie lebst du? Ich lebe! 198
Saget, Steine, mir an 173
Saget, wann nützt mein Gedicht, o Musen 244
Sagt es niemand, nur den Weisen 448
Sah ein Knab' ein Röslein stehn . . 85
Sämtliche Künste lernt und treibet der Deutsche 193
Sanftes Bild dem sanften Bilde . . . 364
Sarkophagen und Urnen 189
Saß ich früh auf einer Felsenspitze 248
Schade, dass die Natur 222
Schädliche Wahrheit, ich ziehe sie vor 239
Schaff', das Tagwerk meiner Hände 143
Scharade 323
Schenke, komm! Noch einen Becher 532
Schenke spricht 528
Schicke dir hier den alten Götzen 96
Schillers Almanach von 1796 . . . 229
Schillers »Würde der Frauen« 230
Schinks »Faust« 230
Schlechter Trost 461
Schlimm ist es, wie doch wohl geschieht 492
Schlussgesang 366
Schön und menschlich ist der Geist 404
Schreib die Journale nur anonym 229
Schreiben wollt' er, und leer 246
Schüler macht sich der Schwärmer genug 191
Schwebender Genius über der Erdkugel 396

Schweizeralpe 219
Schweizerlied 267
Schwer erhalten wir uns 186
Schwester von dem ersten Licht . . 21
Sechs Begünstigte des Hofes 556
Seefahrt 53
Segenspfänder 436
Seh' ich den Pilgrim, so kann ich . . 190
Seh' ich die Werke der Meister an 346
Sehnsucht 108
Seht den Felsenquell 46
Seht, was versucht nicht der Mensch 246
Sei die Zierde des Geschlechts . . . 373
Sei gefühllos 25
Seid doch nicht so frech, Epigramme 196
Seine Meinung sagt er von seinem Jahrhundert 228
Seine Toten mag der Feind betrauern 545
Seit vielen Jahren hab' ich still . . . 359
Selbst erfinden ist schön 220
Selige Sehnsucht 448
Sesenheimer Lieder 27
Setze mir nicht, du Grobian 527
Sibyllinisch mit meinem Gesicht 346
Sich im Respekt zu erhalten 487
Sich in erneutem Kunstgebrauch zu üben 258
Sich selbst zu loben, ist ein Fehler 482
Sicher ruhst du auf uns, und warum 245
Sie glauben miteinander zu streiten 342
Sie haben dich, heiliger Hafis 455
Sie haben wegen der Trunkenheit 528
Sie kann nicht Enden 318
Sie schelten einander Egoisten . . . 341
Sie werden so lange votieren und schnacken 354
Siebenschläfer 556
Sieh in diesem Zauberspiegel 98
Sieht man den schönsten Stern die Nacht erhellen 276
Singet nicht in Trauertönen 427
Sinnreich bist du, die Sprache . . . 226
Sitz' ich allein 525
So hab' ich endlich von dir erharrt 536
So lasst mich scheinen, bis ich werde 428
So schauet mit bescheidnem Blick 385
So umgab sie nun der Winter 494
So weit bracht' es Muley, der Dieb 525
So widerstrebe! Das wird dich adeln 347
Sokrates 243
Solang man nüchtern ist 526
Soldatentrost 333
Soll dich das Alter nicht verneinen 339
Soll ich dir die Gegend zeigen . . . 489
Soll ich von Smaragden reden . . . 461
Soll man dich nicht aufs Schmählichste berauben 488
Sollt' ich mich denn so ganz an sie gewöhnen 314
Sollt' ich nicht ein Gleichnis brauchen 562
Sommernacht 534
Sonst, wenn man den heiligen Koran zitierte 483
Sonst: wie die Alten sungen 360
Sorge 143
Sorgend bewacht der Verstand des Wissens 244
Sorglos über die Fläche weg 143
Span'sches hast du mir gesandt . . . 379
Spittler 243
Sprache 69
Spruch, Widerspruch 351
Spude dich, Kronos 52
St. Nepomuks Vorabend 403
Stark von Faust, gewandt im Rat . . 374
Staub ist eins der Elemente 447

Steil wohl ist er, der Weg zur Wahrheit 223
Stratus 376
Suleika spricht 474
Süße Freundin, noch einen, nur einen Kuss 209
Süßes Kind, die Perlenreihen 562
Symbolum 364
Tadeln ist leicht, Erschaffen so schwer 237
Tadelt man, dass wir uns lieben . . 408
Tage der Wonne 259
Taglang nachtlang stand mein Schiff befrachtet 53
Talisman in Karneol 436
Talismane 438
Talismane werd' ich in dem Buch zerstreuen 484
Tassos »Jerusalem« von demselben 222
Teilen kann ich nicht das Leben . . 343
Tempel 245
Tiefe Stille herrscht im Wasser . . . 255
Timur spricht 483
Töchtern edler Geburt ist dieses Werk 221
Tolle Zeiten hab' ich erlebt 195
Tote Sprachen 237
Tote Sprachen nennt ihr die Sprache 237
Treffliche Künste dankt man der Not 235
Trilogie der Leidenschaft 410
Trilogie zu Howards Wolkenlehre 375
Trocknet nicht, trocknet nicht . . . 115
Trost 239
Trunken müssen wir alle sein . . . 526
Tu nur das Rechte in deinen Sachen 336
Tut ein Schilf 449
Über allen Gipfeln 155
Über die Wiese, den Bach herab . . 64
Über meines Liebchens Äugeln . . 464
Über Wetter- und Herrenlaunen . . 340
Überall bist du Poet, im Gespräch 246
Überall will jeder obenauf sein . . . 487
Übermacht, ihr könnt es spüren . . 477
Übermütig sieht's nicht aus 380
Übers Niederträchtige 481
Uf 'm Bergli 267
Ultima ratio 240
Ultimatum 327
Um Mitternacht 402
Um Mitternacht ging ich, nicht eben gerne 402
Um Mitternacht, ich schlief, im Busen wachte 417
Um Mitternacht, wenn die Menschen 168
Unbegrenzt 453
Unbeständigkeit 21
Und doch haben sie recht, die ich schelte 455
Und frische Nahrung, neues Blut 113
Und ich geh' meinen alten Gang 137
Und so geschah's! Dem friedenreichen Klange 271
Und so kommt wieder zur Erde herab 326
Und so sag' ich zum letzten Male 327
Und so tändelt' ich mir 199
Und wärst du auch zum fernsten Ort 334
Und warum sendet 564
Und was im Pend-Nameh steht . . 467
Und wenn darauf zu höhrer Atmosphäre 377
Und wenn man auch den Tyrannen ersticht 355
Und wenn wir unterschieden haben 378
Und wer durch alle die Elemente . 326
Und wer franzet oder britet 482
Und wird das Wasser sich entfalten 326
Ungezähmt, so wie ich war 473

Unsre Poeten sind seicht 231
Unter dem leichten Geschlecht . . . 245
Unvermeidlich 464
Urworte. Orphisch 387
Venezianische Epigramme 189
Verfehlter Beruf 244
Vergebliche Müh' 341
Verkehrter Beruf 242
Vermächtnis 397
Vermächtnis altpersischen Glaubens 541
Vernünftige Betrachtung 226
Verpflanze den schönen Baum . . . 22
Verschiedene Dressuren 229
Verschon' uns Gott mit deinem Grimme 487
Versunken 460
Verteilet euch nach allen Regionen 262
Verwandte sind sie von Natur . . . 383
Verweile nicht und sei dir selbst ein Traum 336
Verweilst du in der Welt, sie flieht als Traum 474
Viele Bücher genießt ihr, die ungesalzen 225
Viele sahn dich mit Wonne 219
Vieles hab' ich versucht 192
Vier Gnaden 439
Vier Tieren auch verheißen war . . 554
Visitator 221
Volk und Knecht und Überwinder 506
Voll Locken kraus ein Haupt so rund 460
Vollmondnacht 520
Vom Berge 114
Vom Berge in die See 114
Vom heut'gen Tag, von heut'ger Nacht 484
Vom Himmel sank in wilder Meere Schauer 537
Vom Himmel steigend Jesus bracht' 539
Vom Vater hab' ich die Statur . . . 342
Von Berges Luft, dem Äther gleich zu achten 369
Von dem Berge zu den Hügeln . . . 433
Von dem Ding weiß ich nichts . . . 233
Von heiligen Männern und von weisen 336
Von wem ich's habe, das sag' ich euch nicht 93
Vor den Wissenden sich stellen . . . 472
Vor die Augen meiner Lieben 373
Vor Gericht 93
Vor Jahrhunderten hätte ein Dichter 230
Vormals im Leben ehrten wir . . . 231
Vorn herein liest sich das Lied . . . 230
Vornehm schaut ihr im Glück auf den blinden 235
Vorschmack 545
Vorstellung wenigstens ist 233
W… und J… 246
Wachstum 315
Wagt ihr, also bereitet, die letzte Stufe zu steigen 214
Wahrheit ist niemals schädlich, sie straft 235
Wahrlich, es füllt mit Wonne das Herz 225
Wanderers Gemütsruhe 481
Wandersegen 404
Wandrers Nachtlied I 155
Wandrers Nachtlied II (Ein Gleiches) 155
Wandrers Sturmlied 36
Wann magst du dich am liebsten bücken 333
War doch gestern dein Haupt noch so braun 219
Wär' ich ein häusliches Weib 196
Wär nicht das Auge sonnenhaft . . 395
War schöner als der schönste Tag 419

War unersättlich nach viel tausend Küssen 316
Wäre Gott und eine 343
Wäre sie unverwelklich, die Schönheit 236
Warnung (Am Jüngsten Tag) 320
Warnung (Wecke den Amor nicht auf) 218
Wärt ihr, Schwärmer, im Stande . . 239
Warum bekämpfst du nicht den Kotzebue 382
Warum bin ich vergänglich, o Zeus 238
Warum bist du, Geliebter 184
Warum du nur oft so unhold bist 527
Warum gabst du uns die tiefen Blicke 134
Warum ich Royaliste bin 346
Warum ich wieder zum Papier mich wende 318
Warum ist Wahrheit fern und weit 488
Warum magst du gewisse Schriften nicht lesen 348
Warum plagen wir einer den andern 226
Warum treibt sich das Volk so, und schreit 191
Warum uns Gott so wohl gefällt . 328
Warum will sich Geschmack und Genie 239
Warum ziehst du mich unwiderstehlich 107
Was alle wollen, weißt du schon . . 456
Was auch als Wahrheit oder Fabel 395
Was bedeutet die Bewegung 515
Was belohnet den Meister 237
Was brachte Lokman nicht hervor 491
Was das Entsetzlichste sei 222
Was das Luthertum war 224
Was dem Auge dar sich stellet . . . 333
Was der Dichter diesem Bande . . . 379
Was doch Buntes dort verbindet . . 442
Was euch die heilige Pressfreiheit . . 356
Was frommt die glühende Natur . . 58
Was heißt denn Reichtum 474
Was hilft's dem Pfaffenorden 487
Was hör' ich draußen vor dem Tor 169
Was? Ihr missbilliget den kräftigen Sturm 483
Was im Leben uns verdrießt 350
Was in der Schenke waren heute . . 529
Was in der Zeiten Bildersaal 352
Was ist das Heiligste 240
Was ist das Schwerste von allem . . 242
Was ist schwer zu verbergen? Das Feuer 440
Was ist Weißes dort am grünen Walde 90
Was klagst du über Feinde 486
Was machst du an der Welt 485
Was mir in Kopf und Herzen stritt 137
Was mit mir das Schicksal gewollt 196
Was nicht Ich ist, sagst du 243
Was nützt 239
Was reich und arm! Was stark und schwach 69
Was schmückst du die eine Hand denn nun 491
Was sie gestern gelernt 231
Was soll ich nun vom Wiedersehen hoffen 412
Was verkürzt mir die Zeit 466
Was wär' ein Gott, der nur von außen stieße 384
Was weiß ich, was mir hier gefällt 144
Was will die Nadel, nach Norden gekehrt 326
Was willst du untersuchen 488
Was wir Dichter ins Enge bringen 352
Was wir froh und dankbar fühlen 405
Was wird mir jede Stunde so bang 484
Wasser holen geht die reine 389
Wechselwirkung 238
Wecke den Amor nicht auf 218

Weihnachten 363
Weil es Dinge doch gibt 232
Weil so viel zu sagen war 373
Weise die Rose nicht ab 220
Weiß wie Lilien, reine Kerzen . . . 418
Weite Welt und breites Leben . . . 350
Welch ein Getümmel füllt Thaliens Haus 125
Welch ein lustiges Spiel 197
Welch ein Mädchen ich wünsche zu haben 192
Welch ein Zustand! Herr, so späte 530
Welch eine bunte Gemeinde 489
Welch ungewöhnliches Getümmel 9
Welch Vermächtnis, Brüder, sollt' euch kommen 541
Welchen Leser ich wünsche 239
Welcher Unsterblichen 157
Welches Genie das größte wohl sei 244
Weltseele 262
Wen die Dankbarkeit geniert 338
Wen du nicht verlässest, Genius . . 36
Wenn am Tag Zenit und Ferne . . . 396
Wenn auch der Held sich selbst genug ist 354
Wenn dem Papa sein Pfeifchen schmeckt 95
Wenn der Körper ein Kerker ist . . 527
Wenn der Mensch die Erde schätzet 543
Wenn der schwer Gedrückte klagt 485
Wenn der uralte 159
Wenn dir's in Kopf und Herzen schwirrt 337
Wenn du auf dem Guten ruhst . . . 478
Wenn du dich im Spiegel besiehst 401
Wenn du dich selber machst zum Knecht 339
Wenn du hast, das ist wohl schön 336
Wenn du mir sagst, du habest als Kind 178
Wenn durch das Volk die grimme Seuche wütet 319
Wenn einen sel'gen Biedermann . . 96
Wenn Gott so schlechter Nachbar wäre 486
Wenn Gottheit Camarupa, hoch und hehr 376
Wenn ich dein gedenke 511
Wenn ich nun gleich das weiße Blatt dir schickte 318
Wenn ich, liebe Lili, dich nicht liebte 114
Wenn ich, liebe Lili, dich nicht liebte (Spätere Fassung) 114
Wenn im Unendlichen dasselbe . . 395
Wenn in Wäldern Baum an Bäumen 404
Wenn Kindesblick begierig schaut 331
Wenn links an Baches Rand 443
Wenn man auch nach Mekka triebe 491
Wenn mit jugendlichen Scharen . . 370
Wenn schönes Mädchen sorgen will 383
Wenn sich lebendig Silber neigt . . 409
Wenn von dem stillen Wasserspiegelplan 376
Wenn zu der Regenwand 442
Wer auf die Welt kommt, baut ein neues Haus 490
Wer befehlen kann, wird loben . . 472
Wer geboren in bös'sten Tagen . . . 484
Wer glaubt's 227
Wer Gott ahnet, ist hoch zu halten 328
Wer Gott vertraut 327
Wer in der Weltgeschichte lebt . . . 357
Wer in mein Haus tritt, der kann schelten 490
Wer ist das würdigste Glied des Staats 240
Wer ist denn der souveräne Mann 333

Wer ist denn wirklich ein Fürst . . 240
Wer ist der glücklichste Mensch . . 220
Wer kann gebieten den Vögeln . . . 464
Wer klopft so gewaltig? Fritzel, schau 71
Wer lebenslang dir wohlgetan . . . 338
Wer mit dem Leben spielt 335
Wer nie sein Brot mit Tränen aß . . 425
Wer recht will tun, immer und mit Lust 332
Wer reitet so spät durch Nacht und Wind 168
Wer schweigt, hat wenig zu sorgen 489
Wer sich der Einsamkeit ergibt . . . 425
Wer sich selbst und andre kennt . . 561
Wer vernimmt mich 154
Wer will die Stelle 240
Wer wird von der Welt verlangen 481
Wer Wissenschaft und Kunst besitzt 395
West-östlicher Divan 435
Wie aber kann sich Hans van Eyck 349
Wie an dem Tag, der dich der Welt verliehen 387
Wie des Goldschmieds Basarlädchen 507
Wie doch, betrügerischer Wicht . . 347
Wie doch ein einziger Reicher . . . 223
Wie etwas sei leicht 484
Wie fruchtbar ist der kleinste Kreis 338
Wie hast du's denn so weit gebracht 352
Wie herrlich leuchtet 33
Wie ich so ehrlich war 469
Wie ihr denkt oder denken sollt . . 344
Wie im Morgenrot 51
Wie irrig wähnest du 462
Wie kommt's, dass man an jedem Orte 488
Wie mag ich gern und lange leben 337
Wie mancher Misswillige schnuffelt und wittert 346
Wie mit innigstem Behagen 522
Wie sind die Vielen doch beflissen 351
Wie sollt' ich heiter bleiben 511
Wie ungeschickt habt ihr euch benommen 485
Wie verfährt die Natur 221
Wie? Wann? und Wo 325
Wieder einen Finger schlägst du mir ein 553
Wiederfinden 518
Wiederholung 227
Wieland, wie reich ist dein Geist 223
Wilhelm Tischbeins Idyllen 404
Will der Neid sich doch zerreißen 487
Will ich die Blumen des frühen . . 219
Willkommen und Abschied (Spätere Fassung) 30
Willst du der getreue Eckart sein 341
Willst du dich am Ganzen erquicken 325
Willst du dir ein hübsch Leben zimmern 342
Willst du immer weiter schweifen 145
Willst du ins Unendliche schreiten 325
Willst du mich sogleich verlassen 422
Wink 455
Wir kennen dich, du Schalk 327
Wir reiten in die Kreuz und Quer' 361
Wir sind emsig, nachzuspüren . . . 465
Wir singen und sagen vom Grafen so gern 298
Wird der Poet nur geboren 223
Wirkung in die Ferne 300
Wisse, dass mir sehr missfällt 493
Wissen möchtet ihr gern die geheime Struktur 243
Wissen wollt ihr und handeln . . . 242
Wissenschaft 224
Wissenschaftliches Genie 223
Wisst ihr denn, auf wen die Teufel lauern 451

Wisst ihr, wie auch der Kleine was ist 240
Wo Anmaßung mir wohlgefällt . . 331
Wo die Rose hier blüht 218
Wo hast du das genommen 475
Wofür ich Allah höchlich danke . . 490
Woher ich kam? Es ist noch eine Frage 470
Woher im Mantel so geschwinde 429
Woher sind wir geboren 140
Wohl, Ariosto, bist du ein wahrhaft 246
Wohl zu merken 378
Wohlerleuchtet, glühend-milde . . 362
Wonne der Wehmut 115
Wonniglich ist's, die Geliebte 199
Worauf kommt es überall an 445
Worte, die der Dichter spricht . . . 375
Wozu nützt die ganze Erdichtung 244
Wunderglaube 537
Wunderlichstes Buch der Bücher . . 459
Wunsch eines kleinen Mädchen . . 20
Würde des Kleinen 240
Würdige Prachtgebäude stürzen . . 404
Xenien (Distichen sind wir) 221
Xenien (Koffers führen wir nicht) 221
Xenien (Nicht doch!) 231
Xenien nennet ihr euch 231
Zeichen der Jungfrau 224
Zeichen des Krebses 224
Zeichen des Steinbocks 224
Zeit und Zeitung 356
Zeitmaß 218
Zerbrach einmal eine schöne Schal' 537
Ziblis, eine Erzählung 15
Ziehn die Schafe von der Wiese . . 418
Zieret Stärke den Mann 188
Zu des Rheins gestreckten Hügeln 362
Zu einem Kupferstich 380
Zu Ephesus ein Goldschmied saß 303
Zu erfinden, zu beschließen 432
Zucht 235
Zueignung 163
Zugemessne Rhythmen reizen freilich 454
Zum ewigen Frieden 241
Zum ewigen Krieg 241
Zum Kessel sprach der neue Topf 539
Zum Tanze schick' ich dir den Strauß 138
Zünde mir Licht an, Knabe 182
Zur Erinnrung guter Stunden . . . 102
Zur Logenfeier des dritten Septembers 1825 365
Zur Nation euch zu bilden 224
Zwanzig Begriffe wurden mir neulich 230
Zwei Distichen für das Stammbuch des Sohnes 220
Zwei Jahrzehende kostest du mir 243
Zwei Worte sind es, kurz, bequem zu sagen 323
Zweierlei Dinge lass' ich passieren 232
Zwiespalt 443
Zwischen beiden Welten 402
Zwischen Felsen wuchsen hier . . . 136
Zwischen heut und morgen 336
Zwischen Oben, zwischen Unten 396
Zwischen Weizen und Korn 266
Zwischengesang 366